Abhijit V. Banerjee
Esther Duflo

# Gute Ökonomie für harte Zeiten

Sechs Überlebensfragen und wie wir sie besser lösen können

Aus dem Englischen von Stephan Gebauer, Heike Schlatterer und Thorsten Schmidt

Pantheon

Die Originalausgabe erschien 2019 unter dem Titel
*Good Economics for Hard Times. Better Answers to Our Biggest Problems*
bei Allen Lane/Penguin Random House UK



Klimaneutral*
Druckprodukt
ClimatePartner.com/14044-1912-1001

FSC
www.fsc.org
MIX
Papier aus verantwortungsvollen Quellen
FSC® C083411

Penguin Random House Verlagsgruppe FSC® N001967

1. Auflage
Pantheon-Ausgabe Mai 2021


Redaktion: Christina Kruschwitz
Umschlaggestaltung: Büro Jorge Schmidt, München,
unter Verwendung einer Vorlage des Originalverlags
Umschlagsmotiv: © Jose Luis Stephens/EyeEm/Getty Images
Satz: Leingärtner, Nabburg
Druck und Bindung: CPI books GmbH
Printed in Germany
ISBN 978-3-570-55447-0

www.pantheon-verlag.de

Dieses Buch ist auch als E-Book erhältlich.

*Für unsere Kinder, Noemie und Milan,*
*in der Hoffnung, dass sie in einer*
*gerechteren und humaneren Welt aufwachsen,*

*und für Sasha, der diese Chance nicht bekam.*

INHALT

# VORWORT

Vor zehn Jahren schrieben wir ein Buch über unsere Forschungsarbeit. Zu unserer Überraschung fand es zahlreiche Leser. Das hat uns geschmeichelt, aber für uns war klar, dass es damit sein Bewenden haben würde. Wirtschaftswissenschaftler mögen es im Grunde nicht, Bücher zu schreiben, am wenigsten Bücher, die gewöhnliche Menschen lesen können. Wir haben es trotzdem gewagt und sind irgendwie damit davongekommen. Es war an der Zeit, dass wir uns wieder unserer normalen Arbeit zuwenden, die darin besteht, Forschungsaufsätze zu schreiben und zu veröffentlichen.

Dies taten wir, als auf die Morgenröte der frühen Obama-Jahre der psychedelische Wahnsinn des Brexits, die Gelbwesten und das Trump'sche Projekt einer Grenzmauer zu Mexiko folgten – und als Diktatoren stolz erhobenen Hauptes (oder ihre gewählten Pendants) dem unausgegorenen Optimismus des Arabischen Frühlings ein Ende bereiteten. Die Ungleichheit explodiert, Umweltkatastrophen und weltpolitische Desaster drohen, aber wenn es darum geht, angemessene Antworten darauf zu finden, hören wir wenig mehr als Plattitüden.

Wir schrieben dieses Buch, weil wir die Hoffnung nicht aufgeben wollen. Um uns selbst klar vor Augen zu führen, was falsch gelaufen ist und warum, aber auch um uns all das, was positiv verlaufen ist, in Erinnerung zu rufen. Es ist ein Buch ebenso sehr über die Probleme wie über aussichtsreiche Lösungsansätze. Dies setzt allerdings zunächst eine schonungslos ehrliche Diagnose voraus. Es ist ein Buch darüber, wo die Wirtschaftspolitik versagt hat, wo uns die Ideologie geblendet hat und wo uns das Offensichtliche entgangen ist, aber auch wo und warum eine kluge Ökonomie, insbesondere in unserer heutigen Welt, sinnvoll und nützlich ist.

Die Tatsache, dass ein solches Buch geschrieben werden muss, bedeutet nicht, dass wir die richtigen Personen sind, um es zu schreiben. Viele der globalen Probleme unserer Zeit finden im reichen Norden besonders große öffentliche Aufmerksamkeit, während im Mittelpunkt unserer Forschungstätigkeit arme Menschen in armen Ländern stehen. Es war offensichtlich, dass wir uns in viel neue Fachliteratur vertiefen müssten, und dennoch bestand immer die Gefahr, dass uns etwas entginge. Wir brauchten eine Zeit lang, um uns selbst davon zu überzeugen, dass es auf jeden Fall einen Versuch wert wäre.

Wir beschlossen schließlich, es zu wagen, nicht zuletzt deshalb, weil wir die Rolle der distanzierten Beobachter leid waren, während gleichzeitig der öffentliche Diskurs über zentrale wirtschaftliche Fragen – Zuwanderung, Außenhandel, Wachstum, Ungleichheit oder Umweltschutz – immer bizarrer wurde. Aber auch weil wir, je gründlicher wir darüber nachdachten, erkannten, dass die Probleme, mit denen die reichen Länder konfrontiert sind, oftmals auf unheimliche Weise denjenigen ähneln, die wir in den Entwicklungsländern erforschten: Zurückgelassene des Entwicklungsfortschritts, explodierende Ungleichheit, mangelndes Vertrauen in Staat und Behörden, fragmentierte Gesellschaften und politische Strukturen und so weiter. Wir haben während der Arbeit an diesem Buch viel gelernt, und dies hat uns Vertrauen in das eingeflößt, worauf wir uns als Wirtschaftswissenschaftler am besten verstehen: die Fakten nüchtern zur Kenntnis zu nehmen, einfachen Antworten und Patentlösungen zu misstrauen, sich ehrlich einzugestehen, was man weiß und versteht und was nicht, und, vielleicht am wichtigsten, bereit zu sein, Ideen und Lösungen auszuprobieren und dabei Fehler zu machen, solange uns dies dem eigentlichen Ziel, nämlich eine humanere Welt zu schaffen, näher bringt.

KAPITEL 1

# MEGA: Make Economics Great Again

> Eine Frau erfährt von ihrem Arzt, dass sie nur noch ein halbes Jahr zu leben hat. Der Arzt rät ihr, einen Wirtschaftswissenschaftler zu heiraten und nach South Dakota zu ziehen.
> Die Frau: »Werde ich dann wieder gesund?«
> Der Arzt: »Nein, aber das halbe Jahr wird Ihnen ziemlich lang vorkommen.«

Wir leben in einem Zeitalter wachsender Polarisierung. Von Ungarn bis Indien, von den Philippinen bis zu den Vereinigten Staaten, von Großbritannien bis Brasilien, von Indonesien bis Italien ist aus der öffentlichen Diskussion zwischen der Linken und der Rechten mehr und mehr ein lautstarkes gegenseitiges Beschimpfen geworden, bei dem hemmungslos ausgeteilte Ruppigkeiten einem praktisch keine Möglichkeit mehr lassen zurückzurudern. In den Vereinigten Staaten, wo wir leben und arbeiten, kommt es heute seltener denn je vor, dass ein Bürger bei einer Wahl, bei der mehrere Ämter zu besetzen sind, seine Stimmen auf Kandidaten unterschiedlicher politischer Parteien aufteilt.[1] 81 Prozent derjenigen, die sich mit einer Partei identifizieren, haben eine negative Meinung von der anderen Partei.[2] 61 Prozent der Anhänger der Demokraten sagen, Republikaner seien rassistisch, sexistisch und intolerant. 54 Prozent der Republikaner nennen Demokraten gehässig. Ein Drittel aller Amerikaner wäre enttäuscht, wenn ein naher Verwandter jemanden von der anderen Seite heiraten würde.[3]

In Frankreich und Indien, den beiden anderen Ländern, in denen wir viel Zeit verbringen, wird der Aufstieg der politischen Rechten in den Kreisen der liberalen, »aufgeklärten« Elite, in denen wir verkehren, in zunehmendem Maße als eine drohende Apokalypse dargestellt. Man ist fest davon überzeugt, dass die Zivilisation, wie wir sie kennen, auf der Grundlage von Demokratie und rationalem Diskurs, in Gefahr ist.

Als Sozialwissenschaftler ist es unsere Aufgabe, Tatsachen und Interpretationen von Tatsachen vorzulegen, von denen wir hoffen, dass sie dazu beitragen werden, diese Gräben zu überbrücken, indem jede Seite den Standpunkt der jeweils anderen besser versteht und sie so zu einer Art vernünftig begründetem Dissens, wenn schon keinem Konsens gelangen. Eine demokratische Gesellschaft kann mit verschiedenen Meinungen leben, solange man sich gegenseitig respektiert. Aber Respekt verlangt ein gewisses Maß an Verständnis für denjenigen, der anderer Meinung ist.

Das besonders Beunruhigende an der gegenwärtigen Situation ist die Tatsache, dass der Raum für solche Gespräche immer kleiner zu werden scheint. Es kommt augenscheinlich zu einer »Tribalisierung« der Anschauungen nicht nur in Bezug auf Politik, sondern auch im Hinblick auf die Frage, was die wichtigsten gesellschaftlichen Probleme sind und was man gegen sie tun kann. Bei einer großangelegten Erhebung zeigte sich, dass die Anschauungen der Amerikaner in Bezug auf eine breite Palette von Themen sich wie Weinbeeren an einer Traube scharen.[4] Personen, die gewisse Grundüberzeugungen teilen, etwa über Geschlechterrollen oder hinsichtlich der Frage, ob sich harte Arbeit immer auszahlt, haben offenbar zu einer ganzen Reihe von Fragen – von Einwanderung bis zu internationalem Handel, von Ungleichheit bis zu Steuern und zur Rolle des Staates – die gleiche Meinung. Diese Grundüberzeugungen sagen ihre politischen Anschauungen verlässlicher vorher als ihr Einkommen, ihre demografische Gruppe oder ihr Wohnort.

Diese Themen stehen im Zentrum des politischen Diskurses, nicht nur in den Vereinigten Staaten. Zuwanderung, Handel, Steuern oder die Rolle des Staates sind in Europa, Indien, Südafrika oder Vietnam genauso umstritten. Aber Meinungen zu diesen Fragen basieren allzu oft ausschließlich auf bestimmten persönlichen Wertvorstellungen (»Ich bin für Zuwanderung, weil ich ein großmütiger Mensch bin«, »Ich bin gegen Zuwanderung, weil Zuwanderung unsere nationale Identität bedroht«). Und sofern sie sich überhaupt auf irgendetwas stützen, dann auf einseitig interpretierte Zahlen und stark vereinfachende Auslegungen der Tatsachen. Niemand denkt wirklich gründlich über die Probleme selbst nach.

Das ist fatal, denn wir durchleben offensichtlich schwere Zeiten. Die Jahre schwungvollen globalen Wachstums, das von der Handelsausweitung und dem erstaunlichen wirtschaftlichen Erfolg Chinas gespeist wurde, sind möglicherweise vorüber, da sich das Wachstum in China abschwächt und allenthalben Handelskriege ausbrechen. Länder, die von dieser weltwirtschaftlichen Dynamik profitierten – in Asien, Afrika und Lateinamerika –, beginnen, sich bange zu fragen, wie es jetzt wohl weitergehen wird. Selbstverständlich ist in den meisten Ländern des reichen Westens niedriges Wachstum kein neues Phänomen, aber was diese Wachstumsschwäche besonders beunruhigend macht, ist die rasche Auflösung des Gesellschaftsvertrags, die wir in all diesen Ländern sehen. Wir scheinen in die Dickens'sche Welt von *Harte Zeiten* zurückversetzt worden zu sein, in der die Begüterten gegen die zunehmend entfremdeten Habenichtse kämpfen, ohne dass ein Ausgleich der Interessen in Sicht wäre.[5]

Wirtschaftliche und wirtschaftspolitische Fragen sind von zentraler Bedeutung für die gegenwärtige Krise. Lässt sich das Wachstum ankurbeln? Sollte dies überhaupt eine Priorität für den wohlhabenden Westen sein? Was sonst? Was ist mit der explodierenden Ungleichheit überall? Ist der internationale Handel das Problem oder die Lösung? Wie wirkt er sich auf die Ungleichheit aus? Wie sieht die Zukunft des

Welthandels aus? Können Länder mit niedrigeren Arbeitskosten die globale Industrieproduktion von China weglocken? Und was ist mit Migration? Gibt es tatsächlich eine zu hohe Zuwanderung von Geringqualifizierten? Wie steht es mit neuen Technologien? Sollte uns zum Beispiel der Vormarsch der Künstlichen Intelligenz (KI) beunruhigen, oder sollten wir ihn begrüßen? Und, was vielleicht am dringendsten ist: Wie kann die Gesellschaft all jenen Menschen helfen, die die Märkte zurückgelassen haben?

Die Antworten auf diese Probleme lassen sich nicht in einem Tweet formulieren. Und daher gibt es den Wunsch, ihnen einfach aus dem Weg zu gehen. Nicht zuletzt aus diesem Grund tun Staaten sehr wenig, um die drängendsten Herausforderungen unserer Zeit zu lösen; vielmehr nähren sie weiterhin die Wut und das Misstrauen, die uns polarisieren. Und dies macht uns noch unfähiger, miteinander ins Gespräch zu kommen, gemeinsam nachzudenken und etwas gegen diese Probleme zu unternehmen. Es scheint, als wären wir in einem Teufelskreis gefangen.

Wirtschaftswissenschaftler haben viel über diese grundlegenden Probleme zu sagen. Sie erforschen Zuwanderung, um herauszufinden, wie diese sich auf die Löhne auswirkt, Steuern, um in Erfahrung zu bringen, ob sie unternehmerische Initiative hemmen, Umverteilung, um zu ergründen, ob sie Trägheit fördert. Sie denken über die Folgen des Handels zwischen Nationen nach, und sie machen nützliche Vorhersagen darüber, wer wahrscheinlich die Gewinner und die Verlierer sein werden. Sie haben sich intensiv darum bemüht, zu verstehen, warum einige Länder wachsen und andere nicht und was, gegebenenfalls, Regierungen tun können, um das Wachstum zu fördern. Sie sammeln Daten, um diverse Fragen beantworten zu können: Was macht Menschen großzügig beziehungsweise misstrauisch? Was veranlasst einen Menschen dazu, seine Heimat zu verlassen und in die Fremde zu gehen? Wie machen sich soziale Medien unsere Vorurteile zunutze?

Die jüngsten Studien warten, wie sich zeigt, mit oftmals überraschenden Erkenntnissen auf, vor allem für diejenigen, die die oberflächlichen Antworten von »Wirtschaftsexperten« im Fernsehen und in gymnasialen Lehrbüchern gewohnt sind. Sie können diese Diskussionen bereichern.

Leider vertrauen nur sehr wenige Menschen Ökonomen so sehr, dass sie ihnen aufmerksam zuhören. Unmittelbar vor der Abstimmung über den Brexit bemühten sich unsere britischen Kollegen verzweifelt, die Öffentlichkeit zu warnen, der Brexit werde teuer. Sie hatten jedoch das Gefühl, mit dieser Botschaft nicht durchzudringen. Sie hatten recht. Niemand schenkte ihnen viel Beachtung. Anfang 2017 führte YouGov eine Umfrage in Großbritannien durch, in der die Frage gestellt wurde: »Den Meinungen welcher der folgenden Berufsgruppen vertrauen Sie am meisten, wenn deren Vertreter über ihr jeweiliges Fachgebiet sprechen?« An erster Stelle rangierten Krankenpflegekräfte. 84 Prozent der Befragten vertrauten ihnen. Politiker kamen an letzter Stelle, mit 5 Prozent (auch wenn Unterhausabgeordneten des eigenen Wahlbezirks, mit 20 Prozent, etwas mehr Vertrauen entgegengebracht wurde). Ökonomen rangierten mit 25 Prozent knapp vor Politikern. Das Vertrauen in Meteorologen war doppelt so hoch.[6] Im Herbst 2018 stellten wir 10 000 Personen in den Vereinigten Staaten die gleiche Frage (sowie mehrere weitere, die sich auf Ansichten zu wirtschaftlichen Themen bezogen, auf die wir an verschiedenen Stellen in diesem Buch eingehen werden).[7] Auch hier vertrauten nur 25 Prozent der Befragten dem Sachverstand von Ökonomen. Nur Politiker rangierten noch niedriger.

Dieses Vertrauensdefizit spiegelt sich in der Tatsache wider, dass sich der fachliche Konsens von Ökonomen (sofern er vorhanden ist) oftmals systematisch von den Ansichten der Durchschnittsbürger unterscheidet. Die Booth School of Business an der Universität Chicago befragt regelmäßig eine Gruppe von rund vierzig renommierten Wirtschaftsprofessoren, allesamt führende Vertreter ihres Fachs, über ihre Meinung zu wirtschaftlichen Fragen. Wir werden uns in diesem Buch immer wieder auf die Antworten dieses IGM-Booth-Expertengremiums beziehen. Wir wählten zehn Fragen aus, die den Mitgliedern dieses Gremiums gestellt worden waren, und legten sie den Personen vor, die im Rahmen unserer Erhebung befragt wurden. Bei den meisten dieser Fragen waren die Wirtschaftswissenschaftler und die von uns befragten Personen entgegengesetzter Auffassung. So widersprachen beispielsweise sämtliche Wissenschaftler im IGM-Booth-Expertengremium der Aussage »Die Verhängung neuer US-Zölle auf Stahl und Aluminium wird das Wohlstandsniveau der Amerikaner erhöhen«.[8] Dagegen stimmte knapp über ein Drittel der von uns befragten Personen dieser Aussage zu.

Im Allgemeinen waren die von uns befragten Personen pessimistischer als die Ökonomen: 40 Prozent der Wirtschaftswissenschaftler stimmten der Aussage zu, dass »der Zustrom von Flüchtlingen nach Deutschland ab Sommer 2015 Deutschland während des folgenden Jahrzehnts wirtschaftliche Vorteile bringen wird«, und die meisten anderen waren unsicher oder äußerten keine Meinung (nur einer widersprach).[9] Dagegen stimmte nur ein Viertel der von uns befragten Personen dieser Aussage zu, während 35 Prozent nicht zustimmten. Die Teilnehmer an unserer Umfrage waren auch häufiger der Ansicht, der Vormarsch von Robotern und der KI werde zu verbreiteter Arbeitslosigkeit führen, und sie äußerten viel seltener die Meinung, der dadurch geschaffene zusätzliche Wohlstand reiche aus, um die Verlierer zu entschädigen.[10]

Dies hängt nicht damit zusammen, dass Ökonomen immer in höherem Maße wirtschaftsliberale Rezepte befürworten als der Rest der Bevölkerung. Eine vorausgehende Studie verglich, wie Wirtschaftswissenschaftler und eintausend zufällig ausgewählte Amerikaner die gleichen zwanzig Fragen beantworteten.[11] Dabei kam heraus, dass Ökonomen viel häufiger die Erhöhung von Bundessteuern befürworteten (97,4 Prozent der Ökonomen waren dafür, gegenüber 66 Prozent der Durchschnittsamerikaner). Sie hielten auch deutlich mehr von den Maßnahmen, die die US-Regierung nach der Krise von 2008 ergriff (Bankenrettungen, das Konjunkturpaket usw.), als der Durchschnitt der Bevölkerung. Andererseits stimmten 67 Prozent der Durchschnittsamerikaner, aber nur 39 Prozent der Ökonomen der Aussage zu, die Vorstandschefs von Großunternehmen seien überbezahlt. Insgesamt zeigt sich das Bild, dass der durchschnittliche Wirtschaftsprofessor völlig anders denkt als der Durchschnittsamerikaner. Über alle zwanzig Fragen hinweg gibt es eine enorme Kluft von 35 Prozentpunkten zwischen den Zustimmungsquoten von Wirtschaftswissenschaftlern und Durchschnittsamerikanern zu einer bestimmten Aussage.

Außerdem ändern die befragten Durchschnittsbürger ihre Auffassung nicht, wenn man sie darüber informiert, was bekannte Ökonomen über diese Themen denken. Bei drei Fragen, bei denen die Experten einen deutlich anderen Standpunkt vertraten als der Bevölkerungsdurchschnitt, variierten Forscher die Formulierung der Frage. Bei einigen Befragten schickten sie der eigentlichen Frage die Bemerkung voraus »Fast alle Experten sind der Meinung, dass …«; anderen stellten sie einfach nur die Frage. Dies hatte keinen Einfluss auf die Antworten, die sie erhielten. Auf die Frage, ob das Nordamerikanische Freihandelsabkommen (NAFTA) das Wohlstandsniveau des Durchschnittsbürgers angehoben habe (welche 95 Prozent der Ökonomen bejahten), antworteten 51 Prozent der Befragten mit Ja, wenn ihnen die Meinung der Ökonomen mitgeteilt wurde, und 46 Prozent, wenn dies nicht getan wurde. Das ist eine geringe Differenz. Daraus lässt sich ableiten, dass anscheinend ein großer Teil der Bevölkerung nichts mehr auf die Meinung von Ökonomen zu wirtschaftlichen Sachverhalten gibt.

Wir glauben keineswegs, dass Ökonomen immer recht haben, wenn sie und der nicht fachkundige Bürger unterschiedlicher Auffassung sind. Wir, die Wirtschaftswissenschaftler, sind oftmals in unseren

Modellen und Methoden gefangen und vergessen manchmal, wo die Wissenschaft endet und die Ideologie beginnt. Wir beantworten politische Fragen auf der Grundlage von Annahmen, die uns zur zweiten Natur geworden sind, weil sie die Bausteine unserer Modelle sind, aber das bedeutet nicht, dass sie immer stimmen. Dennoch verfügen wir über nützliches Fachwissen, das sonst niemand besitzt. Das (bescheidene) Ziel dieses Buches ist es, einige dieser Fachkenntnisse mit dem Leser zu teilen und wieder einen Dialog über die drängendsten und umstrittensten Themen unserer Zeit zu eröffnen.

Hierzu müssen wir verstehen, was das Vertrauen in Ökonomen untergräbt. Ein Teil der Antwort lautet, dass vermeintliche Experten wirtschaftliche Zusammenhänge oft falsch oder verzerrt darstellen. Diejenigen, die die »Ökonomen« im öffentlichen Diskurs repräsentieren, sind in der Regel nicht dieselben Personen, die dem IGM-Booth-Expertengremium angehören. Die selbsternannten Wirtschaftsexperten im Fernsehen und in der Presse – der Chefvolkswirt der Bank X oder Firma Y – sind, bis auf wenige bedeutende Ausnahmen, in erster Linie Sprachrohre der wirtschaftlichen Interessen ihrer Arbeitgeber, die oftmals nicht zögern, die Aussagekraft empirischer Daten zu ignorieren. Außerdem haben sie eine relativ vorhersagbare Neigung zu einem »Marktoptimismus« um jeden Preis, die die Öffentlichkeit Ökonomen im Allgemeinen zuschreibt.

Leider lassen sich diese im Fernsehen auftretenden »Wirtschaftsexperten« aufgrund ihres äußeren Erscheinungsbilds (Anzug und Krawatte) und ihrer Sprechweise (jede Menge Fachjargon) kaum von Wirtschaftsprofessoren unterscheiden. Der wichtigste Unterschied besteht vielleicht in der Bereitwilligkeit, mit der sie Kommentare abgeben und Vorhersagen machen, was sie leider umso glaubwürdiger erscheinen lässt. Aber tatsächlich liegen sie mit ihren Vorhersagen meistens ziemlich daneben, zum Teil, weil Vorhersagen oftmals schier unmöglich sind – aus diesem Grund halten sich die meisten akademischen Ökonomen von der Futurologie fern. Eine der Aufgaben des

Internationalen Währungsfonds (IWF) besteht darin, die Wachstumsrate der Weltwirtschaft in der nahen Zukunft vorherzusagen. Allerdings ohne großen Erfolg, wie man hinzufügen könnte, obwohl der IWF dabei auf die Dienste eines Teams aus vielen sehr gut ausgebildeten Ökonomen zurückgreifen kann. Die Zeitschrift *Economist* hat einmal ausgerechnet, wie weit die Vorhersagen des IWF in dem Zeitraum 2000 bis 2014 im Durchschnitt danebenlagen.[12] Für zwei Jahre nach dem Zeitpunkt der Vorhersage (zum Beispiel die im Jahr 2012 für das Jahr 2014 vorhergesagte Wachstumsrate) betrug der durchschnittliche Vorhersagefehler 2,8 Prozentpunkte. Das ist etwas besser, als wenn sie jedes Jahr eine Zufallszahl zwischen –2 Prozent und 10 Prozent ausgewählt hätten, aber ungefähr genauso schlecht wie die Annahme einer konstanten Wachstumsrate von 4 Prozent. Wir vermuten, dass derartige Dinge in erheblichem Umfang zu der allgemeinen Skepsis gegenüber den Wirtschaftswissenschaften beitragen.

Ein weiterer wesentlicher Faktor, der zu dem mangelnden Vertrauen beiträgt, ist die Tatsache, dass an Hochschulen lehrende Wirtschaftswissenschaftler sich nur selten die Zeit nehmen, die oftmals komplexen Gedankengänge, die ihren nuancierteren Schlussfolgerungen zugrunde liegen, zu erläutern. Nach welchen Kriterien haben sie aus den vielen möglichen alternativen Interpretationen der empirischen Daten die ihnen als zutreffend erscheinende ausgewählt? Welche Datenpunkte, oftmals aus verschiedenen Gebieten, mussten sie miteinander verbinden, um die plausibelste Antwort zu erhalten? Wie plausibel ist diese? Können wir uns daran orientieren, oder sollten wir besser noch abwarten? Die heutige Medienkultur schafft von sich aus keine Freiräume für subtile oder weit ausholende Erklärungen.

Jeder von uns beiden geriet bereits mit Fernsehmoderatoren aneinander, weil wir unsere ganze Geschichte erzählen wollten (während sie nur Ausschnitte davon senden wollten). Von daher verstehen wir, warum an Hochschulen lehrende Wirtschaftswissenschaftler oftmals nicht die Verantwortung übernehmen wollen, ihre Stimme zu erheben.

Es ist sehr anstrengend, sich in angemessener Weise Gehör zu verschaffen, und es besteht immer das Risiko, dass man sich unausgegoren anhört oder dass die Worte, die man sorgfältig gewählt hat, so verdreht werden, dass sie etwas ganz anderes bedeuten.

Selbstverständlich gibt es diejenigen, die ihre Stimme erheben, aber sie sind, bis auf wenige bedeutende Ausnahmen, diejenigen mit den entschiedensten Meinungen und der geringsten Bereitschaft, sich intensiv mit den besten Arbeiten der modernen Volkswirtschaftslehre zu befassen. Einige, die so sehr einer bestimmten Denkschule verfallen sind, dass sie jede Tatsache, die nicht in Einklang mit deren Doktrinen steht, einfach ignorieren, wiederholen alte Ideen wie ein Mantra, auch wenn diese längst widerlegt worden sind. Andere gießen Hohn und Spott über die herrschende wirtschaftswissenschaftliche Lehre aus, was sie manchmal verdienen mag; aber dies bedeutet oft, dass sie eher nicht auf der Höhe der besten wirtschaftswissenschaftlichen Forschung sind.

Unserem Eindruck nach sind die besten wirtschaftswissenschaftlichen Arbeiten häufig die »unspektakulärsten«. Die Welt ist so komplex und voller Rätsel, dass das Wertvollste, was Ökonomen anzubieten haben, oftmals nicht ihre Schlussfolgerung ist, sondern der Weg, der sie dorthin führte – die Fakten, die sie herausfanden, ihre Interpretation dieser Fakten, die Schlüsse, die sie zogen, die verbleibenden Quellen ihrer Ungewissheit. Dies hängt mit der Tatsache zusammen, dass Wirtschaftswissenschaftler anders als zum Beispiel Physiker keine Naturwissenschaftler sind und nur sehr selten absolute Gewissheit anbieten können. Jeder, der die Sitcom-Serie *The Big Bang Theory* gesehen hat, weiß, dass Physiker auf Ingenieure herabsehen. Physiker denken tiefe Gedanken, während Ingenieure mit Materialien herumspielen und sich bemühen, diesen Gedanken Form zu geben; oder zumindest wird das in der Serie so dargestellt. Sollte es jemals eine Fernsehserie geben, die Ökonomen durch den Kakao zieht, dann, so vermuten wir, würden wir mehrere Stufen unter Ingenieuren stehen oder zumindest der Art von Ingenieuren, die Raketen bauen. Anders als Ingenieure (zumindest diejenigen, die in der *Big Bang Theory* auftreten) können wir uns nicht darauf verlassen, dass uns ein Physiker genau sagt, welche Schubkraft eine Rakete benötigt, um der Erdanziehung zu entkommen. Ökonomen gleichen eher Klempnern; wir lösen Probleme mit einer Kombination aus wissenschaftlich unterfütterter Intuition, erfahrungsgeleiteter Spekulation und jeder Menge praktischem Herumprobieren.

Dies bedeutet, dass sich Ökonomen oftmals irren. Auch uns wird dies in diesem Buch zweifellos viele Male passieren. Nicht nur in Bezug auf die Wachstumsrate, deren Vorhersage zumeist ein hoffnungsloses Unterfangen ist, sondern auch im Hinblick auf begrenztere Fragestellungen wie etwa: Wie sehr helfen Kohlenstoffsteuern bei der Bekämpfung des Klimawandels? Wie würde es sich auf die Vergütung von Vorstandschefs auswirken, wenn die Steuern stark erhöht würden? Wie würde sich ein allgemeines Grundeinkommen auf die Struktur der Beschäftigung auswirken? Aber Ökonomen sind nicht die Einzigen, die Fehler machen. Jeder liegt mal daneben. Gefährlich ist es nicht, Fehler zu machen, sondern so sehr in den eigenen Standpunkt vernarrt zu sein, dass man sich von Fakten nicht beirren lässt. Um Fortschritte zu machen, müssen wir ständig zu den Fakten zurückkehren, unsere Fehler eingestehen und weitermachen.

Im Übrigen gibt es auch eine Menge sehr solider wirtschaftswissenschaftlicher Arbeiten. Diese setzen bei unverstandenen Fakten an, formulieren gewisse Hypothesen auf der Basis dessen, was wir bereits über menschliches Verhalten wissen, und von Theorien, die sich in anderen Zusammenhängen bewährt haben, überprüfen diese Hypothesen anhand von Daten, verfeinern ihre Vorgehensweise auf der Grundlage der neuen Fakten und gelangen schließlich, mit etwas Glück, zu einer Lösung. Diesbezüglich hat unsere Arbeit große Ähnlichkeit mit der medizinischen Forschung. Siddhartha Mukherjees wunderbares Buch über den Kampf gegen den Krebs, *Der König aller Krankheiten,* erzählt, wie bei der Entwicklung eines neuen Medikaments (bis zur Marktreife) inspiriertes Mutmaßen, sorgfältiges Testen und unermüdliches Optimieren zusammenwirken.[13] Die Arbeit eines Wirtschaftswissenschaftlers hat große Ähnlichkeit damit. Wie in der Medizin sind wir nie sicher, ob wir die Wahrheit entdeckt haben, vielmehr sind wir gerade so sehr von der Richtigkeit einer bestimmten Antwort überzeugt, dass wir uns einstweilen daran halten, in dem Wissen, dass wir womöglich später unsere Meinung ändern müssen. Ebenfalls wie in der Medizin endet unsere Arbeit nicht, sobald die Grundlagenforschung erledigt und die Schlüsselidee bewiesen ist; anschließend beginnt der Prozess der Umsetzung dieser Idee in der realen Welt.

In gewisser Hinsicht ist dieses Buch eine Art Bericht »von der Front«, wo diese Forschung stattfindet: Was sagen uns die besten wirtschaftswissenschaftlichen Arbeiten von heute über die grundlegenden Probleme, mit denen unsere Gesellschaften kämpfen? Wir beschreiben, was die besten Ökonomen der Gegenwart über die Welt denken; nicht nur ihre Schlussfolgerungen, sondern auch, wie sie zu diesen gelangten, wobei sie sich unentwegt darum bemühen, Tatsachen und Hirngespinste, kühne Annahmen und solide Ergebnisse, Hoffnungen und gesichertes Wissen auseinanderzuhalten.

Es ist wichtig, dass wir bei diesem Projekt menschliche Bedürfnisse und Wünsche und das, was ein gutes Leben ausmacht, in einem weiten Sinne verstehen. Wirtschaftswissenschaftler neigen zu einem allzu engen Begriff des Wohlbefindens, das sie mit einem gewissen Mindesteinkommen oder mit materiellem Konsum gleichsetzen. Dabei brauchen wir alle viel mehr als das, um ein erfüllendes Leben zu führen: die Achtung der Gemeinschaft, die Freuden enger sozialer Kontakte, Würde, Leichtigkeit, Genuss. Die Fokussierung auf das Einkommen allein ist nicht nur eine bequeme Vereinfachung. Es ist eine verzerrende Sichtweise, die schon viele der gescheitesten Ökonomen in die Irre führte, Entscheidungsträger zu Fehlentscheidungen veranlasste und allzu viele von uns falsche Prioritäten setzen ließ. Sie bringt viele von uns dazu zu glauben, die ganze Welt warte an unserer Tür, um uns unsere gut bezahlten Jobs wegzunehmen. Sie hat dazu geführt, dass viele in westlichen Nationen eine vermeintlich glorreiche Vergangenheit hohen Wirtschaftswachstums zurückbringen wollen. Sie macht uns gleichzeitig zutiefst misstrauisch gegenüber denjenigen, die kein Geld haben, und flößt uns die Angst ein, uns an ihrer Stelle wiederzufinden. Sie lässt den Zielkonflikt zwischen Wirtschaftswachstum und dem Überleben des Planeten so unüberwindlich erscheinen.

Ein produktiveres Gespräch setzt voraus, dass wir den tiefen menschlichen Wunsch nach Würde und menschlichem Kontakt anerkennen und nicht als eine Nebensächlichkeit behandeln, sondern als eine Möglichkeit, einander besser zu verstehen und scheinbar unüberbrückbare Gegensätze zu überwinden. Wenn wir der Menschenwürde wieder den zentralen Stellenwert einräumen, der ihr gebührt, so unsere These in diesem Buch, dann bringt uns dies dazu, unsere wirtschaftlichen Prioritäten und die Art und Weise, wie sich Gesellschaften um ihre Mitglieder – insbesondere die schwächsten und schutzbedürftigsten – kümmern sollten, grundlegend zu überdenken.

Gleichwohl gelangen Sie vielleicht bei einzelnen Themen, mit denen wir uns in diesem Buch beschäftigen, oder auch bei allen zu einer anderen Schlussfolgerung als wir. Wir hoffen, Sie dazu zu bringen, uns nicht reflexartig zuzustimmen, sondern ein kleines bisschen von unseren Methoden zu übernehmen und einige unserer Hoffnungen und Befürchtungen zu teilen, sodass wir zu guter Letzt in einer konstruktiven Weise miteinander ins Gespräch kommen.

KAPITEL 2

# Aus dem Maul des Haifischs

Migration schlägt hohe Wellen, so hohe, dass das Thema gegenwärtig die politische Debatte in vielen europäischen Ländern und in den Vereinigten Staaten beherrscht. Angefangen von Präsident Donald Trumps äußerst wirkungsmächtiger Beschwörung vermeintlicher Horden mordlüsterner mexikanischer Migranten bis zur ausländerfeindlichen Rhetorik der Alternative für Deutschland, des französischen Front National und der Brexit-Anhänger, ganz zu schweigen von den regierenden Parteien in Ungarn und der Slowakei und bis vor einiger Zeit auch in Italien, ist sie vielleicht das beherrschende politische Thema in den reichsten Ländern der Welt. Selbst Politikern aus den etablierten europäischen Parteien fällt es nicht leicht, angesichts der Bedrohung, die sich in ihren Augen auf der anderen Seite des Mittelmeeres zusammenbraut, den liberalen Traditionen, denen sie sich verpflichtet fühlen, treu zu bleiben. In den Entwicklungsländern ist das Phänomen zwar weniger sichtbar, aber die Übergriffe gegen Flüchtlinge aus Simbabwe in Südafrika, die Rohingya-Krise in Bangladesch und das Staatsbürgerschaftsgesetz im indischen Bundesstaat Assam sind für diejenigen, gegen die sie sich richten, gleichermaßen beängstigend.

Woher kommt die Panik? Der Anteil grenzüberschreitender Migranten an der Weltbevölkerung war im Jahr 2017 ungefähr so groß wie im Jahr 1960 oder 1990: 3 Prozent.[14] In die Europäische Union (EU) kommen jährlich im Durchschnitt zwischen 1,5 Millionen und 2,5 Millionen Migranten aus Nicht-EU-Ländern. Zweieinhalb Millionen sind weniger als ein halbes Prozent der EU-Bevölkerung. Die meisten von ihnen sind legale Zuwanderer, Menschen mit Stellenangeboten oder Personen, die zu Familienangehörigen nachziehen. In den Jahren 2015 und 2016 gab es einen ungewöhnlich hohen Zustrom von Flüchtlingen, aber 2018 sank die Zahl der Asylsuchenden in der EU wieder auf 638 000, und nur 38 Prozent der Asylanträge wurde stattgegeben.[15] Dies entspricht etwa einer Person je 2500 EU-Einwohnern. Nicht gerade eine Sintflut.

Rassistische Panikmache aus Angst vor einer »Vermischung der Rassen« und getragen vom Mythos der Reinheit ignoriert die Fakten. Eine Befragung von 22 500 nicht zugewanderten Bürgern aus sechs Ländern, in denen die Zuwanderung eines der Hauptthemen der politischen Debatte ist (Frankreich, Deutschland, Italien, Schweden, Großbritannien und die Vereinigten Staaten), enthüllte massive Fehleinschätzungen bezüglich der Anzahl und der Herkunft von Zuwanderern.[16] So beläuft sich zum Beispiel in Italien der tatsächliche Anteil von Zuwanderern an der Bevölkerung auf 10 Prozent, während dieser Anteil von den Befragten im Durchschnitt auf 26 Prozent geschätzt wird.

Die Befragten haben auch den Anteil muslimischer Einwanderer erheblich überschätzt, ebenso den Prozentsatz derjenigen, die aus dem Nahen Osten und Nordafrika zugewandert sind. Ihrer Meinung nach sind Einwanderer niedriger gebildet, ärmer und mit höherer Wahrscheinlichkeit arbeitslos sowie häufiger auf staatliche Unterstützung angewiesen, als es tatsächlich der Fall ist.

Politiker schüren diese Befürchtungen, indem sie Missbrauch mit den Fakten treiben. Im Vorfeld der französischen Präsidentschaftswahl von 2017 behauptete Marine Le Pen wiederholt, 99 Prozent der Einwanderer seien erwachsene Männer (tatsächlich sind es 58 Prozent) und 95 Prozent der Migranten, die sich in Frankreich ansiedelten, würden »vom Staat umsorgt«, weil sie in Frankreich nicht arbeiteten (in Wirklichkeit waren 55 Prozent der Migranten in Frankreich Erwerbspersonen).[17]

Zwei neuere Experimente zeigen, dass dies eine erfolgversprechende Wahltaktik ist, selbst in einer Welt systematischer Faktenüberprüfung. In einer Studie in den Vereinigten Staaten arbeiteten Forscher mit zwei Gruppen von Fragen. Eine Gruppe zielte darauf ab, die *Meinungen* der Befragten zum Thema Migration in Erfahrung zu bringen, die andere darauf, ihr *Faktenwissen* über die Zahlen und die Merkmale von Migranten abzufragen.[18] Diejenigen, die zuerst die faktenbezogenen Fragen beantworteten, bevor sie nach ihrer Meinung gefragt wurden (und die daher an ihre eigenen verzerrten Wahrnehmungen von Migranten erinnert wurden), waren mit viel höherer Wahrscheinlichkeit gegen Einwanderung. Als man ihnen die tatsächlichen Zahlen nannte, änderte sich zwar ihr Faktenwissen, nicht aber ihre grundsätzliche Einstellung zur Zuwanderung. In Frankreich kam bei einem vergleichbaren Experiment ein ähnliches Ergebnis heraus. Personen, die gezielt Marine Le Pens falschen Behauptungen ausgesetzt wurden, stimmten mit höherer Wahrscheinlichkeit für sie.[19] Leider blieb dies auch dann so, nachdem Le Pens Aussagen vor ihnen einer Faktenüberprüfung unterzogen wurden. Die Wahrheit hat ihre Meinungen nicht beeinflusst. Es genügt bereits, dass Menschen über Migration nachdenken, um sie engstirniger zu machen. Fakten dürfen ihnen nicht in die Quere kommen.

Es gibt einen wichtigen Grund, warum Fakten ignoriert werden, und dieser beruht auf einem ökonomischen Sachverhalt, der anscheinend so vollkommen selbstverständlich ist, dass viele einfach nicht weiter darüber nachdenken, selbst wenn empirische Daten das Gegenteil sagen. Die ökonomische Analyse der Zuwanderung läuft auf einen verlockend einfachen Syllogismus hinaus. Die Welt ist voller armer Menschen, die offensichtlich viel mehr verdienen würden, wenn sie es hierher (wo auch immer dies konkret sein mag) schafften, wo es eindeutig viel besser ist; wenn sie daher die kleinste Chance erhalten, werden sie sich auf den Weg machen und zu uns kommen, und dies wird unsere Löhne senken und die meisten von uns Alteingesessenen schlechter stellen.

Das Bemerkenswerte an diesem Argument ist seine Übereinstimmung mit der Standardformulierung des Gesetzes von Angebot und Nachfrage, wie es im Fach Wirtschaftslehre am Gymnasium unterrichtet wird. Menschen wollen mehr Geld und ziehen daher alle dorthin, wo die Löhne am höchsten sind (das Angebot steigt). Da die Nachfragekurve für Arbeit schräg abfällt, führt der Anstieg des Arbeitskräfteangebots zu niedrigeren Löhnen für alle. Die Zuwanderer werden vielleicht davon profitieren, aber die einheimischen Arbeitnehmer werden dadurch schlechtergestellt. Genau diesen vermeintlich eindeutigen Zusammenhang versucht Präsident Trump auszunutzen, wenn er behauptet, die USA seien »voll«. Das Argument ist so einfach, dass es auf die Rückseite einer sehr kleinen Serviette passt, wie in Abbildung 2.1 zu sehen.

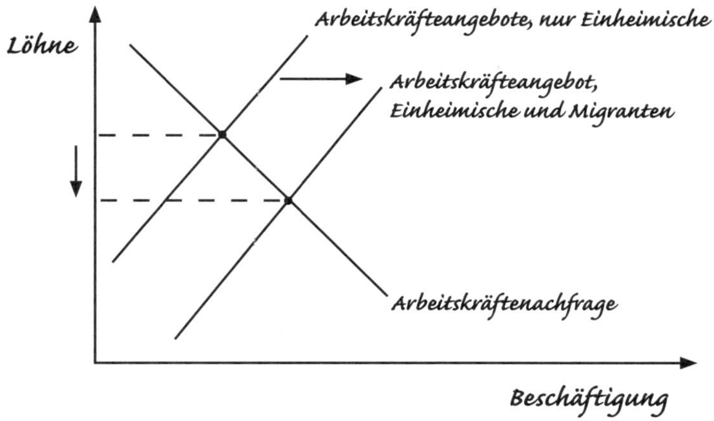


Abbildung 2.1: »Servietten-Ökonomie«. Warum uns Zuwanderer ärmer machen müssen.

Die Logik ist einfach, bestechend und falsch. Erstens haben Lohnunterschiede zwischen Ländern (beziehungsweise, ganz allgemein, Standorten) relativ wenig damit zu tun, ob es Wanderungsbewegungen von Menschen gibt oder nicht. Während offensichtlich viele Menschen den Ort, an dem sie sich gerade aufhalten, verlassen wollen, ist es nach wie vor eine ungelöste Frage, warum so viele andere *nicht* aufbrechen, obwohl sie es könnten.

Zweitens gibt es keine stichhaltigen Belege dafür, dass selbst ein relativ großer Zustrom von geringqualifizierten Migranten der ortsansässigen Bevölkerung einschließlich jener Mitglieder der einheimischen Bevölkerung, die in Bezug auf ihr Qualifikationsniveau den Migranten am ähnlichsten sind, Wohlfahrtseinbußen bescheren wird. Tatsächlich spricht vieles dafür, dass Zuwanderung die meisten Menschen – Zuwanderer ebenso wie Einheimische – besserstellen wird. Dies hat viel mit der besonderen Natur des Arbeitsmarkts zu tun. Der Arbeitsmarkt ist nämlich so beschaffen, dass der übliche Zusammenhang zwischen Angebot und Nachfrage dort nur sehr eingeschränkt gilt.

## Seine Heimat verlassen

Die britisch-somalische Dichterin Warsan Shire schreibt:

> Niemand verlässt seine Heimat, es sei denn
> seine Heimat ist das Maul eines Haifischs
> Du rennst nur zur Grenze,
> wenn du siehst, dass die ganze Stadt dorthin rennt,
> deine Nachbarn rennen schneller als du,
> blutigen Atem in ihren Kehlen,
> der Junge, mit dem du zur Schule gegangen bist,
> der dich hinter der alten Konservenfabrik küsste,
> bis dir schwindlig wurde,
> hält ein Gewehr, das größer ist als er
> Du verlässt deine Heimat nur,
> wenn in deiner Heimat kein Bleiben ist.[20]

Mit ihrer Einschätzung liegt sie sicher richtig. Die hauptsächlichen Fluchtländer – Länder wie Irak, Syrien, Guatemala und auch der Jemen – sind keineswegs die ärmsten Länder der Welt. Das Pro-Kopf-Einkommen im Irak, bereinigt um die Unterschiede in den Lebenshaltungskosten (was die Ökonomen »Kaufkraftparität« nennen), ist etwa zwanzigmal so hoch wie in Liberia und mindestens zehnmal so hoch wie in Mosambik oder Sierra Leone. Trotz eines drastischen Rückgangs des Nationaleinkommens war der Jemen 2016 noch immer dreimal wohlhabender als Liberia (es gibt keine neueren Daten). Mexiko, das Land, auf das Präsident Trump besonders gern eindrischt, ist ein sogenanntes Land mit mittlerem Nationaleinkommen im oberen Bereich, das über ein viel gelobtes und vielfach nachgeahmtes Sozialsystem verfügt.

Die Menschen, die diese Länder verlassen wollen, leben wahrscheinlich nicht in jener extremen Armut, in der der durchschnittliche Einwohner Liberias oder Mosambiks sein Dasein fristet. Vermutlich finden sie ihr Leben vor allem wegen des völligen Normalitätsverlusts im Alltag unerträglich: Die Unvorhersagbarkeit und die Gewalt, die die Drogenkriege in Nordmexiko über sie gebracht haben, die furchtbare Militärjunta in Guatemala und die Bürgerkriege im Nahen Osten. Eine Studie in Nepal kam zu dem Ergebnis, dass selbst schlechte Erntejahre nicht viele Nepalesen dazu bewogen, ihr Land zu verlassen.[21] Tatsächlich wanderten in schlechten Jahren weniger Menschen aus, weil sie sich die Reise nicht leisten konnten. Erst als langjährige Aufstände der maoistischen Rebellenbewegung wieder zu massiver Gewalttätigkeit führten, packten die Menschen ihre Koffer. Sie flohen aus dem Maul des Haifischs. Und wenn das geschieht, ist es praktisch unmöglich, sie aufzuhalten, weil es ihrer Wahrnehmung nach keine Heimat gibt, in die sie zurückkehren könnten.

Selbstverständlich gibt es auch das Gegenteil: Der ehrgeizige Migrant, der sein Land um jeden Preis verlassen will. Das ist Apu, der Protagonist von *Aparajito*, dem zweiten Film aus der wunderbaren

Apu-Trilogie des indischen Regisseurs Satyajit Ray. Er ist hin- und hergerissen zwischen seiner einsamen Mutter in ihrem Heimatdorf und den vielen aufregenden Möglichkeiten, die die Stadt bietet.[22] Dies ist der Einwanderer aus China, der zwei Jobs hat und eisern spart, damit seine Kinder eines Tages an der Universität Harvard studieren können. Wir alle wissen, dass es solche Menschen gibt.

Und dann gibt es diejenigen in der Mitte, die große Mehrzahl derjenigen, die nicht durch extreme innere oder äußere Zwänge zur Auswanderung gedrängt werden. Sie scheinen nicht hinter jedem zusätzlichen Dollar her zu sein. Selbst wenn es keine Grenzkontrollen und keine Einwanderungspolizisten gibt, denen man ausweichen müsste, bleiben sie dort, wo sie sind, zum Beispiel auf dem Land, ungeachtet der großen Lohnunterschiede zwischen ländlichen und städtischen Gebieten *innerhalb desselben Landes*.[23] Bei einer Umfrage unter Slumbewohnern in Delhi, viele davon erst in jüngster Zeit aus Bihar und Uttar Pradesh zugewandert, den beiden riesigen Bundesstaaten östlich von Delhi, kam heraus, dass die durchschnittliche Familie nach Abzug der Kosten für die Unterkunft von etwas mehr als 2 Dollar pro Tag (kaufkraftbereinigt) lebt.[24] Dies ist viel mehr als die unteren 30 Prozent in jenen beiden Bundesstaaten, die kaufkraftbereinigt von weniger als 1 Dollar pro Tag leben. Dennoch haben die übrigen sehr armen Menschen (rund 100 Millionen) nicht beschlossen, nach Delhi zu ziehen, um ihr Einkommen mehr als zu verdoppeln.

Nicht nur in Entwicklungsländern ziehen Menschen nicht um, obwohl sie andernorts bessere wirtschaftliche Bedingungen vorfinden würden. Zwischen 2010 und 2015, dem Höhepunkt der Wirtschaftskrise, die Griechenland erschütterte, sind weniger als 350 000 Griechen ausgewandert.[25] Dies entspricht höchstens 3 Prozent der Bevölkerung Griechenlands, obwohl die Arbeitslosenquote in den Jahren 2013 und 2014 27 Prozent betrug und sich die Griechen als EU-Bürger innerhalb der gesamten EU frei bewegen und überall arbeiten dürfen.

## Die Migrationslotterie

Aber vielleicht ist dieses Verhalten gar nicht so rätselhaft, vielleicht überschätzen wir die Vorteile von Migration. Ein wichtiges allgemeines Problem bei der Einschätzung der mit Migration verbundenen Vorteile besteht darin, dass wir in der Regel nur die Löhne derjenigen betrachten, die sich entschließen, fortzuziehen, und nicht die vielen Gründe, die sie dazu bewogen haben, und die vielen Faktoren, die es ihnen ermöglichten, dies erfolgreich zu tun. Die Auswanderer haben vielleicht besondere Fähigkeiten oder ein ungewöhnliches Durchhaltevermögen und würden daher auch dann, wenn sie in ihrer Heimat blieben, mehr verdienen. Während Migranten viele Dinge erledigen, die keine besonderen Qualifikationen erfordern, verrichten sie oftmals anstrengende, erschöpfende Arbeiten, die großes Durchhaltevermögen und viel Geduld erfordern (man denke nur an den Hausbau oder das Obstpflücken, die Tätigkeiten, die viele Migranten aus Lateinamerika in den Vereinigten Staaten erledigen). Nicht jeder hält dies Tag für Tag durch.

Daher kann man nicht in einer naiven Weise das Einkommen von Migranten mit dem Einkommen derjenigen vergleichen, die in ihrer Heimat bleiben, und schlussfolgern, wie es viele Befürworter von mehr Zuwanderung tun, der Nutzen von mehr Zuwanderung müsse immens sein. Dies ist das, was Wirtschaftswissenschaftler ein *Identifikationsproblem* nennen. Um behaupten zu können, ein Lohnunterschied sei ausschließlich durch den Ortsunterschied und nichts anderes *verursacht*, müssen wir einen eindeutigen Zusammenhang zwischen der Ursache und der Wirkung nachweisen.

Dies lässt sich leicht anhand von Visa-Lotterien erforschen. Gewinner und Verlierer einer Lotterie gleichen einander tendenziell in jeder Hinsicht, abgesehen von diesem einen glücklichen Umstand. Daher kann der Einkommensunterschied, der aus dem Gewinn der Visa-Lotterie resultiert, auf nichts anderes zurückzuführen sein als auf den Wechsel des Wohnorts, den er ermöglicht. Vergleicht man Gewinner und Verlierer der neuseeländischen Visa-Lotterie für Teilnehmer von der winzigen südpazifischen Insel Tonga (die meisten von ihnen sind recht arm), zeigt sich, dass die Gewinner innerhalb eines Jahres nach ihrer Übersiedlung ihr Einkommen mehr als verdreifachten.[26] Am anderen Ende des Einkommensspektrums findet man indische Software-Ingenieure, die in den Vereinigten Staaten eine Anstellung erhielten, weil sie die Visa-Lotterie gewannen: Sie verdienten sechsmal mehr als ihre Kollegen, die in Indien blieben.[27]

## Lavabomben

Das Problematische an diesen Zahlen ist zugleich das, was sie leicht interpretierbar macht: Sie stützen sich auf Vergleiche zwischen denjenigen, die an Visa-Lotterien teilnahmen. Aber diejenigen, die nicht teilnehmen, haben vielleicht ganz andere Merkmale. Vielleicht würde es ihnen wenig bringen, in ein anderes Land auszuwandern, weil sie nicht die richtigen Qualifikationen besitzen. Allerdings gibt es einige sehr aufschlussreiche Studien über Menschen, die aufgrund eines gänzlich zufälligen Ereignisses gezwungen waren, woanders hinzuziehen.

Am 23. Januar 1973 gab es einen Vulkanausbruch auf den Westmännerinseln, einem prosperierenden Fischerei-Archipel vor der Küste Islands. Die 5200 Bewohner der Inselgruppe wurden innerhalb von vier Stunden evakuiert, und nur eine Person starb. Die Eruption dauerte jedoch fünf Monate, und Lava zerstörte etwa ein Drittel der Häuser auf den Inseln. Die zerstörten Häuser befanden sich im östlichen Teil (direkt in Fließrichtung der Lavaströme), hinzu kamen einige Häuser in anderen Gebieten, die zufällig von »Lavabomben« getroffen wurden. Man kann keine »lavafesten« Häuser bauen, und von daher entschieden allein Standort und Pech darüber, welches Haus zerstört wurde. Das östliche Viertel schien in keiner Weise ungewöhnlich zu sein; zerstörte Häuser hatten den gleichen Marktwert wie nicht zerstörte Häuser, und die Bewohner von beiden unterschieden sich nicht. Sozialwissenschaftler nennen dies ein *natürliches Experiment:* Die Natur hat gewürfelt, und wir können mit Sicherheit davon ausgehen, dass zwischen denjenigen, deren Häuser zerstört wurden, und denjenigen, bei denen dies nicht der Fall war, ex ante (vorab) keine Unterschiede bestanden.

Aber anschließend gab es einen wichtigen Unterschied. Diejenigen, deren Häuser zerstört wurden, erhielten einen Geldbetrag, der dem Wert ihres Hauses und ihres Grundstücks entsprach. Mit diesem Geld konnten sie ihr Haus wiederaufbauen, ein anderes Haus kaufen oder fortziehen. 42 Prozent derjenigen, deren Häuser zerstört worden waren, entschlossen sich wegzuziehen (und 27 Prozent derjenigen, deren Häuser nicht zerstört wurden, zogen ebenfalls fort).[28] Island ist ein kleines, aber gut organisiertes Land, und mithilfe von Steuerakten und anderen Archivunterlagen lassen sich die langfristigen ökonomischen Entwicklungspfade sämtlicher ursprünglichen Einwohner der Westmännerinseln nachvollziehen. Umfangreiche genetische Daten erlauben darüber hinaus, jeden Nachfahren der Personen, die von der Eruption betroffen waren, seinen Eltern zuzuordnen.

Durch Auswertung dieser Daten fanden Forscher heraus, dass für jede Person, die zum Zeitpunkt der Eruption unter 25 Jahre alt war, der Verlust eines Hauses zu *erheblichen ökonomischen Gewinnen* führte.[29] Im Jahr 2014 verdienten diejenigen, deren Elternhäuser zerstört worden waren, über 3000 Dollar pro Jahr mehr als diejenigen, deren Elternhäuser nicht zerstört worden waren, obwohl nicht alle von ihnen weggezogen waren. Der Effekt konzentrierte sich auf diejenigen, die zum Zeitpunkt des Vulkanausbruchs jung waren. Dies ist zum Teil darauf zurückzuführen, dass sie mit höherer Wahrscheinlichkeit ein Studium absolviert hatten. Es scheint auch so zu sein, dass die Notwendigkeit wegzuziehen, die Wahrscheinlichkeit erhöhte, dass sie eine Arbeit fanden, in der sie gut waren, statt wie die meisten Bewohner der Westmännerinseln lediglich Fischer zu werden. Dies dürfte für einen jungen Menschen, der noch nicht Jahre investiert hatte, um Fischfang zu lernen, viel leichter gewesen sein. Dennoch mussten die Menschen zum Wegzug gezwungen werden (durch das zufällige »Geschenk« der Lava); diejenigen, die ihre Häuser behielten, blieben überwiegend Fischer, die, wie viele Generationen vor ihnen, gerade so über die Runden kamen.

Ein noch bemerkenswerteres Beispiel für diese Art von Trägheit kommt aus dem Finnland der unmittelbaren Nachkriegsjahre. Da Finnland im Krieg auf der Seite Deutschlands gekämpft hatte, musste es nach dessen Niederlage einen erheblichen Teil seines Territoriums an die Sowjetunion abtreten. Die gesamte Bevölkerung dieses Gebiets, rund 430 000 Menschen, 11 Prozent der Bevölkerung Finnlands, musste in andere Regionen des Landes umgesiedelt werden.[30]

Vor dem Krieg waren diese (späteren) Vertriebenen in der Regel weniger urbanisiert und der Anteil der Personen mit regulärer Beschäftigung war geringer als im Rest der finnischen Bevölkerung, aber ansonsten gab es kaum Unterschiede zwischen ihnen. 25 Jahre später waren diese Vertriebenen trotz der Traumata, die dieser überstürzte und chaotische Aufbruch hinterlassen haben musste, wohlhabender als der Durchschnitt, hauptsächlich deshalb, weil sie mobiler, urbaner und häufiger regulär beschäftigt waren. Die Vertreibung schien ihre Vertäuung gelockert und sie abenteuerlustiger gemacht zu haben.

Die Tatsache, dass es eines Katastrophenszenarios oder eines Krieges bedarf, um Menschen dazu zu bewegen, an einen Ort mit den höchsten Löhnen umzusiedeln, zeigt, dass ökonomische Anreize allein oftmals nicht ausreichend sind, um Menschen zur Migration zu veranlassen.

## Wissen sie es?

Eine Möglichkeit ist selbstverständlich, dass ärmere Menschen sich der Chancen, ihre wirtschaftliche Lage durch Wegziehen zu verbessern, einfach nicht bewusst sind. Ein interessantes Feldexperiment in

Bangladesch verdeutlicht, dass dies nicht der einzige Grund ist, aus dem sie nicht abwandern.

Es gibt keine rechtliche Schranke für Wanderungsbewegungen innerhalb von Bangladesch. Aber selbst während der kargen Jahreszeit, die gemeinhin als *monga* (»Zeit des Hungers«) bezeichnet wird, wenn es in ländlichen Regionen kaum Gelegenheiten zum Gelderwerb gibt, ziehen nur wenige Menschen in die Städte, die im Bau- und Verkehrssektor Erwerbschancen für Geringqualifizierte bieten, oder auch in die benachbarten ländlichen Gebiete, wo sich Feldfrüchte womöglich in einer anderen Vegetationsperiode befinden. Um die Gründe zu verstehen und saisonale Migration zu fördern, entschlossen sich Forscher, in Rangpur im Norden von Bangladesch während der *monga* verschiedene Methoden der Migrationsförderung zu erproben.[31] Einige Dorfbewohner wurden von einer lokalen Nichtregierungsorganisation (NGO) nach dem Zufallsprinzip ausgewählt, entweder Informationen über die Vorteile von Migration (hauptsächlich über die Höhe der Löhne in den Städten) oder die gleichen Informationen plus 11,50 Dollar in bar oder als Kredit zu erhalten (dieser Betrag entsprach ungefähr den Kosten der Reise in die Stadt und zur Deckung des Lebensmittelbedarfs für ein paar Tage), aber nur *wenn sie migrierten.*

Das Angebot veranlasste rund ein Viertel (22 Prozent) aller Haushalte, die es andernfalls nicht getan hätten, eines ihrer Mitglieder loszuschicken. Den meisten derjenigen, die in die Stadt zogen, gelang es, eine Beschäftigung zu finden. Diese Migranten verdienten während ihrer Migration durchschnittlich etwa 105 Dollar, weitaus mehr, als sie verdient hätten, wenn sie zu Hause geblieben wären. Von diesem Geld schickten oder brachten sie 66 Dollar mit zu ihren Familien, die sie zurückgelassen hatten. Infolgedessen nahmen die Familien, die einen Migranten losschickten, im Schnitt erstaunliche 50 Prozent mehr Kalorien zu sich; sie waren nicht länger dem Hungertod nahe, sondern konnten sich ausreichend mit Lebensmitteln versorgen.

Aber warum brauchten die Migranten den zusätzlichen Anstoß von der NGO, um sich zu entschließen, in die Stadt aufzubrechen? Warum genügte es nicht als Anschub, dem Hungertod nahe zu sein?

In diesem Fall ist völlig klar, dass Information nicht der ausschlaggebende Faktor ist. Als die NGO die andere zufällig ausgewählte Gruppe von Menschen nur mit Informationen über die Verfügbarkeit von Stellen (ohne monetären Anreiz) versorgte, hatte diese Unterrichtung allein keinerlei Effekt. Zudem kehrten von den Leuten, die die finanzielle Unterstützung (und die Information) erhielten und die daraufhin die Reise machten, nur etwa die Hälfte in der nächsten *monga*-Saison zurück, obwohl sie eine Stelle gefunden und Geld verdient hatten. Zumindest bei diesen Personen konnten es nicht Zweifel an den Beschäftigungsmöglichkeiten sein, die sie zurückhielten.

Anders gesagt: Ungeachtet der Tatsache, dass diejenigen, die gezwungenermaßen oder aus anderen Motiven migrieren, wirtschaftlich besser dastehen, ist die Annahme, die meisten Menschen würden nur auf eine Gelegenheit warten, um alles aufzugeben und sich auf den Weg in ein reicheres Land zu machen, kaum haltbar. In Anbetracht der Größe der ökonomischen Anreize gibt es viel weniger Migranten, als man erwarten würde. Etwas anderes muss sie zurückhalten – wir werden später auf dieses Rätsel zurückkommen. Zuvor wollen wir uns die Funktionsweise des Arbeitsmarkts für Migranten ansehen und uns insbesondere der Frage zuwenden, ob das, was die Migranten gewinnen, auf Kosten der Einheimischen geht, wie es offenbar viele glauben.

## Alle Boote flottmachen?

Diese Frage ist Gegenstand einer lebhaften Debatte unter Wirtschaftswissenschaftlern, aber insgesamt spricht viel dafür, dass selbst große Zuwanderungsschübe nur einen sehr geringen negativen Effekt auf die Löhne oder die Beschäftigungschancen der Erwerbspersonen in der aufnehmenden Gesellschaft haben.

Die Debatte geht vor allem deshalb weiter, weil man es normalerweise nicht leicht herausfinden kann. Länder begrenzen Zuwanderung, und ihre Bereitschaft zur Aufnahme von Migranten sinkt insbesondere bei einer schlechten Wirtschaftslage. Migranten stimmen auch mit ihren Füßen ab, und sie neigen verständlicherweise dazu, dorthin zu gehen, wo sich ihnen bessere Möglichkeiten bieten. Bei einer Verknüpfung dieser beiden Gründe erhielte man, wenn man die Beziehung zwischen den Löhnen von Nichtmigranten und dem Anteil von Migranten an der Bevölkerung von Städten in einem Diagramm darstellen würde, eine hübsche ansteigende Gerade, das heißt, je mehr Migranten eine Stadt beherbergt, umso höher die Löhne. Das ist eine gute Neuigkeit für die Zuwanderungsbefürworter, aber vielleicht ist es auch ein ganz und gar trügerischer Zusammenhang.

Um die tatsächlichen Auswirkungen von Zuwanderung auf die Löhne von Einheimischen zu ermitteln, müssen wir uns Veränderungen der Migration ansehen, die keine direkte Reaktion auf die Löhne in dieser Stadt sind. Und selbst das mag noch nicht ausreichen, weil die Privatpersonen und die Unternehmen, die sich gegenwärtig in der Stadt befinden, ebenfalls mit ihren Füßen abstimmen. So könnte es zum Beispiel sein, dass der Zuzug von Migranten so viele einheimische Arbeitskräfte aus der Stadt treibt, dass die Löhne für die Zurückbleibenden nicht sinken. Wenn wir uns nur die Löhne jener Einheimischen ansehen würden, die in den Städten blieben, in denen sich Migranten ansiedelten, würden wir die Nöte derjenigen, die sich zum Wegzug entschlossen, gänzlich außer Betracht lassen. Es ist auch möglich, dass die neue Zuwandererpopulation Firmen in eine Stadt lockt, und zwar zulasten anderer Städte, und wir könnten die Kosten für die Arbeitnehmer in diesen anderen Städten übersehen.

David Card hat in seiner Studie über die Mariel-Bootskrise einige dieser Probleme geschickt zu umgehen versucht.[32] Zwischen April und September 1980 trafen 125 000 Kubaner, die überwiegend ein niedriges bis sehr niedriges Bildungsniveau hatten, in Miami ein, nachdem Fidel Castro unerwartet eine Rede gehalten hatte, in der er ankündigte, sie dürften die Insel verlassen, wenn sie dies wünschten. Die Reaktion ließ nicht lange auf sich warten. Castro hielt die Rede am 20. April, und schon Ende April machten sich die ersten ausreisewilligen Kubaner auf den Weg. Viele der Bootsflüchtlinge ließen sich dauerhaft in Miami nieder. Die Zahl der Erwerbspersonen in Miami stieg um 7 Prozent.

Was geschah nun mit den Löhnen? Um dies herauszufinden, wandte Card den Differenz-von-Differenzen-Ansatz an, wie er später genannt wurde. Er verglich die Lohnentwicklung und die Arbeitslosigkeit von Personen, die bereits länger in Miami ansässig waren, vor und nach dem Eintreffen der Migranten mit den entsprechenden Kurven für die Einwohner in vier »ähnlichen« Städten in den Vereinigten Staaten (Atlanta, Houston, Los Angeles und Tampa). Auf diese Weise wollte er herausfinden, ob die Lohnzuwächse und die Zunahme der Beschäftigung unter den Personen, die beim Eintreffen der *Marielitos* bereits in Miami ansässig waren, niedriger waren als die Lohn- und Beschäftigungszuwächse vergleichbarer Personengruppen in diesen anderen vier Städten.

Card stellte keinen Unterschied fest, weder unmittelbar nach dem Eintreffen der Zuwanderer noch einige Jahre später; die Ankunft der *Marielitos* wirkte sich nicht negativ auf die Löhne der Einheimischen aus. Dies galt auch, als er sich spezifisch die Löhne kubanischer Einwanderer ansah, die vor der Bootskrise in die USA übergesiedelt waren und die vermutlich die größten Übereinstimmungen mit der neuen Welle kubanischer Einwanderer aufwiesen und daher durch den Zuzug neuer Immigranten am ehesten Nachteile erleiden würden.

Diese Studie war ein wichtiger Schritt, um eine belastbare Antwort auf die Frage nach den Auswirkungen von Migration zu erhalten: Miami wurde nicht wegen seiner Beschäftigungsmöglichkeiten ausgewählt; es war einfach der von Kuba aus gesehen nächstgelegene Ort für eine Überfahrt in die USA. Die Bootskrise kam unerwartet, sodass Arbeitskräfte und Unternehmen nicht die Möglichkeit hatten, darauf zu reagieren, zumindest nicht auf kurze Sicht (Arbeitskräfte durch Abwanderung, Unternehmen durch Zuzug). Cards Studie war sehr einflussreich, sowohl wegen ihrer Methode als auch wegen ihrer Schlussfolgerungen. Er wies als Erster nach, dass das Modell von Angebot und Nachfrage möglicherweise nicht eins zu eins auf Immigration anwendbar ist.

Zweifellos aufgrund dessen wurde die Studie auch intensiv diskutiert, wobei zahlreiche Gegenargumente vorgebracht wurden, die ihrerseits Entgegnungen hervorriefen. Vielleicht hat keine andere empirische wirtschaftswissenschaftliche Studie für so heftige Diskussionen gesorgt und die Gemüter dermaßen erhitzt. Ein langjähriger Kritiker der Studie über die Mariel-Bootskrise ist George Borjas, ein lautstarker Befürworter einer Politik der Abschottung gegen geringqualifizierte Migranten. Borjas hat das Mariel-Ereignis erneut analysiert, dabei eine größere Anzahl von Vergleichsstädten einbezogen und sich spezifisch auf die nicht hispanoamerikanischen männlichen Highschool-Abbrecher konzentriert, mit dem Argument, sie seien die Gruppe, um die wir uns am meisten Sorgen machen sollten.[33] In dieser Stichprobe stellte er fest, dass die Löhne nach dem Eintreffen der Bootsflüchtlinge steil zu sinken begannen, was in den Vergleichsstädten nicht der Fall war. Aber eine anschließende abermalige Analyse zeigte, dass diese neuen Ergebnisse wiederum auf den Kopf gestellt werden, wenn Daten über hispanoamerikanische Highschool-Abbrecher (die eigentlich die naheliegendste Vergleichsgruppe für kubanische Migranten wären, aber aus irgendeinem Grund von Borjas nicht berücksichtigt werden) und Frauen (die Borjas ebenfalls ohne nachvollziehbaren Grund ausklammert) einbezogen werden.[34] Weitere Studien haben beim Vergleich von Miami mit einer anderen Gruppe von Städten, in denen die Trends bei Löhnen und Beschäftigung ganz ähnlich waren wie in Miami vor dem Eintreffen der Mariel-Bootsflüchtlinge, ebenfalls keine Lohn- oder Beschäftigungseffekte festgestellt.[35] Borjas ist jedoch noch immer nicht überzeugt, und die Debatte über die Mariel-Bootskrise geht weiter.[36]

Wenn Sie aus all dem nicht recht klug werden, sind Sie nicht allein. Um es ganz unverblümt zu sagen: Es ist nicht hilfreich, dass Wissenschaftler mit gegensätzlichen Ansichten stets auf ihren Standpunkten beharren und dass die Meinungen sich anscheinend mit ihren jeweiligen politischen Anschauungen decken. So oder so ist es unvernünftig, die Zukunft der Migrationspolitik von einem Ereignis abhängig zu machen, das sich vor dreißig Jahren in einer Stadt ereignete.

Glücklicherweise versuchte unter dem Eindruck von Cards Studie eine Reihe anderer Wissenschaftler, ähnliche Ereignisse zu identifizieren, bei denen Migranten oder Flüchtlinge praktisch ohne Vorwarnung in einem Land eintrafen und keine Kontrolle über das Zielland ihrer Auswanderung hatten. Es gibt eine Studie, die die Rückführung von Algeriern europäischer Abstammung nach der Unabhängigkeit Algeriens von Frankreich im Jahr 1962 untersuchte.[37] Eine andere Studie betrachtete die massive Einwanderung aus der Sowjetunion nach Israel, nachdem die Sowjetunion 1999 die Auswanderungsbeschränkungen aufhob; diese erhöhte die Einwohnerzahl Israels im Zeitraum von nur vier Jahren um 12 Prozent.[38] Eine weitere Studie untersuchte die Auswirkungen des massiven Zuzugs europäischer Einwanderer in die Vereinigten Staaten im Zeitalter der großen Migration (1910–1930).[39] In all diesen Fällen stellten die Forscher nur sehr geringe negative Auswirkungen auf die einheimische Bevölkerung fest. Tatsächlich waren die Folgen manchmal positiv. So haben zum Beispiel europäische Einwanderer in den Vereinigten Staaten die Gesamtbeschäftigung in der einheimischen Bevölkerung ansteigen lassen, die Wahrscheinlichkeit erhöht, dass Einheimische Vorarbeiter oder Abteilungsleiter werden, und die industrielle Produktion gesteigert.

Es gibt auch Erkenntnisse über die Folgen des Zuzugs von Flüchtlingen aus der ganzen Welt für die einheimische Bevölkerung in Westeuropa aus jüngerer Vergangenheit. Eine besonders interessante Studie betrachtet die Situation in Dänemark.[40] Dänemark ist in vielerlei Hinsicht ein bemerkenswertes Land; so führen die Behörden detaillierte Aufzeichnungen über jeden Einwohner Dänemarks. Früher wurden Flüchtlinge ohne Rücksicht auf ihre Präferenzen oder ihre Fähigkeit, Arbeit zu finden, auf verschiedene Städte aufgeteilt. Entscheidend war allein die Verfügbarkeit von Sozialwohnungen und die Fähigkeit der Behörden, ihnen bei der Eingewöhnung zu helfen. Zwischen 1994 und 1998 kam es zu einem Einwanderungszustrom aus so unterschiedlichen Ländern wie Bosnien, Afghanistan, Somalia, Irak, Iran, Vietnam, Sri Lanka und Libanon, und die Einwanderer waren schließlich mehr oder minder zufällig über ganz Dänemark verstreut. Als die administrative Wohnsitzzuweisung im Jahr 1998 abgeschafft wurde, zogen die meisten Migranten dorthin, wo sich bereits andere Mitglieder ihrer ethnischen Gemeinschaft aufhielten. Daher siedelten sich zum Beispiel neuankommende irakische Migranten vornehmlich dort an, wo die erste Gruppe irakischer Einwanderer mehr oder minder zufällig gelandet war. Folglich erhielten einige Orte in Dänemark schließlich viel mehr Migranten als andere, und zwar aus keinem anderen Grund als dem, dass sie zwischen 1994 und 1998 freie Ansiedlungskapazitäten gehabt hatten.

Diese Studie kam zu dem gleichen Ergebnis wie die älteren Studien. Der Vergleich der Entwicklung von Löhnen und Beschäftigung von geringqualifizierten Einheimischen in Städten, die diesem zufälligen Zuzug von Migranten ausgesetzt waren, mit derjenigen in anderen Städten erbrachte keine Belege für negative Auswirkungen.

Jede dieser Studien deutet darauf hin, dass geringqualifizierte Zuwanderer im Allgemeinen die Löhne und das Beschäftigungsniveau der Einheimischen nicht negativ beeinflussen. Aber der rhetorische Eifer in der gegenwärtigen politischen Debatte, unabhängig davon, ob er von den Fakten gestützt wird, erschwert es, über die politischen Grabenkämpfe hinauszublicken und die Menschen zu sehen, um die es in dieser Debatte geht. Wo ist dann eine ruhige, besonnene Stimme zu finden? Leser, die sich für die feinsinnige Kunst der Konsensbildung in den Wirtschaftswissenschaften interessieren, sollten sich vielleicht Seite 267 des (kostenlosen) Berichts über die wirtschaftlichen Auswirkungen der Einwanderung zu Gemüte führen, der von der US National Academy of Science herausgegeben wurde, der renommiertesten Wissenschaftsorganisation in den USA.[41] Von Zeit zu Zeit beruft die National Academy Expertengremien ein, damit sie den wissenschaftlichen Konsens zu einem Thema zusammenfassen. Dem Expertengremium für den Einwanderungsbericht gehörten einige Zuwanderungsbefürworter und einige Zuwanderungsskeptiker an (darunter auch George Borjas). Die Experten mussten sicherstellen, dass sie das Gute, das Schlechte und das Unangenehme berücksichtigten, und ihre verschachtelten Sätze holen oftmals sehr weit aus, aber ihre Schlussfolgerung ist so unmissverständlich, wie man es von einer Gruppe von Wirtschaftswissenschaftlern überhaupt nur erwarten kann:

> »Empirische Forschungen in den letzten Jahrzehnten deuten darauf hin, dass die Ergebnisse weiterhin im Großen und Ganzen mit denjenigen im New Americans National Research Council (1997) übereinstimmen; demnach sind die Auswirkungen der Immigration auf die Löhne von Einheimischen, über einen Zeitraum von über 10 Jahren gemessen, insgesamt sehr gering.«

## Was ist an Einwanderern so besonders?

Warum gilt die klassische Theorie von Angebot und Nachfrage (je größer das Angebot an einem Gut, umso geringer dessen Preis) nicht für die Zuwanderung? Es ist wichtig, dieser Frage auf den Grund zu gehen, denn selbst wenn es eindeutig zutrifft, dass die Löhne von Geringqualifizierten durch Zuwanderung nicht gedrückt werden, werden wir uns immer fragen, ob vielleicht besondere Umstände vorlagen oder die Daten womöglich nicht repräsentativ sind, wenn wir die *Ursache* dafür nicht kennen.

Es zeigte sich, dass eine Reihe von Faktoren relevant sind, die das einfache Modell von Angebot und Nachfrage unter den Teppich kehrt. Erstens verschiebt der Zuzug einer neuen Gruppe von Arbeitskräften die Nachfragekurve in der Regel nach rechts, was dazu beiträgt, den Effekt der Abwärtsneigung wettzumachen. Die Neuankömmlinge geben Geld aus: Sie gehen in Restaurants, sie gehen zum Friseur, sie gehen einkaufen. Dies schafft Arbeitsplätze, größtenteils solche für andere Geringqualifizierte. Wie in Abbildung 2.2 dargestellt, erhöht dies tendenziell ihre Löhne und kompensiert unter Umständen die Verschiebung des Arbeitskräfteangebots.

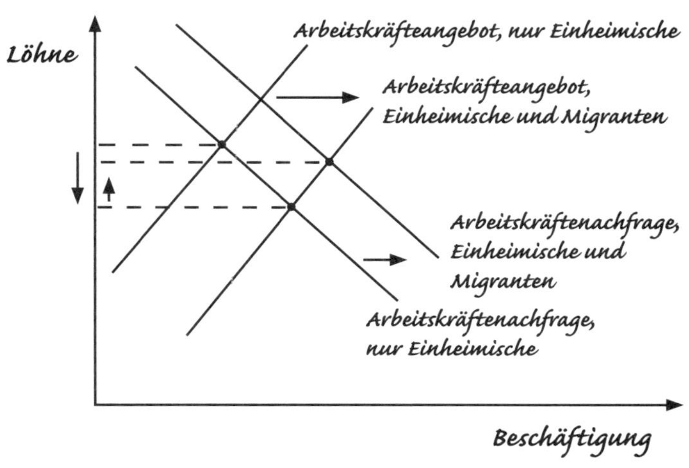


Abbildung 2.2: Korrigierte »Servietten-Ökonomie«. Warum mehr Migranten nicht immer zu niedrigeren Löhnen führen

Tatsächlich gibt es Hinweise darauf, dass Migration bei Schließung des Nachfragekanals tatsächlich den »erwarteten« negativen Effekt auf Einheimische hat. Für eine kurze Zeit wurde tschechischen Arbeitskräften erlaubt, jenseits der Grenze, in Deutschland, zu arbeiten. Auf dem Höhepunkt waren bis zu 10 Prozent der Erwerbstätigen in den deutschen Grenzgemeinden Pendler aus der Tschechischen Republik. Die Löhne der Einheimischen änderten sich kaum, als dies geschah, aber die Beschäftigungsquote der Einheimischen ging stark zurück, weil im Unterschied zu allen anderen Fallbeispielen, die wir oben diskutiert haben, die Tschechen ihren Verdienst in ihrer Heimat ausgaben. Aus diesem Grund sind die Folgewirkungen auf die Arbeitskräftenachfrage in Deutschland nicht eingetreten. Die Migranten kurbeln das Wachstum in ihren neuen Gemeinden wohl nur dann an, wenn sie ihren Verdienst auch dort ausgeben; wenn sie das Geld mit zurück in ihre Heimat nehmen, gehen die wirtschaftlichen Vorteile der Migration für die aufnehmende Gesellschaft verloren.[42] Dann befinden wir uns wieder in der Situation in Abbildung 2.1, wo wir uns auf einer abwärts geneigten Arbeitskräftenachfragekurve bewegen, ohne dass es zu einer kompensierenden Verschiebung der Arbeitskräftenachfrage kommt.

Ein zweiter Grund, warum die Migration von Geringqualifizierten womöglich die Arbeitskräftenachfrage in die Höhe treibt, besteht darin, dass sie den Prozess der Mechanisierung verlangsamt. Die Aussicht auf ein verlässliches Angebot an Niedriglohnempfängern macht es weniger attraktiv, arbeitssparende Technologien einzuführen. Im Dezember 1964 wurden mexikanische landwirtschaftliche Tagelöhner, die *braceros*, aus Kalifornien ausgewiesen, eben mit der Begründung, sie würden die Löhne einheimischer Kalifornier drücken. Aber ihre Ausweisung hat den Einheimischen in keiner Weise geholfen: Löhne und Beschäftigung stiegen nicht.[43] Dies ist darauf zurückzuführen, dass unmittelbar nach der Ausweisung der *braceros* Farmen in Regionen, die in hohem Maße von ihnen abhängig gewesen waren, zwei

Dinge taten. Erstens mechanisierten sie die Produktion. Zum Beispiel gab es bereits seit den 1950er-Jahren Erntemaschinen für Tomaten, die die Produktivität pro Arbeiter verdoppeln konnten, aber diese wurden nur sehr langsam eingeführt. Die Adoptionsraten stiegen in Kalifornien von fast 0 Prozent im Jahr 1964 auf 100 Prozent im Jahr 1967, dem Jahr, in dem die *braceros* ausgewiesen wurden, während sich in Ohio, wo es praktisch keine *braceros* gegeben hatte, die Adoptionsrate nicht änderte. Zweitens bauten sie keine Nutzpflanzen mehr an, für die keine Maschinen zur Verfügung standen. So haben die Farmer in Kalifornien zumindest vorübergehend solche Köstlichkeiten wie Spargel, frische Erdbeeren, Kopfsalat, Sellerie und Einlegegurken nicht mehr angebaut.

Damit in engem Zusammenhang steht ein dritter Punkt: Arbeitgeber wollen vielleicht die Produktion reorganisieren, um die neuen Arbeitskräfte effektiv zu nutzen, wodurch sich neue Beschäftigungsmöglichkeiten für die geringqualifizierten einheimischen Arbeitskräfte auftun können. In dem dänischen Migrationsbeispiel haben geringqualifizierte dänische Arbeitskräfte auf längere Sicht von dem Zuzug von Migranten profitiert, unter anderem deshalb, weil dieser ihnen ermöglichte, einer anderen Beschäftigung nachzugehen.[44] In Gebieten mit mehr Zuwanderern sind mehr niedrigqualifizierte Arbeitskräfte von manuellen auf nicht manuelle Tätigkeiten umgestiegen und wechselten ihren Arbeitgeber. Dabei wechselten sie zugleich auf Arbeitsplätze mit komplexeren Aufgaben, die mehr Kommunikation und Fachwissen erforderten; dies steht in Einklang mit der Tatsache, dass die Zuwanderer bei ihrer Ankunft kaum Dänisch sprachen und daher nicht mit Einheimischen um diese Stellen konkurrieren konnten. Die gleiche Art von beruflicher Aufwertung ereignete sich auch während der großen europäischen Auswanderung in die Vereinigten Staaten Ende des 19. und Anfang des 20. Jahrhunderts.

Dies deutet ganz allgemein darauf hin, dass geringqualifizierte Einheimische und Zuwanderer nicht zwangsläufig direkt miteinander konkurrieren. Sie werden vielleicht verschiedene Aufgaben erledigen, wobei sich die Einwanderer auf Aufgaben spezialisieren, die weniger Kommunikation erfordern, und die Einheimischen auf Aufgaben mit hohen kommunikativen Anforderungen. Die Verfügbarkeit von Einwanderern wird Unternehmen möglicherweise sogar ermuntern, mehr Arbeitskräfte einzustellen; die Einwanderer erledigen die einfacheren Tätigkeiten, und die Einheimischen steigen auf komplementäre, einträglichere Tätigkeiten um.

Viertens können Migranten einheimische Arbeitskräfte noch auf eine andere Weise ergänzen – statt mit ihnen zu konkurrieren: Sie sind bereit, Tätigkeiten zu verrichten, die Einheimische nur widerwillig übernehmen; sie mähen Rasen, sie braten Hamburger, sie betreuen Kleinkinder oder Kranke. Bei einer steigenden Zahl von Migranten sinkt der Preis dieser Dienstleistungen tendenziell, was den einheimischen Arbeitskräften hilft und ihnen ermöglicht, andere Stellen anzunehmen.[45] Insbesondere hochqualifizierte Frauen sind bei einem hohen Angebot an Arbeitsmigranten eher in der Lage, eine Arbeit aufzunehmen.[46] Der Eintritt von hochqualifizierten Frauen in den Arbeitsmarkt wiederum kurbelt die Nachfrage nach geringqualifizierten Arbeitskräften (für Kinderbetreuung, Verpflegung, Reinemachen) zu Hause oder in den Firmen an, die sie leiten oder als Inhaberinnen führen.

Die Auswirkungen von Zuwanderung werden auch in maßgeblicher Weise davon abhängen, wer die Migranten sind. Wenn die Geschäftstüchtigsten aufbrechen, gründen sie womöglich Unternehmen, die Stellen für die Einheimischen schaffen. Wenn sich diejenigen auf den Weg machen, die besonders schlecht qualifiziert sind, werden sie sich vielleicht der undifferenzierten Masse anschließen müssen, mit der niedrigqualifizierte einheimische Arbeitskräfte konkurrieren müssen.

Wer auswandert, hängt in der Regel davon ab, welche Schranken Migranten überwinden müssen. Als Präsident Trump den Migranten aus »Drecksländern« die guten Einwanderer aus Norwegen gegenüberstellte, wusste er wohl nicht, dass vor langer Zeit norwegische Einwanderer zu jenen »geknechteten Massen« gehörten, von denen Emma Lazarus sprach.[47] Tatsächlich gibt es eine Fallstudie über norwegische Einwanderer in die Vereinigten Staaten während des Zeitalters der Massenmigration, im späten 19. und frühen 20. Jahrhundert.[48] Damals war der Preis für die Überfahrt das einzige Migrationshindernis. Die Studie verglich Familien von Migranten mit den Familien, in denen niemand auswanderte. Sie fand heraus, dass Migranten tendenziell aus den ärmsten Familien stammten; ihre Väter waren erheblich ärmer als der Durchschnitt. Norwegische Migranten waren also genau die Art von Menschen, die Trump instinktiv gern fernhalten würde. Das ist eine dieser hübschen Ironien, die Historikern (und Ökonomen) so gefallen. Für Trump wären die Norweger also die »Drecksleute« ihrer Zeit gewesen.

Dagegen benötigen diejenigen, die heute aus armen Ländern auswandern, das Geld, um die Reisekosten zu bestreiten, und den Mut (oder die höheren Abschlüsse), der erforderlich ist, um ein System der Einwanderungskontrolle zu überwinden, das sie tendenziell abzuweisen sucht. Aus diesem Grund besitzen viele von ihnen außergewöhnliche Fähigkeiten – Kompetenzen, Ehrgeiz, Geduld und Durchhaltevermögen –, die ihnen helfen, Arbeitsplätze zu schaffen oder Kinder großzuziehen, die einmal Arbeitsplätze schaffen werden. Ein Bericht des Center for American Entrepreneurship kam zu dem Ergebnis, dass im Jahr 2017 215 der – nach Umsatz – 500 größten US-Unternehmen (die Fortune-500-Liste) von Einwanderern oder den Kindern von Einwanderern gegründet oder mitgegründet worden waren. Zudem waren 13 der größten 25 Unternehmen und 20 der größten 35 Unternehmen von Einwanderern gegründet worden, ebenso neun der 13 wertvollsten Marken.[49] Henry Ford war der Sohn eines irischen Einwanderers. Steve Jobs' biologischer Vater stammte aus Syrien, Sergey Brin wurde in Russland geboren. Jeff Bezos hat seinen Namen von seinem Stiefvater, dem kubanischen Einwanderer Mike Bezos.

Und selbst diejenigen, die nicht von Anfang an eine besondere Begabung besitzen, können sich aufgrund der Tatsache, dass sie Einwanderer in einer fremdländischen Umgebung sind und nicht über die sozialen Bindungen verfügen, die das Leben bereichern, aber auch der zielstrebigen Verfolgung der eigenen Berufswünsche Schranken auferlegen können, befreit fühlen, etwas Neues und Andersartiges auszuprobieren. Abhijit kennt viele bengalische Männer aus der Mittelschicht, die, wie er, bevor sie ihre Heimat verließen, ihr Geschirr nie selbst spülten. Aber als sie sich, knapp bei Kasse und mit sehr viel freier Zeit, in einer britischen oder amerikanische Kleinstadt wiederfanden, haben sie schließlich in einem lokalen Restaurant die Tische abgeräumt und festgestellt, dass ihnen eine manuelle Tätigkeit doch lieber war als der Bürojob, den sie sich zunächst gewünscht hatten. Das Gegenteil geschah vielleicht mit den Isländern, für die eine berufliche Zukunft als Fischer vorgezeichnet zu sein schien und die, nachdem sie in einer unvertrauten Umgebung gelandet waren, wo viel mehr Menschen studierten, zu dem Schluss gelangten, dies wäre vielleicht doch keine so schlechte Idee.[50]

Ein sehr großes Problem der Analyse der Immigration in Kategorien von Angebot und Nachfrage besteht darin, dass der Zuzug die Nachfrage nach Arbeitskräften zur gleichen Zeit erhöht wie das Angebot an Arbeitskräften. Dies ist ein Grund, warum die Löhne nicht sinken, wenn die Anzahl der Migranten zunimmt. Ein tieferes Problem liegt in der Natur der Arbeitsmärkte selbst: Angebot und Nachfrage sind schlichtweg keine sehr gute Beschreibung ihrer Funktionsweise.

## Arbeitskräfte und Wassermelonen

Wenn man am frühen Morgen durch Dhaka, Delhi oder Dakar fährt, fallen einem manchmal Gruppen von Menschen auf, überwiegend Männer, die in der Nähe größerer Kreuzungen auf den Gehsteigen kauern. Es sind Tagelöhner, die darauf warten, dass sie von jemandem, der sie für Arbeiten benötigt, oftmals im Bausektor, aufgelesen werden.

Für einen Sozialwissenschaftler bemerkenswert ist jedoch die Tatsache, wie selten solche Märkte für körperliche Arbeit sind. Wenn man bedenkt, dass im Großraum Delhi fast 20 Millionen Menschen leben, sollte man meinen, dass praktisch an jeder Straßenecke eine solche Gruppe zu finden wäre. Tatsächlich muss man sich umsehen, um sie zu finden.

Schilder mit Stellenanzeigen sind in Delhi oder Dakar ebenfalls relativ selten. Es gibt eine Vielzahl von Stellenanzeigen auf Websites und Jobbörsen, doch die meisten dieser Stellen sind für den einfachen ländlichen Ziegenhirten unerreichbar. Dagegen hängen in der Bostoner U-Bahn jede Menge Stellenanzeigen, aber diese fordern Interessenten auf, ein äußerst kniffliges Problem zu lösen, um ihre Intelligenz unter Beweis zu stellen. Sie suchen Arbeitskräfte, wollen es ihnen jedoch nicht allzu leicht machen. Darin spiegelt sich eine grundlegende Besonderheit von Arbeitsmärkten wider.

Das Einstellen von Mitarbeitern unterscheidet sich aus mindestens zwei Gründen von dem Kauf zum Beispiel von Wassermelonen auf einem Großmarkt. Zum einen dauert die Beziehung zu einem Arbeitnehmer viel länger als zum Verkäufer eines Sacks Wassermelonen; man kann den Lieferanten nächste Woche wechseln, wenn man mit den Melonen, die man bekommen hat, nicht zufrieden ist. Aber selbst dort, wo Gesetze die Entlassung eines Arbeitnehmers nicht erschweren, ist die Kündigung eines Mitarbeiters eine unangenehme Sache und möglicherweise sogar gefährlich, wenn der verärgerte Mitarbeiter wütend wird. Aus diesem Grund stellen die meisten Unternehmen nicht einfach irgendjemanden ein, der bereit ist, für sie zu arbeiten. Sie treibt die Frage um, ob der Mitarbeiter rechtzeitig zur Arbeit erscheinen, ob seine Leistung zufriedenstellend sein wird, ob er sich mit Kollegen streiten, einen wichtigen Kunden beschimpfen oder eine teure Maschine kaputt machen wird. Zweitens lässt sich die Qualität einer Arbeitskraft schwerer beurteilen als die von Wassermelonen (die professionelle Wassermelonenverkäufer offensichtlich sehr gut einschätzen können).[51] Ungeachtet dessen, was Karl Marx behauptete, ist Arbeit keine gewöhnliche Ware.[52]

Daher müssen sich Unternehmen eine gewisse Mühe geben, um Näheres über die Person in Erfahrung zu bringen, die sie einstellen wollen. Im Falle höher bezahlter Arbeitskräfte bedeutet dies, dass sie Zeit und Geld für Vorstellungsgespräche, Tests, Prüfung von Referenzen und so weiter aufwenden müssen. Dies ist sowohl für die Unternehmen als auch für die Bewerber kostspielig und scheint zugleich weltweit üblich zu sein. Eine Studie in Äthiopien fand heraus, dass selbst die Bewerbung auf eine mittlere Sachbearbeiterposition mehrere Tage und wiederholte Anfahrten erfordert. Jede Bewerbung kostete den Bewerber ein Zehntel des Monatslohns, den er verdienen würde, und hatte sehr geringe Erfolgsaussichten. Dies war ein Grund dafür, dass sich nur wenige Personen bewarben.[53] Eben deshalb lassen Unternehmen bei Niedriglohnbeziehern das Bewerbungsgespräch oftmals aus und verlassen sich auf die Empfehlung von jemandem, dem sie vertrauen. Vergleichsweise wenige Unternehmen stellen Bewerber ein, die einfach hereinplatzen und nach Arbeit fragen, *selbst wenn sie sagen, dass sie sich mit einem niedrigeren Lohn begnügen würden.* Dies widerspricht selbstverständlich der Standardtheorie von Angebot und Nachfrage. Aber es ist zu kostspielig, sich in einer Situation wiederzufinden, in welcher der Arbeitgeber womöglich einen Mitarbeiter wieder loswerden will. In einer bemerkenswerten Studie haben sich Forscher, die in Äthiopien nach Firmen suchten, die bereit waren,

Stellenbewerber zu randomisieren, an über 300 Firmen gewandt, ehe sie fünf fanden, die bereit waren, an dem Experiment teilzunehmen.[54] Es handelte sich dabei um Stellen, für die es keiner besonderen Qualifikationen bedurfte, dennoch wollten die Firmen eine gewisse Kontrolle über diejenigen behalten, die sie einstellten. Bei anderen Studien in Äthiopien kam heraus, dass 56 Prozent der Firmen selbst für einfache Handlangertätigkeiten von den Bewerbern Berufserfahrung erwarten,[55] und es ist auch üblich, eine Empfehlung von einem Arbeitgeber zu verlangen.[56]

Dies hat mehrere weitreichende Konsequenzen. Erstens sind langjährige Mitarbeiter sehr viel besser gegen Konkurrenz durch Neulinge geschützt, als es uns ein reines Angebot-Nachfrage-Modell glauben machen will. Ihr gegenwärtiger Arbeitgeber kennt sie und vertraut ihnen; langjährige Betriebszugehörigkeit ist ein riesiger Vorteil. Aus Sicht eines Migranten ist dies eine schlechte Nachricht. Eine zweite Konsequenz macht alles noch schlimmer. Man denke daran, was ein Arbeitgeber tun kann, um einen leistungsschwachen Arbeitnehmer zu bestrafen; schlimmstenfalls kann er dem Mitarbeiter kündigen. Aber eine Entlassung ist nur dann eine angemessene Bestrafung, wenn der Mitarbeiter mit diesem Job so viel verdient, dass er ihn wirklich behalten will. Wie der spätere Nobelpreisträger Joseph Stiglitz vor vielen Jahren nachwies, ist es nicht im Interesse von Unternehmen, ihren Mitarbeitern gerade jenen Mindestlohn zu zahlen, für den diese arbeiten würden, just um sich nicht in der Lage wiederzufinden, die die alte sowjetische Redensart auf den Punkt bringt: »Sie tun so, als würden sie uns bezahlen, und wir tun so, als würden wir arbeiten.«

Diese Logik besagt, dass der Lohn, den ein Unternehmen zahlen muss, um seinen Mitarbeiter dazu zu bewegen, eine angemessene Leistung zu erbringen, so hoch sein muss, dass es ihn empfindlich trifft, wenn er entlassen wird. Dies ist das, was Ökonomen *Effizienzlohn* nennen. Folglich ist der Unterschied zwischen dem Lohn, den Unternehmen ihren langjährigen Mitarbeitern zahlen, und dem, was sie einem neuen Mitarbeiter zahlen müssen, vermutlich nicht sehr groß, weil sie nicht das Risiko eingehen können, die möglichen Folgen einer zu geringen Entlohnung eines neuen Mitarbeiters tragen zu müssen.[57]

Der Anreiz, einen möglichen Einwanderer zu beschäftigen, wird dadurch noch schwächer. Außerdem wollen Arbeitgeber auch keine großen Lohnunterschiede innerhalb ihrer Betriebe, aus Sorge, die Arbeitsmoral zu schwächen. Es gibt Anhaltspunkte dafür, dass Mitarbeiter Ungleichheit innerhalb von Unternehmen hassen, selbst wenn die Ungleichheit mit Produktivitätsunterschieden zusammenhängt, zumindest dann, wenn der Zusammenhang zwischen Bezahlung und Produktivität nicht unmittelbar offensichtlich und transparent ist.[58] Und unzufriedene Mitarbeiter sind an ihren Arbeitsplätzen nicht produktiv. Dies ist mit ein Grund dafür, dass einheimische Arbeitskräfte nicht schnell durch billigere Einwanderer ersetzt werden.

Diese Diskussion passt gut zu einem anderen Befund aus der oben erwähnten tschechischen Migrationsstudie: Arbeitsplatzverluste für Einheimische waren im Grunde keine Verluste; vielmehr waren sie niedrigere Zugewinne an Stellen (verglichen mit Regionen in Deutschland, in die keine Tschechen zuwanderten).[59] Deutsche Unternehmen ersetzten ihre bestehende Belegschaft nicht durch tschechische Migranten. Diejenigen, die bereits in Deutschland beschäftigt wurden, hatten nach wie vor den Vorteil, dass man mit ihnen vertraut war und sie kannte. Vielmehr geschah Folgendes: Statt neue einheimische Arbeitskräfte einzustellen, die sie nicht kannten, stellten deutsche Unternehmen manchmal Tschechen ein, die sie ebenfalls nicht kannten.

Die Annahme, dass Migranten keine großen Möglichkeiten haben, jene Stellen zu ergattern, die bereits Einheimische innehaben – selbst wenn sie anbieten, sich mit niedrigeren Löhnen zufriedenzugeben –, hilft uns auch zu verstehen, warum Einwanderer oftmals auf Arbeitsplätzen landen, die Einheimische nicht annehmen wollen, oder in

Städten, in die niemand gehen will. Sie nehmen niemandem Arbeitsplätze weg; diese Stellen blieben unbesetzt, wenn keine Migranten bereit wären, sie anzunehmen.

## Die Hochqualifizierten

Bislang haben wir über die Folgen der Zuwanderung geringqualifizierter Arbeitskräfte für die Beschäftigungssituation einheimischer Arbeitskräfte gesprochen. Aber selbst diejenigen, die die Zuwanderung von Geringqualifizierten ablehnen, befürworten in der Regel die Zuwanderung von Fachkräften. Viele der Argumente, die wir vorbrachten, um zu erklären, warum geringqualifizierte Migranten nicht mit geringqualifizierten Einheimischen konkurrieren, gelten nicht für qualifizierte Migranten. Zum einen liegt ihr Gehalt in der Regel weit über dem Mindestlohn. Es mag nicht notwendig sein, ihnen einen Effizienzlohn zu zahlen, weil ihre Tätigkeiten aufregend sind und weil die Chance zu bekommen, diesen Tätigkeiten nachzugehen und sie gut zu machen, schon an sich eine Belohnung ist. Daher hat ein qualifizierter Migrant paradoxerweise mehr Spielraum, um die Löhne von Einheimischen zu unterbieten. Zweitens zählen für den Arbeitgeber bei Fachkräften die fachlichen Kompetenzen eines Bewerbers vergleichsweise erheblich mehr als dessen Persönlichkeit oder Zuverlässigkeit. Die meisten Krankenhäuser, die zum Beispiel eine Krankenpflegekraft einstellen, interessiert vor allem, ob der Bewerber die gesetzlichen Anforderungen für die Stelle erfüllt (insbesondere ob er oder sie die Krankenpflegerprüfung abgelegt und bestanden hat). Wenn eine im Ausland geborene Krankenpflegekraft mit dem richtigen Abschluss für weniger Geld verfügbar ist, hat das Krankenhaus wenig Grund, sich nicht für diese Pflegekraft zu entscheiden. Außerdem stellt niemand solche Arbeitskräfte ein, ohne eine Reihe von Vorstellungsgesprächen und Tests durchzuführen, wodurch unbekannte

Arbeitskräfte bekannten Mitarbeitern oder solchen mit guten Beziehungen gleichgestellt werden.

Daher ist das Ergebnis einer Studie in den Vereinigten Staaten nicht überraschend, nach dem auf jede qualifizierte ausländische Krankenpflegekraft, die in einer Stadt beschäftigt wird, zwischen eine und zwei Krankenpflegekräfte weniger kommen, die im Inland geboren sind.[60] Dies hängt zum Teil damit zusammen, dass im Inland geborene Auszubildende in der Krankenpflege, die der Konkurrenz von im Ausland geborenen und ausgebildeten Krankenpflegern ausgesetzt sind, nicht bereit sind, die Krankenpflegerprüfung in ihren Bundesstaaten abzulegen.

Daher ist ungeachtet der weitverbreiteten Unterstützung für sie, auch von Personen wie Präsident Trump, die Zuwanderung von Fachkräften unter dem Gesichtspunkt ihrer Auswirkungen auf die inländische Bevölkerung durchaus eine zwiespältige Sache. Sie hilft geringqualifizierten Einheimischen, die von billigeren Dienstleistungen profitieren (die meisten Ärzte, die in den ärmsten Regionen der Vereinigten Staaten Dienst tun, sind Migranten aus Entwicklungsländern), gleichzeitig aber verschlechtern sie die Arbeitsmarktaussichten der inländischen Bevölkerung mit ähnlichen Qualifikationen (Krankenpflegekräfte, Ärzte, Ingenieure und Hochschuldozenten).

## Was für eine Karawane?

Die Mythen über Zuwanderung zerbröckeln. Es gibt keine Belege dafür, dass die Einwanderung geringqualifizierter Arbeitskräfte in reiche Länder Löhne und Beschäftigung der einheimischen Arbeitnehmer drückt. Und Arbeitsmärkte sind auch nicht mit Obstmärkten vergleichbar, das heißt, sie gehorchen nicht den Gesetzen von Angebot und Nachfrage. Aber Zuwanderung ist auch noch aus einem zweiten Grund politisch so brisant: Wegen der Sorge, es gäbe eine überwältigende Zahl potenzieller Einwanderer, Fremde könnten wie eine Flut – eine entfesselte Horde – über uns hereinbrechen, mit einer Kakofonie fremder Sprachen und Sitten, die unsere unberührte homogene Kultur beeinträchtigen würden.

Wie wir sahen, gibt es jedoch schlichtweg keine Anhaltspunkte dafür, dass Horden nur auf eine Gelegenheit warten, an den Gestaden der Vereinigten Staaten (oder Großbritanniens oder Frankreichs) zu landen, und dass sie mit Gewalt (oder mit einer Mauer) davon abgehalten werden müssten, die Grenze zu übertreten. Es ist eine Tatsache, dass Arme es vorziehen, in der Heimat zu bleiben, es sei denn, eine Katastrophe zwingt sie dazu, diese zu verlassen. Sie klopfen nicht an unsere Tür; sie bleiben lieber in ihren Ländern. Sie wollen vielleicht nicht einmal in die Hauptstadt ihres Bundeslands umziehen, weil sie ihnen zu weit weg ist. Menschen in reichen Ländern erscheint dies so kontraintuitiv, dass sie es einfach nicht glauben können, selbst wenn man sie mit den Tatsachen konfrontiert. Wie ist das zu erklären?

## Unvernetzt

Menschen bleiben aus vielen Gründen dort, wo sie sind. All die Faktoren, die es für Neueinwanderer erschweren, mit langjährigen Inländern um Arbeitsplätze zu konkurrieren, halten sie davon ab auszuwandern. Zum einen ist es für einen Zuwanderer nicht leicht, eine auskömmliche Stelle zu finden. Die einzige Ausnahme ist der Fall, in dem der Arbeitgeber ein Verwandter oder ein Freund oder ein Freund eines Freundes oder zumindest ein Angehöriger der gleichen Ethnie ist: Jemand, der den Zuwanderer entweder kennt oder zumindest versteht. Aus diesem Grund zieht es Migranten tendenziell an jene Orte, an denen sie auf soziale Kontakte zurückgreifen können; es ist in der Stadt leichter für sie, eine Stelle zu finden und auf eigenen Füßen zu stehen. Selbstverständlich gibt es eine Vielzahl von Gründen, aus denen die Beschäftigungsaussichten von Migranten aus demselben Herkunftsort im Lauf der Zeit korreliert sind; wenn zum Beispiel ein Dorf ausgezeichnete Klempner hervorbringt, dann werden sowohl gegenwärtige als auch frühere Generationen von Migranten Stellen gefunden haben, und zwar im Klempnerhandwerk. Aber die Anziehungskraft verwandtschaftlicher Beziehungen ist stärker. Kaivan Munshi, Professor an der Universität Cambridge und vielleicht nicht zufälligerweise ein Mitglied der kleinen Gemeinschaft zoroastrischer Inder, auch Parsen genannt, die sich durch einen starken sozialen Zusammenhalt auszeichnet, wies nach, dass mexikanische Migranten gezielt Personen ausfindig machen, die ihnen bekannt sind.[61]

Er stellte fest, dass unzureichender Regen (Katastrophen) unabhängig von den Erwerbschancen in den Vereinigten Staaten Menschen dazu bewogen, Mexiko zu verlassen. Wenn die Regenfälle in einem bestimmten Dorf ausblieben, wanderte eine Gruppe von Menschen ab, um sich andernorts nach Erwerbschancen umzutun. Viele von ihnen landeten schließlich in den Vereinigten Staaten, mit der Folge, dass jemand, der anschließend aus demselben Dorf zuwanderte, bereits Bekannte mit einem sicheren Arbeitsplatz in den USA hatte, die dem Neueinwanderer helfen konnten, eine Stelle zu finden. Kaivan sagte Folgendes vorher: Wenn man zwei Dörfer in Mexiko vergleicht, die dieses Jahr das gleiche Wetter haben, *von denen jedoch eines vor mehreren Jahren eine Dürreperiode durchmachte* (die einige Dorfbewohner dazu veranlasste, auszuwandern), *das andere dagegen nicht*, dann ist es für einen Bewohner des Dorfes mit der vergangenen Dürre leichter, Arbeit zu finden (und auch eine bessere Stelle zu finden), als für den Bewohner des Dorfes, das in der Vergangenheit nicht von einer Dürre heimgesucht wurde. Er ging davon aus, dass die Dürre zu mehr Migranten, mehr erwerbstätigen Migranten und besser bezahlten Migranten führen würde. Genau dies zeigten auch die Daten. Soziale Vernetzung spielt eine entscheidende Rolle.

Das Gleiche gilt für die Umsiedlung von Flüchtlingen; diejenigen, die am ehesten Arbeit finden, sind diejenigen, die an einen Ort geschickt werden, an dem sich bereits viele ältere Flüchtlinge aus demselben Land aufhalten.[62] Diese älteren Flüchtlinge kennen ihre neuen Landsleute in der Regel nicht, aber sie wollen trotzdem helfen.

Beziehungsnetzwerke nützen ganz offensichtlich denjenigen, die sie haben, was aber geschieht mit denen, die sie nicht haben? Sie sind ganz eindeutig im Nachteil. Tatsächlich kann die Anwesenheit einiger Personen, die Empfehlungen vorweisen, die Chancen aller anderen zunichtemachen. Ein Arbeitgeber, der es gewohnt ist, dass sich bei ihm Arbeitskräfte mit Empfehlungen bewerben, ist tendenziell misstrauisch gegenüber allen anderen, die ohne eine solche zu ihm kommen. Dies wissend, wird jeder, der eine Empfehlung bekommen kann, lieber auf diese warten (vielleicht ergibt sich ein persönlicher Kontakt zu einem potenziellen Arbeitgeber; vielleicht gründet ein Freund eine Firma), und nur diejenigen, die wissen, dass sie niemals eine erhalten werden (vielleicht weil sie tatsächlich keine guten Arbeiter sind), werden reihum an Türen klopfen, um Arbeit zu finden. Aber dann würde sich der Arbeitgeber zu Recht weigern, mit ihnen zu sprechen.

In dieser Situation kommt es zu einer Art Marktzusammenbruch *(unraveling)*. Im Jahr 1970 schrieb ein anderer späterer Nobelpreisträger, George Akerlof, der damals gerade promoviert hatte, einen Aufsatz mit dem Titel »The Market for ›Lemons‹« (Der Markt für Schrottkisten), in dem er behauptete, der Markt für Gebrauchtwagen könne auch gleich dichtmachen, weil Besitzer von Gebrauchtwagen einen Anreiz hätten, ihre schlechtesten Kraftfahrzeuge zu verkaufen. Dies löst jene selbstbestätigende Überlegung aus, die wir bereits im Fall der Neulinge auf dem Arbeitsmarkt sahen: Je misstrauischer Käufer gegenüber zum Verkauf angebotenen Gebrauchtwagen werden, umso weniger werden sie dafür zahlen wollen.[63] Das Problem ist folgendes: Je weniger sie zahlen wollen, umso stärker ist der Wille der Eigentümer guter Gebrauchtwagen, diese zu behalten (oder ihre

Wagen an Freunde zu verkaufen, die sie kennen und die ihnen vertrauen). Nur diejenigen, die wissen, dass ihr Auto kurz vor der Schrottreife steht, sind bereit, es auf dem freien Markt zu verkaufen. Dieser Prozess, der dazu führt, dass nur die minderwertigsten Fahrzeuge oder die schlechtesten Arbeitskräfte auf dem Markt landen, wird *adverse Selektion* genannt.[64]

Beziehungen sollen Menschen nützen, aber die Tatsache, dass einige Zugang dazu haben und andere nicht, kann dazu führen, dass ein Markt dysfunktional wird, der gut funktionieren würde, wenn niemand Beziehungen hätte. Die Ausgangsbedingungen sind für alle gleich, wenn niemand Beziehungen hat. Sobald einige Arbeitssuchende Beziehungen haben, kann der Marktmechanismus gestört werden, mit der Folge, dass die meisten Menschen keine Beschäftigung mehr finden.

## Die Annehmlichkeiten der Heimat

Abhijit fragte im Rahmen einer Studie einmal zugewanderte Bewohner eines Slums in Delhi, was ihnen am Leben in der Stadt gefalle.[65] Ihnen gefielen viele Dinge; sie hatten mehr Möglichkeiten, um ihren Kindern eine gute Bildung zukommen zu lassen, die Gesundheitsversorgung war besser und es war leichter, eine Arbeit zu finden. Das Einzige, was ihnen missfiel, war die hohe Umweltverschmutzung. Das ist nicht weiter verwunderlich. Delhi gehört zu den Städten mit der schlimmsten Luftverschmutzung weltweit.[66] Danach gefragt, welche Probleme in ihrem Lebensumfeld vordringlich behoben werden sollten, nannten 69 Prozent Entwässerung und Kanalisation und 54 Prozent beklagten sich über mangelhafte Müllentsorgung. Verstopfte Abwasserleitungen verleihen in Verbindung mit fehlenden Kanalisationsröhren und Müllhaufen den Slums in Indien (und andernorts) ihren unverwechselbaren Geruch: einen beißenden, fauligen Gestank.

Aus naheliegenden Gründen zögern viele Slumbewohner, ihre Familien mitzubringen. Vielmehr kehren sie in ihre Heimatorte zurück, sobald es für sie unerträglich wird, was regelmäßig nach recht kurzer Zeit der Fall ist. Im ländlichen Rajasthan kommt der typische Dorfbewohner, der in die Stadt zieht, um dort Geld zu verdienen, einmal im Monat zurück.[67] Nur eine von zehn Migrationsepisoden dauert länger als drei Monate. Dies bedeutet, dass Migranten tendenziell in der Nähe ihres Heimatorts bleiben, was vermutlich ihre Erwerbsmöglichkeiten und die Kompetenzen, die sie erwerben können, begrenzt.

Aber warum müssen sie in Slums oder unter noch schlimmeren Bedingungen hausen? Warum mieten sie sich nicht eine Unterkunft, die etwas besser ist? Selbst wenn sie es sich leisten könnten, haben sie oftmals gar nicht die Möglichkeit dazu. In vielen Entwicklungsländern fehlen häufig mehrere Sprossen in der Qualitätsleiter des Wohnungsangebots. Die nächsthöhere Stufe über einer Slumbehausung ist vielleicht eine hübsche kleine Wohnung, die völlig unerschwinglich ist.

Das hat seinen Grund. Den meisten Städten in der Dritten Welt fehlt eine bedarfsgerechte Infrastruktur. Laut einem neueren Bericht benötigt allein Indien zwischen 2016 und 2040 Infrastrukturinvestitionen in Höhe von 4,5 Billionen US-Dollar, während Kenia 223 Milliarden US-Dollar und Mexiko 1,1 Billionen US-Dollar benötigt.[68] Dies bedeutet, dass die relativ kleinen Gebiete in den meisten Städten mit ausreichender Infrastruktur von einer enormen Nachfrage profitieren und daher die dortigen Grundstückspreise astronomisch hoch sind. So befinden sich zum Beispiel einige der teuersten Grundstücke der Welt in Indien. Die übrigen Stadtgebiete, die unter einem chronischen Mangel an Investitionen leiden, entwickeln sich demgegenüber in einer planlosen Weise; die Armen siedeln oftmals wild auf Grundstücken, die unbebaut sind, ganz egal, ob diese an die wasserwirtschaftliche Infrastruktur angeschlossen sind. Sie benötigen dringend eine Unterkunft, befürchten aber zugleich, dass man sie jederzeit vertreiben könnte, weil das Grundstück nicht ihnen gehört. Daher errichten sie Behelfsunterkünfte, die die urbane Landschaft wie Narben überziehen. Dies sind die berüchtigten Drittweltslums.

Edward Glaeser hat in seinem wunderbaren Buch *Triumph of the City* die Auffassung vertreten, die Situation werde noch verschlimmert durch Stadtplaner, die keine verdichteten Viertel mit Hochhäusern für die Mittelschicht bauen wollten und stattdessen dem Ideal einer »Gartenstadt« nacheiferten.[69] Indien zum Beispiel hat drakonische Vorschriften über die maximal zulässige Gebäudehöhe erlassen, die viel strenger sind als die Auflagen in Städten wie Paris, New York oder Singapur. Diese Beschränkungen führen zu einer massiven Zersiedelung städtischer Räume und langen Pendelzeiten in den meisten indischen Städten. Das gleiche Problem ist – wenngleich in weniger extremer Form – auch in China und vielen anderen Ländern anzutreffen.[70]

Den Dorfbewohner, der vor der Entscheidung steht, ob er als Geringverdiener in eine Stadt abwandern soll, stellen diese politischen Fehlentscheidungen vor einen wenig beneidenswerten Zielkonflikt. Er kann in einen überfüllten Slum ziehen (wenn er Glück hat), sodass er viele Stunden täglich pendeln muss, oder er findet sich damit ab, Tag für Tag in menschenunwürdigen Verhältnissen unter einer Brücke, auf der Baustelle, auf der er arbeitet, in seiner Rikscha oder unter seinem Lkw oder sogar auf dem Gehsteig zu schlafen, vielleicht nur von der Markise eines Geschäfts gegen die Unbilden des Wetters geschützt. Sollte sie dies noch nicht hinreichend abschrecken, wissen geringqualifizierte Migranten aus bereits diskutierten Gründen, dass ihnen nur solche Tätigkeiten offenstehen, die sonst niemand erledigen will. Wenn man zufälligerweise irgendwo landet oder hingeschickt wird, wo man keine Wahl hat, nimmt man diese Arbeit vielleicht an, aber die Aussicht, Freunde und Verwandte zu verlassen und ans Ende der Welt zu ziehen, um unter einer Brücke zu schlafen, Büroräume zu säubern oder Restauranttische abzuräumen, ist nicht gerade etwas, was einen begeistert. Nur Migranten mit der Fähigkeit, über unmittelbare Hindernisse und Entbehrungen hinauszudenken, und der Entschlossenheit, sich vom Abräumer zum Besitzer einer Restaurantkette hochzuarbeiten, werden in der Regel diese Unannehmlichkeiten auf sich nehmen.

Die Anziehungskraft der Heimat geht über existenzielle Behaglichkeiten hinaus. Arme sind oftmals höchst prekären Lebensverhältnissen ausgesetzt. Ihr Einkommen unterliegt starken Schwankungen, und ihr Gesundheitszustand ist labil; daher sind sie bei Bedarf auf die Hilfe anderer angewiesen. Je stärker man vernetzt ist, umso weniger ist man Notfällen schutzlos ausgeliefert. Vielleicht hat ein Migrant dort, wo er hinziehen will, viele Kontakte, aber dieses Beziehungsgeflecht ist wahrscheinlich da, wo er aufgewachsen ist, größer und stärker. Der Migrant (und seine Familie) könnte den Zugang zu diesem Netz verlieren, wenn sie wegziehen. Folglich werden nur die Verzweifeltsten oder die sehr Wohlhabenden, die sich das Risiko leisten können, abwandern.

Annehmlichkeit und soziale Beziehungen spielen bei Menschen, die sich mit dem Gedanken tragen, in ein anderes Land auszuwandern, die gleiche begrenzende Rolle, nur in noch stärkerer Weise. Wenn sie fortziehen, müssen sie dies oft auf sich allein gestellt tun, und das heißt, dass sie für viele Jahre auf alles, was ihnen vertraut ist oder was ihnen viel bedeutet, verzichten müssen.[71]

## Familienbande

Die Lebensverhältnisse in traditionellen Gemeinschaften sind womöglich ein weiteres wichtiges Migrationshindernis. Der aus der Karibik stammende Ökonom Arthur Lewis, einer der Pioniere des Fachgebiets der Entwicklungsökonomie und Nobelpreisträger des Jahres

1979, präsentierte in einem berühmten Aufsatz aus dem Jahr 1954 das folgende einfache Rechenbeispiel.[72] Angenommen, Tätigkeiten in der Stadt werden mit 100 Dollar pro Woche entlohnt. Im Dorf gibt es keine Erwerbsmöglichkeiten, aber wenn Sie auf der Familienfarm arbeiteten, erhielten Sie einen Anteil an dem Farmeinkommen, das 500 Dollar pro Woche beträgt; wenn Sie jedoch drei Geschwister haben, bekommt jedes 125 Dollar pro Woche. Wenn Sie weggehen, teilen Ihre Brüder nicht mehr mit Ihnen. Warum also sollten Sie fortziehen, insbesondere wenn Sie genauso viele Stunden arbeiten müssten und die Arbeit genauso unangenehm wäre? Lewis erkannte, dass dieses Argument unabhängig davon gilt, ob man auf der Farm gebraucht wird. Angenommen, die Farm würde jede Woche 500 Dollar erwirtschaften, egal ob Sie dort arbeiten oder nicht, Sie könnten jedoch 100 Dollar zu der gemeinsamen Familienkasse beisteuern, wenn Sie in die Stadt zögen. Das würden Sie nicht tun, weil es Ihnen nicht hilft; Sie werden nur ihre 100 Dollar bekommen, und Ihre drei Brüder werden das Farmeinkommen von 500 Dollar unter sich aufteilen. Heute geht es vielleicht nicht mehr um eine Farm; ein familiäres Taxiunternehmen aber könnte Sie in der gleichen Weise in Ihrem Heimatort halten.

Lewis hob hervor, dass jeder in der Familie besser dastehen würde, wenn Ihre Brüder Ihnen zum Beispiel als Ausgleich für den Fortzug 50 Dollar aus dem Farmeinkommen versprechen könnten, sodass Sie insgesamt 150 Dollar verdienen würden, und Ihre drei Brüder hätten dann jeweils ebenfalls 150 Dollar in der Tasche. Doch vielleicht können sie das nicht, oder solche Versprechungen geraten schnell in Vergessenheit. Möglicherweise werden Ihre Brüder, sobald Sie fort sind, bestreiten, dass Sie jemals Teilhaber des Familienunternehmens gewesen sind. Also bleiben Sie, um Ihren Anspruch durchzusetzen. Lewis war daher der Überzeugung, dass die Integration der ländlichen Arbeitskräfte in den produktiveren urbanen Sektor – ob im In- oder im Ausland – zu langsam geschehe. In Lewis' Szenario findet zu wenig Migration statt.

Verallgemeinert bedeutet dies: Beziehungsnetze – und die Familie ist nur ein Beispiel davon – sind dazu da, spezifische Probleme zu lösen, sie fördern jedoch nicht das Gemeinwohl insgesamt. So hat man beispielsweise herausgefunden, dass manche Eltern, die befürchten, im Alter von ihren Kindern im Stich gelassen zu werden, aus strategischem Kalkül zu wenig in die Bildung ihrer Kinder investieren, um zu verhindern, dass diese in die Stadt ziehen. Im indischen Bundesstaat Haryana, nicht allzu weit von Delhi entfernt, taten sich Forscher mit Firmen zusammen, die neue Mitarbeiter für kundenferne Sachbearbeitungstätigkeiten rekrutierten, um Dorfbewohnern Informationen über diese Erwerbsmöglichkeiten zukommen zu lassen.[73] Um eine Stelle zu bekommen, musste man zwei Voraussetzungen erfüllen: in die Stadt umziehen und einen Highschool-Abschluss haben. Für junge Frauen waren die Reaktionen der Eltern auf die Werbekampagnen eindeutig positiv; verglichen mit jungen Frauen in Dörfern, die diese Informationskampagne nicht erreichte, waren Mädchen in Kampagnendörfern besser gebildet, sie heirateten später, und, was vielleicht noch bemerkenswerter war, sie waren besser ernährt und größer.[74] Das durchschnittliche Bildungsniveau junger Männer dagegen verbesserte sich nicht; junge Männer, von denen erwartet wurde, dass sie das Dorf verlassen würden, um Geld zu verdienen, profitierten ähnlich wie die jungen Frauen von der Maßnahme, doch der Bildungsstand junger Männer, deren Eltern wollten, dass sie zu Hause blieben und sich um sie kümmerten, *verschlechterte sich.* Tatsächlich haben Eltern den Bildungserwerb ihrer Söhne gezielt behindert, um sie zu Hause zu halten.

## Schlaflos in Kathmandu

In dem Experiment, in dem Dorfbewohnern 11,50 Dollar angeboten wurde, wenn sie wegzogen, um ihre Chancen auf dem Arbeitsmarkt in einer der Großstädte von Bangladesch zu erkunden, standen viele

Teilnehmer finanziell so viel besser da, dass sie diese Summe eigentlich selbst hätten aufbringen sollen, um die Chance zu ergreifen.[75] Trotzdem gab es nach wie vor einige, die schließlich schlechter dagestanden hätten, wenn sie die Fahrt selbst hätten bezahlen müssen: diejenigen, die keine Arbeit fanden und mit leeren Händen zurückkamen. Die meisten Menschen sind risikoscheu, und das gilt ganz besonders für diejenigen, die gerade so über die Runden kommen, da jeder Verlust dazu führen könnte, dass sie Hunger leiden müssen. Ist das der Grund, warum viele Menschen es lieber gar nicht erst versuchen?

Das Problematische an dieser Erklärung ist die Tatsache, dass eine andere Option für potenzielle Migranten darin bestünde, 11,50 Dollar anzusparen, ehe sie die Reise unternehmen. Wenn sie dann keine Arbeit fänden, könnten sie nach Hause zurückkehren, und sie stünden dann nicht schlechter da, als wenn sie nicht gespart und es nicht versucht hätten, was die meisten von ihnen zu tun scheinen. Zudem sparen sie offenbar für andere Dinge, und 11,50 Dollar sind durchaus im Rahmen ihrer Möglichkeiten. Warum tun sie es dann nicht? Eine mögliche Erklärung ist, dass sie die Risiken überschätzen. Eine Studie aus Nepal verdeutlicht dies.

Heute ist mehr als ein Fünftel aller nepalesischen Männer im erwerbsfähigen Alter mindestens einmal im Ausland gewesen, ganz überwiegend, um dort zu arbeiten. Die meisten verdingen sich in Malaysia, Qatar, Saudi-Arabien oder den Vereinigten Arabischen Emiraten. Sie gehen in der Regel für mehrere Jahre, mit einem Arbeitsvertrag, der an einen bestimmten Arbeitgeber gebunden ist.

In dieser Situation würde man erwarten, dass die Migranten über die potenziellen Kosten und Vorteile der Auswanderung sehr gut informiert sind, da man für die Erteilung eines Visums ein Stellenangebot benötigt. Doch die nepalesischen Regierungsvertreter, die wir trafen, äußerten die Sorge, die Auswanderer wüssten nicht, worauf sie sich einließen. Sie hätten unrealistische Einkommenserwartungen, sagten uns die Beamten, und sie ahnten nicht, wie schlecht die

Lebensbedingungen im Ausland sein könnten. Maheshwor Shrestha, ein nepalesischer Doktorand von uns, beschloss herauszufinden, ob diese Regierungsvertreter recht hatten.[76] Mit einem kleinen Team begab er sich ins Reisepass-Amt in Kathmandu, in dem potenzielle Arbeitsmigranten ihre Reisepässe beantragen. Er interviewte mehr als 3000 dieser Arbeitskräfte; er stellte ihnen detaillierte Fragen über ihre Lohnerwartungen, über die Länder, die sie ausgewählt hatten, und über ihre Vorstellungen bezüglich der dortigen Lebensbedingungen.

Maheshwor stellte fest, dass diese potenziellen Migranten ihre Einkommensaussichten tatsächlich etwas zu optimistisch beurteilten. So überschätzten sie ihre Verdienstmöglichkeiten um etwa 25 Prozent; dies konnte mehrere Gründe haben, unter anderem die Möglichkeit, dass Anwerber, die ihnen Stellenangebote unterbreiteten, sie anlogen. Der wirklich große Trugschluss, der ihnen unterlief, betraf jedoch die Wahrscheinlichkeit, während des Auslandsaufenthalts zu sterben: Diese haben sie deutlich zu hoch eingeschätzt. Der typische Migrationskandidat war der Ansicht, dass während eines zweijährigen Auslandsaufenthalts von tausend Migranten ungefähr zehn in einem Sarg zurückkommen würden. Tatsächlich sind es nur 1,3.

Daraufhin versorgte Maheshwor einige der potenziellen nepalesischen Migranten mit Informationen über den wahren Lohnsatz oder die tatsächliche Sterbewahrscheinlichkeit (oder beides). Als er dann die Migrationsentscheidungen derjenigen, die er informiert hatte, mit den Entscheidungen derjenigen verglich, die er nicht informiert hatte (weil sein Zufallsverfahren diese nicht auswählte), fand er deutliche Belege dafür, dass die Information nützlich war. Diejenigen, die über die tatsächliche Lohnhöhe unterrichtet wurden, senkten ihre Erwartungen, während diejenigen, die über die Mortalität in Kenntnis gesetzt wurden, ihre Schätzungen ebenfalls nach unten korrigierten. Außerdem handelten sie in Einklang mit den Informationen, die sie erhalten hatten; als er sie einige Wochen später erneut kontaktierte, stellte er fest, dass diejenigen, die die Lohninformationen erhalten hatten, sich mit höherer Wahrscheinlichkeit noch in Nepal aufhielten. Dagegen hatten diejenigen, die Informationen über die Mortalität erhalten hatten, mit höherer Wahrscheinlichkeit das Land verlassen hatten. Aufgrund der Tatsache, dass das Ausmaß der Falschinformation über die Sterblichkeit so viel gravierender war als die Falschinformation über Löhne, hatten diejenigen, die die beiden richtigstellenden Informationen erhielten, das Land mit höherer Wahrscheinlichkeit verlassen. Anders als es die nepalesische Regierung glaubte, hielt die Falschinformation Migranten tendenziell im Land.

Warum haben potenzielle Migranten das Sterberisiko systematisch zu hoch geschätzt? Maheshwor liefert eine Antwort, indem er zeigt, dass ein einzelner Todesfall, der eine Person aus einem bestimmten Distrikt (einem kleinen Gebiet) in Nepal betrifft, die Migrationsströme aus diesem Distrikt in das Land, in dem sich der Todesfall ereignete, deutlich reduziert.[77] Potenzielle Migranten werden bei ihren Entscheidungen durchaus von lokalen Informationen beeinflusst. Das Problem scheint darin zu bestehen, dass die Medien, wenn sie von im Ausland verstorbenen Personen aus einer bestimmten Region berichten, nicht gleichzeitig die Zahl von Arbeitsmigranten aus dieser Region angeben. Migrationswillige Migranten wissen also nicht, ob einer von hundert oder einer von tausend gestorben ist, und da sie nicht über diese Information verfügen, neigen sie zu Überreaktionen.

Wenn Menschen schon in Nepal mit seinen zahlreichen Arbeitsagenturen, den großen grenzüberschreitenden Wanderungsströmen von Arbeitskräften in das Land hinein und aus ihm heraus und einer Regierung, die wirklich an dem Wohlergehen ihrer internationalen Migranten interessiert ist, nicht die richtigen Informationen haben, kann man nur spekulieren, wie verwirrt die meisten potenziellen Migranten in anderen Ländern sein müssen. Konfusion könnte allerdings in beide Richtungen wirken; sie könnte die Migration, wie in

Nepal, dämpfen, oder sie anregen, wenn Menschen allzu optimistisch sind. Warum gibt es dann eine systematische Präferenz gegen Migration?

## Risiko im Gegensatz zu Ungewissheit

Vielleicht sollte die Überschätzung der Sterblichkeit (im Ausland) durch die Personen, die Maheshwor befragte, als eine Metapher für ein allgemeines Gefühl düsterer Vorahnungen gelesen werden. Schließlich bedeutet Migration, das Vertraute zu verlassen, um sich dem Unbekannten zu öffnen, und das Unbekannte ist mehr als nur eine Liste verschiedener möglicher Ergebnisse mit damit verbundenen Wahrscheinlichkeiten, als welche Ökonomen es gern beschreiben würden. Tatsächlich gibt es eine lange wirtschaftswissenschaftliche Tradition, die mindestens bis zu Frank Knight zurückreicht und die zwischen quantifizierbarem Risiko (fünfzigprozentige Wahrscheinlichkeit, dass dies geschieht, fünfzigprozentige Wahrscheinlichkeit, dass jenes geschieht) und dem Rest unterscheidet. Donald Rumsfeld nannte diesen Rest denkwürdigerweise die »unbekannten Unbekannten«,[78] während knightianische Ökonomen von *Ungewissheit* sprechen.[79]

Frank Knight war überzeugt davon, dass Menschen sehr unterschiedlich auf Risiken und Ungewissheit reagieren. Die meisten Menschen wollen sich nicht mit den unbekannten Unbekannten herumschlagen, und sie geben sich größte Mühe, um in Fällen, in denen sie die genauen Umrisse des Problems nicht kennen, keine Entscheidungen treffen zu müssen.

Aus Sicht potenzieller Migranten in ländlichen Regionen Bangladeschs ist die Stadt (und selbstverständlich jedes fremde Land) ein Morast voller Ungewissheiten. Sie wissen nicht nur nicht, wie der Markt ihre individuellen Qualifikationen bewerten wird, sie müssen sich auch Gedanken darüber machen, wo sie Arbeitgeber finden, ob sie bei ihren Dienstleistungen Konkurrenz oder Ausbeutung durch einen einzigen Arbeitgeber befürchten müssen, welche Referenzen sie benötigen, wie lange es dauern wird, bis sie Arbeit finden, wie sie bis dahin überleben und wo sie unterkommen werden etc. Sie haben kaum oder gar keine Erfahrung, an der sie sich orientieren könnten; sie müssen die Wahrscheinlichkeiten über den Daumen peilen. Es ist daher nicht überraschend, dass viele potenzielle Migranten zögern.

## Wir sehen jetzt durch einen Spiegel in einem dunklen Bild

Migration ist ein Sprung ins Unbekannte. Das ist vielen Menschen ein allzu großes Wagnis, auch wenn sie grundsätzlich genug Geld ansparen könnten, um die damit verbundenen vielfältigen finanziellen Unwägbarkeiten abzudecken. Es ist ein Unterfangen, das eher ungewiss als riskant ist. Außerdem hassen Menschen Fehler, die sie selbst verschuldet haben. Die Welt ist voller Ungewissheiten, und viele davon entziehen sich unserer Kontrolle. Diese Wechselfälle machen sie unglücklich, aber vielleicht nicht so unglücklich, wie wenn sie selbst eine aktive Entscheidung träfen, die sie, einfach weil sie Pech haben, schließlich schlechterstellt, als wenn sie nichts getan hätten. Der Status quo – die Fortdauer des gegenwärtigen Zustands – dient dabei als natürlicher Vergleichsmaßstab. Jeder Verlust, gemessen an diesem Vergleichsmaßstab, ist besonders schmerzlich. Die beiden Psychologen Daniel Kahneman und Amos Tversky, die einen enormen Einfluss auf die Wirtschaftswissenschaften ausübten, haben dieses Phänomen *Verlustaversion* genannt. (Kahneman wurde 2002 mit dem Nobelpreis für Wirtschaftswissenschaften ausgezeichnet, und Tversky wäre vermutlich auch ausgezeichnet worden, wenn er nicht viel zu früh verstorben wäre.)

Seit der Publikation ihrer Originalarbeit hat eine umfangreiche Literatur die Existenz der Verlustaversion nachgewiesen und aufgezeigt, dass sich mit ihr viele scheinbar seltsame Verhaltensweisen erklären lassen. So zahlen die meisten Menschen zum Beispiel eine sehr hohe Prämie für ihre Gebäudeversicherung, weil sie unbedingt einen niedrigen Selbstbehalt wollen.[80] Dies erlaubt ihnen, jenen schmerzlichen Moment zu vermeiden, wenn sie, nachdem ihr Gebäude beschädigt worden ist, eine hohe Summe aus der eigenen Tasche zahlen müssen (den hohen Selbstbehalt). Die Tatsache, dass sie möglicherweise jetzt eine sehr viel höhere Prämie zahlen müssen (um die Police mit dem geringen Selbstbehalt zu bekommen), tut ihnen nicht weiter weh, weil sie nie erfahren werden, ob es ein Fehler gewesen ist. Dieselbe Logik erklärt auch, warum leichtgläubige Käufer sich oftmals sündhaft teure »Garantieverlängerungen« aufschwatzen lassen. Die Verlustaversion hat zur Folge, dass uns jegliches – noch so kleines – Risiko, das eine Folge einer aktiven Entscheidung von uns ist, mit großer Sorge erfüllt. Migration ist eine dieser aktiven Entscheidungen – sofern nicht alle anderen Menschen in unserem Umfeld ebenfalls aufbrechen – und eine sehr folgenreiche; man kann sich leicht vorstellen, dass viele davor zurückschrecken.

Schließlich ist das Scheitern bei einer Migration etwas, das Menschen persönlich nehmen. Sie haben zu viele Erfolgsgeschichten gehört, die voller Bewunderung erzählt wurden, um nicht das Gefühl zu haben, sich als Versager betrachten zu müssen, einmal ganz zu schweigen davon, was andere Menschen, die davon Kenntnis erhielten, von ihnen dächten. Im Jahr 1952 wanderte Esthers Großvater, Albert Granjon, ein Tierarzt, der einen Schlachthof in der französischen Stadt Le Mans leitete, mit seiner Ehefrau und vier kleinen Kindern nach Argentinien aus. Damals dauerte diese Überfahrt per Schiff mehrere Wochen. Er war von Abenteuerlust getrieben und hatte den etwas vagen Plan, mit einigen Bekannten einen Viehzuchtbetrieb zu gründen. Dieser Plan scheiterte, als die Familie noch nicht einmal ein Jahr in Argentinien war. Die Lebensumstände auf der Farm waren härter als erwartet, und er stritt sich mit seinen Geschäftspartnern, die ihm vorwarfen, nicht genug Geld mitgebracht zu haben, um das Projekt solide zu finanzieren. Die junge Familie fand sich mitten im Nirgendwo wieder, in einem Land, das sie nicht kannten, und ohne Einkommen. Es wäre damals relativ einfach gewesen, nach Frankreich zurückzukehren. In den boomenden Nachkriegsjahren hätte Esthers Großvater leicht eine Stelle finden können. Er hatte zwei Brüder, die über genügend Mittel verfügten, um die Rückreise zu bezahlen. Aber er entschied sich dagegen. Seine Frau, Evelynne, erzählte Esther viele Jahre später, es wäre für ihn ein unerträglicher Gesichtsverlust gewesen, wenn er seine Brüder angebettelt hätte, ihm die Überfahrt zu bezahlen. Und so stand die Familie diese schwierige Phase durch; sie lebten über zwei Jahr in bitterer Armut, die durch ein deplatziertes Überlegenheitsgefühl gegenüber den Einheimischen noch verschlimmert wurde. Die Kinder durften zu Hause kein Spanisch sprechen. Violaine, Esthers Mutter, erhielt ihre gesamte Schulbildung durch einen französischen Fernunterrichtskurs – sie ging in Argentinien nie zur Schule –, und ihre Freizeit verbrachte sie mit Hausarbeiten, etwa mit dem Flicken der Leinensandalen, die die Kinder trugen. Die finanzielle Lage der Familie verbesserte sich erst, als Albert endlich eine Stelle als Leiter einer Versuchsfarm des Institut Mérieux, eines französischen Pharmaherstellers, erhielt. Sie blieben über zehn Jahre in Argentinien, bevor sie nach Peru, Kolumbien und Senegal gingen. Albert kehrte nach Frankreich zurück, nachdem sich sein Gesundheitszustand verschlechtert hatte (obwohl er noch immer recht jung war), doch mittlerweile konnte man mit Fug und Recht behaupten, dass das Abenteuer, auf das er sich eingelassen hatte, beruflich ein voller Erfolg war. Dennoch hatte dieses beschwerliche Leben zweifellos einen Tribut gefordert, und er starb kurz nach seiner Rückkehr.

Die Furcht zu scheitern lässt viele Menschen vor einem riskanten Abenteuer zurückschrecken. Sie wollen es lieber nicht ausprobieren. Schließlich wollen die meisten von uns ihr Selbstbild einer intelligenten, fleißigen, moralisch integren Person beschützen, sowohl weil es nicht angenehm ist zuzugeben, dass wir in Wirklichkeit vielleicht dumm, faul und gewissenlos sind, als auch deshalb, weil die Bewahrung einer guten Meinung von uns selbst unsere Motivation aufrechterhält, es allen Widrigkeiten des Lebens zum Trotz immer wieder zu versuchen.

Und wenn es wichtig ist, an einem bestimmten Selbstbild festzuhalten, dann ist es auch sinnvoll, dieses aufzupolieren. Wir tun dies aktiv, indem wir negative Informationen ausfiltern. Eine weitere Möglichkeit besteht darin, Handlungen zu vermeiden, die zumindest mit einer gewissen Wahrscheinlichkeit in negativer Weise auf uns zurückwirken. Wenn ich auf die andere Straßenseite wechsle, um einem Bettler aus dem Weg zu gehen, muss ich mir nicht selbst eingestehen, dass ich nicht freigiebig bin. Ein guter Student lernt vielleicht nicht für eine Prüfung, um eine vorgefertigte Ausrede zu haben, die seine Selbstwahrnehmung als ein intelligenter Mensch aufrechterhalten wird, falls er nicht gut abschneiden sollte. Jemand, der sich mit dem Gedanken trägt auszuwandern, aber es dann doch nicht tut, kann die Fiktion aufrechterhalten, er hätte reüssiert, wenn er aufgebrochen wäre.[81]

Es braucht schon den Mut, Träume zu leben (Albert, Esthers Großvater, suchte nach einem Abenteuer und wollte nicht etwa dem Elend entfliehen), oder ein erhebliches Maß an Selbstüberschätzung, um diese Tendenz, am Status quo festzuhalten, zu überwinden. Dies ist vielleicht der Grund dafür, dass Migranten – zumindest diejenigen, die nicht aus Verzweiflung aufbrechen – tendenziell weder die Reichsten noch die Gebildetsten sind, sondern diejenigen, die einen ausgeprägten Tatendrang besitzen. Genau aus diesem Grund gehen so viele erfolgreiche Unternehmer aus ihren Reihen hervor.

Amerikaner sind angeblich die Ausnahme von dieser Regel. Die meisten seien risikofreudig und geschäftstüchtig – zumindest ist dies von jeher der Mythos des Amerikaners gewesen. Alexis de Tocqueville war ein französischer Aristokrat, der im 19. Jahrhundert Amerika als mustergültiges Vorbild einer freiheitlichen Gesellschaft ansah. Für ihn war Rastlosigkeit eines der besonderen Merkmale Amerikas: Die Menschen bewegten sich in einem fort, sowohl zwischen Wirtschaftssektoren als auch zwischen Berufen. Tocqueville führte diese Rastlosigkeit auf das Fehlen einer erblichen Klassenstruktur sowie auf das fortwährende Streben nach Geldmehrung zurück.[82] Alle hatten eine Chance darauf, reich zu werden, und daher lag es in ihrer Verantwortung, die Gelegenheiten überall dort zu ergreifen, wo sie sich auftaten.

Die Amerikaner glauben noch immer an diesen amerikanischen Traum, obwohl es in Wirklichkeit so ist, dass Erbschaften heutzutage das individuelle Privatvermögen in den USA *stärker* beeinflussen als in Europa.[83] Dies mag etwas mit der abnehmenden Rastlosigkeit Amerikas zu tun haben. Denn zur gleichen Zeit, zu der die Amerikaner weniger tolerant gegenüber der Zuwanderung von Ausländern wurden, wurden sie selbst weniger mobil. In den 1950er-Jahren sind jährlich 7 Prozent der Bevölkerung in ein anderes County umgezogen. Im Jahr 2018 waren es weniger als 4 Prozent. Der Rückgang begann im Jahr 1990 und beschleunigte sich zur Mitte der 2000er-Jahre.[84] Außerdem hat sich das Muster der Binnenwanderung in einer bemerkenswerten Weise verändert.[85] Bis Mitte der 1980er-Jahre verzeichneten reiche US-Bundesstaaten ein viel höheres Bevölkerungswachstum. Irgendwann nach 1990 verschwand dieser Zusammenhang; reiche Bundesstaaten ziehen im Durchschnitt nicht länger mehr Menschen an. Hochqualifizierte Fachkräfte ziehen weiterhin aus armen Bundesstaaten in reiche Bundesstaaten, aber heute scheinen geringqualifizierte Arbeitskräfte, sofern sie überhaupt noch wandern, in die entgegengesetzte Richtung zu ziehen. Diese beiden Trends bedeuten, dass auf dem US-Arbeitsmarkt seit den 1990er-Jahren eine zunehmende Segregation nach dem Qualifikationsniveau stattfindet. Die Küstenregionen ziehen immer mehr Fachkräfte an, während sich die Geringerqualifizierten im Landesinnern zu konzentrieren scheinen, insbesondere in den alten Industriestädten im Osten wie Detroit, Cleveland und Pittsburgh. Dies hat dazu beigetragen, dass die Einkommen, die Lebensstile und das Abstimmungsverhalten bei Wahlen im ganzen Land immer weiter auseinanderklaffen und dass sich nicht wenige Menschen entwurzelt fühlen. Während einige Regionen ins Hintertreffen geraten sind, ziehen andere davon.

Es ist nicht weiter verwunderlich, dass Palo Alto, Kalifornien, oder Cambridge, Massachusetts, für hochqualifizierte Software- oder Biotechnologie-Ingenieure so attraktiv sind. In diesen Städten verdienen Fachkräfte mehr, und sie finden leichter Freunde und eine Infrastruktur, die ihren Wünschen entspricht.[86]

Aber warum folgen ihnen weniger gut ausgebildete Arbeitskräfte nicht nach? Schließlich brauchen Anwälte Gärtner, Köche und Baristas. Die räumliche Ballung von Fachkräften sollte eine Nachfrage nach Geringqualifizierten erzeugen und sie dazu ermuntern, sich ebenfalls dort niederzulassen. Zudem sind dies die Vereinigten Staaten, wo sich, anders als in Bangladesch, praktisch jeder eine Busfahrt quer durch einen Bundesstaat oder auch durch das gesamte Land leisten kann. Die Menschen sind im Allgemeinen viel besser informiert, und jeder weiß, wo die Boomtowns sind.

Ein Teil der Antwort lautet, dass der Mehrverdienst aufgrund der Tatsache, dass man in einer boomenden Stadt arbeitet, für Personen mit lediglich Highschool-Abschluss geringer ist als für Hochqualifizierte.[87] Aber dies erklärt das Phänomen nur zum Teil. Auch geringqualifizierte Arbeitskräfte profitieren von einer Lohnzulage. Laut Websites, die Löhne und Gehälter online veröffentlichen, verdient ein Starbucks-Barista in Boston rund 12 Dollar pro Stunde, in Boise dagegen nur 9 Dollar.[88] Dies ist zwar weniger als der Mehrverdienst von Hochqualifizierten, aber trotzdem nicht unerheblich (und außerdem haben sie in Boston die Gelegenheit, ihre Kunstfertigkeit in Szene zu setzen).

Doch gerade wegen der hohen Nachfrage durch die wachsende Zahl von Hochqualifizierten sind die Wohnkosten in Palo Alto und Cambridge und an anderen ähnlichen Orten explodiert. Ein Anwalt und ein Hausmeister würden beide in New York viel mehr verdienen als im Tiefen Süden, auch wenn der Unterschied zwischen den Löhnen an beiden Orten für den Anwalt viel größer wäre (45 Prozent) als für den Hausmeister (32 Prozent). Während ein Anwalt in New York jedoch nur 21 Prozent seines Gehalts für die Wohnkosten aufwenden müsste, müsste ein Hausmeister 52 Prozent seines Lohns dafür ausgeben. Folglich ist der Reallohn nach Abzug der Lebenshaltungskosten für den Anwalt in New York viel höher als im Tiefen Süden (37 Prozent), während für den Hausmeister das Gegenteil der Fall ist (er würde im tiefen Süden 6 Prozent mehr verdienen). Daher lohnt es sich für einen Hausmeister nicht, nach New York umzuziehen.[89]

Der Mission District in San Francisco ist zu einem Symbol für dieses Phänomen geworden. Bis in die späten 1990er-Jahre hinein war der Mission District ein Arbeiterviertel, das von neu zugewanderten Hispanics geprägt wurde, aber seine Lage machte ihn attraktiv für die jungen Fachkräfte der Hochtechnologiebranche. Die Durchschnittsmiete für eine Zweizimmerwohnung ist in die Höhe geschossen, von 1900 Dollar 2011 auf 2675 Dollar 2013 und 3250 Dollar 2014.[90] Heute ist die Durchschnittsmiete einer Wohnung im Mission District für jemanden, der den Mindestlohn verdient, völlig unbezahlbar.[91] Das »Yuppie-Ausmerzungsprojekt«, ein letzter Versuch, Hightech-Fachkräfte dadurch zu vertreiben, dass man ihre Autos demolierte, hat zwar dafür gesorgt, dass der Gentrifizierung des Mission District große Aufmerksamkeit geschenkt wurde, aber letztlich nichts erreicht.[92]

Selbstverständlich können in der Nähe boomender Städte mehr Häuser gebaut werden, aber das dauert. Außerdem gelten in vielen älteren Städten in den Vereinigten Staaten Bebauungsvorschriften, die es erschweren, höher oder dichter zu bauen. Neue Gebäude dürfen sich nicht allzu sehr von bestehenden Gebäuden unterscheiden, Baugrundstücke müssen eine bestimmte Mindestgröße haben und so weiter. Dies erschwert den Übergang zu hochverdichteten Vierteln, wenn die Nachfrage nach Wohnraum steigt. Den Neuzuwanderer stellt dies, wie den potenziellen Binnenwanderer in einem Entwicklungsland, vor die Wahl zwischen Skylla und Charybdis: Entweder er wohnt weit weg von seinem Arbeitsplatz, oder aber er muss tief in die Tasche greifen.[93]

Das Wirtschaftswachstum in den Vereinigten Staaten konzentrierte sich in jüngster Vergangenheit auf Regionen mit leistungsstarken Bildungseinrichtungen. Bei diesen Orten handelt es sich oftmals um ältere Städte mit teuren Immobilienbeständen, die sich nur schwer vergrößern lassen. Viele sind zudem »europäisch« geprägte Städte, die stärkere Anreize haben, ihr historisches Erbe gegen die Entwicklungskräfte zu bewahren, und daher haben sie restriktive Bebauungsvorschriften und hohe Mieten. Dies ist vielleicht ein Grund, warum der Durchschnittsamerikaner nicht dorthin zieht, wo das Wachstum stattfindet.

Wenn ein Arbeitnehmer seinen Arbeitsplatz verliert, weil seine Region in eine Rezession gerutscht ist, und er überlegt wegzuziehen, um andernorts nach einer Stelle zu suchen, wird die Immobilienfrage noch vertrackter. Solange er ein eigenes Haus oder eine Eigentumswohnung besitzt, kann er zumindest darin wohnen, auch wenn der Wiederverkaufswert womöglich sehr niedrig ist. Wenn ihm das Haus nicht gehört, profitiert er von den sinkenden Mieten, die eine Folge des lokalen Konjunktureinbruchs sind, noch immer stärker als eine Fachkraft, da die Mietausgaben einen Großteil seines Budgets beanspruchen.[94] Der Preisverfall auf dem lokalen Immobilienmarkt, der in der Regel mit einem Wirtschaftsabschwung einhergeht, hält die Armen paradoxerweise davon ab, in andere Regionen fortzuziehen, wodurch sie ihre Erwerbschancen vermindern.

Arbeitskräfte bleiben noch aus zwei weiteren Gründen an Ort und Stelle, obwohl die Beschäftigungsaussichten an ihrem Wohnort schlecht und andernorts deutlich besser sind; zum einen ist die Kinderbetreuung in den Vereinigten Staaten aufgrund strenger Vorschriften und unzureichender öffentlicher Subventionen sehr teuer. Geringverdiener können es sich oftmals schlichtweg nicht leisten, für Kinderbetreuungsangebote marktübliche Preise zu zahlen; sie können höchstens auf die Dienste von Großeltern oder, wenn das nicht möglich ist, anderen Verwandten oder Freunden zurückgreifen. Und nur wenn man diese dazu bewegen kann mitzukommen, wird man ernsthaft erwägen, in eine Region mit besseren Beschäftigungsaussichten umzuziehen. Dies war noch kein so großes Problem, als die meisten Frauen nicht arbeiteten und die Kinder betreuen konnten, aber in der heutigen Welt kann es ein entscheidender Faktor sein.

Zudem besteht das Risiko, dass man nicht auf Dauer beschäftigt wird. Arbeitsplatzverlust führt dazu, dass man seine Wohnung räumen muss, und wenn man dann keine Adresse hat, ist es schwer, wieder eine Arbeit zu finden.[95] In solchen Zeiten stellt die Familie auch ein finanzielles und emotionales Sicherheitsnetz bereit; arbeitslose junge Menschen ziehen zu ihren Eltern zurück. 67 Prozent der arbeitslosen Männer im besten Erwerbsalter leben bei ihren Eltern oder einem nahen Verwandten (gegenüber etwa 46 Prozent im Jahr 2000).[96] Es ist leicht zu verstehen, warum man diese Annehmlichkeit und Sicherheit vielleicht nur widerwillig aufgibt und in eine andere Stadt zieht.

Für Menschen, die gerade ihren Arbeitsplatz etwa im verarbeitenden Gewerbe verloren haben, nachdem sie den größten Teil ihres Berufslebens in ihrer Heimatstadt bei einem einzigen Arbeitgeber beschäftigt gewesen sind, wird all dies durch das Trauma verschlimmert, noch mal ganz von vorne anfangen zu müssen. Statt wie ihre Väter nach einem behaglichen Arbeitsleben nahtlos in den wohlverdienten Ruhestand zu wechseln, fordert man sie auf, ihre Erwartungen zurückzuschrauben, in eine Stadt zu ziehen, in der sie niemand kennt, und auf der untersten Sprosse der Leiter einer Beschäftigung nachzugehen, die sie sich nie hätten träumen lassen. Da ist es nicht weiter verwunderlich, dass sie lieber dort bleiben, wo sie sind.

## Die Comeback Cities Tour

Wenn es Menschen schwerfällt, aus Regionen im Niedergang wegzuziehen, stellt sich die Frage, warum die Arbeitsplätze nicht zu ihnen kommen. Unternehmen könnten doch von den neu verfügbaren Arbeitskräften, geringeren Löhnen und niedrigeren Mieten in den Countys, in denen andere Firmen dichtgemacht haben, profitieren. Tatsächlich wurde diese Idee tatkräftig öffentlich beworben. Im Dezember 2017 legten Steven Case, der milliardenschwere Mitgründer von AOL, und J. D. Vance, der Autor der *Hillbilly Elegy*, einem nostalgischen Abgesang auf das verlorene Herzland Amerikas, den Investmentfonds *Rise of the Rest* auf. Er wurde von einigen der illustresten Milliardäre Amerikas (von Jeff Bezos bis Eric Schmidt) finanziert und sollte in Bundesstaaten investieren, die üblicherweise von Hightech-Investoren links liegen gelassen werden. Eine Gruppe von Investoren aus dem Silicon Valley suchte bei einer Busrundfahrt (der »Comeback Cities Tour«) Orte wie Youngstown und Akron in Ohio, Detroit und Flint in Michigan und South Bend in Indiana auf. Die Fondsgründer wiesen gleich zu Beginn darauf hin, dass dies kein sozialer Hilfsfonds sei, sondern ein traditionelles kommerzielles Projekt. In der *New York Times*, die über die Rundfahrt und den Fonds selbst berichtete,[97] [98] verwiesen viele Silicon-Valley-Investoren auf die chronischen Staus, die inselartige Abgeschiedenheit und die hohen Lebenshaltungskosten in der Bay Area und auf die großen Chancen im »Herzland«.

Aber ungeachtet der Lippenbekenntnisse gab es gute Gründe, skeptisch zu sein. Der Fonds verfügte nur über Mittel in Höhe von 150 Millionen Dollar – Taschengeld für die Leute in dieser Gruppe. Bezos unterstützte das Projekt, aber doch nicht genug, um Detroit auf die engere Auswahlliste der möglichen Standorte für die zweite Konzernzentrale von Amazon zu setzen. Man hegte offenkundig die Hoffnung, eine gewisse Begeisterung für diese Orte zu entfachen, einige Existenzgründungen anzuschieben und durch den Wirbel um diese Pioniere eine positive Dynamik anzustoßen, die andere Investoren mit sich reißen würde. Es funktionierte für Harlem, warum sollte es dann nicht auch für Akron funktionieren? Nur dass Harlem in Manhattan liegt, wo Grund und Boden ein knappes Gut ist, und dass es ein aufregendes Viertel mit allem ist, was das Herz begehrt. Es war nur eine Frage der Zeit, bis Harlem ein Revival erleben würde, in Bezug auf Akron (oder South Bend oder Detroit) sind wir weniger optimistisch. Für diese Orte ist es kaum möglich, jene verlockenden Annehmlichkeiten bereitzustellen, die junge Leute mit Geld heute erwarten: hübsche Restaurants, glamouröse Bars und Cafés, in denen sie bei weltgewandten Baristas überteuerte Espressos bestellen können. Anders gesagt: Es gibt ein Henne-Ei-Problem. Junge Fachkräfte kommen erst dann, wenn diese Annehmlichkeiten existieren, aber diese Infrastruktur kann sich erst dann richtig entwickeln, wenn genügend Fachkräfte wie sie da sind.

Tatsächlich tendieren Unternehmen in fast jeder Branche zur Clusterbildung. Angenommen, Sie werfen aufs Geratewohl Pfeile auf eine Karte der Vereinigten Staaten. Sie würden feststellen, dass die Löcher, die die Pfeilspitzen hinterlassen haben, mehr oder minder gleichmäßig über die Karte verteilt wären. Doch die wirkliche Landkarte jeder Branche sieht ganz anders aus – eher so, als hätte jemand alle Pfeile auf dieselbe Stelle geworden.[99] Dies hängt vermutlich zum Teil mit der

Reputation zusammen; Käufer misstrauen vielleicht einem Software-Unternehmen, dessen Zentrale inmitten von Maisfeldern liegt. Es wäre auch schwierig, Mitarbeiter zu finden, wenn Sie jedes Mal, wenn Sie einen neuen Mitarbeiter bräuchten, jemanden überzeugen müssten, von ferne hierherzuziehen, statt ihn von Ihrem Nachbarn abzuwerben. Es gibt auch regulatorische Gründe: Flächennutzungspläne verfolgen häufig das Ziel, umweltverschmutzende Betriebe an einem Ort zu konzentrieren und Restaurants und Bars an einem anderen. Schließlich haben Menschen, die in der gleichen Branche tätig sind, oftmals ähnliche Präferenzen (Technikfreaks mögen Kaffee, Banker protzen gern mit teuren Weinflaschen). Die räumliche Ballung erleichtert es, die von ihnen erwartete Lebensqualität zu bieten.

Aus all diesen Gründen ist Clusterbildung ökonomisch sinnvoll, sie bedeutet jedoch auch, dass es sehr schwer ist, klein anzufangen und anschließend zu expandieren. Ein einzelnes Biotechnologie-Unternehmen in den Appalachen wird es immer schwer haben. Wir hoffen, dass der Comeback Cities Tour Erfolg beschieden sein wird, aber wir würden nicht darauf wetten (oder Immobilien in Detroit kaufen).

## Eisenhower und Stalin

Die eigentliche Migrationskrise besteht nicht darin, dass zu viele Menschen außerhalb ihres Heimatlands ihr Glück suchen. Migration ist für die einheimische Bevölkerung meist mit keinen ökonomischen Kosten verbunden, während sie den Migranten einige klare Vorteile bringt. Das eigentliche Problem besteht darin, dass Menschen oftmals unfähig oder nicht willens sind, woanders hinzuziehen – innerhalb ihres Geburtslandes oder jenseits seiner Grenzen –, um ökonomische Chancen zu nutzen. Soll dies heißen, dass eine vorausschauende Regierung Menschen, die fortziehen, belohnen und diejenigen, die sich weigern, vielleicht sogar bestrafen sollte?

Das mag sich befremdlich anhören, wenn man bedenkt, dass sich die gegenwärtige Diskussion hauptsächlich um die Frage dreht, wie man Migration begrenzen kann. Doch in den 1950er-Jahren haben die Regierungen der Vereinigten Staaten, Kanadas, Chinas, Südafrikas und der Sowjetunion alle eine massive Politik der mehr oder minder erzwungenen Umsiedlung betrieben. Diese Maßnahmen verfolgten oftmals unausgesprochen brutale politische Ziele (zum Beispiel die Unterdrückung aufsässiger ethnischer Gruppen), aber sie wurden mit einer Rhetorik der Modernisierung bemäntelt, welche die Defizite traditioneller Wirtschaftsstrukturen betonte. Die Modernisierungsagenda in Entwicklungsländern ließ sich oft von diesen Beispielen inspirieren.

In Entwicklungsländern haben Regierungen von jeher auch immer wieder mit preis- und steuerpolitischen Maßnahmen die städtische Wirtschaft zulasten des ländlichen Raums begünstigt. Viele Länder in Afrika haben in den 1970er-Jahren sogenannte Absatzförderungsagenturen für Agrarprodukte gegründet. Dies war blanker Zynismus, da viele dieser Agenturen gerade die Vermarktung landwirtschaftlicher Erzeugnisse *verhindern* sollten, sodass die Agentur sie zu den niedrigsten Preisen ankaufen und so die Preise für die Stadtbewohner stabilisieren konnte. Andere Länder wie Indien und China verboten Exporte von Agrarprodukten, um die Preise auf einem Niveau zu halten, das den städtischen Verbrauchern genehm war. Diese Maßnahmen führten indirekt dazu, dass die Landwirtschaft unrentabel wurde, sodass immer mehr Landwirte ihre Farmen aufgaben. Selbstverständlich schadete diese Politik den ärmsten Menschen, den Kleinbauern und den landlosen Hilfsarbeitern, die vermutlich nicht die nötigen Mittel hatten, um wegzuziehen.

Diese bedauerlichen historischen Ereignisse sollten uns allerdings nicht darüber hinwegtäuschen, dass es gute ökonomische Gründe für die Förderung von Migration gibt. Mobilität (innerhalb eines Landes und grenzüberschreitend) ist ein zentraler Kanal, durch den sich

Lebensstandards gleichmäßig über Regionen und Länder ausbreiten und regionale konjunkturelle Schwankungen absorbiert werden können. Wenn Arbeitskräfte woanders hinziehen, nutzen sie neue Chancen und verlassen Regionen, die wirtschaftlich widrige Zeiten durchmachen. Auf diese Weise kann eine Volkswirtschaft Krisen auffangen und sich an den Strukturwandel anpassen.

Für diejenigen von uns (die meisten Ökonomen eingeschlossen), die bereits in den wohlhabenderen Ländern und den erfolgreichsten Städten leben, scheint es so selbstverständlich zu sein, dass es uns da, wo wir sind, so viel besser geht, dass wir einfach davon ausgehen, alle anderen wollten zu uns kommen. Für Ökonomen ist die wirtschaftliche Anziehungskraft erfolgreicher Regionen im Wesentlichen etwas Positives. Für Stadtbewohner in den Entwicklungsländern oder die Einwohner der Wohlstandsländer wiederum ist es eine beängstigende Vorstellung, die ganze Welt warte nur auf eine Gelegenheit, zu ihnen zu kommen. Sie stellen sich Menschenmassen vor, die einfallen und ihnen die knappen Ressourcen streitig machen, die sie haben – von Arbeitsplätzen über Sozialwohnungen bis Parkplätzen. Die größte Sorge – dass Migranten die Löhne drücken und die Erwerbschancen der einheimischen Bevölkerung vermindern – ist unangebracht, aber die Furcht vor einer Überfüllung insbesondere in den Städten der Dritten Welt mit ihren zahllosen nur halb fertiggestellten Gebäuden ist nicht gänzlich unberechtigt.

Die Furcht vor Überforderung führt auch zu Bedenken, ob unter diesen Umständen die Assimilation der Neuankömmlinge gelingen könne. Wenn zu viele Zuwanderer mit einer anderen kulturellen Prägung kommen (von Landbewohnern, die innerhalb Indiens umziehen, bis zu Mexikanern, die sich in den Vereinigten Staaten niederlassen), werden sie sich dann anpassen oder werden sie die Kultur verändern? Oder auch: Werden Sie sich so gut anpassen, dass ihre Kultur verschwinden wird, sodass wir alle in einem homogenen und uniformen globalen Mischmasch aufgehen werden? Die Utopie der reibungslosen, zügigen Migration an Orte, wo sich bessere wirtschaftliche Chancen auftun, wird womöglich ihre eigene Dystopie.

Aber von dieser Utopie/Dystopie sind wir noch himmelweit entfernt. Menschen, die an den Orten, an denen sie leben, um ihre Existenz kämpfen, werden keineswegs unaufhaltsam von wirtschaftlich erfolgreichen Regionen angelockt, vielmehr ziehen sie oftmals vor, in der Heimat zu bleiben.

Dies spricht dafür, dass es durchaus ein vorrangiges politisches Ziel sein sollte, Migration – sowohl Binnen- als auch Außenwanderung – zu fördern. Aber richtigerweise sollte dies nicht dadurch geschehen, dass man Zwang anwendet oder wirtschaftliche Anreize verzerrt, wie es in der Vergangenheit getan wurde, sondern dadurch, dass man einige der größten Hindernisse beseitigt.

Es würde helfen, den gesamten Prozess zu straffen und ihn effektiver zu kommunizieren, sodass Arbeitskräfte Kosten und Nutzen einer Migration besser verstehen. Wenn man es Migranten und ihren Familien erleichterte, sich wechselseitig durch Geldsendungen zu unterstützen, würde dies dazu beitragen, die Isolation von Migranten zu verringern. Angesichts der übergroßen Angst, es in der Fremde nicht zu schaffen, könnte man Migranten eine Art »Versicherungsschutz« gegen das Scheitern anbieten. Als man dies im Rahmen einer Studie in Bangladesch getan hat, waren die Effekte fast genauso groß wie bei der Bereitstellung einer kostenlosen Busfahrkarte.[100]

Aber am meisten wäre den Migranten wohl damit geholfen, dass man ihre Integration erleichtert. Dies würde sie vermutlich auch ermuntern, in größerer Zahl aufzubrechen, und zugleich würde es ihre Akzeptanz durch die Einheimischen erhöhen. Hilfe bei der Wohnungsbeschaffung (Mietzuschüsse?), qualifikationsgerechte Stellenvermittlung bereits im Vorfeld der Migration, Kinderbetreuungsangebote und so weiter würden dafür sorgen, dass jeder Neuankömmling schnell einen Platz in der Gesellschaft findet. Dies gilt sowohl für die Binnen- als auch für die grenzüberschreitende Migration. Es würde bewirken, dass die Unentschlossenen mit höherer Wahrscheinlichkeit aufbrechen, und es würde ihnen ermöglichen, sich schneller in das bestehende soziale Gefüge ihrer Aufnahmegesellschaften hineinzufinden. Zurzeit befinden wir uns in der gegenteiligen Situation. Sieht man einmal von der Arbeit ab, die einige Flüchtlingshilfe-Organisationen leisten, wird von den Aufnahmegesellschaften nur wenig getan, um Zuwanderern die Anpassung zu erleichtern. Grenzüberschreitende Migranten müssen einen echten Hindernisparcours absolvieren, wenn sie eine behördliche Arbeitserlaubnis erhalten wollen. Binnenmigranten haben oftmals keine Bleibe und anfänglich größte Mühe, eine Arbeit zu finden, auch wenn es anscheinend viele Erwerbsmöglichkeiten gibt.

Wir dürfen selbstverständlich nicht vergessen, dass die politische Reaktion auf Zuwanderung häufig nicht nur auf ökonomischen Missverständnissen beruht, sondern auch von identitätspolitischen Faktoren beeinflusst wird. Dass zwischen ökonomischen Tatsachen und politischen Strategien eine tiefe Kluft besteht, ist nicht neu. Die Städte in den USA, die im goldenen Zeitalter der europäischen Migration die meisten Zuwanderer aufnahmen, haben von diesen ökonomisch profitiert. Trotzdem lösten Zuwanderer auf breiter Front feindselige politische Reaktionen aus. Städte reagierten mit Steuersenkungen und Kürzungen öffentlicher Ausgaben auf die Zuwanderung. Besonders tiefe Einschnitte gab es bei den öffentlichen Ausgaben für Dienstleistungen, die den Kontakt zwischen verschiedenen Ethnien wahrscheinlicher machten (wie Schulen) oder die einkommensschwachen Zuwanderern halfen (wie Abwasserentsorgung, Müllabfuhr etc.). In Städten, die die meisten Migranten aufnahmen, sank der Stimmenanteil der Demokratischen Partei, die Zuwanderung befürwortete, und konservative Politiker, insbesondere diejenigen, die den National Origins Act von 1924 unterstützten (der die Ära der unbeschränkten Zuwanderung in die USA beendete), wurden gewählt. Wähler reagierten auf den kulturellen Abstand zwischen ihnen und den Neuankömmlingen; damals galten Katholiken und Juden als Fremde, die sich niemals anpassen würden – bis sie genau dies taten.[101]

Die Tatsache, dass sich Geschichte wiederholt, bedeutet nicht, dass das, was sich wiederholt, beim zweiten oder dritten Mal weniger unerfreulich wäre. Aber vielleicht hilft uns dies, besser zu verstehen, wie wir mit dieser Wut umgehen sollten. In Kapitel 4 werden wir auf diese Frage zurückkommen.

Letztlich müssen wir uns auch immer wieder ins Gedächtnis rufen, dass viele Menschen, ganz unabhängig von den Anreizen, die sich ihnen bieten, nicht wegziehen werden. Diese Immobilität, die der konventionellen wirtschaftswissenschaftlichen Sicht rationalen menschlichen Handelns zuwiderläuft, hat weitreichende gesamtwirtschaftliche Auswirkungen. Sie betrifft die Folgen einer breiten Palette wirtschaftspolitischer Maßnahmen, wie wir in diesem Buch immer wieder sehen werden.

So werden wir zum Beispiel im nächsten Kapitel sehen, dass Immobilität teilweise erklärt, warum die Wohlfahrtswirkungen des internationalen Handels deutlich schwächer ausgefallen sind als von vielen erhofft, und in Kapitel 5 werden wir erörtern, wie sie sich auf das Wirtschaftswachstum auswirkt. Wir brauchen daher ein Umdenken in der Sozialpolitik, das diese Immobilität berücksichtigt – dies werden wir in Kapitel 9 versuchen.

KAPITEL 3

# Die negativen Folgen des Handels

Anfang März 2018 setzte Präsident Trump durch seine Unterschrift neue Zölle auf Stahl und Aluminium in Kraft, wobei er von Stahlarbeitern mit aufgesetzten Schutzhelmen flankiert wurde. Kurz danach hat das IGM Booth Panel, über das wir in der Einleitung sprachen, die Experten, die ihm angehören – allesamt renommierte Wirtschaftsprofessoren an den angesehensten wirtschaftswissenschaftlichen Fachbereichen der USA, Republikaner ebenso wie Demokraten –, gefragt, ob »die Verhängung neuer US-Zölle auf Stahl und Aluminium die Wohlfahrt der Amerikaner erhöhen wird«. 65 Prozent erklärten, sie stimmten dieser Aussage »überhaupt nicht zu«. Alle anderen sagten, sie »stimmten nicht zu«. Niemand stimmte der Aussage zu. Kein Einziger war auch nur unsicher.[102] Auf die zusätzliche Frage, ob »es eine gute Idee wäre, neue oder höhere Einfuhrzölle auf Produkte wie Klimaanlagen, Pkws und Cookies zu erheben (um Produzenten zu ermuntern, sie in den USA herzustellen)«, antworteten abermals alle einhellig, dies sei nicht der Fall.[103] Paul Krugman, der Bannerträger der linksliberalen Ökonomie, befürwortet den internationalen Handel genauso wie Greg Mankiw, ein Harvard-Professor, der den Council of Economic Advisers, den Rat der Wirtschaftssachverständigen, unter Präsident George W. Bush leitete und der Krugmans Ansichten häufig kritisiert.

Dagegen ist die allgemeine öffentliche Meinung zum Thema Handel in den Vereinigten Staaten bestenfalls durchwachsen und heutzutage sogar eher negativ. In der Frage der Stahl- und Aluminiumzölle waren die Meinungen geteilt. Bei einer Umfrage im Herbst 2018, bei der wir einer repräsentativen Stichprobe von Amerikanern genau die gleiche Frage wie dem IGM Booth Panel stellten, äußerten nur 37 Prozent der Befragten, sie seien mit Trumps Zöllen überhaupt nicht beziehungsweise nicht einverstanden. 33 Prozent waren damit einverstanden.[104] Aber ganz allgemein scheint man sowohl auf der Rechten als auch auf der Linken mehrheitlich der Auffassung zu sein, die Vereinigten Staaten würden zu viele Güter aus anderen Ländern einführen. 54 Prozent der von uns Befragten stimmten der Aussage zu, es wäre sinnvoll, Produzenten durch höhere Zölle dazu zu ermuntern, diese Güter in den USA herzustellen. Nur 25 Prozent widersprachen.

Wirtschaftswissenschaftler sprechen überwiegend von den Außenhandelsgewinnen. Die Vorstellung, der Freihandel steigere den Wohlstand, ist eines der ältesten Axiome der modernen Volkswirtschaftslehre. So behauptete der englische Börsenmakler und Unterhausabgeordnete David Ricardo bereits vor 200 Jahren: Da der Handel jedem Land erlaube, sich auf das zu spezialisieren, was es am besten könne, werde das Gesamteinkommen überall steigen, wenn sie miteinander Handel trieben, und folglich müssten die Handelsgewinne der Gewinner größer sein als die Handelsverluste der Verlierer. In den letzten 200 Jahren hatten wir die Gelegenheit, diese Theorie zu verfeinern, aber kaum ein Ökonom vermag sich ihrer zwingenden Logik zu entziehen. Tatsächlich ist sie so tief in unserer Kultur verwurzelt, dass wir manchmal vergessen, dass die Argumente für den Freihandel keineswegs selbstverständlich sind.

Vor allem ist die breite Masse der Bevölkerung nicht überzeugt. Die Menschen sind nicht blind für die Handelsgewinne, aber sie sehen auch die negativen Seiten. Sie sehen die Vorteile, die es hat, im Ausland billig einkaufen zu können, aber sie befürchten – zumindest für die direkten Opfer billigerer Importe –, die Gewinne könnten durch die Kosten mehr als aufgezehrt werden. In unserer Umfrage äußerten

42 Prozent der Befragten, geringqualifizierte Arbeitskräfte würden durch den Handel der Vereinigten Staaten mit China Nachteile erleiden (21 Prozent meinten, dies bringe ihnen Vorteile), und nur 30 Prozent waren der Meinung, alle würden durch die sinkenden Preise profitieren (27 Prozent sagten, alle würden dadurch schlechtergestellt).[105]

Ist die breite Masse der Bevölkerung also einfach unwissend, oder hat sie intuitiv etwas erkannt, was den Wirtschaftswissenschaftlern entgangen ist?

## Stan Ulams Herausforderung

Stanisław Ulam war ein polnischer Mathematiker und Physiker, einer der Miterfinder moderner thermonuklearer Waffen. Er hielt nicht viel von den Wirtschaftswissenschaften, vielleicht weil er die Fähigkeit von Wirtschaftswissenschaftlern unterschätzte, die Welt – wenn auch auf ihre eigene Weise – in die Luft zu jagen. Ulam forderte Paul Samuelson, unseren verstorbenen Kollegen und einen der bedeutendsten Wirtschaftswissenschaftler des 20. Jahrhunderts, auf, ihm »einen Lehrsatz aus sämtlichen Sozialwissenschaften zu nennen, der sowohl wahr als auch nicht trivial ist«.[106] Samuelson verwies auf die Idee des komparativen Vorteils, die zentrale Idee der Außenhandelstheorie. »Dass diese Idee logisch wahr ist, muss ich einem Mathematiker nicht darlegen; dass sie nicht trivial ist, belegen die Tausenden von bedeutenden und intelligenten Männern, die nicht in der Lage gewesen sind, die Doktrin aus eigener geistiger Kraft zu durchdringen oder sie zu glauben, nachdem sie ihnen erklärt worden ist.«[107]

Der *komparative Vorteil* ist die Idee, dass Länder das tun sollten, wozu sie *vergleichsweise* am besten in der Lage sind. Um zu verstehen, wie leistungsfähig das Konzept ist, ist es nützlich, es dem *absoluten Vorteil* gegenüberzustellen. Der absolute Vorteil ist leicht zu verstehen. In Schottland wachsen keine Weintrauben, und Frankreich hat nicht den Moorboden, der ideal für die Herstellung von Scotch ist. Daher ist es sinnvoll, dass Frankreich Wein nach Schottland exportiert und Schottland Whisky nach Frankreich. Verwirrend wird es dann, wenn es den Anschein hat, dass ein Land, wie China heutzutage, bei der Produktion sämtlicher Güter gegenüber den meisten anderen Ländern einen Vorteil hat. Sollte man jetzt nicht erwarten, dass China einfach sämtliche Märkte mit seinen Produkten überschwemmt und nichts mehr für andere Länder übrig lässt?

David Ricardo behauptete 1817, dass China (beziehungsweise zu seiner Zeit: Portugal) selbst dann, wenn es alle Güter kostengünstiger produzieren könnte, keinesfalls alle Güter verkaufen könnte, denn dann würde das Käuferland seinerseits nichts verkaufen und hätte daher kein Geld, um etwas von China zu kaufen.[108] Daraus folgte, dass bei Freihandel nicht alle Wirtschaftszweige im England des 19. Jahrhunderts schrumpfen würden. Falls also irgendwelche Wirtschaftszweige in England aufgrund des internationalen Handels schrumpfen sollten, dann wären dies offensichtlich die am wenigsten produktiven.

Ausgehend von diesem Argument, gelangte Ricardo daher zu folgendem Schluss: Selbst wenn Portugal *Wein und Tuch* günstiger herstellen kann als England, werden sich beide Länder, sobald sie miteinander Handel treiben, dennoch über kurz oder lang auf das Produkt spezialisieren, bei dem sie einen *komparativen Vorteil* besitzen (das heißt, wo ihre Produktivität *im Vergleich zu ihrer Produktivität in dem anderen Sektor* hoch ist: Das wäre Wein für Portugal, Tuch für England). Und die Tatsache, dass beide Länder die Güter herstellen, die sie vergleichsweise am wirtschaftlichsten produzieren, und den Rest kaufen (statt Ressourcen zu verschwenden, indem sie ein Produkt auf ineffiziente Weise herstellen), muss das Bruttoinlandsprodukt (BIP), also den Gesamtwert der Güter, die die Einwohner jedes Landes konsumieren können, in die Höhe treiben.

Ricardos Erkenntnis unterstreicht, warum man den Außenhandel immer unter Einbeziehung sämtlicher Märkte betrachten muss. China könnte zwar in *jedem einzelnen Markt* die Oberhand gewinnen, aber es kann nicht *alle* Märkte an sich reißen.

Die Tatsache, dass das BIP steigt (sowohl in England als auch in Portugal) bedeutet nicht, dass es keine Verlierer gibt. Tatsächlich sagt uns einer der berühmtesten Aufsätze von Paul Samuelson ganz genau, wer die Verlierer sind. Ricardos gesamte Diskussion ging von der Annahme aus, die Produktion erfordere nur Arbeitskräfte und alle Arbeiter seien vollkommen gleich, sodass alle vom Anstieg der volkswirtschaftlichen Wertschöpfung profitierten. Sobald jedoch neben dem Faktor Arbeit der Faktor Kapital ins Spiel kommt, sind die Dinge nicht mehr so einfach. In einem 1941 veröffentlichten Aufsatz legt – der damals gerade einmal 25 Jahre alte – Samuelson die Ideen dar, die noch immer die Basis der herkömmlichen Außenhandelstheorie bilden und unser Denken über den internationalen Handel bis heute prägen.[109] Wie so oft bei den besten Ideen ist die Logik, sobald man sie einmal verstanden hat, von bezwingender Einfachheit.

Die Produktion einiger Güter erfordert vergleichsweise einen höheren Arbeitseinsatz als die anderer und vergleichsweise weniger Kapital; man denke nur an handgefertigte Teppiche im Gegensatz etwa zu robotergefertigten Autos. Wenn zwei Länder Zugang zu denselben Produktionstechnologien für beide Güter haben, sollte es unmittelbar einleuchten, dass das Land, das vergleichsweise über viele Arbeitskräfte verfügt, einen komparativen Vorteil bei der Herstellung des arbeitsintensiven Produkts hat: des handgemachten Teppichs.

Wir würden daher erwarten, dass sich ein Land mit vielen Arbeitskräften auf arbeitsintensive Produkte spezialisiert und aus kapitalintensiven Produkten aussteigt. Dies sollte im Vergleich zu der Zeit, als kein Außenhandel stattfand (oder nur in einem beschränkteren Ausmaß), die Nachfrage nach Arbeitskräften und folglich die Löhne erhöhen. Und umgekehrt würden wir in einem Land mit relativ hohem Kapitalangebot erwarten, dass der Preis für Kapital ansteigt (und die Löhne sinken), wenn es mit einem Partner mit hohem Arbeitskräfteangebot Handel treibt.

Da Länder mit hohem Arbeitskräfteangebot meistens arm sind und da Lohnarbeiter in der Regel ärmer sind als ihre Arbeitgeber, folgt daraus, dass die Liberalisierung des Handels den Armen in den ärmeren Ländern helfen und dass die Ungleichheit sinken sollte. Das Gegenteil würde für reiche Länder gelten. Deshalb *sollte* die Liberalisierung des Handels zwischen den Vereinigten Staaten und China den Löhnen der amerikanischen Arbeiter schaden (und chinesischen Arbeitern nützen).

Dies bedeutet nicht, dass die Arbeiter in den Vereinigten Staaten notwendigerweise langfristig schlechter dastehen werden. Wie Samuelson in einem späteren Aufsatz zeigte, ist dies auf folgende Tatsache zurückzuführen: Da Freihandel das BIP erhöht, vergrößert sich der Kuchen für alle, und daher können auch Arbeitskräfte in den Vereinigten Staaten bessergestellt werden, *wenn die Gesellschaft die Gewinner des Freihandels besteuert und dieses Geld an die Verlierer verteilt.*[110] Das Problem besteht darin, dass dies ein großes »wenn« ist, da es Arbeiter den Unwägbarkeiten des politischen Prozesses ausliefert.

## Schönheit ist Wahrheit, Wahr ist Schön[111]

Das Stolper-Samuelson-Theorem (wie dieses Ergebnis heute in den Wirtschaftswissenschaften genannt wird, nach Samuelson und seinem Co-Autor, Stolper) ist »schön«, zumindest so schön, wie es ein wirtschaftswissenschaftlicher Lehrsatz irgend sein kann. Aber ist es auch wahr? Aus dem Theorem lassen sich zwei eindeutige und ermutigende Folgerungen ableiten und ein Effekt, der weniger ermutigend ist. Die Handelsöffnung sollte das BIP in allen Ländern erhöhen, und in armen Ländern sollte die Ungleichheit sinken; in den reichen Ländern aber kann die Ungleichheit ansteigen (zumindest solange keine staatliche

Umverteilung erfolgt). Das kleine Problem besteht darin, dass die empirischen Daten dies zumeist nicht bestätigen.

China und Indien werden oftmals als Paradebeispiele für ein handelsgetriebenes BIP-Wachstum hingestellt. China öffnete 1978 seine Märkte für den Handel, nach dreißig Jahren kommunistischer Planwirtschaft. Während des größten Teils jener dreißig Jahre nahm China kaum Notiz vom Weltmarkt. Vierzig Jahre später ist es die globale Export-Supermacht und steht kurz davor, die USA als größte Volkswirtschaft der Welt abzulösen.

Die wirtschaftliche Entwicklung Indiens verlief weniger dramatisch, ist aber vielleicht lehrreicher. Rund vierzig Jahre lang, bis 1991, kontrollierte die indische Regierung die sogenannten »Kommandohöhen der Wirtschaft«. Einfuhren erforderten amtliche Genehmigungen, die bestenfalls widerwillig erteilt wurden, und außerdem musste der Importeur Einfuhrzölle bezahlen, die den Preis der eingeführten Güter *vervierfachen* konnten.

Zu den Gütern, deren Einfuhr praktisch unmöglich war, gehörten auch Kraftfahrzeuge. Ausländer, die Indien besuchten, schrieben über den »hübschen« Ambassador, einen kaum modernisierten Nachbau des Morris Oxford von 1956, einer eher unscheinbaren britischen Limousine, die nach wie vor das beliebteste Auto auf den Straßen Indiens war. Sicherheitsgurte und Knautschzonen waren völlig unbekannt. Abhijit kann sich noch immer an eine Fahrt in einem Mercedes-Benz von 1936 erinnern (das muss um das Jahr 1975 herum gewesen sein) und an das Hochgefühl, in einem Auto mit einem wirklich starken Motor unterwegs zu sein.

1991 war das Jahr nach Saddam Husseins Einmarsch in Kuwait, der schließlich zum Zweiten Golfkrieg geführt hatte. In der Folge kamen die Erdöllieferungen aus dem Irak und der Golfregion insgesamt weitgehend zum Erliegen, sodass die Erdölpreise durch die Decke gingen. Die Öleinfuhrrechnung Indiens schoss in die Höhe. Gleichzeitig kam es, getrieben von dem Krieg, zu einem Exodus indischer Emigranten aus dem Mittleren Osten, die fortan kein Geld mehr an ihre Angehörigen in der Heimat schickten. Beides zusammen führte zu einer massiven Devisenknappheit.

Indien war gezwungen, den Internationalen Währungsfonds (IWF) um Hilfe zu bitten – eine Gelegenheit, auf die der IWF nur gewartet hatte. Unter anderem China, die UdSSR, Osteuropa, Mexiko und Brasilien hatten erste ernsthafte Schritte unternommen, um in Zukunft die Märkte entscheiden zu lassen, wer was produzieren sollte. Indien war damals das letzte der großen »Verweigerungsländer«, mit einer Regierung, die noch immer der marktfeindlichen Ideologie anhing, die in den 1940er- und 1950er-Jahren im Schwange war.

Die Vereinbarung, die der IWF anbot, sollte all dies ändern. Indien konnte die benötigten Mittel bekommen, aber nur wenn es seine Handelsschranken beseitigte. Die Regierung hatte keine Wahl. Das Regime der Einfuhr- und Ausfuhrgenehmigungen wurde abgeschafft, und die Einfuhrzölle wurden sehr schnell von fast 90 Prozent auf etwas über 35 Prozent abgesenkt, zum Teil, weil viele der Führungsverantwortlichen in den Wirtschaftsministerien sich schon lange eine Chance gewünscht hatten, etwas Derartiges zu tun, und sie wollten sich diese Gelegenheit nicht entgehen lassen.[112]

Es gab, wenig überraschend, viele, die vorhersagten, dies würde zu einem Desaster führen. Die indische Industrie, die sich hinter hohen Zollschranken entwickelt hatte, sei zu ineffizient, um mit den wirtschaftlichen Kraftzentren der Welt mithalten zu können. Der indische Verbraucher, dem Importgüter vorenthalten worden waren, würde in einen Konsumrausch verfallen und die indische Wirtschaft zugrunde richten. Und so weiter.

Aber diese Unkenrufe bewahrheiteten sich nicht. Nach einem jähen Einbruch 1991 wuchs das BIP schon 1992 wieder um rund 5,9 Prozent, was dem Trend der Jahre 1985 bis 1990 entsprach.[113] Die Wirtschaft brach nicht zusammen, aber sie boomte auch nicht kräftig. In dem Zeitraum von 1992 bis 2004 ist das Wachstum geringfügig auf 6 Prozent gestiegen, Mitte der 2000er-Jahre sprang es dann auf 7,5 Prozent, wo es seither mehr oder weniger verharrt.

Sollte man Indien also als ein leuchtendes Beispiel dafür ansehen, dass die klassische Außenhandelstheorie richtig ist, oder eher als das Gegenteil? Einerseits blieb die Wachstumsrate nach der Handelsöffnung mehr oder minder konstant, was den Vorhersagen der Handelsoptimisten entspricht. Andererseits erscheint es enttäuschend, dass es nach 1991 mehr als ein Jahrzehnt dauerte, bis sich das Wachstum beschleunigte.[114]

## Wovon man nicht sprechen kann, darüber muss man schweigen[115]

Diese konkrete Frage lässt sich nicht wirklich beantworten. Es gibt nur ein Indien mit seiner einen Geschichte. Woher soll man wissen, ob das Wachstum von vor 1991 sich fortgesetzt hätte, wenn es keine Krise gegeben und die Handelsschranken 1991 nicht beseitigt worden wären? Erschwerend kommt hinzu, dass der Außenhandel bereits seit den 1980er-Jahren schrittweise liberalisiert wurde; das Jahr 1991 hat dies alles lediglich (erheblich) beschleunigt. War dieser »große Knall« notwendig? Wir werden es nie wissen, solange wir nicht in der Lage sind, die Geschichte zurückzudrehen und sie den anderen Entwicklungspfad nehmen zu lassen.

Allerdings fällt es Wirtschaftswissenschaftlern verständlicherweise sehr schwer, diese Art von Frage einfach nicht weiterzuverfolgen. Dabei geht es weniger um Indien an sich. Es führt kein Weg an der Tatsache vorbei, dass sich das indische Wirtschaftswachstum irgendwann in den 1980er- oder 1990er-Jahren deutlich veränderte; dies erfolgte zeitgleich mit der Umstellung von einer Art Sozialismus auf Kapitalismus. Die Wachstumsrate vor Mitte der 1980er-Jahre betrug rund 4 Prozent. Heute liegt sie näher bei 8 Prozent.[116] Solche Veränderungen sind selten, und besonders selten ist die Tatsache, dass es sich um eine nachhaltige Veränderung zu handeln scheint.

Gleichzeitig hat die Ungleichheit drastisch zugenommen.[117] Etwas ganz Ähnliches, vielleicht sogar noch Dramatischeres ereignete sich in China im Jahr 1979, in Korea Anfang der 1960er-Jahre und in Vietnam in den 1990er-Jahren. Es ist klar, dass die extreme staatliche Kontrolle der Wirtschaft vor der Liberalisierung die Ungleichheit auf eine effektive Weise niedrig gehalten hat, aber dies zu dem hohen Preis einer Dämpfung des Wachstums.

Viel strittiger, aber zugleich potenziell viel lehrreicher ist die Frage nach dem optimalen wirtschaftlichen Ordnungsrahmen, sobald der Staat die Zügel nicht mehr straff in Händen hält. Wie wichtig ist es, die verbliebenen Zollschranken, an denen Indien bis heute festhält, zu beseitigen, denn diese sind bedeutende Handelshemmnisse, auch wenn sie nicht mehr annähernd so hoch sind wie früher? Würde dies das Wachstum weiter beschleunigen? Wie würde sich die Ungleichheit entwickeln? Werden die Trump'schen Zölle das Wachstum in den Vereinigten Staaten völlig zum Erliegen bringen? Und werden sie den Menschen, die er vorgeblich schützen will, tatsächlich helfen?

Um diese Fragen zu beantworten, vergleichen Ökonomen oftmals Länder miteinander. Die Grundidee ist einfach: Einige Länder (wie Indien) haben im Jahr 1991 den Handel liberalisiert, während andere, die ihnen mehr oder weniger gleichen, dies nicht getan haben. Welche Gruppen wuchsen in den Jahren unmittelbar nach 1991 schneller, in absoluten Zahlen oder vielleicht im Vergleich zu ihren Wachstumsraten von vor 1991? Diejenigen, die liberalisierten, diejenigen, die von jeher offen gewesen waren, oder diejenigen, die sich schon immer abgeschottet hatten?

Es gibt eine umfangreiche Literatur, die sich mit dieser Frage beschäftigt, was angesichts der Bedeutung, die Ökonomen dem Freihandel beimessen, und seiner Popularität in der Wirtschaftspresse vielleicht nicht verwundert. Die Antworten reichen von sehr positiven

Einschätzungen der Effekte der Handelsliberalisierung auf das BIP bis zu skeptischen Positionen, auch wenn man sagen muss, dass es kaum beziehungsweise keine Anhaltspunkte für erhebliche negative Effekte gibt.

Die Skepsis speist sich aus drei verschiedenen Quellen. Erstens wird der Einwand der umgekehrten Kausalität erhoben. Die Tatsache, dass Indien den Handel liberalisierte, während ein anderes, ähnliches Land dies nicht getan hat, könnte einfach dem Umstand geschuldet sein, dass Indien bereit für die Umstellung war und auch dann schneller gewachsen wäre als das Vergleichsland, *wenn es seine Handelspolitik nicht geändert hätte*. Anders gesagt: War das Wachstum (oder das Wachstumspotenzial) die Ursache der Handelsliberalisierung und nicht umgekehrt?

Zweitens wurde der Einwand erhoben, weitere Kausalfaktoren seien nicht berücksichtigt worden. Die Liberalisierung in Indien war Teil viel umfassenderer Reformen. Dazu gehörte etwa, dass die Regierung Unternehmen nicht länger vorschrieb, was sie wo produzieren sollten. Es gab auch einen etwas weniger greifbaren, aber vielleicht genauso wichtigen Einstellungswandel in der Staatsverwaltung und im politischen System gegenüber Unternehmen: die Vorstellung, dass Unternehmertum eine legitime Betätigung ehrlicher Menschen sein konnte, dass es sogar »cool« sein konnte. Es ist im Grunde unmöglich, die Effekte all dieser Veränderungen von denen der Handelsliberalisierung zu trennen.

Drittens: Man kann kaum mit Sicherheit sagen, was aufgrund der Daten als Handelsliberalisierung zu betrachten ist. Wenn die Zölle 350 Prozent betragen, wird nichts eingeführt, sodass selbst eine deutliche Absenkung vielleicht kaum etwas bewirkt. Wie können wir durchgreifende politische Reformen von wirkungsloser Symbolpolitik unterscheiden? Außerdem riefen solche extrem hohen Abgaben Widerstand hervor; Menschen fanden kreative Mittel und Wege, sie zu umgehen. Worauf die Behörden dann undurchsichtige Vorschriften erließen, die einzig dem Zweck dienten, Gesetzesübertreter in die Falle zu locken. Viele dieser Dinge änderten sich, als Handelsschranken abgebaut wurden, aber verschiedene Details änderten sich in verschiedenen Ländern unterschiedlich schnell. Wie können wir herausfinden, welches Land mehr liberalisierte, da verschiedene Länder unterschiedliche Reformen durchführten?

All dies sind Probleme, die Ländervergleiche besonders schwierig machen. Der Grund, warum Forscher den Effekt der Handelspolitik auf das Wachstum unterschiedlich einschätzen, hat viel mit den jeweiligen Entscheidungen zu tun, die sie in Bezug auf jede dieser Fragen treffen – wie kann man Änderungen der Handelspolitik messen, und welche der vielen möglichen Quellen von Unklarheit über die Kausalität ist man bereit zu tolerieren?

Aus diesem Grund sind die Ergebnisse nicht wirklich belastbar. Ländervergleiche lassen sich auf unzählige Weisen durchführen, je nachdem, welche kühnen Annahmen man einfach zu schlucken bereit ist.

Die gleichen Einschränkungen gelten für die Überprüfung der anderen Vorhersagen des Stolper-Samuelson-Theorems. Sinkt die Ungleichheit in ärmeren Ländern, sobald sie sich dem Handel öffnen? Es gibt relativ wenige ländervergleichende Studien zu diesem Thema; darin spiegelt sich ein Muster wider, dem wir immer wieder begegnen werden. Handelsökonomen haben sich in der Regel keine Gedanken darüber gemacht, wie der Kuchen aufgeteilt wird, trotz (oder vielleicht wegen?) Samuelsons frühzeitiger Warnung, dass zumindest in den reichen Ländern Arbeitnehmer durch den internationalen Handel schlechtergestellt werden könnten.

Es gibt Ausnahmen, aber keine, deren Aussagekraft außer Zweifel stünde. Ein neuerer Forschungsbericht von zwei IWF-Mitarbeitern gelangt zu dem Schluss, dass Länder, die in der Nähe vieler anderer Länder liegen und daher mehr Handel treiben, im Allgemeinen reicher und weniger ungleich sind. Sie ignorieren die unbequeme Tatsache, dass es in Europa viele kleine Länder gibt, die wechselseitig viel im- und exportieren, und dass diese Länder in der Regel sowohl ein höheres BIP als auch eine geringere Ungleichheit haben, aber vermutlich nicht in erster Linie deshalb, weil ihr Handelsvolumen sehr groß ist.[118]

Ein weiterer Grund, gegenüber dieser eher optimistischen Schlussfolgerung skeptisch zu bleiben, ist die Tatsache, dass sie im Widerspruch steht zu dem, was wir von einer Reihe von Entwicklungsländern wissen. In den letzten dreißig Jahren haben sich viele Länder mit niedrigem oder mittlerem Einkommen dem grenzüberschreitenden Güteraustausch geöffnet. Bemerkenswerterweise hat sich ihre Einkommensverteilung in den darauffolgenden Jahren fast immer in einer Weise entwickelt, die dem widerspricht, was das Stolper-Samuelson-Theorem vorhersagt. Die Löhne geringqualifizierter Arbeitskräfte, die es in diesen Ländern in großer Zahl gibt (und denen daher hätte geholfen werden sollen), hielten nicht mit denjenigen ihrer höherqualifizierten oder besser gebildeten Landsleute Schritt.

Zwischen 1985 und 2000 haben sich Mexiko, Kolumbien, Brasilien, Indien, Argentinien und Chile dem Handel geöffnet, indem sie einseitig ihre Zölle pauschal kürzten. Im gleichen Zeitraum nahm die Ungleichheit in all diesen Ländern zu, und der zeitliche Rahmen dieser Steigerungen scheint auf einen Zusammenhang mit den Phasen der Handelsliberalisierung hinzudeuten. So hat zum Beispiel Mexiko zwischen 1985 und 1987 sowohl den Anwendungsbereich seiner Einfuhrquotenregelung als auch den durchschnittlichen Einfuhrzoll massiv reduziert. Zwischen 1987 und 1990 mussten Arbeiter Lohneinbußen in Höhe von 15 Prozent hinnehmen, während Angestellte Lohnzuwächse in gleicher Höhe verzeichneten. Andere Maße der Ungleichheit zogen nach.[119]

Das gleiche Muster – Liberalisierung, gefolgt von einem Anstieg des Lohns von Fachkräften im Vergleich zu dem von Geringqualifizierten sowie einer Zunahme anderer Ungleichheitsmaße – fand man in Kolumbien, Brasilien, Argentinien und Indien. Schließlich nahm die Ungleichheit in China dramatisch zu, als es seine Wirtschaft, beginnend in den 1980er-Jahren, schrittweise öffnete und schließlich 2001 der Welthandelsorganisation (WTO) beitrat. Laut dem Team der World Inequality Database nahmen im Jahr 1978 die unteren 50 Prozent und die oberen 10 Prozent der Bevölkerung den gleichen Anteil am chinesischen Nationaleinkommen (27 Prozent) mit nach Hause. Die beiden Anteile begannen sich 1978 auseinanderzuentwickeln; die ärmsten 50 Prozent bekamen immer weniger, und die reichsten 10 Prozent erhielten immer mehr. Im Jahr 2015 flossen den oberen 10 Prozent 41 Prozent des chinesischen Nationaleinkommens zu, während die unteren 50 Prozent nur noch 15 Prozent bekamen.[120]

Selbstverständlich bedeutet Korrelation nicht Kausalität. Vielleicht hat nicht die Globalisierung an sich die Zunahme der Ungleichheit verursacht. Handelsliberalisierungen ereignen sich fast nie in einem Vakuum; in all diesen Ländern waren Handelsreformen Teil eines breiteren Reformpakets. So fiel zum Beispiel die einschneidendste handelspolitische Liberalisierung in Kolumbien in den Jahren 1990 und 1991 mit einer Reform der Arbeitsmarktregulierung zusammen, die den Arbeitsmarkt erheblich flexibler gestalten sollte. Die Handelsreform in Mexiko im Jahr 1985 ereignete sich inmitten einer Privatisierungsinitiative, einer Arbeitsmarktreform und einer Deregulierungskampagne.

Wie bereits erwähnt, ging die Handelsreform in Indien im Jahr 1991 mit der Aufhebung des Einfuhrlizenzverfahrens für Industriegüter, Kapitalmarktreformen und einer allgemeinen Verschiebung von Macht und Einfluss auf den Privatsektor einher. Die Handelsliberalisierung in China war bekanntlich die Krönung der von Deng Xiaoping angestoßenen tiefgreifenden Wirtschaftsreform, die Privatunternehmertum in einer Volkswirtschaft zuließ, in der es fast dreißig Jahre lang verboten gewesen war.

Es trifft auch zu, dass Mexiko und andere lateinamerikanische Länder ihre Märkte genau zur gleichen Zeit öffneten, als sich auch China dem Handel öffnete, und aus diesem Grund sahen sie sich alle dem Wettbewerb durch eine Volkswirtschaft mit einem viel größeren Angebot an Arbeitskräften ausgesetzt. Vielleicht hat vor allem dies den Arbeitern in diesen Volkswirtschaften geschadet.

Es ist schwierig, irgendwelche definitiven Aussagen über die Effekte des Handels zu treffen, wenn man nur Länder miteinander vergleicht, weil sowohl Wachstum als auch Ungleichheit von so vielen verschiedenen Faktoren abhängen könnten – der Handel könnte nur einer davon sein, beziehungsweise er könnte statt einer Ursache eine Wirkung sein. Allerdings wurden einige faszinierende länderspezifische Studien durchgeführt, die einen Schatten auf das Stolper-Samuelson-Theorem werfen.

## Die Tatsache, die nicht sein durfte

Wenn man verschiedene Regionen innerhalb von Ländern betrachtet, reduziert dies eindeutig die Zahl potenzieller weiterer Einflüsse, die gleichzeitig wirken und die Handelseffekte verschleiern könnten. Innerhalb eines Landes gibt es in der Regel ein einheitliches Regierungssystem, eine gemeinsame Geschichte und einheitliche politische Strukturen, sodass Vergleiche verlässlichere Ergebnisse bringen. Das Problem besteht darin, dass sich die zentralen Vorhersagen der Handelstheorie naturgemäß auf sämtliche Märkte und Regionen einer Volkswirtschaft beziehen und nicht nur auf diejenigen, wo Importe ankommen oder Exporte verschickt werden.

In der Stolper-Samuelson'schen Weltsicht gibt es einen einheitlichen Lohn für alle Arbeiter mit der gleichen Qualifikation. Der Lohn eines Arbeiters hängt nicht von seinem Wirtschaftszweig oder seiner Region ab, sondern nur von dem, was er an Kompetenzen mitbringt. Dies liegt daran, dass der Stahlarbeiter in Pennsylvania, der aufgrund ausländischer Wettbewerber seinen Job verliert, sofort dorthin ziehen sollte, wo er Arbeit finden kann, nach Montana oder nach Missouri, sei es als Küchenhilfe, sei es in einem metallverarbeitenden Betrieb. Nach kurzen Anpassungsphasen werden alle Arbeitskräfte mit der gleichen Qualifikation das Gleiche verdienen.

Wenn dies zuträfe, wäre das einzige legitime Objekt für Vergleiche, um Handelseffekte zu erforschen, die gesamte Volkswirtschaft. Der Vergleich von Arbeitern in Pennsylvania mit Arbeitern in Missouri würde uns keine Erkenntnisse liefern, weil sie alle den gleichen Lohn bekämen.

Wenn man daher die Annahmen der Theorie für richtig hält, ist es, paradoxerweise, fast unmöglich, sie zu überprüfen, da der einzige Effekt, den man beobachten kann, die Veränderung auf Landesebene ist, und wir haben gerade auf die vielen Tücken länderübergreifender Vergleiche und landesspezifischer Fallstudien hingewiesen.

Arbeitsmärkte sind jedoch tendenziell *starr*. Viele Menschen ziehen nicht fort, obwohl die Arbeitsmarktbedingungen ihnen dies nahelegen würden, und folglich werden Löhne nicht automatisch innerhalb der gesamten Volkswirtschaft angeglichen.

In Wirklichkeit gibt es innerhalb desselben Landes viele »kleine Volkswirtschaften«, und man kann viele interessante Erkenntnisse gewinnen, wenn man sie vergleicht, solange Änderungen der Handelspolitik nicht alle die gleichen Auswirkungen auf diese »Subökonomien« haben.

Eine junge Ökonomin, Petia Topalova, die damals am MIT promovierte, nahm diese Idee ernst und ging von der Prämisse aus, dass Menschen sowohl an einem Ort als auch in einem Gewerbe feststecken. In einem wegweisenden Aufsatz ging sie der Frage nach, was in Indien nach der weitreichenden Handelsliberalisierung von 1991 geschehen war.[121] Es zeigte sich, dass es, ungeachtet unserer Vorstellung, dass »Indien seine Märkte öffnete«, die Handelsliberalisierung in verschiedenen Regionen des Landes sehr unterschiedliche Auswirkungen hatte. Dies ist darauf zurückzuführen, dass zwar langfristig alle Zölle auf mehr oder minder die gleiche Höhe abgesenkt wurden, aber aufgrund der Tatsache, dass einige Wirtschaftszweige von Anfang an sehr viel stärker geschützt wurden als andere, die Zölle in einigen Branchen viel stärker *gesenkt* wurden. Außerdem hat Indien über 600 Distrikte, die sehr unterschiedliche Unternehmen beherbergen. Einige sind überwiegend agrarisch geprägt; andere haben Stahlwerke oder Textilfabriken. Da verschiedene Branchen wirtschaftlich unterschiedlich gut dastanden, führte die Liberalisierung in verschiedenen Distrikten zu sehr unterschiedlichen Zollsenkungen. Topalova berechnete für jeden indischen Distrikt eine Maßzahl, die Auskunft darüber gab, wie stark er von der Liberalisierung betroffen war. Wenn zum Beispiel ein Distrikt vor allem Stahl und andere Industrieerzeugnisse herstellte, deren Zoll von fast 100 Prozent auf etwa 40 Prozent sank, war dies ein Distrikt, der nach ihrer Einstufung in hohem Maße von der Liberalisierung beeinflusst wurde. Wenn in einem anderen Distrikt nur Getreide und Ölsaaten angebaut wurden, deren Zoll weitgehend unverändert blieb, hatte die Liberalisierung so gut wie keinen Einfluss auf ihn.

Anhand dieses Maßes der »Liberalisierungsexposition« betrachtete sie nun, was vor und nach 1991 geschehen war. Die nationale Armutsrate fiel in den 1990er- und 2000er-Jahren schnell von etwa 35 Prozent 1991 auf 15 Prozent im Jahr 2012.[122] Aber ungeachtet dieser erfreulichen Entwicklung insgesamt verlangsamte eine größere Ausgesetztheit gegenüber der Handelsliberalisierung den Rückgang der Armutsquote deutlich. Im Gegensatz zur Vorhersage des Stolper-Samuelson-Theorems ging die Armutsquote in einem Distrikt umso *langsamer* zurück, je stärker seine Handelsexposition war. In einer späteren Studie fand Topalova heraus, dass die Häufigkeit von Kinderarbeit in Distrikten, die dem Handel stärker ausgesetzt waren, *weniger* zurückging als im Rest des Landes.[123]

Ihre Ergebnisse wurden von der wirtschaftswissenschaftlichen Fachgemeinde erstaunlich negativ aufgenommen. Es hagelte sehr unfreundliche Kommentare, und man warf ihr vor, die falsche Antwort zu geben, auch wenn ihre Methoden richtig seien. Wie war es möglich, dass Handel die Armutsquote erhöhte? Die Theorie sagt uns, Handel ist gut für die Armen in armen Ländern. Also mussten ihre Daten falsch sein. Nachdem sie von der akademischen Elite abgelehnt worden war, nahm sie eine Stelle beim IWF an, der – paradoxerweise, wenn man bedenkt, dass der IWF selbst ursprünglich auf die massive Liberalisierung gedrängt hatte – aufgeschlossener für ihre Forschungsergebnisse war als die Fachwelt.

Auch die renommiertesten wirtschaftswissenschaftlichen Fachzeitschriften nahmen Topalovas Aufsatz nicht zur Veröffentlichung an, obwohl er später dann zahlreiche Publikationen anregte, die sich mit dieser Debatte befassten. Heute wenden viele Ökonomen Topalovas Methode in anderen Kontexten an, und sie sind in Kolumbien, Brasilien und, wie wir weiter unten sehen werden, auch in den Vereinigten Staaten zu ähnlichen Ergebnissen gelangt.[124] Erst einige Jahre später wurde ihr eine Art Rehabilitierung durch akademische Wirtschaftswissenschaftler zuteil, als ihr Aufsatz von der Zeitschrift, die ihn veröffentlicht hatte, mit dem Best Paper Award ausgezeichnet wurde.

## Wirtschaftliche Starrheiten

Topalova hat immer betont, sie habe nie behauptet, die Handelsliberalisierung habe irgendjemandem geschadet. Da sie Regionen innerhalb desselben Landes verglich, sagte sie lediglich, dass einige Regionen (diejenigen, die am stärksten vom Handel betroffen waren) bei der Verringerung der Armut weniger erfolgreich waren als andere. Wie sie in ihrem Aufsatz ausdrücklich hervorhebt, steht dies völlig in Einklang mit der Möglichkeit, dass die Liberalisierung des Handels »alle Boote flottgemacht« hat, nur eben einige mehr als andere. Und aus ihrer Studie lässt sich auch nicht ableiten, dass die Ungleichheit in

Indien insgesamt angestiegen ist, sondern lediglich, dass sie in den Distrikten, die stärker vom Handel betroffen waren, stärker zugenommen hat. Weil die Regionen, die am stärksten von der Liberalisierung betroffen waren, von Anfang an etwas wohlhabender waren, hat die Tatsache, dass es ihnen nach der Liberalisierung wirtschaftlich nicht besonders gut erging, paradoxerweise die landesweite Ungleichheit verringert. In anderen Aufsätzen wiesen Topalova und ihre Kollegen einige eindeutig positive gesamtwirtschaftliche Folgen der Handelsliberalisierung in Indien nach. So begannen zum Beispiel indische Unternehmen, die vor der Herausforderung standen, neue Märkte zu finden, neue Produkte einzuführen, die sie jetzt auch im Ausland verkaufen konnten. Zudem bedeutete die Tatsache, dass sie billigere und bessere Einsatzgüter (für die Produktion) einführen konnten, die zuvor innerhalb Indiens noch nicht einmal aufzutreiben waren, dass sie neue Produkte für den inländischen Markt und für internationale Märkte herstellen konnten.[125] Dies erhöhte ihre Produktivität und trug zusammen mit anderen Reformen, die die Regierung Anfang der 1990er-Jahre anpackte, (und dem glücklichen Umstand weltweiten Wachstums) mit zu den hohen Wachstumsraten der indischen Wirtschaft seit den 1990er-Jahren bei.

Dennoch kann man leicht nachvollziehen, warum Handelsökonomen sich durch Topalovas Papier bedroht sahen. Gemäß der traditionellen Außenhandelstheorie verdanken sich die Außenhandelsgewinne der Neuverteilung von Ressourcen. Die Tatsache an sich, dass Topalova Unterschiede zwischen exponierteren und weniger exponierten Distrikten gefunden hat, sagt uns, dass Ressourcen (Arbeitskräfte, aber auch Kapital), wie bereits erwähnt, nicht besonders beweglich sind. Andernfalls wären die Löhne überall mehr oder minder gleich gewesen. Und sie ist nicht die Einzige, die dies herausgefunden hat; eine Reihe weiterer Studien fand ebenfalls kaum Belege für eine Neuverteilung von Ressourcen.[126] Aber wenn wir uns von der Vorstellung verabschieden, dass Menschen und Kapital Gelegenheiten nachjagen, wie können wir dann an unserer Überzeugung festhalten, Handel sei gut?

Wenn Arbeitskräfte nur zögerlich in einen anderen Distrikt ziehen, ist es plausibel, dass sie auch nur zögerlich auf eine andere Art von Arbeitsplatz wechseln. Dies steht voll und ganz in Einklang mit dem, was wir über Arbeitsmärkte wissen. Topalova fand heraus, dass in Indien der negative Effekt der Handelsliberalisierung auf die Armut in den Bundesstaaten, in denen strenge Arbeitsgesetze die Entlassung von Arbeitnehmern und die Verkleinerung unrentabler Unternehmen erheblich erschwerten, größer war, weil profitable Unternehmen nicht an ihre Stelle treten konnten.[127]

Es gibt auch zahlreiche stichhaltige Belege dafür, dass zumindest in Entwicklungsländern Grundstücke nicht ohne Weiteres den Besitzer wechseln. Kapital ist ebenfalls tendenziell unbeweglich.[128] Banken kürzen nur langsam Kredite an Firmen, die rote Zahlen schreiben, aber sie vergeben auch nur langsam Kredite an Firmen, deren Geschäfte rundlaufen, aus dem interessanten Grund, dass viele Kreditsachbearbeiter – also die Personen, welche über die Kreditvergabe entscheiden – große Angst davor haben, für Kreditausfälle persönlich zur Rechenschaft gezogen zu werden. Dies lässt sich am leichtesten dadurch vermeiden, dass man gar keine Entscheidung trifft; man segnet einfach diejenige ab, die in der Vergangenheit von einer anderen Person getroffen wurde, und lässt in der Zukunft wieder jemand anderen über die Kredite entscheiden. Die einzige Ausnahme sind, leider, Situationen, in denen Kredite auszufallen drohen – dann geben Banken den angeschlagenen Firmen neue Kredite, damit sie ihre alten zurückzahlen können, in der Hoffnung, den Kreditausfall hinausschieben und vielleicht von einer unerwarteten geschäftlichen Kehrtwende profitieren zu können. Dies ist das Phänomen, das im Bankenjargon »ständige Kreditverlängerung« *(evergreening)* genannt wird, eine der wichtigsten Ursachen dafür, dass so viele Banken mit scheinbar makellosen Bilanzen plötzlich in eine bedrohliche Schieflage geraten können.

Starre Kreditmärkte bedeuten, dass bestehende Unternehmen, deren Elend längst ein Ende hätte gesetzt werden müssen, weiter vor sich hin vegetieren. Gleichzeitig bedeuten sie auch, dass es neuen Unternehmen schwerfällt, sich Kapital zu beschaffen, vor allem inmitten der Ungewissheit, die zum Beispiel mit einer Handelsliberalisierung einhergeht, weil die Kreditsachbearbeiter davor zurückschrecken, neue Risiken einzugehen.

In Anbetracht dieser verschiedenen Formen von Starrheit ist es plausibel, dass man sich, wenn schlechte Nachrichten eintreffen – etwa ein stärkerer Wettbewerbsdruck durch ausländische Konkurrenten –, diesen nicht stellt und nicht versucht, Ressourcen ihrer bestmöglichen Verwendung zuzuführen, sondern dazu neigt, sich wegzuducken – in der Hoffnung, das Problem löse sich von selbst. Arbeitskräfte werden entlassen, Mitarbeiter, die in Rente gehen, werden nicht ersetzt, und Löhne beginnen zu sinken. Unternehmen kämpfen mit Gewinneinbrüchen, und Kredite werden umgeschuldet, in dem Bestreben, so viel wie möglich von dem vorherigen Zustand zu bewahren. Es kommt nicht zu Effizienzverbesserungen, vielmehr erleiden all diejenigen Einkommenseinbußen, die in den Wirtschaftszweigen tätig sind, die ihren Schutz verlieren.

Dies mag sich übertrieben anhören, aber Topalova hat etwas ganz Ähnliches in den indischen Daten gefunden. Zum einen sind nur sehr wenige Arbeitskräfte aus den Distrikten abgewandert, die von der Liberalisierung betroffen waren.[129] Selbst innerhalb einer Region bewegten sich Ressourcen nur langsam zwischen Branchen.

Aber verblüffenderweise galt dies auch *innerhalb* von Unternehmen. Viele Unternehmen in Indien produzieren mehr als ein Produkt, sodass man erwarten würde, dass Unternehmen jene Produktlinien, die mit billigeren Einfuhren konkurrieren, einstellen und die Produktion auf Artikel umstellen, die keinem so großen Wettbewerbsnachteil ausgesetzt sind. Dies scheint ein unvermeidlicher Prozess zu sein, selbst dann, wenn Arbeitsgesetze die Entlassung von Mitarbeitern erschweren, aber Topalova fand bei ihren Forschungen nur sehr wenig »schöpferische Zerstörung«. Unternehmen stellen obsolet gewordene Produktlinien offenbar nicht ein. Vielleicht hängt dies damit zusammen, dass der Umstellungsprozess nach Einschätzung der Geschäftsleitung sehr kostspielig ist: Mitarbeiter müssen umgeschult und neue Maschinen gekauft und installiert werden.[130]

## Schutz für wen?

Trotz dieser internen Schranken kam es schließlich zu einer Verlagerung von Ressourcen (zumindest in einigen Ländern), und Exporte sind ein zentrales Element der bemerkenswerten Erfolgsgeschichten insbesondere in Ostasien. Ungeachtet dessen, was wir von Präsident Trump und anderen hören, war dies nicht darauf zurückzuführen, dass reiche Länder in naiver Weise ihre Pforten öffneten. Reiche Länder haben strenge Regulierungsvorschriften für Einfuhren, die hohen Sicherheits-, Qualitäts- und Umweltstandards entsprechen müssen.

Es wurde behauptet, dass Regulierungen oftmals dazu dienten, Importe zu blockieren. Kalifornische Avocado-Produzenten setzten sich erfolgreich für ein vollständiges Einfuhrverbot auf Bundesebene von mexikanischen Avocados der Sorte Hass ein – und dieses hielt von 1914 bis 1997. Begründet wurde dieser Vorstoß damit, dass aus Mexiko stammende Schädlinge ferngehalten werden sollten, obwohl Mexiko direkt an die USA angrenzt und Schädlinge keine Visa brauchen, um die Grenze zu überqueren. Im Jahr 1997 wurde das Verbot auf Bundesebene aufgehoben, es blieb jedoch bis 2007 in Kalifornien in Kraft. Forscher fanden auch heraus, dass während der US-Wirtschaftskrise von 2008 die Food and Drug Administration (Lebensmittelüberwachungs- und Arzneimittelbehörde) plötzlich aus Gründen der Lebensmittelsicherheit mehr Nahrungsmittellieferungen aus Entwicklungsländern beanstandete; für Exporteure aus Entwicklungsländern vervierfachten sich in dieser Zeit die mit abgelehnten Lieferungen verbundenen Kosten! Selbstverständlich konnte sich die Qualität von Warenlieferungen aus Mexiko nicht wegen der Subprime-Krise in den Vereinigten Staaten verschlechtert haben. Da jedoch die Nachfrage nach Avocados zurückging, wollte man ihnen den Zugang zu den US-Märkten verwehren, um die inländischen Produzenten zu schützen.[131] In schlechten Zeiten fordern inländische Erzeuger mit größerem Nachdruck protektionistische Schutzmaßnahmen, und Vorschriften zum Verbraucher- und Gesundheitsschutz dienen dann oft als ein Vorwand zum Schutz von ihren Interessen.

Allerdings spiegeln sich in einigen dieser Standards auch berechtigte Verbraucherpräferenzen in Bezug auf Gesundheitsschutz (zum Beispiel hat man in einigen chinesischen Spielzeugen Blei nachgewiesen), Umweltschutz (zum Beispiel der Einsatz von Pestiziden in der Landwirtschaft) oder den Schutz von Arbeitnehmern (zum Beispiel Kinderarbeit) wider. So zeigt etwa der Erfolg des Fairtrade-Gütesiegels, dass viele Verbraucher bereit sind, mehr an Zwischenhändler zu zahlen, die ihnen versichern können, dass ein Produkt Umwelt- und ethischen Standards genügt. Und zum Teil beflügelt durch diesen Erfolg fordern heutzutage viele bekannte Markenhersteller die Erfüllung von Qualitätsstandards, die über regulatorische Anforderungen hinausgehen, was es für neue Exportnationen noch schwerer macht, einen Fuß in die Tür zu bekommen.

## Was macht ein (guter) Name aus?

Es gibt noch einen weiteren Faktor, der es Entwicklungsländern zusätzlich erschwert, das nächste China zu werden.

Die Welthandelsorganisation rief im Jahr 2006 eine »Aid for Trade«-Initiative ins Leben, und bis Mitte 2017 wurden für verschiedene Handelsförderprogramme für Entwicklungsländer über 300 Milliarden

Dollar ausgegeben.[132] All diesen Initiativen und Finanzierungen liegt die Überzeugung zugrunde, dass der Handel für diese Länder einen Weg aus der Armut eröffnet. Ein Projekt von Aid to Artisans (ATA), einer in den USA ansässigen Nichtregierungsorganisation, die Herstellern handgefertigter Produkte in Entwicklungsländern hilft, Zugang zu internationalen Märkten zu finden, ermöglichte es Forschern, diese Annahme zu überprüfen.[133]

Im Oktober 2009 erhielt ATA Gelder für die Umsetzung eines neuen Programms in Ägypten. Das Programm folgte einem Standardverfahren. Zuerst sah sich ATA nach einem geeigneten Produkt um, das attraktiv für Märkte in Hocheinkommensländern war und sich relativ billig in dem Land produzieren ließ. Das Forschungsteam half ATA dabei, das ideale Produkt zu identifizieren: Teppiche. Handgemachte Teppiche sind eine wichtige Erwerbsquelle in Ägypten, und in den USA sind sie gefragt.

Zweitens musste ATA einen Standort finden. Sie entschieden sich für Fowa, eine Stadt zwei Autostunden südöstlich von Alexandria gelegen, in der Hunderte von Kleinbetrieben ansässig sind, die eine besondere Art von Teppich herstellen. Typischerweise handelt es sich um Ein-Mann-Betriebe (niemals Ein-Frau-Betriebe!); der Inhaber betreibt in seinem Haus oder einem Schuppen einen einzelnen Webstuhl.

Drittens nutzt ATA immer die Dienste eines lokalen Zwischenhändlers, der sich vor Ort gut auskennt, die Bestellungen entgegennimmt und Kleinproduzenten beauftragt, die Waren herzustellen. Die Hoffnung ist, dass ATA einige Jahre in dem Land arbeitet und sich dann zurückzieht, sobald der Zwischenhändler stark genug ist, um das Projekt am Laufen zu halten und zu expandieren. So gesehen hatte die Stadt Fowa den großen Vorteil, dass dort bereits ein Zwischenhändler ansässig war, Hamis Carpets. Hamis vermarktete bereits viele der in der Stadt produzierten Teppiche, auch wenn sie größtenteils nicht exportiert wurden.

Hamis Carpets und ATA entschieden dann gemeinsam, welche Art von Teppichen hergestellt werden sollte, suchten die Käufer und holten Aufträge ein. Dazu bedurfte es erheblicher Anstrengungen. ATA lud den Geschäftsführer von Hamis zu einer Schulung in die Vereinigten Staaten ein, engagierte einen italienischen Berater, um Teppich-Probestücke zu entwerfen, und präsentierte die Hamis-Produkte auf jeder Geschenkmesse und jedem Importeur, den sie kannten. Trotzdem erhielt Hamis Carpets erst nach anderthalbjähriger Suche nach Kunden seinen ersten größeren Exportauftrag von einem deutschen Käufer.

Von da an liefen die Geschäfte immer besser. Zwischen 2012 und 2014 trafen immer mehr Bestellungen ein, und fünf Jahre nach dem Beginn des Projekts belief sich das gesamte Auftragsvolumen auf über 150 000 Dollar. Eine US-amerikanische NGO mit guten Kontakten und ausreichenden Finanzmitteln, ein unerschrockenes Team äußerst engagierter und talentierter junger Forscher und ein solides Unternehmen mit einer guten Reputation im Inland benötigten fünf Jahre, um eine hinlängliche Anzahl von Aufträgen einzuholen, die 35 Kleinbetriebe ausreichend mit Arbeit versorgten. Ohne den äußeren Anschub von ATA hätte der lokale Zwischenhändler dieses Projekt vermutlich nicht erfolgreich stemmen können.

Warum war es so schwierig? Ein Großteil des Problems scheint darin zu bestehen, dass es aus Sicht eines ausländischen Käufers (oftmals ein großer Einzelhändler oder ein Online-Shop mit einem Markennamen) ein Wagnis ist, von einem kleinen Teppichhersteller in Ägypten zu kaufen. Für ihn ist die Qualität entscheidend. Kunden erwarten sie; sie wollen makellose Teppiche. Genauso wichtig ist Pünktlichkeit. Wenn die Teppiche bis zum Start der neuen Frühjahrskollektion nicht geliefert worden sind, machen die Verkäufer einen hohen Verlust. Schließlich lässt sich das gesamte Risiko nicht einfach auf den Hersteller abwälzen. Zwar kann der Einzelhändler bei schlechter Qualität oder Verzug die Bezahlung des Herstellers verweigern, aber das, was der Einzelhändler dadurch zurückholen kann, dass er Teppiche zurückschickt oder die Zahlung verweigert, ist eine Kleinigkeit im Vergleich zu dem Reputationsverlust (man denke nur an die Web-Kommentare erzürnter Käufer über die minderwertigen Produkte von Wayfair) oder den Kosten, die es mit sich bringt, den Termin für die Präsentation der Frühjahrskollektion nicht halten zu können. Grundsätzlich können Firmen auch Konventionalstrafen zustimmen (der Hersteller erklärt sich zum Beispiel bereit, für jeden Verzugstag einen hohen Geldbetrag zu zahlen), aber viel Glück dabei, diese Schulden in einer ägyptischen Kleinstadt bei einem Betrieb einzutreiben, der quasi über Nacht verschwinden könnte. Außerdem ist es für den Einzelhändler auch nicht möglich, jeden einzelnen Teppich zu prüfen, um jegliches Reputationsrisiko auszuschalten; der dafür erforderliche Personaleinsatz wäre viel zu teuer.

Eine andere Möglichkeit bestünde darin, die Produkte so billig anzubieten, dass Verbraucher bereit wären, das Risiko einiger Mängel in Kauf zu nehmen, zumal sie wissen, dass sie den Teppich jederzeit zurückschicken könnten. Warum soll man die Reputation davon abhängig machen, ein nahezu perfektes Produkt zu liefern? Warum senkt man die Erwartungen nicht zusammen mit den Preisen?

Wie sich gezeigt hat, funktioniert das nicht immer, weil in vielen Fällen der Preis nicht so weit sinken kann, dass Verbraucher bereit wären, ihre Zeit mit einem Produkt zu verschwenden, dem sie nicht trauen. Wir haben einmal in Paris einen DVD-Player gekauft. Als er geliefert wurde, stellten wir fest, dass die Klappe, durch die man die DVD einführt, klemmte. Nachdem wir ungefähr eine Stunde vergeblich versucht hatten, sie zu reparieren, und eine weitere Stunde damit verbracht hatten, uns technische Unterstützung auf der Website des Herstellers zu holen, gingen wir online, um mit einem freundlichen Amazon-Mitarbeiter zu chatten, der uns eine vollständige Rückerstattung des Kaufpreises anbot. Um die Rückerstattung zu erhalten, mussten wir den DVD-Player in einem Lebensmittelgeschäft in unserer Nähe abgeben.

Als Abhijit zum ersten Mal zu dem Lebensmittelladen ging, weigerte sich der Inhaber, den Player anzunehmen, mit der Begründung, er habe zu viele Amazon-Sendungen. Beim zweiten Mal ließ der Inhaber ihn 25 Minuten warten, ehe er das Paket entgegennahm, weil er zur gleichen Zeit eine weitere Lieferung von Paketen erhielt, die er registrieren musste. In der Zwischenzeit kauften wir bei einem anderen Einzelhändler einen weiteren DVD-Player (wir hatten es eilig, weil wir ihn für den Geburtstag unserer Tochter haben wollten). Als er geliefert wurde, stellten wir fest, dass er nicht mit dem Fernseher in unserer Wohnung kompatibel war. Wir versuchten, ihn über die Website des Herstellers zurückzugeben, aber da der Kauf noch nicht als abgeschlossen registriert worden war, war dies erst ein paar Tage später möglich. Gegenwärtig steht der zweite DVD-Player, sorgfältig wieder verpackt, noch immer auf dem Tisch in unserer Diele. Wir haben ihn noch nicht zurückgeschickt. Unterdessen haben wir es aufgegeben, einen DVD-Player kaufen zu wollen. Esthers Vater hat uns einen geliehen.

Warum erzählen wir ihnen diese lange Anekdote über unsere Missgeschicke beim Kauf eines DVD-Players? Sie verdeutlicht die Tatsache, dass für den Endverbraucher Zeit und Verlässlichkeit Geld ist, und dieses Geld werden wir nie zurückbekommen. Amazon wird Abhijit für seine beiden Gänge zum Lebensmittelladen oder die beiden Stunden, die er mit dem Versuch verbrachte, das Gerät zu reparieren, nicht seinen Stundenlohn bezahlen.

Oder denken Sie an das hübsche T-Shirt, das Sie billig auf einer Website einkauften und das die ganze Wäsche strahlend blau gefärbt hat. Wer entschädigt Sie für die 100 Dollar teure Bluse, die jetzt auf der Vorderseite blaue Flecken hat? Oder für die Zeit, die Sie brauchten, um diese Bluse zu finden, indem Sie jeden Secondhandladen im Ort durchstöberten?

Aus diesem Grund gibt sich Amazon große Mühe, seine Reputation für hervorragenden Service aufrechtzuerhalten. In einigen Fällen zum Beispiel schützt Amazon die Zeit des Kunden, indem es nicht verlangt, dass er ein schadhaftes Produkt zurückgibt. Aus dem gleichen Grund will Amazon auch nur mit einem Hersteller zusammenarbeiten, dem es voll und ganz vertrauen kann, idealerweise einem Unternehmen, mit dem es bereits Geschäfte gemacht hat, oder zumindest einem mit einer Reputation für gute Produkte und guten Service. Sowohl für den Verbraucher als auch für den Einzelhändler ist Zeit Geld.

Die globale Ungleichheit ist derart beschaffen, dass die Art von Kunden im Westen, die einen handgemachten Teppich oder ein handbedrucktes T-Shirt (arbeitsintensive Produkte, für deren Herstellung arme Länder einen komparativen Vorteil haben) kaufen würden, oft so viel reicher sind als die Hersteller, dass jegliche Ersparnis durch einen neuen Marktteilnehmer, der billige Preise anbietet, nicht ausreicht, um den Kunden für seine verlorene Zeit oder den Ruin seiner Lieblingsbluse zu entschädigen.

Nehmen wir das Beispiel eines ägyptischen T-Shirt-Produzenten, der mit chinesischen Unternehmen konkurrieren will. Der durchschnittliche Monatslohn in China beträgt 915 Dollar, während er in Ägypten bei 183 Dollar liegt.[134] Bei einer vierzigstündigen Arbeitswoche beträgt der Stundenlohn in China rund 5 Dollar, während er in Ägypten 1 Dollar beträgt. Die Ersparnis bei den Arbeitskosten, um ein T-Shirt von Hand zu bedrucken, dessen Herstellung eine Stunde dauert (ein sehr hübsches T-Shirt), beträgt also dann, wenn es statt in China in Ägypten hergestellt wird, höchstens 4 Dollar. Vermutlich ist sie viel geringer, da T-Shirt-Produzenten in der Regel weit weniger als den Durchschnittslohn zahlen. Als Käufer würden viele von uns gern die 4 Dollar zusätzlich für die gute Qualität zahlen, die dies verbürgt. Amazon weiß das. Warum sollte Amazon das Risiko eingehen, mit dem unbekannten Hersteller in Ägypten zu experimentieren, wenn es einen bekannten und zuverlässigen Lieferanten in China hat?

Im Fall der ägyptischen Teppiche bedurfte es eines Vermittlers (tatsächlich zweier Vermittler: ATA und Hamis Carpets), weil sich jeder einzelne Teppichweber keine Reputation aufbauen konnte. Sie waren einfach zu klein. Hamis hatte zumindest das Volumen, das erforderlich war, um verlässlich gute Produzenten ausfindig zu machen, ihre Arbeit effektiv zu überwachen und sich so einen Ruf für gute Qualität zu erarbeiten. Hamis konnte ihnen überdies beibringen, ihre Qualität zu steigern: Die Exportfirmen verbesserten die Qualität sehr schnell und waren schon bald in technischer Hinsicht viel besser als ähnliche Firmen, die nicht per Zufallsauswahl in die Studie einbezogen worden waren. Aber da niemand außerhalb Ägyptens Hamis kannte, ist es nicht weiter verwunderlich, dass zunächst kaum jemand mit ihnen Geschäfte machen oder ihnen die Chance geben wollte, sich eine Reputation aufzubauen.

Als Hamis dann die Chance erhielt zu exportieren, stand das Unternehmen vor dem umgekehrten Problem. Ein ausländischer Käufer würde sich vielleicht nicht korrekt verhalten: Er würde eine Bestellung nicht bezahlen oder plötzlich etwas anderes wollen. Hamis musste für beide Seiten der vertrauenswürdige Vermittler sein. So hatte zum Beispiel ein Käufer darum gebeten, die Teppiche alt und gebraucht aussehen zu lassen; die Hersteller sollten sie zu diesem Zweck in Tee baden und mit Säure besprengen. Doch als die Teppiche dann geliefert wurden, missfiel ihm das Ergebnis, und er gab dem Hersteller die Schuld.

In solchen Fällen steckte Hamis in der Klemme. Er konnte versuchen, sich gegen den Käufer zu wehren, aber das ganze Hin und Her vor der Auftragserteilung (»Ja, es gab eine E-Mail, aber erinnern Sie sich daran, was wir am Telefon besprochen haben«) wäre mit Sicherheit nicht ausreichend dokumentiert. Und so würde sich Hamis mit einer Situation konfrontiert sehen, in der Aussage gegen Aussage stünde. Als ein neuer Anbieter, der obendrein aus Ägypten kam, war es unwahrscheinlich, dass dies gut für ihn ausginge. Andererseits waren die Hersteller in Ägypten überzeugt davon, das getan zu haben, was von ihnen verlangt worden war, und sie wären sehr verärgert gewesen, wenn sie nicht bezahlt worden wären. Sie konnten es sich nicht leisten, nicht bezahlt zu werden. Letztlich musste Hamis oft die Verluste tragen.

Wie schwierig es ist, eine Reputation aufzubauen, erlebten wir in den späten 1990er-Jahren erstmals in der aufkommenden indischen Software-Industrie. Die ersten indischen Software-Unternehmen entstanden in der südindischen Stadt Bangalore, damals eine verschlafene Stadt, die bekannt war für ihr angenehmes Klima (und heute eine wuchernde Metropole mit chaotischen Verkehrsverhältnissen ist). Indische Firmen spezialisierten sich auf Produkte, die sie für bestimmte Kunden maßschneiderten. Wenn ein Unternehmen eine neue Buchhaltungssoftware wollte, konnte es eine Standardsoftware bekommen, die für es maßgeschneidert wurde, oder aber es entschied sich für eine, die von einem indischen Unternehmen spezifisch für seine Bedürfnisse entwickelt wurde.

Indien hatte in diesem Sektor mehrere Wettbewerbsvorteile: ein großes Angebot an Absolventen renommierter technischer Hochschulen, guten Internetzugang, Englisch als Muttersprache und eine andere Zeitzone, die es Software-Ingenieuren erlaubte, dringende Aufträge ihrer amerikanischen Klienten zeitnah zu bearbeiten. Die Infrastrukturanforderungen waren minimal: ein Büro, ein kleines Team, ein paar Computer. In Bangalore wurde dies sogar noch dadurch erleichtert, dass bereits 1978 Electronic City gegründet worden war, ein Industriepark, der Firmen im später so genannten Informationstechnologie-Sektor vorbehalten war und der eine sichere Stromversorgung und verlässliche Telekommunikationsverbindungen bot.

All dies machte es für jeden mit dem richtigen Diplom und der Bereitschaft, hart zu arbeiten, relativ leicht, sich mit einem eigenen Software-Unternehmen selbstständig zu machen. Aber es war nicht leicht, in der Branche zu überleben.

Im Winter 1997/98 fragten wir die CEOs von über hundert indischen Software-Unternehmen nach ihren Erfahrungen mit ihren jüngsten Projekten. Für die Chefs junger Unternehmen war das Leben hart und alles andere als glamourös. Häufig beschrieb ein Klient genau, was er sich wünschte, das Unternehmen tat sein Bestes, um dieses Produkt herzustellen, aber der Kunde behauptete oft, es entspreche nicht genau seinen Vorgaben. Die Chefs hatten fast immer den Eindruck, der Kunde wolle plötzlich etwas anderes, während der Kunde in der Regel der Meinung war, die Firma habe die Anforderungen nicht verstanden. Jedenfalls waren diese Streitigkeiten größtenteils unnötig, weil die Vereinbarung mit jungen Firmen fast immer eine Klausel enthielt, wonach sie unabhängig von der geleisteten Arbeit einen festen Betrag erhielten, und dies auch nur dann, wenn der Käufer zufrieden war.

Wir vermuten, dass sich in der Wahl dieses Vertragstyps die Sichtweise des Käufers widerspiegelte, dass er durch den Vertragsschluss mit einem unbekannten Lieferanten im fernen Indien ein Risiko einging. Diese Interpretation wird durch die Tatsache bestätigt, dass Firmen mit zunehmender Reife und Bekanntheit von Festpreisverträgen auf Kostenzuschlagsverträge umstiegen, bei denen der Käufer die Zeit und die Materialien bezahlte, die es den Verkäufer kostete, die Software herzustellen.[135] Unser Fallbeispiel erklärt auch, warum die relativ wenigen Fälle, in denen eine junge Firma einen Kostenzuschlagsvertrag erhielt, Situationen betrafen, in denen die Firma bereits ein Projekt für den Kunden erledigt und sich daher einen Ruf erworben hatte.

Einer der jungen Unternehmer, die wir kennenlernten, war erschöpft. Er hatte das Gefühl, Tag und Nacht an uninteressanten Projekten (und ihren endlosen Korrekturen) zu arbeiten, nur um sich über Wasser zu halten. Er hatte vor Kurzem mit einem Y2K-Projekt begonnen, das heißt, er durchstöberte Tausende von Codezeilen, um Daten zu löschen, die in der Form »1/1/99« statt in der Form »1/1/1999« geschrieben worden waren. Es gab düstere Warnungen vor den Katastrophen, die eintreten würden, wenn Computer glaubten, es sei das

Jahr 2099. Unternehmen versuchten daher, ihre Datenbanken so schnell wie möglich in Ordnung zu bringen.

Die Arbeit war gut planbar – das Risiko einer verheerenden Kostenüberschreitung war relativ gering –, aber nervtötend. Der Unternehmer erwog, seine Firma dichtzumachen und bei einem größeren Unternehmen einzusteigen. Sich mit geistlosen Projekten abzurackern, mit Kunden zu feilschen, die nicht wussten, was sie wollten, und sich ständig zu fragen, ob er seine Miete zahlen konnte, war nicht das, was ihm vorschwebte, als er seinen Traum, sich als Software-Unternehmer selbstständig zu machen, in die Tat umsetzte.

Junge Firmen, die sich noch keine Reputation erworben haben, müssen mit einem dicken Kapitalpolster beginnen. Obwohl oftmals auf Infosys verwiesen wird, das 1981 von sieben Ingenieuren mit 250 Dollar gegründet wurde, die sie sich von der Ehefrau des ersten Firmenchefs liehen, und heute das drittgrößte Software-Unternehmen in Indien ist, ist es vermutlich kein Zufall, dass die beiden größten indischen Software-Unternehmen heutzutage Wipro und Tata Consultancy Services (TCS) sind. Ersteres gehört einer Familie, die ein erfolgreiches Speiseöl-Unternehmen aufgebaut hatte, ehe sie ins Software-Geschäft einstieg, während Letzteres Teil des Industriekonglomerats Tata Group ist, das eine breite Palette von Gütern produziert, angefangen von Salz bis hin zu Stahl. Selbstverständlich bedurfte es mehr als nur Geld. In diesen beiden Fällen gab es auch jemanden mit einer Vision und Talent. Aber Geld hat ganz klar geholfen.

Es hilft auch, wenn man einen Namen hat. Es ist kein Zufall, dass Gucci, ursprünglich ein Hersteller hochwertiger Lederwaren, heute eine stark diversifizierte Produktpalette anbietet, die von Autositzen bis zu Parfüms reicht, und dass Ferrari, ursprünglich ein Sportwagenhersteller, heute Brillen und Laptops verkauft. Käufer von Gucci-Parfüms oder Ferrari-Laptops erwarten von diesen Markennamen vermutlich keine besonders innovativen Produkte. Vielmehr verlassen sie sich darauf, dass Gucci und Ferrari ihr guter Name so viel bedeutet, dass sie keine qualitativ minderwertigen Produkte verkaufen würden, und vielleicht kalkulieren sie auch mit dem Distinktionsgewinn, der mit dem Kauf eines wirklich teuren Artikels verbunden ist.

## Die Welt der Namen

Der Nutzen eines Markennamens besteht darin, dass er Konkurrenten abwehrt. Die Tatsache, dass die Käufer so viel wohlhabender als die Produzenten sind, macht es für den Verkäufer oder den Zwischenhändler äußerst wichtig, sich auf die Qualität statt auf den Preis zu konzentrieren. Was für jeden potenziellen neuen Wettbewerber die Herausforderung, das etablierte Unternehmen zu unterbieten, noch schwieriger macht, ist die Tatsache, dass der dem Lieferanten gezahlte Preis nur einen kleinen Teil dessen ausmacht, was ein qualitativ hochwertiges Produkt dem Käufer wert ist. Tatsächlich sind die Markenbildungs- und Vertriebskosten oftmals höher als die Fertigungskosten. Bei vielen Artikeln betragen die Produktionskosten nicht mehr als 10 bis 15 Prozent des Einzelhandelspreises. Dies bedeutet, dass ein effizienterer Hersteller kaum etwas tun kann, um den Endpreis des Produkts in einer Weise zu beeinflussen, die proportional zu seiner Effizienzverbesserung wäre. Die Senkung seiner Produktionskosten um 50 Prozent würde die Gesamtkosten, die anfallen, um das Produkt in den Besitz des Käufers zu bringen, höchstens um 7,5 Prozent verringern.

Auch dies könnte noch eine erhebliche Summe sein, aber eine umfangreiche Literatur hat gezeigt, dass für Käufer offensichtlich proportionale Veränderungen wichtig sind. In einem klassischen Experiment wurde eine Gruppe von Probanden gefragt, ob sie eine zwanzigminütige Autofahrt in Kauf nehmen würden, um bei einem Taschenrechner, der 15 Dollar kostet, 5 Dollar zu sparen. Eine zweite Gruppe wurde gefragt, ob sie das Gleiche bei einem Taschenrechner für 125 Dollar tun würden. Zwanzig Minuten sind zwanzig Minuten, und 5 Dollar sind 5 Dollar, aber die Antworten fielen sehr unterschiedlich aus: »68 Prozent der Befragten waren bereit, bei einem Taschenrechner für 15 Dollar eine zusätzliche Fahrt zu machen, um 5 Dollar zu sparen; nur 29 Prozent waren bereit, sich die gleiche Mühe zu machen, wenn der Preis des Taschenrechners 125 Dollar betrug.« Der Punkt ist, dass 5 Dollar ein Drittel von 15 Dollar sind, aber nur 4 Prozent von 125 Dollar. Aus diesem Grund wechseln sie im ersten Fall, nicht aber im zweiten Fall das Geschäft. Verbraucher wechseln in aller Regel nicht die Verkäufer, um 7,5 Prozent zu sparen.[136]

Dies bedeutet, dass die Preise Chinas in einem nicht unerheblichen Maße steigen können, ohne dass dies jemandem wirklich auffällt. Außerdem gibt es keinen Grund, weshalb diese Preise in naher Zukunft deutlich ansteigen sollten. China ist ein großes Land mit vielen sehr armen Menschen, die bereit sind, einen Job zu den gegenwärtigen Löhnen anzunehmen, sodass die Kosten niedrig bleiben werden. Länder wie Vietnam und Bangladesch, die das nächste China werden wollen, also die weltweiten Lieferanten aller möglichen billigen Industrieerzeugnisse, werden vielleicht lange auf ihre Chance warten müssen. Und es ist ein wenig beängstigend, sich vorzustellen, wie lange dies wohl für Liberia, Haiti und die Demokratische Republik Kongo dauern könnte, die gern eines Tages den Stab übernehmen würden, sobald Bangladesch und Vietnam ihrerseits zu reich geworden sind, um ihn weiterhin zu tragen.

Der herausragende Stellenwert der Reputation bedeutet, dass es beim internationalen Handel nicht nur um gute Preise, gute Ideen, niedrige Zölle und billigen Transport geht. Es ist für einen neuen Wettbewerber sehr schwer, in einen Markt einzutreten und diesen zu übernehmen, weil er anfangs noch keine Reputation besitzt. Zusammen mit der Unbeweglichkeit von Arbeitskräften bedeutet dies, dass der leichte Personen- und Kapitalverkehr, den Freihandel fördern soll und auf dem die Stolper-Samuelson'sche These basiert, sich in der Praxis nicht annähernd so leicht einstellt.

## Der Umgang, den man pflegt

Was für ein neues Land, das mitmischen will, alles noch schwieriger macht, ist die Tatsache, dass nicht nur der eigene Name zählt. Japanische Autos sind bekannt für ihre solide Bauweise, italienische Autos sind bekannt für ihre Eleganz, deutsche Autos haben hervorragende Fahreigenschaften. Als ein neuer japanischer Wettbewerber wie Mitsubishi im Jahr 1982 in den US-Markt einstieg, profitierte er wahrscheinlich erheblich von dem Erfolg älterer japanischer Marken. Umgekehrt werden Käufer nur ungern ein Auto ausprobieren wollen, das in Bangladesch oder Burundi produziert worden ist, selbst wenn es angeblich die anspruchsvollsten Standards erfüllt, der Preis niedrig und die Kritiken gut sind. Sie werden sich fragen, was wohl in ein paar Jahren kaputtgehen wird. Und sie haben damit vielleicht recht. Es ist möglich, dass es viele Jahre Erfahrung in der Produktion für den Inlandsmarkt braucht, ehe man weiß, wie man ein gutes Auto herstellt. So haben auch Toyota, Nissan und Honda angefangen.

Das Misstrauen gegenüber Neulingen kann jedoch auch zu einer sich selbst erfüllenden Prophezeiung werden. Wenn fast niemand das Auto kauft, wird das Unternehmen pleitegehen, und es wird keinen Kundendienst mehr geben. Oder wenn jeder erwartet, dass ägyptische Teppiche schnell verbleichen, werden sie sehr billig verkauft werden, und daher würde es sich für Unternehmer in Ägypten nicht auszahlen, in die Produktion qualitativ höherwertiger Teppiche zu investieren. Es ist ein Teufelskreis.[137]

Es kann sehr schwierig sein, den Fluch niedriger Erwartungen abzuschütteln. Selbst wenn eine Firma beschließt, die qualitativ höchstwertigen Produkte herzustellen, werden hinreichend pessimistische Käufer annehmen, dass es nur eine Frage der Zeit ist, bis sich die Qualität verschlechtert. In einer solchen Situation kann es sehr nützlich sein, die richtigen Beziehungen zu haben: jemanden, der einen kennt und für einen bürgt.

Es ist kein Zufall, dass ethnische Inder und Chinesen, die in westlichen Ländern lebten und arbeiteten, nach ihrer Rückkehr eine wichtige Rolle bei der wirtschaftlichen Transformation ihrer Länder spielten. Sie nutzten ihre erworbene Reputation und zusammengetragenen Visitenkarten, um Käufern (oftmals Firmen, in denen sie bereits gearbeitet hatten) zu versichern, dass alles in Ordnung gehen würde.

Das Vorliegen einiger Erfolgsgeschichten kann eine positive Dynamik in Gang setzen. Käufer strömen zu Unternehmen, die ein neues Produkt erfolgreich am Markt platziert haben, wobei sie die Tatsache beruhigt, dass andere weiterhin Geschäfte mit ihnen gemacht haben. Die meisten jungen Verkäufer, die einen Auftrag erhalten, wissen, dass dies ihre einzige Chance ist, den Teufelskreis niedriger Erwartungen zu durchbrechen, und werden sich daher größte Mühe geben, ihre Versprechungen zu halten, wenn sie eine Chance bekommen.

So arbeiten zum Beispiel im Rosenexportmarkt in Kenia lokale Produzenten mit Zwischenhändlern zusammen, die ihnen helfen, ihre Rosen nach Europa zu exportieren.[138] Weder der Käufer noch der Verkäufer kann sich in dieser Branche ausschließlich auf förmliche Verträge stützen, um gutes Verhalten durchzusetzen. Rosen sind leicht verderblich, sodass ein Käufer, der eine Lieferung erhält, immer behaupten könnte, die Rosen seien nicht von akzeptabler Qualität, und sich entsprechend weigern, sie zu bezahlen. Aber andererseits könnte auch der Verkäufer behaupten, der Käufer habe die Rosen ruiniert, um nicht zahlen zu müssen. Dies bedeutet, dass es wichtig ist, sich einen Ruf der Verlässlichkeit aufzubauen. Während einer Periode politischer Unruhen in Kenia nach der umstrittenen Präsidentschaftswahl von 2007, als Arbeitskräfte Mangelware waren und der Transport gefährlich war, gaben sich neue Produzenten, die sich eine Reputation erarbeiten wollten, große Mühe, ihre Käufer weiterhin zu beliefern. Einige stellten sogar bewaffnete Wachleute ein, die ihre Rosen während der Zustellung schützten. Die Käufer blieben zufrieden, und der kenianische Rosenmarkt überlebte die Unruhen.

Selbstverständlich retten einen auch solche verzweifelten Maßnahmen nicht immer. Es kommt auf die Gesamtreputation einer Branche an, und es bedarf vielleicht nur einiger weniger schwarzer Schafe, um den guten Ruf einer Branche, die ansonsten qualitativ hochwertige Produkte herstellt, zugrunde zu richten. Regierungen haben dies erkannt und versuchen daher, Wege zu finden, um einzelne Produzenten, die es mit der Qualität nicht so genau nehmen, zu bestrafen. Im Jahr 2017 beschloss die chinesische Regierung, diese Sanktionen zu verschärfen. *China Daily* zitierte Guoliang Huang, den Direktor des Amtes für Qualitätsüberwachung: »Das geltende Gesetz verhängt gegen Personen, die gegen das Produktqualitätsgesetz verstoßen, verwaltungsrechtliche Sanktionen, die zu milde sind … Ein System, in dem Gesetzesverstöße für diejenigen, die sie begangen haben, *verheerende Konsequenzen* hätten, würde abschreckend wirken [Hervorhebung durch die Autoren].«[139]

Das optimale Szenario in dieser Welt fragiler und miteinander zusammenhängender Reputationen ist oft ein »industrielles Cluster«, eine Konzentration von Firmen aus der gleichen Branche an einem Standort, wobei alle von der Reputation des Clusters profitieren.

Es gibt seit 1925 im indischen Tiruppur Wirkereien, und die gesamten 1960er- und 1970er-Jahre hindurch wuchs die Branche, die hauptsächlich weiße Baumwollunterhemden produzierte, die indische Männer unter ihren Hemden tragen. Im Jahr 1978 benötigte ein italienischer Bekleidungsartikelimporteur, ein gewisser Signor Verona, dringend eine große Sendung weißer T-Shirts. Der Verband der Bekleidungsartikelexporteure in Mumbai verwies ihn an die Wirkereien in Tiruppur. Nachdem er mit der ersten Charge zufrieden war, orderte er mehr. Im Jahr 1981 folgte ihm die erste große europäische Einzelhandelskette, C&A, nach Tiruppur. Bis 1985 exportierten die dortigen Fabriken nach wie vor nur Waren im Wert von 1,5 Millionen Dollar. Dann wuchsen die Exporte allerdings exponentiell. Im Jahr 1990 beliefen sich Tiruppurs Exporte auf 142 Millionen Dollar.[140] Im Jahr

2016 erreichten die Exporte mit 1,3 Milliarden Dollar ihren Höchststand, auch wenn die Branche jetzt massivem Druck aus China, Vietnam und anderen Ländern ausgesetzt ist, die in jüngerer Vergangenheit in den Markt eingetreten sind.[141]

China hat Dutzende von sehr großen spezialisierten Clustern (»Socken-City«, »Sweater-City«, »Hauptstadt der Fußbekleidung« etc.) So besteht zum Beispiel das Zhili-Cluster in Huzhou aus mehr als 10 000 Firmen, die Kinderbekleidung produzieren und 300 000 Arbeiter beschäftigen. Im Jahr 2012 steuerte es 40 Prozent zum BIP seiner Region bei. Auch die Vereinigten Staaten haben Cluster, von denen einige bekannter sind als andere. Boston hat ein Biotech-Cluster. Carlsbad nahe Los Angeles hat sich auf Golfausrüstung spezialisiert und Michigan auf Uhren.[142]

Die Organisation der Bekleidungsindustrie in Tiruppur offenbart den Wert eines Namens. Die ganze Industrie ist um Jobber herum organisiert, Unterauftragnehmer, die sich um eine oder mehrere Phasen des Produktionsprozesses kümmern oder auch sämtliche Phasen für einen Teil einer Lieferung erledigen. Die Jobber sind die unsichtbaren Personen. Käufer dagegen haben mit einer kleineren Zahl bekannter Namen zu tun, die Aufträge einholen und diese dann unter den Jobbern verteilen. Der Vorteil dieses Produktionsmodells besteht darin, dass es eine Produktion in sehr großem Maßstab ermöglicht, auch wenn niemand die nötigen Mittel hat, um in eine einzige riesige Fabrik zu investieren. Alle investieren das, was sie können, und überlassen es den Vermittlern, alles zu koordinieren. Dies ist ein weiterer Grund dafür, dass die Branche auf die Bildung von Clustern angewiesen ist.

Ein ähnliches System wird in vielen großen Exportclustern überall in den Entwicklungsländern angewandt, wo die Reputation von einigen sicherstellt, dass viele andere Beschäftigung finden. Zwischenhändler wie Hamis Carpets in Ägypten oder die Verkäufer in Tiruppur vermitteln die Beziehungen zu ausländischen Käufern. Sie haben viel zu verlieren, wenn die Qualität der Ware eines Unterauftragnehmers beanstandet wird, und daher stellen sie eine umfassende Qualitätskontrolle sicher. Und auch wenn die Anfangsschwierigkeiten erheblich sein können, wie wir es im Fall von Hamis sahen, dürfte es sich letztlich doch auszahlen.

Interessanterweise verändert sich dieses System möglicherweise gerade. Das Geschäftsmodell von zwei der erfolgreichsten Unternehmen der Welt, Amazon und Alibaba, basiert zu einem erheblichen Teil darauf, sich an die Stelle dieser Vermittler zu setzen, indem sie auf ihren Websites individuellen Produzenten erlauben, sich, gegen einen bestimmten Preis selbstverständlich, einen eigenen guten Ruf aufzubauen, sodass es keiner Zertifizierung seitens des Vermittlers bedarf. Aus diesem Grund bekommt man nach dem Erhalt einer Sendung, die man auf Amazon Marketplace bestellt hat, wiederholte Bitten um Feedback von Amazon-Verkäufern. In dem Streben nach guten Bewertungen verkaufen sie die Socken oder ein Spielzeug zu einem absurd niedrigen Preis. Ihre Hoffnung ist, dass sie eines Tages eine ausreichende Zahl hinlänglich guter Bewertungen haben werden, sodass sie einen höheren Preis verlangen können. Selbstverständlich wird es einige Zeit dauern, bis diese neuen Marktplätze ihre Reputationen als Qualitätsgaranten festigen können (und auch dann können sie noch immer scheitern). Bis sie sich erfolgreich etabliert haben, ist es für einen einzelnen Produzenten in der Dritten Welt praktisch unmöglich, auf dem internationalen Markt zu konkurrieren, unabhängig davon, wie gut das Produkt ist und wie niedrig die Preise sind.

## War es 2,4 Billionen Dollar wert?

Der unkonventionelle italienische Marxist Antonio Gramsci schrieb einmal: »Das Alte stirbt und das Neue kann nicht zur Welt kommen; in diesem Interregnum kommt es zu den unterschiedlichsten Krankheitserscheinungen.«[143] Er hätte genauso gut über den Zustand der Welt nach der Liberalisierung schreiben können. Wie wir sahen, gibt es viele sehr gute Gründe, warum Ressourcen, insbesondere in den Entwicklungsländern, oftmals unbeweglich sind und warum es schwer ist, in Exportmärkte einzudringen. Daraus folgt, dass die Handelsliberalisierung überall vielleicht nicht diese hundertprozentige Erfolgsgeschichte ist, als die sie von vielen Wirtschaftswissenschaftlern dargestellt wird. Die Löhne sinken vielleicht eher, als dass sie steigen, selbst in arbeitskräftereichen Entwicklungsländern, in denen Arbeitskräfte vom Handel profitieren sollten. Denn alles, was Arbeitskräfte brauchen, um produktiv zu sein – Kapital, Land, Vorarbeiter, die sie anleiten, Unternehmer und andere Erwerbstätige –, bewegt sich nur langsam von der alten Stelle zu der neuen.

Wenn Maschinen, Kapital und Arbeitskräfte weiterhin in den alten Sektoren eingesetzt werden, werden viel weniger Ressourcen in die potenziellen Exportsektoren umgeleitet. In Indien führte die Liberalisierung von 1991 nicht zu einer massiven und plötzlichen Veränderung der Import- und Exportvolumen. Zwischen 1990 und 1992 stieg die Außenhandelsquote (die Summe aller Importe und Exporte in Prozent des BIP) nur geringfügig von 15,7 auf 18,6 Prozent. Aber schließlich legten sowohl die Importe als auch die Exporte deutlich zu, und der Offenheitsgrad der indischen Volkswirtschaft ist heute *größer* als der Chinas oder der USA.[144]

Ressourcen wurden schließlich umgeleitet, und man begann, neue Produkte herzustellen. Da etablierte Produzenten davon profitierten, dass sie benötigte Einsatzgüter leichter importieren konnten, verbesserte sich die Qualität ihrer Produkte und damit auch deren Absetzbarkeit auf ausländischen Märkten. Die Softwareindustrie zum Beispiel profitierte davon, dass sie nunmehr die benötigte Hardware problemlos importieren konnte, und die Software-Exporte boomten. Indische Firmen stellten schnell auf Importe um, als diese billig wurden. Außerdem führten sie schließlich neue Produktlinien ein (für den inländischen und den internationalen Markt), um von diesen billigeren Importen zu profitieren. Aber dies dauerte.[145]

Einiges spricht für die (von vielen politischen Entscheidungsträgern vertretene) Auffassung, dieser Prozess lasse sich am besten durch »Exportförderungsmaßnahmen« beschleunigen, die Exporteuren helfen sollen, ihre Ausfuhren zu steigern. Alle ostasiatischen Erfolgsgeschichten der Nachkriegszeit – Japan, Korea, Taiwan und in jüngster Vergangenheit China – haben die eine oder andere Strategie eingesetzt, um Exporteuren zu helfen, ihre Expansion zu beschleunigen. So sind die meisten Beobachter überzeugt davon, dass China die gesamten 2000er-Jahre hindurch (bis etwa 2010) den Wechselkurs seiner Währung systematisch niedrig hielt, indem es Renminbi verkaufte und Fremdwährungen kaufte, um seine Produkte gegenüber konkurrierenden Produkten, die in Dollar verkauft wurden, künstlich billig zu halten.

Im Jahr 2010 nannte Paul Krugman Chinas Vorgehen die »verzerrendste Wechselkurspolitik, die ein großes Land jemals verfolgt hat«. Sie war nicht billig: Chinas Währungsreserven beliefen sich bereits auf 2,4 Billionen Dollar, und jetzt kamen jeden Monat weitere 30 Milliarden Dollar dazu.[146] In Anbetracht der Tatsache, dass die Chinesen als Exporteure so erfolgreich waren und dass die chinesischen Verbraucher so genügsam sind, hat China eine natürliche Neigung, mehr zu verkaufen, als es kauft, und dies hätte wohl den Wechselkurs in die Höhe getrieben und das Exportwachstum abgewürgt. Die Wechselkurspolitik verhinderte dies.

War die Exportförderung wirtschaftlich sinnvoll? Möglicherweise hat sie Exporteuren geholfen, indem sie deren Gewinne in Renminbi erhöhte (wenn man Schuhe zum selben Dollarpreis verkauft, erhält man umso mehr Inlandswährung dafür, je niedriger der Wechselkurs ist). Dies erleichterte es für sie, den Dollarpreis ihrer Exporte niedrig zu halten, was wiederum Ausländer dazu ermunterte, chinesische Waren zu kaufen, und so deren Reputation nach und nach verbesserte.

Es half den Exporteuren auch, mehr Kapital anzuhäufen und mehr neue Mitarbeiter einzustellen.

Andererseits ging es zulasten chinesischer Verbraucher, die diese überbewerteten Importe bezahlen mussten (dies ist der Nachteil einer schwachen Währung). Es lässt sich nicht leicht sagen, was geschehen wäre, wenn China den Renminbi nicht gezielt unterbewertet gehalten hätte. Erstens hat die chinesische Regierung auch eine Reihe weiterer Maßnahmen ergriffen, die Exporteure begünstigten. Auch als China die Währungsmanipulation nach 2010 einstellte, blieb es wettbewerbsfähig. Zweitens: Selbst wenn die Exporteure langsamer expandiert wären, wäre der Binnenmarkt vielleicht schneller gewachsen und hätte den Überschuss absorbiert. China exportiert auch heute nur etwa 20 Prozent seines BIP; der Rest geht in die inländische Produktion.

Aber selbst wenn die Exportförderung sich für China bewährte, ist es unwahrscheinlich, dass die gleiche Strategie für allzu viele andere Länder aufgehen wird, jedenfalls nicht in naher Zukunft. Das Problem ist zum Teil China selbst. Sein Erfolg und seine enorme Größe machen es für andere schwerer, erfolgreich zu sein. Die Fragilität des Prozesses des Reputationserwerbs, die entscheidende Bedeutung der richtigen Kontakte und all die tiefgreifenden Veränderungen, die erforderlich sind, um Erfolg zu haben, lassen auch Zweifel daran aufkommen, ob der Versuch, im internationalen Handel Fuß zu fassen, die beste Entwicklungsstrategie für das durchschnittliche arme Land ist.

## Der China-Schock

Das 2017 erschienene Buch *Hillbilly-Elegie* von J. D. Vance ist eine wehmütige Klage über das Schicksal der Abgehängten in den USA. Wenn man es liest, spürt man allerdings die zutiefst zwiespältige Haltung des Autors in Bezug auf die Frage, wie sehr man die Opfer selbst dafür verantwortlich machen kann.[147] Der wirtschaftliche Niedergang jener Regionen der Appalachen, in denen das Buch spielt, ist teilweise auf den Handel mit China zurückzuführen. Die Tatsache, dass arme Menschen schlechtergestellt werden, ist etwas, was wir gemäß dem Stolper-Samuelson-Theorem erwarten würden: In reichen Ländern sind die Arbeiter die Leidtragenden. Erstaunlich ist die Tatsache, dass sich die Wohlstandsverluste weitgehend auf bestimmte geografische Gebiete konzentrieren. Die abgehängten Menschen leben an abgehängten Orten.

Die Methode Petia Topalovas, die Auswirkungen der Handelsliberalisierung auf die Distrikte Indiens zu untersuchen, wurde in den Vereinigten Staaten von David Autor, David Dorn und Gordon Hanson aufgegriffen.[148] Die chinesischen Exporte konzentrieren sich hauptsächlich auf das verarbeitende Gewerbe, und innerhalb des verarbeitenden Gewerbes wiederum konzentrieren sie sich auf bestimmte Produktklassen. So werden zum Beispiel innerhalb der Bekleidungsindustrie einige Produktgruppen wie Damenschuhe (ohne Sportschuhe) oder wasserundurchlässige Oberbekleidung vollständig von China dominiert, während bei anderen Gütern wie etwa beschichteten Geweben fast nichts aus China kommt.

Zwischen 1991 und 2013 wurden die Vereinigten Staaten vom »China-Schock« getroffen. Chinas Anteil an den weltweiten Exporten von Industrieerzeugnissen stieg von 2,3 Prozent im Jahr 1991 auf 18,8 Prozent im Jahr 2013. Um die Effekte dieses Schocks auf den Arbeitsmarkt abzuschätzen, konstruierten Autor, Dorn und Hanson einen Index, der angab, wie sehr jede *Pendlerzone* in den USA dem China-Schock ausgesetzt war. (Eine Pendlerzone ist eine Gruppe von Countys, die einen Arbeitsmarkt darstellen, in dem Sinne, dass es möglich ist, zwischen ihnen zu seinem Arbeitsplatz zu pendeln.) Der Index beruht auf folgender Überlegung: Wenn China besonders große Mengen einer bestimmten Ware in Länder (außer den USA) exportiert, was darauf hindeutet, dass China in dieser Branche im Allgemeinen erfolgreich ist, dann werden die Pendlerzonen in den USA, in denen diese Ware hergestellt wird, stärker in Mitleidenschaft gezogen als diejenigen, die eine andere Ware produzieren. Da China zum Beispiel nach seinem Beitritt zur WTO seine Damenschuh-Exporte (außer Sportschuhen) besonders schnell steigern konnte, wäre eine Pendlerzone, die 1990 viele Schuhe produzierte, stärker von dem China-Schock betroffen gewesen als eine Pendlerzone, die überwiegend beschichtete Gewebe produzierte, wo China weniger präsent war. Der China-Schock-Index misst daher die Verwundbarkeit des Branchenmix einer Region gegenüber der Exportstärke Chinas, indem er jeden Produkttyp mit den chinesischen Einfuhren in die EU vergleicht.

Den US-Pendlerzonen erging es sehr unterschiedlich, je nachdem, was sie jeweils produzierten. In den Zonen, die stärker von dem China-Schock betroffen waren, ging die Beschäftigung im verarbeitenden Gewerbe viel deutlicher zurück. Erstaunlicherweise wurden Arbeitskräfte nicht auf neu geschaffene Arbeitsplätze umverteilt. Die *Gesamt*-Zahl der verlorenen Arbeitsplätze war oft größer als lediglich die Zahl verlorener Arbeitsplätze in den betroffenen Branchen und nur selten geringer. Dies ist vermutlich eine Folge des Clusterbildungseffekts, über den wir gesprochen haben. Diejenigen, die ihre Arbeitsplätze verloren, schnallten den Gürtel enger, was die Konjunktur in der Region noch weiter dämpfte. Die Beschäftigung außerhalb des verarbeitenden Gewerbes hat die Lücke nicht ausgefüllt. Wenn sie es getan hätte, dann hätten wir eine Zunahme der Beschäftigung in den am stärksten betroffenen Regionen gesehen. Tatsächlich war die Zunahme der Beschäftigung außerhalb des verarbeitenden Gewerbes in den betroffenen Pendlerzonen bei geringqualifizierten Arbeitskräften *niedriger* als in anderen Regionen. Auch die Löhne sanken in diesen Gebieten im Vergleich zum Rest des Landes (und dies war eine Zeit insgesamt stagnierenden Lohnwachstums), insbesondere für Geringverdiener.

Trotz der Tatsache, dass es benachbarte Pendlerzonen gab, die weitgehend von dem Schock verschont blieben (und Zonen, die sogar profitierten, indem sie zum Beispiel bestimmte Komponenten aus China importierten), zogen betroffene Arbeitskräfte nicht dorthin. Die Anzahl der Personen im erwerbsfähigen Alter ging in den beeinträchtigten Pendlerzonen nicht zurück. Aber sie hatten keine Arbeit.

Diese Erfahrung betrifft nicht nur die Vereinigten Staaten. Spanien, Norwegen und Deutschland wurden durch den China-Schock in ähnlicher Weise in Mitleidenschaft gezogen.[149] In jedem Fall wurde aus der Trägheit der wirtschaftlichen Anpassungsprozesse eine Falle, aus der es so schnell kein Entkommen gab.

## CLUSTERF**K!

Die Bildung von Branchenclustern verschärfte das Problem. Wie wir bereits sahen, gibt es gute Gründe dafür, dass Branchen Cluster bilden, doch eine potenziell negative Folge besteht darin, dass ein Handelsschock mit besonderer Gewalt hereinbrechen und sämtliche Unternehmen, die in der Region konzentriert sind, in Mitleidenschaft ziehen kann. In einem einzigen Jahr, zwischen Oktober 2016 und Oktober 2017, sanken die Ausfuhren aus Tiruppur, dem indischen T-Shirt-Cluster, um 41 Prozent.[150]

Dies kann eine Abwärtsspirale in Gang setzen. Entlassene Arbeitnehmer geben weniger Geld bei lokalen Unternehmen aus, etwa in Einzelhandelsgeschäften und Restaurants. Der Wert ihrer Häuser geht zurück und bricht manchmal sogar in katastrophaler Weise ein, da der Wert eines Hauses in hohem Maße davon abhängt, wie gut die Nachbarhäuser in Schuss gehalten werden. Wenn es mit dem größten Teil eines Viertels abwärtsgeht, dann geht es mit allen in diesem Viertel abwärts. Haushalten, deren Immobilienvermögen höhere Wertverluste erleidet, wird der Kreditrahmen gekürzt; außerdem wird es für sie schwerer, Kredite umzuschulden. Beides verringert ihren Konsum noch weiter.[151] Darunter leiden die Einzelhändler und die Restaurants, sodass einige von ihnen schließlich dichtmachen müssen. Das Verschwinden dieser Annehmlichkeiten, der Mangel an ansprechenden Gegenden und der katastrophale Rückgang des kommunalen Steueraufkommens, der die Bereitstellung von Trinkwasser, Schulen, Beleuchtung und Straßen erschwert, kann ein Gebiet so unattraktiv machen, dass es nicht mehr neu belebt werden kann. Kein neues Unternehmen will sich dort ansiedeln, um die Stelle derjenigen einzunehmen, die pleitegegangen sind.

Diese Logik gilt für die Fertigungscluster in den Vereinigten Staaten ebenso wie für diejenigen in Indien oder China. Tennessee zum Beispiel hatte eine hohe Konzentration von Clustern, die Güter herstellten, die direkt mit China konkurrierten, von Möbeln bis zu Textilien. Die Schließung dieser Firmen hat eine Reihe von Geisterstädten hervorgebracht. Bruceton, Tennessee, das im *Atlantic* porträtiert wurde, beherbergte die Fabrik der Henry I. Siegel Company (H.I.S.). In ihrer Blütezeit hatte H.I.S. Jeans und Anzüge in drei riesigen Werken produziert, die 1700 Menschen beschäftigten. In den 1990er-Jahren begann dann der Abstieg. Im Jahr 2000 entließ H.I.S. seine letzten 55 Arbeiter. Laut dem Artikel im *Atlantic*

> hat die Stadt anschließend mit der Frage gerungen, wie sie überleben soll. Die drei riesigen H.I.S.-Werke in der Stadt stehen leer, ihre Fenster sind zerbrochen, die Farbe an den Wänden blättert ab. Einige neue Produktionsbetriebe haben sich angesiedelt, aber sie sind mittlerweile wieder weg. Nacheinander haben die Geschäfte in den Hauptstraßen von Bruceton und der Nachbarstadt Hollow Rock geschlossen und so moderne Geisterstädte zurückgelassen. Im Zentrum von Bruceton gibt es keine Bankfiliale mehr, der Supermarkt und das Modegeschäft haben geschlossen, und dort, wo ein anderer Supermarkt stand, befindet sich heute ein Parkplatz. Alles, was noch übrig geblieben ist, ist eine Apotheke, wo ältere Menschen ihre Rezepte einlösen.

Die Nachbarstadt McKenzie verlor in den 1990er-Jahren ihre Pyjama- und eine Schuhfabrik. Sie bemüht sich noch immer darum, Unternehmen dazu zu überreden, sich hier anzusiedeln. Jedes Mal, wenn der Stadtverwaltung zu Ohren kommt, dass eine Firma einen neuen Standort sucht, rufen städtische Mitarbeiter den Entscheidungsträger an und werben für die Stadt. Sie hatten einige Interessenten, aber bislang noch keine Zusage. In dem *Atlantic*-Artikel heißt es weiter:

> Ein Grund, weshalb niemand anbeißt, sagt Holland [der Bürgermeister der Stadt], könnte die deprimierende Hauptstraße der Stadt sein. Ein Unternehmen wollte sich in McKenzie ansiedeln, aber als die leitenden Angestellten in der Stadt aufkreuzten und die leerstehenden Geschäfte an der Hauptstraße sahen, gelangten sie zu dem Schluss, dass dies kein Ort war, wo sie mit ihren Familien leben wollten. … »Sie sagten, es sehe so aus, als wäre hier eine Atombombe hochgegangen, und so sind sie weitergezogen. … Sie haben dem Ort nicht einmal eine zweite Chance gegeben.«[152]

Dies ist kein Grund, zu versuchen, Clusterbildung zu verhindern, da die Vorteile der Entwicklung von Clustern potenziell sehr groß sind, sondern eine Warnung, dass man bereit sein muss, tatkräftig zu intervenieren, wenn sich ein Cluster auflöst, um die Folgen davon aufzufangen.

## Die Verlierer vergessen

Obwohl Handelstheoretiker ganz klar das Ausmaß überschätzt haben, in dem der Markt sich um diejenigen kümmert, die die unmittelbaren Leidtragenden des internationalen Handels sind, haben sie von jeher gewusst, dass dieser einigen Menschen schaden *würde*. Ihre Antwort lautete: Da viele Menschen davon profitieren, sollten wir gewillt und in der Lage sein, diejenigen zu entschädigen, die dabei schlecht wegkommen.

Autor, Dorn und Hanson betrachteten das Ausmaß, in dem der Staat eingriff, um Regionen zu helfen, die unter den Folgen des Handels mit China litten. Sie fanden heraus, dass sie zwar etwas mehr Geld aus öffentlichen Programmen erhielten, dieses jedoch bei Weitem nicht ausreichte, um die Einkommensverluste vollständig wettzumachen. Als sie zum Beispiel die Bewohner der am stärksten betroffenen Pendlerzonen mit denjenigen der am wenigsten betroffenen verglichen, stellten sie fest, dass das Einkommen pro Erwachsenen in ersteren durchschnittlich um 549 Dollar stärker zurückging, während die staatlichen Sozialhilfezahlungen nur um rund 58 Dollar pro Erwachsenen anstiegen.[153]

Zudem hat die Zusammensetzung dieser Transferleistungen möglicherweise dazu beigetragen, die Situation der Arbeitnehmer, die ihre Stelle verloren, zu verschlimmern. Grundsätzlich ist das wichtigste Programm zur Unterstützung neu erwerbslos gewordener Personen, die ihren Arbeitsplatz aus handelsbezogenen Gründen verloren haben, das Trade Adjustment Assistance Program. Gemäß dem TAA-Programm kann ein Arbeitsloser, der die Voraussetzungen erfüllt, über einen längeren Zeitraum – bis zu drei Jahre lang – Leistungen aus der Arbeitslosenversicherung beziehen, solange er an Schulungs- oder Umschulungsmaßnahmen teilnimmt, die ihn befähigen sollen, in anderen Sektoren zu arbeiten. Unter Umständen erhalten Arbeitslose auch finanzielle Hilfen für einen Umzug, die Arbeitsplatzsuche oder Gesundheitsversorgung.

TAA ist ein seit Langem bestehendes Programm, das 1974 eingeführt wurde, und dennoch steuerte es nur einen sehr kleinen Teil zu den sowie schon geringen Transferleistungen an die betroffenen Countys bei. Von den 58 Dollar an zusätzlichen Transfers (pro Erwachsenen), die an die am stärksten betroffenen Regionen flossen, kamen nur 23 *Cent* zusätzlich vom TAA. Ein sehr großer Teil der zusätzlichen Zahlungen waren Erwerbsminderungsleistungen; jeder zehnte Arbeitnehmer, der aus handelsbezogenen Gründen arbeitslos wurde, erhielt Leistungen aus der Erwerbsminderungsversicherung.

Die enorme Zunahme der Empfänger einer Erwerbsminderungsrente ist beunruhigend. Es ist unwahrscheinlich, dass die Ausweitung des Außenhandels sich direkt auf die physische Gesundheit dieser Arbeitskräfte auswirkte, insbesondere weil die körperlich anstrengendsten Stellen in der Regel verschwanden. Einige Arbeitslose litten zweifellos an einer Depression; für andere wurde die Beantragung einer Erwerbsminderungsrente eine Überlebensstrategie. So oder so ist ihre Bewilligung für gewöhnlich eine Einbahnstraße aus der Beschäftigung heraus. So zeigte beispielsweise eine Studie über ein Veteranenprogramm, das Diabetes für Veteranen, die Agent Orange ausgesetzt waren, erstmals als Grund für die Beantragung einer Erwerbsminderungsrente anerkannte, dass von hundert Veteranen, die infolge der Gesetzesänderung eine Erwerbsminderungsrente erhielten, achtzehn endgültig aus dem Erwerbsleben ausschieden.[154] In den Vereinigten Staaten werden Bezieher einer solchen Rente selten wieder erwerbstätig, zum Teil weil die Klassifizierung als erwerbsgemindert ihre Beschäftigungsaussichten verschlechtert.[155] Nach einem Handelsschock gezwungen zu sein, eine Erwerbsminderungsrente zu beantragen, um die Rechnungen bezahlen zu können, wird einige Personen, die andernfalls eine neue Stelle hätten finden können, endgültig aus dem Erwerbsleben herausdrängen.

Für Arbeitskräfte, die auf Erwerbsminderungsrenten angewiesen sind, um überleben zu können, macht die Klassifikation als erwerbsgemindert alles noch schlimmer. Wenn sie eine Erwerbsminderungsrente beziehen, verlieren Arbeitnehmer, die ihr Leben lang einer körperlich anstrengenden Arbeit nachgegangen sind, nicht nur ihre Beschäftigung, sondern auch ihre Würde. Daher haben die Vereinigten Staaten die Handelsverlierer nicht nur nicht annähernd für ihre Einbußen entschädigt, sondern das bisschen Hilfe, das die Betroffenen über das bestehende soziale Sicherungsnetz bekommen konnten, schien geradezu darauf abzuzielen, ihnen ein Gefühl der Entwürdigung zu vermitteln.

Parteipolitische Grabenkämpfe haben zu diesem Desaster beigetragen. Wenn jemand, der seine Arbeit verloren hat, medizinische Versorgung benötigte, sollte Obamacare ihm diese ermöglichen. Leider beschlossen viele republikanisch regierte Bundesstaaten wie Kansas, Mississippi, Missouri und Nebraska, sich der Bundesregierung zu widersetzen, indem sie ihren Bürgern diese Option vorenthielten. Dies zwang einige Arbeitslose dazu, einen Antrag auf Feststellung ihrer Erwerbsminderung zu stellen, um auf diese Weise medizinische Versorgung zu erhalten. Tatsächlich stiegen nach der Verabschiedung des Affordable Care Act (»Obamacare«) in Bundesstaaten, die sich weigerten, den Kreis der Anspruchsberechtigten des bestehenden Gesundheitsfürsorgeprogramms Medicaid auszuweiten, die Anträge auf Gewährung einer Erwerbsminderungsrente um 1 Prozent, während sie in den Bundesstaaten, die Medicaid ausweiteten, um 3 Prozent zurückgingen.[156]

Aber die Ursachen liegen tiefer. US-Politiker hüten sich davor, bestimmte Sektoren zu subventionieren (da sich andere dann benachteiligt fühlen und selbst Unterstützung verlangen würden), was vermutlich teilweise der Grund dafür ist, warum TAA ein so kleines Programm geblieben ist. Wirtschaftswissenschaftler waren außerdem von jeher gegen das, was man Standortpolitik nennt (»wir sollten Menschen, nicht Regionen helfen«, lautete ihre Devise). Enrico Moretti, einer der wenigen Ökonomen, die standortpolitische Maßnahmen erforscht haben, ist ein entschiedener Gegner davon. Für ihn ist die Investition öffentlicher Mittel in wirtschaftlich schwache Regionen gleichbedeutend mit Geldverschwendung. Das Schrumpfen von Städten, die im Niedergang begriffen sind, während andere ihren Platz einnehmen, ist seines Erachtens ein unaufhaltsamer historischer Prozess. Die Politik sollte sich darauf beschränken, Menschen dabei zu helfen, in zukunftsträchtige Regionen umzuziehen.[157]

Diese Analyse scheint den Tatsachen vor Ort zu wenig Gewicht beizumessen. Wie wir wissen, führen die gleichen Gründe, aus denen Cluster entstehen, auch dazu, dass sie sich schnell wieder auflösen. Theoretisch gesehen sollten viele Menschen auf diesen umfassenden Niedergang eigentlich mit einem Wegzug reagieren, aber wie wir bereits festgestellt haben, tun sie das nicht. Zumindest nicht schnell genug. Als ihr County von dem China-Schock getroffen wurde, hatte dies vielmehr zur Folge, dass weniger Menschen heirateten, die Zahl der Geburten zurückging und von den Kindern, die geboren wurden, weniger ehelich geboren wurden. Weniger junge Männer – und insbesondere weniger junge weiße Männer – machten einen College-Abschluss.[158] »Tode aus Verzweiflung« aufgrund von Drogen- oder Alkoholvergiftung und Suizide schnellten in die Höhe.[159] Dies alles sind Symptome einer tiefen Hoffnungslosigkeit, die ehedem mit afroamerikanischen Gemeinschaften in den Innenstädten der Vereinigten Staaten in Verbindung gebracht wurden, die sich jedoch heute in von Weißen bewohnten Vororten und Industriestädten entlang der Ostküste und im östlichen Mittleren Westen wiederholen. Ein Großteil des angerichteten Schadens ist unumkehrbar, zumindest auf kurze Sicht. Die Schulabbrecher, die Drogen- und Alkoholsüchtigen und die Kinder, die ohne einen Vater oder eine Mutter aufwachsen, haben einen Teil ihrer Zukunft verloren. Für immer.

## Lohnt sich Handel?

Donald Trump behauptet, die Lösung für die negativen Effekte des Außenhandels seien Zölle. Er begrüßte einen Handelskrieg. Er begann in den ersten Monaten des Jahres 2018 mit neuen Zöllen auf Aluminium und Stahl. Dann sprach Trump von Zöllen in Höhe von 50 Milliarden Dollar auf chinesische Güter, und als China Vergeltung übte, schlug er weitere 100 Milliarden Dollar vor.

Auf diese Ankündigung hin kam es zu einem Kurseinbruch am Aktienmarkt, doch das Grundgefühl, dass wir uns wirtschaftlich stärker abschotten und uns insbesondere gegen China zur Wehr setzen sollten, wird von vielen Amerikanern in beiden politischen Lagern geteilt.

Unterdessen schüttelten Ökonomen fassungslos den Kopf. Sie beschworen das Schreckgespenst des »schlimmsten Zolls überhaupt«, des Smoot-Hawley Tariff Act, der im Jahr 1930 einen globalen Handelskrieg auslöste, indem er 20 000 Güter, die in die Vereinigten Staaten eingeführt wurden, mit Zöllen belegte. Die Verabschiedung des Smoot-Hawley-Gesetzes fiel mit dem Beginn der Großen Depression zusammen, und unabhängig davon, ob es diese verursacht hat oder nicht, trug es pauschalen Zöllen einen schlechten Ruf ein.

Die Vorstellung, dass die Ausweitung des Handels (unter dem Strich) positiv ist, ist tief in jedem verwurzelt, der Wirtschaftswissenschaften studiert hat. Im Mai 1930 hatten über tausend Wirtschaftswissenschaftler einen Brief geschrieben, der Präsident Hoover aufforderte, sein Veto gegen das Smoot-Hawley-Gesetz einzulegen. Allerdings gibt es noch etwas anderes, was Ökonomen wissen, aber was sie gern für sich behalten: Die Außenhandelsgewinne insgesamt sind für eine große Volkswirtschaft wie die Vereinigten Staaten, quantitativ gesehen, recht gering. Die Wahrheit ist: Wenn die USA zu völliger Autarkie zurückkehrten und mit keinem anderen Land Handel trieben, wären sie ärmer. Aber nicht *viel* ärmer.

Arnaud Costinot und seinem langjährigen Mitarbeiter Andrés Rodríguez-Clare ist es gelungen, sich in der Gemeinschaft der Handelsökonomen unbeliebt zu machen, indem sie dies nachgewiesen haben. Im März 2018 veröffentlichten sie den hochaktuellen Artikel »The US Gains from Trade« mit dem folgenden vorausschauenden ersten Absatz:

> Etwa 8 Cent von jedem Dollar, der in den Vereinigten Staaten ausgegeben wird, wird für Importe ausgegeben.

> Was würde geschehen, wenn diese Güter aufgrund einer Mauer oder einer anderen extremen politischen Maßnahme auf der anderen Seite der US-Grenze blieben? Wie viel wären US-Verbraucher zu zahlen bereit, um diese hypothetische Neuausrichtung der Handelspolitik zu verhindern? Die Antwort auf diese Frage gibt die Wohlfahrtskosten der Autarkie beziehungsweise, äquivalent dazu, die Wohlfahrtsgewinne durch den Handel an.[160]

Dieser Artikel stützt sich auf eine Forschungsrichtung, die sie gemeinsam und mit anderen im Lauf mehrerer Jahre entwickelt haben, und auf jahrzehntelange Forschungsarbeiten über den Außenhandel und seine Auswirkungen. Die Schlüsselidee lautet, dass die handelsbezogenen Wohlfahrtsgewinne hauptsächlich von zwei Faktoren abhängen: davon, wie viel wir importieren, und von dem Ausmaß, in dem diese Importe durch Zölle, Transportkosten und die übrigen Kosten des internationalen Handels beeinflusst werden. Wenn wir nichts importieren, spielt es selbstverständlich keine Rolle, ob wir eine Mauer errichten und aufhören, Güter einzuführen, oder nicht. Zweitens: Selbst wenn wir viel importieren und wir dann damit aufhören, sobald die Einfuhrpreise auch nur ein kleines bisschen steigen, weil es etwas teurer wird, die Güter einzuführen, muss dies bedeuten, dass wir im Inland über viele Ersatzgüter verfügen, sodass der Wert der Importe nicht sehr hoch ist.

## Die Außenhandelsgewinne berechnen: Ein etwas technischer Exkurs

Ausgehend von dieser Idee können wir die Außenhandelsgewinne berechnen. Wenn die Vereinigten Staaten nur Bananen importierten und Äpfel produzierten, wäre es ziemlich einfach. Wir würden den Anteil der Bananen am Konsum betrachten und das Ausmaß, in dem

Verbraucher bereit wären, zwischen Äpfeln und Bananen zu wechseln, wenn sich die Preise von Bananen und Äpfeln änderten. (Ökonomen sprechen hier von *Kreuzpreiselastizitäten.*) In Wirklichkeit importieren die Vereinigten Staaten Produkte aus etwa 8500 Kategorien, sodass wir, um diese Berechnung ordnungsgemäß durchführen zu können, die Kreuzpreiselastizität zwischen allen Produkten und den Preis jedes anderen Produkts auf der Welt kennen müssen – Äpfel und Bananen, japanische Autos und US-amerikanische Sojabohnen, Kaffee aus Costa Rica und chinesische Unterhemden. Das ist ein Ding der Unmöglichkeit.

Tatsächlich aber müssen wir nicht alle Produkte nacheinander betrachten. Wir können der Wahrheit hinlänglich nahekommen, wenn wir annehmen, dass alle Importe ein einzelnes undifferenziertes Gut sind, das entweder direkt konsumiert wird (Einfuhren machen 8 Prozent des gesamten US-Konsums aus) oder als Einsatzgut für die Produktion in den USA genutzt wird (weitere 3,4 Prozent des Konsums).[161]

Um die Außenhandelsgewinne zu berechnen, müssen wir lediglich wissen, wie empfindlich unsere Importe auf Handelskosten reagieren. Wenn sie sehr empfindlich sind, bedeutet dies, dass wir unsere Einfuhrgüter leicht durch inländisch produzierte Güter ersetzen können und dass sich der Nutzen des Handels mit anderen Ländern für uns in Grenzen hält. Wenn andererseits der Nutzwert unverändert bleibt, obwohl sich die Kosten ändern, bedeutet dies, dass wir das, was wir im Ausland kaufen, wirklich mögen und dass der grenzüberschreitende Güteraustausch unsere Wohlfahrt deutlich erhöht. Bis zu einem gewissen Grad sind wir hier auf Mutmaßungen angewiesen, da wir ja über ein Gut sprechen, das nicht existiert, ein Produkt, das sich aus Tausenden sehr unterschiedlichen Produkten zusammensetzt. Aus diesem Grund präsentieren die Autoren Costinot und Rodríguez-Clare die Ergebnisse für eine Reihe unterschiedlicher Situationen, ausgehend von einem Szenario, in dem Handelsgüter sehr leicht durch inländische Güter ersetzt werden können (was zu Außenhandelsgewinnen in

Höhe von 1 Prozent des BIP führt), bis zu einem Szenario, in dem es sehr schwierig ist, sie zu ersetzen (was zu Außenhandelsgewinnen von schätzungsweise 4 Prozent des BIP führt).

## Es kommt auf die Größe an

Costinot und Rodríguez-Clare gehen davon aus, dass die Außenhandelsgewinne im Schnitt etwa 2,5 Prozent des BIP betragen. Das ist nicht wirklich viel. Die US-Wirtschaft wuchs im Jahr 2017 um 2,3 Prozent,[162] sodass ein Jahr ordentlichen Wachstums die Kosten für die vollständige wirtschaftliche Autarkie der USA decken könnte, und zwar auf Dauer! Ist ihnen bei ihren Berechnungen ein Fehler unterlaufen? Über viele der Details lässt sich streiten, aber die Größenordnung dürfte stimmen. In einfachen Worten: Ungeachtet der hohen Offenheit der US-Volkswirtschaft ist der Importanteil der USA (8 Prozent) einer der niedrigsten weltweit.[163] Das heißt, die Außenhandelsgewinne der Vereinigten Staaten können nicht besonders groß sein. Belgien, eine kleine, offene Volkswirtschaft, hat einen Importanteil von über 30 Prozent, sodass der Außenhandel hier eine viel größere Rolle spielt.

Dies ist nicht weiter verwunderlich. Die US-Volkswirtschaft ist sehr groß und sehr vielfältig und daher in der Lage, einen Großteil dessen zu produzieren, was in den USA konsumiert wird. Zudem machen Dienstleistungen (angefangen von Bankgeschäften bis zur Haushaltsreinigung), die für gewöhnlich (noch) nicht international gehandelt werden, einen Großteil des Konsums aus. Selbst der Konsum von Industrieerzeugnissen umfasst einen erheblichen Anteil an inländisch erbrachten Dienstleistungen. Wenn wir ein in China montiertes iPhone kaufen, zahlen wir auch für das Design, das in den USA entworfen wurde, und für die Werbung und das Marketing in den USA. Das iPhone wird in funkelnden Apple-Läden verkauft, die von lokalen Firmen gebaut wurden und in denen lokale Technikfans arbeiten.

Allerdings sollten wir das US-Beispiel nicht als typisch ansehen. Große Volkswirtschaften wie die Vereinigten Staaten und China haben die Kompetenzen und das Kapital, um die meisten Güter mit sehr hoher Effizienz irgendwo im Inland herzustellen. Zudem sind ihre Binnenmärkte groß genug, um den Output vieler Fabriken in vielen Sektoren, die ausreichend große Stückzahlen produzieren, aufzunehmen. Wenn diese Länder keinen Außenhandel trieben, würden sie vergleichsweise wenig verlieren.

Viel wichtiger ist der internationale Handel jedoch für kleinere und ärmere Länder etwa in Afrika, Südostasien oder Südosteuropa. Fachkräfte sowie Kapital sind dort Mangelware, und die inländische Nachfrage nach Stahl oder Autos ist in Anbetracht der Tatsache, dass die Einkommen niedrig sind und die Einwohnerzahl gering ist, wahrscheinlich nicht ausreichend, um die Produktion hinlänglich großer Stückzahlen zuzulassen. Leider haben es genau diese Länder am schwersten, auf dem Weltmarkt Fuß zu fassen.

Für bevölkerungsreichere Entwicklungsländer wie Indien, China, Nigeria oder Indonesien sind interne Integrationsprozesse jedoch das größere Problem. Viele Entwicklungsländer leiden unter unzureichender Verkehrsinfrastruktur. Fast eine Milliarde Menschen weltweit lebt mehr als eine Meile von einer asphaltierten Straße entfernt (ein Drittel davon allein in Indien), ganz zu schweigen von einer Bahnlinie, die schier unerreichbar für sie ist.[164] Innenpolitische Winkelzüge verschlimmern dies oftmals noch. China wiederum hat ausgezeichnete Straßen, aber chinesische Provinzen haben Mittel und Wege gefunden, um inländische Firmen davon abzuhalten, Güter aus dem Rest des Landes einzuführen.[165] Bis zu der kürzlichen Einführung einheitlicher Steuern auf Güter und Dienstleistungen in Indien hatte jeder Bundesstaat die Kompetenz, seine Steuersätze selbst festzulegen, und er hat diese oft genutzt, um örtliche Produzenten zu begünstigen.

## Is small beautiful?[166]

Aber vielleicht wird die Idee des komparativen Vorteils überschätzt und auch kleine Länder könnten autark leben. Oder um den Gedankengang noch etwas weiterzutreiben: Vielleicht kann jede Kommune lernen, das zu produzieren, was sie braucht.

Diese Idee hat eine lange Vorgeschichte, die sie teilweise in Verruf gebracht hat. Während des »Großen Sprungs nach vorn« in China behauptete der Große Vorsitzende Mao unter anderem, jedes Dorf könne sich aus eigener Kraft industrialisieren und Stahl könne in Hinterhof-Schmelzöfen produziert werden. Das Projekt scheiterte kläglich, jedoch erst nachdem Kleinbauern ihre Töpfe und Pfannen und Pflugscharen eingeschmolzen hatten, um den Wünschen des Großen Vorsitzenden nachzukommen, und eifrig Stahl produzierten, während Felder brach lagen und die Ernte verrottete. Viele China-Beobachter sind der Meinung, dass dies möglicherweise zu der großen chinesischen Hungersnot von 1958 bis 1960 beitrug, die über 30 Millionen Opfer forderte.

Die Idee autarker Dorfgemeinschaften stand auch im Zentrum der Wirtschaftsphilosophie Gandhis. Seine Vision einer Gesellschaft, die selbstgesponnene Kleidung trägt und hauptsächlich von den Bodenerträgen lebt, hatte einen nachhaltigen Einfluss auf die indische Wirtschaftspolitik in der Zeit nach der Entlassung in die Unabhängigkeit. Bis die WTO im Jahr 2002 Indien dazu zwang, die Regeln aufzuheben, war die Produktion von 799 Gütern – von Essiggurken bis zu Füllfederhaltern, Farben und vielen Bekleidungsartikeln – Kleinstbetrieben vorbehalten, die in Dörfern gegründet werden konnten.

Das Problem besteht selbstverständlich darin, dass, ökonomisch gesehen, »small is beautiful« nicht zutrifft. Firmen brauchen eine Mindestgröße, damit es sich für sie lohnt, Facharbeiter zu beschäftigen oder Maschinen mit besonders hoher Produktionsleistung anzuschaffen. Anfang der 1980er-Jahre führte Abhijits Mutter Nirmala

Banerjee, eine Ökonomin mit eher linken Ansichten, eine Studie über Kleinbetriebe in und in der Umgebung von Kalkutta durch, und sie war erstaunt, wie unproduktiv diese waren.[167] Spätere Untersuchungen bestätigten ihren Befund. In Indien ist die Produktivität von Kleinbetrieben viel geringer als die von größeren Unternehmen.[168]

Aber Unternehmen können nur dann groß sein, wenn der Markt groß ist. Wie Adam Smith im Jahr 1776 schrieb: »Die Marktgröße begrenzt den Umfang der Arbeitsteilung.«[169] Aus diesem Grund ist der Handel so nützlich. Isolierte Gemeinschaften können keine produktiven Firmen haben.

Tatsächlich veränderte die nationale Integration durch Eisenbahnnetze viele Volkswirtschaften tiefgreifend. In Indien beaufsichtigte die britische Kolonialverwaltung zwischen 1853 und 1930 den Bau von Bahnstrecken mit einer Gesamtlänge von fast 67 000 Kilometer. Vor der Errichtung des Schienennetzes wurden Waren mit Ochsenkarren auf unbefestigten Straßen transportiert, und diese konnten höchstens 32 Kilometer pro Tag zurücklegen. Eisenbahnen konnten die gleichen Waren an einem Tag fast 650 Kilometer weit befördern, zu viel niedrigeren Kosten und mit einem viel geringeren Risiko des Verderbs. Im Landesinnern gelegene Regionen, die vom Rest des Landes abgeschnitten waren, wurden verkehrsmäßig angebunden.[170] Das Eisenbahnnetz hat die Handelskosten drastisch gesenkt. Die Transportkosten pro zurückgelegte Meile (1,6 km) waren auf Straßen fast zweieinhalbmal höher als auf Schienen. Und Regionen, die durch Eisenbahnen miteinander verbunden wurden, begannen, mehr Waren untereinander auszutauschen und wohlhabender zu werden; der Wert der landwirtschaftlichen Produktion stieg in Distrikten mit einer Bahnlinie 16 Prozent schneller als in Distrikten ohne Bahnanbindung.

Die Vereinigten Staaten waren ein weiteres großes Land, das ungefähr zur gleichen Zeit durch ein riesiges Eisenbahnnetz zu einem einheitlichen Wirtschaftsraum wurde. Obgleich die Bedeutung der Eisenbahnen für die Entwicklung der US-Wirtschaft kontrovers diskutiert wird, deuten jüngste Forschungsarbeiten darauf hin, dass Agrarland 64 Prozent weniger wert gewesen wäre, wenn keine Bahnstrecken gebaut worden wären.[171] In diesen Bodenpreisen spiegeln sich sämtliche Gewinne wider, die sich Landwirte von einer besseren Verkehrsanbindung zu anderen Countys erwarteten. Und die Gewinne verdankten sich größtenteils der Tatsache, dass sich jede Region auf das spezialisieren konnte, worin sie gut war. Zwischen 1890 und 1997 kam es zu einer immer stärkeren regionalen Spezialisierung der Landwirtschaft. Landwirte bauten in zunehmendem Maße die Sorte von Nutzpflanze an, für die sich das jeweilige Feld (aufgrund klimatischer Bedingungen, des Bodens etc.) am besten eignete. Dies führte zu einer starken Zunahme der landwirtschaftlichen Produktivität insgesamt und des Einkommens.[172]

Auch eine unzulängliche inländische Transportinfrastruktur macht Volkswirtschaften unbeweglich und folglich die Außenhandelsgewinne für gewöhnliche Männer und Frauen zunichte. Oder sie verwandelt diese sogar in Verluste. Schlechte Straßen etwa halten Arbeitssuchende davon ab, neue Stellen in Städten anzutreten. In Indien schrecken die nicht asphaltierten Straßen, die Dörfer mit Hauptstraßen verbinden, Landbewohner nachweislich davon ab, außerhalb ihrer Dörfer nach Arbeit in nicht landwirtschaftlichen Sektoren zu suchen.[173] Die zusätzlichen Transportkosten auf schlechten Verkehrswegen machen einen so großen Teil des Endpreises von Gütern aus, dass Verbraucher in entlegenen Dörfern praktisch keinerlei Vorteile aus dem internationalen Handel ziehen. Zu dem Zeitpunkt, zu dem importierte Güter in Nigeria und Äthiopien in diesen Dörfern eintreffen – sofern sie es überhaupt tun –, sind sie unerschwinglich.[174] Schlechte Transportmöglichkeiten sowohl für Einsatzgüter als auch für die Endprodukte untergraben die Kostenvorteile billiger Arbeitskräfte. Nur bei einer guten inländischen Verkehrsinfrastruktur trägt die Einbindung in den internationalen Handel Früchte.

## Man sollte keinen Handelskrieg vom Zaun brechen

Die Beispiele und Analysen in diesem Kapitel stammen aus den neuesten Studien, die von den renommiertesten wirtschaftswissenschaftlichen Fakultäten durchgeführt wurden, doch die wichtigsten Schlussfolgerungen scheinen im Widerspruch zu stehen zu dem, was jahrzehntelang als herrschende wirtschaftswissenschaftliche Lehrmeinung galt. Während jeder Student der Wirtschaftswissenschaften lernt, dass es große gesamtwirtschaftliche Außenhandelsgewinne gibt und dass jeder bessergestellt werden kann, solange wir diese Gewinne umverteilen können, sind die drei zentralen Lektionen dieses Kapitels deutlich weniger rosig.

Erstens sind die Außenhandelsgewinne für eine große Volkswirtschaft wie die der Vereinigten Staaten vergleichsweise klein. Zweitens: Auch wenn die Gewinne für kleinere und ärmere Länder potenziell viel größer sind, gibt es keine Patentlösung. So wie wir in dem Kapitel über Migration sahen, dass es nicht genügt, eine Grenze weit zu öffnen, um jeden zum Wegziehen zu bewegen, genügt es nicht, Handelsbarrieren abzubauen, um sicherzustellen, dass neue Länder erfolgreich mitspielen können. Freihandel ist nicht die Patentlösung für Entwicklung (nicht einmal für den Handel selbst). Die Umverteilung von Außenhandelsgewinnen hat sich als extrem knifflig erwiesen, und Menschen, denen der Außenhandel Wohlfahrtsverluste bescherte, müssen schmerzhafte Einschnitte hinnehmen.

Insgesamt hat der Austausch von Gütern, Menschen, Ideen und Kulturen die Welt erheblich bereichert. Diejenigen, die das Glück hatten, mit den richtigen Fähigkeiten oder den richtigen Ideen zur rechten Zeit am rechten Ort zu sein, wurden reich, manchmal sagenhaft reich; sie haben es verstanden, die Gelegenheit zu ergreifen, ihre besonderen Talente auf globaler Ebene optimal zu nutzen. Für die Übrigen ist die Bilanz durchwachsen. Arbeitsplätze gingen verloren und wurden nicht ersetzt. Durch steigende Einkommen sind neue

Stellen – als Köche und Chauffeure, Gärtner und Kinderbetreuerinnen – entstanden, aber zugleich hat der Handel die Arbeitswelt unbeständiger und unberechenbarer gemacht: Arbeitsplätze verschwinden plötzlich, nur um in anderthalbtausend Kilometern Entfernung wiederaufzutauchen. Es kam schließlich zu einer sehr ungleichen Verteilung der Gewinne und der Nachteile, und dies beginnt sich jetzt zu rächen; zusammen mit dem Thema Einwanderung definieren sie unseren politischen Diskurs.

Helfen dann protektionistische Zölle? Nein. Die Wiedereinführung von Zöllen wird den meisten Amerikanern jetzt nicht helfen. Das hat einen einfachen Grund: Wir haben wiederholt darauf hingewiesen, dass wirtschaftliche Transformationen eine große Herausforderung darstellen. Viele derjenigen, die durch den China-Schock ihre Stelle verloren haben, haben sich nie mehr richtig erholt, weil die Starrheiten innerhalb der Volkswirtschaft zur Folge hatten, dass sie nicht in andere Sektoren oder Regionen wechseln konnten, um wieder auf die Beine zu kommen, und die Ressourcen wiederum konnten nicht zu ihnen kommen.

Aber den Handel mit China jetzt vollständig zu unterbinden, wird zweifellos neue Verlagerungen nach sich ziehen, und viele dieser neuen Verlierer werden sich in Countys befinden, von denen wir bislang noch nichts gehört haben, einfach weil es ihnen gut gegangen ist. Von den 128 Produkten, auf die China zwischen dem 22. März und dem 2. April 2018 Zölle erhob, waren die meisten Agrarerzeugnisse: a. p. p. (apples, pears and pork – Äpfel, Birnen und Schweinefleisch) statt Apps. Die US-Agrarexporte sind in den letzten Jahrzehnten stetig angestiegen (von 56 Milliarden Dollar 1995 auf 140 Milliarden Dollar 2017). Heute wird ein Fünftel der landwirtschaftlichen Produktion der USA exportiert. Und das Gros davon geht nach Ostasien. China allein kauft 16 Prozent der US-Agrarexporte.[175]

Die erste Folge eines Handelskriegs mit China wird daher sehr wahrscheinlich ein Arbeitsplatzverlust in der Landwirtschaft und in den diese unterstützenden Wirtschaftszweigen sein. Das US-Landwirtschaftsministerium schätzt, dass im Jahr 2016 die landwirtschaftlichen Exporte über eine Million Arbeitsplätze in den Vereinigten Staaten sicherten, von denen fast drei Viertel auf Sektoren außerhalb der Landwirtschaft entfielen.[176] Die fünf Bundesstaaten mit den meisten Beschäftigten in der Landwirtschaft sind Kalifornien, Iowa, Louisiana, Alabama und Florida.[177] Aus genau den gleichen Gründen, aus denen Menschen, die ihre Arbeitsplätze im verarbeitenden Gewerbe in Pennsylvania verloren, nicht in der Lage waren, andere Stellen in der Nähe ihrer Wohnorte zu finden, werden diese landwirtschaftlichen Arbeitsplätze nicht durch Stellen im verarbeitenden Gewerbe in der Region ersetzt werden. Und aus allem, was wir in diesem und dem vorherigen Kapitel erfahren haben, wissen wir, dass ebenso wie Arbeiter im verarbeitenden Gewerbe nicht wegzogen, als ihre Arbeitsplätze verloren gingen, auch Landarbeiter wahrscheinlich nicht fortziehen würden. Alabama und Louisiana sind zwei der zehn ärmsten Bundesstaaten in den Vereinigten Staaten,[178] und ein Handelskrieg würde ihnen enormen Schaden zufügen.

Für die Vereinigten Staaten wäre ein Handelskrieg nicht das Ende der Welt, wie wir sie kennen. Aber während er vielleicht ein paar Stellen in der Stahlindustrie retten würde, würde er andere Branchen wahrscheinlich schwer in Mitleidenschaft ziehen. Die US-Wirtschaft insgesamt wird es leicht wegstecken. Für Hunderttausende von Menschen gilt dies nicht.

## Wenn keine Zölle, was dann? Mobilität erleichtern, Immobilität akzeptieren

Da das größte Problem des Außenhandels darin besteht, dass er viel mehr Verlierer hervorbringt, als das Stolper-Samuelson-Theorem nahelegt, sollte jede Lösung entweder darauf abzielen, die Zahl der Verlierer zu begrenzen, indem man ihnen hilft, woanders hinzuziehen oder eine neue Stelle zu finden, oder aber darauf, einen Weg zu finden, sie für ihre Einkommensverluste besser zu entschädigen.

Ein positiver Nebeneffekt der Tatsache, dass die negativen Auswirkungen des Handels so konzentriert sind, besteht darin, dass wir genau wissen, wo wir nach den Opfern Ausschau halten müssen. Warum lassen wir einige Hilfen nicht gezielt Arbeitnehmern in Branchen zukommen, die durch den China-Schock schwer gebeutelt wurden? Tatsächlich war dies die Idee hinter dem Trade Adjustment Assistance Program. Das TAA zahlt Umschulungsmaßnahmen (bis zu 10 000 Dollar pro Jahr), und Arbeitslose, die an Umschulungsmaßnahmen teilnehmen, erhalten bis zu drei Jahre lang Arbeitslosengeld, eben um ihnen eine gewisse Zeit zu geben, wieder auf eigenen Füßen zu stehen. Das einzige Problem besteht darin, dass das Programm viel zu klein bemessen blieb.

Dabei war TAA als Programm bislang durchaus erfolgreich, es wurden einfach nur viel zu wenig Mittel dafür bereitgestellt. Um in das Programm aufgenommen zu werden, muss ein Arbeitsloser einen Antrag beim Arbeitsministerium stellen. Der Vorgang wird dann einem Sachbearbeiter zugewiesen, der den Auftrag erhält festzustellen, ob in diesem Fall die Stelle in der früheren Firma des Arbeiters wegen der Konkurrenz durch Importe, der Verlagerung von Arbeitsplätzen oder wegen der Nachwirkungen der handelsinduzierten Probleme anderer Unternehmen verschwunden ist, die entweder Produkte dieser Firma kauften oder an diese Firma verkauften.

Es handelt sich um einen komplexen Entscheidungsprozess, bei dem einige Sachbearbeiter eine größere Bereitschaft als andere zeigen, zugunsten der Arbeiter zu entscheiden und ihnen die Hilfe zu bewilligen. Eine Studie kommt zu dem Ergebnis, dass die Zuweisung eines Antrags an einen bestimmten Sachbearbeiter und daher die abschließende Entscheidung mehr oder minder zufallsabhängig ist.[179] Ausgehend von einer Datenbasis aus 300 000 Anträgen, verglich sie die

Bewilligungsquoten von Arbeitern, die mehr oder weniger nachsichtigen Sachbearbeitern zugewiesen wurden. Es zeigte sich, dass diese Arbeiter eher TAA-Hilfen bewilligt bekamen und daher eher an Umschulungsmaßnahmen teilnahmen, in andere Sektoren wechselten und mehr Geld verdienten. Insgesamt mussten Arbeitskräfte, denen TAA-Hilfen gewährt wurden, anfängliche Einkommenseinbußen von 10 000 Dollar hinnehmen (weil sie während der Umschulung nicht arbeiten konnten), und der Staat gab eine gewisse Summe für die Finanzierung der Umschulung aus, aber über die nächsten zehn Jahre verdienten die umgeschulten Arbeitskräfte 50 000 Dollar mehr als die nicht umgeschulten. Es dauerte zehn Jahre, bis sich die Lohnniveaus beider Gruppen wieder annäherten. Daher lohnte sich diese Investition für sie, auch wenn sie dabei auf staatliche Unterstützung angewiesen waren, da es sehr schwer gewesen wäre, einen Bankkredit für diesen Zweck zu bekommen.

Warum wurden dann für ein erfolgreiches Programm wie TAA zu wenig Mittel bereitgestellt, und warum wurde es nicht ausreichend in Anspruch genommen? Zum Teil, weil weder Entscheidungsträger noch die Öffentlichkeit wussten, dass es sich bewährt hatte. Das änderte sich erst, als in jüngster Zeit diese Studie veröffentlicht wurde. Darin spiegelt sich vermutlich die Tatsache wider, dass sich Handelsökonomen kaum für solche Maßnahmen interessieren. Ökonomen mögen auch keine Programme, die in so hohem Maße von Ermessensentscheidungen abhängig sind; sie befürchten potenziellen Missbrauch. Auf einer politischen Ebene hätte die Bereitstellung hoher Summen für handelsbezogene Anpassungsmaßnahmen deutlicher zum Ausdruck gebracht, dass die Kosten der Handelsanpassung in Wirklichkeit hoch sind, und dies wäre vielleicht nicht besonders gut angekommen.

Daher böte es sich an, ein Programm wie TAA zu erweitern, also die Hilfen an betroffene Personen aufzustocken und die Bewilligungsanforderungen herabzusetzen. So könnte sich ein reformiertes

TAA-Programm am Vorbild der G. I. Bill orientieren; das heißt, ein »Veteran« eines Handelsschocks würde genügend finanzielle Hilfe erhalten, um ein (Weiter-)Bildungsangebot seiner Wahl anzunehmen. Die G. I. Bill stellt Bildungsbeihilfen für maximal 36 Monate bereit, trägt die Unterrichtsgebühren in öffentlichen Schulen in voller Höhe, gewährt einen Zuschuss von bis zu 1994 Dollar zu den Studiengebühren eines Vollzeitstudenten (und eine anteilige Rate für Teilzeitprogramme) sowie Mietbeihilfen.[180] Das neue TAA-Programm könnte etwas in der Art sein, verbunden mit einer Arbeitslosenversicherung, die Leistungen gewährt, deren Bezugsdauer um die Ausbildungs- bzw. Studienzeit einer Person verlängert werden könnte. Und da wir wissen, dass handelsbezogene Störungen erhebliche Auswirkungen auf lokale Märkte haben, könnte das neue TAA-Programm in Regionen, die besonders schwer von Handelsschocks betroffen sind, großzügiger sein, um zu verhindern, dass die betroffenen Arbeitsmärkte in eine Abwärtsspirale geraten.

Grundsätzlich hängt ein Großteil der negativen Folgen des Handels mit der Immobilität von Menschen und Ressourcen zusammen. Die freie grenzüberschreitende Bewegung von Gütern geht nicht mit einer entsprechenden Bewegung innerhalb von Ländern einher. Sämtliche Lösungen zur Förderung der Binnenwanderung, die wir am Ende von Kapitel 2 diskutierten, und die nahtlose Integration migrationsfördernder Maßnahmen (Beihilfen, Bereitstellung von Unterkünften, Versicherungen, Kinderbetreuungshilfen usw.) würden bei der Anpassung an Handelsschocks helfen.

Aber es ist auch klar, dass Mobilität, TAA-induziert oder nicht, nicht die ideale Lösung für alle betroffenen Arbeitskräfte ist. Einige wollen vielleicht nicht an Umschulungsmaßnahmen teilnehmen, oder sie sind nicht in der Lage dazu; andere wollen vielleicht ihren Arbeitsplatz nicht wechseln, insbesondere dann nicht, wenn sie dafür wegziehen müssten. Dies trifft möglicherweise insbesondere auf ältere Arbeitnehmer zu. Für sie wäre es mühsamer, umzuschulen, und sie werden anschließend vielleicht schwerer eine neue Anstellung finden. Tatsächlich kam bei einer Studie heraus, dass ältere Arbeitnehmer nach Massenentlassungen nur sehr schwer wieder eine Stelle finden. Zwei und vier Jahre, nachdem sie arbeitslos geworden waren, waren Männer und Frauen, die im Alter von 55 Jahren im Zuge einer Massenentlassung ihre Stelle verloren hatten, mit einer um mindestens 20 Prozentpunkte höheren Wahrscheinlichkeit arbeitslos als diejenigen, die mit 55 Jahren das Glück hatten, ihren Arbeitsplatz nicht zu verlieren.[181] Ein derartiger Arbeitsplatzverlust hat auch dauerhafte Folgen für jüngere Arbeitskräfte, die Auswirkungen sind jedoch nicht annähernd so groß.[182]

Ältere Arbeitnehmer, die entlassen werden, waren oftmals auch viele Jahre an einem bestimmten Arbeitsplatz tätig. Ihnen vermittelt die Arbeit ein Gefühl von Stolz und Identität, und sie definiert ihre Stellung in ihrer Gemeinschaft. Man kann sie kaum mit einer Einladung zu Umschulungsmaßnahmen auf einen ganz anderen Beruf entschädigen.

Warum bietet man Unternehmen, die durch Importausweitung Einbußen erleiden (insbesondere denjenigen, die ihren Sitz in den am stärksten betroffenen Regionen haben), keine Subventionen an, solange sie ältere Arbeitnehmer weiterbeschäftigen? Larry Summers (von 2009 bis 2012 Vorsitzender des Nationalen Wirtschaftsrats) und Edward Glaeser haben sich jüngst für eine Herabsetzung der Lohnsteuer in einigen Gebieten ausgesprochen.[183] Eine Steuersenkung reicht jedoch möglicherweise nicht aus, um ein Unternehmen dazu zu bewegen, seine Mitarbeiter zu behalten, wenn es nicht mehr konkurrenzfähig ist. Dadurch, dass man den Sektor und die Regionen genauer eingrenzt und das Programm auf bereits beschäftigte Arbeitnehmer im Alter zwischen 55 und 62 (der Altersgrenze für die Beantragung der staatlichen Rente) beschränkt, könnte man viel mehr Geld pro Person ausgeben und so das Unternehmen möglicherweise in einer Höhe entschädigen, die über den Kosten einer Vollzeitarbeitskraft liegt, sollte dies nötig sein. Das wird nicht jedes Unternehmen retten, aber es könnte doch dafür sorgen, dass viele Arbeitnehmer dort, wo es besonders wichtig ist, ihre Stellen behalten, und es könnte Teil einer Strategie zur Bewältigung der notwendigerweise langwierigen Umstellung auf zukunftsträchtige neue Branchen sein. Die Ausgaben hierfür sollten aus dem allgemeinen Steueraufkommen finanziert werden. Da wir alle Nutznießer des internationalen Handels sind, sollten wir auch gemeinsam für die Kosten aufkommen. Es ist absurd, von Landarbeitern zu verlangen, auf ihre Jobs zu verzichten, nur damit Stahlarbeiter ihre Stellen behalten können – aber genau dies bewirken Zölle.

Der Vorschlag ist selbstverständlich mit praktischen Schwierigkeiten verbunden. Betroffene Unternehmen müssten identifiziert werden, und es gäbe zweifellos Lobbying und Versuche, die Regeln zu umgehen. Der Vorschlag könnte als eine Form von Protektionismus gedeutet werden und im Widerspruch zu WTO-Regeln stehen. Aber diese Probleme ließen sich lösen. Das TAA-Programm erkennt im Grundsatz bereits an, dass es Unternehmen gibt, die besonders stark von Handelsschocks in Mitleidenschaft gezogen werden, und es hat einen Mechanismus entwickelt, um über Entschädigungsansprüche zu entscheiden. Damit dies nicht als eine protektionistische Maßnahme eingestuft wird, könnte die entsprechende Regelung auf Arbeitsplätze erweitert werden, die aufgrund technologischer Disruptionen verloren gegangen sind.

Der Kernpunkt bei all dem ist, dass wir auf die psychischen Belastungen reagieren müssen, die mit der Notwendigkeit einhergehen, sich an veränderte wirtschaftliche Rahmenbedingungen anzupassen, den Wohnort zu wechseln und das, was ein gutes Leben und einen guten Arbeitsplatz ausmacht, für sich selbst neu zu definieren. Die feindselige Reaktion auf den Freihandel hat Ökonomen und Entscheidungsträger völlig unvorbereitet getroffen, auch wenn sie seit Langem wissen, dass Arbeitnehmer als soziale Klasse in reichen Ländern durch den Handel wahrscheinlich Wohlfahrtsverluste erleiden und in armen Ländern davon profitieren. Dies ist darauf zurückzuführen, dass sie es als selbstverständlich erachteten, dass Arbeitnehmer mühelos auf andere Stellen wechseln oder in andere, chancenreichere Regionen abwandern – beziehungsweise beides –, und wenn sie dies nicht täten, wäre es irgendwie ihr eigenes Versagen. Diese Überzeugung hat auf die Sozialpolitik abgefärbt und den Weg für jenen Konflikt zwischen den »Verlierern« und dem Rest geebnet, den wir heute erleben.

KAPITEL 4

# Vorlieben, Wünsche und Bedürfnisse

Offene Bekundungen der Abneigung gegenüber Menschen, die einer anderen Religionsgemeinschaft oder ethnischen Gruppe oder auch einem anderen Geschlecht angehören, sind mittlerweile weltweit ein fester Bestandteil des Diskurses populistischer Politiker. Von den Vereinigten Staaten bis Ungarn, von Italien bis Indien sind Politiker, deren Programm wenig mehr als Rassismus und/oder Borniertheit enthält, nicht mehr aus der politischen Landschaft wegzudenken. Sie geben Wahlkampfthemen vor und prägen die Politik ihrer Länder. In den Vereinigten Staaten war im Jahr 2016 das Maß der Identifikation weißer Wähler mit ihrer ethnischen Gruppe einer der besten Indikatoren dafür, ob diese Wähler Donald Trump ihre Stimme geben würden; die »weiße« Identität hatte sehr viel größeren Einfluss auf die Präferenzen solcher Wähler als zum Beispiel wirtschaftliche Sorgen.[184]

Mit ihrem bösartigen Vokabular legitimieren solche Politiker täglich das offene Bekenntnis zu Ansichten, die manch einer vermutlich auch früher hegte, jedoch selten aussprach oder gar in die Tat umsetzte. Ein Beispiel für diesen offenen Alltagsrassismus ist jene weiße Frau, die in einem amerikanischen Supermarkt die Polizei rief, weil sie den Verdacht hatte, eine schwarze Frau versuche, Lebensmittelmarken zu verkaufen – in einem auf YouTube veröffentlichten Video ist ein aufschlussreicher Ausruf der Denunziantin zu hören: »Wir werden diese Mauer bauen!« Die Aussage war auf den ersten Blick widersinnig: Die Beschuldigte gehörte keiner Gruppe an, die man ausschließen konnte (das heißt jener der illegalen Einwanderer), sondern war eine amerikanische Staatsbürgerin, die auf dieselbe Seite der hypothetischen Mauer gehörte wie ihre weiße Anklägerin.

Natürlich wissen wir alle, was die Frau eigentlich sagen wollte: Sie drückte ihre *Präferenz* für eine Gesellschaft aus, in der es keine Menschen geben würde, die anders als sie wären; Präsident Trumps Mauer stand einfach für die Ausgrenzung aller anderen ethnischen Gruppen. Deshalb ist die Mauer zu einem so kontroversen Bezugspunkt der amerikanischen Politik geworden: Sie ist ein Symbol der Gesellschaft, von der die eine Seite träumt und die die andere Seite fürchtet.

Auf der einen Seite sind Präferenzen einfach das: Vorlieben. Die Ökonomen trennen strikt zwischen Präferenzen und Überzeugungen. Unsere Präferenzen geben Aufschluss darüber, ob wir Kuchen oder Kekse, das Meer oder die Berge, braungebrannte oder weiße Haut vorziehen. Und zwar nicht, wenn wir die Vorzüge der verschiedenen Optionen nicht kennen und daher in Reaktion auf zusätzliche Information unsere Vorliebe ändern könnten, sondern wenn wir alles darüber wissen, was wir wissen müssen. Ein Mensch kann falsche Überzeugungen hegen, aber er kann keine falschen Präferenzen haben: Die Frau im Supermarkt kann darauf pochen, dass sie nicht verpflichtet ist, ihre Ansicht vernünftig zu begründen. Dennoch lohnt es sich, zu untersuchen, warum Menschen solche Ansichten haben, bevor wir in den Sumpf des Rassismus hinabsteigen; vor allem, weil wir uns unmöglich mit den in diesem Buch behandelten politischen Entscheidungen auseinandersetzen können, ohne vorher Klarheit darüber zu gewinnen, was diese Präferenzen repräsentieren und wie sie entstehen. Wenn wir über die Grenzen des Wirtschaftswachstums, über die Schmerzen der Ungleichheit oder über Kosten und Nutzen des Umweltschutzes sprechen, können wir unmöglich den Unterschied zwischen dem, was Menschen brauchen, und dem, was sie wünschen, außer Acht lassen. Und wir müssen die Frage stellen, wie die Gesellschaft als Ganze mit diesen Wünschen umgehen sollte.

Leider hilft uns die herkömmliche Ökonomie hier nicht weiter. Die Ökonomen bemühen sich um Toleranz gegenüber den Ansichten und Meinungen der Menschen: Man muss sie nicht teilen, aber wer wollte sich anmaßen, ein Urteil darüber zu fällen? Wir können die Tatsachen hinausschreien, um dafür zu sorgen, dass die Menschen die richtigen Informationen erhalten, aber nur sie selbst können entscheiden, was ihnen gefällt. Dazu kommt die verbreitete Hoffnung, der Markt werde sich des Problems der Borniertheit annehmen. Akteure mit kleinlichen, engstirnigen Präferenzen sollten sich auf dem Markt nicht durchsetzen, da Toleranz eine gute geschäftliche Praxis ist. Nehmen wir beispielsweise einen Konditor, der keine Torten für gleichgeschlechtliche Hochzeitsfeiern backen will: Er lässt sich das Geschäft mit gleichgeschlechtlichen Paaren entgehen, die zur Konkurrenz gehen werden. Seine Konkurrenten werden Geld verdienen, er nicht.

Nur funktioniert es nicht immer so. Konditoreien, die keine Torten für Hochzeitsfeiern gleichgeschlechtlicher Paare backen wollen, gehen nicht pleite, was teilweise daran liegt, dass sie Unterstützung von gleichgesinnten Kunden erhalten. Borniertheit kann für manche durchaus ein gutes Geschäft sein, und offenbar ist sie auch politisch nützlich. Daher versucht die Ökonomie seit einigen Jahren, den Präferenzen Rechnung zu tragen, und wir haben einige nützliche Erkenntnisse dazugewonnen, wie wir damit umgehen können.

## De gustibus non est disputandum?

Im Jahr 1977 veröffentlichten die Nobelpreisträger Gary Becker und George Stigler, die Gründer der Chicagoer Schule, einen einflussreichen Artikel mit dem Titel »De Gustibus Non Est Disputandum« (dieser lateinische Sinnspruch wird normalerweise mit »Über Geschmack lässt sich nicht streiten« übersetzt). Darin erklärten sie, warum es in ihren Augen keinen Sinn hatte, dass die Ökonomen zu verstehen versuchten, was den Präferenzen zugrunde liegt.[185]

Die Präferenzen, argumentierten Becker und Stigler, seien Teil unseres Wesens: Wenn zwei Personen, die über vollständige Informationen verfügen, immer noch geteilter Meinung darüber sind, ob Vanille besser als Schokolade ist oder ob es sich lohnt, den Eisbär vor dem Aussterben zu bewahren, dann müssen wir annehmen, dass diese Meinungen ein intrinsischer Bestandteil unseres Wesens sind. Sie sind keine Launen oder Fehler oder Reaktionen auf sozialen Druck, sondern persönliche Urteile, die Aufschluss darüber geben, was uns wertvoll scheint. Die beiden Autoren räumten ein, dass dies zweifellos nicht immer wahr ist, erklärten jedoch, es sei immer noch der beste Ausgangspunkt für Versuche zu verstehen, warum Menschen tun, was sie tun.

Wir haben nichts gegen die Vorstellung einzuwenden, dass die Entscheidungen der Menschen insofern *kohärent* sind, als sie keine willkürlichen Launen, sondern durchdacht sind. In unseren Augen wäre es sowohl gönnerhaft als auch falsch anzunehmen, dass andere im Irrtum sind, nur weil sie sich anders verhalten als wir. Doch die Gesellschaft lehnt oft die Entscheidungen der individuellen Menschen ab, vor allem wenn diese arm sind. Es wird angenommen, das sei zu ihrem Besten. Beispielsweise geben wir ihnen kein Bargeld, sondern Lebensmittel und Lebensmittelmarken, was wir damit begründen, dass wir besser als sie selbst wissen, was sie wirklich brauchen. In unserem Buch *Poor Economics* widersprechen wir dieser Haltung teilweise – aber eben nur teilweise, weil wir nicht bestreiten, dass sich die Menschen oft irren – und erklären, dass die Entscheidungen der Armen oft sinnvoller sind, als wir ihnen zugestehen.[186] Beispielsweise erzählen wir die Geschichte eines Marokkaners, der uns, nachdem er erklärt hatte, dass seine Familie eigentlich nicht genug zu essen habe, sein großes Fernsehgerät samt Satellitenschüssel zeigte. Der Verdacht lag nahe, dass der Fernseher einfach ein Impulskauf gewesen war, den der Familienvater im Nachhinein bereute. Aber so war es keineswegs. »Das Fernsehen ist wichtiger als das Essen«, sagte er uns. Davon war er so fest überzeugt, dass wir versuchen mussten, seinen Gedankengang nachzuvollziehen, und als wir uns einmal auf seine Argumentation eingelassen hatten, stellten wir fest, dass seine Präferenz durchaus sinnvoll war: In seinem Dorf gab es kaum Ablenkungen, und da der Mann nicht vorhatte auszuwandern, war nicht klar, ob ihm bessere Nahrung sehr viel mehr bringen würde als einen volleren Magen. Er brauchte nicht mehr Energie, um die wenigen Arbeiten zu verrichten, die verfügbar waren. Das Fernsehgerät linderte die erdrückende Langeweile in seinem Dorf; an abgelegenen Orten wie diesen gab es oft nicht einmal eine Teestube, in der man sich mit den Nachbarn unterhalten und der Monotonie des Alltags für eine Weile entfliehen konnte.

Dieser Mann beharrte darauf, dass seine Präferenz sinnvoll war: Wie er mehrfach betonte, würde er jetzt, da er das Fernsehgerät hatte, jeglichen zusätzlichen Verdienst in mehr Lebensmittel investieren. Das deckte sich vollkommen mit seiner Einschätzung, dass das Fernsehen ein wichtigeres Bedürfnis erfüllte als die Nahrung. Aber es widerspricht der Intuition der meisten von uns und vielen herkömmlichen Lehrsätzen der Ökonomie. Die Vermutung liegt nahe, dass ein Mann, der ein Fernsehgerät kauft, obwohl es im Haus nicht genug zu essen gibt, weiteres überschüssiges Geld sofort in den nächsten unnützen Kauf investieren wird, da er offenkundig ein Mensch ist, der irrationalen Impulsen gehorcht. Diese Vermutung ist der Grund dafür, dass wir eine Abneigung dagegen haben, Armen Bargeld in die Hand zu drücken. Doch seit wir in *Poor Economics* erklärt haben, dass dieser Mann sehr wohl wusste, was er tat, hat eine Reihe von Studien aus aller Welt gezeigt, dass zufällig ausgewählte extrem arme Menschen, die vom Staat ein wenig zusätzliches Geld erhalten, einen Großteil dieser zusätzlichen Mittel für Lebensmittel ausgeben.[187] Und vielleicht tun sie das, nachdem sie sich ein Fernsehgerät gekauft haben.

Wir lernten also etwas, indem wir uns bereit erklärten, unseren Unglauben auszusetzen und den Menschen zuzugestehen, dass sie wissen, was sie wollen. Becker und Stigler fordern uns jedoch auf, noch einen Schritt weiterzugehen und anzunehmen, dass die Präferenzen *stabil* sind. Mit stabil ist gemeint, dass sie nicht von den Vorgängen in unserer Umgebung beeinflusst werden. Weder die Schule noch die Ermahnungen von Eltern oder Priestern noch die Dinge, die wir auf Reklametafeln oder unseren vielen Bildschirmen sehen, können demnach etwas an unseren wahren Präferenzen ändern. Diese Annahme schließt die Möglichkeit einer Anpassung an soziale Normen und die Beeinflussung durch unsere Peergruppe aus und macht es zum Beispiel unmöglich, dass sich jemand eine Tätowierung stechen lässt, weil alle seine Freunde eine haben, dass eine Frau ein Kopftuch trägt, weil das von ihr erwartet wird, oder dass sich ein Ehepaar ein schickes Auto kauft, weil die Nachbarn auch eines vor der Tür stehen haben.

Natürlich waren Becker und Stigler zu gute Sozialwissenschaftler, um zu glauben, dass das immer der Fall war. Aber sie hielten es für nützlicher, sich Gedanken darüber zu machen, warum eine scheinbar irrationale Entscheidung in Wahrheit durchaus sinnvoll sein kann, als die Augen vor ihrer potenziellen Vernünftigkeit zu verschließen und sie einer Form von kollektiver Hysterie zuzuschreiben. Diese Betrachtungsweise erwies sich als enorm einflussreich: Viele, ja vielleicht die meisten Ökonomen übernahmen die Vorstellung von Vorlieben, die mittlerweile als *Standardpräferenzen* bezeichnet werden, also Präferenzen, die kohärent und stabil sind.

Abhijit lebte vor vielen Jahren in Manhattan und unterrichtete an der Universität Princeton, weshalb er viel Zeit in Zügen verbrachte. Ihm fiel auf, dass sich oft an bestimmten Stellen auf dem Bahnsteig Schlangen von Fahrgästen bildeten, die auf ihren Zug warteten. Aber wenn der Zug einfuhr, befand sich die Spitze der Schlange oft weit von einer Tür entfernt. Dass sich die Leute an einer bestimmten Stelle in einer Schlange anstellten, war eine Modeerscheinung.

Eine naheliegende Schlussfolgerung war, dass die Pendler einfach mit dem Strom schwammen und es vorzogen, dasselbe zu tun wie alle anderen. Das hätte der Vorstellung widersprochen, die Präferenzen seien stabil, denn die Vorliebe für einen Platz auf dem Bahnsteig hing in diesem Fall einfach davon ab, wie viele Leute sich bereits dort versammelt hatten. Um zu erklären, warum sich Menschen Modeerscheinungen anpassen, ohne anzunehmen, dass es ihnen zufällig gefällt, sich genauso zu verhalten wie alle anderen, argumentierte Abhijit wie folgt: Nehmen wir an, eine Person vermutet, dass die anderen Fahrgäste eine Information haben (zum Beispiel die, dass sich auf der Höhe einer bestimmten Stelle auf dem Bahnsteig die Tür eines Abteils öffnen wird). Also wird sich die Person in der Schlange anstellen, die sich an dieser Stelle gebildet hat (wobei sie möglicherweise ihre eigene Information ignoriert, dass der Zug an einer anderen Stelle halten wird). Indem sich die Person dort anstellt, wird die Schlange länger, weshalb die nächste Person, die vorbeikommt, diese noch längere Schlange sehen und noch eher annehmen wird, dass die dort stehenden Fahrgäste eine nützliche Information besitzen. Also stellt sie sich vielleicht ebenfalls in der Schlange an. Mit anderen Worten: Was wie Konformität aussieht, könnte durchaus das Resultat rationaler Entscheidungen vieler Personen sein, die keinerlei Interesse an Konformität haben, sondern einfach glauben, dass andere Leute bessere Informationen haben als sie. Abhijit bezeichnete das als »einfaches Modell des Herdenverhaltens«.[188]

Die Tatsache, dass jede einzelne Entscheidung rational ist, bedeutet nicht, dass das Ergebnis wünschenswert ist. Herdenverhalten erzeugt *Informationskaskaden*: Die Information, welche die erste Person ihrer Entscheidung zugrunde legt, wird einen unverhältnismäßig großen Einfluss auf die Überzeugungen aller folgenden Personen haben. Ein neueres Experiment veranschaulicht, wie sehr zufällige erste Bewegungen zur Entstehung von Informationskaskaden beitragen:[189] Die Forscher arbeiteten mit einer Website, die Empfehlungen für Restaurants und andere Dienstleistungsanbieter sammelte. Die Benutzer posteten Kommentare, und andere Benutzer bewerteten diese Kommentare positiv oder negativ. Im Experiment wurde ein kleiner Teil der Kommentare zufällig ausgewählt und unmittelbar nach dem Hochladen mit einer positiven Bewertung versehen. Eine andere kleine Gruppe von Kommentaren wurde mit einer negativen Bewertung versehen. Die positive Bewertung erhöhte die Wahrscheinlichkeit, dass der nächste Benutzer den Kommentar ebenfalls positiv bewertete, um nicht weniger als 32 Prozent. Nach fünf Monaten erhielten die Kommentare, die am Anfang mit *einer einzigen* künstlichen positiven Bewertung versehen worden waren, mit sehr viel größerer Wahrscheinlichkeit eine ausgezeichnete Bewertung als jene, die gleich am Anfang mit einer einzigen negativen Bewertung versehen worden waren. Die Wirkung dieses ursprünglichen Anstoßes hatte Bestand und wuchs weiter, obwohl die Posts mittlerweile eine Million Male angeschaut worden waren.

Die Entstehung von Modeerscheinungen ist also nicht zwangsläufig unvereinbar mit dem Paradigma der Standardpräferenzen. Selbst wenn unsere Präferenzen nicht direkt vom Verhalten anderer Menschen abhängen, kann das Verhalten anderer ein Signal aussenden, das sich auf unsere Vorstellungen und unser Verhalten auswirkt. In Ermangelung eines überzeugenden Grundes für eine andere Einschätzung können wir aus dem Verhalten anderer Personen schließen, dass eine Tätowierung gut aussieht, dass uns Bananensaft schlank machen wird und dass dieser harmlos wirkende Mexikaner in Wahrheit ein Vergewaltiger ist.

Aber wie können wir erklären, dass Menschen manchmal *wissentlich* etwas tun, das nicht in ihrem unmittelbaren Interesse ist, nur weil es ihre Freunde tun (dass sie sich beispielsweise eine Tätowierung machen lassen, die sie hässlich finden, oder dass sie einen Muslim lynchen, obwohl sie dafür ins Gefängnis gehen werden)?

## Kollektives Handeln

Wie sich herausstellt, kann die Befolgung sozialer Normen genauso anhand von Standardpräferenzen erklärt werden wie die Teilnahme an einer Mode. Der Grundgedanke ist, dass diejenigen, die gegen die Norm verstoßen, von der übrigen Gemeinschaft bestraft werden. Dasselbe gilt für jene, die es unterlassen, einen Vergewaltiger zu bestrafen, und für jene, die es unterlassen, jene zu bestrafen, die es unterlassen, jene zu bestrafen, die den Vergewaltiger nicht bestrafen. Eine der großen Leistungen auf dem Gebiet der Spieltheorie ist das *Folk-Theorem*, das zeigt, dass dieses Argument logisch kohärent vorgebracht werden kann und sich daher zur Erklärung der Macht von Normen eignet.[190]

Elinor Ostrom, die erste Frau, die mit dem Wirtschaftsnobelpreis ausgezeichnet wurde, verbrachte ihre Karriere damit, die Anwendbarkeit dieses Theorems zu erforschen. Viele der von ihr untersuchten Beispiele stammten aus kleinen Gemeinschaften – Käsemacher in der Schweiz, Waldnutzer in Nepal, Fischer an der Küste Maines oder in Sri Lanka –, die sich an Normen für das angemessene Verhalten in der Gemeinde hielten.[191]

Beispielsweise ließen Käseproduzenten in den schweizerischen Alpen ihre Milchkühe seit Jahrhunderten auf Allmendeweiden grasen. Wäre sich die Gemeinde nicht über die Nutzung der Allmende einig gewesen, so hätte es zu einer für alle Beteiligten katastrophalen Fehlentwicklung kommen können: Die Weiden wären abgegrast worden, da sie niemandem gehörten und jedermann im Dorf Grund hatte, seine eigenen Kühe auf Kosten der übrigen Gemeindemitglieder besser zu füttern. Aber es gab klare Regeln dafür, was die Besitzer der Kühe auf den Allmendeweiden tun durften, und diese Regeln wurden befolgt, weil jeder, der dagegen verstieß, seine Weiderechte verlor. Ostrom erklärte, dass das kollektive Eigentum tatsächlich für alle Beteiligten vorteilhafter war als das Privateigentum. Eine Aufteilung des Landes in kleine private Parzellen hätte einzelnen Bauern schaden können, da stets die Gefahr bestand, dass ein Teil der Flächen unbrauchbar wurde.

Dieser Gedankengang erklärt auch, warum in vielen Entwicklungsländern ein Teil des Landes (zum Beispiel der an die Dörfer angrenzende Wald) immer im Gemeinbesitz steht. Solange die Allmende umsichtig genutzt wird, können Dorfbewohner, die in wirtschaftliche Schwierigkeiten geraten, darauf zurückgreifen: Die Nahrungssuche im Allmendewald oder der Verkauf von auf der gemeinsamen Weide gemähtem Heu helfen ihnen, über die Runden zu kommen. Der Übergang zum Privateigentum in solchen Umgebungen, die normalerweise von Wirtschaftswissenschaftlern angeregt wird, die den Kontext nicht verstehen (und das Privateigentum lieben), hat sich in vielen Fällen als katastrophal erwiesen.[192]

Dies deutet auch darauf hin, dass Dorfbewohner durchaus einen eigennützigen Grund dafür haben, einander auszuhelfen: Vermutlich verhalten sie sich teilweise deshalb uneigennützig, weil sie erwarten, ihrerseits Hilfe zu erhalten, sollten sie irgendwann darauf angewiesen sein.[193] Die die Norm stützende Strafe besteht darin, dass derjenige, der sich weigert zu helfen, in der Zukunft von der Hilfe durch die Gemeinschaft ausgeschlossen ist.

Solche Systeme wechselseitiger Unterstützung sind vom Zusammenbruch bedroht, wenn ein Teil der Mitglieder außerhalb der Gemeinde Möglichkeiten zur persönlichen Entwicklung vorfindet. Wenn die Aussicht, aus der Gemeinschaft ausgeschlossen zu werden, nicht mehr ganz so beängstigend wirkt, wird die Versuchung größer, den Verpflichtungen gegenüber der Gemeinschaft nicht nachzukommen. In Erwartung eines solchen Verhaltens schwindet möglicherweise die Hilfsbereitschaft der Gemeindemitglieder, was wiederum die Versuchung zur Pflichtverletzung wachsen lässt. Schließlich kann sich das System der wechselseitigen Unterstützung vollkommen auflösen, womit sich die Lage aller Beteiligten verschlechtert. Daher achtet die Gemeinschaft argwöhnisch auf Verhalten, das die Normen aushöhlen kann, und schützt sich dagegen.

## Kollektive Reaktion

Die meisten Wirtschaftswissenschaftler verweisen auf den positiven Einfluss der Gemeinschaft.[194] Aber die Tatsache, dass Normen selbstverstärkend sind, heißt nicht, dass sie zwangsläufig gut sind. Die Disziplin, die sie den Mitgliedern einer Gemeinschaft auferlegen, könnte einem reaktionären, gewalttätigen oder destruktiven Zweck dienen. Eine mittlerweile klassische Studie hat gezeigt, dass sowohl Rassendiskriminierung als auch das berüchtigte indische Kastensystem von diesem Mechanismus gestützt werden, *selbst wenn die Rasse oder Kaste den Mitgliedern der Gemeinschaft eigentlich gleichgültig ist.*[195]

Nehmen wir an, dass die Angehörigen einer Gemeinschaft der Kastenzugehörigkeit keinerlei Bedeutung beimessen. Aber jeder, der mit einer Person aus einer anderen Kaste Sex hat oder sie heiratet, wird der Rassenmischung bezichtigt. Die Person wird aus der Gemeinschaft verstoßen; niemand wird in ihre Familie einheiraten oder soziale Beziehungen zu ihr unterhalten. Nehmen wir weiter an, dass jede Person, die gegen diese Ausgrenzungsnorm verstößt und einen solchen Ausgestoßenen heiratet, ebenfalls verstoßen wird. Nun hat jede vorausschauende Person, die heiraten möchte, einen starken Anreiz, andere Angehörige der Gemeinschaft daran zu hindern, gegen die Norm zu verstoßen, selbst wenn diese Person selbst die Regel als willkürlich ablehnt. Natürlich kann sich das ändern, wenn eine ausreichend große Zahl von Mitgliedern der Gemeinschaft beginnt, gegen die Norm zu verstoßen. Aber es gibt keine Garantie dafür, dass das jemals geschehen wird.

Um dieses Thema kreist der wunderbare indische Film *Samskara*. In diesem Film aus dem Jahr 1970, bei dem Pattabhi Rama Reddy Regie führte, wird ein Brahmane (ein Angehöriger der »höchsten« Kaste) »verunreinigt«, indem er sich mit einer Prostituierten aus einer unteren Kaste einlässt. Als er plötzlich stirbt, weigern sich alle Brahmanen, seine Leiche zu verbrennen, weil sie fürchten, durch die

Berührung mit ihm ebenfalls verunreinigt zu werden. Also verrottet seine Leiche unter aller Augen. Die Normen der Gemeinschaft werden eben dadurch pervertiert, dass die Angehörigen der Gemeinschaft versuchen, die Regeln zu befolgen.

## Der Doktor und der Heilige

Diese Spannung zwischen dem verbindenden und dem unterdrückenden Charakter der Gemeinschaft ist natürlich universell und besteht seit Menschengedenken. Und sie erzeugt die Spannung zwischen einem Staat, der das Individuum zu schützen versucht, und einem Staat, der die Gemeinschaft untergräbt. Dieser Gegensatz liegt einer Auseinandersetzung zugrunde, die in so unterschiedlichen Ländern wie Pakistan und den Vereinigten Staaten tobt. Es ist teilweise ein Kampf gegen unpersönliche, bürokratisierte staatliche Eingriffe und teilweise ein Kampf für das Recht der Gemeinschaft, ihre eigenen Ziele zu verfolgen – selbst wenn diese Ziele, was oft der Fall ist, die Diskriminierung von Angehörigen anderer ethnischer Gemeinschaften oder von Menschen mit einer anderen sexuellen Orientierung beinhalten oder auch die Durchsetzung religiöser Vorschriften gegenüber denen des Staates (zum Beispiel das Festhalten am Kreationismus im Schulunterricht).

In der nationalen Befreiungsbewegung Indiens vertrat Gandhi bekanntlich die Ansicht, die neue Nation solle auf dezentralisierten, autarken Dörfern beruhen, die in seinen Augen Inseln des Friedens und der Brüderlichkeit waren. »Die Zukunft Indiens liegt in seinen Dörfern«, schrieb er. Sein herausragender Widersacher in der Bewegung war Dr. B. R. Ambedkar, jener Mann, der schließlich die indische Verfassung entwarf. Als Angehöriger der untersten Kaste hatte Ambedkar in seiner Kindheit die Schule in seinem Heimatdorf nicht betreten dürfen, aber er war ein so brillanter Kopf, dass es ihm schließlich gelang, Rechtswissenschaften zu studieren und zwei Doktortitel zu erwerben. In seinen Augen war das indische Dorf »eine Senkgrube des Lokalismus, ein Hort der Ignoranz, der Engstirnigkeit und des Kommunalismus«.[196] Er war überzeugt, dass das Gesetz, der Staat, der es durchsetzen konnte, und die Verfassung, auf der seine Wirksamkeit beruhte, am ehesten geeignet sein würden, die Rechte der Benachteiligten gegen die Tyrannei der mächtigen Mitglieder der örtlichen Gemeinschaft zu verteidigen.

Es ist dem unabhängigen Indien einigermaßen gut gelungen, die Kasten zu integrieren. Beispielsweise ist die Einkommenskluft zwischen den Angehörigen traditionell benachteiligter Kasten (gelistete Kasten/registrierte Stammesgemeinschaften) und den Mitgliedern anderer Kasten zwischen 1983 und 2004 von 35 auf 29 Prozent geschrumpft.[197] Dieser Rückgang wirkt nicht unbedingt spektakulär, aber er ist größer als die Verringerung des Einkommensunterschieds zwischen Schwarzen und Weißen in den Vereinigten Staaten in einem vergleichbaren Zeitraum. Die Entwicklung ist teilweise den von Ambedkar durchgesetzten Maßnahmen zur positiven Diskriminierung zu verdanken, die historisch diskriminierten Gruppen den Zugang zu Bildungseinrichtungen, Tätigkeiten im öffentlichen Dienst und den verschiedenen Volksvertretungen erleichterten. Die wirtschaftliche Transformation erwies sich ebenfalls als hilfreich. Die Verstädterung erhöhte die Anonymität und verringerte die Abhängigkeit der Menschen von den dörflichen Unterstützungsnetzen, was die Durchmischung der Kasten erleichterte. Die Bedeutung des Kastennetzwerks für die Chancen auf dem Arbeitsmarkt schwand, und neue Arbeitsplätze machten die Bildung für junge Angehörige niedrigerer Kasten attraktiver. Teilweise dürfte der Einfluss der Dorfgemeinschaft auch weniger schädlich gewesen sein als von Ambedkar befürchtet. Beispielsweise bewiesen Dorfgemeinschaften, dass sie zu kollektivem Handeln über die Kastengrenzen hinweg fähig waren, als sie die universelle Grundschulbildung und die kostenlose Schulspeisung für alle Kinder ungeachtet der Kastenzugehörigkeit vorantrieben.

Natürlich ist das Kastenproblem nicht gelöst. Auf lokaler Ebene sind die Kastenvorurteile weiterhin fest verwurzelt. In einer Studie über 565 Dörfer in elf indischen Bundesstaaten zeigte sich, dass in fast 80 Prozent dieser Dörfer trotz des gesetzlichen Verbots weiterhin eine Form von Unberührbarkeit existierte. In fast der Hälfte der Dörfer durften Dalits (Angehörige der unteren Kasten) keine Milch verkaufen. In etwa einem Drittel der Gemeinschaften war es Dalits verboten, irgendwelche Güter auf dem lokalen Markt zu verkaufen; sie mussten in Restaurants anderes Essgeschirr benutzen als die übrigen Gäste und hatten nur beschränkten Zugang zu Wasser für ihre Felder.[198] Obwohl die traditionellen Formen der Diskriminierung auf dem Rückzug sind, reagieren die oberen Kasten mit Gewalt auf den als Bedrohung empfundenen wirtschaftlichen Aufstieg der unteren Kasten. Im März 2018 wurde im Bundesstaat Gujarat ein junger Dalit getötet, weil er auf einem eigenen Pferd ritt, was anscheinend nur den Angehörigen höherer Klassen erlaubt war.

Zusätzlich erschwert wird die Situation dadurch, dass ein neues Konfliktmuster auftaucht: Die Kasten betrachten einander mittlerweile eher als gleichwertig – damit zugleich jedoch auch als potenzielle Konkurrenten im Streben nach Macht und Ressourcen.[199] In der Politik decken sich die Grenzen zwischen den Wählergruppen zunehmend mit den Kastengrenzen: Ein wachsender Teil der Stimmen der oberen Kasten geht an die Indische Volkspartei (Bharatiya Janata Party, BJP), die einzige Partei, welche die positive Diskriminierung ablehnt.[200] Auch andere Parteien vertreten die spezifischen Interessen verschiedener Kastengruppen. Diese Polarisierung hat Folgen. Im bevölkerungsreichsten Bundesstaat Uttar Pradesh änderte sich die Gestalt der Politik zwischen 1980 und 1996 grundlegend. In Gebieten, in denen die Mehrheit der Bevölkerung den unteren Kasten angehörte, erhielten die beiden Parteien, die als Vertreterinnen dieser

Kasten betrachtet wurden, einen stetig wachsenden Stimmenanteil, während sich in den von höheren Kasten beherrschten Gebieten weiterhin die traditionell mit diesen Kasten assoziierten Parteien durchsetzten. Im selben Zeitraum explodierte die Korruption. Eine wachsende Zahl von Politikern musste sich vor Gericht verantworten, wobei einige sogar aus dem Gefängnis für eine weitere Amtszeit kandidierten (und wiedergewählt wurden). Abhijit und Rohini Pande stellten fest, dass es einen Zusammenhang zwischen den beiden Phänomenen gab: Die Korruption hatte in den Gebieten am meisten zugenommen, in denen entweder die oberen oder die unteren Kasten eine klare Bevölkerungsmehrheit stellten.[201] In diesen Gebieten war dem Kandidaten der dominierenden Kaste aufgrund des an der Kastenzugehörigkeit orientierten Wahlverhaltens der Wahlsieg selbst dann fast sicher, wenn er extrem korrupt war, während es sein Gegenkandidat nicht war. In Gebieten, in denen die Bevölkerungsanteile der verschiedenen Kasten ausgewogener waren, geschah das nicht.

Gleichzeitig gibt die Tatsache, dass der Loyalität gegenüber der Kaste große Bedeutung beigemessen wird, der Gemeinschaft die Möglichkeit, oftmals in klarem Widerspruch zu den gesetzlichen Bestimmungen, Kontrolle über ihre Mitglieder auszuüben. Beispielsweise widersetzen sich die *Kasten-Panchayats* (örtliche Kastenvereinigungen) im Namen der Tradition aktiv den staatlichen Vorgaben für die Beziehungen zwischen den Geschlechtern und für Eheschließungen. In einem grotesken Zwischenfall im Bundesstaat Chhattisgarh wurde ein vierzehnjähriges Mädchen, das von einem 65-Jährigen vergewaltigt worden war, von der örtlichen *Kasten-Panchayat* angewiesen, den Täter nicht anzuzeigen. Als das Opfer dennoch darauf beharrte, zur Polizei zu gehen, wurde es von den (männlichen und weiblichen) Ältesten verprügelt. Eine starke Gemeinschaft kann ihre schwächsten Mitglieder (früher die Dalits, heute die jungen Frauen) unterdrücken, und der Staat ist praktisch machtlos, was teilweise daran liegt, dass die Gemeindemitglieder mehrheitlich glauben, die Kontrolle durch die

Gemeinschaft sei in ihrem Interesse. Solange sich die Mitglieder der Kaste den Normen unterwerfen, gibt ihnen das Kollektiv in Notsituationen Geborgenheit und Zugang zu einem Unterstützungsnetz. Vielleicht stört sich der Einzelne gelegentlich an der brutalen Kehrseite der gemeinschaftlichen Fürsorge, aber man muss ein sehr tapferer Mann oder eine sehr tapfere Frau sein, um sich gegen die gesamte Gemeinschaft zu stellen.

## »Black guy asks nation for change«[202]

Diese Schlagzeile der satirischen Zeitschrift *Onion* aus dem Jahr 2008 veranschaulicht, wie bemerkenswert Barack Obamas Kandidatur für das Amt des US-Präsidenten war. Die englische Formulierung hob den Kontrast zwischen dem Stereotyp des schwarzen Schnorrers (der um ein bisschen Wechselgeld bettelt) und der Figur Obamas als inspirierender politischer Führer hervor (der zu einem Wechsel der kulturellen Ausrichtung aufrief). Wir vergessen leicht, dass zwischen dem Freedom March und dem Amtsantritt des ersten afroamerikanischen Präsidenten weniger als 45 Jahre vergingen. Seit der Bürgerrechtsbewegung hat sich in den Vereinigten Staaten in den Rassenbeziehungen vieles geändert, und zwar im Wesentlichen zum Besseren. So wurde es möglich, dass das Land Obama wählte. Ein ähnlicher Fortschritt war in Indien zu beobachten, wo der Präsident und der Premierminister im Jahr 2019 aus ehemals benachteiligten Kasten stammten, was vor 45 Jahren ebenfalls undenkbar gewesen wäre.

Doch während die afroamerikanische Bevölkerung heute sehr viel gebildeter ist als im Jahr 1965, ist die Einkommenskluft zwischen weißen und schwarzen Männern mit vergleichbarem Ausbildungsniveau seit damals tatsächlich größer geworden: Schwarze verdienen mittlerweile 30 Prozent weniger als Weiße in vergleichbaren Tätigkeiten, womit der Unterschied größer ist als der zwischen gelisteten und anderen

Kasten in Indien.[203] Die soziale Aufwärtsmobilität schwarzer Amerikaner ist sehr viel geringer und die Abwärtsmobilität sehr viel größer als bei Weißen.[204] Das hängt offenkundig mit der viel diskutierten Kluft zwischen den Inhaftierungsraten von Schwarzen und Angehörigen anderer Gruppen zusammen,[205] aber es hat auch mit der anhaltenden Segregation in Wohngebieten und Schulen zu tun.

Obwohl männliche Weiße also offenbar keinen Grund haben, Afroamerikaner als wirtschaftliche Bedrohung zu betrachten, gibt es Hinweise auf zunehmende (oder zumindest offenere) Bekundungen der Feindseligkeit gegenüber Schwarzen in den letzten Jahren. Nach Angabe des FBI stieg die Zahl der Hassverbrechen im Jahr 2017 um 17 Prozent. Damit wurde im dritten Jahr in Folge eine Zunahme solcher Straftaten registriert. Der Anstieg begann im Jahr 2015, nachdem die Zahl der Hassverbrechen viele Jahre stagniert oder abgenommen hatte. Bei drei Fünfteln aller Hassverbrechen war die Hautfarbe des Opfers das Motiv.[206] Bei den Kongresswahlen im Jahr 2018 traten neun Kandidaten an, die sich selbst als weiße Suprematisten bezeichneten oder enge Beziehungen zu Suprematisten unterhielten.[207]

## Diesmal ist es anders

In den Vereinigten Staaten steht seit der Präsidentschaftswahl 2016 jedoch nicht das Misstrauen gegenüber Afroamerikanern im Mittelpunkt, sondern eine offene Ablehnung der Einwanderung, und diese Abwehrhaltung wird keineswegs nur mit der Angst vor wirtschaftlicher Konkurrenz begründet.

Einwanderer »stehlen« nicht nur »unsere« Arbeitsplätze, sondern sind auch »Kriminelle und Vergewaltiger«, die die Existenz der Weißen bedrohen. Interessant ist, dass die Abneigung gegenüber Einwanderern in den amerikanischen Bundesstaaten am größten ist, in denen am wenigsten Immigranten leben. Fast die Hälfte der Einwohner der

Staaten, in denen es praktisch keine Einwanderung gibt – darunter Wyoming, Alabama, West Virginia, Kentucky und Arkansas – glaubt, dass Immigranten die amerikanische Kultur und die amerikanischen Werte bedrohen.[208]

Das deutet darauf hin, dass die Empfindungen der Einwanderungsgegner eher mit Fragen der Identität als mit wirtschaftlichen Sorgen zu tun haben. Grundlage für dieses Phänomen scheint zu sein, dass man sich in Ermangelung tatsächlicher Kontakte leicht einbilden kann, dass die unbekannte Gruppe grundverschieden von der eigenen ist.

Das Phänomen gab es bereits vor 2016, mit Trumps Wahlsieg wurde es jedoch sehr viel leichter, solche Gefühle offen zu äußern. Für ein gut gestaltetes Experiment, das dies veranschaulicht, rekrutierte eine Forschergruppe im Internet Studienteilnehmer in acht Staaten mit klarer republikanischer Mehrheit: Alabama, Arkansas, Idaho, Nebraska, Oklahoma, Mississippi, West Virginia und Wyoming.[209] Kurz vor der Wahl im Jahr 2016 boten sie den Studienteilnehmern einen finanziellen Anreiz dafür an, einer Organisation, die gegen die Einwanderung kämpfte, Geld zu spenden: Die Forscher baten die Teilnehmer um Erlaubnis, in ihrem Namen 1 Dollar für diese Organisation zu spenden, und boten ihnen an, ihnen zusätzlich 50 Cent zu zahlen, wenn sie sich dazu bereit erklärten. Einem Teil der Versuchspersonen wurde gesagt, dass ihre Entscheidung vertraulich behandelt würde. Anderen, zufällig ausgewählten Personen wurde erklärt, es bestehe eine geringe Chance, dass sie einen persönlichen Anruf von einem Mitglied des Forscherteams erhalten würden, das sie nach den Motiven für ihre Entscheidung fragen würde – wenn sie einen Anruf erhielten, wüsste also mindestens eine Person, wie sie sich entschieden hatten. Vor der Präsidentschaftswahl zeigten die Personen in der zweiten Gruppe eine geringere Bereitschaft zu spenden als die Personen, die es insgeheim tun konnten (34 Prozent gegenüber 54 Prozent). Doch als dasselbe Experiment kurz nach der Wahl wiederholt wurde, verschwand der Unterschied vollkommen! Nach dem Wahlsieg eines Kandidaten, der sich offen gegen die Einwanderung ausgesprochen hatte, scheuten die Versuchsteilnehmer, die Geld für eine Anti-Einwanderungs-Gruppe spenden wollten, nicht mehr davor zurück, sich offen dazu zu bekennen.

Vielleicht ist es ein Trost, dass frühere Einwanderungswellen in den Vereinigten Staaten ähnliche Ablehnung auslösten und dass diese Immigranten im Lauf der Zeit in die Gesellschaft integriert wurden. Benjamin Franklin zum Beispiel hasste die Deutschen: »Diejenigen, die hierherkommen, gehören im Allgemeinen der dümmsten Sorte ihres Volkes an. … Nicht an die Freiheit gewöhnt, wissen sie nicht, wie sie diese vernünftig nutzen können.« Jefferson war überzeugt, die Deutschen seien unfähig, sich zu integrieren. »Was die anderen Ausländer anbelangt, so ist es besser, sie davon abzuhalten, sich in großen Massen gemeinsam anzusiedeln«, schrieb er, »da sie wie in unseren deutschen Siedlungen lange Zeit an ihren eigenen Sprachen, Gewohnheiten und Regierungsprinzipien festhalten.«[210] Schon zu Beginn des 19. Jahrhunderts versuchten die Vereinigten Staaten, die Einwanderung aus China zu beschränken, und schließlich wurde sie untersagt. Im Jahr 1924 wurden Quoten eingeführt, um die Einwanderung aus Ost- und Südeuropa (Italien und Griechenland) zu begrenzen.[211]

Doch alle Einwanderer wurden schließlich akzeptiert und assimiliert. Die Vornamen, die sie ihren Kindern gaben, die Berufe, denen sie nachgingen, ihr Wahl- und Konsumverhalten und ihre Ernährungsgewohnheiten glichen sich jenen der einheimischen Bevölkerung an. Die Einheimischen ihrerseits eigneten sich einst fremdartige Vornamen und Speisen an: Rocky Balboa ist ein amerikanischer Held, und die Pizza gehört heute zu den fünf beliebtesten amerikanischen Speisen.

Dasselbe Phänomen war in Frankreich zu beobachten. Die Franzosen lehnten die Italiener ab. Dann lehnten sie die Polen ab. Dann lehnten sie Spanier und Portugiesen ab. Jede Einwanderungswelle löste sich schließlich im Meer der einheimischen Bevölkerung auf, aber jedes Mal waren die Franzosen anfangs überzeugt, dass es »diesmal anders« sei. Im Jahr 2016 waren die Muslime das Ziel der Ablehnung.

Woher kommen diese Präferenzen und Einstellungen? Warum suchen wir anscheinend jedes Mal, wenn wir uns mit einem Feind ausgesöhnt haben, nach einem neuen?

## Statistische Diskriminierung

Es gibt einige mögliche wirtschaftliche Erklärungen für engstirniges Verhalten gegenüber anderen Gruppen, die weitgehend dem Standardmodell von Becker und Stigler entsprechen. Die Einschüchterung dient manchmal einem wirtschaftlichen Zweck. Zwischen 1950 und 2000 stieg die Wahrscheinlichkeit von Ausschreitungen der Hindus gegen Muslime in einer gegebenen indischen Stadt, wenn die wirtschaftliche Situation der muslimischen Gemeinschaft zu diesem Zeitpunkt relativ gut war. Hingegen waren Angriffe auf die muslimische Minderheit weniger wahrscheinlich, wenn es der hinduistischen Bevölkerung gut ging.[212] Dieses Ergebnis deckt sich mit detaillierten Berichten über einige der großen Pogrome, in denen inmitten von scheinbar willkürlichen Gewaltakten gezielt muslimische Unternehmen angegriffen wurden. Oft ist ethnische Gewalt einfach eine bequeme Tarnung für Diebstahl.

Es stimmt auch, dass Menschen manchmal das Bedürfnis haben, Intoleranz und Vorurteile (einschließlich von Ansichten, die sie eigentlich nicht teilen) zu bekunden, um ihre Loyalität gegenüber ihrer Gruppe zu beweisen. Beispielsweise stieg in einer Wirtschaftskrise in Indonesien die Mitgliederzahl von Koran-Lesegruppen: Die Zurschaustellung der Religiosität war ein Loyalitätsbeweis, der den Teilnehmern Zutritt zu einem Kreis gab, in dem sie auf Unterstützung hoffen durften.[213] In anderen Kontexten schweigen Menschen manchmal zu rassistischen und/oder sexistischen Äußerungen oder wiederholen sogar, was sie hören, um ihren Arbeitsplatz oder wertvolle soziale Kontakte nicht zu verlieren.

Und schließlich gibt es das, was die Ökonomen als *statistische Diskriminierung* bezeichnen. Wir trafen einen Pariser Uber-Fahrer, der begeistert über seinen Job sprach. Er erklärte uns, in der Zeit vor Uber hätte alle Welt einen nordafrikanischen Mann am Steuer einer Luxuslimousine für einen Drogenhändler oder Autodieb gehalten. Die Leute nahmen mit Recht an, Nordafrikaner seien zumeist relativ arm und könnten sich daher kaum ein teures Auto leisten. Aus dieser statistischen Assoziation schlossen sie, dass der *individuelle* afrikanische Fahrer eines schicken Autos ein Verbrecher sein musste. Mittlerweile halten sie ihn automatisch für einen Uber-Fahrer, was zweifellos ein Fortschritt ist.

Die statistische Diskriminierung erklärt, warum die Polizei in den Vereinigten Staaten schwarze Autofahrer häufiger anhält als weiße, und sie liegt der Erklärung der hinduistischen Mehrheitsregierung des indischen Bundesstaates Uttar Pradesh für die Tatsache zugrunde, dass so viele »versehentlich« von der Staatspolizei erschossene Personen (der Terminus für diese tragischen Vorfälle ist »Begegnungstötungen«) Muslime sind: Unter den Kriminellen sind mehr Schwarze und Muslime. Was wie nackter Rassismus aussieht, muss überhaupt keiner sein; das Verhalten kann auch dadurch entstehen, dass man sich auf ein Merkmal konzentriert (Drogenhandel, Kriminalität), das mit der ethnischen oder Religionszugehörigkeit *korreliert*. Hier ist also nicht das altmodische Vorurteil – das Wirtschaftswissenschaftler als geschmacksbasierte Diskriminierung bezeichnen –, sondern die *statistische* Diskriminierung die Ursache für das Problem. Das Endergebnis für einen Schwarzen oder Muslim ist allerdings dasselbe.

Eine neuere Studie zu den Auswirkungen von »Ban the box«-Maßnahmen (BTB) auf die Arbeitslosigkeit bei jungen männlichen Schwarzen demonstriert die Auswirkungen der statistischen Diskriminierung. Ein »Verbot des Kästchens« hindert Arbeitgeber in den

Vereinigten Staaten an der Verwendung von Bewerbungsformularen, in denen Stellenbewerber ein Kästchen ankreuzen müssen, wenn sie schon einmal wegen einer Straftat verurteilt wurden. Dreiundzwanzig amerikanische Bundesstaaten untersagen mittlerweile, Stellenbewerber nach Vorstrafen zu fragen. Auf diese Art sollen die Beschäftigungschancen junger Schwarzer erhöht werden, die mit sehr viel größerer Wahrscheinlichkeit vorbestraft sind als die Angehörigen anderer Ethnien und deren Arbeitslosenrate doppelt so hoch ist wie der nationale Durchschnittswert.[214]

Um die Auswirkungen solcher Maßnahmen zu untersuchen, schickten zwei Forscher kurz vor und unmittelbar nach der Einführung von BTB-Vorschriften in New Jersey und New York 15 000 fiktive Online-Stellenbewerbungen an Arbeitgeber in diesen beiden Bundesstaaten.[215] Sie manipulierten die Wahrnehmung der Ethnie, indem sie in den Lebensläufen typisch weiße oder afroamerikanische Vornamen verwendeten. Wann immer in einer Stellenausschreibung Angaben zu Vorstrafen verlangt wurden, legten sie nach dem Zufallsprinzip fest, ob der Bewerber oder die Bewerberin angeblich eine hatte.

Wie viele andere Forscher vor ihnen stellten auch die Autoren fest, dass Schwarze generell eindeutig diskriminiert wurden: Die weißen »Bewerber« erhielten rund 23 Prozent mehr Rückmeldungen als Schwarze mit identischem Lebenslauf. Erwartungsgemäß wirkte sich eine Vorstrafe bei Arbeitgebern, die vor dem Verbot nach früheren Verurteilungen fragten, erheblich auf die Entscheidung aus: Nicht vorbestrafte Bewerber erhielten mit einer um 62 Prozent höheren Wahrscheinlichkeit eine Rückmeldung als Personen mit einer Vorstrafe, die einen ansonsten identischen Lebenslauf eingereicht hatten, und dieser Effekt war bei Weißen und Schwarzen etwa gleich ausgeprägt.

Überraschend war jedoch, dass die BTB-Vorschrift die Ungleichbehandlung der Ethnien erheblich *verschärfte*. Vor der Einführung der BTB-Regel erhielten weiße Bewerber um 7 Prozent mehr Rückmeldungen als vergleichbare schwarze Bewerber. Als die Arbeitgeber nicht mehr nach Vorstrafen fragen durften, wuchs diese Kluft zwischen weißen und schwarzen Bewerbern auf 43 Prozent. Der Grund war, dass die Arbeitgeber, da sie keine Information mehr über Vorstrafen erhielten, *annahmen*, dass schwarze Bewerber eher vorbestraft sein würden. Mit anderen Worten, die BTB-Vorschrift bewegte die Arbeitgeber dazu, sich auf die ethnische Zugehörigkeit als Indikator für Kriminalität zu verlassen. Sie betrieben statistische Diskriminierung.

Dass sich Menschen an Statistiken orientieren, bedeutet selbstverständlich nicht, dass sie stets die richtigen Schlüsse aus den Daten ziehen. In einer Studie forderten israelische Forscher aschkenasische Juden (europäische oder amerikanische Juden und ihre Nachfahren) auf, ein Vertrauensspiel mit aus Asien oder Afrika eingewanderten Juden (bzw. ihren Nachkommen) zu spielen. Das Vertrauensspiel ist ein fester Bestandteil der experimentellen Ökonomie. Es wird von zwei Personen gespielt: Die eine – der Sender – erhält einen bestimmten Geldbetrag und wird aufgefordert, diesen in einem Verhältnis seiner Wahl mit der anderen Person – dem Empfänger – zu teilen. Der Betrag, den der Sender abgibt, kann null sein. Allerdings wird beiden Spielern gesagt, dass der Betrag, den der Sender dem Empfänger überlässt, von den Versuchsleitern verdreifacht wird. Der Empfänger kann mit dem Geld tun, was ihm gefällt: Er kann seinen Gewinn mit seinem Wohltäter teilen oder das ganze Geld behalten. Es geht also um die Frage, wie der Sender über den Empfänger denkt: Je weniger selbstsüchtig der Empfänger in den Augen des Senders ist, desto mehr Geld wird er ihm überlassen.

Das Vertrauensspiel wurde schon in Tausenden Experimenten gespielt. Normalerweise gibt der Sender die Hälfte oder mehr des ursprünglichen Betrags an den Empfänger ab und erhält von diesem im Gegenzug mehr Geld zurück, als er ihm gegeben hat. Die Sender vertrauen den Empfängern, und diese erweisen sich als vertrauenswürdig. Genau das beobachteten die israelischen Forscher, wenn die beiden Spieler aschkenasische Juden waren. Aber etwas ganz anderes geschah, wenn der Empfänger ein Jude aus Asien oder Afrika war: In diesem Fall überließ ihm der Sender im Durchschnitt nur die Hälfte des Betrags, den er einem aschkenasischen Empfänger gab. Die Folge war, dass sowohl Sender als auch Empfänger am Ende weniger Geld bekamen.

Der Grund für dieses Verhalten könnte sein, dass aschkenasische Juden nicht darauf vertrauten, dass die asiatischen oder afrikanischen Juden ihr Geschenk erwidern würden. Es könnte jedoch auch daran liegen, dass sie eine Abneigung gegen Juden aus diesen Gegenden der Welt hatten und daher bereit waren, selbst einen Verlust zu erleiden, nur um einem solchen Juden wehzutun. Aber wenn aschkenasische Spieler aufgefordert wurden, ihrem Spielpartner einfach freiwillig einen Teil des Geldes zu überlassen, ohne eine Gegenleistung zu erwarten, gaben sie einem Juden aus Afrika oder Asien etwa genauso viel wie einem aschkenasischen Juden. Das deutet darauf hin, dass das unterschiedliche Verhalten in diesem Vertrauensspiel seinen Ursprung eher in Misstrauen als in Abneigung hatte.

Interessanterweise vertrauten asiatische oder afrikanische Juden als Sender Angehörigen ihrer eigenen Gruppe nicht mehr als aschkenasischen Juden. Anscheinend gibt es eine stereotypische Vorstellung vom Wesen der asiatischen und afrikanischen Juden, die alle Welt übernommen hat. Entscheidend ist, dass dieses Stereotyp vollkommen unberechtigt ist. Im Vertrauensspiel fand sich keinerlei Hinweis darauf, dass sich diese Spieler weniger vertrauenswürdig verhielten: Sie gaben genauso viel Geld zurück wie die aschkenasischen Juden. Die Versuchsteilnehmer glaubten, sich rational zu verhalten, ließen sich jedoch von einem eingebildeten Verdacht in die Irre führen.

## Selbstverstärkende Diskriminierung

Die Allgegenwärtigkeit der Selbstdiskriminierung oder Diskriminierung der eigenen Gruppe förderte der amerikanische Psychologe Claude Steele in einem bekannten Experiment zutage, in dem er die Macht der »Stereotypenbedrohung« demonstrierte. In seinem Originalexperiment stellte er fest, dass schwarze Studenten in Prüfungen vergleichbare Ergebnisse erzielten wie weiße Studenten, wenn ihnen gesagt wurde, bei dem Test handle es sich um eine »Problemlösungsaufgabe unter Laborbedingungen«.[216] Hingegen schnitten schwarze Studenten deutlich schlechter ab als weiße, wenn ihnen gesagt wurde, ein Test diene dazu, ihre intellektuellen Fähigkeiten zu messen.

Nicht nur Angehörige von Minderheiten sind anfällig für die Stereotypenbedrohung. Universitätsstudentinnen erzielten in einer schwierigen Mathematikprüfung bessere Ergebnisse, wenn dem Test folgende Aussage vorangestellt war: »Sie haben möglicherweise gehört, dass Frauen in Mathematikprüfungen normalerweise schlechter abschneiden als Männer, aber für diesen Test gilt das nicht.«[217] Umgekehrt schnitten Studenten der Mathematik und Ingenieurwissenschaften, die im Mathematikteil der amerikanischen Hochschulzulassungsprüfung ausgezeichnete Noten erhalten hatten (und folglich durchaus Vertrauen in ihre mathematischen Fähigkeiten hatten), in einem Mathematiktest schlechter ab, wenn ihnen gesagt wurde, es handle sich um ein Experiment, in dem untersucht werden solle, »warum asiatische Studenten solchen aus anderen Weltregionen in Tests zu den mathematischen Fähigkeiten offenbar überlegen sind«.[218] Derartige Experimente wurden in unterschiedlichen Kontexten viele Male wiederholt, um verschiedene Arten von selbstdiskriminierenden Vorurteilen zu untersuchen.

Die Selbstdiskriminierung wirkt oft selbstverstärkend: Die Leistungen von Menschen ändern sich, wenn ihnen ihre Gruppenidentität in Erinnerung gerufen wird, was bestehende Selbstzweifel weiter verstärkt. Dasselbe gilt für die Diskriminierung anderer Gruppen. In einem ehemals berühmten und mittlerweile berüchtigten psychologischen Experiment in den 1960er-Jahren wurde Lehrern die falsche Information gegeben, ein Teil ihrer Schüler (ein Fünftel der Klasse) sei besonders begabt, weshalb zu erwarten sei, dass sich die Intelligenz dieser Gruppe sehr viel schneller entwickeln werde als jene der übrigen Klasse. In Wahrheit waren die betreffenden Schüler zufällig ausgewählt worden und hatten vergleichbare Intelligenzquotienten wie die restliche Klasse.[219] Bei den Schülern, von denen die Lehrer mehr erwarteten, stieg der IQ im Lauf eines Jahres um zwölf Punkte, während er sich bei der restlichen Gruppe nur um acht Punkte erhöhte. Das Originalexperiment wurde aus verschiedenen Gründen kritisiert (unter anderem wurden Zweifel an der moralischen Zulässigkeit solcher Eingriffe laut), doch mittlerweile haben zahlreiche ähnliche Experimente gezeigt, wie wirkungsvoll selbsterfüllende Prophezeiungen sind.

In einer französischen Studie stellte sich heraus, dass voreingenommene Supermarktmanager sehr viel weniger in junge Kassierer mit afrikanischer Herkunft investierten.[220] Die Kassierer arbeiteten an verschiedenen Tagen unter verschiedenen Managern und hatten praktisch keinen Einfluss auf ihren Zeitplan. Die Studie zeigte, dass sich die Zuteilung zu einem Vorgesetzten, der voreingenommen gegenüber einer Minderheit war, unterschiedlich auf die Leistungen von Angehörigen dieser Minderheit und anderen Mitarbeitern auswirkte. An Tagen, an denen die Kassierer, die der Minderheit angehörten, einem voreingenommenen Vorgesetzten zugeteilt waren, stieg die Wahrscheinlichkeit, dass sie nicht zur Arbeit kamen. Und wenn sie am Arbeitsplatz erschienen, verbrachten sie weniger Zeit mit der eigentlichen Arbeit, scannten Artikel an der Kasse langsamer ein und brauchten länger, um den nächsten Kunden zu bedienen. Auf Kassierer, die keiner Minorität angehörten, wirkte sich der Wechsel des Managers nicht im Geringsten aus. Der Grund für die schlechteren Leistungen der Mitarbeiter aus der Minderheit war offenbar weniger offene Feindseligkeit (Angehörige von Minderheiten arbeiteten nicht ungern unter voreingenommenen Vorgesetzten und hatten nicht den Eindruck, dass die voreingenommenen Manager eine Abneigung gegen sie hatten), sondern vielmehr eine weniger wirksame Mitarbeiterführung. Beispielsweise berichteten Mitarbeiter, die einer Minderheit angehörten, dass voreingenommene Vorgesetzte seltener zu ihren Kassen kamen, um sie zu höherem Arbeitseinsatz anzuspornen.

Auch die Diskriminierung von Frauen in Führungspositionen ist oft das Ergebnis einer selbsterfüllenden Prophezeiung. In Dörfern in Malawi wurden nach dem Zufallsprinzip Bauern und Bäuerinnen ausgewählt, um eine neue Technologie einzusetzen und andere Bauern in ihrer Anwendung zu unterweisen.[221] Die Frauen merkten sich die Lerninhalte besser, und jene Bauern, die von ihnen eingeschult wurden und ihnen zuhörten, lernten mehr über die neue Technologie. Doch die meisten Bauern hörten ihnen nicht zu: Sie nahmen an, Frauen seien weniger kompetent, und schenkten ihnen daher geringere Aufmerksamkeit. Bei Frauen in Bangladesch, die zu Bandleiterinnen ausgebildet wurden, stellte sich bei einer objektiven Beurteilung der Führungsqualitäten und technischen Kenntnisse heraus, dass sie genauso kompetent waren wie ihre männlichen Kollegen. Trotzdem wurden sie von der Belegschaft als weniger fähig eingestuft. Das war vermutlich der Grund dafür, dass die Resultate ihrer Produktionsbänder schlechter ausfielen – was in einer perversen Wendung das Vorurteil bestätigte, Frauen seien schlechtere Managerinnen.[222] Was als ungerechtfertigte negative Präferenz Frauen gegenüber begonnen hatte, führte dazu, dass Frauen ohne ihr Zutun tatsächlich schlechtere Ergebnisse erzielten, was wiederum ihren vermuteten Status als schwächere Manager festigte.

## Können Afroamerikaner Golf spielen?

Ein sonderbares Charakteristikum selbsterfüllender Prophezeiungen ist ihre Vorhersehbarkeit. Die Opfer einer voreingenommenen, aber selbsterfüllenden Prophezeiung sind stets traditionell benachteiligte Gruppen. Man hört nie, dass weiße Männer in irgendeinem Bereich mit Ausnahme des Sports systematisch unterschätzt werden. Die Voreingenommenheit entspringt einem Stereotyp, das im sozialen Kontext wurzelt.

Wie tief diese Wurzeln reichen, veranschaulichen die Ergebnisse einer Studie über afroamerikanische und weiße Studenten an der Universität Princeton.[223] In der Studie mussten Studenten aus beiden Gruppen, die noch nie Golf gespielt hatten, eine Reihe von Golfübungen mit wachsendem Schwierigkeitsgrad absolvieren. In einem ersten Experiment wurde die Hälfte der Studenten vor Beginn der Übungen aufgefordert, in einem Fragebogen ihre ethnische Zugehörigkeit anzugeben (dies ist die übliche Methode der »Bahnung«, die dazu dient, Versuchspersonen ihre Gruppenidentität ins Bewusstsein zu rufen), während die andere Hälfte keine solche Angabe machen musste. Allen Studenten wurde anschließend gesagt, die Golfübungen dienten dazu, ihre »allgemeinen sportlichen Fähigkeiten« zu testen. In der Gruppe, in der die ethnische Zugehörigkeit nicht gebahnt worden war, brachten weiße und schwarze Studenten ähnliche Leistungen. Aber in der Gruppe, in der das Bewusstsein der ethnischen Zugehörigkeit aktiviert worden war, führte die Vorstellung, Golf sei ein »weißer« Sport (dieses Experiment wurde vor der Zeit von Tiger Woods durchgeführt) dazu, dass die Leistungen der Afroamerikaner abfielen, während jene der weißen Studenten besser wurden, wodurch ein großes Leistungsgefälle entstand.

In einem zweiten Experiment bahnten die Forscher die ethnische Zugehörigkeit nicht, sondern teilten die Studenten nach dem Zufallsprinzip einer von zwei Verfahrensweisen zu.[224] In beiden Gruppen wurde den Versuchspersonen gesagt, der Schwierigkeitsgrad der Übungen werde steigen. In einer Gruppe ging aus den Instruktionen hervor, dass der Test dazu diene, persönliche Faktoren zu messen, die mit der »angeborenen sportlichen Eignung« korrelierten. Die angeborene sportliche Eignung wurde als natürliche Fähigkeit einer Person definiert, »komplexe Aufgaben zu bewältigen, die eine gute Hand-Auge-Koordination erfordern, darunter das Schießen, Werfen oder Treffen eines Balls oder anderer beweglicher Objekte«. Den Versuchspersonen in der anderen Gruppe wurde gesagt, in dem Test gehe es darum, die »sportliche Intelligenz« oder »persönliche Faktoren« zu messen, »die mit der Fähigkeit zu strategischem Denken in einer sportlichen Aktivität korrelieren«. In der Gruppe, in der angeblich die »angeborene sportliche Eignung« getestet wurde, schnitten die Afroamerikaner sehr viel besser ab als die Weißen. In der Gruppe, in der angeblich die »sportliche Intelligenz« gemessen wurde, erzielten die weißen Studenten sehr viel bessere Ergebnisse als die schwarzen. Alle Versuchspersonen einschließlich der Schwarzen hatten die Stereotypen des von Natur aus athletischen Afroamerikaners und des von Natur aus strategischen weißen Spielers verinnerlicht. Und hier handelt es sich um Personen, die in Princeton studierten …

Es ist schwierig, diese Forschungsergebnisse mit dem Becker-Stigler-Konstrukt kohärenter und stabiler Präferenzen in Einklang zu bringen. Es liegt auf der Hand, dass das Selbstbild der beiden Gruppen (und ihr Bild von anderen Gruppen) ein Produkt der eher flüchtigen sozialen Konstrukte der »sportlichen Intelligenz« und der »angeborenen Eignung« und ihrer vorgeblichen Verbindung mit der ethnischen Herkunft war.

## Weißes Verhalten

Becker und Stigler wollen, dass wir den sozialen Kontext der Präferenzen ignorieren, aber dieser Kontext drängt sich immer wieder in den Vordergrund. Wir haben nicht nur Präferenzen beim Essen oder bezüglich unseres Wohnorts, sondern auch bezüglich der Menschen, mit denen wir unsere Zeit verbringen.

Wir meiden Menschen, denen wir misstrauen, und ziehen in Wohngegenden, in denen es mehr Menschen gibt, die uns ähneln. Diese Segregation wirkt sich wiederum auf unsere Chancen im Leben aus und erzeugt Ungleichheit. Wenn in einem Stadtviertel überwiegend arme und schwarze Menschen leben, fließen diesem Viertel weniger Ressourcen zu, was sich dauerhaft nachteilig auf das Leben der Kinder auswirkt, die dort aufwachsen. Als in der »Great Migration« zwischen 1915 und 1970 zahlreiche Schwarze in die weißen Städte im Norden der Vereinigten Staaten zogen, wanderten viele Weiße aus diesen Städten ab. Zurück blieben Stadtteile mit oft schlechteren Schulen, verkommenden Infrastrukturen und schlechteren Arbeitsplätzen.[225]

Diese Stadtteile verarmten und verwahrlosten, die Kriminalitätsraten stiegen, und die Chancen auf wirtschaftlichen Erfolg waren dort geringer. Die Wahrscheinlichkeit, dass ein schwarzes Kind aus dem untersten Quintil der Einkommensverteilung ins oberste Quintil aufsteigen wird, ist in Stadtteilen, die während der Great Migration von den Weißen verlassen wurden, sehr viel geringer als in anderen Gebieten.[226] Offenkundig hat das Phänomen zahlreiche Ursachen, aber ein Grund ist, dass sich die Menschen bewusst und unbewusst an die Regeln halten, die in ihrer Nachbarschaft gelten. In einem Viertel, in dem Gewalt erwartet wird, wird sie zur Norm, so wie sich Studenten am Massachusetts Institute of Technology (MIT) an die Norm halten, fünf Kurse zu belegen, wenn vier vorgeschrieben sind.

In einem einfallsreichen Experiment, das die Macht solcher Normen veranschaulicht, wurde einer Gruppe von High-School-Schülern überwiegend lateinamerikanischer Herkunft in Los Angeles die Möglichkeit angeboten, an einem kostenlosen Vorbereitungskurs für die Hochschulzulassungsprüfung SAT teilzunehmen.[227] Einer zufällig ausgewählten Teilgruppe der Schüler wurde gesagt, ihre Entscheidung werde vertraulich behandelt, während den anderen vorgegaukelt wurde, ihre Entscheidung werde möglicherweise veröffentlicht. In akademisch weniger anspruchsvollen Klassen, in denen die Schüler nicht ausdrücklich auf eine Hochschulbildung vorbereitet wurden, trugen sich weniger Schüler aus der zweiten Gruppe in den Kurs ein (61 Prozent gegenüber 72 Prozent in Talentklassen, in denen der Unterricht anspruchsvoller war). Vermutlich wollten sie vermeiden, dass ihre Freunde erfuhren, dass sie ein Studium in Erwägung zogen.

Das Folk-Theorem könnte erklären, was hier geschieht. Vielleicht wird ein Schüler seine Freunde verlieren, sollten diese herausfinden, dass er in Wahrheit ein »Streber« ist, und jeder, der weiter Kontakt zu ihm pflegt, wird wahrscheinlich ebenfalls sozial ausgegrenzt. Aber es ist kein Zufall, dass sich diese soziale Norm bei Jugendlichen lateinamerikanischer Herkunft durchgesetzt hat, die historisch die Normen der weißen Kultur ablehnen, und zwar oft mit gutem Grund. Anscheinend wollten die Schüler in diesem Experiment vermeiden, sich »wie Weiße zu verhalten«. Diese Sorge ist tief in der Geschichte ihrer Gemeinschaft verwurzelt. Man hört in den Vereinigten Staaten nie, dass Kinder asiatischer Herkunft Freunde meiden, die durch übermäßigen Fleiß auffallen. In der Welt von Becker und Stigler sind die Normen nur deshalb Normen, weil die Menschen sich ihnen unterwerfen, und daher gibt es keinen Grund, warum sich Schüler lateinamerikanischer Herkunft nicht manchmal als fleißig und Asiaten als faul erweisen sollten. Anscheinend sind es unsere Geschichte und unser sozialer Kontext, die uns dazu bewegen, die eine oder andere Norm zu akzeptieren.

## Versuchen wir, den Geschmack zu berücksichtigen[228]

Um herauszufinden, wie uns der soziale Kontext beeinflusst, warben Forscher der Universität Zürich eine Gruppe von Bankangestellten als Versuchspersonen an und forderten sie auf, eine Münze zehnmal zu werfen und die Resultate online an die Versuchsleiter zu melden.[229] Man sagte ihnen, dass sie 20 Schweizer Franken für jeden Wurf mit dem Resultat Kopf (oder Zahl) erhalten würden, der über eine bestimmte Zahl solcher Resultate hinausging. Niemand überprüfte, ob ihre Angaben stimmten, womit sie einen starken Anreiz zum Betrug hatten.

Verglichen wurden zwei Gruppen von Bankangestellten: zum einen jene, die vor Beginn des Experiments nach ihrer bevorzugten Freizeitaktivität gefragt worden waren, womit ihre Identität als »normale« Person hervorgehoben wurde, zum anderen jene, die nach ihrer Tätigkeit in der Bank gefragt wurden, womit ihre Identität als Banker in den Vordergrund rückte. Diejenigen Versuchspersonen, die dazu bewegt worden waren, sich als Banker zu sehen, meldeten mehr Würfe, bei denen die Münze auf Kopf (bzw. Zahl) gefallen war – und zwar so viele mehr, dass es nicht einfach mit dem Zufall zu erklären war. Der geschätzte Anteil von betrügerischen Meldungen lag bei denen, die sich in erster Linie in ihrer Rolle als normale Person gesehen hatten, bei 3 Prozent, bei denen, die sich in erster Linie als Banker betrachtet hatten, jedoch bei 16 Prozent.

Der Grund war offenkundig nicht, dass Bankangestellte eine besondere Fähigkeit besitzen, herauszufinden, wie man in diesem Spiel ein gutes Ergebnis erzielen kann – sämtliche Versuchsteilnehmer waren Bankangestellte, und die Identität, die betont wurde (Banker oder Privatperson), wurde zufällig ausgewählt. Aber bei jenen Versuchspersonen, denen ihr Beruf ins Bewusstsein gerufen worden war, kam anscheinend eine Identität mit einer anderen Moral zum Vorschein, eine Person, die eher bereit war zu betrügen.

Diese Versuchspersonen handelten so, als hätten sie mehrere Persönlichkeiten mit unterschiedlichen Präferenzen. Welche Persönlichkeit in einer bestimmten Situation über das richtige Vorgehen entscheidet, hängt vom Kontext ab. In dem Schweizer Experiment bestand der Kontext in der Selbsteinschätzung – sah sich die Versuchsperson als Banker oder nicht? –, im Leben jedoch werden unsere Persönlichkeit und unsere Präferenzen oft von den Personen in unserer Umgebung, von den Schulen, die wir besucht haben, von unserem Beruf, unseren Freizeitaktivitäten oder von den Klubs geprägt, denen wir angehören oder gern angehören würden. Um an den Standardpräferenzen festhalten zu können, haben wir Wirtschaftswissenschaftler uns sehr bemüht, all das zu ignorieren, aber es wird jeden Tag klarer, dass dies ein hoffnungsloses Unterfangen ist.

## Motivierte Überzeugungen

Sobald wir begreifen, dass unsere Überzeugungen und sogar unsere tief verwurzelten Präferenzen vom Kontext abhängen, wird uns vieles klar. Eine bedeutsame Erkenntnis beruht auf der Arbeit von Roland Bénabou und dem Nobelpreisträger Jean Tirole über die motivierten Überzeugungen.[230] Die beiden Forscher erklären, dass man einem Verständnis der Überzeugungen sehr viel näher kommt, indem man sie nicht als unverrückbar betrachtet. Was wir über uns selbst denken, hängt teilweise von unseren emotionalen Bedürfnissen ab: Wir fühlen uns schlecht, wenn wir uns selbst enttäuschen. Der emotionale Wert, den wir unserem Selbstbild beimessen, bewegt uns auch dazu, unsere Überzeugungen in Bezug auf andere zu verzerren. Wir wollen uns zum Beispiel gegen die Erkenntnis abschirmen, dass wir Vorurteile haben, was uns dazu bewegt, sie als objektive Wahrheit darzustellen: »Ich habe nichts gegen Kassierer nordafrikanischer Herkunft, aber da sie auf Ermunterungen ohnehin nicht reagieren würden, erspare ich mir die Mühe.«

Wir ändern nicht gern unsere Meinung, denn wir geben nur ungern zu, dass wir im Irrtum waren. Daher beharrt Abhijit darauf, dass immer die Software schuld ist. Wir blenden Informationen aus, die uns zwingen würden, uns unserer moralischen Ambiguität zu stellen. Wir ignorieren Nachrichten über die Behandlung von Migrantenkindern in

Auffanglagern, um nicht darüber nachdenken zu müssen, dass wir eine Regierung gewählt haben, die so mit Kindern umgeht.

Es ist leicht zu erkennen, wie wir zu Gefangenen solcher Strategien werden können. Wir betrachten uns selbst nicht gern als Rassisten; wenn wir negativ über andere denken, ist daher die Versuchung groß, eine vernünftige Begründung für unser Verhalten zu suchen, indem wir die Schuld *den Migranten* geben. Wenn wir uns einreden können, dass die Migranten schuld an der Lage ihrer Kinder in den Auffanglagern sind, weil sie ihre Kinder mitbringen, müssen wir uns weniger Gedanken über die Kinder in ihren kleinen Käfigen machen. Stattdessen suchen wir nach Beweisen dafür, dass wir im Recht sind: Wir messen jeder noch so nebensächlichen Nachricht, die uns in unserer Haltung bestätigt, übermäßige Bedeutung bei und ignorieren alle anderen.

Im Lauf der Zeit wird die instinktive Verteidigungsreaktion, von der wir ausgingen, durch ein sorgfältig konstruiertes System scheinbar überzeugender Argumente ersetzt. An diesem Punkt gelangen wir aufgrund der »Stichhaltigkeit« dieser Argumente zu der Überzeugung, dass uns jeder, der eine andere Meinung als wir äußert, entweder indirekt moralisches Versagen unterstellen will oder unsere Intelligenz in Zweifel zieht. Und an diesem Punkt werden wir möglicherweise aggressiv.

Die Erkenntnis dieser Muster führt zu einer Reihe wichtiger Schlussfolgerungen. Erstens ist es offenkundig eine sehr schlechte Idee, Menschen des Rassismus zu bezichtigen oder als »erbärmlich« zu bezeichnen, wie es Hillary Clinton einmal tat. Damit verletzt man das moralische Selbstbild der Betroffenen und beleidigt sie. Die Folge ist, dass sie sich augenblicklich für jegliche Argumente verschließen. Umgekehrt wird klar, warum es eine effektive Strategie ist, eingefleischte Rassisten als »anständige Menschen« zu bezeichnen und zu erklären, dass es »auf beiden Seiten« böse Menschen gibt, wie es Präsident Donald Trump getan hat. Diese Strategie mag moralisch verwerflich sein, aber sie ist geeignet, die eigene Popularität zu erhöhen, denn sie hebt das Selbstwertgefühl derer, die rassistische Ansichten hegen.

Das erklärt auch, warum Fakten oder die Überprüfung von Fakten zumindest kurzfristig kaum Einfluss auf die Ansichten der Menschen haben, wie wir in Kapitel 2 in Zusammenhang mit der Migration gesehen haben. Es ist möglich, dass jemand langfristig, wenn die anfängliche Abwehrreaktion – »Wie können die es wagen, meine Überzeugungen in Zweifel zu ziehen?« – schwächer wird, seine Ansichten korrigiert. Wir sollten daher nicht aufhören, die Wahrheit zu sagen, aber es ist hilfreich, sie wertfrei zu sagen.

Da die meisten von uns gern glauben möchten, anständige Menschen zu sein, kann man jemanden möglicherweise zu einem vorurteilsfreieren Urteil bewegen, indem man ihn zwingt, seine eigenen Werte zu bekräftigen, bevor er ein Urteil fällt. Die Psychologen raten Eltern mittlerweile, ihren Kindern nicht zu sagen, dass sie nett sein *sollen*, sondern dass sie nett *sind* und sich lediglich in Einklang mit ihrer natürlichen Nettigkeit verhalten müssen. Dasselbe gilt für uns alle.

Diese Strategie wird eher funktionieren, wenn das Selbstwertgefühl einer Person nicht bereits angeschlagen ist. Einkommensschwache Weiße in Gebieten, in denen die Abneigung gegen Immigranten und Schwarze besonders ausgeprägt ist, leiden unter anderem darunter, dass ihr Leben nachweislich große Ähnlichkeit mit der Karikatur des Lebens hat, das diese verachteten »Anderen« in ihren Augen führen. Im Jahr 1997 schrieb William Julius Wilson im Kontext der Erfahrung der afroamerikanischen Gemeinschaft, dass »die Konsequenzen einer hohen Arbeitslosigkeit in der Nachbarschaft verheerender sind als die Folgen einer tiefen Armut in der Nachbarschaft. … Viele der Probleme in heutigen Innenstadtgettos – Kriminalität, zerfallende Familien, Abhängigkeit von der Sozialhilfe, mangelnde soziale Organisation usw. – sind im Grunde eine Konsequenz des Verschwindens der Arbeit.«[231]

Zwanzig Jahre später schrieb J. D. Vance in der *Hillbilly-Elegie:* »Wilsons Buch sprach mir aus dem Herzen. Ich hätte ihm gern einen Brief geschrieben, um ihm zu sagen, dass er mein Zuhause perfekt erfasst habe. Dass es mich persönlich so berührte, ist allerdings seltsam, denn Wilson schrieb gar nicht über die Hillbillys, die aus den Appalachen umgesiedelt waren – sondern über Schwarze in den Innenstädten der Metropolen.«[232]

Dass Wilsons Beschreibung der sozialen Probleme in schwarzen Nachbarschaften so gut auf weiße Gemeinden im heutigen Rostgürtel zutrifft, muss in deren Ohren wie Hohn klingen. Da das Selbstwertgefühl der weißen Armen mit der Gewissheit ihrer Überlegenheit gegenüber Schwarzen und Immigranten verknüpft ist, verschärft die Annäherung ihrer Lebensumstände an jene der vermeintlich Unterlegenen ihre existenzielle Krise.

Es gibt zwei Möglichkeiten, ein angeschlagenes Selbstwertgefühl wiederherzustellen. Da ist zum einen die Verleugnung (»Wir können es uns leisten, Abtreibung kategorisch abzulehnen, weil keines der Mädchen in unserer Gemeinde jemals schwanger wird«). Außerdem können wir die Entfernung zwischen uns und dem Anderen erhöhen, indem wir ihn in eine Karikatur verwandeln. Für einen Weißen, der auf eine Erwerbsminderungsrente angewiesen ist, weil dies die einzige Möglichkeit ist, Sozialhilfe zu beziehen, genügt es nicht mehr, sich einzureden, dass es eine schwarze oder spanischstämmige alleinstehende Mutter sicher auf Sozialhilfe abgesehen hat. Dieses verächtliche Urteil funktionierte in der Reagan-Zeit, heute aber sind auch Weiße auf Sozialhilfe angewiesen, weshalb die Beleidigung verschärft werden muss: Die alleinerziehende Mutter, die einer Minderheit angehört, muss obendrein ein Bandenmitglied sein.

Dies unterstreicht, warum sozialpolitische Eingriffe nicht darauf beschränkt sein dürfen, den Begünstigten das bloße wirtschaftliche Überleben zu ermöglichen, sondern die Menschenwürde derer wiederherstellen müssen, deren Arbeitsplätze durch den technologischen

Fortschritt, den globalen Handel und andere Entwicklungen bedroht sind. Die Maßnahmen müssen dem Verlust des Selbstvertrauens entgegenwirken; altmodische staatliche Hilfen allein genügen nicht mehr. Wir müssen den sozialpolitischen Apparat vollkommen neu gestalten. (Dies ist das Thema von Kapitel 9.)

## Kohärente Beliebigkeit[233]

Wir wissen, dass sich Menschen große Mühe geben, Tatsachen zu ignorieren, die sie zwingen könnten, Ansichten zu revidieren, die Bestandteil ihres zentralen Wertesystems sind (darunter ihre Ansichten über andere ethnische Gruppen oder Einwanderer), denn diese Wertvorstellungen sind untrennbar mit dem Selbstbild eines Menschen verknüpft. Leider bedeutet das nicht, dass ein Mensch ursprünglich besonders gründlich nachgedacht hat, um sich seine Meinung zu bilden.

In einem der berühmtesten Experimente auf dem Gebiet der Verhaltensökonomie wählten Daniel Kahneman und Richard Thaler aus einer Gruppe von Versuchspersonen zufällig einige aus, die eine Kaffeetasse oder einen Kugelschreiber geschenkt bekamen.[234] Unmittelbar nach Übergabe der Präsente boten die Versuchsleiter den neuen Besitzern an, ihnen ihre Kaffeetassen und Kugelschreiber wieder abzukaufen. Gleichzeitig gaben sie denen, die keine Kaffeetassen oder Kugelschreiber erhalten hatten, Gelegenheit, diese Gegenstände zu kaufen. Verblüffenderweise verlangten die beschenkten Versuchspersonen als Verkäufer für ihre Kaffeetassen und Kugelschreiber oft das Doppelte oder Dreifache des Betrags, den jene, die bei der Verteilung leer ausgegangen waren, für die Gegenstände zu zahlen bereit waren. Da es zur Gänze vom Zufall abhing, wer eine Kaffeetasse oder einen Kugelschreiber erhielt, gab es keinen Grund dafür, dass die Tatsache, als Empfänger ausgewählt worden zu sein, zu derart unterschiedlichen

Beurteilungen des Werts der geschenkten Gegenstände hätte führen sollen. Der Unterschied zwischen geforderten und gebotenen Beträgen beruhte offenbar darauf, dass jene Versuchspersonen, die eine Kaffeetasse erhalten hatten, begannen, ihre Tasse mehr zu mögen, und dasselbe taten die neuen Besitzer eines Kugelschreibers. Das deutet darauf hin, dass Kaffeetassen und Kugelschreiber kaum einen intrinsischen Wert für uns haben.

Ein weiteres Experiment förderte eine noch dramatischere Form von Beliebigkeit zutage. In diesem Versuch wurden Studenten aufgefordert, für Trackball-Mäuse, Weinflaschen und Bücher zu bieten. Bevor sie ihre Gebote abgaben, wurden sie aufgefordert, die zwei letzten Ziffern ihrer Sozialversicherungsnummer aufzuschreiben, ein Dollarzeichen davorzusetzen und sich *vorzustellen*, dass dies ein möglicher Preis für ihr Produkt sei. Natürlich wussten die Studenten, dass ihre Sozialversicherungsnummer nichts mit dem Wert einer Flasche Wein oder irgendeines anderen Produkts zu tun hatte. Trotzdem wurden sie von dem »Preis«, den sie aufgeschrieben hatten, beeinflusst. Studenten, in deren Sozialversicherungsnummer die vorletzte Ziffer eine acht oder neun war, womit die beiden Ziffern eine Zahl zwischen 80 und 99 ergaben, boten für dasselbe Versteigerungsobjekt zwischen 200 und 350 Prozent mehr als Studenten, deren Sozialversicherungsnummer mit einer Zahl von weniger als 20 endete. Ansonsten entsprach ihr Verhalten weitgehend dem Standardmodell: Beispielsweise zeigten sie eine geringere Bereitschaft, Gebote abzugeben, wenn der Preis stieg, und kauften eher billigere Gegenstände. Sie schienen jedoch keine Ahnung zu haben, welchen absoluten Wert diese Dinge für sie hatten.[235]

Aber natürlich sind Kaffeetassen und Kugelschreiber keine Einwanderer und Muslime. Wollen wir tatsächlich behaupten, dass diese Beliebigkeit auch in den Präferenzen bezüglich dieser sehr viel ernsteren Fragen zum Ausdruck kommt? Ja, genau das behaupten wir.

## Die Räuberhöhle

Etwas Ähnliches ist bei den *sozialen Präferenzen* zu beobachten, das heißt bei den Vorlieben, die andere Menschen betreffen. Im Jahr 1954 führten Muzafer Sherif und Carolyn Wood Sherif ein Experiment durch, für das elf- und zwölfjährige Jungen in ein Ferienlager in Robbers Cave in Oklahoma eingeladen wurden.[236] Die Jungen wurden nach dem Zufallsprinzip auf zwei Gruppen aufgeteilt. Die beiden Gruppen verbrachten eine Weile an verschiedenen Orten in Robbers Cave, weshalb sie anfangs nichts von der Existenz der jeweils anderen wussten. Dann wurden die beiden Gruppen einander vorgestellt und mussten einen Wettkampf gegeneinander austragen, zum Beispiel im Tauziehen. Der Wettbewerb weckte Animosität zwischen den Gruppen, und die Jungen begannen, die Mitglieder der Gegenseite zu beschimpfen und zu versuchen, ihr Eigentum zu zerstören. An den letzten Tagen des Sommerlagers erzeugten die Forscher eine künstliche Wasserknappheit, wodurch es für die beiden Gruppen sinnvoll wurde, zusammenzuarbeiten. Nach anfänglichem Zögern taten sich die Jungen zusammen und vergaßen ihre Feindseligkeit weitgehend.

Dieses Experiment ist in verschiedenen Abwandlungen oft wiederholt worden, wobei sich das wesentliche Ergebnis als sehr stabil erwiesen hat. Interessant ist, dass unsere Loyalitätsbeziehungen auch dann nachhaltig durch willkürliche Zuschreibungen beeinflusst werden, wenn wir nicht durch eine Erfahrung zusammengeschweißt werden, wie sie diese Jungengruppen in ihrer anfänglichen Isolation machten. Es genügt, einer zufällig ausgewählten Gruppe einen anderen Namen zu geben, um die Mitglieder dazu zu bewegen, ihre eigene Gruppe den anderen vorzuziehen. Und das gilt für Erwachsene ebenso wie für Elfjährige.

Beide Teile des Robbers-Cave-Experiments sind bedeutsam: sowohl die Tatsache, dass man leicht einen Keil zwischen Menschengruppen treiben kann, als auch die Tatsache, dass es möglich ist, sie wieder zusammenzubringen. Dass es leicht ist, Feindseligkeit zwischen Menschen zu wecken, gibt uns Anlass, uns sehr vor dem Fremdenhass und vor denjenigen zu fürchten, die heute in vielen Ländern an der Macht sind und die Xenophobie zynisch für sich nutzen. Der Schaden, den sie anrichten, ist nicht dauerhaft, aber wenn er nicht behoben wird, kann er einer Nation tiefe Wunden zufügen. In Ruanda schufen die belgischen Kolonialherren den Mythos der Überlegenheit des Volks der Tutsi, die als Minderheit mehr oder weniger harmonisch mit der Mehrheitsbevölkerung der Hutu zusammenlebten. Ziel der Kolonialmacht war es, die Tutsi als Verbündete zu gewinnen, um das Land besser kontrollieren zu können. Auch nach dem Ende der Kolonialherrschaft pochten die Tutsi weiterhin auf ihre angebliche Überlegenheit, womit sie bei den Hutu beträchtliches Ressentiment weckten. Der so entstandene Hass zwischen den beiden Volksgruppen brachte die Saat für den entsetzlichen Völkermord im Jahr 1994 aus.[237]

Auf der anderen Seite weckt die Tatsache, dass Präferenzen nicht zwangsläufig konsistent sind, Zweifel an der Zweckmäßigkeit von Versuchen, anderen menschlichen Wesen Ad-hominem-Etiketten wie »Rassist« anzuheften oder sie als »erbärmlich« zu bezeichnen, denn viele Menschen sind zugleich Rassisten und keine Rassisten, und ihre Vorurteile sind oft einfach Ausdruck von Schmerz oder Frustration. Jene amerikanischen Wähler, die erst Obama und dann Trump ihre Stimme gaben, waren sich möglicherweise nicht darüber im Klaren, wofür diese beiden Kandidaten standen, aber es ist sowohl unfair als auch wenig hilfreich, sie als Rassisten zu betrachten, seit sie Trump gewählt haben.

## Soziale Homophilie

Da unsere Präferenzen nachhaltig davon beeinflusst werden, mit wem wir verkehren, sind Gräben zwischen Gesellschaftsgruppen besonders kostspielig, weil die Menschen über diese Gräben hinweg kaum Kontakt zueinander pflegen: Wir neigen dazu, uns mit Menschen zu umgeben, die uns ähneln. In amerikanischen Schulen tun sich schwarze Jugendliche vorwiegend mit anderen Schwarzen und Weiße mit anderen Weißen zusammen.[238] Die Soziologen bezeichnen das als *soziale Homophilie*. Aus naheliegenden Gründen haben insbesondere die Mitglieder der größten sozialen Gruppe in der Schule die Möglichkeit zu homophilem Verhalten. Hingegen bleibt den Angehörigen einer kleinen Minderheit nichts anderes übrig, als sich eine relativ größere Zahl von Freunden außerhalb ihrer eigenen Gruppe zu suchen.[239]

Homophiles Verhalten deutet nicht zwangsläufig auf ausgeprägte Vorurteile hin. Der Hauptgrund dafür, dass Schüler, die der größten Gruppe angehören, keinen Kontakt zu Außenstehenden suchen, dürfte sein, dass es für sie einfach ist, Personen zu begegnen, die wie sie sind, und solange sie eine gering ausgeprägte Präferenz für ihre eigene Gruppe haben, haben sie keinen Grund, außerhalb Kontakte zu knüpfen.

Die Quelle einer wenig ausgeprägten Präferenz muss nicht unbedingt ein negatives Bild von Personen sein, die dieser Präferenz nicht entsprechen: Vielleicht ist es einfach leichter, sich mit Menschen zu umgeben, die dieselbe Sprache sprechen, die gleichen Gesten machen und einen ähnlichen Sinn für Humor haben, die dieselben Fernsehsendungen und dieselbe Musik mögen oder sich an denselben unausgesprochenen Annahmen darüber orientieren, was angemessen und unangemessen ist. Abhijit, der aus Indien stammt, ist immer wieder überrascht, wie leicht es ihm fällt, mit Personen zu sprechen, die aus Pakistan kommen, obwohl sich die beiden Länder seit siebzig Jahren feindselig gegenüberstehen. Der Sinn dafür, was komisch ist oder in die Privatsphäre eines Menschen gehört (ein Hinweis: Menschen aus Südasien sind neugierig), was Intimität erzeugt und was sie stört, ist ein Wesenszug, der seiner Meinung nach allen Südasiaten im Blut liegt, eine Gemeinsamkeit, die die Trennung der beiden Länder nicht zerstören konnte.

Der Nachteil dieses vollkommen natürlichen Verhaltensmusters wird erkennbar, wenn wir Angehörigen anderer Gruppen begegnen: Wir halten uns zurück, wir versuchen, nicht ins Fettnäpfchen zu treten, wir rationieren unsere menschliche Wärme aus Furcht, falsch verstanden zu werden. Oder wir äußern uns unüberlegt und beleidigen eine Person, ohne es beabsichtigt zu haben. In beiden Fällen geht etwas Wichtiges verloren, was zur Folge hat, dass es uns schwerer fällt, mit Angehörigen anderer Gruppen richtig zu kommunizieren.

Das ist einer der Gründe dafür, dass die meisten Menschen Personen heiraten, die ihnen ähneln. Auch etwas mehr als ein halbes Jahrhundert seit dem bahnbrechenden Urteil im Fall *Loving versus Virginia*, das im Jahr 1967 das Verbot von interkulturellen Ehen in den Vereinigten Staaten zu Fall brachte, gehören nur in etwa einem Sechstel der Eheschließungen die beiden Partner unterschiedlichen ethnischen Gruppen an.[240] In Indien sind 74 Prozent der Familien überzeugt, dass Ehen nur innerhalb derselben Kaste geschlossen werden sollten. Die Forschungsergebnisse deuten darauf hin, dass dies teilweise damit zu erklären ist, dass indische Männer nach einer Frau suchen, die ihren Schwestern ähnelt (mit anderen Worten, nach einem vertrauten Frauentyp), und dasselbe gilt für Frauen. Natürlich finden sie solch eine Partnerin/einen solchen Partner am ehesten in ihrer eigenen Gruppe.[241]

## Echokammern und Hologramme

Ein solches Verhalten führt zu einer nicht beabsichtigten und vermutlich weitgehend unbewussten Segregation. Möglicherweise ist uns nicht bewusst, dass wir, wenn sich jeder von uns Freunde sucht, die wie er sind, am Ende jeweils mit ähnlichen Menschen auf getrennten Inseln sitzen werden. Das führt zur Verstärkung anscheinend bizarrer Präferenzen und/oder extremer politischer Ansichten. Uns ausschließlich mit Menschen zu umgeben, die wie wir sind, hat den offenkundigen Nachteil, dass wir nicht gezwungen werden, uns mit Vorstellungen auseinanderzusetzen, die von unseren eigenen abweichen. Die Folge ist, dass es nicht nur in allen möglichen Geschmacksfragen unterschiedliche Meinungen geben kann, sondern selbst dort, wo an der Wahrheit eigentlich kein Zweifel besteht – etwa in der Frage, ob Impfungen Autismus verursachen oder wo Barack Obama geboren wurde. An anderer Stelle haben wir gesehen, dass Menschen zu der vernünftigen Entscheidung gelangen können, ihre eigene Meinung zu unterdrücken und sich der Mehrheit anzuschließen, aber natürlich wird alles nur noch schlimmer, wenn wir nie mit Meinungen von Personen konfrontiert werden, die nicht unserer Herde angehören. So bilden sich zahlreiche geschlossene Gruppen mit gegensätzlichen Ansichten, die kaum in der Lage sind, respektvoll miteinander zu kommunizieren. Cass Sunstein, der an der Universität Harvard Rechtswissenschaften unterrichtet und für die Regierung Obama arbeitete, bezeichnet diese Gruppen als »Echokammern«, in denen gleichgesinnte Personen, die nur Bestätigungen der eigenen Meinung hören, einander gegenseitig aufputschen.[242]

Ein Resultat dieser Abschottung ist eine extreme Polarisierung in Fragen, in denen es eigentlich eine mehr oder weniger objektive Wahrheit gibt. Beispielsweise glauben 41 Prozent der Amerikaner, dass die globale Erwärmung durch menschliche Aktivitäten verursacht wird, doch eine ebenso große Gruppe ist der Meinung, die Erderwärmung sei auf natürliche Prozesse zurückzuführen (21 Prozent) oder es gebe überhaupt keinen globalen Temperaturanstieg (20 Prozent). Das Pew Research Center hat festgestellt, dass die öffentliche Meinung über die Erderwärmung entlang der Verwerfungslinie zwischen den parteipolitischen Ausrichtungen gespalten ist: »Unter Anhängern der Demokraten ist der Anteil derer, die erklären, es gebe stichhaltige Belege für einen Temperaturanstieg, mit 81 Prozent sehr viel höher als unter Anhängern der Republikaner (58 Prozent), und Demokraten glauben sehr viel eher, dass die globale Erwärmung vom Menschen verursacht wird (54 Prozent gegenüber 24 Prozent unter den Republikanern).«[243] Das bedeutet nicht zwangsläufig, dass Demokraten größeres Vertrauen in die Wissenschaft haben: Beispielsweise besteht in der wissenschaftlichen Gemeinde ein Konsens darüber, dass gentechnisch veränderte Lebensmittel kein Gesundheitsrisiko darstellen, aber eine klare Mehrheit der Anhänger der Demokraten zweifelt die wissenschaftlichen Erkenntnisse an und spricht sich für eine Kennzeichnung solcher Lebensmittel aus.[244]

Eine weitere Folge der auf Mitglieder einer Gruppe beschränkten Kommunikation ist, dass diese Personen in den meisten Fragen derselben Meinung sind. Eklektische politische Ansichten werden angesichts einer überzeugten Herde unhaltbar, selbst wenn deren Überzeugung nichts mit den Tatsachen zu tun hat. In den Vereinigten Staaten sprechen Demokraten und Republikaner nicht einmal mehr dieselbe Sprache. Matthew Gentzkow und Jesse Shapiro, zwei auf Medien spezialisierte Ökonomen, schreiben über Abgeordnete im amerikanischen Repräsentantenhaus: »Die Demokraten sprechen von ›Erbschaftssteuern‹, ›nicht registrieren Arbeitskräften‹ und ›Steuererleichterungen für die Reichen‹, während die Republikaner von ›Sterbesteuern‹, ›illegalen Fremden‹ und ›Steuerreformen‹ sprechen. Der Affordable Care Act von 2010 war in den Augen der Demokraten eine ›umfassende Gesundheitsreform‹, während die Republikaner darin eine ›staatliche Annexion der Krankenversicherung‹ sahen.«[245] Mittlerweile kann man die Parteizugehörigkeit eines Kongressmitglieds einfach anhand seiner Wortwahl bestimmen. Es überrascht nicht, dass das parteiliche Denken (das umso ausgeprägter ist, je einfacher ein Beobachter von einem einzigen Satz eines Parlamentariers auf dessen Parteizugehörigkeit schließen kann) seit einigen Jahrzehnten auf dem Vormarsch ist. Zwischen 1873 und 1990 blieb sein Anteil an den Meinungsäußerungen von Politikern mit einem Anstieg von 54 auf 55 Prozent praktisch unverändert. Aber nach 1990 nahm es deutlich zu und stieg bis zum 110. Kongress (2007 bis 2009) auf 83 Prozent.

Genau diese Konvergenz von Meinungen und Vokabular machte den Zugang zu den Facebook-Daten so nützlich für Cambridge Analytica und für Wahlkampfmanager in Großbritannien und den Vereinigten Staaten. Da beispielsweise die meisten demokratischen Wähler in Massachusetts in zahlreichen Fragen mehr oder weniger dieselben Ansichten haben und auch dieselben Worte verwenden, braucht man nur einige bruchstückhafte Informationen über ihre Meinungen, um herauszufinden, welches ihre politischen Überzeugungen sind, wie man sie ansprechen kann und welche Geschichten sie wahrscheinlich mögen oder ablehnen werden. Und sobald reale Menschen so vorhersehbar werden wie Schablonen, wird es selbstverständlich sehr viel einfacher, Personen zu erfinden, falsche Profile einzurichten und sie in unsere Online-Kommunikation einzuschleusen.[246]

Diese Abgeschlossenheit eröffnet geschickten politischen Unternehmern auch die Möglichkeit, sich verschiedenen Menschen ganz unterschiedlich zu präsentieren. Im Vorfeld der indischen Parlamentswahl von 2014, bei der Narendra Modis Partei einen Erdrutschsieg errang, trat der Kandidat bei zahlreichen Wahlveranstaltungen gleichzeitig auf. Das gelang ihm mithilfe lebensgroßer dreidimensionaler Hologramme, die viele Wähler für seine tatsächliche Person hielten. Modi schaffte es auch, ideologisch an mehreren Orten gleichzeitig zu sein. Für die ehrgeizige junge Generation der global vernetzten Stadtbewohner verkörperte er die politische Modernisierung (er versprach Innovation, Wagniskapital, eine wirtschaftsfreundliche Politik usw.). Die neuen Mitglieder der wachsenden Mittelschicht sahen in ihm den Politiker, der am ehesten ein in der hinduistischen Tradition verwurzeltes Nationalbewusstsein vertrat. Für die wirtschaftlich bedrohten oberen Kasten prangerte er den (im Wesentlichen eingebildeten) wachsenden Einfluss von Muslimen und unteren Kasten an. Hätte man Angehörige dieser drei Gruppen versammelt und gebeten,

»ihren« Modi zu beschreiben, so hätte die eine Gruppe wenig mit der Beschreibung der anderen Gruppe anfangen können. Aber da es zwischen den Netzwerken, in denen sich diese Gruppen bewegten, keinerlei Berührungspunkte gab, musste sich der Kandidat nicht um Konsistenz bemühen.

## Der neue öffentliche Raum?

Die strikte Segmentierung des Wahlvolks ist nicht auf politische Meinungsverschiedenheiten beschränkt. Amerikaner verschiedener politischer Couleur haben einen regelrechten Hass aufeinander entwickelt. Im Jahr 1960 erklärten nur rund 5 Prozent der republikanischen und demokratischen Wähler, es würde ihnen »missfallen«, sollte ihr Kind eine Person heiraten, die mit der anderen Partei sympathisiere. Im Jahr 2010 gaben fast 50 Prozent der republikanischen und 30 Prozent der demokratischen Wähler an, sie würden »einigermaßen oder sehr unglücklich« sein, sollte ihr Kind eine Person heiraten, die politisch auf der anderen Seite stehe. Im Jahr 1960 waren 33 Prozent der Demokraten und Republikaner der Meinung, der durchschnittliche Anhänger ihrer Partei sei intelligent, während jeweils 27 Prozent Wählern der anderen Partei Intelligenz zugestanden. Im Jahr 2008 hielten 62 Prozent Anhänger der eigenen Partei und nur noch 14 Prozent auch Menschen mit anderen politischen Überzeugungen für intelligent.[247]

Wie ist diese Polarisierung zu erklären? Zu den bedeutsamsten Veränderungen gegenüber den frühen 1990er-Jahren, als die Parteilichkeit deutlich zuzunehmen begann, zählen die Expansion des Internets und die Explosion der sozialen Medien. Facebook hatte im Januar 2019 weltweit 2,27 Milliarden monatlich aktive Benutzer, und Twitter wurde von 326 Millionen Menschen genutzt.[248] Im September 2014 nutzten mehr als 58 Prozent der erwachsenen Amerikaner und

71 Prozent der Personen mit Internetzugang Facebook.[249] (Wir gehören nicht zu diesen Personen, weshalb alles, was wir über diese Netzwerke wissen, aus zweiter Hand stammt.)

Die virtuellen sozialen Netzwerke sollten ursprünglich der neue öffentliche Raum sein, in dem die Menschen sich vernetzen. Sie hätten der sozialen Homophilie also eigentlich entgegenwirken sollen. Im Prinzip boten sie uns eine Möglichkeit, Kontakt zu weit entfernten Menschen zu pflegen, mit denen wir ein bestimmtes Interesse teilten, zum Beispiel Bollywood-Filme, Bach-Kantaten oder Babypflege. Die Menschen, mit denen wir uns auf diese Art austauschen konnten, unterschieden sich in anderer Hinsicht vielleicht von uns. So würden die sozialen Netzwerke unsere Abhängigkeit von der räumlichen Nähe beseitigen und uns eine vielseitigere Auswahl unserer Freunde ermöglichen. Unsere Bekannten würden fast nichts miteinander zu tun haben, sodass wir alle – in dem Maße, in dem wir Gedanken über Dinge austauschten, die über unser konkretes gemeinsames Interesse hinausgingen – einer Vielzahl von Meinungen ausgesetzt sein würden. Tatsächlich gehören 99,91 Prozent der zwei Milliarden Nutzer von Facebook zur »Riesenkomponente«, was bedeutet, dass fast jeder der Freund eines Freundes eines Freundes von allen anderen Benutzern ist.[250] Zwischen zwei beliebigen Personen in der Riesenkomponente gibt es nur etwa 4,7 »Separationsgrade« (die Zahl der »Knoten«, die man passieren muss, um Kontakt herzustellen). Das bedeutet, dass wir im Prinzip ganz leicht mit den Ansichten von praktisch allen Menschen konfrontiert werden könnten, die sich im sozialen Netzwerk bewegen.

Doch die virtuellen sozialen Netzwerke sind im Wesentlichen an der Aufgabe gescheitert, ihre Benutzer in umstrittenen Fragen einander näherzubringen. Eine Studie über 2,2 Millionen politisch engagierte Nutzer von Twitter in den Vereinigten Staaten (definiert als solche, die zumindest einem Account folgten, der bei der Kongresswahl im Jahr 2012 mit einem Kandidaten für das Repräsentantenhaus verbunden war) förderte zutage, dass es zwar rund 90 Millionen Netzwerkverbindungen zwischen diesen Nutzern gab, dass jedoch 84 Prozent der Follower konservativer Nutzer andere konservative Nutzer waren, während 69 Prozent der Follower progressiver Nutzer ebenfalls Progressive waren.[251]

Tatsächlich dienen Facebook und Twitter als Echokammern. Demokraten leiten von demokratischen Kandidaten gepostete Informationen weiter, Republikaner verbreiten Informationen von Republikanern. 87 Prozent der ersten Retweets von Tweets demokratischer Kandidaten gehen auf das Konto demokratischer Wähler. Bei den Republikanern liegt der entsprechende Anteil sogar bei verblüffenden 98 Prozent. Berücksichtigt man die Retweets, so beziehen Anhänger der Demokraten 92 Prozent ihrer Informationen aus progressiven Quellen, während Anhänger der Republikaner 93 Prozent ihrer Informationen aus konservativen Quellen beziehen. Und es fällt auf, dass dies nicht nur für politische Tweets gilt: Diese politisch engagierten Personen beziehen auch ihre unpolitischen Tweets von Personen, die ähnliche politische Ansichten wie sie haben. Offenbar sprechen die Leute auf Twitter auch über ein Thema wie das Fliegenfischen lieber mit einem politisch gleichgesinnten Angler. Die in den sozialen Netzwerken entstandene virtuelle Gemeinschaft ist bestenfalls ein fragmentierter öffentlicher Raum.

Kann diese Polarisierung mit einem spezifischen Merkmal der sozialen Medien erklärt werden? Die politischen Strategien, mit denen die Bevölkerung gespalten und Falschmeldungen verbreitet werden sollten, wurden lange vor der Ankunft von Facebook erfunden. Die Presse ist seit jeher ausgesprochen parteilich. Politische Schlammschlachten waren schon in der Kolonialzeit das tägliche Brot der amerikanischen Zeitungen und setzten sich in der Frühzeit der amerikanischen Republik fort (im Musical *Hamilton* wird der Held durch die drohende verleumderische Presseberichterstattung gezwungen, seine Affäre einzugestehen). Die »republikanische Lärmmaschine« wurde in den

1990er-Jahren im Kabelfernsehen und in Radiotalkshows aufgebaut, wie David Brock dokumentiert hat.[252]

Ein noch besseres Anschauungsbeispiel für das destruktive Potenzial der alten Medien liefert der Genozid in Ruanda. Vor und zu Beginn des Völkermords rief Radio-Télévision Libre des Mille Collines (RTLM) zur Ausrottung der Tutsi auf und bezeichnete sie als »Kakerlaken«. Ein Angriff auf die Minderheit wurde als Selbstverteidigungsakt gerechtfertigt, und das Publikum wurde über angebliche Gräueltaten der Tutsi-Miliz Ruandische Patriotische Front (RPF) aufgeklärt. In den Dörfern, in denen RTLM empfangen werden konnte, wurden sehr viel mehr Tutsi ermordet als in Gegenden, in denen Berge den Radioempfang störten. Schätzungen zufolge war die RTLM-Propaganda für 10 Prozent der Morde verantwortlich, das heißt für den Tod von rund 50 000 Tutsi.[253]

Gentzkow und Shapiro haben einen »Isolationsindex« für das Jahr 2009 ermittelt (das scheint eine Ewigkeit zurückzuliegen, aber das Internet war bereits damals recht weit entwickelt). Dieser Index bezieht sich auf Nachrichten im Internet und in den traditionellen Medien. Die Autoren definieren ihn als Differenz zwischen dem Anteil der Nachrichten mit konservativer Tendenz, denen ein Konservativer ausgesetzt war, und dem Anteil der Nachrichten mit konservativer Tendenz, mit denen ein Progressiver konfrontiert wurde. Die Ergebnisse deuten darauf hin, dass die Polarisierung im Internet ebenso ausgeprägt war wie in den klassischen Medien. Der durchschnittliche Konservative bezog online 60,6 Prozent seiner Informationen aus konservativen Quellen, was dem Nachrichtenkonsum einer Person entspricht, die ihre gesamten Informationen von usatoday.com bezieht. Der durchschnittliche Progressive war online Nachrichten ausgesetzt, die zu 53,1 Prozent aus konservativen Quellen stammten, was dem Anteil auf cnn.com entspricht. Der Isolationsindex für das Internet (die Differenz zwischen den beiden Werten) lag also bei lediglich 7,5 Prozentpunkten, womit er ein wenig höher als bei

Fernsehnachrichten war, aber niedriger als bei nationalen Zeitungsnachrichten. Und er war sehr viel niedriger als die Segregation im persönlichen Kontakt. Schon im Jahr 2009 hatten Konservative überwiegend konservative Freunde und Progressive überwiegend progressive Freunde. Der Isolationsindex war niedrig, weil sowohl konservative als auch progressive Nutzer überwiegend »zentristische« Websites besuchten und weil jene, die eine Vorliebe für extremistische Websites (wie Breitbart) hatten, auch viele andere Sites besuchten, darunter solche mit gegensätzlicher Grundhaltung.[254]

Es stimmt also, dass die Polarisierung zwischen den Internetnutzern zugenommen hat, aber dasselbe gilt auch für andere Lebensbereiche. Während seit 1996 in allen demografischen Gruppen eine zunehmende Polarisierung zu beobachten ist, ist sie bei den über 65-Jährigen am stärksten, das heißt in jener Gruppe, die sich am wenigsten im Internet bewegt, während sie unter jüngeren Leuten (im Alter zwischen 18 und 39 Jahren) am wenigsten zugenommen hat.[255] Auch in den traditionellen Nachrichtenmedien ist eine verstärkte Polarisierung zu beobachten. Eine Auswertung der Inhalte von Nachrichtensendungen im Kabelfernsehen hat gezeigt, dass die von Fox News verwendete Sprache seit dem Jahr 2004 zunehmend rechtes Gedankengut ausdrückt, während sich MSNBC nach links bewegt.[256] Das Publikum ist ebenfalls auseinandergedriftet: Bis 2008 lag der Anteil der Republikaner an den Zuschauern von Fox News stabil bei 60 Prozent, zwischen 2008 und 2012 stieg er jedoch auf 70 Prozent. Im Lauf der Jahre bezog Fox News zunehmend konservative Positionen, was zusätzliche konservative Zuschauer anlockte, die den Sender wiederum weiter nach rechts drängten. Diese Entwicklung wirkt sich auf das Wahlverhalten aus. Das wissen wir, weil Fox News in einigen Countys der Vereinigten Staaten einen schwerer zugänglichen Kanal hat, womit die Wahrscheinlichkeit sinkt, dass die Zuschauer den Kanal einschalten werden.[257] Und in diesen Gebieten kommen konservative Kandidaten allgemein auf einen geringeren Stimmenanteil.

Warum hat sich das geändert? Im Kongress war der Wendepunkt nach Einschätzung von Gentzkow und Shapiro das Jahr 1994, in dem Newt Gingrich die Führung der Republikanischen Partei übernahm und seinen »Vertrag mit Amerika« vorlegte.[258] In diesem Jahr begannen außerdem politische Berater, Einfluss auf die Gestaltung der politischen Botschaften und die Tests zur Wirksamkeit zu nehmen, etwas, was wir als Sozialwissenschaftler, die an Design und Prüfung von Innovationen – auch in der Vermittlung von Botschaften – interessiert sind, einigermaßen verstörend finden.

## Vernetzung statt Arbeit

Auch wenn die politische Polarisierung nicht erst mit dem Internet begann, ist es schwierig, zuversichtlich bezüglich der Auswirkungen der virtuellen sozialen Netzwerke und des Internets auf unsere politischen Präferenzen und ihre Ausdrucksformen zu sein. Zum einen können wir die kontrafaktische Entwicklung kaum einschätzen: Wie sähe die Welt ohne diese Innovationen aus? Ein Vergleich zwischen Gruppen mit und ohne Zugang zum Internet, zum Beispiel zwischen Jungen und Alten, liefert aus zahlreichen offenkundigen und weniger offenkundigen Gründen keine Antwort auf diese Frage. Vor allem ist das Internet oft der Raum, in dem Gerüchte fabriziert und verbreitet werden, bevor sie von Fox News aufgegriffen werden, wo ältere Leute sie hören. Vielleicht lassen sich jüngere Leute weniger von diesen Gerüchten beeinflussen, weil sie wissen, dass es im Internet von Falschmeldungen und Übertreibungen wimmelt, weshalb sie die dort angebotenen Informationen mit einer gewissen Distanz betrachten können, während ältere Leute, die daran gewöhnt sind, der Autorität der Nachrichtensprecher im Fernsehen zu vertrauen, leichtgläubiger sind.

Und es gibt noch andere Bedenken. Erstens schadet die Verbreitung von Nachrichten in den sozialen Netzwerken dem seriösen Journalismus, da die herkömmlichen Medien gründliche Recherchen und Analysen nicht mehr finanzieren können. Hingegen ist die Produktion von Falschmeldungen sehr billig und einträglich, denn wenn man sich nicht um die Wahrheit kümmern muss, kann man seinen Lesern problemlos genau das liefern, was sie lesen wollen. Und wenn man die Meldungen nicht erfinden will, kann man die Information auch einfach aus einer anderen Quelle kopieren. Eine Studie hat gezeigt, dass 55 Prozent der von französischen Nachrichten-Websites und Medien verbreiteten Inhalte fast zur Gänze aus anderen Texten kopiert sind, wobei die Quelle jedoch in weniger als 5 Prozent der Fälle genannt wird.[259] Wenn ein von einem Journalistenteam recherchierter Artikel im Handumdrehen ausgeschnitten und auf zahlreichen anderen Sites eingefügt wird, wie können dann die Journalisten, die den Artikel geschrieben haben, den Lohn für ihre Arbeit ernten? Es überrascht nicht, dass die Zahl der Journalisten in den Vereinigten Staaten zwischen 2007 und 2015 von fast 57 000 auf knapp 33 000 geschrumpft ist.[260] Sowohl die Gesamtzahl der Journalisten als auch die Zahl der Journalisten pro Zeitung ist gesunken. Das Geschäftsmodell, das viele Jahre den Journalismus als Zulieferer wahrheitsgemäßer Information für den »öffentlichen Raum« gestützt hat, bricht zusammen. Und wenn wir keinen Zugang zu korrekten Fakten mehr haben, fallen wir leichter auf Unfug herein.

Die zweite Sorge ist, dass das Internet die endlose Wiederholung erleichtert. Echokammern sind nicht nur problematisch, weil wir dort nur mit Ideen konfrontiert werden, die uns gefallen, sondern auch, weil wir den ganzen Tag wieder und wieder damit konfrontiert werden. Die fingierten Benutzerkonten, die eingesetzt werden, um Geschichten auf Facebook »aufzublasen«, sowie die realen Personen, die dafür bezahlt werden anzugeben, dass ihnen Inhalte »gefallen«, verstärken die natürliche Tendenz, dass einige Botschaften wiederholt werden und ein Eigenleben entwickeln. Die endlose Wiederholung versetzt die Leser in einen Zustand der Aufregung (ganz ähnlich wie die wiederholten Sprechchöre bei politischen Kundgebungen), womit es schwieriger für sie wird, innezuhalten und den Wahrheitsgehalt einer Meldung zu überprüfen.

Und selbst wenn die Wahrheit schließlich ans Licht kommt, haben die unablässigen Wiederholungen der Unwahrheit mittlerweile ein heikles Thema in den Vordergrund gerückt und zur Verhärtung extremistischer Standpunkte geführt. Wir erinnern uns an die endlosen Diskussionen über die kriminellen Mexikaner (denen wir sowieso nie vertrauten), nicht jedoch an die Tatsache, dass legale oder illegale Einwanderer der ersten Generation in Wahrheit weniger Verbrechen begehen als gebürtige US-Amerikaner.[261] Dieses Phänomen schafft selbstverständlich einen starken Anreiz, den Markt mit »alternativen Fakten« zu überfluten. 115 vor der Präsidentschaftswahl 2016 in Umlauf gebrachte Falschmeldungen, die Trumps Behauptungen bestätigten, wurden 30 Millionen Mal angesehen (es tauchten auch Falschmeldungen auf, die im Interesse Clintons waren, aber diese wurden nur 8 Millionen Mal angesehen).[262]

Das dritte Problem ist, dass die verkürzte Sprache der Internetkommunikation (die von Twitter auf die Spitze getrieben wird) zu Direktheit und Verkürzung einlädt, was zur Erosion der Normen des zivilen Diskurses beiträgt. Die Folge ist, dass sich Twitter in ein Laboratorium verwandelt hat, in dem die neueste bösartige Phrase ausprobiert wird. Politische Unternehmer streuen über Twitter wilde Behauptungen aus und sehen sich an, ob diese wirken oder beim Publikum auf Ablehnung stoßen. Wenn die Erfindung zumindest auf die Zielgruppe wirkt (die Wirkung wird zum Beispiel an den Retweets oder Likes gemessen), so wird sie ins Arsenal der potenziellen zukünftigen Strategien aufgenommen.

Viertens ist die automatische Anpassung bedenklich. Als Cass Sunstein im Jahr 2001 über die Echokammern schrieb, fragte er sich, inwieweit die Nutzer die Möglichkeit haben, sich die Nachrichten, die sie lesen, selbst auszusuchen. Denn immer öfter brauchen wir nicht selbst zu wählen. Hochentwickelte Algorithmen wenden im Maschinenlernen entwickelte Vorhersagetechniken an, um anhand unseres Profils, unserer früheren Internetsuchen und so weiter herauszufinden, was uns gefallen könnte. Das durchaus erklärte Ziel lautet, den Leuten zu geben, was ihnen gefällt, damit sie mehr Zeit damit verbringen.

Facebook ist unter Druck geraten, weil es einen Algorithmus verwendete, um den Nutzern Geschichten unterzujubeln. Daher versprach das Unternehmen im Jahr 2018, die Feeds neu zu priorisieren und Posts von Freunden und Verwandten Vorrang vor Medieninhalten zu geben. Aber man muss nicht auf Facebook sein, um von Algorithmen ausgetrickst zu werden. Auf Esthers Google-Homepage fanden sich am 2. Juli 2018 ein Artikel aus der Zeitschrift *Atlantic* mit dem Titel »Das Handelsdefizit ist Chinas Problem«, Paul Krugmans neueste Kolumne in der *New York Times*, ein Artikel aus derselben Zeitung über die Sozialisten des neuen Jahrtausends, ein Artikel über die Fußball-WM, einer aus dem *Boston Globe* über den neuen Harvard-Präsidenten Lawrence Bacow, ein Artikel über Simone Veils Begräbnis, ein Artikel aus der *Huffington Post* über Senator Susan Collins' Meinung zur Nominierung des letzten Richters am Obersten Gerichtshof sowie der unvermeidliche Artikel über die Pixel Watch. Es gab nur zwei Artikel, an denen sie kein offenkundiges Interesse hatte: einer über einen Häftling, der im Hubschrauber aus einem französischen Gefängnis geflohen war (wie sich herausstellte, war es eine sehr amüsante Geschichte), und ein Fox-News-Bericht über Busy Philipps, die mit Delta Air Lines im Streit lag, weil die Fluglinie sie und ihr Kind für verschiedene Flüge gebucht hatte. Dieser letzte Artikel war der einzige, der sie an diesem Tag mit rechten Medien in Kontakt brachte. Diese Art der Anpassung von Inhalten ist mittlerweile allgegenwärtig. Sogar der öffentliche Sender NPR (National Public Radio) bezeichnet seine App »NPR One« als »Pandora für das öffentliche Radio«; die App bietet dem Hörer gestützt auf seine bisherigen Hörgewohnheiten automatisch seine bevorzugte Musik an.

Auch in der NPR-Echokammer für progressive Vorstellungen filtert ein Algorithmus genau das für den Hörer heraus, was dieser wahrscheinlich hören will.

Das ist bedeutsam, denn wenn ein Nutzer aktiv wählt, was er lesen will, ist er sich zumindest seines Verhaltens bewusst. Vielleicht bevorzugt er Artikel aus vertrauten Quellen, denkt jedoch differenziert genug, um einzugestehen, dass diese Informationen seine eigenen voreingenommenen Ansichten widerspiegeln. Ein ungewöhnliches Experiment in Südkorea demonstrierte, dass Menschen durchaus zu einer solchen Selbsterkenntnis in der Lage sind. Im Jahr 2016 entwickelten zwei junge Koreaner eine App, die ihren Nutzern Zugang zu ausgewählten Presseartikeln zu bestimmten Themen gab und regelmäßig ihre Bewertung dieser Artikel und der behandelten Themen einholte. Anfangs erhielten alle Leser einen zufällig ausgewählten Artikel zu jedem Thema. Nach mehreren Wiederholungen dieses Vorgangs erhielten zufällig ausgewählte Nutzer die Möglichkeit, die Quellen, aus denen sie ihre Artikel bezogen, selbst auszuwählen, während andere weiterhin zufällig ausgewählte Artikel erhielten. Das Experiment lieferte drei bedeutsame Ergebnisse.

Erstens reagierten die Nutzer auf das, was sie lasen: Sie passten ihre Ansichten anhand der Information an, die sie erhalten hatten. Zweitens passten jene, die die Möglichkeit erhielten, ihre Artikel selbst auszusuchen, ihre Quellen im Allgemeinen ihren parteilichen Präferenzen an. Die dritte Erkenntnis war eine Überraschung: Am Ende des Experiments hatten jene, die ihre Artikel selbst hatten aussuchen können, ihre Präferenzen stärker angepasst als jene, die nicht hatten wählen können, und waren alles in allem *in die Mitte* gerückt! Das ist das Gegenteil des Echokammereffekts. Die Möglichkeit, tendenziöse Informationen selbst zu wählen, machte die Empfänger *weniger* parteilich. Der Grund dafür ist, dass sie genau wussten, wie tendenziös die von ihnen gewählte Quelle war, und diese Voreingenommenheit teilweise ausglichen, obwohl sie für die Information empfänglich blieben.

Hingegen kannten die Nutzer bei zufällig zugeteilten Artikeln die Voreingenommenheit der Quelle nicht und blieben daher skeptisch gegenüber dem Inhalt, weshalb sie ihre Meinung nicht wesentlich änderten.[263]

Es wäre sehr interessant, dieses Experiment in den Vereinigten Staaten zu wiederholen. Die Stärke des Effekts hängt möglicherweise auch vom politischen Engagement des Lesers ab. Es ist fraglich, ob sich viele Amerikaner, die sich ihre Information im Internet beschaffen, bemühen herauszufinden, ob diese Information tendenziös ist. Aber die koreanische Studie führt uns ein zentrales Problem der nahtlosen Anpassung vor Augen: eben ihre Nahtlosigkeit. Um den tendenziösen Charakter einer Information ausgleichen zu können, muss man wissen, welche Tendenz die Quelle hat. Wenn wir immer Nachrichten aus derselben Quelle lesen, sind wir mit ihrer politischen Ausrichtung vertraut. Aber wenn uns ein Algorithmus mit Artikeln aus dem gesamten Internet versorgt, die teilweise aus bekannten und teilweise aus unbekannten Quellen stammen und manchmal vollkommen falsch sind, können wir diese Signale nicht deuten. Und da wir die Wahl nicht selbst getroffen haben, kommen wir unter Umständen überhaupt nicht auf den Gedanken, die nötige Korrektur vorzunehmen.

## Gemeinsam laufen

Wenn wir die Fähigkeit verlieren, einander zuzuhören, wird die Demokratie ausgehöhlt und verwandelt sich in eine Abstimmung einzelner Tribes, die eher abhängig von ihrer Stammesloyalität wählen, anstatt die Prioritäten sorgfältig gegeneinander abzuwägen. Die größte Koalition von Tribes gewinnt, selbst wenn ihr Kandidat ein bekannter Päderast oder Schlimmeres ist. Der Sieger muss nicht einmal der eigenen Anhängerschaft wirtschaftliche oder soziale Vorteile sichern, solange seine Anhänger genug Angst vor einer Machtübernahme der anderen

Seite haben – also wird er alles tun, um diese Angst zu schüren. Im schlimmsten Fall kann der Sieger die auf diese Art gewonnene Macht nutzen, um die Medien unter Kontrolle zu bringen und abweichende Stimmen zum Schweigen zu bringen, damit er sich nicht mehr vor Konkurrenz fürchten muss. Genau das hat der ungarische Ministerpräsident Orbán geschafft, und viele andere Regierungen sind nicht weit von diesem Ziel entfernt.

Dazu kommt wachsende Gewalt – gegen Schwarze, Frauen und Juden in den Vereinigten Staaten, gegen Muslime und die unteren Kasten in Indien, gegen Einwanderer in Europa –, die vermutlich mit den unverhohlenen Schmähungen zu tun hat, die im gegenwärtigen polarisierten Klima an der Tagesordnung sind und teilweise sogar von Regierungschefs ausgestoßen werden. Die mörderischen Ausschreitungen von Pöbelhaufen in Indien und Brasilien und die jüngsten Amokläufe und Briefbomben in den Vereinigten Staaten oder Neuseeland scheinen Produkte des paranoiden Denkens zu sein, das mit unablässig wiederholten Lügen genährt wird. Der Aufruhr hat noch nicht die Ausmaße eines Bürgerkriegs oder Genozids erreicht, aber die Geschichte lehrt uns, dass es dazu kommen kann.

Wie wir bereits gesehen haben, hängt unsere Reaktion auf »den Anderen« eng mit unserem Selbstwertgefühl zusammen. Nur eine Sozialpolitik, die auf dem Respekt für die Würde des Einzelnen beruht, kann dafür sorgen, dass der Durchschnittsbürger offener für tolerante Vorstellungen wird.

Dazu kommen mögliche Interventionen auf der Gruppenebene. Rassismus, Feindseligkeit gegenüber Einwanderern und mangelnde Kommunikation über die Parteigrenzen hinweg haben ihren Ursprung oft in einem Mangel an Kontakten zu den abgelehnten Gruppen. Gordon Allport, der an der Universität Harvard Psychologie unterrichtete, formulierte im Jahr 1954 die *Kontakthypothese.*[264] Diese Hypothese besagt, dass der interpersonale Kontakt unter den passenden Umständen besonders gut geeignet ist, Vorurteile abzubauen.

Wenn wir Zeit mit anderen Menschen verbringen, beginnen wir, sie zu verstehen und zu schätzen, und dieses Verständnis sollte unsere Vorurteile verringern.

Die Kontakthypothese ist umfassend untersucht worden. In einer neueren Überblicksstudie werden 27 randomisierte überwachte Studien genannt, in denen Allports Hypothese überprüft wurde. In diesen Studien zeigte sich, dass der Kontakt tatsächlich Vorurteile verringert, obwohl die Autoren der Überblicksstudie darauf hinweisen, dass es auf die Art des Kontakts ankommt.[265]

Wenn die Kontakthypothese zutrifft, kommt den Schulen und Universitäten offenkundig eine Schlüsselrolle in der Verringerung von Vorurteilen zu. Diese Einrichtungen bringen junge Menschen mit unterschiedlichem Hintergrund in einem Alter zusammen, in dem ihre Ansichten noch formbar sind. In einer Studie an einer großen amerikanischen Universität wurde die Einstellung von Studenten untersucht, die im ersten Studienjahr im Studentenwohnheim untergebracht und nach dem Zufallsprinzip auf die Zimmer verteilt wurden. Wie sich herausstellte, befürworteten weiße Studenten Maßnahmen zur positiven Diskriminierung von Minderheiten sehr viel eher, wenn sie schwarzen Mitbewohnern zugeteilt worden waren. Weiße Studenten, die mit Angehörigen einer Minderheit zusammenwohnten, pflegten auch nach dem ersten Studienjahr, wenn sie nicht mehr im Studentenwohnheim lebten und sich ihre sozialen Kontakte selbst aussuchen konnten, eher Umgang mit Angehörigen anderer ethnischer Gruppen.[266]

Eine solche Sozialisierung könnte schon früher beginnen. Eine Maßnahme in Indien veranschaulicht, wie wirkungsvoll es sein kann, Kinder mit unterschiedlichem Hintergrund zusammenzubringen. Im Jahr 2007 wurden Privatschulen in Delhi verpflichtet, eine bestimmte Zahl von Plätzen für Schüler aus armen Familien zur Verfügung zu stellen. In einer Studie zu den Auswirkungen dieses Eingriffs erhielten zufällig ausgewählte Kinder die Aufgabe, Mannschaftskameraden für ein Staffelrennen auszuwählen.[267] Einige dieser Kinder besuchten Schulen, die bereits Kinder aus armen Familien aufgenommen hatten, andere kamen aus Schulen, die es noch nicht getan hatten. Innerhalb der Schulen saßen einige Kinder in Studiengruppen mit benachteiligten Kindern zusammen (die Zuordnung zu den Gruppen erfolgte abhängig vom ersten Buchstaben des Vornamens), während das für andere nicht galt.

Um den Kindern die Entscheidung darüber zu erleichtern, mit wem sie sich für den Wettlauf zusammentun sollten, gaben ihnen die Studienleiter die Möglichkeit, allen anderen Kindern bei einem Probelauf zuzusehen. Es gab jedoch einen Haken: Die Kinder mussten sich verpflichten, sich mit dem Kind, das sie für ihr Team auswählten, zum Spielen zu treffen. Wie sich herausstellte, vermieden es Schüler aus wohlhabenden Familien, die in der Schule nicht mit Kindern aus armen Familien in Kontakt gekommen waren, solche Kinder zu wählen, selbst wenn diese bessere Läufer waren; auf diese Art vermieden sie, außerhalb der Schule Zeit mit den benachteiligten Kindern verbringen zu müssen. Hingegen waren diejenigen, die dank der neuen Vorschrift in der Schule mit Kindern aus armen Familien in Berührung gekommen waren, sehr viel eher bereit, gute Laufpartner auch dann zu wählen, wenn diese aus benachteiligten Familien stammten. Sie schreckten nicht mehr davor zurück, mit einem solchen Kind spielen zu müssen. Und diejenigen, die mit armen Kindern in Studiengruppen saßen, waren mit noch größerer Wahrscheinlichkeit bereit, mit solchen Kindern zu laufen und zu spielen. Zu verdanken war das der Vertrautheit.

## Students for Fair Admissions versus Harvard

Diese Erkenntnisse legen den Schluss nahe, dass Vielfalt in Bildungseinrichtungen an und für sich zu begrüßen ist, weil sie sich dauerhaft auf die Präferenzen auswirkt. In den Vereinigten Staaten waren Maßnahmen zur positiven Diskriminierung ursprünglich teilweise als Entschädigung für historisches Unrecht und teilweise als Eingriffe gedacht, die die Ausgangslage von Minderheiten verbessern sollten, nachdem die Weißen seit vielen Generationen eine bessere Bildung genossen hatten und daher im Vorteil waren. Aber die Affirmative Action leistet noch viel mehr: Die Ergebnisse der 27 Studien zu den Auswirkungen des Kontakts auf die Toleranz deuten darauf hin, dass diese Mischung verschiedener Gruppen zu den wirksamsten Instrumenten überhaupt zählt, um die Gesellschaft toleranter und inklusiver zu machen. Das Problem ist, dass die positive Diskriminierung mittlerweile selbst Gegenstand einer polarisierten Debatte ist.

Im Frühjahr 2018 versuchte die Stadt New York, das Zulassungssystem ihrer besten öffentlichen Schulen neu zu gestalten. Die Zulassung hing von den Ergebnissen einer Aufnahmeprüfung ab, die nur sehr wenige Hispanics und Afroamerikaner bestanden. Gleichzeitig verklagten Studenten asiatischer Herkunft Harvard wegen Diskriminierung, weil die Universität die Zahl der Studenten aus dieser Gruppe künstlich begrenzt, um ihre Diversitätsziele erreichen zu können. Darüber hinaus drängt die Regierung Trump die Schulen, die ethnische Zugehörigkeit nicht länger in ihren Zulassungssystemen zu berücksichtigen. Der Oberste Gerichtshof hat sich bisher dem Druck widersetzt, die positive Diskriminierung aufgrund der ethnischen Zugehörigkeit zu verbieten, aber es ist nicht klar, wie lange er noch an seiner Position festhalten wird.

In Indien kreist eine ähnliche Debatte um die Quotenplätze, die in Bildungseinrichtungen und der öffentlichen Verwaltung für Angehörige der historisch diskriminierten Kasten reserviert sind. Diese Quoten stoßen bei den höheren Kasten auf entschiedene Ablehnung und lösen häufige Proteste und Klagen aus, in denen die Rechtmäßigkeit der entsprechenden Bestimmungen angefochten wird. Eine häufig vorgebrachte Kritik lautet, dass ein unverhältnismäßig großer Teil der reservierten Plätze an Angehörige der privilegierteren unteren Kasten geht, die sie vermutlich weniger brauchen als stärker benachteiligte Gruppen. (Die poetische Bezeichnung für diese Kasten lautet »Cremeschicht«.) Die indischen Gerichte betrachten diesen Einwand mit Wohlwollen und haben den Anspruch auf einen Quotenplatz mit dem Einkommen verknüpft: Man muss arm genug sein, um einen Platz beanspruchen zu können. Gleichzeitig drängen andere soziale Gruppen auf Aufnahme in die Quoten, was deren Wirksamkeit verwässern würde. Die Folge ist, dass das Reservierungssystem fast unablässig irgendwo im Land angefochten wird, und nicht selten werden die Proteste von Gewaltausbrüchen begleitet.

Eine zentrale Rolle in dieser Debatte spielt die Frage des »Verdienstes«. Das Argument lautet, dass Prüfungsergebnisse ein objektives Maß des Verdienstes sind: Sie geben Aufschluss darüber, wie geeignet ein Kandidat für eine Stelle oder einen Studienplatz ist, weshalb Maßnahmen der positiven Diskriminierung die »verdienstvollen« Bewerber diskriminieren, wie sie in Indien genannt werden. In Anbetracht dessen, was wir in diesem Kapitel gesehen haben, scheint dieses Argument unangebracht. Die Selbstdiskriminierung wirkt sich negativ auf das Selbstvertrauen und damit auf Prüfungsergebnisse aus. Die Erfahrung, von Lehrern und Vorgesetzten unterschätzt, herablassend behandelt, ignoriert oder verachtet zu werden, nur weil man einer bestimmten Gruppe angehört, macht es schwieriger für einen Menschen, ausgezeichnete Leistungen zu bringen. Und wie die Autoren wissen, hat man beim Verfassen eines Essays für die Bewerbung bei einer Universität einen klaren Vorteil, wenn man in einem Haushalt aufwächst, in dem überall Bücher liegen und das Gespräch beim Abendessen oft um Fragen der Mathematik oder Philosophie kreist (ob einem das nun immer gefällt oder nicht). Ein Bewerber aus einer unteren Kaste, der in der Abschlussprüfung an der Schule genauso gut abschnitt wie Abhijit, hatte auf dem Weg dorthin mehr Hürden überwinden müssen und war daher vermutlich talentierter.

Das unscharfe Konzept des Verdienstes stand im Mittelpunkt einer Kontroverse zwischen zwei vorzüglichen empirischen Ökonomen, David Card und Peter Arcidiacono, die einander im Verfahren *Students for Fair Admissions versus Harvard* als Sachverständige der beiden Streitparteien gegenüberstanden. Arcidiacono argumentierte im Namen der Kläger, Studenten asiatischer Herkunft würden offenkundig diskriminiert, da die zugelassenen Asiaten höhere Noten und bessere Testergebnisse vorzuweisen hätten als Studenten aus jeder anderen Gruppe. Mit anderen Worten: In Anbetracht der Testergebnisse hatte ein asiatischstämmiger Bewerber geringere Chancen auf einen Studienplatz in Harvard als ein weißer (oder afroamerikanischer) Bewerber.

Aufseiten der Universität brachte Card mehrere Einwände gegen Arcidiaconos Analyse vor und wies darauf hin, dass das Ziel der Diversität von familiärem Hintergrund und angestrebtem Studiengang legitim sei. Der größte Unterschied bestand zwischen ihren Interpretationen der »Persönlichkeitseinstufung«, mit der die Universität versuchte, Führungsqualitäten und Integrität der Bewerber zu beurteilen. Asiatische Studenten erhalten systematisch höhere akademische und außerschulische Beurteilungen, während ihre Persönlichkeitseinstufungen niedriger sind, und wenn diese berücksichtigt werden, werden Asiaten nicht mit geringerer Wahrscheinlichkeit aufgenommen als weiße Studenten.

In Cards Augen beweist das, dass es keine Diskriminierung gibt. Arcidiacono hingegen behauptet, dass Harvard Asiaten eben anhand der Persönlichkeitseinstufung diskriminiert. In der Debatte tritt eine befremdliche historische Parallele zutage. In den 1920er-Jahren hatte der damalige Harvard-Präsident Abbott Lawrence Lowell versucht, Quoten einzuführen, um die Zahl der jüdischen Studenten an der Universität zu begrenzen. Der Versuch scheiterte, aber Lowell löste das Problem, indem er »holistische« Zulassungsprüfungen einführte, das heißt ein System, das abgesehen von den Noten auch persönlichen Eigenschaften Wert beimaß – und genutzt wurde, um die Zahl der jüdischen Studenten zu begrenzen. Students for Fair Admissions behauptet, dasselbe geschehe auch heute.

Die Debatte veranschaulicht, wie schwer es ist, das Verdienst zu beurteilen und die Frage zu beantworten, worin Qualität eigentlich besteht. Auf der einen Seite können »persönliche Qualitäten« (vielleicht unabsichtlich) die Zugehörigkeit zu einem Klub ausdrücken, dessen Mitglieder einander geheime Signale geben, die in einer normalen öffentlichen Schule nicht unterrichtet werden. Möglicherweise ist die Persönlichkeitseinstufung tatsächlich eine nicht allzu subtile Methode, um eine bestimmte Art von Studenten fernzuhalten (ob sie nun Asiaten sind oder nicht) und die reibungslose intergenerationelle Übertragung des Elitestatus zu gewährleisten. Auf der anderen Seite könnte die Tatsache, dass Afroamerikaner systematisch höhere Persönlichkeitseinstufungen aufweisen als Weiße oder Asiaten, ein Hinweis auf das Phänomen sein, das wir zuvor behandelt haben: Da man für die Aufnahme in Harvard vorzügliche akademische Leistungen vorweisen muss, muss ein Bewerber aus benachteiligten Verhältnissen einigermaßen ungewöhnliche persönliche Fähigkeiten besitzen, um überhaupt berücksichtigt zu werden, insbesondere da dieser Bewerber vielleicht schlechtere Schulen besucht hat und in seiner heimischen Umgebung größere Probleme bewältigen musste.

Es gibt keine einfache Lösung für dieses Problem. Als einer der führenden Produzenten der nächsten Generation von Führungskräften muss die Universität Harvard offenkundig Platz für Studenten aus allen Gesellschaftsgruppen schaffen, und ein gemessen am Bevölkerungsanteil deutlich überhöhter Anteil einer bestimmten Gruppe ist in einer Demokratie vermutlich nicht wünschenswert und dürfte politische Probleme verursachen. Aber wir brauchen ein transparenteres gesellschaftliches Gespräch über die Gestaltung der positiven Diskriminierung. Affirmative-Action-Maßnahmen in ihrer gegenwärtigen Form, die einen Bogen um die ethnische Zugehörigkeit machen, anstatt sie direkt in Angriff zu nehmen, sind wahrscheinlich alles andere als ideal. Die Kritik an Harvard ist unvermeidlich und vermutlich wünschenswert, da sie die Gesellschaft zwingt, sich mit ihren Widersprüchen auseinanderzusetzen.

Was das konkrete Ziel anbelangt, die Präferenzen zu modifizieren, indem man den Kontakt zwischen den sozialen Gruppen fördert, so stellt die wachsende Kritik an der positiven Diskriminierung ein Problem dar. Allports ursprüngliche Hypothese besagte, dass der Kontakt Vorurteile verringern könne, allerdings nur, wenn bestimmte Bedingungen erfüllt seien. Konkret erklärte er, die Vorurteile würden abnehmen, wenn der Kontakt in einer Umgebung stattfinde, in der die verschiedenen Gruppen denselben Status, gemeinsame Ziele und die Unterstützung von Behörden hätten und die Begegnung durch Gesetz oder Brauch erleichtert werde. Es ist unwahrscheinlich, dass extrem umstrittene Integrationsmaßnahmen solche Bedingungen hervorbringen werden. Wenn beispielsweise Schüler das Gefühl haben, miteinander um Studienplätze an der Universität kämpfen zu müssen, und wenn sie obendrein den Eindruck haben, dass sie in diesem Wettbewerb in einer schlechteren Ausgangslage sind, werden sie der anderen Gruppe möglicherweise mit noch größerer Ablehnung begegnen.

## Lehren aus dem Cricket

Dass dies ein sehr reales Problem ist, zeigen die Ergebnisse einer aktuellen Studie.[268] Im indischen Bundesstaat Uttar Pradesh organisierte ein Forscher eine über acht Monate laufende Cricket-Liga mit 800 Spielern, die er zufällig aus 1261 jungen Männern auswählte. Etwa ein Drittel der Spieler wurde Teams zugeteilt, denen nur Angehörige einer einzigen Kaste angehörten, während in den übrigen Mannschaften Angehörige verschiedener Kasten gemischt wurden. Wie in anderen derartigen Studien zeigten sich auch in dieser zahlreiche positive Effekte des kooperativen Kontakts. Die Männer, die in gemischten

Teams spielten, freundeten sich später eher mit Angehörigen anderer Kasten an, und zwar nicht nur mit Mitgliedern ihrer Mannschaften. Und wenn sie die Möglichkeit erhielten, ihre Teams selbst zusammenzustellen, so bildeten sie bessere Teams, weil sie sich bei ihren Entscheidungen nicht an der Kastenzugehörigkeit, sondern am Talent orientierten.

Es wirkte sich jedoch aus, gegen wen sie spielten. Diejenigen Spieler, die Teams angehörten, die nach dem Zufallsprinzip gegen Teams mit Angehörigen anderer Kasten antraten, schlossen später mit geringerer Wahrscheinlichkeit Freundschaft mit Angehörigen anderer Kasten als jene, die nur gegen ihre eigene Kaste gespielt hatten, und sogar als jene jungen Männer, die überhaupt nie gespielt hatten. Der Wettbewerb beeinträchtigte den Kontakt.

Diese weniger erfreulichen Resultate liefern eine wichtige Erkenntnis: Kontakt allein genügt vermutlich nicht, um die Toleranz zu erhöhen. Die Akteure müssen auch gemeinsame Ziele haben. Sowohl im Jahr 1998 als auch im Jahr 2018 hatte der Sieg der französischen Nationalmannschaft bei der Fußball-WM genau diese Wirkung auf die Nation. Insbesondere die Tatsache, dass einige herausragende Spieler in den heruntergekommenen Pariser Vororten aufgewachsen waren, die für gewalttätige Ausschreitungen berüchtigt waren, weckte Wohlwollen für diesen Teil der Gesellschaft und gab den Franzosen das Gefühl, ein gemeinsames Ziel zu haben. In diesem Moment konnte jedermann sehen, dass die Jungen aus dem 93. Département (einem der benachteiligten Bezirke im Norden der Hauptstadt) nicht alle Faulenzer waren, die sich um die Schule drückten und von Kleinkriminalität lebten. Der Triumph des französischen *Black-blanc-beur*-Teams (»Schwarz-Weiß-Arabisch«) beruhte auf den Anstrengungen und der Disziplin Zehntausender Jungen, die hart arbeiteten, um sich im Sport durchzusetzen.

## Stadtplanung für den Frieden

Da die Integrationskraft der Universitäten offenkundig begrenzt ist, bieten sich Wohnviertel mit gemischter Bevölkerung als Alternative an. Das Problem ist, dass gemischte Viertel zur Instabilität neigen, wie der Wirtschaftsnobelpreisträger Thomas Schelling gezeigt hat.[269] Nehmen wir an, dass Hauseigentümer bereitwillig in gemischten Vierteln leben, nicht jedoch in Vierteln, die mehrheitlich von Angehörigen einer anderen Gruppe bewohnt werden. Dann müssen sie sich vor dem Tag fürchten, an dem (vielleicht durch Zufall) einige Angehörige ihrer eigenen Gruppe wegziehen und durch die Mitglieder der anderen Gruppe ersetzt werden. Dadurch verliert die Nachbarschaft an Attraktivität für Menschen wie sie, und jetzt beginnen sich alle Angehörigen ihrer Gruppe Sorgen zu machen, dass weitere Mitglieder der Gruppe abwandern werden, sei es, weil sie dieselbe Befürchtung hegen oder weil sie weniger tolerant sind. Dann würden auch jene wegziehen müssen, die eigentlich nichts dagegen haben, in einem gemischten Viertel zu leben. Die Frage, ob und wann das geschehen wird, erzeugt einen unerträglichen Druck, weshalb jeder, der die Möglichkeit dazu erhält, aus dem Viertel wegzieht. Das bezeichnete Schelling als *Kipppunkt.*

David Card untersuchte die zunehmende ethnische Segregation in den Vereinigten Staaten in den 1970er-, 1980er- und 1990er-Jahren, und seine Forschungsergebnisse deuten darauf hin, dass es tatsächlich einen Kipppunkt gibt.[270] Wenn der Bevölkerungsanteil der Schwarzen in einem Viertel unter einem bestimmten Wert lag, blieb er stabil. Stieg er über diesen Wert, so wanderten in den folgenden Jahren zahlreiche Weiße ab. Chicago hatte einen besonders niedrigen Kipppunkt. Wenn der Bevölkerungsanteil der Schwarzen in einem Stadtviertel im Jahr 1970 unter 5 Prozent lag, so blieb er anschließend auf diesem Niveau, aber sobald er diese Schwelle überschritt, fiel der Bevölkerungsanteil der Weißen rasch deutlich. Card und seine Kollegen stellten fest, dass die Kipppunkte in amerikanischen Städten im Durchschnitt bei 12 bis 15 Prozent lagen.

Die Existenz von Kipppunkten legt den Schluss nahe, dass die Segregation verhindert werden sollte, indem für einkommensschwache Gruppen Sozialwohnungen gebaut werden, die über die ganze Stadt verteilt werden müssen, damit keine »reinen« Viertel mehr entstehen können. In einer schicken Wohngegend in Paris, in der wir ein Jahr verbrachten, war das Haus nebenan ein sozialer Wohnungsbau. Die Kinder aus der Nachbarschaft besuchten alle dieselbe Schule im Viertel und spielten im selben Park. In dieser Etappe ihres Lebens bewohnten sie dasselbe Universum. Vielleicht ist ein derart kühnes Vorgehen wie in Singapur, wo strikte Quoten in jedem Wohnhaus für eine Durchmischung der ethnischen Gruppen sorgen, nicht überall realistisch, aber es ist möglich, in jedem Stadtteil einen bestimmten Teil des Wohnraums für Sozialwohnungen zu reservieren.

Ein solches Vorgehen ist in erster Linie eine politische Herausforderung. Es ist nicht schwer vorstellbar, wie es bewerkstelligt werden könnte, wenn der politische Wille vorhanden wäre: Man verteilt die öffentlichen Wohnbauprojekte über die Stadt, teilt jedermann ein Los zu, veranstaltet jedes Mal, wenn neue Wohnungen fertig werden, eine öffentliche Verlosung und sorgt dafür, dass die Gewinner ihre Wohnung auch bekommen. Das Problem ist, dass für die Lokalpolitiker die Versuchung groß ist, öffentliche Wohnbauten in schönen Vierteln zu nutzen, um Klientelismus zu betreiben, aber mit genug politischem Willen kann man solche Tendenzen wahrscheinlich in den Griff bekommen.[271]

Solange die meisten Armen in benachteiligten Vierteln leben, stellen gemeinsame Schulen in der absehbaren Zukunft eine Möglichkeit zur Integration von Minderheiten dar. Dazu müssen Kinder Schulen in anderen Stadtteilen zugewiesen werden. Der Transport zahlreicher Kinder zur Förderung der Diversität in den Schulen, wie er beispielsweise in Boston einige Zeit praktiziert wurde, ist jedoch unpopulär, was teilweise daran liegt, dass es Kindern verständlicherweise nicht gefällt, im Bus in ein anderes Stadtviertel befördert zu werden. Die beste Lösung dürfte sein, Kindern aus bestimmten einkommensschwachen Stadtteilen die Möglichkeit zu geben, eine Schule außerhalb ihres Viertels zu besuchen. Das METCO-Programm in den Vereinigten Staaten, das den Transport von Schülern aus Minderheiten in Mehrheitsschulen organisierte, erwies sich als förderlich für die Kinder, die Minderheiten angehörten, ohne die schulischen Leistungen der Kinder aus der Mehrheitsgruppe zu beeinträchtigen. Diese Kinder, die ihr Leben im Wesentlichen in überwiegend weißen Enklaven verbrachten, kamen in Kontakt mit einer vielfältigeren Bevölkerung, was sich, wie wir gesehen haben, vorteilhaft auf das Weltbild und die Präferenzen junger Menschen auswirkt.[272]

## Sollen wir die Badeliegen anders anordnen?

Unsere Vorschläge mögen angesichts eines gefühlten Tsunamis von Vorurteilen bescheiden erscheinen. Aber dieser Einwand würde dem zentralen Argument nicht gerecht, das wir in diesem Kapitel vorgebracht haben: Diese Präferenzen sind ebenso Symptome wie Ursachen der Krankheit, und vielleicht sind sie sogar in erster Linie Symptome. Vorurteile sind oft eine Verteidigungsreaktion auf die vielen Fehlentwicklungen in der Welt, ein Ausdruck unserer wirtschaftlichen Schwierigkeiten und des Gefühls, dass wir keinen Respekt oder keine Wertschätzung mehr genießen.

Daraus ergeben sich vier bedeutsame Folgerungen. Erstens dient die Bekundung von Verachtung für jene »erbärmlichen« Menschen, die rassistische Ansichten äußern, sich mit Rassisten verbünden oder sie wählen, lediglich dazu, sie in dem Verdacht zu bestärken, dass die Welt sie nicht länger respektiert. Zweitens sind Vorurteile keine absolute Präferenz: Selbst sogenannten rassistischen Wählern liegen noch andere Dinge am Herzen. In Nordindien war in den 1990er-Jahren und zu Beginn des 21. Jahrhunderts eine Polarisierung zwischen den Kasten zu beobachten. Doch im Jahr 2005 war diese Konfrontation abgeklungen. Die unteren Kasten, die sich Parteien angeschlossen hatten, die sich ausdrücklich als Vertreter bestimmter Kasten bezeichneten (während die Identifikation der BJP von Premierminister Modi mit bestimmten Kasten weniger offensichtlich ist), hatten mittlerweile Zweifel daran, dass diese Parteien genug für sie taten. Mayawati, die Führerin einer dieser Parteien, entschloss sich, sich von nun an als Vorkämpferin aller Armen einschließlich armer Angehöriger der oberen Kasten zu präsentieren, und gewann im Jahr 2007 die Wahl im Bundesstaat Uttar Pradesh. Sie schrieb statt engstirnigem Sektierertum eine umfassende Inklusivität auf ihre Fahnen.

In den Vereinigten Staaten sind wir Zeugen der Wandlung der öffentlichen Einstellung zum früher so verhassten Affordable Care Act (»Obamacare«) geworden, der wichtigsten politischen Initiative des von vielen Amerikanern verabscheuten schwarzen Muslims Barack Obama. Viele republikanische Gouverneure verweigerten sich dieser Reform ursprünglich kategorisch. Außerdem lehnten viele die Bundeszuschüsse für die Ausdehnung von Medicaid ab, einem wichtigen Instrument zur Ausweitung der medizinischen Versorgung nach Maßgabe des Affordable Care Act. Doch bei den Halbzeitwahlen zum Kongress im Jahr 2018 konnten die Bürger in republikanischen Hochburgen wie Utah, Nebraska und Idaho über Initiativen zur Ausweitung von Medicaid abstimmen. Und die Wähler stimmten den Initiativen in allen drei Staaten zu. Kansas und Wisconsin wählten neue demokratische Gouverneure, die versprachen, Medicaid auszuweiten, nachdem ihre republikanischen Vorgänger diesen Schritt verweigert hatten. Der Grund ist nicht, dass sich die Wähler dieser Staaten in Demokraten verwandelt hatten; sie wählten weiterhin republikanische Abgeordnete und Senatoren, die oft sehr konservative Ansichten vertraten. Aber in dieser Frage hatten sich viele Wähler offenbar entschieden, die Warnungen der Republikaner zu ignorieren und sich an dem zu orientieren, was für sie selbst am besten war. Die Ökonomie siegte über Trump.

Damit sind wir bei unserer dritten Erkenntnis. Die Tatsache, dass Wähler der ethnischen oder religiösen Zugehörigkeit oder auch der Bekundung rassistischer Ansichten Wert beimessen, bedeutet keineswegs, dass sie vollkommen von solchen Vorstellungen überzeugt sind. Die Wähler begreifen durchaus, dass Politiker bei Bedarf die ethnische Karte spielen. Dass sie trotzdem solchen Politikern ihre Stimme geben, liegt daran, dass sie das politische System mit Zynismus betrachten und sich einreden, alle Politiker seien aus demselben Holz geschnitzt. Und wenn es so ist, können sie auch den Mann wählen, der wie sie aussieht oder klingt. Mit anderen Worten, das ethnisch motivierte oder bornierte Wahlverhalten ist oft einfach ein Ausdruck der Indifferenz. Aber das bedeutet, dass diese Wähler auch überraschend leicht dazu bewegt werden können, ihre Meinung wieder zu ändern. Dazu muss lediglich hervorgehoben werden, was bei einer Wahl auf dem Spiel steht. Im Jahr 2007 gelang es Abhijit und seinen Kollegen im indischen Bundesstaat Uttar Pradesh, der für eine entlang der Kastengrenzen verlaufende parteipolitische Polarisierung bekannt ist, mit einer Kombination von Liedern, Puppentheater und Straßentheater rund 10 Prozent der Wähler dazu zu bewegen, sich von der Partei ihrer eigenen Kaste zu lösen. Die einfache Botschaft lautete: »Wähle nicht die Kaste, sondern Entwicklungsmaßnahmen.«[273]

Das führt uns zu unserer letzten und vielleicht wichtigsten Erkenntnis. Die wirksamste Waffe im Kampf gegen Vorurteile besteht möglicherweise nicht darin, sich direkt mit den Ansichten der Leute auseinanderzusetzen, so naheliegend das auch scheinen mag. Stattdessen sollten wir die Bürger vielleicht davon überzeugen, dass es sich für sie lohnt, sich mit anderen politischen Fragen zu befassen. Man sollte ihnen klarmachen, dass Politiker, die große Versprechen geben oder sogar große Gesten machen, um diese Versprechungen zu verwirklichen, in

Wahrheit vermutlich nicht viel mehr als diese Gesten anzubieten haben, was teilweise daran liegt, dass es nicht einfach ist, wirklich umwälzende Veränderungen herbeizuführen. Mit anderen Worten, wir müssen die Glaubwürdigkeit des öffentlichen Gesprächs über Politik wiederherstellen und beweisen, dass Politik nicht nur darin besteht, mit großen Worten sehr kleine Taten zu rechtfertigen. Und selbstverständlich müssen wir versuchen, alles Nötige zu tun, um die Wut und die Entbehrungen zu lindern, die so viele Menschen empfinden, wobei wir uns darüber im Klaren sein müssen, dass das nicht einfach sein wird und lange dauern kann.

Wie wir in Kapitel 1 erklärt haben, ist dies die Reise, zu der wir in diesem Buch aufgebrochen sind. Wir begannen mit den am besten untersuchten Fragen: Einwanderung und Handel. Selbst in diesen Bereichen neigen die Ökonomen dazu, kategorische Antworten zu geben (»Die Einwanderung ist gut«, »Der Freihandel ist besser«), ohne ihre Einschätzung genau zu erklären und die nötigen Einschränkungen vorzunehmen. Das schadet ihrer Glaubwürdigkeit sehr. Jetzt wenden wir uns Fragen zu, die selbst unter den Ökonomen sehr viel umstrittener sind: der Zukunft des Wachstums, den Ursachen der Ungleichheit, der Herausforderung des Klimawandels.

Wir werden versuchen, auch diese Fragen zu entmystifizieren, wobei uns jedoch bewusst ist, dass das, was wir zu sagen haben, teilweise auf abstrakteren Argumenten beruht als unsere bisherigen Thesen und weniger gut belegt ist. Aber diese Fragen sind so bedeutsam für unsere Einschätzung der Zukunft (und der Gegenwart), dass wir sie behandeln müssen, um erklären zu können, wie eine bessere Wirtschaftspolitik in unseren Augen aussehen könnte.

Den Präferenzen kommt hier eine zentrale Rolle zu. Es liegt auf der Hand, dass man nicht über Wachstum, Ungleichheit und Umwelt sprechen kann, ohne sich mit den Bedürfnissen und Wünschen und damit den Präferenzen der Menschen auseinanderzusetzen. Wir haben gesehen, dass Wünsche keine Bedürfnisse sein müssen – viele Menschen scheinen den Wert einer Flasche Wein nicht am Genuss beim Trinken des Weins zu messen, sondern anhand der letzten zwei Ziffern ihrer Sozialversicherungsnummer zu bestimmen –, und Bedürfnisse müssen keine Wünsche sein – ist ein Fernsehgerät ein Bedürfnis oder ein Wunsch? Diese Themen werden in den folgenden Kapiteln ein impliziter und manchmal expliziter Bestandteil unserer Argumentation und des von uns entworfenen Weltbilds sein.

KAPITEL 5

# Das Ende des Wachstums?

Das Wachstum endete am 16. Oktober 1973 – oder um dieses Datum herum – und wird laut einem wunderbaren Buch des sehr von sich selbst überzeugten Robert Gordon nicht mehr zurückkommen.[274]

An jenem Tag verkündeten die OPEC-Mitgliedstaaten ein Erdölembargo. Als das Embargo im März 1974 aufgehoben wurde, hatte sich der Erdölpreis vervierfacht. Die Weltwirtschaft war damals in hohem Maße abhängig von Erdöl geworden und sah sich ganz allgemein mit einer preistreibenden Rohstoffknappheit konfrontiert. In den reichen Ländern des Westens folgte nun ein flaues Jahrzehnt der »Stagflation« (wirtschaftliche Stagnation, die mit Inflation einhergeht). Man erwartete, dass die Wachstumsschwäche vorübergehen würde, aber sie hat uns seither begleitet.

Dies ereignete sich in einer Welt, in der die meisten Bürger dieser reichen Länder mit der Erwartung aufgewachsen waren, der Wohlstand würde endlos immer weiter ansteigen, und wo sich die Regierungen daran gewöhnt hatten, ihren Erfolg an einem einzigen Maßstab zu messen: der Wachstumsrate des Bruttoinlandsprodukts (BIP). Dies ist weitgehend noch immer die Welt, in der wir leben, und in einem gewissen Sinne beschäftigt uns auch dieser Schlüsselmoment in den 1970er-Jahren noch immer. Was ging schief? Wurden politische Fehler gemacht? Können wir das Wachstum dazu bringen, zurückzukehren und zu bleiben? Welchen magischen Schalter müssen wir drücken? Ist China immun gegen diese Abschwächung des Wachstums?

Ökonomen haben sich bemüht, diese Fragen zu beantworten. Zahllose Bücher und Aufsätze wurden darüber geschrieben. Viele Nobelpreise wurden dafür vergeben. Was lässt sich nach all dem mit Sicherheit darüber sagen, wie man das Wachstum reicher Volkswirtschaften ankurbeln kann? Oder deutet die Tatsache, dass so viel geschrieben worden ist, darauf hin, dass wir es im Grunde nicht wissen? Und sollte es uns überhaupt Kopfzerbrechen bereiten?

## Die »glorreichen dreißig Jahre«

In den rund dreißig Jahren, die das Ende des Zweiten Weltkriegs von der OPEC-Krise trennen, war das Wirtschaftswachstum in Westeuropa, den Vereinigten Staaten und Kanada höher als zu jedem anderen Zeitpunkt der Geschichte.

Zwischen 1870 und 1929 wuchs das BIP je Einwohner in den Vereinigten Staaten mit der damals beispiellosen Rate von 1,76 Prozent pro Jahr. In den vier Jahren nach 1929 brach das BIP um katastrophale 20 Prozent ein – nicht umsonst heißt diese Phase »Große Depression« –, aber es erholte sich recht schnell. Die durchschnittliche jährliche Wachstumsrate von 1929 bis 1950 war geringfügig höher als in der vorangegangenen Periode. Aber zwischen 1950 und 1973 stieg die jährliche Wachstumsrate auf 2,5 Prozent.[275] Der Unterschied zwischen 1,76 Prozent und 2,5 Prozent ist größer, als man meinen sollte. Bei einer Wachstumsrate von 1,76 Prozent würde es vierzig Jahre dauern, bis sich das BIP pro Kopf verdoppelte, bei 2,5 Prozent dagegen wären es nur 28 Jahre.

Europa hatte vor 1945 eine wechselvollere Geschichte, zum Teil wegen seiner Kriege, doch nach 1945 ist das Wachstum geradezu explodiert. Als Esther geboren wurde, Ende 1972, war das BIP pro Kopf etwa viermal so hoch wie 1942, als ihre Mutter, Violaine, zur Welt gekommen war.[276] Dies war typisch für die Entwicklung in

Westeuropa. Das BIP pro Kopf in Europa erhöhte sich zwischen 1950 und 1973 um 3,8 Prozent pro Jahr.[277] Nicht umsonst nennen die Franzosen die dreißig Jahre nach dem Krieg *les Trente Glorieuses* (»die glorreichen Dreißig«).

Das Wirtschaftswachstum wurde von einem raschen Anstieg der Arbeitsproduktivität angetrieben, also dem pro Arbeitsstunde produzierten Output (Ausbringungsmenge). In den Vereinigten Staaten stieg die Produktivität der Arbeitnehmer um 2,82 Prozent pro Jahr, was bedeutete, dass sie sich alle 25 Jahre verdoppeln würde.[278] Dieser Anstieg der Arbeitsproduktivität war groß genug, um einen gleichzeitig stattfindenden *Rückgang* der Arbeitsstunden pro Kopf mehr als auszugleichen. Während der zweiten Hälfte des Jahrhunderts ging die Wochenarbeitszeit in den USA und in Europa um zwanzig Stunden zurück. Und der Babyboom in der Nachkriegszeit verringerte den Anteil der Erwachsenen im erwerbsfähigen Alter an der Bevölkerung, da die Babyboomer damals eben noch Babys waren.

Was machte Arbeitskräfte produktiver? Unter anderem ihr höheres Bildungsniveau. Die durchschnittliche Person in den Vereinigten Staaten, die in den 1880er-Jahren geboren wurde, ging nur bis zur siebten Klasse zur Schule, während eine Person, die in den 1980er-Jahren geboren wurde, im Durchschnitt ein zweijähriges College-Studium absolvierte.[279] Und außerdem arbeiteten sie mit mehr und besseren Maschinen. Dies war das Zeitalter, in dem die Elektrizität und der Verbrennungsmotor ihre zentrale Rolle im Wirtschaftsleben zu spielen begannen.

Ausgehend von etwas gewagten Annahmen, kann man den Beitrag dieser beiden Faktoren grob abschätzen. Robert Gordon schätzt, dass der Anstieg des Bildungsniveaus rund 14 Prozent der Zunahme der Arbeitsproduktivität in diesem Zeitraum erklärt und dass Anlageinvestitionen, durch die Arbeiter mehr und bessere Maschinen zur Erledigung ihrer Arbeiten erhielten, weitere 19 Prozent der Zunahme erklären.

Der Rest der beobachteten Produktivitätssteigerung lässt sich nicht durch Veränderungen bei Dingen erklären, die Ökonomen messen können. Um ihre eigene Ratlosigkeit angesichts dieses Phänomens etwas abzumildern, haben Wirtschaftswissenschaftler diesem ungeklärten Rest einen eigenen Namen gegeben: *Totale Faktorproduktivität* (TFP). (Der berühmte Wachstumsökonom Robert Solow definierte die TFP als »ein Maß unserer Unwissenheit«.) Das Wachstum der totalen Faktorproduktivität ist das, was übrig bleibt, nachdem wir alles, was gemessen werden kann, erklärt haben. Es bildet die Tatsache ab, dass Arbeitskräfte mit demselben Bildungsniveau, die mit den gleichen Maschinen und Einsatzgütern (dem, was Volkswirte *Kapital* nennen) arbeiten, heute mehr Output pro Arbeitsstunde produzieren als letztes Jahr. Dies ist einleuchtend. Wir suchen immer nach Mitteln und Wegen, um vorhandene Ressourcen effektiver zu nutzen. Das ermöglicht uns zum Teil der technologische Fortschritt: Computerchips werden billiger und schneller, sodass eine Sekretärin heute in ein paar Stunden die Arbeit erledigt, für die man früher ein kleines Team benötigte; neue Metalllegierungen werden erfunden; neue Weizensorten, die schneller wachsen und weniger Wasser benötigen, werden angebaut. Aber die Totale Faktorproduktivität erhöht sich auch dann, wenn wir neue Methoden der Abfallvermeidung oder der Verkürzung der Zeiten, in denen Maschinen oder Arbeitnehmer zur Untätigkeit verurteilt sind, entwickeln. Innovationen bei Produktionsverfahren wie die Kettenproduktion oder die »schlanke Fertigung« tun dies ebenso wie zum Beispiel die Schaffung eines gut funktionierenden Mietmarkts für Traktoren.

Was die Jahrzehnte vor 1970 historisch so außergewöhnlich macht, ist die Tatsache, dass die Totale Faktorproduktivität besonders schnell angestiegen ist. In den Vereinigten Staaten wuchs die TFP zwischen 1920 und 1970 viermal so schnell wie zwischen 1890 und 1920.[280] Tatsächlich war es dies und nicht so sehr die Verbesserung des allgemeinen Bildungsniveaus oder die Erhöhung des Kapitaleinsatzes pro

Arbeiter, was der späteren Periode ihre besondere Strahlkraft verlieh. In Europa wuchs die TFP sogar noch schneller als in den Vereinigten Staaten, insbesondere nach dem Krieg, auch deshalb, weil Europa bereits in den USA eingeführte Innovationen einfach übernahm.[281]

Der Wachstumsschub schlug sich nicht nur in den Statistiken der volkswirtschaftlichen Gesamtrechnung nieder. Gemessen an jeder relevanten Kennzahl war die Lebensqualität im Jahr 1970 unvergleichlich viel höher als im Jahr 1920. Die durchschnittliche Person im Westen ernährte sich besser, hatte eine bessere Heizung im Winter und leistungsfähige Klimaanlagen für heiße Sommer, konsumierte eine viel breitere Palette von Gütern und lebte ein längeres und gesünderes Leben.[282] Dank einer kürzeren Arbeitswoche und einem früheren Eintritt in den Ruhestand war das Leben nicht mehr nur eine einzige tägliche Schinderei. Kinderarbeit – im 19. Jahrhundert allgegenwärtig – war im Westen mehr oder minder verschwunden. Zumindest dort konnten die Kinder jetzt ihre Kindheit genießen.

## Die weniger glorreichen vierzig Jahre

Aber um das Jahr 1973 herum war es dann plötzlich vorbei. Im Verlauf der nächsten 25 Jahre betrug die Wachstumsrate der TFP nur noch ein Drittel ihrer Höhe zwischen 1920 und 1970.[283] Was mit einer Wirtschaftskrise mit einem eindeutigen Anfangsdatum und sogar einer Reihe ausländischer Mächte begann, denen man die Schuld daran geben konnte, wurde zum neuen Normalzustand. Es war nicht sofort offensichtlich, dass die Abschwächung von Dauer sein würde. Wissenschaftler und Entscheidungsträger, die alle im goldenen Zeitalter des Wirtschaftswachstums geboren worden und aufgewachsen waren, glaubten, es handele sich um einen vorübergehenden Rückgang, der sich bald von selbst wieder korrigieren würde. Als dann deutlich wurde, dass die Wachstumsschwäche nicht nur ein

Ausreißer war, hoffte man, eine neue industrielle Revolution, angetrieben von der Rechenleistung von Computern, stehe unmittelbar bevor. Die Rechenleistung nahm immer schneller zu, und Computer wurden überall eingeführt, genauso wie zuvor Elektrizität und der Verbrennungsmotor. Dies würde zweifellos eine neue Ära des Produktivitätswachstums einläuten, das die Volkswirtschaft mit sich reißen würde. Und so kam es denn auch. Ab dem Jahr 1995 sahen wir ein paar Jahre lang ein hohes TFP-Wachstum (wenn auch noch immer deutlich weniger als in den hochdynamischen Jahren). Aber damit war es bald wieder vorbei. Seit 2004 scheinen das TFP- und das BIP-Wachstum sowohl in den Vereinigten Staaten als auch in Europa wieder auf das niedrige Niveau der Zeit zwischen 1973 und 1994, die weitgehend von Stagnation geprägt war, zurückgesunken zu sein.[284] In den Vereinigten Staaten zog zwar das BIP-Wachstum Mitte 2018 an, aber das TFP-Wachstum bleibt niedrig. Aufs Jahr gesehen wuchs die TFP nur um 0,94 Prozent,[285] gegenüber 1,89 Prozent während des Zeitraums 1920–1970.

Diese erneute Abschwächung gab Anlass zu einer lebhaften Diskussion unter Ökonomen. Sie scheint nur schwer mit all dem vereinbar zu sein, was wir um uns herum hören. Silicon Valley wird nicht müde, uns zu erzählen, dass wir in einer Welt der fortwährenden Innovation und Disruption lebten: Personal Computer, Smartphones, maschinelles Lernen. Innovationen scheinen allgegenwärtig zu sein. Aber wie erklärt es sich, dass trotz all dieser Innovationen das Wachstum flau bleibt?

Die Diskussion dreht sich um zwei Fragen. Erstens: Wird sich auf längere Sicht wieder ein nachhaltiges hohes Wachstum einstellen? Zweitens: Entzieht sich aus irgendeinem Grund der ganze Spaß und die Befriedigung, die uns die New Economy bescheren, den herkömmlichen Verfahren zur Messung des BIP, die immer auch ein Stück weit auf spekulativen Annahmen beruhen?

## Ist die Zeit des Wachstums vorbei?

Zwei Wirtschaftshistoriker von der Northwestern University in Chicago stehen im Zentrum der Debatte.

Robert Gordon vertritt die Auffassung, die Ära hohen Wachstums werde aller Voraussicht nach nicht zurückkehren. Wir sind Gordon nur einmal persönlich begegnet. Er macht einen recht reservierten Eindruck; sein Buch ist jedoch alles andere als das. Sein Gegenspieler ist Joel Mokyr, den wir viel besser kennen, ein unglaublich temperamentvoller Mann mit funkelnden Augen und einem freundlichen Wort für jedermann; sein überaus schwungvoller Schreibstil, der zu seiner grundsätzlich positiven Zukunftseinstellung passt, hat etwas Mitreißendes.

Gordon hat sich weit aus dem Fenster gelehnt und vorhergesagt, dass sich das Wirtschaftswachstum in den kommenden 25 Jahren bei mageren 0,8 Prozent pro Jahr einpendeln werde.[286] »Wohin ich auch blicke«, sagte er während eines Streitgesprächs mit Mokyr, »sehe ich Stillstand. Ich sehe Büros, in denen Desktop-Computer und Software-Programme noch genauso ablaufen wie vor zehn oder fünfzehn Jahren. Ich sehe Einzelhandelsgeschäfte, in denen wir unsere Einkäufe noch genauso wie früher mit Barcodelesegeräten erfassen; die Regale werden nach wie vor von Menschen, nicht von Robotern aufgefüllt; nach wie vor werden Fleisch und Käse hinter der Theke von Menschen geschnitten.« Seines Erachtens sind die Erfindungen der Gegenwart einfach nicht so radikal neu wie die Elektrizität und der Verbrennungsmotor. Gordons Buch ist besonders wagemutig. Er knöpft sich fröhlich sämtliche Innovationen vor, die von Zukunftsforschern vorhergesagt werden, und legt bei jeder einzelnen dar, warum sie seiner Meinung nach nicht so transformativ sein wird wie der Aufzug oder die Klimaanlage und warum uns keine davon in eine Ära hohen Wachstums zurückversetzen wird. Roboter können keine Wäsche zusammenlegen. Dreidimensionales (3-D) Drucken werde sich nicht auf die Massenfertigung auswirken. Künstliche Intelligenz und maschinelles

Lernen seien »nichts Neues«.[287] Sie seien spätestens seit 2004 auf dem Markt und hätten keinerlei Effekt auf das Wachstum gehabt. Und so weiter.

Gordon schließt damit nicht die Möglichkeit aus, dass sich etwas völlig Unerwartetes, vielleicht eine ungeahnte Kombination vertrauter Elemente, als transformativ erweisen wird. Sein Bauchgefühl sagt ihm einfach, dass es nicht so kommen wird.

Mokyr wiederum sagt dem Wirtschaftswachstum eine strahlende Zukunft voraus; es werde beflügelt von Nationen, die um die globale Wissenschafts- und Technologieführerschaft konkurrierten, und der daraus resultierenden raschen weltweiten Ausbreitung von Innovationen. In der Lasertechnologie, der Medizin, der Gentechnologie und beim 3-D-Drucken ist seines Erachtens mit großen Fortschritten zu rechnen. Gordons Behauptung, unsere Produktionsverfahren hätten sich in den letzten Jahrzehnten nicht grundlegend geändert, kontert er mit dem Hinweis: »Die Werkzeuge, über die wir heute verfügen, lassen selbst alles, was wir im Jahr 1950 hatten, vergleichsweise als klobiges Spielzeug erscheinen.«[288] Vor allem aber ist Mokyr der Auffassung, die weltwirtschaftlichen Rahmenbedingungen hätten sich im Zuge der Globalisierung in einer Weise verändert, die ein günstiges Umfeld für die Entwicklung von Innovationen schaffe – diese würden die Welt womöglich in einer Weise verändern, die wir uns nicht einmal ansatzweise vorstellen könnten. Einen Faktor, der das Wachstum beschleunigt, sagt er allerdings vorher: Wir werden in der Lage sein, den Prozess der Alterung des Gehirns zu verlangsamen. Dies würde uns dann mehr Zeit geben, um bessere Ideen zu entwickeln. Dabei ist Mokyr, der mit seinen 72 Jahren noch so engagiert und kreativ wie eh und je ist, allerdings selbst ein gutes Beispiel dafür, dass man auch ohne künstliche Hilfsmittel bis ins hohe Alter hinein geistig wendig und produktiv bleiben kann.

Die Tatsache, dass zwei so hervorragende Denker zu gänzlich unterschiedlichen Schlussfolgerungen bezüglich der Zukunft des

Wachstums gelangen, verdeutlicht, was für eine verzwickte Frage dies ist. Von all den Dingen, die Volkswirte (größtenteils vergeblich) vorherzusagen versuchten, ist das Wachstum eine Größe, bei der wir besonders jämmerlich versagt haben. Um nur ein Beispiel zu nennen: Im Jahr 1938, kurz bevor die US-Wirtschaft nach der Großen Depression wieder sehr dynamisch zu wachsen begann, prägte Alvin Hansen (der kein Niemand war; er war der Miterfinder des IS-LM-Modells, an das sich die meisten Studenten der Volkswirtschaftslehre aus ihrer ersten Lehrveranstaltung in Makroökonomie erinnern dürften, und Professor in Harvard) den Begriff der *säkularen Stagnation*, um den damaligen Zustand der US-Volkswirtschaft zu beschreiben. Er war fest davon überzeugt, dass diese nie mehr wachsen würde, weil sämtliche Wachstumstreiber erschöpft seien. Insbesondere der technische Fortschritt und das Bevölkerungswachstum seien an ihr Ende gekommen.[289]

Die meisten von uns, die ihre Kindheit und Jugend im Westen verbrachten, wuchsen mit hohen Wachstumsraten auf beziehungsweise mit Eltern, die hohes Wachstum gewohnt waren. Robert Gordon erinnert uns daran, was sich über längere historische Zeiträume ereignet hat. Außergewöhnlich waren die 150 Jahre zwischen 1820 und 1970, nicht die anschließende Periode niedrigeren Wachstums. Nachhaltiges Wachstum war bis zu den 1820er-Jahren im Westen praktisch unbekannt. Zwischen 1500 und 1820 stieg das jährliche BIP pro Kopf im Westen von 780 Dollar auf 1240 Dollar (in konstanten Dollar), was einer kümmerlichen jährlichen Wachstumsrate von 0,14 Prozent entspricht. Zwischen 1820 und 1900 betrug die Wachstumsrate 1,24 Prozent, neunmal mehr als in den vorangehenden 300 Jahren, aber noch deutlich unter den 2 Prozent, die sie nach 1900 erreichte.[290] Wenn Gordon recht hätte und wir uns mit einer Wachstumsrate von 0,8 Prozent begnügen müssten, würden wir einfach zu der durchschnittlichen Wachstumsrate über einen sehr langen Zeitraum (1700 bis 2012) zurückkehren.[291] Dies ist nicht der neue Normalzustand; es ist schlichtweg normal.

Selbstverständlich bedeutet die Tatsache, dass nachhaltiges Wachstum über einen langen Zeitraum – wie wir es während des größten Teils des 20. Jahrhunderts sahen – historisch einzigartig ist, nicht, dass es nicht wieder passieren könnte. Die Welt ist reicher und besser gebildet als je zuvor, die Innovationsanreize befinden sich auf einem Allzeithoch, und die Liste der Länder, die einen neuen Innovationsboom anführen könnten, wird immer länger. Es könnte also durchaus der Fall sein, wie es einige Technikfans glauben, dass sich das Wachstum in den nächsten Jahren noch einmal äußerst dynamisch entwickeln wird, befeuert durch eine vierte industrielle Revolution und vielleicht vorangetrieben von intelligenten Maschinen, die in der Lage sind, sich selbst beizubringen, bessere juristische Schriftsätze zu schreiben und bessere Witze zu machen als Menschen. Aber es könnte auch so sein, wie Gordon glaubt: dass Elektrizität und Verbrennungsmotor die Menge dessen, was wir produzieren und konsumieren können, in einer einmaligen Weise enorm vergrößert haben. Es hat einige Zeit gedauert, bis wir dieses neue Plateau erreichten, und auf dem Weg dorthin waren die Wachstumsraten hoch, aber wir haben keinen triftigen Grund, zu erwarten, dass sich diese Episode wiederholen wird. Andererseits haben wir eben auch keinen hieb- und stichfesten Beweis dafür, dass es nicht der Fall sein wird. Wir wissen es schlichtweg nicht und haben keine Möglichkeit, es vorherzusagen. Wir müssen einfach abwarten.

## Der Krieg der Blumen

Abhijits Eltern hielten nicht viel von Spielzeug. Er verbrachte lange Nachmittage damit, mit Blumen Krieg zu spielen. Die Knospen der Ixora, mit ihren langen Stielen und ihren spitzigen Blütenköpfen, waren der Feind, der in seiner Fantasie Steine auf seine Fußsoldaten warf, die langen und fleischigen Blätter der Portulaca. Die

Tuberosen waren die Sanitäter, die sich mit Zahnstochern um die Kriegsopfer kümmerten und sie mit weichen Jasmin-Blütenblättern verbanden.

In Abhijits Erinnerung waren dies einige der fröhlichsten Stunden seiner Kindheit – zweifellos eine Art des »Wohlbefindens«. Aber diese Lebensfreude geht nicht in die Berechnung des Bruttoinlandsprodukts ein, wie es herkömmlicherweise definiert wird. Wirtschaftswissenschaftler wissen dies von jeher, aber es sollte noch einmal betont werden. Wenn sich ein Rikscha-Zieher in Abhijits Heimatstadt Kalkutta den Nachmittag freinimmt, um Zeit mit seiner Geliebten zu verbringen, sinkt das BIP, aber gibt es für ihn eine höhere Form von Wohlbefinden? Wenn in Nairobi ein Baum gefällt wird, zählt das BIP die dafür aufgewendete Arbeit und das produzierte Holz, aber es zieht den Schatten und die Schönheit des Baumes, die verloren gegangen sind, nicht davon ab. Das BIP misst nur den Dingen, die bepreist und vermarktet werden, einen Wert zu.

Dies ist deshalb von Belang, weil Wachstum immer in Bezug auf das BIP gemessen wird. Das Jahr 2004, als sich das TFP-Wachstum, nach einem kräftigen Schub im Jahr 1995, wieder verlangsamte, ist das Jahr, in dem Facebook die übergroße Rolle einzunehmen begann, die es gegenwärtig in unserem Leben spielt. Twitter kam 2006 dazu und Instagram im Jahr 2010. Das Gemeinsame all dieser Plattformen ist die Tatsache, dass sie – für die Nutzer – scheinbar gratis und außerdem billig zu betreiben und unglaublich populär sind. Wenn wir, wie es gegenwärtig bei BIP-Berechnungen üblich ist, den Wert des Anschauens von Videos oder der Aktualisierung von Online-Profilen nach dem Preis bemessen, den Menschen dafür zahlen und der oftmals gleich null ist, oder auch danach, was es kostet, Facebook zu gründen und zu betreiben, dann unterschätzen wir möglicherweise ganz erheblich den Beitrag der Plattform zu unserem Wohlergehen. Wenn Sie andererseits der Ansicht sind, dass es überhaupt keinen Spaß macht, angespannt darauf zu warten, dass jemand Ihren jüngsten Post gut findet, Sie aber die Facebook-Gewohnheit nicht einfach aufgeben können, weil all Ihre Freunde auf Facebook sind, könnte das BIP das Wohlergehen auch erheblich überschätzen.

So oder so haben die Kosten, die anfallen, um Facebook zu betreiben, und die in die Berechnung des BIP einfließen, sehr wenig mit dem Wohlbefinden (oder dem Unwohlsein) zu tun, das seine Nutzung erzeugt. Die Tatsache, dass der jüngste Rückgang beim *gemessenen* Produktivitätswachstum mit der exponentiellen Zunahme der Social-Media-Nutzung zusammenfällt, stellt ein Problem dar, weil es durchaus vorstellbar ist, dass sich die Kluft zwischen dem, was zum BIP gezählt wird, und dem, was zum Wohlstand (im Sinne von Wohlergehen) gerechnet werden sollte, genau zu dieser Zeit vergrößert hat. Könnte es sein, dass die Produktivität in Wahrheit angestiegen ist – in dem Sinne, dass das Wohlergehen zugenommen hat –, aber unsere BIP-Statistiken dies nicht erfassen?

Robert Gordon schließt diese Möglichkeit kategorisch aus. Tatsächlich vermutet er, dass Facebook teilweise für das rückläufige Produktivitätswachstum verantwortlich sein könnte, weil allzu viele Menschen ihre Zeit damit verschwenden, während der Arbeit ihren Status zu aktualisieren. Aber dies geht weitgehend an der Sache vorbei. Wenn Menschen heute viel zufriedener sind als früher, mit welchem Recht fällen wir dann ein Urteil darüber, ob dies ein lohnenswerter Zeitvertreib ist und ob er daher in Berechnungen des Wohlstands einfließen sollte?[292]

## Grenzenlose Freude

Kann der nicht berücksichtigte Wert der sozialen Medien die scheinbare Abschwächung des Produktivitätswachstums in den reichen Ländern erklären? Die Schwierigkeit besteht selbstverständlich darin, dass wir nicht wissen, welchen Wert wir diesen kostenlosen Produkten beimessen sollen. Immerhin können wir versuchen abzuschätzen, was Nutzer dafür zu zahlen bereit wären. Eine Möglichkeit besteht darin, zu messen, wie viel Zeit Menschen damit verbringen, im Internet zu surfen, und daraus indirekt Rückschlüsse darauf zu ziehen, welchen Wert sie dieser Aktivität zuschreiben. Dem liegt die Idee zugrunde, dass Surfer stattdessen ja arbeiten und Geld verdienen könnten. Mit dieser Methode gelangt man zu dem Ergebnis, dass der durchschnittliche jährliche Wert des Internets für einen Amerikaner von 3000 Dollar im Jahr 2004 auf 3900 Dollar im Jahr 2015 angestiegen ist.[293] Wenn wir diesen »Fehlbetrag« zum BIP von 2015 hinzurechnen würden, ließe sich etwa ein Drittel des »verlorenen Outputs« in Höhe von 3 Billionen Dollar in jenem Jahr erklären (verglichen mit der Höhe des BIP, wenn die Abschwächung nach 2004 nicht eingetreten wäre).[294]

Diese Methode, die Folgen der Einführung des Internets zu messen, hat allerdings die Schwäche, dass sie unterstellt, Menschen hätten die Möglichkeit, Überstunden zu machen und mehr Geld zu verdienen, statt Zeit im Internet zu verbringen. Aber dies ist bei den meisten Bürojobs mit geregelten Arbeitszeiten nicht der Fall; vielmehr müssen die Menschen Mittel und Wege finden, sich jeden Tag rund acht Stunden lang mit anderen Dingen zu beschäftigen, die ihnen Spaß machen (oder wenigstens kein Unbehagen bereiten). Wenn sie Zeit im Internet verbringen, bedeutet dies lediglich, dass ihnen dies besser gefällt als ein Buch zu lesen oder Freunde oder Verwandte zu treffen. Wenn sie nicht besonders gesellig sind und keine Bücher mögen, ist dies kaum ein Ausdruck hoher Wertschätzung; dann ist die Internetnutzung für sie möglicherweise viel weniger als 3900 Dollar wert.

Es gibt allerdings auch das umgekehrte Problem. Nehmen wir jemanden, der sich ein Leben ohne das Internet nicht vorstellen kann, der sich jeden Morgen erst einmal eine Stunde lang Twitter reinziehen muss. Diese erste Stunde beschert ihm beinahe grenzenlose Freude.

Aber am Ende dieser Stunde sind sämtliche Feinde erledigt und jeder brillante, geistreiche Tweet kommentiert und weitergeleitet. Für die zweite Stunde bleibt überwiegend langweiliges Zeug übrig, sodass es nie eine dritte Stunde gibt. Man vergleiche diese Person mit jemandem, der ebenfalls zwei Stunden lang beiläufig auf Facebook-Posts von halb vergessenen Freunden oder über sie antwortet, und »Freunden«, die er gern vergessen würde. In den Daten werden beide an der gleichen Stelle auftauchen: Sie bewerten das Internet mit einem Preis von zwei Stunden. Aber beide unterscheiden sich offensichtlich voneinander, und wenn wir sie gleich behandelten, würden wir den Wert des Internets enorm unterschätzen.

In Anbetracht der Möglichkeit, dass wir das Internet entweder massiv überbewerten oder aber massiv unterbewerten, suchten Wissenschaftler nach anderen Methoden, um dessen Nutzen für Verbraucher zu messen. So wurden insbesondere mehrere randomisierte kontrollierte Studien darüber durchgeführt, was geschah, wenn der Studienleiter (mit Erlaubnis der Teilnehmer) für eine zufällig ausgewählte Gruppe von Individuen für einen relativ kurzen Zeitraum den Zugang zu Facebook (beziehungsweise sozialen Medien allgemein) blockierte. Bei dem größten dieser Experimente, an dem mehr als 2000 Probanden teilnahmen, wurden diese dafür bezahlt, dass sie Facebook einen Monat lang deaktivierten; dabei kam heraus, dass diejenigen, die aufhörten, Facebook zu nutzen, einer breiten Palette selbstberichteter Maße der Zufriedenheit und des Wohlbefindens nach zufriedener waren und interessanterweise auch keine (beziehungsweise weniger) Langeweile verspürten. Sie schienen andere vergnügliche Zeitvertreibe gefunden zu haben, etwa mehr gesellige Kontakte zu Freunden und Verwandten.[295]

Als nach dem Abschluss des Experiments der Facebook-Zugang wieder freigeschaltet wurde, kehrten diejenigen, die einen Monat lang darauf verzichtet hatten, nur langsam zu ihrer Facebook-Gewohnheit zurück, und nach mehreren Wochen verbrachten sie 23 Prozent weniger

Zeit auf Facebook als vor dem Experiment. Entsprechend wurde die Summe, die man ihnen zahlen müsste, um einen zweiten Monat auf Facebook zu verzichten, am Ende des ersten Monats (nachdem sie ein Leben ohne Facebook ausprobiert hatten) erheblich niedriger geschätzt als zuvor.

All dies scheint mit der Auffassung in Einklang zu stehen, dass Facebook süchtig macht, in dem Sinne, dass man sich schwer ein Leben ohne es vorstellen kann, aber wenn man dann darauf verzichtet, fühlt man sich im Grunde nicht schlechter. Allerdings ist es interessant, dass die Versuchsteilnehmer nach der einmonatigen Abstinenz noch immer bezahlt werden wollten, um Facebook aufzugeben; sie waren nicht einfach nur dankbar, es los zu sein. Die Forscher nahmen an, dies sei darauf zurückzuführen, dass sie es in Wirklichkeit vermissten, wenn auch weniger als erwartet, und gelangten daher zu dem Schluss, dass Facebook ein Wohlbefinden im Gegenwert von über 2000 Dollar je Nutzer pro Jahr erzeugt.

Wie lässt sich dies mit der Tatsache in Einklang bringen, dass die Facebook-Auszeit Menschen im Schnitt zufriedener machte? Wie alle statistischen Durchschnitte verschleiert auch dieser die Tatsache, dass einigen Nutzern Facebook wirklich sehr viel bedeutet. Außerdem ist davon auszugehen, dass die »Kosten« für die Teilnehmer zum Teil darin bestanden, dass sie unter ihren Freunden als Einzige jetzt nicht mehr auf Facebook waren und dass diese Unannehmlichkeit vermutlich umso größer wurde, je länger die Abwesenheit dauerte (es ist in Ordnung, eine Auszeit von seinen sozialen Kontakten zu nehmen, aber sich völlig abzumelden ist kostspielig). Wenn Facebook nicht existierte, gäbe es das Problem nicht.

Was lässt sich all dem entnehmen? Nicht unbedingt eine eindeutige Antwort. Immerhin können wir mit einer gewissen Sicherheit sagen, dass Facebook nicht die offensichtliche Bereicherung für die gesamte Menschheit ist, als die es von seinen Anhängern gern hingestellt wird, auch wenn seine Nutzer ihm nach wie vor einen höheren

Wert beimessen, als sie dafür zahlen – zumindest unter den gegenwärtigen Umständen, wo all ihre Freunde auf Facebook, Instagram und/oder Twitter sind. Könnte es sein, dass die Wachstumsrate viel höher liegen würde, wenn wir diese neuen Technologien mit ihrem »tatsächlichen Wert« bewerten würden? Wenn man von den verfügbaren Daten ausgeht, muss man sagen: wahrscheinlich nicht. Allerdings können wir mit einiger Gewissheit sagen, dass in den vorliegenden Daten nichts für eine Rückkehr jener Art von hohem Wachstum spricht, das die *Trente Glorieuses* in Europa und die goldenen Jahre in der Vereinigten Staaten kennzeichnete.

## Solows Intuition

Dies sollte uns nicht völlig überraschen. Auf dem Höhepunkt der Wachstumsphase nach dem Krieg, im Jahr 1956, schrieb Robert Solow bemerkenswerterweise einen Aufsatz, in dem er behauptete, das Wachstum werde sich über kurz oder lang abschwächen.[296] Sein Argument lautet im Kern: Mit steigendem BIP pro Kopf sparen die Menschen mehr, und daher steht mehr Geld für Investitionen und mehr Kapital je Arbeitnehmer zur Verfügung. Folglich sinkt die Produktivität des Kapitals; wenn jetzt zwei Maschinen in einer Fabrik stehen, in der bislang nur eine stand, muss die gleiche Anzahl von Arbeitskräften beide gleichzeitig bedienen. Selbstverständlich kann eine einzelne Fabrik mehr Arbeitskräfte einstellen, wenn sie mehr Maschinen bekommt. Aber die Volkswirtschaft insgesamt kann dies nicht (unter der Annahme, dass die Zuwanderung unverändert bleibt), sobald ihre Reserve an unterausgelasteten Arbeitskräften erschöpft ist. Aus diesem Grund müssen die zusätzlichen Maschinen, die mit den vermehrten Ersparnissen gekauft werden, von weniger Arbeitern bedient werden. Jede neue Maschine und folglich jede zusätzliche Einheit Kapital trägt immer weniger zum BIP bei. Das Wachstum wird sich verlangsamen.

Außerdem verringert die niedrigere Kapitalproduktivität den Kapitalertrag, was wiederum der Ersparnisbildung entgegenwirkt. Die Menschen werden also früher oder später aufhören zu sparen, und das Wachstum wird sich verlangsamen.

Diese Logik gilt in beide Richtungen. Kapitalknappe Volkswirtschaften wachsen schneller, weil neue Investitionen hochproduktiv sind. Wohlhabende Volkswirtschaften, die im Allgemeinen über reichlich Kapital verfügen, wachsen tendenziell langsamer, weil neue Investitionen weniger produktiv sind. Daraus folgt, dass jedes größere Ungleichgewicht zwischen Arbeit und Kapital korrigiert werden sollte. Volkswirtschaften mit einem Überangebot an Arbeitskräften wachsen schneller, und da die Einkommen schneller steigen, tun dies auch die Ersparnisse. Diese Volkswirtschaften häufen schneller Kapital an und werden kapitalreicher. Umgekehrt gilt, dass Volkswirtschaften mit zu viel Kapital im Verhältnis zum Faktor Arbeit langsamer Kapital anhäufen.

Folglich ist es langfristig nicht tragfähig, wenn die Wachstumsrate des Kapitals und die Wachstumsrate der Erwerbsbevölkerung deutlich auseinanderklaffen, weil etwa eine Volkswirtschaft, in der das Kapitalangebot schneller wächst als das Arbeitsangebot, zu viel Kapital im Verhältnis zum Faktor Arbeit besitzt, was das Wachstum verlangsamt. Kurzfristig kann es zu Ungleichgewichten kommen (wie wir sie heute in den Vereinigten Staaten erleben, wo der Anteil am BIP, der den Arbeitnehmern als Lohn gezahlt wird, sinkt),[297] langfristig haben Volkswirtschaften jedoch eine natürliche Tendenz, in der Nähe eines ausgewogenen Wachstumspfads zu bleiben, wo das Arbeits- und das Kapitalangebot ungefähr mit der gleichen Rate wachsen, und ebenso das Humankapital – der Teil des Kapitals, der in den Kompetenzen der Arbeitskräfte verkörpert ist, aus weitgehend dem gleichen Grund. Solow behauptete, das BIP (das schließlich das Produkt von Arbeit, Kompetenzen und Kapital ist) würde ebenfalls mit der gleichen Rate wachsen.

Das Wachstum der Erwerbsbevölkerung wird bestimmt von der Reproduktionsrate der Vergangenheit und der Anzahl der erwerbswilligen Personen. Solow war der Auffassung, beide Faktoren würden stärker von demografischen als von wirtschaftlichen Umständen beeinflusst und seien daher enger mit der Geschichte und Kultur eines Landes als mit dem gegenwärtigen Zustand seiner Volkswirtschaft oder der Wirtschaftspolitik verbunden. Allerdings gibt es auch den Anstieg der TFP – wenn ein Arbeiter so produktiv wird, dass er aufgrund technologischer Verbesserungen die Arbeit von zwei Arbeitern erledigen kann, dann hätte sich die effektive Erwerbsbevölkerung verdoppelt. Solow nahm an, dass auch solche Transformationen unabhängig von zeitgenössischen wirtschaftlichen und politischen Gegebenheiten innerhalb des betreffenden Landes seien; die Wachstumsrate der effektiven erwerbstätigen Bevölkerung würde also nicht von ökonomischen Faktoren beeinflusst. Aus diesem Grund nannte er sie »natürliche Wachstumsrate«, und aus seiner Theorie wissen wir, dass das BIP langfristig ebenfalls mit der gleichen Rate wie die effektive Erwerbsbevölkerung wachsen muss, das heißt, mit der natürlichen Rate.

Aus Solows Theorie ergibt sich eine Reihe von Konsequenzen. Erstens wird sich das Wachstum nach einer Phase hohen Wachstums, die auf eine tiefgreifende Transformation folgt, wahrscheinlich verlangsamen, sobald die Volkswirtschaft sich wieder auf dem Pfad ausgewogenen Wachstums befindet. Dies steht in Einklang mit dem, was nach 1973 in Europa geschehen ist. Nach den Zerstörungen im Krieg war Kapital knapp und Europa hatte einen hohen Aufholbedarf; im Jahr 1973 war die Ära des aufholenden Wachstums vorbei. In den Vereinigten Staaten verlangsamte sich die Art von investitionsgetriebenem Wachstum, die Solow im Sinn hatte, nach dem Krieg, aber praktischerweise trat das rasche TFP-Wachstum an seine Stelle. Es endete 1973. Wie bereits erörtert, kam es seither auch in den Vereinigten Staaten zu einer Abschwächung. Die Zinsen sind in allen westlichen Ländern rückläufig, was offenbar Ausdruck eines Überangebots an Kapital ist, genau so, wie es im Solow-Modell beschrieben wird.

## Konvergenz?

Die zweite Folgerung aus der solowschen Theorie und vielleicht die bemerkenswerteste ist das, was Ökonomen *Konvergenz* nennen. Länder mit Kapitalknappheit und einem relativen hohen Arbeitskräfteangebot, wie es die meisten armen Länder sind, werden schneller wachsen, weil sie ihren Pfad ausgewogenen Wachstums noch nicht erreicht haben. Sie können nach wie vor dadurch wachsen, dass sie das Verhältnis zwischen dem Faktor Arbeit und dem Faktor Kapital verbessern. Folglich würden wir erwarten, dass die Differenz beim BIP pro Arbeitskraft zwischen den Ländern im Lauf der Zeit zurückgeht. Unter ansonsten gleichen Bedingungen werden die ärmeren Länder zu den reicheren Ländern aufschließen.

Solow selbst hat dies allerdings wohlweislich nicht vorhergesagt. Wenn ein Land eine große Menge an Arbeitskräften und sehr wenig Kapital hat – und dies entspricht der Ausgangssituation vieler Länder mit niedrigem Einkommen –, dann kann nur ein Bruchteil der Erwerbspersonen zu einem Lohn beschäftigt werden, der ausreicht, um ihren Lebensunterhalt sicherzustellen (für die anderen gibt es möglicherweise nichts zu tun), und folglich wird das Land kaum von seinem reichen Angebot an Arbeitskräften profitieren. Sofern es überhaupt zu einer Konvergenz kommt, erfolgt diese vielleicht sehr langsam.

Ungeachtet der Warnungen Solows bot diese Vision eines geordneten Übergangs aus Armut zu relativem Wohlstand, wenn Länder aufholen und dann in das Nirwana des ausgewogenen Wachstums eintreten, zusammen mit dem Versprechen einer globalen Konvergenz der

Lebensstandards, ein so verheißungsvolles Narrativ des Fortschritts unter kapitalistischen Rahmenbedingungen, dass es rund dreißig Jahre dauerte, bis Ökonomen allmählich bemerkten, dass das Modell nicht sonderlich gut mit der Realität übereinstimmt.

Zunächst einmal *stimmt es nicht, dass arme Länder in der Regel schneller wachsen als reichere.* Die Korrelation zwischen dem BIP pro Kopf im Jahr 1960 und dem anschließenden Wachstum liegt sehr nahe bei null.[298] Wie lässt sich dies mit der Tatsache in Einklang bringen, dass Westeuropa nach dem Krieg zu den Vereinigten Staaten aufschloss? Solow hatte eine mögliche Antwort darauf. Sein Modell sagt nämlich genau genommen vorher, dass Länder, *die ansonsten gleich sind*, sich einander annähern. Dies könnte der Grund dafür sein, dass sich Westeuropa und die Vereinigten Staaten, die einander in vielerlei Hinsicht sehr ähnlich sind, aufeinander zubewegten. Andererseits erreichen in der Solow-Welt Länder, die von Natur aus sparsamer sind als andere und die einen größeren Teil ihres Outputs investieren, langfristig ein höheres Einkommensniveau. Außerdem werden anfänglich arme Länder, die mehr investieren, eine Zeit lang auch schneller wachsen, während sie sich diesem höheren Niveau des BIP pro Kopf annähern, bevor sie dann mit der natürlichen Rate wachsen.

Könnten unzureichende Investitionen der eine Grund dafür sein, dass sich die Entwicklungsländer von Westeuropa und den Vereinigten Staaten unterscheiden? Wie wir sehen werden, scheint die Antwort Nein zu lauten.

## Wachstum passiert einfach

Die dritte und radikalste Vorhersage aus Solows Modell lautet: Die Wachstumsrate des BIP pro Kopf ist, sobald die Wirtschaft auf den Pfad ausgewogenen Wachstums einschwenkt, unter den relativ reichen

Ländern nicht sehr unterschiedlich. In der Solow-Welt müssen diese Unterschiede im Wesentlichen von Unterschieden im TFP-Wachstum herrühren, und Solow war überzeugt davon, dass das TFP-Wachstum, zumindest für diese reichen Länder, mehr oder minder gleich sein sollte.

Wie oben erwähnt, war Solow der Ansicht, das TFP-Wachstum sei etwas, was sich von selbst ereigne – Politiker hätten keinen großen Einfluss darauf. Hiermit waren viele Ökonomen nicht ganz glücklich. In Anbetracht der Tatsache, dass die Wachstumsraten die Sprache sind, in der die Ligatabellen der internationalen Wettbewerbsfähigkeit geschrieben werden, hatte Solows Weigerung, gewisse Zusicherungen zu geben, dass Länder, die eine »gute« Wirtschaftspolitik betreiben, eine höhere TFP hätten, etwas Beunruhigendes. War es einfach nur Lust daran, den Schelm zu spielen? Schließlich sehen wir doch, dass in den reicheren Ländern weitaus mehr der neuesten Technologien eingesetzt werden.

Dieser Widerstand gegen die Idee, dass die ausgewogene Wachstumsrate eines Landes sich nicht leicht (wirtschafts-)politisch beeinflussen lässt, ist vielleicht zu erwarten. Aber er wird der Subtilität von Solows Denken in mehrfacher Hinsicht nicht gerecht. Erstens fragt Solow, was die technologische Modernisierung in Ländern antreibt, die *bereits an vorderster Front des Fortschritts* stehen. Vermutlich trägt der Fluss neuer Ideen in erheblichem Maße zum Wachstum in diesen Ländern bei, und wieso sollten Ideen an einer Grenze Halt machen. Ein in Deutschland erfundenes Produkt könnte gleichzeitig für die Güterproduktion in mehreren anderen Ländern eingesetzt werden, möglicherweise durch lokale Tochtergesellschaften der Muttergesellschaft. Die Produktivität würde dann in all diesen Ländern in mehr oder minder gleichem Umfang ansteigen, obwohl die Erfindung aus nur einem von ihnen stammte.

Zweitens spricht er über das Wachstum, nachdem Länder auf den Pfad ausgewogenen Wachstums eingeschwenkt sind, und auch wenn sich einige reichere Länder bereits dort befinden mögen, sind diejenigen, in denen Kapital knapp ist, doch vermutlich noch ein gutes Stück davon entfernt. Zu dem Zeitpunkt, zu dem Kenia oder Indien auf den solowschen Pfad ausgewogenen Wachstums gelangen, wären sie notwendigerweise viel reicher, und sie würden viele oder alle der neuesten Technologien anwenden. Ihre gegenwärtige technologische Rückständigkeit könnte einfach ein Symptom ihres Kapitalmangels sein.

Schließlich – und dies ist vielleicht am schwersten zu begreifen – könnten Länder, die sich dem Pfad ausgewogenen Wachstums annähern, ihre Technologien schneller modernisieren als jene, die bereits auf diesem Pfad sind. Die spektakulärsten bahnbrechenden Neuerungen – die selbstfahrenden Autos und die 3-D-Drucker – finden immer in den fortgeschrittensten Ländern statt, aber der größte Teil der technologischen Modernisierung besteht darin, von vorgestrigen auf die gestrige Technologie umzustellen. Dies ist in der Regel leichter, als wenn man selbst an der Spitze des Fortschritts stehen will, eben weil diese Technologien schon entwickelt wurden und wir genau wissen, wie man diese Umstellung meistert. Es geht darum, Dinge aus dem Regal zu holen, statt mit etwas Neuem aufzuwarten.

Aus all diesen guten Gründen entschied sich Solow bewusst dafür, über das, was den Unterschieden zwischen den ausgewogenen Wachstumsraten verschiedener Länder zugrunde liegt, zu spekulieren. Er nahm einfach an, dass die Steigerungsrate der TFP ein Produkt geheimnisvoller Kräfte sei, die nichts mit den Ländern, ihrer Kultur, der Besonderheit ihres politischen Systems und so weiter zu tun hätten. Dies bedeutete, dass er sehr wenig dazu zu sagen hatte, wie wir das langfristige Wachstum beeinflussen können, sobald der Prozess der Kapitalakkumulation zum Abschluss gekommen ist und die Kapitalrendite hinlänglich niedrig ist. Das Solow-Modell ist das, was Ökonomen ein *exogenes* Wachstumsmodell nennen, wobei das Wort

»exogen«, das soviel bedeutet wie »von äußeren Effekten oder Kräften angetrieben«, unsere Unfähigkeit eingesteht, auf die langfristige Wachstumsrate einzuwirken. Kurzum, das Wachstum entzieht sich unserer Kontrolle.

## Gebt mir einen Hebel[299]

Die Tatsache, dass viele arme Länder kein Wachstum verzeichneten und dass das Solow-Modell keine Auskunft darüber gab, wie man das langfristige Wachstum beeinflussen konnte, veranlasste Volkswirte schließlich dazu, sich anderweitig zu orientieren. Sie wollten unbedingt belastbare Aussagen darüber machen, was Länder tun könnten, um ihr Wachstum anzukurbeln. Wie Robert Lucas, einer der Doyens der Chicagoer Schule der antikeynesianischen Makroökonomie und einer der einflussreichsten Wirtschaftswissenschaftler unserer Zeit, in seiner viel zitierten Marshall-Vorlesung im Jahr 1985 bekannte, würde er gern wissen, »ob es eine Maßnahme gibt, welche die indische Regierung ergreifen könnte, damit die indische Volkswirtschaft mit der gleichen Rate wachsen würde wie die indonesische oder die ägyptische. Falls ja, was genau könnte sie tun? Falls nein, was an der ›Natur Indiens‹ sorgt dann dafür? Die Folgen für den menschlichen Wohlstand, um die es bei Fragen wie diesen geht, sind schlichtweg atemberaubend: Beginnt man einmal darüber nachzudenken, lassen sie einen nicht mehr los.«[300]

Doch Lucas ging es um mehr als nur darum, einen Wunsch zu äußern. Er behauptete auch, dass uns etwas Wichtiges entgeht und dass Indien nicht nur deshalb arm war, weil es dem Land an qualifizierten Arbeitskräften und Kapital mangelte. Er räumte ein, dass Indien weniger Kapital und Fachkräfte als die Vereinigten Staaten hatte, vielleicht wegen seiner Kolonialgeschichte oder des Kastensystems. Aber um den enormen Unterschied im BIP pro Kopf zwischen zwei Ländern ausschließlich mit mangelnden Ressourcen erklären zu können, müssten diese Ressourcen schon außerordentlich knapp sein. Und wenn sie so knapp wären, dann sollten sie auch sehr wertvoll sein. Wenn zum Beispiel der einzige verfügbare Traktor sehr intensiv auf Hunderten von Feldern, die von Tausenden von Arbeitern bestellt werden, genutzt würde, wäre der Mietpreis dieses Traktors außerordentlich hoch. Wenn der Unterschied im BIP zwischen den Vereinigten Staaten und Indien ausschließlich durch die Kapitalknappheit in Indien erklärt werden sollte, so Lucas ausgehend von dieser Überlegung, müsste Kapital so knapp sein, dass sein Preis (das, was den Eigentümern der Ressourcen gezahlt wird, die die Maschinen in einer Volkswirtschaft finanzieren) in Indien 58-mal höher wäre als in den Vereinigten Staaten.[301] Aber warum würde in diesem Fall nicht das gesamte Kapital, das sich gegenwärtig in den Vereinigten Staaten befindet, nach Indien fließen?, fragte er sich. Da es dies offensichtlich nicht tat, zog er daraus den Schluss, dass der Preis in Wirklichkeit nicht so hoch sein konnte. Anders gesagt, die intrinsische Kapitalproduktivität muss in Indien niedriger sein als in den Vereinigten Staaten – nur so lässt sich erklären, warum Kapital in Indien ungeachtet seiner offensichtlichen Knappheit nicht die astronomischen Erträge erwirtschaftet, die Lucas' Berechnung vorhersagte – oder, in der solowschen Begrifflichkeit ausgedrückt: Die TFP muss in Indien erheblich niedriger sein.

Es ist vielleicht nicht weiter überraschend, dass Lucas die Funktionstüchtigkeit der Märkte allzu optimistisch beurteilte. Wir wissen heute, dass Märkte Trägheiten aufweisen, die die schnelle Bewegung von Kapital und anderen Faktoren hemmen, und dies gilt erst recht für weit voneinander entfernte Länder wie die Vereinigten Staaten und Indien. Trotzdem haben viele andere Volkswirte, die das TFP-Rätsel zu knacken versuchen, diese grundlegende Einsicht in der einen oder anderen Version selbst wiederentdeckt. Denn wenn man versucht, die BIP-Unterschiede zwischen Ländern einfach mit der Menge an Ressourcen in verschiedenen Ländern zu erklären, wird man schnell erkennen, dass arme Länder zwar an einem massiven Fachkräfte- und Kapitalmangel leiden, ihr BIP pro Kopf jedoch noch niedriger ist, als es dieser Mangel an Ressourcen erwarten ließe.[302] In anderen Worten: Die Armut armer Länder ist zu einem erheblichen Teil darauf zurückzuführen, dass sie die Ressourcen, über die sie verfügen, weniger effizient nutzen, und unter den armen Ländern schneiden einige Länder besser ab als andere, die über die gleichen Ressourcen verfügen. Die Frage lautet, warum?

Paul Romer, der bei Lucas promovierte, war einer der Ökonomen, bei denen Lucas' leidenschaftlicher Appell, wir müssten eine bessere Erklärung für Wirtschaftswachstum finden, auf fruchtbaren Boden fiel. Die Herausforderung bestand dabei darin, dass Solows Antwort auf den beiden wohl grundlegendsten Ideen der Volkswirtschaftslehre basierte. Erstens der Idee, dass Kapitalisten investieren, um hohe Erträge zu erwirtschaften; wenn die Erträge sinken, sinkt die Kapitalakkumulation tendenziell ebenfalls. Zweitens der Idee, dass die Kapitalproduktivität in dem Maße, wie Kapitalisten als Klasse immer mehr Kapital anhäufen, sinkt, weil es nicht genügend Arbeiter gibt, die man ertragbringend beschäftigen könnte. In den Wirtschaftswissenschaften spricht man auch vom *abnehmenden Ertragszuwachs (Grenzertrag)*. Diese Idee hat eine lange Vorgeschichte. Der französische Ökonom Anne Robert Jacques Turgot, der kurzzeitig französischer Finanzminister und einer der vielen Experten war, die erfolglos versuchten, Frankreichs rasanten wirtschaftlichen Niedergang zu verhindern, welcher schließlich zur Französischen Revolution führte, schrieb 1767 darüber.[303] Für Karl Marx war es eine Prämisse seiner Kritik am Kapitalismus. Er sah darin den Grund dafür, dass der Kapitalismus letztlich dem Untergang geweiht war: Die unersättliche Gier der Klasse der Kapitalisten in dem Streben nach mehr und mehr Kapital wird die Kapitalrendite auf null drücken (im marxistischen Jargon wird dies »fallende Profitrate« genannt) und die Krisen herbeiführen, die schließlich das Ende des Kapitalismus besiegeln.[304]

Die Annahme sinkender Ertragszuwächse ist intuitiv einleuchtend. Wozu soll man neue Maschinen erwerben, wenn es keine Arbeiter gibt, um sie zu bedienen (oder neue Ingenieure, um sie zu programmieren, oder Vertriebskräfte, um die Produkte zu verkaufen)? Selbstverständlich lassen sich auch Gegenbeispiele anführen. Amazon kann aufgrund seines großen Umsatzvolumens seine Kosten auf diese Weise erheblich senken. Es würde keinen Sinn ergeben, die riesigen Lager- und Liefersysteme, für die Amazon bekannt ist, aufzubauen, wenn es keine kontinuierliche Nachfrage nach allen Waren, die der Online-Gigant verkauft, gäbe, und um dies zu finanzieren, benötigt Amazon sehr viel Kapital. Wenn Amazon nur ein Hundertstel seiner Größe hätte, könnte das Unternehmen vermutlich kein Geld verdienen. Tatsächlich verdiente Amazon nur wenig beziehungsweise gar kein Geld, bis es sehr groß geworden war. So meldete Amazon etwa im Juli 2018 allein für das zweite Quartal 2018 einen Gewinn in Höhe von 2,5 Milliarden Dollar.[305]

Wirtschaftswissenschaftler aus Solows Generation wussten um die Möglichkeit steigender Erträge, womit Ökonomen die Idee beschreiben, dass »größer besser ist« (die Ursache für die heutige marktbeherrschende Stellung von Amazon). Aus steigenden Erträgen folgt allerdings, dass die größten Unternehmen die profitabelsten sind und daher am ehesten in der Lage, die anderen zu unterbieten und aus dem Markt zu drängen. Auf solchen Märkten bilden sich über kurz oder lang notwendigerweise Monopole. Genau dies geschieht im Online-Einzelhandel. Aber auch wenn es einige Branchen mit wenigen dominanten Anbietern (soziale Netzwerke und Hardware-Geschäfte fallen in diese Kategorie) gibt, tummeln sich auf den meisten wichtigen Märkten – Autos, Bekleidung und Süßigkeiten zum Beispiel – viele Unternehmen. Aus diesem Grund schrecken Ökonomen vor Theorien zurück, die sich allzu sehr auf die Annahme steigender Erträge stützen.

Romer wollte an der Idee festhalten, dass ein einzelnes Unternehmen dem Gesetz sinkender Ertragszuwächse unterliegt. Er erkannte, dass wir, um den Solow-Effekt zu eliminieren, nur in der Lage sein müssen anzunehmen, dass eine Volkswirtschaft *als Ganze*, die mehr Kapital besitzt, auch einen produktiveren Kapitalstock hat. Dies könnte auch dann der Fall sein, wenn jedes Unternehmen sinkende Ertragszuwächse verzeichnete und Unternehmen daher nicht tendenziell zu monopolistischen Kolossen heranwüchsen. Um zu erklären, wie es dazu kommen könnte, forderte Romer uns auf, an die Produktion neuer Ideen in einer Region wie dem Silicon Valley zu denken, auch wenn er seinen Aufsatz Jahre bevor das Silicon Valley seinen ikonischen Status erlangte geschrieben hat.[306] Unternehmen im Silicon Valley ähneln weitgehend den Unternehmen in der Solow-Welt, mit einer wichtigen Ausnahme: Sie nutzen weniger von dem, was wir normalerweise unter Kapital verstehen (nämlich Sachkapital, also Maschinen und Gebäude), und mehr von dem, was Ökonomen *Humankapital* nennen, also im Wesentlichen spezielle Fähigkeiten und Kenntnisse unterschiedlichster Art. Viele Unternehmen im Silicon Valley investieren in kluge Köpfe, in der Hoffnung, dass diese irgendeine brillante und markttaugliche Idee ausbrüten werden, und manchmal geschieht das tatsächlich.

Die üblichen Kräfte der abnehmenden Ertragszuwächse wirken auch in diesen Unternehmen. Zu viele kapriziöse Genies und nicht genügend Arbeitstiere, die auf Ausgabendisziplin achten und sicherstellen, dass sich Online-Spiele während Arbeitsstunden in Grenzen halten, und schon steht eine Katastrophe bevor. Das, was das Valley einzigartig mache, so Romer, sei die besondere Atmosphäre. Es sei ein echter Inkubator neuer Ideen, die man überall hören und aufschnappen könne – in Cafés und Wheatgrass Bars, auf Partys und in öffentlichen Verkehrsmitteln. Ein abschweifender Gedanke, den jemand äußert, den man nie mehr wiedersehen wird, löst vielleicht einen anderen aus, und alles mündet schließlich in eine Reihe von Ideen, die

die Welt verändern werden. Es kommt dabei nicht nur auf die Anzahl kluger Köpfe an, mit denen man arbeitet, sondern auch darauf, mit wie vielen klugen Köpfen man sich misst beziehungsweise wie viele von ihnen sich im Valley insgesamt aufhalten. Romer zufolge verdankt das Silicon Valley seine Einzigartigkeit der Tatsache, dass es die schlauesten Leute der Welt in einem Umfeld zusammenbringt, in dem sie sich gegenseitig inspirieren können. Die steigenden Ertragszuwächse gelten hier für eine gesamte Branche, eine Stadt oder auch die ganze Region. Selbst wenn jedes einzelne Unternehmen mit sinkenden Erträgen kämpft, macht die Verdopplung der Anzahl hochqualifizierter Fachkräfte im Valley alle von ihnen produktiver.

Romer behauptet, das Gleiche gelte für alle erfolgreichen Industriestädte: Manchester in der Mitte des 18. Jahrhunderts, New York und London in unterschiedlichen Perioden der Finanzinnovation, Shenzhen oder die Bay Area heute. An all diesen Orten, so würde er behaupten, wurde die Kraft abnehmender Ertragszuwächse, die auf die Knappheit von Boden und Arbeitskräften zurückzuführen ist (Arbeitskräfte werden zum Teil deshalb knapp, weil Grund und Boden knapp sind und es daher so teuer ist, an diesen Orten zu leben), durch die überschäumende Energie überwunden, die dadurch entsteht, dass man voneinander lernt und gemeinsam neue Ideen ausbrütet. Folglich kann das hohe Wachstum für immer weitergehen, wenn mehr und mehr Hochqualifizierte zusammenkommen. Dazu bedarf es nicht einmal mehr der Unterstützung durch Solows rätselhaftes exogenes Produktivitätswachstum.

Die Befreiung vom Gesetz abnehmender Ertragszuwächse auf der Ebene einer ganzen nationalen Volkswirtschaft hilft uns auch zu erklären, warum kaum Kapital nach Indien fließt. In Romers Welt ist der Kapitalertrag in Indien ungefähr genauso hoch wie in den Vereinigten Staaten, obwohl es in Indien viel weniger Kapital gibt, weil das Standardgesetz der abnehmenden Ertragszuwächse, das im Solow-Modell Indien hilft, durch den schnelleren Fluss von Ideen in reicheren Volkswirtschaften ausgeglichen wird. Die Frage ist, ob das nur ein raffinierter intellektueller Schachzug ist, eine beruhigende Geschichte, oder ob die Kraft, die Romer herausstreicht, in der Welt tatsächlich eine große Rolle spielt.

## Wachstumsgeschichten

Bevor wir uns dieser Frage zuwenden, lohnt es sich, auf etwas hinzuweisen, was dem aufmerksamen Leser vielleicht bereits aufgefallen ist: Sobald wir über die Theorie des Wirtschaftswachstums sprechen, werden die Ausführungen viel abstrakter. Sowohl Solow als auch Romer erzählen *Geschichten* darüber, was mit ganzen Volkswirtschaften über längere Zeiträume geschieht. Zu diesem Zweck reduzieren sie eine unglaubliche Menge an Komplexität in der realen Welt auf so wenige Bausteine wie möglich. Solow zum Beispiel weist der Idee gesamtwirtschaftlich abnehmender Ertragszuwächse eine zentrale Rolle zu. Romer stellt die Bedeutung des Flusses von Ideen zwischen Unternehmen heraus, aber die Ideen selbst bekommen wir nie zu sehen, sondern nur ihren angeblichen Nutzen auf der Ebene der gesamten Volkswirtschaft. Angesichts der immensen Vielfalt an Berufen, Unternehmen und Humankapital, die eine Volkswirtschaft ausmachen, ist es sehr schwer, diese allgemeinen Konzepte mit konkreten Inhalten zu füllen (ganz zu schweigen von der Frage, was ihnen in der empirischen Welt genau entspricht). Solow will, dass wir darüber nachdenken, was in einer Volkswirtschaft geschieht, wenn das ihr zur Verfügung stehende Gesamtkapital ansteigt. Aber in der Regel häufen nicht Volkswirtschaften Kapital an, sondern Individuen. Anschließend entscheiden sie, was sie mit dem Kapital tun wollen: ob sie es ausleihen, eine neue Bäckerei gründen, ein Haus kaufen und so weiter. Jede einzelne dieser Entscheidungen ändert vieles; die Immobilienpreise steigen womöglich, die Brotpreise mögen sinken, es wird vielleicht schwerer, gute

Konditormeister zu bekommen. Solow will diese ganze Komplexität auf *eine* Veränderung zurückführen: die Veränderung der Verfügbarkeit von Arbeit(-skräften) im Verhältnis zu Kapital. In ähnlicher Weise kommt es zu weitreichenden Veränderungen, wenn Hightech-Fachkräfte in großer Zahl in eine Stadt ziehen – man bekommt einerseits besseren Espresso, aber andererseits werden viele Bewohner mit niedrigem Einkommen aus der Stadt gedrängt –, und doch stellt Romer lediglich auf einen Schlüsselfaktor ab: den Austausch von Ideen. Sowohl Romer als auch Solow mögen mit ihren Mutmaßungen über die ausschlaggebenden Faktoren durchaus richtig liegen, aber ihre Abstraktionen lassen sich kaum eindeutig auf die reale Welt abbilden.

Schlimmer noch: Die Daten, die bislang immer unsere wichtigste Stütze gewesen sind, helfen uns hier nicht viel weiter. Weil sich die Theorien auf ganze Volkswirtschaften beziehen, müssen unsere Tests verschiedene Volkswirtschaften (Länder beziehungsweise bestenfalls Städte) statt einzelne Unternehmen oder Menschen vergleichen. Wie wir in dem Kapitel über den Außenhandel darlegten, ist dies immer eine Herausforderung, weil Volkswirtschaften sich in vielfältiger Weise voneinander unterscheiden, sodass man sie kaum miteinander vergleichen kann.

Aber selbst wenn wir aus dem Vergleich ganzer Volkswirtschaften Schlüsse ziehen wollten, ist unklar, welche Erkenntnisse wir auf diese Weise erlangten. Nehmen wir die Idee abnehmender Ertragszuwächse bezogen auf die gesamte Volkswirtschaft. Wir wollen herausfinden, ob Kapital in einem Land, das auf längere Sicht über etwas zusätzliches Kapital verfügt, weniger produktiv ist. Das Problem besteht abermals darin, dass nicht Länder, sondern Individuen Kapital anhäufen. Diese Individuen investieren das Kapital dann vielleicht in Unternehmen. Diese Unternehmen kaufen Maschinen und Gebäude und so weiter und versuchen dann, Arbeiter einzustellen, um ihr neu installiertes Sachkapital zu nutzen. Dies verstärkt den Wettbewerb auf dem Arbeitsmarkt, und es zwingt die Unternehmen dazu, sich mit weniger Arbeitern zu begnügen, als sie eigentlich benötigen. Dies drückt die Kapitalproduktivität. Nehmen wir nun an, wir beobachteten, dass ein Zustrom von Kapital die Kapitalproduktivität verringerte. Wie können wir sicher sein, dass dies aus dem Grund geschehen ist, den Solow anführt? Schließlich könnte es sein, dass das Kapital am falschen Ort investiert wurde und aus diesem Grund unproduktiv war. Oder es wurde überhaupt nicht investiert. Wenn es in der richtigen Art und Weise investiert worden wäre, würde die Kapitalrendite tatsächlich steigen (und nicht sinken, wie es Solow behauptet).

Schließlich beziehen sich viele Behauptungen der Wachstumsökonomie auf langfristige Veränderungen. Auf lange Sicht verlangsamt sich das Wachstum in der Solow-Welt, nicht dagegen in der Romer-Welt. Aber wie lang ist lang genug? Genügt es, eine Abschwächung zu beobachten? Oder könnte es sich dabei um eine vorübergehende »Delle« handeln, sozusagen eine kurze Pechsträhne, die schon bald vorbei sein wird?

Obschon wir uns also bemühen, die besten empirischen Belege für diese Theorien zusammenzutragen, werden wir letztlich kein wirklich belastbares Ergebnis erhalten. Wir haben bereits gesehen, dass sich Wachstum nur schwer messen lässt. Noch schwerer lässt sich herausfinden, was Wachstum antreibt, und daher eine »Wachstumspolitik« definieren und umsetzen. In Anbetracht dessen stehen wir auf dem Standpunkt, dass es für die Wirtschaftswissenschaftler möglicherweise an der Zeit wäre, ihre Fokussierung auf das Thema Wachstum aufzugeben. Die wichtigste Frage in reichen Ländern lautet nicht, wie sich ihr Reichtum noch weiter steigern lässt, sondern wie sich die Lebensqualität ihrer Durchschnittsbürger verbessern lässt. Den Entwicklungsländern, wo das Wachstum mitunter durch eklatante Verstöße gegen die ökonomische Logik gebremst wird, können wir vielleicht ein paar nützliche Ratschläge geben, aber auch diese sind, wie wir sehen werden, sehr begrenzt.

## Die 1-Million-Dollar-Fabrik

Das zentrale Element von Romers optimistischem Narrativ sind *Übertragungseffekte (spillovers):* die Idee, dass Kompetenzen aufeinander aufbauen und dass selbst Hochqualifizierte noch einmal deutlich produktiver werden, wenn man sie an einem Ort mit ihresgleichen zusammenbringt. Die hochqualifizierten Fachkräfte im Silicon Valley jedenfalls sind fest davon überzeugt. Viele Regionen Kaliforniens sind landschaftlich reizvoller als das Silicon Valley, und die meisten sind billiger. Warum wollen sich Unternehmen trotzdem hier ansiedeln? Bundesstaaten und Städte in den Vereinigten Staaten und andernorts versuchen, Unternehmen mit hohen Subventionen anzulocken. Im September 2017 gewährte Wisconsin dem Unternehmen Foxconn Steuernachlässe in Höhe von mindestens 3 Milliarden Dollar, damit es dort 10 Milliarden Dollar in eine LCD-Fertigungsstätte investiert.[307] Dies sind 200 000 Dollar für jeden Arbeitsplatz, den Foxconn zu schaffen versprach. In gleicher Weise erhielt Panasonic über 100 Millionen Dollar, um seine Nordamerika-Zentrale nach Newark, New Jersey, zu verlegen (125 000 Dollar pro Arbeitsplatz), und Electrolux erhielt Steuernachlässe in Höhe von 180 Millionen Dollar, um eine neue Fabrik in Memphis, Tennessee, zu eröffnen (150 000 Dollar pro Arbeitsplatz).[308] Das jüngste Beispiel dieses Wettstreits war das in aller Öffentlichkeit ausgetragene Gerangel um den Standort für die zweite Konzernzentrale von Amazon, HQ2. Amazon erhielt Standort-Angebote von 238 Kommunen, ehe es sich für Arlington, Virginia, und New York City entschied.[309] Diese 237 oder 238 Städte (je nachdem, ob New York sein Angebot noch zurückzieht oder nicht) glauben fest an Übertragungseffekte.

Offensichtlich tut das auch Amazon. Im Vorfeld der Standortentscheidung für HQ2 erklärte Amazon ausdrücklich seine Präferenz für (unter anderem) »Metropolregionen mit mehr als einer Million

Einwohnern« beziehungsweise »städtische bzw. suburbane Standorte, die in der Lage sind, hochkarätige Fachkräfte anzulocken und zu halten«.[310]

Amazon scheint der Auffassung zu sein, dass es nützlich ist, sich in einem »dichten« Markt zu befinden, einem Markt mit vielen Verkäufern, in diesem Fall vielen Fachkräften, vermutlich weil es hier leichter ist, Arbeitskräfte zu finden, zu binden und zu ersetzen.

Wie Sie sich vielleicht erinnern, ging es in Romers Theorie mehr um den informellen Austausch, der sich spontan ergibt, wenn viele Menschen, die an ähnlichen Fragen arbeiten, räumlich nahe beieinander leben. Es gibt einige Belege für solche Übertragungseffekte. Wir wissen zum Beispiel, dass Erfinder häufiger Patente von anderen Erfindern in derselben Stadt zitieren, was darauf hindeutet, dass sie diese mit höherer Wahrscheinlichkeit zur Kenntnis nehmen.[311]

Eine Variante von Romers Hypothese, die nicht nur speziell für das Silicon Valley und dessen Nachahmer gilt, lautet, dass die Anwesenheit von Menschen mit höherem Bildungsstand alle anderen produktiver macht. Allerdings sind die Belege für die Hypothese, dass wir alle deshalb produktiver werden, weil wir hochgebildete Menschen um uns herum haben, nicht überwältigend. Wir beobachten, dass in Städten mit einem höheren Anteil von Gebildeten alle Arbeitskräfte mehr verdienen, aber dies könnte unterschiedlichste Ursachen haben. Städte mit mehr gebildeten Einwohnern locken vielleicht auch mehr Firmen an, die höhere Löhne zahlen (Hightech-Unternehmen, ertragsstärkere Unternehmen, Unternehmen, die der Arbeitsqualität ein größeres Gewicht beimessen, usw.) und die durch die Aussicht angelockt werden, hier leichter die passenden Mitarbeiter zu finden. Das Problem besteht darin, Fälle zu finden, wo das Bildungsniveau der Bevölkerung insgesamt erheblich ansteigt, ohne dass sich zur gleichen Zeit andere Dinge (politische und rechtliche Rahmenbedingungen, Investitionen usw.) ändern.

Dagegen gibt es eindeutige Belege dafür, dass Städte insgesamt von einer großen Investition profitieren. Michael Greenstone, Rick Hornbeck und Enrico Moretti (der Autor des Buches *The New Geography of Jobs*,[312] der dort die These vertritt, Übertragungseffekte seien der Grund dafür, dass Städte wachsen und ländliche Regionen nicht) stellten sich die Frage, ob Städte insgesamt davon profitieren, wenn ein namhaftes Unternehmen eine größere Betriebsstätte eröffnet, vergleichbar dem HQ2 von Amazon.[313] Um diese Frage zu beantworten, verglichen sie in ihrer Studie die Gewinner von Bietergefechten zur Ansiedlung von Unternehmen mit den Zweitplatzierten. Sie stellten fest, dass die TFP der bereits in den Gewinner-Countys ansässigen Betriebe stark anstieg – die TFP war fünf Jahre nach Ansiedlung der Betriebe in den Gebieten, die den Zuschlag für das Werk erhielten, 12 Prozent höher als in den Gebieten, die leer ausgingen. Das jeweilige County erzielte dadurch Mehreinnahmen in Höhe von 430 Millionen Dollar pro Jahr. Sowohl die Löhne als auch der Beschäftigungsstand stiegen. In vielen Fällen wissen wir nicht, wie viel der Bundesstaat oder die Stadt ausgab, um den Zuschlag für ein Werk zu erhalten, aber wir haben einige Beispiele. So betrugen im Fall des BMW-Werks, bei dem sich schließlich Greenville-Spartanburg, South Carolina, gegen Omaha, Nebraska, durchsetzte, die angebotenen Subventionen 115 Millionen Dollar. Wenn sich in der jeweiligen Stadt die TFP um die durchschnittlichen 12 Prozent erhöhte, hatte sich diese Investition durchaus gelohnt. Dies war auch das Argument, das in New York City zugunsten der Subventionen für Amazon vorgebracht wurde: Es sei eine Investition, die sich auszahle.[314]

Eine andere Möglichkeit, Unternehmen an einen bestimmten Standort zu locken, besteht darin, eine bedarfsgerechte Infrastruktur aufzubauen. Dies hat die Tennessee Valley Authority (TVA) in dem Zeitraum 1930–1960 für Tennessee und die angrenzenden Bundesstaaten getan, indem sie mit öffentlichen Geldern Straßen, Dämme, Wasserkraftwerke und so weiter errichtete. Dem lag die Annahme zugrunde, die gute Infrastruktur werde Unternehmen anlocken, die wiederum eine Sogwirkung auf andere Unternehmen ausüben würden, und so weiter. Jane Jacobs, eine der einflussreichsten amerikanischen Stadtplanerinnen des 20. Jahrhunderts, war skeptisch. Sie schrieb im Jahr 1984 einen Aufsatz mit dem prägnanten Titel »Why TVA Failed« (Warum die TVA scheiterte) darüber.[315]

Aber sie ist nicht gescheitert. Enrico Moretti und ein Kollege verglichen die TVA-Region mit sechs anderen Gebieten, bei denen zunächst davon ausgegangen wurde, dass sie die gleichen Infrastrukturinvestitionen erhalten würden, die dann jedoch aus unterschiedlichen politischen Gründen unterblieben. Sie stellten fest, dass die TVA-Countys zwischen 1930 und 1960 sowohl in der Landwirtschaft als auch im verarbeitenden Gewerbe im Unterschied zu dieser Vergleichsgruppe Beschäftigungszuwächse verzeichneten. Zwar verschwanden diese Zuwächse in der Landwirtschaft, sobald die externe Finanzierung für das Programm im Jahr 1960 auslief, aber die Beschäftigungszunahme im verarbeitenden Gewerbe hielt an und intensivierte sich sogar noch bis zum Jahr 2000. Dies steht in Einklang mit der gängigen Sichtweise, dass Übertragungseffekte im verarbeitenden Gewerbe stärker zu Buche schlagen als in der Landwirtschaft. Die Effekte sind beachtlich; die Autoren schätzen, dass die Region aufgrund der TVA-Infrastrukturinvestitionen langfristig 6,5 Milliarden Dollar mehr einnehmen wird, als diese kosteten.[316]

Bedeutet dies, dass Länder durch Förderung der regionalen Entwicklung die Voraussetzungen für dauerhaft höheres Wachstum schaffen können, vielleicht sogar in mehreren Regionen gleichzeitig? Dies ist aus zwei Gründen nicht der Fall. Erstens reicht es nicht aus, dass die Unternehmen von der anfänglichen Investition profitieren. Ihre Gewinne müssen so hoch sein, dass sie die üblichen Kräfte, die das Wachstum verlangsamen, überwinden: den Mangel an Boden, Arbeitskräften allgemein und Fachkräften insbesondere. Moretti schätzt, dass eine zehnprozentige Veränderung des Beschäftigungsstands in der

Gegenwart das zukünftige Beschäftigungsniveau um 2 Prozent erhöht, was nicht ausreicht, um langfristig nachhaltiges Wachstum zu erzeugen; der ursprüngliche Schub würde recht schnell verpuffen.[317]

Zweitens unterscheidet sich Wachstum in einer Region von nationalem Wachstum, weil es zum Teil auf der Kannibalisierung des Wachstums im Rest der Volkswirtschaft beruhen kann; das heißt, Kapital, Kompetenzen und Arbeitskräfte werden aus anderen Gebieten abgezogen. Die Städte, in denen sich Amazon schließlich ansiedelt, werden wachsen, aber dies wird zum Teil zulasten anderer amerikanischer Städte gehen. Moretti vermutet, dass die beiden Effekte sich auf lange Sicht gegenseitig ausgleichen, mit dem Ergebnis, dass das nationale Wachstum mehr oder minder unbeeinflusst bleibt.[318]

Nach Auswertung aller einschlägigen Publikationen gelangt Moretti zu dem Schluss, dass die regionale Entwicklung wahrscheinlich nicht der Hebel ist, der uns helfen wird, das Ende des Wachstums zu vermeiden.[319] Möglicherweise ist seine Einschätzung etwas zu pessimistisch, aber die Warnung ist zweifellos berechtigt. Während es für eine einzelne Stadt sinnvoll sein kann, Arbeitsplätze von einer anderen Stadt wegzulocken, dürfte ein Land als Ganzes davon kaum profitieren, es sei denn, es ist ein sehr kleines Land (der Stadtstaat Singapur zum Beispiel), das auf Kosten anderer wachsen kann.

## Charter Cities

Allerdings sollte man nicht unerwähnt lassen, dass diese empirischen Belege überwiegend aus den Vereinigten Staaten und Europa kommen. Es könnte durchaus sein, dass es sich für die Entwicklungsländer in dieser Hinsicht ganz anders verhält. In den meisten dieser Länder ist eine qualitativ hochwertige urbane Infrastruktur weitaus stärker in einigen wenigen Städten konzentriert, und man könnte mit guten Gründen dafür plädieren, sowohl mehr »qualitativ hochwertige«

Städte zu bauen, als auch die wenigen existierenden Großstädte lebenswerter zu machen, um das Wirtschaftswachstum zu fördern. Dies ist auch ein Schwerpunkt der Programme der Weltbank. So wird in einem Bericht über die Urbanisierung in Indien aus dem Jahr 2016 die »chaotische« und »verborgene« Urbanisierung betont, die von Slums und Zersiedelung geprägt sei.[320] Die Städte wachsen hauptsächlich in horizontaler Richtung, indem sie sich über ihre formalen Grenzen hinaus ausdehnen, statt in vertikaler Richtung, durch höhere und qualitativ bessere Gebäude. Insgesamt leben in Südasien 130 Millionen Menschen (mehr als die Einwohnerzahl Mexikos) in informellen urbanen Siedlungen. Die Entfernungen sind weit, die Verkehrsinfrastruktur ist katastrophal und die Umweltverschmutzung eine ernste Gesundheitsgefahr. Dies erschwert es, Talente in Städte zu locken, und es begrenzt auch die Effektivität von Städten als Orten der Produktion und des Austauschs. Bessere Städte könnten den Ländern vielleicht völlig neue Wachstumschancen eröffnen, ohne anderen inländischen Regionen Wachstumspotenzial wegzunehmen.

Romers wissenschaftliches Interesse galt einige Jahre lang (bereits vor seiner kurzen und »holprigen« Amtszeit als Chefvolkswirt der Weltbank) vor allem den Städten in der Dritten Welt. Und sie bilden nach wie vor einen Schwerpunkt seiner Forschungstätigkeit. Er rät diesen Ländern, Städte zu bauen, die kreative Menschen anlocken, die durch wechselseitige geistige Anregung neue Ideen hervorbringen. Städte, die wirtschaftsfreundlich, aber auch sehr lebenswert wären – Shenzhen ohne die Umweltverschmutzung und den Verkehr. Er war so sehr von seiner Idee überzeugt, dass er eine gemeinnützige Denkfabrik gründete, die bei der Errichtung von »Charter Cities«, wie er diese Städte nannte, helfen sollte – ungewöhnlich für einen erfolgreichen Wissenschaftler. Dabei würde es sich um riesige abgeschirmte Enklaven handeln (Romer schweben Hunderte dieser Städte rund um den Globus vor, die jeweils schließlich mindestens eine Million Menschen beherbergen sollten), die nach romerschen Regeln funktionieren würden, und dies innerhalb von Nationen, in denen andere Regeln gelten würden. Es würde ein Vertrag geschlossen, in dem sich die nationale Regierung bereit erklärte, der Regierung eines Drittlands – eines Industrielands – die Hoheitsgewalt zur Durchsetzung dieser Regeln zu übertragen. Bislang hat die Idee nur einen Interessenten gefunden, die Regierung von Honduras, die Pläne für die Errichtung von bis zu zwanzig Zonen für Beschäftigung und wirtschaftliche Entwicklung (ZEDEs) erarbeitete. Obwohl das Konzept der honduranischen Regierung angeblich von Romers Ideen inspiriert wurde, schien es leider eher den Bananen-Enklaven zu entsprechen, welche die United Fruit Company und ihre Wettbewerber in der ersten Hälfte des 20. Jahrhunderts betrieben und in denen das Wort des Unternehmens Gesetz war. Die honduranische Regierung wich von Anfang an von dem romerschen Konzept ab, als sie beschloss, in den Enklaven nicht die Autorität der Regierung eines Drittlandes zu akzeptieren. Es zeigte sich schließlich, dass die Regierung von Honduras mehr an Romers Name und Ruhm als an seinem Rat interessiert war, und als sie einen Vertrag mit einem amerikanischen Unternehmer unterzeichnete, der die ZEDEs offenkundig nach den Grundsätzen eines völlig unregulierten Kapitalismus entwickeln wollte, zog sich Romer zurück. Diese Begebenheit zeigt, dass Charter Cities wohl kaum der Schlüssel für nachhaltiges Wachstum in Entwicklungsländern sind, aus dem ganz einfachen Grund, dass die innenpolitischen Verwerfungen, von denen die Enklaven verschont werden sollen, sich nicht wirklich aussperren lassen.

## Schöpferische Zerstörung

Fassen wir die vorherigen Abschnitte zusammen: Regionale Übertragungseffekte scheinen durchaus zu existieren, aber nach den begrenzten empirischen Daten zu urteilen, über die wir verfügen, sind sie wahrscheinlich nicht stark genug, um das Wachstum auf nationaler Ebene aufrechtzuerhalten. Romer, der dies vielleicht vorhersah, hatte ein zweites Erklärungsmodell im Ärmel; in diesem Narrativ wird Wachstum von Firmen angetrieben, die neue Ideen entwickeln, aus denen produktivere Technologien hervorgehen.[321]

Romer beschrieb eine Kraft, die dafür sorgte, dass sich Technologien fortwährend verbessern, und dies in höherem Maße in Ländern, die eine innovationsfreundliche Politik betreiben. Anders als in der Solow-Welt wäre der technologische Fortschritt keine rätselhafte Kraft mehr, über die wir keine Kontrolle hätten.

Um ein Modell zu konstruieren, in dem es fortlaufend Innovation und ungezügeltes Wachstum gibt, benötigte Romer eine Kraft, die ein Gegengewicht zu dem bildet, was jeder Wissenschaftler und Ingenieur weiß: Je mehr Dinge bereits in der Vergangenheit erfunden worden sind, umso schwieriger ist es, eine originelle Idee zu finden. Zu diesem Zweck nahm Romer an, dass neue Ideen, sobald sie produziert worden sind, frei verfügbar werden, sodass andere darauf aufbauen können. Wissen wird übertragen. Auf früheren Ideen aufbauen zu können, hat für den neuen Erfinder der Vorteil, dass er auf den Schultern von Riesen steht. Der Erfinder muss die frühere Erfindung lediglich optimieren, nicht etwas völlig Neues erfinden. Auf diese Weise kann der Wachstumsprozess ungebrochen weitergehen.

Romer ist ein echter Optimist, was vielleicht darin zum Ausdruck kommt, dass er tatsächlich glaubte, er könne sein Charter-City-Projekt vollständig gegen die berüchtigten politischen Grabenkämpfe in Honduras abschotten. Den gleichen Optimismus atmet seine Konzeption des Innovationsprozesses. In seiner Welt werden neue Ideen wie der Duft von Rosen von einem leichten sommerlichen Wind herangetragen.

In der realen Welt scheint die Produktion neuer Ideen eine viel heiklere Angelegenheit zu sein. Viele marktfähige Ideen werden von Unternehmen produziert, und Unternehmen neigen dazu, ihre

Entdeckungen eifersüchtig zu hüten. Pharmahersteller und Software-Firmen zum Beispiel tun viele – legale und bisweilen weniger legale – Dinge, um neue Ideen zu erwerben und die Kontrolle darüber zu behalten. Industriespionage ist heute ein bedeutender globaler Wirtschaftszweig, und das Gleiche gilt für ihren Gegenpart, das Patentgesetz. In einem klassischen Aufsatz, der ein paar Jahre nach Romers Arbeit erschien, behaupteten Philippe Aghion und Peter Howitt, dass innovationsgetriebenes Wachstum auch unter diesen Bedingungen eines erbitterten Wettbewerbs möglich sei.[322] Unter den Rahmenbedingungen ihres Modells betreiben Unternehmen weniger aus dem Wunsch nach Wissen Innovation als vielmehr aus dem Bestreben, ihre Wettbewerber auszustechen. Dennoch werden weiterhin neue Ideen produziert, solange der Patentschutz es nicht völlig unmöglich macht, auf vergangenen Ideen aufzubauen.

Dieser Perspektivwechsel hat Folgen. In der Romer-Welt ist Innovation ein Geschenk der Innovatoren an die Welt. Sie verdienen ein bisschen Geld, aber das, was die Wirtschaft im Gegenzug erhält, ist ungleich wertvoller, weil zukünftige Generationen kostenlos darauf aufbauen können. Folglich will gerade Romer, dass wir uns größte Mühe geben, um die besten Rahmenbedingungen für Innovatoren zu schaffen – niedrige Steuern auf Gewinne und Kapitalerträge, Förderung von Inkubatoren und Innovationszellen, Patente, die die Rechte von Innovatoren so lange wie möglich schützen, und so weiter.

Aghion und Howitt haben eine viel weniger romantische Sicht auf Innovatoren. Interessanterweise ist Aghion einer der wenigen Ökonomen, die die Gelegenheiten hatten, den Innovationsprozess aus unmittelbarer Nähe zu beobachten. Seine Mutter, die einer französischsprachigen jüdischen Familie entstammte, gründete Anfang der 1950er-Jahre, nachdem sie ihre ägyptische Heimat hatte verlassen müssen und nach Frankreich übergesiedelt war, die Designermarke Chloé. Die Jahre, in denen Chloé vom Namen einer Schneiderwerkstatt zu einer globalen Damen-Modemarke aufstieg, waren genau die

Jahre, in denen Philippe heranwuchs. Trotzdem sieht Aghion im Anschluss an Joseph Schumpeter (den in der Mitte des 20. Jahrhunderts in Harvard lehrenden Wirtschaftswissenschaftler und außergewöhnlichen Aufschneider)[323] Innovation als einen Prozess der *schöpferischen Zerstörung* an: Jede Innovation beinhalte sowohl die Schaffung des Neuen als auch die Zerstörung des Alten.[324] In seiner Welt herrscht manchmal das Schöpferische vor, während zu anderen Zeiten das Zerstörerische herrscht; Neuheiten werden nicht deshalb geschaffen, weil sie nützlich sind, sondern weil sie das bestehende Patent von jemandem zu Fall bringen. Daher könnte es sich als Bumerang erweisen, die Anreize für Innovationen zu erhöhen. Innovatoren könnten befürchten, dass das Zeitintervall zwischen dem Moment, in dem sie den früheren Patentinhaber verdrängen, und dem unschönen Moment, in dem sie ihr Patent an jemand anderen verlieren, frustrierend kurz ist. Patentschutz ist wichtig, um Menschen Innovationsanreize zu geben, doch es kann leicht passieren, dass man zu viel des Guten tut und so den etablierten Unternehmen erlaubt, sich auf ihren Lorbeeren auszuruhen. Stattdessen bedarf es eines ausgewogenen Verhältnisses zwischen dem Schutz originärer Neuinnovation und der Möglichkeit, die Ideen von anderen zu übernehmen.

## Runter mit den Steuern

Sie werden sich daran erinnern, dass Ökonomen wie Lucas unter anderem deshalb unzufrieden mit dem Solow-Modell waren, weil es einem beflissenen Politiker keinerlei Handlungsempfehlungen gab. Das Modell Romers tut dies sehr wohl. Praktischerweise ist der Rat nicht besonders revolutionär. So muss für Romer insbesondere der Staat endlich damit aufhören, Anreize zu harter Arbeit und zur Erfindung der neuen Technologien, die alle Arbeitnehmer produktiver machen würden, zu unterdrücken. Mit anderen Worten, er muss Steuern senken.

Romer ist ein Anhänger der Demokratischen Partei. Oder zumindest sagt uns dies die Gerüchteküche der ökonomischen Fachgemeinde. Sein Vater, der Gouverneur von Colorado war, war ebenfalls ein Demokrat. Aber die Vorstellung, dass niedrige Steuern das langfristige Wachstum anregen können, indem sie Innovation fördern, erfreut sich bei den US-Republikanern seit Langem größter Beliebtheit. Von Reagan bis Trump haben republikanische Politiker durchweg Steuersenkungen versprochen, und sie haben dies immer damit begründet, diese würden das Wachstum ankurbeln. Niedrige Spitzensteuersätze seien notwendig, weil Leute wie Bill Gates einen Anreiz benötigten, um hart zu arbeiten, kreativ zu sein und das nächste Microsoft zu erfinden, dessen Produkte uns alle noch produktiver machen werden.

So war es nicht immer. Die Spitzensteuersätze lagen im Zeitraum 1936–1964 bei über 77 Prozent und in der Hälfte dieses Zeitraums bei über 90 Prozent, überwiegend in den 1950er-Jahren unter einer republikanischen Regierung, die deutlich rechts der Mitte angesiedelt war. Der Spitzensteuersatz wurde 1965 von einer eher linksgerichteten demokratischen Regierung auf 70 Prozent herabgesetzt, und seither ist er auf Mitte 30 Prozent gesunken. Jede republikanische Regierung hat versucht, ihn noch weiter zu reduzieren, und jede demokratische Regierung hat versucht, ihn ein wenig zu erhöhen, wenn auch immer mit großer Verzagtheit. Interessanterweise ist der Vorschlag eines Spitzensteuersatzes von über 70 Prozent im Jahr 2018 zum ersten Mal seit über 50 Jahren bei den Demokraten wieder auf eine gewisse Resonanz gestoßen.

Doch wenn man sich die Wachstumsraten seit den 1960er-Jahren ansieht, wird deutlich, dass die von Reagan eingeleitete Ära niedriger Steuern nicht das versprochene höhere Wachstum brachte. Zu Beginn der Regierungszeit Reagans kam es zu einer Rezession, gefolgt von einer Aufholphase, als sich die Wachstumsrate wieder normalisierte. Während der Clinton-Jahre lagen die Wachstumsraten etwas höher, anschließend gingen sie zurück. Bei langfristiger Betrachtung (dem gleitenden Zehnjahresdurchschnitt, der die konjunkturellen Schwankungen mittelt) zeigt sich, dass das Wirtschaftswachstum seit 1974 relativ stabil zwischen 3 und 4 Prozent lag. Es gibt keine Anhaltspunkte dafür, dass die Reagan'schen Steuersenkungen oder die Erhöhung des Spitzensteuersatzes unter Clinton oder die Steuersenkungen unter Bush die langfristige Wachstumsrate in irgendeiner Weise beeinflusst hätten.[325]

Der Republikaner Paul Ryan, der ehemalige Sprecher des Repräsentantenhauses, wies allerdings darauf hin, dass es auch keinen Gegenbeweis gebe. Viele andere Dinge seien zur gleichen Zeit geschehen. Ryan setzte einem Journalisten akribisch auseinander, warum all diese Dinge zusammengenommen den Eindruck erweckten, Steuererhöhungen seien etwas Gutes und Steuersenkungen etwas Schlechtes:

> Ich würde nicht sagen, dass Korrelation Kausalität bedeutet. Ich würde sagen, Clinton profitierte vom Produktivitätsboom im Technologiesektor, der enorm war. Auch wurden in den Clinton-Jahren Handelshemmnisse abgebaut. Dann kam ihm die Friedensdividende zugute. ... Dagegen musste die Wirtschaft in den Bush-Jahren das Platzen der Technologieblase, die Anschläge vom 11. September 2001 und die Finanzkrise wegstecken. ... Es lag also nicht nur an der Person, sondern auch an zufälligen Umständen. ... So wie die Keynesianer behaupten, die Wirtschaft wäre ohne das [von Obama unterzeichnete] Konjunkturpaket viel schlimmer dran gewesen, sehen wir es genau andersherum.[326]

Paul Ryan hat in einem Punkt recht. Wenn man nur die Schwankungen im Lauf der Zeit betrachtet, kann man daraus nicht mit Sicherheit folgern, dass die Steuersätze eine ursächliche Wirkung auf das Wachstum ausübten. Es ist möglich, dass es tatsächlich einen Zusammenhang gibt, er wird aber von den vielen anderen Dingen, die sich ereignen, verschleiert. Auch wenn wir die Auswirkungen von Änderungen der Steuersätze zwischen verschiedenen Ländern vergleichen, lässt sich keine eindeutige Korrelation zwischen Wachstumsraten und Steuersätzen feststellen. Es gibt absolut keinen Zusammenhang zwischen dem Ausmaß der Steuerkürzung zwischen den 1960er- und 2000er-Jahren in einem Land und der Veränderung der Wachstumsrate in diesem Land im gleichen Zeitraum.[327]

Innerhalb der Vereinigten Staaten sind auch die Erfahrungen einzelner Bundesstaaten aufschlussreich. Im Jahr 2012 verabschiedete die republikanische Mehrheit im Parlament des Bundesstaats Kansas ein drastisches Steuersenkungsgesetz, mit dem Versprechen, es werde die Konjunktur ankurbeln. Nichts dergleichen geschah. Vielmehr ging der Bundesstaat pleite und musste sein Bildungsbudget zusammenstreichen, die Schulwoche wurde auf vier Tage verkürzt, und Lehrer traten in den Streik.[328]

Eine neuere Studie der Booth School of Business der Universität Chicago (kein Ort, der bekannt für sozialistische Tendenzen wäre) wendet einen raffinierten Trick an, um die Frage zu beantworten, ob Steuersenkungen, von denen die Reichen profitieren, einen größeren oder geringeren Wachstumseffekt haben als Steuersenkungen für die übrigen Steuerpflichtigen. Verschiedene Bundesstaaten haben sehr unterschiedliche Einkommensverteilungen, und daher sollten Steuersenkungen für die Reichen für verschiedene Bundesstaaten sehr unterschiedliche Folgen haben. So hat etwa Connecticut viel mehr vermögende Einwohner als Maine. Anhand der 31 Steuerreformen seit dem Zweiten Weltkrieg zeigte die Studie, dass Steuersenkungen zugunsten der obersten 10 Prozent nicht zu einem nennenswerten Anstieg von Beschäftigung und Einkommen führten, während Steuersenkungen für die restlichen 90 Prozent dies sehr wohl taten.[329]

Auch die Frage, ob Hocheinkommensbezieher bei höheren Steuersätzen weniger leistungsbereit sind, lässt sich direkt untersuchen. Diese Frage lässt sich sogar viel präziser beantworten als diejenige nach den Effekten auf das gesamtwirtschaftliche Wachstum, weil Steuerreformen sich auf verschiedene Personengruppen unterschiedlich auswirken. Daher kann man die Verhaltensänderungen bei Menschen, die mehr oder weniger stark betroffen sind, vergleichen. Zwei der angesehensten Experten auf diesem Gebiet, Emmanuel Saez und Joel Slemrod, fassen die Ergebnisse der sehr umfangreichen Forschungsliteratur folgendermaßen zusammen: »Es gibt bislang keine überzeugenden Belege für *nennenswerte* wirtschaftliche Effekte von Änderungen der Steuersätze an der Spitze der Einkommensverteilung.«[330]

Mittlerweile scheint die große Mehrheit der Wirtschaftswissenschaftler der einhelligen Auffassung zu sein, dass niedrige Steuern für Spitzenverdiener allein noch keinen Wachstumsschub garantieren. Dies bestätigt auch die Stellungnahme des IGM-Booth-Expertengremiums aus Topökonomen zur Trump'schen Steuersenkung von 2017. Die Steuerreform beinhaltet tiefe und dauerhafte Steuersenkungen für Unternehmen, einschließlich einer Herabsetzung des Körperschaftssteuersatzes von 35 auf 21 Prozent. Das Gesetz legt zudem einen neuen Spitzensteuersatz für die reichsten Amerikaner fest (37 Prozent statt wie bisher 39,6 Prozent), hebt die Einkommensschwelle für den Spitzensteuersatz an und schafft die Nachlasssteuer für Nachlasssummen unter 10 Millionen Dollar ab. Für die übrigen Steuerpflichtigen fallen die Steuersenkungen viel geringer aus, und die meisten davon gelten nur befristet. Der Aussage: »Wenn die USA ein Steuergesetz verabschieden, ähnlich demjenigen, das gegenwärtig im Repräsentantenhaus und im Senat beraten wird – und unter der Annahme, dass es keine weiteren Änderungen des Steuergesetzes oder der Ausgabenpolitik gibt –, wird das US-amerikanische BIP in zehn Jahren erheblich höher sein, als wenn der Status quo fortbestünde«, stimmte nur ein Experte zu, und 52 Prozent stimmten ihr eher nicht beziehungsweise überhaupt nicht zu (die übrigen waren sich nicht sicher oder antworteten nicht).[331]

Ungeachtet dieser klaren Mehrheitsmeinung ging das US-Finanzministerium in einem Memo über die fiskalischen Auswirkungen des Gesetzes (ohne nähere Begründung) davon aus, dass die Steuersenkungen die jährliche Wachstumsrate um 0,7 Prozent erhöhen würden.[332] Wie konnte das Ministerium mit einer Behauptung davonkommen, die nichts mit einer seriösen Vorhersage zu tun hatte? Man könnte darauf antworten, dass es nicht der einzige Fall war, in dem die Regierung zur Begründung einer Entscheidung etwas Unwahres behauptete. Aber wir vermuten, dass die Öffentlichkeit der Regierung die Behauptung, dass Steuersenkungen für die Wohlhabenden zu Wirtschaftswachstum führten, deshalb so leichtgläubig abnahm, weil sie diese Botschaft seit vielen Jahren immer wieder gehört hatte, auch von vielen prominenten Wirtschaftswissenschaftlern einer früheren Ära. In jener Zeit mangelte es an empirischen Daten, und man argumentierte gern mit »Grundprinzipien«, die intuitiv einleuchtend sein mochten, tatsächlich aber ohne Datenbasis in der Luft hingen. Die Wiederholung dieses Mantras durch Generationen seriöser Wirtschaftswissenschaftler hat ihm die einschläfernde Vertrautheit eines Wiegenlieds gegeben. Wir hören es noch immer von einer Schar von Wirtschaftsexperten, die sich weiterhin nicht um die Daten scheren. Es ist heute geradezu ein Glaubenssatz geworden, den jeder vernünftig denkende Mensch für wahr hält. Als wir in unserer Umfrage Personen eine ähnliche Frage stellten, wie sie dem IGM-Booth-Expertengremium gestellt worden war, stimmten 42 Prozent der Befragten der Aussage, Steuersenkungen würden innerhalb von fünf Jahren das Wachstum erhöhen, eher beziehungsweise uneingeschränkt zu (was nur einer der Ökonomen getan hatte). 20 Prozent der von uns Befragten stimmten eher oder überhaupt nicht zu.

Es war auch nicht hilfreich, dass neun konservative Professoren der Volkswirtschaftslehre – überwiegend Persönlichkeiten mit solidem Ruf, aber auch Teil dieser älteren Generation – in einem Brief der Regierung ihre Unterstützung zusicherten; sie behaupteten, das Wachstum werde angekurbelt und »langfristig werde das BIP um knapp über 3 Prozent ansteigen, was 0,3 Prozent pro Jahr über zehn Jahre entspricht«.[333] Es wurde umgehend kritisiert, dass auch dieser Brief mit »Grundprinzipien« argumentierte und auf einer sehr selektiven Lektüre der empirischen Literatur basierte.[334] Er stimmte jedoch so sehr mit dem überein, was die Öffentlichkeit und die Presse von Ökonomen erwarten, dass er sich ganz und gar legitim anhörte.

Dies unterstreicht erneut die dringende Notwendigkeit, ideologische Überzeugungen beiseitezulassen und sich für die Dinge einzusetzen, über die unter Ökonomen, ausgehend von den jüngsten Forschungsergebnissen, weitgehende Einigkeit besteht. Wenn wir uns nicht in den politischen Prozess, in dem heute in weiten Bereichen die Unvernunft regiert, einmischen, laufen wir Gefahr, in Bedeutungslosigkeit zu versinken. Daher sei hier klipp und klar festgehalten: Steuersenkungen für die Reichen erzeugen kein Wirtschaftswachstum!

## Heimliche Marktverzerrungen

Während die Steueränderungen wenigstens unter den Augen der Öffentlichkeit stattfinden, vollzieht sich eine weitere grundlegende Transformation der US-Wirtschaft, die sich direkt auf das Wachstum auswirken könnte: die zunehmende Konzentration der ökonomischen Aktivität. Die treibende Kraft des langfristigen Wachstums ist, im Solow- und im Romer-Modell, der technologische Fortschritt. Weil Menschen fortwährend in neue Produkte oder neue, effizientere Produktionsweisen investieren, wächst die TFP und die Volkswirtschaft mit ihr. Doch Aghion und Howitt haben uns daran erinnert, dass Innovation nicht aus dem Nichts entsteht; jemand braucht einen finanziellen Anreiz, um etwas Neues zu erfinden.

Unternehmen, die Innovation betreiben, benötigen Zugang zu Märkten, um ihre Produkte zu verkaufen. Und es gibt einige Anhaltspunkte dafür, dass dies für neue Marktteilnehmer immer schwerer wird. Auf der nationalen Ebene werden die meisten Sektoren (einschließlich des Technologiesektors, aber nicht nur) in zunehmendem Maße von einigen wenigen Unternehmen beherrscht. So heißt es etwa in einem Bericht des Rats der Wirtschaftssachverständigen des Präsidenten aus dem Jahr 2016, dass der Anteil der größten fünfzig Unternehmen an der landesweiten Summe der Umsatzerlöse jedes ihrer Sektoren in den meisten Sektoren zwischen 1997 und 2012 gestiegen ist.[335] Diese Konzentration lässt sich hauptsächlich auf den wachsenden Anteil der »Superstars« zurückführen, der sich nicht zuletzt einer recht großzügigen Haltung der US-Behörden zu Fusionen und Übernahmen verdankt.[336] So hat zum Beispiel der Anteil der vier größten Unternehmen an den gesamten Einnahmen ihres jeweiligen Sektors in sämtlichen Sektoren zugenommen. Im verarbeitenden Gewerbe entfielen 1980 38 Prozent der sektoralen Einnahmen auf die vier größten Unternehmen, während es 2012 schon 43 Prozent waren. Im Einzelhandel hat sich dieser Anteil von 14 auf 30 Prozent mehr als verdoppelt.[337]

Es ist nicht ganz klar, ob diese erhöhte Konzentration den Verbrauchern geschadet hat. In Abhängigkeit von der Datenquelle und den Berechnungsmethoden haben einige Ökonomen enorme Erhöhungen der Aufschläge/Gewinnspannen (die Differenz zwischen dem Verkaufspreis eines Produkts und den Kosten für das Unternehmen, das dieses herstellt) festgestellt, andere taten dies nicht.[338] Den Verbrauchern kam allerdings zugute, dass es im Einzelhandel zwar auf nationaler Ebene, nicht aber auf lokaler Ebene zu einer Konzentration gekommen ist. Wenn Walmart oder andere Megamärkte eine Filiale in einer Stadt eröffnen, verdrängen sie einige Tante-Emma-Läden. Dies bedeutet jedoch nicht, dass der Endverbraucher dadurch schlechtergestellt wird, denn diese Megamärkte bieten eine größere Auswahl zu oftmals niedrigeren Preisen an.[339] Und Amazon hat auf seiner Plattform sogar einen intensiven Wettbewerb zwischen Verkäufern gefördert.[340]

Aber das Problematische an dieser erhöhten Konzentration auf nationaler Ebene besteht in Folgendem: Insoweit sich darin ein abnehmender Wettbewerbsdruck auf diese Giganten widerspiegelt, kann sie die Innovativität tatsächlich verringern, weil sie höhere Schranken für neue Marktteilnehmer errichtet, die durch Innovation eine Branche grundlegend umgestalten würden. In der Logik von Aghion und Howitt regt das Versprechen einer (befristeten) Monopolmacht die Innovationskräfte an, und dieser Innovationsprozess wiederum bringt die neuen Technologien hervor, die über kurz oder lang jeder nutzen kann. Dies verursacht Wachstum. Aber wenn eine unbefristete Monopolstellung garantiert ist, werden sich Innovationstempo und Wachstum möglicherweise verlangsamen; ein Monopolist kann dasitzen und Däumchen drehen und muss nichts Neues erfinden. Gewisse Indizien deuten darauf hin, dass gegenwärtig etwas Ähnliches geschieht. So kam bei einer Studie heraus, dass dann, wenn eine geplante große Fusion oder Übernahme in einem Sektor aus irgendeinem nicht vorhersagbaren Grund knapp scheiterte (der Richter war nicht nachsichtig genug oder der Deal platzte), der betreffende Sektor anschließend über einen Zeitraum von mehreren Jahren eine höhere Wettbewerbsintensität zeigte. In diese Sektoren mit »Beinahe-Unfällen« treten mehr neuen Firmen ein, wird mehr investiert und in ihnen findet mehr Innovation statt. Dieses Ergebnis spricht dafür, dass das relativ geringe Wachstum der TFP sich vielleicht teilweise mit der Zunahme der Unternehmenskonzentration erklären lässt.[341]

## Globale Expansion

Auch wenn die Zunahme der Konzentration in verschiedenen Sektoren teilweise für die Verlangsamung des Wachstums in den Vereinigten Staaten verantwortlich ist, wäre es unvernünftig, daraus den Schluss zu ziehen, die Zerschlagung von Monopolen allein werde hohe Wachstumsraten zurückbringen. Schließlich leidet auch Europa an schleppendem Wachstum, und europäische Aufsichtsbehörden gehen viel aggressiver gegen Monopolisten vor. Dies verdeutlicht, einmal mehr, die einzige klare Lehre aus den vergangenen Jahrzehnten: Wir können nicht besonders gut erkennen, wie sich dauerhaft höheres Wachstum erreichen ließe. Es stellt sich einfach ein (oder nicht).

Doch wenn das Wachstum in reichen Staaten nicht kurz davor steht zu explodieren, was werden diese Länder (und schon bald auch Länder mit mittlerem Einkommen wie China oder Chile) dann mit ihrem immer stärker anwachsenden Kapitalangebot tun? Die Geschäftswelt, die bisweilen so intelligent ist, die ideologischen Botschaften, die sie uns verkauft, selbst nicht zu glauben, konzentriert sich seit einigen Jahren auf eine andere Strategie, um der Überfülle an verfügbarem Kapital abzuhelfen. Wir bemerkten dies vor etwa zwanzig Jahren, als Geschäftsleute plötzlich damit begannen – vielleicht weil sie ahnten, dass sie nicht mit einem verlässlichen Wirtschaftswachstum im Westen rechnen könnten –, uns über die Länder auszufragen, die wir am besten kannten und die allesamt Entwicklungsländer sind. Wir hatten uns an den leicht unbehaglichen Ausdruck gewöhnt, der auf den Gesichtern der meisten Geschäftsleute erschien, sobald sie herausfanden, was wir tun, nämlich arme Länder zu erforschen – sie wollten ganz offensichtlich jemand anderen finden, der ihnen mit für sie nützlicheren Erkenntnissen zu Diensten sein könnte, und sie überlegten, wie sie uns möglichst schnell den Laufpass geben konnten, ohne uns vor den Kopf zu stoßen. Aber vor etwa zwanzig Jahren wurden arme Länder dann plötzlich interessant.

Sie wurden interessant, weil einige von ihnen schnell wuchsen und weil jedes Land mit hohen Wachstumsraten Investitionen benötigt; diese Investitionen waren ein mögliches Gegenmittel gegen das Gespenst abnehmender Ertragszuwächse, das den Finanziers in den reichen Ländern keine Ruhe ließ. Eine Möglichkeit, eine Verlangsamung des Wachstums zu verhindern, besteht darin, Kapital in die

Länder mit hoher Produktivität zu transferieren. Das wird den Arbeitnehmern in reichen Ländern nicht helfen, weil die Produktion nicht in ihrem Land stattfindet, aber zumindest wird das Volkseinkommen weiterhin steigen, weil die Kapitalbesitzer für ihre Investitionen im Ausland gut bezahlt werden.

## Ein paar gute Neuigkeiten

Für die meisten Ökonomen und viele Geschäftsleute ist Wachstum in armen Ländern selbstverständlich auch deshalb wichtig, weil es sich auf das Wohlstandsniveau der dort lebenden Menschen auswirkt. Die letzten Jahrzehnte sind für die Armen der Welt eher eine gute Zeit gewesen. Zwischen 1980 und 2016 stiegen die Einkommen der unteren 50 Prozent der Weltbevölkerung viel schneller als die der nächsten 49 Prozent, zu denen praktisch alle Europäer und US-Amerikaner zählen. Die eine Gruppe, die noch besser abschnitt, war das oberste 1 Prozent, die Reichen in den sowieso schon reichen Ländern (plus eine wachsende Zahl von Superreichen in den Entwicklungsländern), die insgesamt erstaunliche 27 Prozent des Gesamtwachstums des Welt-Bruttoinlandsprodukts für sich abschöpften. Zum Vergleich: Den unteren 50 Prozent flossen nur 13 Prozent der globalen Wachstumsgewinne zu.[342]

Trotzdem glauben neunzehn von zwanzig US-Amerikanern, die weltweite Armut habe in diesem Zeitraum zugenommen oder sei gleich geblieben.[343] Vielleicht lassen sie sich dabei von der Tatsache täuschen, dass sie selbst nur mitbekommen, dass die Reichen immer reicher werden. Tatsächlich hat sich die Quote der absoluten Armut (der Anteil der Menschen an der Weltbevölkerung, die kaufkraftbereinigt mit weniger als 1,90 Dollar pro Tag auskommen müssen) seit 1990 halbiert.[344]

Dies ist zum Teil zweifellos auf Wirtschaftswachstum zurückzuführen. Wenn Menschen extrem arm sind, muss ihr Einkommen nur ganz geringfügig ansteigen, um sie aus dieser extremen Armut herauszuführen. Obwohl für sie also oftmals nur die Brosamen übrig blieben, genügten diese, um sie über die Schwelle von 1,90 Dollar pro Person und pro Tag zu heben.

Dies mag damit zusammenhängen, dass die von uns verwendete Definition von extremer Armut die Messlatte zu tief gelegt hat. Aber in den letzten drei Jahrzehnten ist nicht nur die weltweite Armutsquote gesunken, vielmehr hat sich auch die Lebensqualität der Armen erheblich verbessert. Seit 1990 haben sich die Säuglingssterblichkeit und die Müttersterblichkeit halbiert;[345] folglich sind seit 1990 mehr als 100 Millionen Todesfälle bei Kindern abgewendet worden.[346] Sofern keine tiefgreifenden gesellschaftlichen Umwälzungen dies verhindern, haben praktisch alle Jungen und Mädchen Zugang zu Grundschulbildung.[347] 86 Prozent der Erwachsenen sind alphabetisiert.[348] Selbst Todesfälle infolge von HIV/Aids sind seit ihrem Höchststand Anfang der 2000er-Jahre rückläufig.[349] Die Einkommenszuwächse der Armen stehen nicht nur auf dem Papier.

Die neuen »Ziele für nachhaltige Entwicklung« streben bis 2030 die Beseitigung extremer Armut (Menschen, die mit weniger als 1,25 Dollar pro Tag auskommen müssen) an, und es ist durchaus vorstellbar, dass dieses Ziel erreicht wird oder dass wir ihm nahekommen, wenn die Weltwirtschaft auch nur annähernd weiterhin mit der gleichen Rate wie bisher wächst.

## Auf der Suche nach dem Zaubertrank für Wachstum

Dies zeigt, wie wichtig Wirtschaftswachstum für die sehr armen Länder bleibt. Für diejenigen, die entweder an das Solow-Modell oder das Romer-Modell glauben, ist die extreme Armut, wie wir sie noch immer in der Welt sehen, eine tragische Verschwendung, weil man leicht Abhilfe schaffen könnte. Im Solow-Modell haben arme Länder die Möglichkeit, ihr Wachstum dadurch zu beschleunigen, dass sie Ersparnisse bilden und investieren. Und insofern arme Länder tatsächlich nicht schneller wachsen als die reicheren, sagt uns das Romer-Modell, dass dies eine Folge ihrer schlechten Politik sein muss.

Er schrieb im Jahr 2008: »Das Wissen, das benötigt wird, um Bürgern der ärmsten Länder einen deutlich höheren Lebensstandard zu verschaffen, ist bereits in den fortgeschrittenen Ländern vorhanden.«

Und dann legt er sein Wachstumsrezept dar:

> Wenn ein armes Land in Bildung investiert und die Anreize für seine Bürger, sich vom Rest der Welt Ideen anzueignen, nicht zerstört, kann es schnell den öffentlich zugänglichen Teil des weltweiten Wissensbestands für sich nutzen. Wenn es außerdem Anreize dafür schafft, dass Ideen, die sich in Privatbesitz befinden, innerhalb seiner Grenzen wertschöpfend angewendet werden – zum Beispiel durch den Schutz ausländischer Patente, Urheberrechte und Lizenzen, durch Zulassung von Direktinvestitionen durch ausländische Unternehmen, durch den Schutz von Eigentumsrechten und durch Verzicht auf massive Regulierung und auf hohe Spitzensteuersätze –, dann können seine Bürger schon bald modernsten produktiven Aktivitäten nachgehen.[350]

Dies hört sich nach dem üblichen Mantra der Konservativen an: niedrige Steuern, weniger Regulierung, weniger staatliche Eingriffe im Allgemeinen, außer vielleicht im Bildungswesen und beim Schutz des Privateigentums. Im Jahr 2008, als Romer diese Zeilen schrieb, war das alles hinlänglich bekannt, und wir wussten bereits genug, um skeptisch zu sein.

Während der 1980er- und 1990er-Jahre wurden *länderübergreifende Wachstumsregressionen* zu einem bevorzugten empirischen Verfahren von Wachstumsökonomen. Dabei versucht man, anhand der Daten das Wachstum vorherzusagen; dabei wird eine Vielzahl von Faktoren berücksichtigt, angefangen bei Bildung und Investitionen über Korruption und Ungleichheit, Kultur und Religion bis hin zu Entfernung vom Meer oder vom Äquator. Man wollte auf diese Weise herausfinden, ob es bestimmte politische Maßnahmen in einem Land gibt, die helfen könnten, sein Wirtschaftswachstum vorherzusagen (und hoffentlich zu beeinflussen). Aber dieser Ansatz stieß schließlich an seine Grenzen.

Es gab zwei Probleme. Erstens ändern sich Wachstumsraten desselben Landes von Jahrzehnt zu Jahrzehnt in tiefgreifender Weise, scheinbar ohne dass es sonst irgendwelche nennenswerten Veränderungen gegeben hätte, wie Bill Easterly, der die Fähigkeit von »Experten«, glaubwürdige Wachstumsrezepte vorzulegen, entschieden anzweifelt, hat dies in überzeugender Weise dargelegt.[351] In den 1960er- und 1970er-Jahren war Brasilien ein Spitzenreiter in den globalen Wachstumstabellen; aber ab 1980 ist es zwei Jahrzehnte lang praktisch gar nicht gewachsen, bevor es in den 2000er-Jahren wieder auf einen Wachstumspfad einschwenkte, um nach 2010 abermals stillzustehen. Lucas' Paradebeispiel für ein extrem wachstumsschwaches Land, Indien, begann mehr oder minder genau zu dem Zeitpunkt schneller zu wachsen, als Lucas den berühmten Aufsatz schrieb, den wir oben zitierten und in dem er der Frage nachging, warum die indische Wirtschaft so langsam wuchs. In den letzten dreißig Jahren ist Indien einer der globalen Wachstumsstars gewesen. Dagegen brach das Wachstum in den Ländern ein, denen Indien nach Meinung von Lucas hätte nacheifern sollen, Indonesien und Ägypten. Bangladesch, das Henry Kissinger bekanntlich in den 1970er-Jahren als einen »hoffnungslosen Fall« beschrieb, wuchs in den 1990er- und 2000er-Jahren überwiegend mit einer Rate von mindestens 5 Prozent pro Jahr und in den Jahren 2016 und 2017 mit über 7 Prozent. Damit gehört es zu den zwanzig am schnellsten wachsenden Volkswirtschaften weltweit.

Zweitens, und das ist vielleicht noch grundlegender, sind diese Bemühungen, den Faktor zu isolieren, der Wachstum vorhersagt, nicht sonderlich sinnvoll. Auf Landesebene ist praktisch alles zum Teil ein Produkt von etwas anderem. Nehmen wir zum Beispiel das Bildungswesen, ein Faktor, der in den frühen Arbeiten, die Wachstumsunterschiede zwischen Ländern analysierten, hervorgehoben wurde. Die Qualität der Bildung wird eindeutig zum Teil dadurch beeinflusst, wie effektiv der Staat Schulen betreibt und das Bildungswesen finanziert. Ein Staat, der ein hochwertiges Bildungswesen bereitstellt, leistet vermutlich auch auf anderen Gebieten gute Arbeit; vielleicht sind die Straßen in denselben Ländern, in denen Lehrer regelmäßig zum Unterricht erscheinen, in einem besseren Zustand. Wenn wir herausfinden, dass Länder mit höherem Bildungsniveau schneller wachsen, dann könnte das auf diese anderen politischen Maßnahmen zurückzuführen sein, mit denen Wachstum tendenziell eng zusammenhängt. Und selbstverständlich investieren Menschen mehr in die Bildung ihrer Kinder, wenn die Wirtschaft gut läuft, sodass Wachstum vielleicht ein hohes Bildungsniveau verursacht und nicht umgekehrt.

Ganz allgemein unterscheiden sich Länder und die Politik, die sie jeweils betreiben, auf so vielfältige Weise, dass wir Wachstum faktisch mit mehr Faktoren, als es Länder gibt, zu erklären versuchen, einschließlich vieler, an die wir vielleicht zunächst gar nicht gedacht haben oder die wir nicht messen können.[352] Folglich hängt der Nutzen solcher Studien in hohem Maße davon ab, wie viel Vertrauen wir in unsere konkrete Auswahl der Faktoren haben, die wir untersuchen wollen. In Anbetracht der Tatsache, dass sich keine dieser Auswahlen wirklich stichhaltig begründen lässt, halten wir es für das einzig Vernünftige, das ganze Projekt zu vergessen.

Das bedeutet nicht, dass wir nichts gelernt hätten. Einige der erstaunlichsten Ergebnisse verdanken sich Bemühungen, Ursache und Wirkung feinsäuberlich auseinanderzuhalten. Zwei klassische Aufsätze von Daron Acemoğlu, Simon Johnson und Jim Robinson (auch unter dem Akronym »AJR« bekannt) warteten mit besonders bemerkenswerten Erkenntnissen auf.[353] Sie zeigten, dass Länder, in denen in den Anfangsjahren der europäischen Kolonisierung die Sterblichkeit unter den frühen Siedlern hoch war, auch heute noch wirtschaftlich schlecht dastehen. AJR behaupten, dies sei darauf zurückzuführen, dass Europäer sich tendenziell dort nicht dauerhaft ansiedelten; vielmehr gründeten sie Kolonien, die auf Ausbeutung basierten: Die dortigen Institutionen wurden gezielt so gestaltet, dass eine kleine Zahl von Europäern sich gegenüber einer großen Zahl von Einheimischen, die als Hilfsarbeiter Zuckerrohr oder Baumwolle anpflanzten oder Diamanten schürften, die die Europäer anschließend verkauften, als Herren aufspielen konnte. Dagegen waren jene Gebiete, die ursprünglich vergleichsweise sehr dünn besiedelt waren (man denke zum Beispiel an Neuseeland und Australien) und wo nur wenige Siedler an Malaria und anderen übertragbaren Krankheiten starben, die Regionen, in denen sich Europäer in großer Zahl niederließen. Folglich erhielten diese Länder die Institutionen, die die Europäer dann weiterentwickelten und die schließlich die Basis des modernen Kapitalismus bildeten. AJR zeigen, dass die Sterblichkeit der Siedler vor mehreren hundert Jahren sehr gut vorhersagt, wie wirtschaftsfreundlich zeitgenössische Institutionen in einem bestimmten Land sind. Und die Länder mit niedriger Siedler-Sterblichkeit in ferner Vergangenheit und mit einem wirtschaftsfreundlichen institutionellen Umfeld heute sind tendenziell erheblich wohlhabender.

Auch wenn dies nicht beweist, dass wirtschaftsfreundliche Rahmenbedingungen die Ursache von Wachstum sind (es könnte auch an der Kultur liegen, die die Europäer mitbrachten, oder etwa an den politischen Traditionen oder an etwas ganz anderem), so folgt daraus doch, dass einige über sehr lange Zeiträume wirkende Faktoren viel mit wirtschaftlichem Erfolg zu tun haben. Diese allgemeine Erkenntnis wurde von einer Reihe anderer Studien bestätigt, und tatsächlich haben Historiker von jeher mit unterschiedlicher Nuancierung diese Auffassung vertreten.

Aber was sagt uns all dies darüber, was Länder hier und heute konkret tun können? Wir erfahren Folgendes: Für hohes Wachstum in der Gegenwart ist es nützlich, wenn ein Land in der Zeit zwischen 1600 und 1900 weitgehend menschenleer gewesen ist und vergleichsweise wenige Malariafälle hatte und wenn sich dort eine große Anzahl von Europäern ansiedelte (auch wenn dies für einen Ureinwohner des betreffenden Landes damals ein schwacher Trost gewesen mochte). Bedeutet dies, dass Länder versuchen sollten, unter den völlig anderen Rahmenbedingungen unserer Zeit europäische Siedler anzulocken? Höchstwahrscheinlich nicht. Die brutale Gleichgültigkeit gegenüber den einheimischen Sitten und Lebensweisen, die es den Siedlern erlaubte, ihre Institutionen in der vormodernen Epoche aufzuoktroyieren, wäre heute (Gott sei Dank) undenkbar.

Es sagt uns *auch* nichts darüber, ob es hilfreich wäre, heute eine Reihe von Institutionen zu gründen, weil den Forschungsergebnissen zufolge institutionelle Unterschiede, die in Ereignissen wurzeln, die vor Hunderten von Jahren stattfanden, von entscheidender Bedeutung sind. Folgt daraus vielleicht, dass Institutionen über mehrere hundert Jahre aufgebaut werden müssen, ehe sie in vollem Umfang ihre (wachstumsfördernde) Wirkung entfalten können? (Schließlich ist die Verfassung der Vereinigten Staaten im Lauf ihrer 200-jährigen Geschichte durch zahlreiche Gerichtsurteile, vom Zeitgeist geprägte Auslegungskriterien und förmliche Ergänzungen weiterentwickelt worden, sodass sie heute ein ganz anderes Dokument ist als zu dem Zeitpunkt, als sie aufgesetzt wurde.) Wenn dem so ist, müssen die Bürger von Kenia oder Venezuela dann einfach nur abwarten?

Außerdem zeigt sich, dass bei Ländern, die ähnlich wirtschaftsfreundlich sind, offenbar keine der herkömmlichen Kenngrößen einer guten makroökonomischen Politik (wie etwa Außenhandelsoffenheit, niedrige Inflation usw. – also jene Dinge, die Länder mit Entwicklungsrückstand nach Ansicht von Paul Romer anstreben sollten) das

BIP pro Kopf vorhersagt.[354] Umgekehrt trifft es zwar zu, dass Länder mit einer »schlechten« Politik langsamer wachsen, aber sie haben auch häufiger »schlechtere« Institutionen, wenn man die in diesen Veröffentlichungen verwendeten Kriterien heranzieht (sie sind zum Beispiel weniger wirtschaftsfreundlich), und daher ist es nicht klar, ob sie wegen ihrer Politik oder wegen anderer Nebenwirkungen ihrer schlechten Institutionen unter Wachstumsschwäche leiden. Es gibt nur wenige Anhaltspunkte dafür, dass politische Maßnahmen, jenseits der Effekte, die von der Qualität der Institutionen ausgehen, für sich genommen besonders wirksam wären.

Was folgt aus alledem für uns? Es scheint relativ klar zu sein, dass man bestimmte Dinge vermeiden sollte: Hyperinflation, eine extrem überbewertete Währung, den Kommunismus in seiner sowjetischen, maoistischen oder nordkoreanischen Spielart oder auch jene totale Knebelung privater unternehmerischer Initiative, die Indien in den 1970er-Jahren betrieb, als sich sämtliche Branchen, angefangen bei Schiffen bis zu Schuhen, in Staatseigentum befanden. Aber dies hilft uns nicht bei den Fragen weiter, die die meisten Länder heute umtreiben, wenn man bedenkt, dass niemand, außer vielleicht dem venezolanischen Regime, dessen Verhalten jeglicher ökonomischer Vernunft hohnspricht, irgendeine dieser extremen Optionen in Erwägung zieht. Vietnam oder Myanmar zum Beispiel wollen wissen, ob sie dem chinesischen Wirtschaftsmodell nacheifern sollten, das unglaublich erfolgreich zu sein scheint, und nicht, ob sie sich ein Beispiel an Nordkorea nehmen sollten.

Die Schwierigkeit besteht darin, dass China zwar weitgehend ein marktwirtschaftliches System hat – ebenso wie Vietnam und Myanmar –, die chinesische Spielart des Kapitalismus sich aber erheblich von dem klassischen angelsächsischen Modell und auch der europäischen Variante der Marktwirtschaft unterscheidet. 75 der 95 chinesischen Unternehmen auf der Fortune-Global-500-Liste von 2014 befanden sich in Staatseigentum, auch wenn sie als privatrechtliche Körperschaften organisiert waren.[355]

Der Staat prägt das gesamte Wirtschaftsgeschehen in fundamentaler Weise: Die meisten Banken in China befinden sich in Staatseigentum. Sowohl auf lokaler als auch auf nationaler Ebene spielen die zuständigen Behörden eine zentrale Rolle bei der Zuteilung von Grundstücken und Krediten. Die Regierung entscheidet auch darüber, wer wohin ziehen darf, und damit über das Arbeitskräfteangebot, das verschiedenen Branchen zur Verfügung steht. Sie hat den Wechselkurs des Renminbi rund 25 Jahre lang künstlich niedrig gehalten, was sie damit erkaufte, dass sie den Vereinigten Staaten Milliarden von Dollar an fast zinslosen Krediten zur Verfügung stellte. In der Landwirtschaft entscheiden die kommunalen Behörden darüber, wer das Recht zur Landnutzung erhält, da alles Land dem Staat gehört. Wenn dies ein kapitalistisches System ist, dann zweifellos eines mit starker chinesischer Einfärbung.

Ungeachtet der ganzen Euphorie, die das chinesische Wirtschaftswunder heute hervorruft, haben es allerdings nur sehr wenige Ökonomen im Jahr 1980 oder auch im Jahr 1990 vorhergesagt. Wenn wir Vorträge halten, meldet sich anschließend oftmals jemand aus dem Publikum zu Wort und fragt, warum dieses oder jenes Land, über das wir gerade gesprochen hätten, nicht einfach China nacheifert. Aber dann stellt sich die Frage, wo genau diese Länder ansetzen sollten, wenn sie China nacheifern wollten. An welchen historischen Erfahrungen sollten sie sich ein Beispiel nehmen? Sollten sie mit dem China unter Deng Xiaoping beginnen, einem bettelarmen Land mit einem vergleichsweise hervorragenden Bildungs- und Gesundheitssystem und einer sehr flachen Einkommensverteilung? Oder mit der Kulturrevolution, dem kühnen Versuch, sämtliche kulturellen Privilegien der einstigen Eliten zu beseitigen und vollkommene soziale Gleichheit zu verwirklichen? Oder bei der japanischen Invasion in den 1930er-Jahren und der tiefen Kränkung des chinesischen Nationalstolzes, die diese verursachte? Oder mit der 5000-jährigen chinesischen Geschichte?

Eine ähnliche Schwierigkeit taucht in Bezug auf Japan und Südkorea auf. Hier haben die Regierungen zunächst eine aktive Industriepolitik betrieben (und sie tun es bis zu einem gewissen Grad noch immer), das heißt, sie haben entschieden, welche Produkte gezielt gefördert werden sollten, um sie langfristig fit für den Export zu machen, und ganz allgemein, in welche Sektoren schwerpunktmäßig investiert werden sollte. Und auch in Bezug auf Singapur, wo alle Arbeitnehmer einen Großteil ihres Verdienstes in eine zentrale Unterstützungskasse einzahlen mussten, sodass der Staat mit ihren Ersparnissen ausreichend Wohnraum schaffen konnte.

In all diesen Fällen haben Wirtschaftswissenschaftler die Frage, ob das Wachstum auf bestimmte unkonventionelle politische Entscheidungen zurückzuführen war oder ob Wachstum trotz dieser Entscheidungen stattfand, kontrovers diskutiert. Und die Diskussion verlief, in absehbarer Weise, ergebnislos. Haben die ostasiatischen Länder einfach Glück gehabt, oder kann man tatsächlich etwas aus ihren Erfolgen lernen? Diese Länder wurden durch Kriege verwüstet, bevor sie hohe Wachstumsraten erzielten, sodass diese zum Teil einfach auf den natürlichen Aufholungsprozess zurückzuführen sein mögen. Diejenigen, die die Erfahrungen der ostasiatischen Länder als Beleg für den Erfolg der einen oder anderen Vorgehensweise werten, irren sich; dies lässt sich schlechterdings nicht beweisen.

Das Fazit lautet also: Wie schon im Fall der reichen Länder verfügen wir auch in Bezug auf die armen Länder über kein allgemein anerkanntes Rezept dafür, wie sich das Wachstum fördern ließe. Selbst die Experten scheinen sich damit abgefunden zu haben. Im Jahr 2006 bat die Weltbank den Nobelpreisträger Michael Spence, den Vorsitz der Wachstums- und Entwicklungskommission zu übernehmen (informell auch »Wachstumskommission« genannt). Spence lehnte zunächst ab, aber mitgerissen von der Begeisterung seiner zukünftigen Gremiumskollegen, hochkarätigen Wissenschaftlern, zu denen auch Robert Solow gehörte, willigte er schließlich ein. In ihrem Bericht gelangten sie jedoch letztlich zu dem Ergebnis, dass es keine allgemeinen Prinzipien gibt und dass keine Wachstumsepisode hinlängliche gemeinsame Merkmale mit anderen aufweist, um allgemeingültige Schlüsse daraus zu ziehen. Bill Easterly hat ihr Fazit – vielleicht nicht sehr gnädig, aber durchaus zutreffend – folgendermaßen kommentiert: »Nach zweijähriger Arbeit durch die Kommission aus 21 globalen Führungspersönlichkeiten und Sachverständigen, einer 11-köpfigen Arbeitsgruppe, 300 akademischen Experten, nach 12 Workshops, 13 Konsultationen und Aufwendungen in Höhe von 4 Millionen Dollar lautet die Antwort der Experten auf die Frage, wie man ein hohes Wirtschaftswachstum erreichen kann, in etwa: Wir wissen es nicht, aber vertraut den Experten, sie werden es herausfinden.«[356]

## Kann man Wunder planen?

Die jungen »Sozialunternehmer«, die sich in der glühenden Begeisterung des Silicon Valley aalen, haben den Spence-Bericht wahrscheinlich nicht gelesen. Sie sind fest davon überzeugt, dass wir wissen, wie die Entwicklungsländer auf Wachstumskurs gestimmt werden können – sie müssen lediglich die neuesten Technologien übernehmen und an erster Stelle das Internet. Facebook-Chef Mark Zuckerberg ist ein entschiedener Verfechter der Anschauung, die Internet-Vernetzung werde eine immense positive Schubkraft entfalten, und Hunderte von Berichten und Positionspapieren stimmen in diese Euphorie ein. Ein Bericht von Dalberg (einem Beratungsunternehmen) sagt uns, dass »das Internet eine enorme, *unstrittige* Kraft zur (Förderung) des Wirtschaftswachstums und des gesellschaftlichen Wandels [Hervorhebung durch die Verf.]« in Afrika sei.[357]

Die Tatsache ist anscheinend derart selbstverständlich, dass sich der Bericht nicht einmal die Mühe machte, die Ergebnisse solider Studien als Belege anzuführen, was nachvollziehbar ist, da es keine solchen

Belege gibt. Schließlich gibt es nicht einmal in den Industrieländern Belege dafür, dass die Einführung des Internets eine neue Ära des Wachstums einleitete. Die Vorzeigepublikation der Weltbank, der *World Development Report,* kam in ihrer Ausgabe für das Jahr 2016 über digitale Dividenden nach langem Herumdrucksen zu dem Fazit, dass sich im Hinblick auf die Auswirkungen des Internets zum gegenwärtigen Zeitpunkt noch nichts Abschließendes sagen lasse.[358]

Das Internet ist lediglich eine der Technologien, die nach Überzeugung von Technikfans sowohl ein kommerzieller Erfolg als auch ein Wachstumstreiber für arme Länder sein können. Die Liste der sogenannten »Bottom of the Pyramid«-Innovationen, die die Lebensverhältnisse der Armen verbessern und das Wachstum von »unten nach oben« anschieben sollen, ist lang: saubere(re) Kochherde, Telemedizin, Computer mit Kurbelbetrieb und Schnelltestkits für Arsen im Wasser, um nur ein paar zu nennen.

Ein gemeinsames Merkmal einer Vielzahl dieser Technologien (wenngleich nicht des Internets) besteht darin, dass sie von Ingenieuren entwickelt werden, die sich auf »frugale« (technologisch abgespeckte) Innovationen spezialisiert haben, wie etwa Studenten am D-Lab des MIT oder den Unternehmern, die vom Acumen Fund finanziert werden, einem bekannten »sozialen« Wagniskapitalfonds. Diesen und anderen, ähnlichen Fonds liegt die glaubwürdige Annahme zugrunde, dass Entwicklungsländer unter anderem deshalb arm sind, weil die im Norden entwickelten Technologien für sie ungeeignet sind. Sie verbrauchen zu viel Energie, ihre Bedienung verlangt zu viele Fachkräfte, sie nutzen zu teure Maschinen und so weiter. Außerdem werden sie oft von Monopolen im Norden entwickelt, und der Süden muss einen Preisaufschlag bezahlen, wenn er sie haben will. Der Süden braucht seine eigenen Technologien, und zu diesem Zweck benötigt er Kapital, das er sich nicht auf Märkten beschaffen kann. Aus diesem Grund findet Wachstum möglicherweise in vielen Ländern nicht von selbst statt, und diese Lücke versucht der Acumen Fund zu schließen.

Auch wenn sich der Acumen Fund selbst als eine Organisation völlig neuen Typs versteht, nicht als eine Hilfsorganisation, sondern als ein Wagniskapitalfonds für die armen Länder, erinnert sein technologieorientiertes Wachstumskonzept an die 1960er-Jahre, als Ingenieure die Welt der Entwicklungshilfe dominierten und alles daransetzten, die »Infrastrukturlücke« zu schließen, indem sie hohe Kredite an arme Länder vergaben, die damit Dämme und Eisenbahnlinien bauen sollten, die ihnen erlauben würden, mit den reichen Ländern gleichzuziehen.

Obwohl es keinerlei Belege dafür gibt, dass dies das Wachstum in den Empfängerländern tatsächlich erhöhte, ist die Faszination für Elektrizität als Quelle von Wachstum und Entwicklung nie wirklich verschwunden. Aufgrund eines Kredits von China für den Bau eines gewaltigen Wasserkraftwerks, das nie richtig störungsfrei lief, befindet sich Ecuador heute in ernsten finanziellen Schwierigkeiten. Acumen-Kredite sind kleiner, und sie werden an private Akteure, nicht an staatliche Kreditnehmer vergeben, der Traum ist jedoch noch immer, dass Ingenieure die Probleme der Welt in Ordnung bringen. Einer der sektoralen Schwerpunkte des Acumen Funds ist die Stromerzeugung. Die ideale Energiequelle sind heute keine riesigen Staudämme mehr, sondern Getreidespelzen oder die Sonne, und die jüngste »coole« Idee ist die Entwicklung »(strom-)netzunabhängiger« Lösungen, um auf diese Weise auch ärmere Gemeinden zu versorgen; aber die Fokussierung auf Elektrizität begann vor fünfzig Jahren.

Allerdings hat sich gezeigt, dass es nicht leicht ist, geeignete Technologien zu erfinden, die auch in einem armen Land profitabel sind. Ein Großteil der Acumen-Finanzierungen erweist sich als Fehlschlag. Eine Faustregel im Bereich der »Sozialverantwortlichen Kapitalanlage« lautet, dass 10 Prozent der Projekte erfolgreich sind (der Rest scheitert) und dass nur 1 Prozent eine erhebliche Größe erreicht. Schwierig ist es vor allem, die vermeintlich lebensverändernden neuen Produkte und Dienstleistungen verlässlich zu identifizieren, und entsprechende Bemühungen stoßen oft auf ein frustrierendes

Desinteresse der Menschen, deren Leben sie eigentlich zum Besseren wenden sollen.

Elektrizität ist ein Paradebeispiel. Im Rahmen einer randomisierten kontrollierten Studie in Kenia haben Forscher unlängst gemeinsam mit der Kenya Rural Electrification Authority in diversen Gemeinden Stromanschlüsse zu verschiedenen Preisen angeboten. Die Nachfrage brach mit steigenden Preisen regelrecht ein, und die Dorfbewohner waren nicht bereit, auch nur annähernd den Preis zu zahlen, der ausgereicht hätte, um die Kosten für den Netzanschluss abzudecken (ganz zu schweigen vom Bau des Netzes).[359]

Im Bereich der »frugalen Technologie« gibt es eine Vielzahl ähnlicher Reinfälle, von dem Laptop für 100 Dollar zur Bildung der Armen der Welt (der in Wirklichkeit 200 Dollar kostet und nachweislich keinerlei Einfluss auf die Lernleistung von Kindern hat),[360] über saubere Kochherde, die niemand wollte,[361] diverse Wasserfiltertechnologien und innovative Latrinen.[362, 363] Eine zentrale Schwierigkeit ist offenbar der Umstand, dass diese Innovationen ohne hinreichende, frühzeitige Einbindung der Menschen, deren Lebensqualität sie verbessern sollen, entwickelt werden. Die Grundideen sind oftmals bestechend, und es ist möglich, dass sie eines Tages auf breite Resonanz stoßen, aber auf diese vage Aussicht kann man nicht bauen.

## Mit Mobiltelefonen fischen

Eine grundlegende Annahme aller Wachstumstheorien, die wir diskutiert haben, lautet, dass Ressourcen reibungslos ihrer produktivsten Verwendung zugeführt werden. Dies ist eine plausible Hypothese, solange Märkte perfekt funktionieren. Die besten Unternehmen sollten die besten Arbeitskräfte anlocken. Die fruchtbarsten Grundstücke sollten am intensivsten bewirtschaftet werden, während die am wenigsten produktiven als Gewerbegebiete erschlossen werden sollten. Menschen, die Geld übrig haben, um es zu verleihen, sollten Kredite an die tüchtigsten Existenzgründer vergeben. Diese Annahme erlaubt es Makroökonomen, vom »Kapitalstock« oder »Humankapital« einer Volkswirtschaft zu sprechen, obwohl es offensichtlich ist, dass eine Volkswirtschaft keine gigantische Maschine ist: Solange Ressourcen dorthin fließen, wo sie am produktivsten genutzt werden, gleicht jedes eigenständige Unternehmen einem Rädchen in einer reibungslos funktionierenden Maschine, die sich auf die gesamte Volkswirtschaft erstreckt.

Aber dies ist oft nicht der Fall. In jeder Volkswirtschaft existieren produktive und nicht produktive Unternehmen nebeneinander, und Ressourcen fließen nicht immer an den Ort ihrer optimalen Verwendung.

Nicht nur arme Haushalte übernehmen verfügbare Technologien nicht oder nicht hinreichend; dies scheint auch ein Problem für Industriebetriebe in Entwicklungsländern zu sein. In vielen Fällen nutzen die besten Unternehmen in einer Branche die neuesten Technologien weltweit, aber andere Unternehmen tun dies nicht, auch wenn es eigentlich für sie wirtschaftlich sinnvoll wäre.[364] Oft hängt dies damit zusammen, dass sie keine hinreichend großen Stückzahlen produzieren. So war zum Beispiel bis vor Kurzem der typische Bekleidungshersteller in Indien ein Schneider, der in seiner Ein-Mann-Werkstatt Maßkleidung anfertigte, und nicht etwa eine Firma, die Kleidung in großen Mengen produziert. Die TFP ist nicht deshalb niedrig, weil die Schneider die falsche Technologie benutzen, sondern weil Schneidereien zu klein sind, um von der besten Technologie zu profitieren. In gewisser Weise ist es ein Rätsel, wieso es diese Betriebe überhaupt gibt.

Das Technologie-Problem in Entwicklungsländern besteht also nicht so sehr darin, dass profitable Technologien nicht verfügbar und nicht zugänglich wären, sondern darin, dass die verfügbaren Ressourcen offenbar nicht auf bestmögliche Weise genutzt werden. Und dies gilt nicht nur für Technologien, sondern auch für Land, Kapital und Talente. Einige Unternehmen haben mehr Mitarbeiter, als sie brauchen, während andere vergeblich nach Mitarbeitern suchen. Einige Unternehmer mit großartigen Ideen können diese mangels Finanzierung vielleicht nicht umsetzen, während andere, die vielleicht in dem, was sie tun, nicht besonders gut sind, weiterhin produzieren: Makroökonomen nennen dies *Fehlallokation* (Fehlleitung).

Die Auswirkungen der Einführung von Mobiltelefonen auf den Fischfang im indischen Bundesstaat Kerala liefern uns ein konkretes Anschauungsbeispiel dafür, wie eine Fehlallokation behoben werden kann. Fischer in Kerala stechen am frühen Morgen mit ihren Booten in See und kehren am Vormittag zur Küste zurück, um ihren Fang zu verkaufen. Vor der Mobilfunkära gingen sie am nächstgelegenen Strand an Land, wo ihre Kunden zu ihnen stießen. Der Verkauf dauerte so lange, bis es keine Kunden mehr gab oder der Fisch ausging. Da die Fangmenge von Tag zu Tag schwankte, blieb an einigen Stränden viel Fisch übrig, während Kunden an anderen Stränden oftmals enttäuscht waren. Dies ist ein krasser Fall von Fehlallokation. Nach der Einführung von Mobiltelefonen riefen die Fischer noch von draußen auf See eine Kontaktperson an, bevor sie entschieden, wo sie an Land gehen würden; sie steuerten den Strand an, an dem viele Kunden warteten und sich noch nicht viele Boote eingefunden hatten. In der Folge blieb von dem Fang praktisch nie mehr etwas übrig, die Preise stabilisierten sich und sowohl Kunden als auch Verkäufer profitierten.[365]

Aber diese Geschichte hat noch einen zweiten Teil. Das wichtigste Handwerkszeug eines Fischers ist sein Boot, und gute Boote halten deutlich länger als schlechte Boote. Die Fischerboote werden immer nach dem gleichen Verfahren hergestellt, aber einige Handwerker haben darin deutlich mehr Geschick als andere. Vor der Ära des Mobilfunks haben die Fischer ihre Boote bei den Bootsbauern gekauft, deren Werkstätten am nächsten gelegen waren. Aber als sie begannen, andere Strände anzufahren, um ihren Fisch zu verkaufen, stellten sie oftmals fest, dass es anderswo bessere Bootsbauer gab, und sie begannen, ihre neuen Boote bei ihnen in Auftrag zu geben. Die Folge war, dass die besseren Bootsbauer mehr Aufträge erhielten, während die schlechtesten dichtmachen mussten. Die Qualität des durchschnittlichen Bootes verbesserte sich, und da die besseren Bootsbauer mehr Aufträge erhielten und daher ihre vorhandene Bootsbau-Infrastruktur effektiver nutzen konnten, konnten sie den Preis für die Boote senken. Die Fehlallokation ging zurück: Die Arbeiter, die die Boote bauten, die Ausrüstung, das Holz, die Nägel und die Seile, die für die Anfertigung eines Bootes benötigt wurden, wurden allesamt effektiver genutzt.[366]

Beiden Teilen dieser Geschichte ist gemeinsam, dass eine Kommunikationsbarriere zur Fehlleitung führte. Als sich die Kommunikation verbesserte, wurden die gleichen Ressourcen besser genutzt, was zu einer höheren TFP führte, da mit denselben Einsatzgütern mehr produziert wurde.

Fehlallokation ist in Entwicklungsländern allgegenwärtig. Nehmen wir die südindische Stadt Tiruppur, das Zentrum der T-Shirt-Produktion in Indien, der wir bereits in Kapitel 3 begegnet sind.[367] Es gibt in Tiruppur zwei Sorten von Unternehmern: diejenigen, die von außerhalb kommen, um einen T-Shirt-Produktionsbetrieb zu gründen, und diejenigen, die in der Region geboren wurden und aufgewachsen sind. Letztere sind fast ausnahmslos die Kinder wohlhabender Bauernfamilien, der Gounders, die ihren Lebensunterhalt auf andere Weise verdienen wollen als ihre Eltern. Diejenigen, die von auswärts zuziehen, produzieren im Allgemeinen bessere T-Shirts als die Alteingesessenen; viele haben Verwandte, die bereits im T-Shirt-Geschäft tätig sind, sodass die von Auswärtigen geleiteten Betriebe vielleicht aufgrund dessen die gleiche Anzahl von T-Shirts mit viel weniger Maschinen herstellen und ihre Firmen viel schneller wachsen.

Doch obwohl sie produktiver sind, fand Abhijit in einer Studie mit Kaivan Munshi heraus, dass die von den Zuwanderern geführten Betriebe kleiner und schlechter ausgestattet waren als die von den

Alteingesessenen geleiteten Firmen. Die Gounders pumpten Geld in die von ihren Kindern geleiteten Firmen, statt das zu tun, was »effizient« gewesen wäre: den Zuwanderern Geld zu leihen und das auf diese Weise erwirtschaftete Zinseinkommen ihren Söhnen zu vermachen. Folglich konnten sich in derselben Stadt effiziente und ineffiziente Betriebe halten.[368]

Als Abhijit sie fragte, warum sie lieber ihre Söhne finanziell unterstützen, als den talentierteren Zuwanderern Geld zu leihen und von den Erträgen zu leben, erklärten die Gounders, sie könnten nicht sicher sein, ihr Geld zurückzuerhalten. Da es an einem gut funktionierenden Finanzmarkt fehlte, zogen sie es vor, ihren unfähigen Söhnen Geld zu leihen, und begnügten sich mit niedrigeren, aber relativ sicheren Erträgen. Es ist vermutlich auch der Fall, dass sie sich verpflichtet fühlten, ihre Söhne nicht nur mit Bargeld zu unterstützen, sondern ihnen auch die Möglichkeit zu geben, einen auskömmlichen Lebensunterhalt zu *verdienen*.

Familienunternehmen sind auf der ganzen Welt weit verbreitet, und sie werden nicht immer so geleitet, wie es »ökonomische« Anreize eigentlich gebieten würden. Betriebe werden Söhnen überschrieben, obwohl Töchter bessere Managementfähigkeiten besitzen,[369] sämtliche Düngemittel, über die eine Familie verfügt, werden auf das Feld einer (männlichen) Person ausgebracht, obwohl es viel sinnvoller wäre, alle Felder ein bisschen zu düngen.[370] Das gilt selbstverständlich nicht nur für kleine Bauernhöfe in Burkina Faso oder Familienbetriebe in Indien oder Thailand, sondern auch für die Vereinigten Staaten. Von 335 CEO-Nachfolgeregelungen bei Familienunternehmen, die ein Forscher untersuchte, waren 122 »familieninterne Nachfolgen«, bei denen der neue CEO ein Kind oder ein Ehegatte des gegenwärtigen CEOs (oftmals ein Gründer oder das Kind eines Gründers) war. Am Tag des Stabwechsels stieg der Aktienkurs der Unternehmen, die einen externen CEO bestellten, steil *an*, während die Kurse der Unternehmen, die einen internen CEO beriefen, dies nicht taten. Der Markt belohnte die Ernennung eines Außenstehenden. Und offensichtlich hatte der Markt da keinen schlechten Riecher. Unternehmen, die einen familieninternen CEO beriefen, entwickelten sich in den folgenden drei Jahren deutlich schlechter im Vergleich zu Unternehmen, die CEOs ohne verwandtschaftliche Beziehung bestellten: Ihre Kapitalrendite fiel um 14 Prozent.[371]

All dies sagt uns, dass wir es nicht als selbstverständlich betrachten können, dass Ressourcen dorthin fließen, wo sie am produktivsten genutzt werden. Wenn sie es schon nicht in ein und derselben Familie oder innerhalb einer Stadt tun, dann sollten wir erst recht nicht erwarten, dass sie es innerhalb eines ganzen Landes tun. Fehlgeleitete Ressourcen verringern ihrerseits die gesamtwirtschaftliche Produktivität. Arme Länder sind auch deshalb arm, weil sie Ressourcen weniger effizient verteilen. Dies bedeutet andererseits aber auch, dass man dem Wachstum einfach dadurch auf die Sprünge helfen kann, dass man die vorhandenen Ressourcen geeigneteren Verwendungszwecken zuführt. In den letzten Jahren haben sich Makroökonomen große Mühe gegeben, den Wachstumseffekt einer besseren Allokation zu quantifizieren. Dieser lässt sich zwar nicht exakt berechnen, aber auch die überschlägigen Ergebnisse sind sehr ermutigend. Laut einer bekannten Schätzung hätte allein durch die Reallokation von Produktionsfaktoren in eng definierten Branchen die indische TFP um 40 Prozent auf 60 Prozent und die chinesische TFP um 30 Prozent auf 50 Prozent erhöht werden können. Wenn wir Reallokationen über breiter definierte Kategorien zulassen würden, lägen die Schätzwerte zweifellos noch höher.[372]

Und dann gibt es da die Fehlleitung, die wir nicht sehen, die großen Ideen, die nie das Licht der Welt erblicken. In Anbetracht der Tatsache, dass Wagniskapital in den Vereinigten Staaten so viel aktiver nach neuen Ideen Ausschau hält als in Indien, ist die Annahme plausibel, dass Indien auch mehr von diesen verkannten Genies beherbergt.

## Mit den Banken rechnen?

Woher kommt diese Fehlallokation? Indische Unternehmen wachsen viel langsamer als US-Unternehmen, aber ihr Insolvenzrisiko ist auch viel geringer.[373] Anders gesagt, die US-Volkswirtschaft ist ein »Rauf oder Raus«-System, in dem Menschen etwas Neues ausprobieren und entweder erfolgreich sind und groß herauskommen oder nach ein paar Jahren scheitern. Dagegen ist die indische Volkswirtschaft übermäßig »starr«: Gute Firmen wachsen nicht, und schlechte Firmen gehen nicht zugrunde.

Diese beiden Fakten hängen vermutlich eng miteinander zusammen: Die Tatsache, dass gute Firmen nicht schnell genug wachsen, erklärt mit, warum schlechte Firmen überleben. Wenn die besten Firmen schnell wüchsen, würden sie den Preis der Produkte, die sie verkaufen, nach unten drücken und daher alle Wettbewerber aus dem Markt drängen, außer denjenigen, die hinreichend effizient produzierten, um auch bei niedrigen Preisen noch Geld zu verdienen. Aus dem gleichen Grund würden sie die Löhne und die Kosten von Rohstoffen in die Höhe treiben, was schlechte Firmen noch weiter unter Druck setzt. Wenn die besten Firmen dagegen klein bleiben und nur die lokale Nachfrage bedienen, kann ein weniger effizientes Unternehmen problemlos auf dem Markt nebenan überleben.

Ein Schuldiger scheint der Kapitalmarkt zu sein. Er spielt eindeutig eine Rolle in dem Tiruppur-Beispiel, wo sich die produktivsten Unternehmer in dem produktivsten T-Shirt-Cluster in Indien keine Kredite in ausreichender Höhe verschaffen können, um größenmäßig zu den weniger produktiven lokalen Firmen aufzuschließen. In Indien und China würde Schätzungen zufolge die Neuverteilung von Kapital zwischen Unternehmen den größten Teil der durch Fehlallokation geschaffenen TFP-Lücke beseitigen.[374]

Diese Interpretation stimmt mit der weithin geteilten Einschätzung überein, dass die Bankensektoren sowohl in China als auch in

Indien ernste Probleme haben. Indische Banken sind bekannt dafür, dass sie grundsätzlich nur widerwillig Kredite vergeben, außer an allererste Adressen (wobei sie häufig die Tatsache ignorieren, dass die gestrigen erstklassigen Kreditnehmer oftmals die faulen Kredite von heute zu verantworten haben). Seit den 1990er-Jahren gab es mehrere weitreichende Reformen im chinesischen Bankensektor, mit dem Ziel, anderen Akteuren den Markteintritt zu ermöglichen und die Leitungs- und Organisationsstrukturen der staatseigenen Banken zu verbessern, doch die »großen vier« Staatsbanken scheinen nach wie vor nur allzu bereitwillig Kredite für dubiose Projekte von Personen mit guten politischen Beziehungen zur Verfügung zu stellen.[375] Es bleibt schwer für einen ehrgeizigen jungen Existenzgründer mit einer guten Idee, aber ohne mächtige Freunde, Geld aufzutreiben.

Indische Banken leiden unter dem gleichen Problem, und sie haben außerdem offenbar einen *viel zu hohen Personalbestand*. Der Personalüberhang zwingt sie zu einer großen Spanne zwischen dem Zins, zu dem sie Kredite an Firmen vergeben, und dem Sparzins, den sie Einlegern anbieten, wenn sie die Gewinnschwelle erreichen wollen. Folglich sind die Zinsen auf Bankkredite in Indien im internationalen Vergleich hoch,[376] während die Guthaben von Einlegern nur sehr niedrig verzinst werden.[377]

Dies hält auch diejenigen von Investitionen ab, die dafür auf Kredite angewiesen sind, und begünstigt diejenigen mit einem reichen Verwandten, der sie unterstützt, wie die Gounders von Tiruppur. Schlechte Banken beeinträchtigen die Effizienz auf zweifache Weise; wegen ihnen sind die Sparzinsen niedriger, als sie es sein könnten, und die Ersparnisse werden obendrein schlecht verwaltet.

Außerdem benötigen Unternehmen Risikokapital, also Finanzierungen, die sie anders als Bankfinanzierungen keinem Insolvenzrisiko aussetzen, wenn sie Pech haben. Aktienmärkte leisten dies, aber der chinesische Aktienmarkt genießt noch nicht das breite Vertrauen der internationalen Anleger, und der indische Aktienmarkt ist zwar älter und besser geführt, aber nach wie vor zu sehr von Standardwerten dominiert.

Schwach entwickelte Grundstücksmärkte sind eine weitere Ursache dafür, dass Unternehmen nicht wachsen. Um zu wachsen, muss ein produktives Unternehmen mehr Land und mehr Gebäude erwerben, um so Platz für neue Maschinen und Mitarbeiter zu schaffen. Außerdem können Grundstücke und Gebäude als Kreditsicherheiten genutzt werden. Dies wird zu einem riesigen Problem, wenn Grundstücksmärkte schlecht funktionieren. Nehmen wir ein weitverbreitetes Beispiel: In vielen Ländern kommt es oft zu Streitigkeiten darüber, wer der rechtmäßige Eigentümer eines Grundstücks oder Gebäudes ist. A erhebt Anspruch auf das Grundstück von B, das unter gerichtliche Zwangsverwaltung gestellt wird, und es dauert oftmals Jahre, bis der Rechtsstreit endgültig entschieden ist. Eine neuere Studie deutet darauf hin, dass in Indien dysfunktionale Märkte für Grundstücke und Gebäude eine große Rolle bei der Fehlallokation spielen.[378] Tatsächlich besitzen in etwa der Hälfte der Distrikte in Indien produktivere Unternehmen im Durchschnitt *weniger* Grund und Gebäude als die am wenigsten produktiven! Dies ist vermutlich ein sehr großes Problem in vielen Ländern, in denen Eigentumsrechte an Grundstücken nicht sehr klar definiert sind.

## Wir haben nur ein Leben

Aber es gibt noch andere, eher psychologische Gründe dafür, dass sich die besten Unternehmen in Indien, Nigeria oder Mexiko nicht gegen die schlechteren Wettbewerber durchsetzen. Vielleicht wollen die Eigentümer ihrem Sohn einfach ein leidlich gut laufendes Unternehmen hinterlassen und scheuen das Risiko einer externen Kontrolle, das mit einer Fremdfinanzierung verbunden ist; die Beschaffung von Kapital auf dem Aktienmarkt zum Beispiel erfordert die

Einsetzung eines unabhängigen Board of Directors (Leitungs- und Kontrollgremiums), das möglicherweise den Nachfolgeplänen in die Quere kommt.

Und vielleicht ist den Eigentümern Wachstum einfach nicht so wichtig, als dass sie dieses mit ganzer Kraft und allen ihnen zur Verfügung stehenden Mitteln vorantreiben wollten. Wenn keiner ihrer Konkurrenten mit hohem Tempo expandiert, laufen sie nicht Gefahr, aus dem Markt gedrängt zu werden. Sie haben einen auskömmlichen Lebensunterhalt und einen Arbeitsplatz. Warum sich das Leben durch das Bestreben zu expandieren ungemütlich machen? Eine sehr interessante neuere Studie untersucht Schwachstellen in den Führungsstrukturen indischer Unternehmen.[379] Gemessen an den Normen dessen, was in den Vereinigten Staaten »gute Geschäftsführung« genannt wird, werden Firmen in Entwicklungsländern furchtbar schlecht gemanagt. Man könnte dies als ein Vorurteil gegen andere Führungsstrategien abtun. So sind insbesondere die Inder sehr stolz auf ihre Fähigkeit, mit sehr knappen Mitteln gute Geschäfte zu machen – auf *jugaad*, wie sie es nennen.[380] Dazu ist es notwendig, mit dem, was man zur Verfügung hat, auf einfallsreiche Weise zu wirtschaften, und vielleicht tun die Führungskräfte genau das. Aber die Führungsverantwortlichen versagen in einer Weise, die auch aus ihrer Sicht der wirtschaftlichen Vernunft widersprechen müsste. So lassen sie es zum Beispiel zu, dass sich Abfälle in solchen Mengen in der Fabrikhalle ansammeln, dass von ihnen eine Brandgefahr ausgeht. Oder ungenutzte Materialien werden in Beutel gepackt und in einen Lagerraum geworfen, aber niemand beschriftet sie oder erfasst sie in einer Liste, sodass es praktisch unmöglich wird, sie nochmals zu verwenden. Als die Forscher, einer von ihnen ein ehemaliger Unternehmensberater, ein Team hochbezahlter Consultants (kostenlos) nach Indien entsandte, wo sie fünf Monate lang mit den Führungsverantwortlichen einer zufällig ausgewählten Gruppe dieser Firmen zusammenarbeiteten, erhöhten sich die Gewinne um 300 000 Dollar pro

Firma – selbst für relativ große Firmen keine Lappalie. Die meisten der Maßnahmen, die dies bewirkten, waren vergleichsweise geringfügige Veränderungen; so wurden fortan etwa die Lagerbestände beschriftet und Abfälle umgehend beseitigt. Die Geschäftsleitungen hätten, wenn sie den Gewinn hätten steigern wollen, diese recht kostspielige Hilfe von außen (die Beratung hätte sie 250 000 Dollar gekostet, wenn sie diese aus eigener Tasche hätten bezahlen müssen) nicht nötig gehabt, weil sie leicht hätten selbst darauf kommen können. Sie nehmen naheliegende Veränderungen nicht von sich aus vor, sondern nur dann, wenn jemand sie darauf hinweist und sie durch Beschämung dazu anhält. Es muss also so sein, dass Unternehmer letztlich keinen großen Wert darauf legen, ihr Bestes zu geben.

## Endloses Warten

Unternehmen benötigen auch Arbeitskräfte. Man könnte meinen, zumindest dies wäre in einem armen Land mit hohem Arbeitskräftereservoir kein Problem, aber das stimmt nicht. Selbst Hilfsarbeiter in Odisha, einem der ärmsten indischen Bundesstaaten, bestehen auf einem aus ihrer Sicht fairen Lohn, selbst dann, wenn die Alternative Arbeitslosigkeit ist; Arbeiter, die sich mit einem niedrigeren Lohn begnügen, werden von anderen bestraft.[381]

Dem landesweit repräsentativen National Sample Survey zufolge waren in den Jahren 2009 und 2010 26 Prozent aller indischen Männer im Alter zwischen zwanzig und dreißig mit mindestens zehnjähriger Bildung arbeitslos. Der Grund dafür ist nicht etwa ein Mangel an Arbeitsplätzen: Der Anteil derjenigen unter dreißig mit weniger als achtjähriger Bildung, die nicht arbeiteten, betrug 1,3 Prozent. Und der Anteil der *über Dreißigjährigen* mit zehnjähriger Bildung, die nicht arbeiteten, betrug etwa 2 Prozent.[382] Das gleiche Muster sehen wir in den Jahren 1987, 1999 und 2009, sodass dies nicht darauf zurückzuführen ist, dass junge Menschen heutzutage weniger beschäftigungsfähig sind.[383]

Es gibt jede Menge offene Stellen, aber es sind nicht die Stellen, die diese jungen Männer wollen. Irgendwann nehmen sie Arbeitsplätze an, die sie ablehnten, als sie jünger waren, vielleicht weil die ökonomischen Zwänge mit zunehmendem Alter stärker werden (ihre Eltern, die sie heute ernähren und beherbergen, gehen in Rente oder versterben; sie wollen heiraten), und die Auswahl an Stellen, die infrage kommen, sinkt (insbesondere Stellen im Staatsdienst haben eine Höchstaltersgrenze, die oftmals nahe bei dreißig Jahren liegt).

In Ghana fand Esther etwas ganz Ähnliches. Vor etwas mehr als zehn Jahren wurden 2000 Heranwachsende identifiziert, die die (schwierige) Eignungsprüfung für die Höhere Sekundarschule in Ghana (die ungefähr den Klassenstufen zehn bis zwölf entspricht) bestanden hatten, sich aber aufgrund fehlender Mittel nicht in das erste Trimester eingeschrieben hatten.[384] Ein Drittel von ihnen wurde nach dem Zufallsprinzip ausgewählt, und ihnen wurde ein Stipendium für die gesamte Zeit auf der Sekundarschule angeboten. Ehe sie für das Stipendium ausgewählt wurden, fragten Esther und ihre Co-Autoren deren Eltern, worin ihres Erachtens der ökonomische Nutzen des Besuchs der Sekundarschule bestünde. Die Eltern waren im Allgemeinen optimistisch. Sie waren der Meinung, ihr Sohn oder ihre Tochter könne mit einem Sekundarschulabschluss im Schnitt fast viermal so viel verdienen wie ohne. Zudem glaubten sie, dieser Mehrverdienst sei auf einen besseren Zugang zu Stellen im Staatsdienst etwa für Lehr- oder Krankenpflegekräfte zurückzuführen. Es ist nicht weiter verwunderlich, dass in Anbetracht dieser Überzeugungen drei Viertel der Schüler, denen ein Stipendium angeboten wurde, die Gelegenheit ergriffen und einen Sekundarschulabschluss machten, während dies nur die Hälfte der Schüler ohne Stipendium schaffte. Esther und ihre Kollegen haben den weiteren Lebensweg dieser Jugendlichen verfolgt und sie ungefähr einmal pro Jahr befragt. Sie haben viele positive Veränderungen festgestellt: Die Schüler lernten in der Schule nützliche Dinge, die ihr Leben in vielfältiger Weise veränderten; sie schnitten besser bei einem Test ab, der die Fähigkeit misst, Wissen auf konkrete Situationen anzuwenden; junge Frauen warteten länger, ehe sie eine Familie gründeten, und hatten weniger Kinder.

Die nicht so gute Nachricht lautet, dass die Auswirkungen auf ihr durchschnittliches Einkommen nicht sehr groß waren, außer für diejenigen, die eine Stelle im Staatsdienst ergatterten. Die Eltern hatten in einem Punkt recht: Die höhere Schulbildung ist tatsächlich entscheidend für den Zugang zu den Hochschulabschlüssen, mit denen Absolventen an begehrte Stellen kommen können. Sekundarschulabsolventen erhielten häufiger (als Nichtabsolventen) Anstellungen als Lehrer, anderweitige Staatsbedienstete oder auch in der Privatwirtschaft, wo sie feste Gehälter und Zusatzleistungen bekamen. Aber die Eltern irrten sich insofern, als eine weiterführende Schulbildung zwar eine *notwendige*, aber keine *hinreichende* Bedingungen ist. Von denjenigen (insbesondere den Mädchen), die Sekundarschulstipendien erhalten hatten, besuchten anschließend mehr ein College, aber die Wahrscheinlichkeit dafür war noch immer recht niedrig (16 Prozent der Stipendiaten gegenüber 12 Prozent in der Vergleichsgruppe). Und nur wenige von ihnen bekamen eine Stelle im Staatsdienst. Zwar verdoppelte das Stipendium diese Wahrscheinlichkeit, aber nur von 3 Prozent auf 6 Prozent; das heißt, aus einer sehr, sehr niedrigen Wahrscheinlichkeit wurde eine sehr niedrige.

Obwohl sie mittlerweile bereits 25 oder 26 Jahre alt waren, warteten die meisten der Sekundarschulabsolventen noch immer auf bessere Zeiten. Ein erheblicher Prozentsatz arbeitete gar nicht; nur 70 Prozent der ehemaligen Schüler in der Stichprobe (Studien- und Kontrollgruppe zusammengenommen) hatten im letzten Monat überhaupt etwas verdient.

Da uns die Frage umtrieb, was diese jungen Menschen, statt zu arbeiten, wohl taten, besuchten wir einige von ihnen. Steve, ein freundlicher, wortgewandter junger Mann, empfing uns bei sich zu Hause. Vor zwei Jahren hatte er seinen Sekundarschulabschluss gemacht, aber seither nicht gearbeitet. Er hoffte, Politikwissenschaft studieren zu können, mit dem Ziel, eines Tages Rundfunkmoderator zu werden, aber seine Noten im Zulassungstest waren bislang zu schlecht gewesen. Er würde es weiter versuchen. In der Zwischenzeit lebte er von der Rente seiner Großmutter. Er sah keinen Grund, sich schon jetzt von seinen Träumen zu verabschieden. Wahrscheinlich wird er es irgendwann tun, aber er glaubt, dass er noch Zeit hat.

Die Kehrseite dessen ist, dass Unternehmen selbst in Ländern mit erschreckend hoher Arbeitslosigkeit wie Südafrika (wo 54 Prozent der Personen im Alter zwischen 15 und 24 Jahren von sich selbst sagen, sie seien arbeitslos)[385] beklagen, sie hätten Schwierigkeiten, geeignete Mitarbeiter zu finden: Mitarbeiter mit einem gewissen Bildungsniveau, einer guten Arbeitseinstellung und der Bereitschaft, für den angebotenen Lohn zu arbeiten. In Indien hat die Regierung eine riesige Summe an öffentlichen Mitteln investiert, um Arbeitskräfte fit für jene Stellen zu machen, die die Wirtschaft produziert. Vor einigen Jahren arbeitete Abhijit mit einem dieser Unternehmen zusammen, die Berufsausbildung und Stellenvermittlung für den Dienstleistungssektor anbieten. Das Unternehmen war nach eigener Einschätzung bei der Vermittlung der Personen, die bei ihnen eine Ausbildung machten, nicht besonders erfolgreich. Die Daten bestätigten dies. Von den 538 jungen Männern und Frauen, die sich für einen Lehrgang anmeldeten, machten nur 450 einen Abschluss. Von diesen wiederum erhielten 179 Stellenangebote, und 99 nahmen ihre Angebote an. Aber nach sechs Monaten waren nur noch 58 auf den Stellen, die das Unternehmen für sie gefunden hatte, was einer Erfolgsquote von knapp über 10 Prozent entspricht. Weitere zwölf arbeiteten bei anderen Firmen.[386] Wir fragten eine Gruppe derjenigen, denen eine Stelle angeboten worden war, die diese aber nicht angenommen hatten oder die sie schon nach kurzer Zeit wieder aufgegeben hatten, was sie stattdessen taten. Es zeigte sich, dass sie entweder »Aufnahmeprüfungen« ablegten, wie sie es nannten (für eine Stelle im Staatsdienst oder eine Stelle in einer staatsnahen Institution wie einem öffentlich-rechtlichen Kreditinstitut), oder studierten, um einen Bachelor-Abschluss zu machen und sich dann auf eine Beamtenstelle zu bewerben. Oder aber sie blieben einfach zu Hause, obwohl ihre Familien sich dies kaum leisten konnten.

Warum lehnten sie die ihnen angebotenen Stellen ab? Wir hörten viele verschiedene Antworten, doch sie alle liefen darauf hinaus, dass ihnen die Stellen nicht zusagten – zu viel Arbeit, zu lange Arbeitszeiten, zu viel Zeit, die sie im Stehen verbringen müssen, zu langes oder zu häufiges Pendeln, zu schlecht bezahlt.

Ein Teil des Problems besteht darin, dass die Erwartungen nicht deckungsgleich sind. Die jungen Männer und Frauen, die wir in Indien befragten, wuchsen in Familien auf, in denen eine über die Grundschulbildung hinausgehende, weiterführende Bildung noch immer oftmals etwas Neues war; ihre Väter waren im Schnitt acht Jahre lang zur Schule gegangen, ihre Mütter weniger als vier. Man sagte ihnen, wenn sie fleißig lernten, würden sie eine gute Stelle bekommen, was für die meisten ein Bürojob oder eine Anstellung als Lehrer bedeutete. Dies war in der Generation ihrer Eltern allerdings näher an der Wahrheit als heute (insbesondere für historisch benachteiligte Bevölkerungsgruppen wie die unteren Kasten, die von gezielten Fördermaßnahmen profitierten). Im Staatsdienst wurden aufgrund von Budgetzwängen zunächst weniger und dann gar keine neuen Stellen mehr geschaffen,[387] aber gleichzeitig nahm die Zahl der gut ausgebildeten Personen selbst in den historisch benachteiligten Gruppen weiterhin zu.[388] Kurz und gut, die Rahmenbedingungen hatten sich verändert.

Etwas Ähnliches geschah in Ländern wie Südafrika und auch in Ägypten und weiteren Ländern des Nahen Ostens und Nordafrikas, die anfangs ein höheres Entwicklungsniveau als Indien hatten. Dort genügte es nicht, einen Sekundarschlussabschluss gemacht zu haben, doch eine Zeit lang hatte ein Bachelor-Grad die gleiche Funktion des Aussiebens: Wenn man einen BA-Abschluss vorweisen konnte, stand einem eine Stelle im Staatsdienst offen. Das ist nicht länger der Fall, dennoch produzieren diese Länder noch immer Millionen von Bachelor-Absolventen in Fächern wir Arabistik oder Politikwissenschaften, für die es heute keinen Bedarf mehr gibt. Es stimmt, dass Arbeitgeber überall auf der Welt, auch in den Vereinigten Staaten, unentwegt beklagen, Hochschulabsolventen hätten nicht die Kompetenzen, die der Arbeitsmarkt verlange. In diesen Ländern jedoch ist das Missverhältnis besonders stark ausgeprägt.

Die Diskrepanz zwischen der Wirklichkeit und den Erwartungen wird noch dadurch verstärkt, dass viele junge Menschen die Realitäten des Arbeitsmarkts nicht aus unmittelbarer eigener Anschauung kennen. Gemeinsam mit Sandra Sequeira evaluierte Abhijit ein Programm in Südafrika, das jungen Arbeitssuchenden in den Townships (den ehemaligen schwarzen Gettos der Apartheid-Ära) die kostenlose Nutzung von Verkehrsmitteln für die Suche nach Arbeitsplätzen fern von ihrem Wohnort anbot. Diejenigen, die per Zufallsauswahl den Beförderungszuschuss erhielten, waren viel mehr unterwegs, aber dies wirkte sich nicht auf die Beschäftigung aus. Was sich dagegen veränderte, war ihre Wahrnehmung des Arbeitsmarkts. Anfangs waren fast alle zu optimistisch; sie erwarteten Löhne, die 1,7-mal höher waren als die tatsächlichen Löhne, die mit ihnen vergleichbare erwerbstätige Arbeiter angaben. Als sie dann die Realitäten des Arbeitsmarkts unmittelbar selbst erlebten, hat dies ihre Erwartungen gedämpft, sodass ihre Lohnerwartung realistischer wurde.[389]

Arbeitsmärkte, die aufgrund dieses grundlegenden Missverhältnisses eingefroren sind, verschwenden Ressourcen. Die meisten dieser jungen Menschen warten auf Stellen, die sie nie bekommen werden. Die Zeitungen in Indien schreiben oft über den irrsinnigen Ansturm auf Stellen im Staatsdienst; zum Beispiel, dass sich 28 Millionen Personen auf 9000 einfache Stellen bei der staatseigenen Bahngesellschaft bewarben.[390]

Einige dieser Probleme sind, man kann es nicht anders sagen, zur Gänze hausgemacht. Das Problem besteht zum Teil darin, dass ein geringer Prozentsatz der Stellen viel attraktiver ist als der Rest, und zwar aus Gründen, die nichts mit der Produktivität zu tun haben. Die besten Beispiele sind Stellen im Staatsdienst. In den ärmsten Ländern gibt es große Lohnunterschiede zwischen dem öffentlichen Dienst und der Privatwirtschaft. Arbeitnehmer im öffentlichen Dienst verdienen im Schnitt mehr als das Doppelte von Arbeitnehmern im privaten Sektor. Hinzu kommen noch die großzügigen Kranken- und Rentenversicherungszuschüsse.[391]

Diese Art von Unterschied kann den gesamten Arbeitsmarkt ins Schleudern bringen. Wenn Stellen im Staatsdienst so viel einträglicher sind als Stellen in der Privatwirtschaft, aber zugleich sehr rar, lohnt es sich für alle, abzuwarten und für diese Stellen Schlange zu stehen. Wenn der Prozess des Anstehens und Aussiebens wie so oft mit dem Ablegen von Prüfungen verbunden ist, verbringen junge Menschen womöglich den größten Teil ihres Erwerbslebens (beziehungsweise so viel, wie ihnen ihre Familien erlauben) damit, für diese Prüfungen zu lernen. Wären die Stellen im öffentlichen Dienst nicht mehr so erstrebenswert, würde die betreffende Volkswirtschaft viele Jahre produktiver Arbeit gewinnen, die in dem Streben nach dem vergeudet werden, was für die meisten unerreichbar bleibt. Selbstverständlich ist der Staatsdienst auch in anderen Ländern attraktiv, zum Teil deshalb, weil er oft einen sicheren Arbeitsplatz verspricht. Aber der Lohnunterschied ist nicht ganz so groß und die Schlange nicht annähernd so lang.

Es wäre vermutlich ein harter Kampf, die Gehälter von Staatsbediensteten zu senken. Weniger schwierig dürfte es sein, beispielsweise Interessenten nur noch eine begrenzte Anzahl von Bewerbungen für den Staatsdienst zu erlauben oder die Höchstaltersgrenze konsequenter durchzusetzen. Dies würde die massive Vergeudung personeller Ressourcen verhindern, die durch das jahrelange Warten zahlloser Bewerber verursacht wird. Im Prozess der Allokation von Arbeitsplätzen könnte der glückliche Zufall fortan eine Rolle spielen, wobei die sich auf diese Weise ergebende Verteilung nicht notwendigerweise schlechter wäre als diejenige unter dem gegenwärtigen System, das diejenigen begünstigt, die es sich leisten können zu warten. Während Steve in Ghana Däumchen drehte, waren einige andere junge Absolventen gezwungen, in die Gänge zu kommen und sich eine Beschäftigung zu suchen, weil sie niemanden hatten, der ihren Lebensstil subventionierte. Und sie ließen sich etwas einfallen: Wir lernten einen Erdnussfarmer kennen, einen DJ, der sich auf Begräbnisse spezialisiert hatte, einen angehenden Prediger und zwei Fußballer bei einer Zweitliga-Mannschaft.

Allerdings beschränken sich die Arbeitsmarktprobleme in Entwicklungsländern nicht auf die übergroße Anziehungskraft des staatlichen Sektors. Auch eine Kategorie von Arbeitsplätzen in der Privatwirtschaft, die Zusatzleistungen, hohe Löhne und einen gewissen Kündigungsschutz bieten, locken in Ghana zahlreiche Sekundarschulabsolventen an. In vielen Entwicklungsländern weisen die Arbeitsmärkte diese Zweiteilung auf: Es gibt einen großen informellen Sektor ohne jeglichen Schutz, in dem viele Menschen mangels besserer Alternativen selbstständig arbeiten, und einen formalen Sektor, in dem Mitarbeiter nicht nur verwöhnt werden, sondern auch ein hohes Maß an Sicherheit genießen. Ein gewisser Beschäftigungsschutz ist selbstverständlich notwendig; es darf nicht sein, dass Arbeitnehmer den Launen ihres Arbeitgebers ausgesetzt sind. Aber die Arbeitsmärkte sind hier so streng reguliert, dass dies eine effiziente Reallokation von Ressourcen massiv beeinträchtigt.

## Alle hatten recht, alle waren im Irrtum

Was bedeutet all das für unser Verständnis des Wirtschaftswachstums? Wir können feststellen, dass Robert Solow recht hatte: Das Wachstum einer Volkswirtschaft schwächt sich ab, wenn ein bestimmtes Pro-Kopf-Einkommen überschritten wird. An der technologischen Front bedeutet das, dass das Wachstum der totalen Faktorproduktivität im Wesentlichen ein Geheimnis ist: Wir wissen nicht, wodurch es angetrieben wird.

Robert Lucas und Paul Romer hatten ebenfalls recht. Die Konvergenz der ärmeren Länder findet nicht automatisch statt. Das ist wahrscheinlich nicht in erster Linie auf Übertragungseffekte zurückzuführen. Es liegt eher daran, dass die TFP in ärmeren Ländern sehr viel niedriger ist, was im Wesentlichen auf Marktversagen zurückzuführen ist. Und insofern, als wirtschaftsfreundliche Institutionen gebraucht werden, um Marktversagen zu korrigieren, haben auch Acemoğlu, Johnson und Robinson recht.

Doch all diese Ökonomen sind auch im Irrtum, denn sie stellen sich Wirtschaftswachstum und Ressourcen eines Landes als Bestandteile derselben Einheit vor (die »Arbeit«, das »Kapital«, das »BIP«), wodurch ihnen wahrscheinlich die entscheidende Erkenntnis entgeht. Alles, was wir über die Fehlleitung von Ressourcen gelernt haben, zeigt, dass wir über die Modelle hinausgehen und uns mit der Frage auseinandersetzen müssen, *wie* die Ressourcen verwendet werden. Wenn ein Land seine Ressourcen sehr schlecht nutzt, wie es China unter dem Kommunismus oder Indien in den Zeiten des extremen Dirigismus tat, dann kann es von Reformen profitieren, die geeignet sind, die Ressourcen der optimalen Nutzung zuzuführen. Dass einige Länder, zum Beispiel China, so lange so schnell wachsen können, liegt vielleicht daran, dass sie mit einem großen Reservoir an ungenutztem Talent und Ressourcen beginnen, die sie einsetzen können, sobald sie die wirtschaftlichen Rahmenbedingungen geändert haben. Das ist weder Solows noch Romers Welt, in der ein Land entweder neue Ressourcen oder neue Ideen braucht, um zu wachsen. Es deutet auch darauf hin, dass sich das Wachstum erheblich verlangsamen könnte, wenn die zuvor verschwendeten Ressourcen erst einmal optimal genutzt werden, womit weiteres Wachstum von zusätzlichen Ressourcen abhängt. Der Rückgang des Wirtschaftswachstums in China ist ein viel diskutiertes Thema: Dort verlangsamt sich das Wachstum offenkundig, was zu erwarten war. Unabhängig von der Reaktion der chinesischen Führung wird sich dieser Trend mit einiger Sicherheit fortsetzen. China akkumulierte eine Zeit lang rasch Ressourcen, da es beträchtlichen Nachholbedarf hatte; die Ursachen der schlimmsten Ressourcenfehlleitung wurden beseitigt. Aber mittlerweile hat das Land weniger Spielraum für weitere Verbesserungen. Die chinesische Wirtschaft stützte sich auf den Export, um Know-how und Investitionen anzulocken und eine (zeitweilig) unerschöpfliche globale Nachfrage zu bedienen. Nun jedoch ist China das größte Exportland der Welt und kann seine Ausfuhren unmöglich weiterhin sehr viel schneller erhöhen, als die Weltwirtschaft wächst. China (und die übrige Welt) werden sich mit der Tatsache abfinden müssen, dass sich die Ära des atemberaubenden Wachstums ihrem Ende zuneigt.

Bezüglich der Zukunft sieht es so aus, als könnten sich die Vereinigten Staaten ein wenig entspannen. Im Jahr 1979 prognostizierte der Harvard-Professor Ezra Vogel in seinem Buch *Japan as Number One*, das ostasiatische Land werde bald alle anderen Länder hinter sich lassen und zur führenden Wirtschaftsmacht der Welt aufsteigen. Er riet den westlichen Ländern, vom japanischen Modell zu lernen: Gute Arbeitsbeziehungen, niedrige Kriminalitätsraten, vorzügliche Schulen und kompetente, langfristig denkende Elitebürokraten waren die Bestandteile für das von Vogel empfohlene Rezept für ein dauerhaft stärkeres Wirtschaftswachstum.[392]

Wäre Japan weiter mit der zwischen 1963 und 1973 beobachteten Rate gewachsen, so hätte es die Vereinigten Staaten tatsächlich im Jahr

1985 gemessen am Pro-Kopf-BIP und im Jahr 1998 gemessen am gesamten Bruttoinlandsprodukt überholt. Dazu kam es jedoch nicht. Wenn man sich ansieht, was stattdessen geschah, könnte man abergläubisch werden: Im Jahr 1980, ein Jahr nach der Veröffentlichung von Vogels Buch, brach das japanische Wirtschaftswachstum ein. Es hat sich bis heute nicht richtig erholt.

Das Solow-Modell legt eine einfache Erklärung nahe: Aufgrund einer niedrigen Fruchtbarkeitsrate und einer praktisch inexistenten Immigration alterte die japanische Bevölkerung rasch (und tut es weiterhin). Die Bevölkerung im erwerbsfähigen Alter erreichte Ende der 1990er-Jahre ihren Höchststand und sinkt seitdem. Das bedeutet, dass die Totale Faktorproduktivität umso schneller erhöht werden muss, damit das Land weiter schnell wachsen kann. Man könnte es auch so ausdrücken: Da es immer noch keine zuverlässige Methode gibt, um die TFP zu erhöhen, müsste Japan ein Wundermittel finden, um seine bestehende Erwerbsbevölkerung produktiver zu machen.

In der Euphorie der 1970er-Jahre hielten das manche für möglich, was eine Erklärung dafür sein könnte, dass die Japaner in den 1980er-Jahren weiter sparten und trotz des Wachstumseinbruchs in die japanische Wirtschaft investierten. In der Scheinblüte der Wirtschaft in den 1980er-Jahren wurde zu viel gutes Geld in zu wenige gute Vorhaben gesteckt, was schließlich dazu führte, dass die Banken auf zahlreichen faulen Krediten sitzen blieben und in den 1990er-Jahren in eine schwere Krise schlitterten.

Mit einigen dieser Probleme ist mittlerweile auch China konfrontiert. Seine Bevölkerung altert rasch, was teilweise auf die Einkindpolitik zurückzuführen ist; es hat sich als schwierig erwiesen, ihren Auswirkungen mit einer Lockerung der Bestimmungen entgegenzuwirken. Es ist möglich, dass China beim Pro-Kopf-BIP schließlich die Vereinigten Staaten einholen wird, aber da sich das Wirtschaftswachstum verlangsamt, dürfte es noch eine Weile dauern, bis es so weit ist. Wenn sich die chinesische Wachstumsrate auf 5 Prozent im

Jahr verlangsamt, was durchaus plausibel ist, und diese Rate aufrechterhalten werden kann – was eine eher optimistische Annahme ist – und die Vereinigten Staaten wie gehabt um etwa 1,5 Prozent wachsen, wird es noch mindestens 35 Jahre dauern, bis China die Vereinigten Staaten beim Pro-Kopf-Einkommen einholt. Bis dahin könnte sich die chinesische Führung ebenfalls entspannen und Solows Erkenntnis akzeptieren: Das Wachstum wird sich verlangsamen.

Das Regime ist sich dieser Tatsache bewusst und versucht, die chinesische Bevölkerung auf die Entwicklung einzustimmen, aber die Wachstumsziele dürften trotzdem noch immer übermäßig ambitioniert sein. Es besteht die Gefahr, dass die chinesische Führung in eine Zwangslage gerät und wie zuvor Japan unkluge Entscheidungen fällt, um das Wachstum wieder anzukurbeln.

Wenn die Ressourcenfehlleitung eine Ausgangslage schafft, in der ein rasches Wirtschaftswachstum möglich ist, bieten sich verschiedene unorthodoxe Wachstumsstrategien an. Solche Strategien sollen auf die spezifische Verzerrung des Ressourceneinsatzes in einem Land reagieren. Die Regierungen Chinas und Südkoreas fanden heraus, welche Sektoren zu klein waren und daher die Bedürfnisse der Wirtschaft nicht erfüllen konnten (im Wesentlichen die Schwerindustrie, die Rohmaterial wie Stahl und Chemikalien für andere Wirtschaftszweige bereitstellen sollte) und führten ihnen mit staatlichen Investitionen und anderen Eingriffen Kapital zu. Das erleichterte vermutlich den Übergang zu einem effizienten Ressourceneinsatz.[393]

Dass diese Methode in diesen beiden Ländern funktioniert hat, bedeutet nicht zwangsläufig, dass jedes Land genauso vorgehen sollte. Die Ökonomen sind mit gutem Grund sehr skeptisch gegenüber der Industriepolitik. Die Geschichte der staatlich gelenkten Investitionen ist keine Erfolgsgeschichte; die Urteile darüber fallen häufig negativ aus, selbst wenn sie nicht – was oft der Fall ist – bewusst im Interesse einer bestimmten Gruppe verzerrt werden. Hier haben wir es ebenso mit einem Versagen »des Staates« wie mit einem Marktversagen zu tun, und es gibt so viele Beispiele dafür, dass es sehr gefährlich wäre, blind darauf zu vertrauen, dass es dem Staat gelingen wird, sich die aussichtsreichsten Industrien herauszupicken. Aber es gibt auch so viele Fälle von Marktversagen, dass es keinen Sinn hat, allein darauf zu vertrauen, dass der Markt die Ressourcen in das richtige Einsatzgebiet lenken wird: Wir brauchen eine Industriepolitik, die diese politischen Beschränkungen berücksichtigt.

Die Erkenntnis, dass die Fehlleitung der Ressourcen das Wachstum bremst, impliziert auch, dass sich gegenwärtig kräftig wachsende Länder wie Indien nicht in Sicherheit wiegen dürfen. Wenn die Ausgangslage einer Volkswirtschaft katastrophal ist, ist es relativ einfach, sie auf den Wachstumspfad zu führen, da eine bessere Nutzung der Ressourcen genügt, um rasch deutliche Zugewinne zu erzielen. Im verarbeitenden Gewerbe Indiens wurde ab 2002 die technologische Aufrüstung auf Fabrikebene beschleunigt vorangetrieben, und es kam zu einer Umleitung der Ressourcen zu den besten Unternehmen in den einzelnen Industriezweigen. Dieser Prozess fand offenbar unabhängig von wirtschaftspolitischen Maßnahmen statt und wird als »Indiens geheimnisvolles Fertigungswunder« bezeichnet.[394] Aber es ist keineswegs ein Wunder. Im Grunde ist es lediglich eine geringfügige Verbesserung gegenüber einer trostlosen Ausgangslage, und es gibt verschiedene mögliche Gründe für diesen Fortschritt. Da ist zum Beispiel eine Generationenverschiebung, da die Kontrolle von den Eltern auf ihre Kinder überging, die oft im Ausland ausgebildet wurden, ehrgeiziger sind und mehr über Technologien und Weltmärkte wissen. Vielleicht hat sich auch die Akkumulation bescheidener Profite ausgewirkt, die schließlich Investitionen in größere und bessere Fabriken ermöglichten.

Doch während die schlechtesten Produktionsstätten und Unternehmen ausgesondert werden, schrumpft natürlich der Spielraum für weitere Verbesserungen. Wie in China wird sich auch in Indien das Wachstum verlangsamen. Und es gibt keine Garantie dafür, dass es erst dann schwächer werden wird, wenn Indien dasselbe Pro-Kopf-Einkommen wie China erreicht hat. Zu der Zeit, als China ein Pro-Kopf-BIP erwirtschaftete, das dem Indiens in der Gegenwart entsprach, wuchs seine Wirtschaft jährlich um 12 Prozent, während sich Indien bereits über ein Wachstum von 8 Prozent freuen würde. Wenn wir von diesen Werten extrapolieren, wird das indische Wirtschaftswachstum seinen Höhepunkt auf einem Niveau des Pro-Kopf-BIP erreichen, das deutlich unter dem Chinas liegt. Die steigende Flut hebt alle Boote, aber sie hebt nicht alle Boote auf dasselbe Niveau – viele Ökonomen befürchten, dass es eine *Falle des mittleren Einkommens* gibt, ein mittleres BIP-Niveau, auf dem Länder stagnieren können. Nach Angaben der Weltbank haben nur 13 von 101 Volkswirtschaften, die im Jahr 1960 ein mittleres Einkommen erzielten, bis 2008 den Sprung zu einem hohen Einkommen geschafft.[395] Ländern wie Malaysia, Thailand, Ägypten, Mexiko und Peru fällt es schwer, voranzukommen.

Selbstverständlich ist eine solche Extrapolation mit zahlreichen Risiken behaftet, und Indien sollte sie als das betrachten, was sie ist: eine Warnung. Es ist durchaus möglich, dass das Wachstum Indiens trotz all seiner Probleme sehr wenig mit einem spezifisch indischen Wesen zu tun hat. Stattdessen hat es viel mit der positiven Seite der Ressourcenfehlleitung zu tun: Die indische Volkswirtschaft kann aus einem großen Reservoir potenzieller Unternehmer schöpfen und findet zahlreiche ungenutzte Möglichkeiten vor.

## Auf der Jagd nach dem Trugbild des Wachstums

Wenn diese Einschätzung zutrifft, sollte Indien beginnen, sich Sorgen darüber zu machen, was geschehen wird, wenn die Zahl der Gelegenheiten zu schrumpfen beginnt. So wie wir nicht viel darüber wissen, wie man Wachstum herbeiführen kann, wissen wir auch sehr wenig darüber, warum manche Länder stagnieren, während sich andere weiterentwickeln – warum Südkorea weiter wuchs, Mexiko hingegen nicht –, oder wie man sich aus dem Stillstand befreien kann. Eine sehr reale Gefahr ist, dass Indien und ähnliche Länder angesichts eines deutlich verlangsamten Wachstums in dem Bemühen, den Motor wieder anzukurbeln, Maßnahmen ergreifen werden, die den Armen im Namen des zukünftigen Wachstums heute schaden. Die Notwendigkeit, im Interesse des Wachstums »wirtschaftsfreundlich« zu sein, kann wie seinerzeit in der Reagan-Thatcher-Ära in den USA und Großbritannien als Freibrief für verschiedenste Eingriffe betrachtet werden, die den Armen schaden und den Reichen nutzen (darunter Rettungsaktionen für überschuldete Unternehmen und reiche Personen), Eingriffe, die die Spitzenverdiener auf Kosten aller anderen reicher machen und wenig zum Wachstum beitragen.

Wenn wir etwas aus der Erfahrung der Vereinigten Staaten und Großbritanniens lernen können, so dies: Man fördert das Wachstum nicht und tut den Armen nichts Gutes, indem man sie auffordert, den Gürtel enger zu schnallen, und sich darauf verlässt, dass die Geschenke an die Reichen schließlich über Trickle-down-Effekte auch den Armen zugutekommen werden. Wenn die Explosion der Ungleichheit in einer wachstumsschwachen Volkswirtschaft überhaupt etwas bewirkt, so schadet sie dem Wachstum, denn die politische Gegenbewegung führt zur Wahl populistischer Regierungen, die Allheilmittel versprechen, die selten funktionieren und oft zu Katastrophen wie jener in Venezuela führen.

Interessant ist, dass selbst der Internationale Währungsfonds, der so lange die Bastion der Wachstumsfixierung war, inzwischen erkannt hat, dass es keine gute Politik war, von den Armen Opfer zu verlangen, um das Wachstum zu fördern. Der IWF fordert seine Länderteams mittlerweile auf, bei der Entwicklung politischer Leitfäden für die Länder die Ungleichheit zu berücksichtigen und Maßnahmen gegen die Ungleichverteilung zur Bedingung für Hilfspakete des Fonds zu machen.[396]

Entscheidend ist letzten Endes, die Tatsache nicht aus den Augen zu verlieren, dass das Bruttoinlandsprodukt kein Zweck, sondern ein Mittel ist. Es ist zweifellos ein nützliches Mittel, vor allem, wenn ein BIP-Anstieg Arbeitsplätze schafft, Lohnerhöhungen ermöglicht oder dem Staat Einnahmen sichert, die ihm Umverteilungsmaßnahmen ermöglichen. Aber das eigentliche Ziel bleibt, die Lebensqualität des Durchschnittsbürgers und insbesondere die der benachteiligten Bevölkerungsgruppen zu erhöhen. Und Lebensqualität ist mehr als nur Konsum. Wie wir im vorigen Kapitel gesehen haben, brauchen die meisten Menschen Selbstwertgefühl und möchten respektiert werden; sie leiden, wenn sie das Gefühl haben, ihren eigenen Ansprüchen nicht zu genügen und ihre Familien im Stich zu lassen. Teilweise bedeutet eine höhere Lebensqualität tatsächlich, mehr konsumieren zu können, aber sogar sehr armen Menschen liegen auch die Gesundheit ihrer Eltern und die Bildung ihrer Kinder am Herzen. Sie wollen, dass ihre Stimme Gehör findet, und möchten in der Lage sein, ihre Träume zu verwirklichen. Ein höheres Bruttoinlandsprodukt kann *ein* Weg sein, diese Bedürfnisse der Armen zu erfüllen, aber es ist eben nur einer von vielen Wegen – und wir dürfen nicht annehmen, dass es immer der beste ist. Tatsächlich ist die Lebensqualität in verschiedenen Ländern mit mittlerem Einkommen sehr unterschiedlich. Beispielsweise hat Sri Lanka ein ähnliches Pro-Kopf-BIP wie Guatemala, aber die Mütter- und Kindersterblichkeit sind in Sri Lanka sehr viel niedriger als in dem mittelamerikanischen Land (und mit jener in den Vereinigten Staaten vergleichbar).[397]

## Förderung des Wohlergehens

Rückblickend ist klar, dass viele der großen Fortschritte in den letzten Jahrzehnten direkte Resultate von politischen Maßnahmen waren, die sich auf spezifische Ergebnisse konzentrierten, und das auch in einigen Ländern, die sehr arm waren und es weiterhin sind. Beispielsweise konnte die Sterblichkeitsrate bei Kindern unter fünf Jahren sogar in einigen sehr armen Ländern, die nicht besonders schnell wuchsen, dank einer Konzentration auf Säuglingspflege, Impfungen und Malariaprävention deutlich gesenkt werden.[398] Und genauso verhält es sich mit vielen anderen Maßnahmen zur Armutsbekämpfung in Bereichen wie Bildung, Förderung von Kompetenzen, Unternehmertum oder Gesundheitswesen. Wir müssen uns auf wesentliche Probleme und die Frage konzentrieren, welche Maßnahmen geeignet sind, um sie zu lösen.

Diese Arbeit erfordert Geduld: Die Bereitstellung von Hilfsgeldern an sich genügt unter Umständen nicht, um eine wirklich gute Bildung oder medizinische Versorgung anzubieten. Die gute Nachricht ist, dass wir anders als in der Frage des Wachstums in diesem Fall sehr wohl wissen, wie Fortschritte herbeigeführt werden können. Die Konzentration auf klar definierte Eingriffe hat den großen Vorteil, dass für diese Maßnahmen messbare Ziele vorgegeben werden, womit sie direkt beurteilt werden können. Wir können mit ihnen experimentieren, jene aufgeben, die nicht funktionieren, und die erfolgversprechenden verbessern.

Ein gutes Beispiel ist die jüngere Geschichte des Kampfs gegen die Malaria. Die Ansteckung mit dieser Krankheit, die zu den häufigsten Todesursachen bei Kleinkindern zählt, kann verhindert werden, indem man Mückenstiche vermeidet. Seit den 1980er-Jahren war die Zahl der Malariatoten jedes Jahr gestiegen. Auf dem Höhepunkt der Pandemie im Jahr 2004 tötete die Krankheit 1,8 Millionen Menschen. Doch im Jahr 2005 gelang es, die Entwicklung praktisch über Nacht umzukehren. Zwischen 2005 und 2016 sank die Zahl der Malariatoten um 75 Prozent.[399]

Vermutlich trugen zahlreiche Faktoren zum Rückgang der Opferzahlen bei, aber die großangelegte Verteilung von mit Insektiziden behandelten Bettnetzen spielte mit einiger Sicherheit eine Schlüsselrolle. Der Nutzen dieser Bettnetze ist gut dokumentiert. Im Jahr 2004 zeigte eine Auswertung von 22 randomisierten kontrollierten Studien, dass die Verteilung von tausend zusätzlichen Mückennetzen die Zahl der Todesfälle um durchschnittlich 5,5 pro Jahr verringerte.[400] Wie wir in *Poor Economics* beschrieben haben, wurde seinerzeit heftig über die Frage gestritten, ob die Netze (zu einem subventionierten Preis) an die Empfänger verkauft oder gratis verteilt werden sollten.[401] Eine von Pascaline Dupas und Jessica Cohen durchgeführte randomisierte kontrollierte Studie, deren Ergebnisse seitdem in mehreren anderen Untersuchungen bestätigt worden sind, zeigte, dass kostenlose Netze tatsächlich genauso intensiv genutzt wurden wie solche, für die die Empfänger bezahlen mussten, und die kostenlose Verteilung erhöhte die Reichweite der Maßnahme deutlich gegenüber der Verteilung mit Kostenbeteiligung.[402] Seit der Veröffentlichung von *Poor Economics* im Jahr 2011 haben diese Belege die Akteure schließlich davon überzeugt, dass eine massive Verteilung von Bettnetzen die wirksamste Methode zur Bekämpfung der Malaria ist. Zwischen 2014 und 2016 wurden weltweit 582 Millionen mit Insektizid behandelte Mückennetze verteilt, davon allein 505 Millionen in Subsahara-Afrika; 75 Prozent der Empfänger mussten nichts für ihr Netz bezahlen.[403] Die Zeitschrift *Nature* ist zu dem Ergebnis gelangt, dass die Verteilung insektizidbehandelter Netze zwischen 2000 und 2015 450 Millionen klinische Fälle infolge der Malaria verhindert hat.[404]

Die Sammlung von Belegen für die Wirksamkeit der Maßnahme dauerte eine Weile, aber sie funktionierte. Sogar die Skeptiker ließen sich schließlich überzeugen. Bill Easterly, der sich im Jahr 2011 noch entschieden gegen die Verteilung kostenloser Bettnetze ausgesprochen hatte, gestand in einem Tweet elegant ein, dass sein Gegner Jeffrey Sachs in dieser Frage recht gehabt habe.[405] Die richtigen politischen Entscheidungen hatten gewaltige Fortschritte im Kampf gegen eine furchtbare Plage ermöglicht.

Wir müssen feststellen, dass die Mechanismen, die einem stabilen Wirtschaftswachstum zugrunde liegen, trotz aller Anstrengungen von Generationen von Wirtschaftswissenschaftlern weiterhin im Verborgenen liegen. Niemand weiß, ob das Wachstum in den reichen Ländern wieder in Fahrt kommen wird oder was wir tun müssen, um die Wahrscheinlichkeit eines neuen Wachstumsschubs zu erhöhen. Die gute Nachricht ist, dass wir dennoch einiges tun können: Sowohl arme als auch reiche Länder können zahlreiche Maßnahmen ergreifen, um einige der schlimmsten Quellen von Verschwendung in ihren Volkswirtschaften zu beseitigen. Solche Eingriffe verschaffen den Ländern vielleicht kein dauerhaft kräftigeres Wachstum, aber sie könnten das Wohlergehen ihrer Bürger deutlich erhöhen. Auch wenn wir nicht wissen, ob und wann die Wachstumslokomotive in Fahrt kommen wird, werden die Armen leichter auf den Zug springen können, wenn sie bei guter Gesundheit sind, lesen und schreiben können und nicht auf die Sorge um ihre unmittelbaren Lebensumstände beschränkt sind. Es dürfte kein Zufall sein, dass unter den Gewinnern der Globalisierung viele ehemals kommunistische Länder sind, die in den kommunistischen Jahren umfassend in das Humankapital ihrer Bevölkerung investierten (China, Vietnam), sowie einige Länder, die angesichts der Bedrohung durch den Kommunismus eine ähnliche Politik betrieben (Taiwan, Südkorea). Der beste Weg für ein Land wie Indien dürfte daher darin bestehen, Maßnahmen zu ergreifen, die die Lebensqualität seiner Bürger mit den bereits vorhandenen Ressourcen verbessern können: Es kann die Bildung und die medizinische Versorgung, die Effizienz des Justizsystems und des Bankensektors verbessern und bessere Infrastrukturen errichten (zum Beispiel bessere Straßen und lebenswertere Städte).

Was die Politik anbelangt, so legt diese Erkenntnis nahe, dass uns eine Konzentration auf das Wohlergehen der Ärmsten die Möglichkeit eröffnet, das Leben von Millionen Menschen sehr viel gründlicher zu verbessern, als wir es könnten, wenn wir ein Rezept zur

Erhöhung des jährlichen Wirtschaftswachstums in den reichen Ländern von 2 auf 2,3 Prozent entdeckten. In den folgenden Kapiteln werden wir einen Schritt weitergehen und erklären, warum es für die Welt sogar besser sein könnte, wenn wir dieses Rezept nicht fänden.

KAPITEL 6

# In heißem Wasser

Im Jahr 2019 können wir nicht mehr über das Wirtschaftswachstum sprechen, ohne uns mit seiner unmittelbaren Auswirkung zu beschäftigen.

Wir wissen, dass sich die Erde in den nächsten hundert Jahren erwärmen wird; die Frage ist nur, um wie viel. Abhängig davon, ob die Temperatur um 1,5 °C, um 2 °C oder mehr steigen wird, werden die Kosten des Klimawandels sehr unterschiedlich ausfallen. Im Bericht des Weltklimarats (IPCC) aus dem Oktober 2018 heißt es, dass bei einem Anstieg von 1,5 °C 70 Prozent der Korallenriffe verschwinden werden. Bei einem Anstieg von 2 °C wären es 99 Prozent.[406] Auch die Zahl der direkt vom Anstieg des Meeresspiegels und der Verwüstung von Ackerland betroffenen Menschen wäre in beiden Szenarien unterschiedlich hoch.

In der wissenschaftlichen Gemeinschaft herrscht fast vollständige Einigkeit darüber, dass der Klimawandel eine Folge der menschlichen Aktivität ist, und die einzige Möglichkeit, eine Katastrophe zu vermeiden, besteht darin, die Kohlenstoffemissionen zu verringern.[407] Im Pariser Klimaübereinkommen von 2015 verpflichteten sich die Staaten, die Erderwärmung zumindest auf 2 °C und nach Möglichkeit auf 1,5 °C zu beschränken. Ausgehend von den wissenschaftlichen Erkenntnissen gelangt der Weltklimarat zu dem Schluss, dass die Emissionen an $CO_2$-Äquivalenten[408] bis 2030 um 25 Prozent gegenüber dem Niveau von 2010 verringert und bis 2070 auf null gesenkt werden müssen, um die Erderwärmung bei 2 °C »einzufrieren«. Um die globale Erwärmung auf 1,5 °C zu beschränken, müssten die Treibhausgasemissionen bis 2030 um 45 Prozent verringert und bis 2050 auf null gesenkt werden.

Die Auswirkungen des Klimawandels sind sehr ungleich verteilt. Der Großteil der Treibhausgasemissionen entsteht in den reichen Ländern oder wird in anderen Weltregionen durch die Produktion von Gütern verursacht, die von den Einwohnern der reichen Länder konsumiert werden. Aber den Großteil der Kosten tragen die armen Länder. Wird das Problem dadurch unlösbar, dass diejenigen, die es lösen müssen, keinen starken Anreiz dazu haben? Oder gibt es Hoffnung?

## Die 50-10-Regel

Im IPCC-Bericht ist genau beschrieben, was getan werden muss, um die Emissionen zu verringern und die Erderwärmung auf 1,5 °C zu beschränken. Einige Maßnahmen könnten wir sofort ergreifen: Der Umstieg auf Elektroautos, der Bau von Nullenergiehäusern und der Ausbau des Schienenverkehrs würden helfen. Aber selbst mit technologischen Verbesserungen und selbst wenn wir vollkommen auf Kohle verzichten könnten, wird das zukünftige Wirtschaftswachstum erhebliche direkte Auswirkungen auf das Klima haben, wenn wir nicht zu einem nachhaltigeren Konsum übergehen. Denn wenn der Konsum steigt, brauchen wir auch die entsprechende Energie zur Erzeugung all der Produkte, die konsumiert werden. Wir setzen nicht nur Treibhausgase frei, wenn wir im Auto fahren, sondern auch, wenn wir das Auto in der Garage lassen, denn für die Produktion des Autos und den Bau der Garage wurde Energie benötigt. Das gilt auch für Elektroautos. In zahlreichen Studien wurde der Zusammenhang zwischen Einkommen und Treibhausgasemissionen dokumentiert. Das Niveau der Emissionen hängt von Klima, Familiengröße und zahlreichen anderen Faktoren ab, aber es besteht stets ein enger Zusammenhang zwischen Einkommen und Emissionen. Im Durchschnitt steigen unsere Treibhausgasemissionen bei einem Einkommensanstieg von 10 Prozent um schätzungsweise 9 Prozent.[409]

Dies bedeutet, dass Europa und die Vereinigten Staaten für einen Großteil der bisherigen globalen Treibhausgasemissionen verantwortlich sind, dass der Anteil der aufstrebenden Volkswirtschaften (insbesondere Chinas) an den Emissionen jedoch unablässig steigt. Tatsächlich ist China mittlerweile der größte $CO_2$-Emittent; allerdings wird der Großteil dieser Emissionen durch die Produktion von Gütern verursacht, die in der übrigen Welt konsumiert werden. Wenn wir die Emissionen dem Ort des Konsums zuordnen, zeigt sich, dass Nordamerikaner jedes Jahr 22,5 Tonnen, Westeuropäer 13,1 Tonnen, Chinesen 6 Tonnen und Südasiaten lediglich 2,2 Tonnen $CO_2$ pro Person freisetzen.

Auch in den Entwicklungsländern setzen die Reichen sehr viel mehr $CO_2$ frei als die Armen. Die reichsten Personen in Indien und China gehören jenen 10 Prozent der Erdbevölkerung an, die am meisten zur Erderwärmung beitragen (und haben einen Anteil von 1 bzw. 10 Prozent an den Emissionen dieser Gruppe, was 0,45 bzw. 4,5 Prozent der globalen Emissionen entspricht). Im Gegensatz dazu setzen die ärmsten 7 Prozent der Bevölkerung Indiens jährlich nur 0,15 Tonnen $CO_2$ pro Person frei. Daraus können wir die »50-10-Regel« ableiten: 10 Prozent der Weltbevölkerung (die größten Emittenten) tragen etwa 50 Prozent zu den globalen $CO_2$-Emissionen bei, während die 50 Prozent der Menschheit, die am wenigsten kontaminieren, nur etwas mehr als 10 Prozent der Emissionen beitragen.

Die Einwohner reicher Länder und allgemein die Reichen der Welt sind die Hauptverantwortlichen für den zukünftigen Klimawandel.

## Ein Bad in der Ostsee

An einem Junitag Anfang der 1990er-Jahre ließ sich Abhijit von dem befreundeten Ökonomen Jörgen Weibull zu einem Bad in der Ostsee überreden. Er lief ins Wasser – und flüchtete augenblicklich wieder an Land. (Abhijit behauptet, seine Zähne hätten noch drei Tage später geklappert.) Im Jahr 2018 waren wir ebenfalls im Juni in Stockholm zu Besuch. Auch bei dieser Gelegenheit fuhren wir ans Meer, wo sich Abhijit mehrere hundert Kilometer nördlich vom Ort seiner ersten Begegnung mit der Ostsee erneut ins Wasser wagte. Diesmal war es tatsächlich ein Kinderspiel: Unsere Kinder tollten begeistert im Wasser herum.

Wo auch immer wir in Schweden hinkamen, war das ungewöhnlich warme Wetter ein Gesprächsthema. Es war vermutlich ein Omen für eine Entwicklung, die jedermann ahnte, aber im Augenblick konnten die Menschen nicht anders, als sich über die neuen Möglichkeiten für Freizeitaktivitäten im Freien zu freuen.

In den armen Ländern gibt es keine solche Ambivalenz. Wenn sich die Erde um ein Grad erwärmt, werden sich die Einwohner von North Dakota überwiegend freuen. Den Leuten in Dallas wird es vielleicht etwas weniger gefallen. Und die Einwohner von Delhi und Dhaka werden unter mehr unerträglich heißen Tagen leiden. In Indien beispielsweise stieg die Durchschnittstemperatur zwischen 1957 und 2000 an fünf Tagen im Jahr über 35 °C.[410] Ohne globale Klimaschutzpolitik wird es dort am Ende dieses Jahrhunderts vermutlich 75 derart heiße Tage im Jahr geben. Der durchschnittliche Einwohner der Vereinigten Staaten wird lediglich an 26 Tagen mit solchen Temperaturen konfrontiert sein. Das Problem ist, dass die ärmeren Länder zumeist näher am Äquator liegen, und diese Klimazone wird am meisten unter dem Temperaturanstieg leiden.

Erschwerend hinzu kommt, dass die Einwohner armer Länder weniger gut gerüstet sind, um sich vor den schädlichen Auswirkungen hoher Temperaturen zu schützen. Sie haben keine Klimaanlagen in ihren Häusern (weil sie arm sind) und arbeiten auf Feldern, Baustellen oder an Ziegelöfen, wo Abkühlung kaum möglich ist.

Wie wird sich der mit dem Klimawandel einhergehende Temperaturanstieg auf das Leben in diesen Ländern auswirken? Um diese Frage zu beantworten, können wir nicht einfach wärmere und kühlere Orte miteinander vergleichen, da es zahlreiche Unterschiede zwischen diesen Orten gibt. Wir können deshalb etwas über die potenziellen Auswirkungen des Temperaturanstiegs sagen, weil die Temperatur an einem bestimmten Ort an einem gegebenen Kalendertag von Jahr zu Jahr schwankt. Es gibt Jahre mit besonders heißen Sommern, Jahre mit besonders kalten Wintern und angenehme Jahre mit gemäßigten Temperaturen im Winter und im Sommer. Der Umweltökonom Michael Greenstone hat vorgeschlagen, diese jährlichen Wetterfluktuationen heranzuziehen, um die Auswirkungen zukünftiger klimatischer Veränderungen einzuschätzen. So kann man sich zum Beispiel ansehen, ob in einem Bezirk in Indien die landwirtschaftlichen Erträge in einem bestimmten Jahr, in dem es besonders heiß war, niedriger ausfielen als in anderen Jahren oder in anderen Bezirken, in denen die Temperaturen nicht so hoch waren.

Wir sollten aus mehreren Gründen nicht blind auf diese Methode vertrauen. Permanente Klimaveränderungen werden zweifellos Innovationen nach sich ziehen, die geeignet sind, ihre Folgen zu verringern. Der Einfluss dieser Innovationen wird sich nicht in jährlichen Veränderungen niederschlagen, da die Innovation Zeit braucht. Auf der anderen Seite kann eine permanente Klimaveränderung andere Kosten verursachen, die nicht auftreten, wenn die Veränderung vorübergehend ist, darunter zum Beispiel die Erschöpfung der Grundwasserreserven. Das bedeutet, dass die entsprechenden Schätzungen zu niedrig oder zu hoch ausfallen können. Solange aber die Verzerrung der Schätzungen für reiche und arme Länder dieselbe ist, eignen sie sich für einen Vergleich der Prognosen. Wir können grundsätzlich festhalten, dass der Klimawandel in den armen Ländern sehr viel größere Schäden anrichten wird. Auch die amerikanische Landwirtschaft wird Einbußen erleiden, doch die Verluste in Indien, Mexiko und Afrika werden sehr viel höher sein. In Teilen Europas, zum Beispiel in den Weinanbaugebieten im Moseltal, wird die steigende Temperatur an den Hängen die Qualität der Moselweine und die Produktionsmengen vermutlich erhöhen.[411]

Die Auswirkungen höherer Temperaturen auf die Produktivität sind nicht auf die Landwirtschaft beschränkt. Die Leistungsfähigkeit von Menschen sinkt mit zunehmender Hitze, vor allem, wenn sie im Freien arbeiten müssen. Beispielsweise hat eine Studie gezeigt, dass die Zeit, die Arbeitskräfte in den Vereinigten Staaten für die Arbeit aufwenden, bei Temperaturen von mehr als 38 °C um mehr als eine Stunde pro Tag gegenüber Tagen sinkt, an denen die Temperaturen zwischen 24 °C und 26 °C liegen.[412] In Wirtschaftszweigen, die vom Klima unabhängig sind (zum Beispiel Tätigkeiten in geschlossenen Räumen außerhalb des produzierenden Gewerbes), gibt es keine statistisch erfassbaren Effekte. Die Prüfungsergebnisse von Schulkindern sinken am Ende von besonders heißen Schuljahren; dieser Effekt bleibt aus, wenn die Schulen klimatisiert sind; das bedeutet, dass ärmere Kinder am stärksten betroffen sind.[413]

In Indien gibt es nur in wenigen Fabriken Klimaanlagen. In einer Studie wurde untersucht, wie sich die Temperatur auf die Arbeitsproduktivität in einer Textilfabrik in Indien auswirkte. Bis zu einer Temperatur von 28 °C wirkte sich ein Anstieg kaum auf die Effizienz aus. Aber bei mittleren Tagestemperaturen oberhalb dieses Werts (die an etwa einem Viertel der Arbeitstage gemessen wurden) sank die Effizienz mit jedem zusätzlichen Grad um 2 Prozent.[414]

In einer Studie, für die Daten aus aller Welt ausgewertet wurden, zeigte sich, dass ein Anstieg der jährlichen Durchschnittstemperatur um 1 °C das Pro-Kopf-Einkommen in Ländern um 1,4 Prozent verringert, aber dieser Effekt ist auf die armen Länder beschränkt.[415]

Natürlich wirkt sich der Klimawandel nicht nur auf die Einkommen aus. Zahlreiche Studien haben gezeigt, wie gefährlich hohe Temperaturen für die Gesundheit sind. In den Vereinigten Staaten erhöht jeder zusätzliche Tag mit extremer Hitze (das heißt mit Temperaturen von mehr als 32 °C) die jährliche altersbereinigte Sterberate um 0,11 Prozent gegenüber einem kühlen Tag (10–15 °C).[416] In Indien ist dieser Effekt 25-mal größer.[417]

## Lebensretter

Die Entwicklung in den Vereinigten Staaten veranschaulicht auch, dass größerer Reichtum und ein hoher technologischer Entwicklungsstand dazu beitragen können, Temperaturrisiken zu verringern. In den Vereinigten Staaten war die geschätzte Auswirkung hoher Temperaturen auf die Mortalität in den 1920er- und 1930er-Jahren des vergangenen Jahrhunderts sechsmal höher als heute. Der Unterschied ist möglicherweise zur Gänze darauf zurückzuführen, dass heute sehr viel mehr Menschen Zugang zu Klimaanlagen haben, die den Einwohnern reicher Länder die Anpassung an höhere Temperaturen erleichtert.[418] Das erklärt, warum die Nachfrage nach Energie in den reichen Ländern in heißen Jahren deutlich steigt. In armen Ländern, wo erst wenige Gebäude klimatisiert sind (im Jahr 2011 hatten 87 Prozent der amerikanischen, aber nur 5 Prozent der indischen Haushalte eine Klimaanlage[419]), sinkt die Produktivität bei steigenden Temperaturen deutlicher und die Mortalität nimmt zu. An solchen Orten könnte die Klimatisierung ein wichtiges Anpassungsinstrument sein. Sie sollte kein Luxus sein, aber es ist so.

Wenn der Wohlstand in den armen Ländern wächst, wird sich eine wachsende Zahl ihrer Einwohner eine Klimaanlage leisten können. Zwischen 1995 und 2009 stieg die Quote der Klimaanlagen gemessen an der Zahl der Haushalte in chinesischen Städten von 8 auf mehr als

100 Prozent, was bedeutet, dass es dort mittlerweile mehr als eine Klimaanlage pro Haushalt gibt.[420] Aber die Klimatisierung trägt erheblich zur Erderwärmung bei. Die in herkömmlichen Klimaanlagen verwendeten Fluorkohlenwasserstoffe (FKW) sind besonders klimaschädlich: Sie tragen sehr viel mehr zum Treibhauseffekt bei als $CO_2$. Das bringt uns in eine Zwickmühle: Dieselbe Technologie, die die Menschen vor den Auswirkungen des Klimawandels schützen kann, beschleunigt zugleich den Klimawandel. Mittlerweile gibt es Klimaanlagen, die ohne FKW auskommen und daher weniger zur Erderwärmung beitragen, aber gegenwärtig sind diese Geräte noch sehr viel teurer als herkömmliche Anlagen. Ein Land wie Indien, dessen Bevölkerung bald in der Lage sein wird, sich die billigeren Klimaanlagen zu leisten, steht daher vor einer besonders unangenehmen Entscheidung: Soll es heute Menschenleben retten, oder soll es den Klimawandel bremsen, um in der Zukunft Menschenleben zu retten?

Eine im Oktober 2016 nach jahrelangen Verhandlungen in der ruandischen Hauptstadt Kigali geschlossene Vereinbarung veranschaulicht, wie die Welt diesen Zielkonflikt zu bewältigen versucht. Die Vereinbarung von Kigali sieht drei Wege vor: Reiche Länder wie die Vereinigten Staaten, Japan und die westeuropäischen Länder werden im Jahr 2019 beginnen, den Einsatz von FKW zu verringern; China und hundert weitere Schwellen- und Entwicklungsländer werden im Jahr 2024 damit beginnen; und eine kleine Gruppe von Ländern, darunter Indien, Pakistan und einige Golfstaaten, müssen erst ab 2028 den Einsatz dieser Treibhausgase drosseln. Die indische Regierung erkennt an, dass die Bürger des Landes zugleich Opfer und Verursacher der Erderwärmung sind, stellt sich jedoch auf den Standpunkt, dass heute Menschenleben gerettet werden müssen, anstatt sofort gegen den Klimawandel vorzugehen. Indien setzt vermutlich darauf, dass das Wirtschaftswachstum in den kommenden Jahren seine Bürger bis 2028 in die Lage versetzen wird, sich die teureren FKW-freien Geräte leisten zu können (die bis dahin auch billiger sein dürften). In diesen zehn Jahren könnten jedoch altmodische Klimaanlagen den indischen Markt erobern, vor allem weil die Hersteller von FKW-Geräten Absatzmärkte für ihre Produkte brauchen. Diese Geräte werden über das Jahr 2028 hinaus funktionieren und den Treibhauseffekt verstärken. Dieser Aufschub könnte den Planeten teuer zu stehen kommen.

## Sofort handeln?

Die Vexierfrage der Klimatisierung veranschaulicht schmerzhaft, in welcher Zwickmühle Indien gefangen ist: Es muss zwischen Gegenwart und Zukunft wählen. Bis zum Pariser Übereinkommen von 2015 weigerte sich das Land einfach, seine Emissionen zu beschränken, und erklärte, es könne es sich nicht leisten, sein Wirtschaftswachstum zu bremsen; die reichen Länder müssten die Hauptlast der Korrekturmaßnahmen tragen. Mit der Ratifizierung des Pariser Übereinkommens modifizierte Indien seine Haltung und rang sich zu einer konkreten Verpflichtung durch; im Gegenzug verlangte das Land umfangreiche Finanzhilfen für die Energiewende, zu finanzieren von einem internationalen Fonds, in den die reichen Länder einzahlen sollen. Zwar hat Indien bisher keinen großen Anteil an den globalen Emissionen, aber das Land wird in Zukunft ein wichtiger Akteur sein, da seine wachsende Mittelschicht mehr und mehr konsumiert. Und anders als in den Vereinigten Staaten wird ein großer Teil seiner Bevölkerung direkt und erheblich vom Klimawandel betroffen sein, weshalb Indien die Kosten seiner heutigen Entscheidungen eigentlich gut verstehen sollte. Sein Widerwille zu handeln ist nicht nur beunruhigend, weil er sich direkt auswirkt, sondern auch, weil er zeigt, dass kurzfristige Erwägungen das Denken der Politiker beherrschen.

Die Schlüsselfrage ist, ob der Widerspruch so unüberbrückbar ist, wie die Inder (oder die Amerikaner) anscheinend glauben. Müssen wir wirklich heute etwas aufgeben? Vielleicht können wir ja auf zwei Hochzeiten tanzen, indem wir uns wirtschaftlich entwickeln und gleichzeitig bessere Technologien einführen, die es uns erlauben, die Erderwärmung zu bremsen, ohne unseren Lebensstil erheblich einzuschränken. Schließlich waren die Energieexperten noch vor wenigen Jahren fest davon überzeugt, die Nutzung der erneuerbaren Energien (Wind- und Sonnenenergie) sei zu teuer, weshalb sie es für blauäugig hielten, darin eine Alternative zu den fossilen Energieträgern zu sehen. Mittlerweile ist die Produktion erneuerbarer Energien sehr viel billiger geworden, was vor allem den technologischen Fortschritten in diesem Sektor zu verdanken ist. Auch die Energieeffizienz ist deutlich erhöht worden und kann weiter verbessert werden. Im Jahr 2006 beauftragte die britische Regierung den früheren Chefvolkswirt der Weltbank, Nicholas Stern, mit einem Bericht über die wirtschaftlichen Folgen des Klimawandels. Der Stern-Bericht gelangte zu einem optimistischen Ergebnis:

> Trotz des historischen Musters und der üblichen Prognosen muss die Welt nicht zwischen der Vermeidung des Klimawandels und der Förderung von Wachstum und Entwicklung wählen. Neue Energietechnologien und strukturelle Veränderungen der Volkswirtschaften haben vor allem in einigen der reichsten Länder dazu geführt, dass Einkommenszuwächse nicht mehr automatisch zu höheren Emissionen führen. Mit entschlossenen, gezielten politischen Eingriffen können sowohl entwickelte als auch noch in Entwicklung befindliche Volkswirtschaften im für die Stabilisierung des Klimas erforderlichen Maß »vom Kohlenstoff befreit« werden, ohne dass das Wirtschaftswachstum gedrosselt werden muss.[421]

Dem stimmen wir zu. Aber kostenlos wäre es nicht. Laut Stern-Bericht würde es unter der Annahme eines technologischen Fortschritts im »grünen Sektor«, dessen Geschwindigkeit anhand einer Extrapolation der Entwicklungsraten in der jüngeren Vergangenheit geschätzt wird, jährlich rund 1 Prozent des Welt-Bruttoinlandsprodukts kosten, die Emissionen auf dem Niveau zu stabilisieren, das notwendig ist, um der Erderwärmung Einhalt zu gebieten. Aber das scheint ein geringer Preis dafür zu sein, eine Zerstörung der uns bekannten Welt zu verhindern.

Hoffnung macht unter anderem die Tatsache, dass Forschung und Entwicklung mit geeigneten Anreizen vorangetrieben werden können.[422] Die F&E-Ausgaben werden erheblich von der Größe des Marktes für die Innovationen beeinflusst, die gefördert werden sollen.[423] Vorübergehende Anreize zur Erforschung sauberer Alternativen zu schmutzigen Technologien (in Form einer $CO_2$-Steuer, die die Nutzung der alten Technologien verteuern würde, und/oder direkter Subventionen für die Erforschung sauberer Technologien) könnten einen Schneeballeffekt auslösen und Nachfrage erzeugen. Die saubere Technologie würde billiger und damit attraktiver, was wiederum die Nachfrage danach und damit die Forschungserträge erhöhen würde. Schließlich wäre der saubere Sektor attraktiv genug, um den schmutzigen zu ersetzen. Unser kleiner Wirtschaftsmotor könnte wieder denselben Wachstumskurs einschlagen wie zuvor, nur diesmal angetrieben von Wind-, Wasser- und Sonnenenergie. Nach einer Weile könnten wir sogar sämtliche Steuern und Subventionen zur Förderung sauberer Energien wieder abschaffen.

Es ist offenkundig, wie das funktionieren könnte. Zugleich ist erschreckend klar, wie es *nicht* funktionieren kann. Schließlich würde die schmutzige Technologie immer noch existieren. Wenn weniger Menschen Kohle und Erdöl nutzen, werden die Preise dieser Energieträger fallen. Dadurch wird die Versuchung groß, wieder auf die schmutzige Energie zurückzugreifen. Es stimmt, dass der Preis von Kohle und Erdöl im Lauf der Zeit steigen wird, weil sie nicht erneuerbar sind und das Angebot schrumpfen wird, aber es gibt wahrscheinlich ausreichende Kohle- und Erdgasreserven, um dem Planeten den Garaus zu machen. Es ist schwierig, vollkommen zuversichtlich zu sein.

## Gibt es die Rettung umsonst?

Die Optimisten hoffen darauf, dass uns die Rettung des Planeten letzten Endes nichts kosten wird. Unternehmen und Konsumenten werden Geld sparen, indem sie auf die sauberen Technologien umsteigen, die sich dank Forschung und Entwicklung laufend verbilligen. Die Übernahme sauberer Technologien wäre ein Gewinn für den Einzelnen und für den Planeten. Allerdings ist die Aussicht auf einen kostenlosen Fortschritt stets verlockend. Tatsächlich ist sie so reizvoll, dass sie die Debatte über den Klimawandel beherrscht. In detaillierten technischen Schätzungen werden regelmäßig Investitionen vorhergesagt, die die Energieeffizienz erhöhen und sich dank der Verringerung der Energiekosten rentieren. Die Consultingfirma McKinsey schätzte im Jahr 2009 in einem aufsehenerregenden Bericht mit dem Titel »Entsperrung der Energieeffizienz in der amerikanischen Wirtschaft«, ein »ganzheitlicher Zugang« zu Investitionen in die Energieeffizienz werde Energieeinsparungen im Wert von mehr als 1,2 Billionen Dollar ermöglichen, das heißt »deutlich mehr als die 520 Milliarden Dollar, die bis 2020 für Investitionen in Effizienzmaßnahmen benötigt werden«.[424] Im Jahr 2013 kalkulierte die Internationale Energieagentur, allein mit Maßnahmen zur Erhöhung der Energieeffizienz könnten 49 Prozent der erforderlichen Verringerung der $CO_2$-Emissionen erreicht werden.[425]

Wenn das richtig ist, können wir das Problem vielleicht relativ einfach lösen: Wir müssen lediglich diese »Energieeffizienzlücke« schließen. Wir müssen feststellen, was die Konsumenten (und Unternehmen) daran hindert, die nötigen Investitionen vorzunehmen. Vielleicht wissen sie es nicht, vielleicht haben sie keinen Zugang zu Krediten, um die Vorlaufkosten zu finanzieren, vielleicht sind sie kurzsichtig, oder vielleicht sind sie einfach träge.

Wenn man sich statt der Prognosen der technischen Modelle die praktischen Ergebnisse dieser angeblich einfach durchzuführenden

Maßnahmen ansieht, stellt man leider fest, dass die Situation weniger erfreulich ist. Das von der amerikanischen Bundesregierung finanzierte Weatherization Assistance Program (WAP) ist das größte Energieeffizienzprogramm für Eigenheimbesitzer in den Vereinigten Staaten und hat seit seiner Gründung im Jahr 1976 Sparmaßnahmen von 7 Millionen amerikanischen Haushalten unterstützt. Michael Greenstone und ein Team von Ökonomen hatten Gelegenheit, etwa 7500 Haushalten in Michigan, die nach dem Zufallsprinzip aus 30 000 potenziellen Begünstigten ausgewählt worden waren, ein Angebot zur Teilnahme an dem Programm zu unterbreiten.[426] Den ausgewählten Haushalten wurden mehr als 5000 Dollar für Investitionen in die Wettertauglichkeit ihrer Häuser (Isolierung, Austausch der Fenster usw.) angeboten, ohne dass sie Eigenmittel beisteuern mussten. Anschließend sammelten die Forscher Daten über die ausgewählten und die nicht berücksichtigten Haushalte. Die Auswertung lieferte drei Erkenntnisse: Erstens wurden die Fördergelder kaum in Anspruch genommen. Trotz einer aggressiven und kostspieligen Kampagne nahmen nur 6 Prozent der ausgewählten Haushalte das Angebot an. Zweitens sank zwar der Energieverbrauch (die Energiekosten der teilnehmenden Haushalte sanken um 10 bis 20 Prozent), aber die Einsparungen beliefen sich lediglich auf ein Drittel der Prognose in den technischen Schätzungen und lagen deutlich unter den Vorlaufkosten. Drittens lag dies nicht daran, dass die Haushalte in Erwartung einer niedrigeren Energierechnung mehr heizten (der sogenannte Rebound-Effekt); im durchschnittlichen Haus wurde kein Temperaturanstieg beobachtet. Offenbar waren die technischen Schätzungen nicht vollkommen auf reale Wohnhäuser anwendbar – sie waren viel zu optimistisch.

Diese Kluft zwischen zuversichtlichen Schätzungen und der Wahrheit ist nicht nur bei Haushalten zu beobachten. Ein Forscher bot kleinen und mittelständischen Unternehmen in Zusammenarbeit mit der Klimaschutzbehörde des indischen Bundesstaates Gujarat (einer der am stärksten industrialisierten und kontaminierten Staaten des Landes) eine hochwertige Beratung zu Energieeffizienzmaßnahmen an.[427] In zufällig ausgewählten Unternehmen wurde ein kostenloser Energie-Audit durchgeführt, und anschließend erhielten diese Unternehmen eine Liste möglicher Investitionen zur Erhöhung der Energieeffizienz, für die der Staat im Rahmen eines existierenden Programms hohe Subventionen anbot. In weiterer Folge besuchten Energieberater die geprüften Unternehmen regelmäßig, um ihnen bei der Durchführung der vorgeschlagenen Maßnahmen zu helfen. Die Audits führten kaum zur Einführung neuer Technologien. Das Beratungsangebot wurde eher angenommen, veränderte jedoch auch die Arbeitsweise der Firmen: Sie begannen mehr zu produzieren, wodurch ihr Energiebedarf stieg. Insgesamt wirkte sich das Programm nicht auf den Energieverbrauch aus, was in diesem Fall sehr wohl auf den Rebound-Effekt zurückzuführen war. Die Ingenieure, die die potenziellen Emissionsverringerungen dank energiesparender Technologien berechnet hatten, hatten auch in diesem Fall übermäßig optimistische Prognosen angestellt.

Angesichts solcher Ergebnisse liegt die Vermutung nahe, dass es nicht allzu viel umsonst geben wird. Die Verringerung der Emissionen durch bessere Technologien dürfte nicht genügen: Wir werden unseren Energieverbrauch senken müssen. Möglicherweise dürfen wir uns nicht mit sauberen Autos zufriedengeben, sondern müssen uns mit kleineren Autos abfinden oder überhaupt darauf verzichten.

## Die Antwort von Greenpeace

Das hören unsere Kollegen aus der Wirtschaftswissenschaft nicht gern. Das liegt zum einen an der ungebrochenen Liebe der Ökonomen zum materiellen Konsum als Grundlage des Wohlergehens und zum anderen an ihrem Misstrauen gegenüber Versuchen, das menschliche

Verhalten zu ändern, vor allem, wenn es darum geht, Präferenzen zu modifizieren. Viele Ökonomen bringen philosophische Einwände gegen eine Manipulation der Präferenzen vor.

Der Grund für ihren Widerwillen ist ihre Überzeugung, die Präferenzen von Menschen hätten einen »wahren« Kern und das menschliche Handeln sei Ausdruck tief verwurzelter Wünsche. Jeder Versuch, Menschen dazu zu bewegen, ihr Verhalten zu ändern (und zum Beispiel weniger oder anders zu konsumieren), wäre demnach ein Angriff auf ihre Präferenzen. Aber wie wir in Kapitel 4 gesehen haben, gibt es so etwas wie »wahre«, feststehende Präferenzen überhaupt nicht. Wenn Menschen nicht wissen, welchen Wert sie etwas so Alltäglichem wie einer Schachtel Pralinen oder einer Flasche Wein beimessen sollen, wie können wir dann erwarten, dass sie klare Präferenzen in Bezug auf den Klimawandel haben? Oder bezüglich der Welt, in der ihre Enkel leben sollten? Oder bezüglich der Frage, ob es die Einwohner der Malediven verdient haben, dass ihre Inseln infolge des Klimawandels im Meer versinken werden? Und können wir von den Menschen erwarten, zu wissen, wie stark sie ihren Lebensstil verändern sollten, um derartige Katastrophen zu verhindern?

Die Wirtschaftswissenschaftler gehen normalerweise davon aus, dass die meisten Menschen nicht freiwillig Opfer bringen werden, um das Leben ungeborener oder weit entfernt lebender Menschen zu retten. Aber das trifft wahrscheinlich nicht zu, zum Beispiel nicht auf Sie, die Leser und Leserinnen dieses Buchs (andernfalls hätten Sie es längst weggelegt). Und auch auf die meisten Wirtschaftswissenschaftler trifft es nicht zu. Viele von uns machen sich wahrscheinlich Gedanken über eine Vielzahl von Entwicklungen, die uns nicht direkt betreffen, selbst wenn es uns schwerfallen würde, ihnen einen monetären Wert zuzuordnen.

Das ist wichtig, weil es unsere Vorstellung von der Machbarkeit politischer Eingriffe ändert. Wenn alle Menschen feststehende Präferenzen haben und sich immer entsprechend verhalten (wenn sie sich zum Beispiel überhaupt nicht dafür interessieren, ob ihr Handeln anderen Menschen schadet), besteht die ideale Umweltpolitik darin, einen Preis für die Schädigung der Umwelt festzulegen und darauf zu vertrauen, dass der Markt die Dinge regeln wird. Auf diesem Gedanken beruht die $CO_2$-Steuer, die von den meisten Ökonomen akzeptiert wird (wir selbst gehören auch zu dieser Gruppe). Die Steuer ist ein zentraler Bestandteil der Arbeit von William Nordhaus, der im Jahr 2018 mit dem Nobelpreis ausgezeichnet wurde. Wenn Unternehmen einen Preis für die Schädigung der Umwelt bezahlen müssen, werden sie sich ernsthaft um eine Verringerung der Emissionen bemühen. Ein System, in dem Unternehmen Emissionsrechte von anderen Unternehmen kaufen können, die ihre Emissionen aktiv verringern, das heißt, ein System handelbarer Emissionszertifikate, kann ebenfalls eine gute Idee sein, weil es nicht kontaminierenden Unternehmen Anreize gibt, aktiv »negative Emissionen« zu erzeugen, indem sie zum Beispiel Bäume pflanzen. Und mit den Einnahmen aus Emissionssteuern können neue umweltfreundliche Technologien finanziert werden.

Es gibt jedoch gute Gründe dafür, über Emissionszertifikate hinauszugehen. Nehmen wir beispielsweise eine Person, die glaubt, einen persönlichen Beitrag zum Kampf gegen den Klimawandel zu leisten, jedoch nie energieeffiziente LED-Lampen kauft. Der Grund dafür könnte sein, dass diese Person nicht über die Vorzüge solcher Lampen informiert ist oder im Supermarkt immer wieder vergisst, sie zu kaufen. Vielleicht kann sich die Person auch einfach nicht entscheiden, welchen Preis sie für energieeffiziente Lampen zu zahlen bereit ist, weil sie nicht weiß, wie wichtig ihr der Kampf gegen den Klimawandel tatsächlich ist. Würde es die Situation einer solchen Person verbessern oder verschlechtern, wenn der Staat Glühbirnen verböte, die Energie verschwenden?

Wenn Verbote zu extrem scheinen, könnte der Staat die Bürger sanft zu Entscheidungen »stupsen«, die besser für die Umwelt sind.

Beispielsweise ermöglichen es intelligente Stromzähler mittlerweile, in den Spitzenzeiten höhere Preise für Strom zu verrechnen, die durch niedrigere Preise in Zeiten niedrigen Verbrauchs ausgeglichen werden. Das wäre besser für die Umwelt. In einer neuen Studie stellte sich heraus, dass nur 20 Prozent der Konsumenten im kalifornischen Sacramento aktiv einen solchen Sparplan wählten, wenn er ihnen angeboten wurde. Wurde jedoch zufällig ausgewählten Konsumenten automatisch ein solcher Plan zugewiesen und erhielten sie anschließend die Option, zum herkömmlichen Plan zurückzukehren, so blieben 90 Prozent beim Energiesparplan und verbrauchten tatsächlich weniger Strom.[428] Welche Option zogen diese Konsumenten also in Wahrheit vor? Jene, die sie aktiv wählten, oder jene, die sie nicht wählten, aber an der sie festhalten wollten, nachdem Ihnen die Entscheidung abgenommen worden war? Da es keine klare Antwort auf diese Frage gibt, könnte der Staat einfach die Lösung wählen, die besser für die Umwelt ist.

Eine bedeutsamere Frage lautet, inwieweit der Energieverbrauch eine Frage der Gewohnheit ist. Eine bestimmte Form des Konsums kann sich in eine Art von Suchtverhalten verwandeln, einfach weil sich die Menschen daran gewöhnt haben. Das neue »grüne« Gebäude der École d'Économie de Paris, in dem wir eine Weile arbeiteten, wird kaum beheizt. Im Winter und Frühling war uns dort stets kalt, worüber wir uns regelmäßig beklagten. Wir kamen monatelang nicht auf den Gedanken, einfach einen dicken Pullover im Büro zu lassen. Diese Taktik anzuwenden, war eigentlich nicht schwer. Wir waren lediglich seit vielen Jahren daran gewöhnt, in überheizten amerikanischen Büros zu arbeiten. Und als es uns gelungen war, die Pullover ins Büro zu transportieren, ging es uns nicht schlechter als in einem besser beheizten Gebäude. Der moralische Pluspunkt, einen kleinen Beitrag zur Rettung des Planeten zu leisten, war Lohn genug.

Viele Verhaltensweisen, die sich auf den Energieverbrauch auswirken, werden uns zur Gewohnheit: Wir fahren im Zug statt im eigenen

Auto, schalten das Licht aus, wenn wir einen Raum verlassen, und so weiter. In solchen Situationen ist es am einfachsten, weiterhin das zu tun, was wir seit jeher tun. Veränderungen kosten Mühe, aber haben wir einmal den Schritt getan, so ist es leicht, am neuen Verhalten festzuhalten. Wenn wir einen Thermostaten kaufen, können wir ihn einfach mechanisch ein für alle Mal so einstellen, dass die Heizung morgens und abends läuft und gedrosselt wird, wenn wir nicht im Haus sind. Das bedeutet, dass sich unsere gegenwärtigen Entscheidungen über den Energieverbrauch auch auf unseren zukünftigen Verbrauch auswirken. Tatsächlich gibt es klare Belege dafür, dass Entscheidungen über den Energiekonsum dauerhaft sind. In einer randomisierten überwachten Studie erhielten Haushalte regelmäßig Energieberichte, aus denen hervorging, wie viel Energie diese Haushalte verglichen mit ihren Nachbarn verbrauchten. Die Empfänger der Berichte begannen, weniger Energie zu verbrauchen als die Haushalte, die keine solche Information erhielten, und ihr Konsum blieb auch geringer, *nachdem die Berichterstattung eingestellt worden war*. Dies war offenbar im Wesentlichen auf Veränderungen ihrer Gewohnheiten zurückzuführen.[429]

Wenn der Energieverbrauch Ähnlichkeit mit einem Suchtverhalten hat – ein hoher Energieverbrauch in der Gegenwart hat zur Folge, dass wir auch in Zukunft viel Energie verbrauchen –, dann besteht die richtige Antwort wie beim Zigarettenkonsum darin, die Steuern zu erhöhen. Hohe Steuern werden dem verschwenderischen Verhalten in der Gegenwart entgegenwirken, und wenn die Konsumenten einmal das richtige Verhalten erworben haben, können die Steuern auf dem höheren Niveau belassen werden, ohne den Verbrauchern wehzutun, da sie ihre Gewohnheiten geändert haben, um die erhöhte steuerliche Belastung zu vermeiden.

Natürlich verbrauchen wir nicht nur Energie, indem wir heizen, kühlen oder Verkehrsmittel nutzen. Alles, was wir kaufen, trägt zum Verbrauch bei. Auch hier fallen die Vorlieben wahrscheinlich nicht vom Himmel. Die Ökonomen erkennen mittlerweile den Einfluss der »Gewohnheiten« auf unsere Präferenzen: Der Konsum, mit dem wir aufgewachsen sind, hat unsere gegenwärtigen Vorlieben geprägt. Einwanderer halten an ihren Essgewohnheiten fest, selbst wenn die Lebensmittel, die in ihrem Herkunftsland billig waren, in ihrer neuen Heimat teuer sind.[430] Wenn wir eine Gewohnheit haben, ist es kurzfristig schmerzhaft, unser Verhalten zu ändern. Aber Gewohnheiten können geändert werden. Anscheinend sind Menschen sogar bereit, ihr Verhalten zu ändern, um sich auf eine Veränderung in der Zukunft vorzubereiten.[431] Mit der Ankündigung einer *zukünftigen* Steuererhöhung auf Güter mit hohem Energieverbrauch könnten die Konsumenten also leichter darauf vorbereitet werden, ihren Verbrauch zu reduzieren.

## Luftverschmutzung ist tödlich

Die reichen Länder haben einen gewaltigen Vorteil, da ein großer Teil des Energieverbrauchs, den sie opfern müssen, nicht unverzichtbar ist (die Leute fahren zum Supermarkt, obwohl sie zu Fuß gehen könnten, verwenden weiter alte Glühbirnen, anstatt auf LED-Lampen umzusteigen, usw.). Wirklich schmerzhaft wäre eine Verringerung des Konsums in den Entwicklungsländern. In den letzten zwei Jahrzehnten hat sich der Kohleverbrauch in Indien verdreifacht und in China vervierfacht, während er in den Vereinigten Staaten und anderen reichen Ländern geringfügig zurückgegangen ist. In den kommenden Jahrzehnten wird der Anstieg des Energieverbrauchs außerhalb der Gruppe der OECD-Staaten vermutlich viermal so hoch sein wie in der OECD.

Doch für die meisten Inder sind ein höherer Konsum und insbesondere ein erhöhter Energieverbrauch kein Luxus. Der sehr geringe Energiekonsum im ländlichen Indien geht mit einem oft unangenehmen und gefährlichen Lebensstil einher. Diese Menschen können unmöglich noch weniger Energie verbrauchen und sollten das Recht haben, mehr zu konsumieren. Haben arme Länder angesichts dessen Argumente, um sich dem Gespräch über den Klimaschutz vollkommen zu verweigern? Oder haben sie zumindest ein Recht, die Opfer auf ihre reichsten Einwohner zu beschränken, deren Lebensstil und Emissionen denen der Reichen in den westlichen Ländern ähneln?

Es ist schwierig, ihnen dieses Recht abzusprechen. Es wäre zweifellos zutiefst unfair, den Armen der Welt die Rechnung für die früheren und gegenwärtigen Genüsse der Reichen der Welt vorzulegen. Doch leider ist dieses Argument aus zwei Gründen problematisch. Der erste, mit dem wir uns bereits befasst haben, besteht darin, dass die Konsequenzen einer befristeten Ausnahmeregel für die Entwicklungsländer die Lebensdauer der am stärksten kontaminierenden Technologien der Welt um viele Jahre verlängern können. Die vorübergehende Lockerung könnte also dauerhaft wirken. Da die meisten Opfer in den Entwicklungsländern zu beklagen sein werden, könnten die Menschen in den entwickelten Ländern solchen Ausnahmeregelungen möglicherweise bereitwillig zustimmen.

Zweitens lautet die eigentliche Frage, ob es sich die Entwicklungsländer selbst ohne die Bedrohung durch die Erderwärmung leisten können, an einer Umweltverschmutzung im gegenwärtigen Ausmaß festzuhalten (oder die Kontaminationsniveaus zu erhöhen). Die $CO_2$-Emissionen korrelieren direkt mit einem weiteren Problem, das sich *heute* direkt auf die Einwohner dieser Länder auswirkt, nämlich mit der Luftverschmutzung. In China und Indien verschlechtert sich die Umweltsituation derart rasant, dass sich die Verschmutzung in ein massives und drängendes Gesundheitsproblem verwandelt hat, und auch in anderen Schwellenländern verschlechtert sich die Luftqualität rasch.

Die Luftverschmutzung kostet Menschenleben. In China werden Kohleöfen nördlich des Huai subventioniert, während es südlich des Flusses keine finanzielle Unterstützung für den Kauf solcher Geräte gibt. Der Grund ist, dass es im Norden kälter ist. Überquert man den Fluss in nördlicher Richtung, so kann man eine deutliche Verschlechterung der Luftqualität beobachten. Und mit dem Rückgang der Luftqualität sinkt die Lebenserwartung.[432] Es wird geschätzt, dass China die Lebenserwartung seiner Bevölkerung um insgesamt 3,7 Milliarden Jahre erhöhen könnte, würde es die weltweit akzeptierten Grenzwerte für die Feinstaubkonzentration in der Luft einhalten.

Doch die Luftqualität in den chinesischen Städten ist noch sehr viel besser als in vielen indischen Großstädten. Mehrere indische Großstädte, darunter die Hauptstadt Neu-Delhi, stehen weltweit an der Spitze der Städte mit der höchsten Luftverschmutzung.[433] Im November 2017 verglich der Chief Minister (Regierungschef) des Hauptstadtterritoriums Delhi die Metropole mit einer Gaskammer. Nach den Messungen der US-Botschaft in Neu-Delhi überstieg das Kontaminationsniveau den von der Weltgesundheitsorganisation festgelegten Richtwert zu jenem Zeitpunkt um das 48-Fache. Wie in China ist die Luftverschmutzung auch in Indien zweifellos tödlich.[434] Jedes Jahr im November, wenn die Kontamination Höchstwerte erreicht, steigt die Zahl der mit Atemwegserkrankungen in Krankenhäuser eingelieferten Personen deutlich. Die Lancet-Kommission für Umweltverschmutzung und Gesundheit schätzt, dass die Luftverschmutzung im Jahr 2015 weltweit 9 Millionen Todesfälle verursachte.[435] Mehr als 2,5 Millionen davon entfielen auf Indien, was die höchste Zahl für ein einzelnes Land war.[436]

Die Luftverschmutzung im Großraum Delhi im Winter ist auf eine Kombination mehrerer Faktoren zurückzuführen (darunter auch eine ungünstige geografische Lage), teilweise wird sie jedoch durch Verhaltensweisen verursacht, die leicht geändert werden könnten. Einen wesentlichen Beitrag zur Kontamination leistet das Abbrennen der Stoppelfelder nach der Ernte in den an Delhi angrenzenden Bundesstaaten. Der von den umliegenden Feldern in die Stadt ziehende Rauch mischt sich dort mit verschiedenen Schadstoffen, die in der

Stadt freigesetzt werden: Staub von Baustellen, Autoabgase, Rauch aus der Abfallverbrennung und offene Feuer, über denen die Armen kochen und an denen sie sich im Winter wärmen.

Der Smog in Delhi ist so gesundheitsschädlich, dass es offenkundig ratsam wäre, augenblicklich zu handeln. Es kann keine Abwägung zwischen heutiger und zukünftiger Lebensqualität geben, denn es sterben heute Menschen. Die Stadt kann nur wählen, ob sie den Energieverbrauch senken oder ersticken will. Und selbst diese Wahl dürfte im Wesentlichen illusorisch sein. Zwei verschiedene Studien, eine über Arbeiter einer Textilfabrik in Indien[437] und eine über Reisebüromitarbeiter in China, haben gezeigt, dass die Arbeitsproduktivität an Tagen mit hoher Luftverschmutzung niedrig ist. Eine höhere Schadstoffbelastung könnte also gleichbedeutend mit weniger Konsum sein.[438]

Delhi ist eine relativ reiche Stadt. Sie könnte es sich leisten, die Bauern im Umland dafür zu bezahlen, ihre abgeernteten Felder nicht abzubrennen, sondern den Boden umzupflügen und so für die nächste Aussaat vorzubereiten. Die Regierung könnte offene Feuer in der Stadt verbieten und frei zugängliche beheizte Räume anbieten, in denen die Armen in kalten Nächten Schutz suchen könnten. Die Abfallverbrennung könnte durch eine moderne Abfallsammlung und -verwertung ersetzt werden. Alte Autos (oder überhaupt alle Autos mit Dieselmotoren) könnten verboten werden, und die Zahl der Staus könnte mit einer Innenstadtmaut oder anderen Maßnahmen zur Regulierung des Verkehrs verringert werden.[439] Die Behörden könnten die strengen Normen für Industrieabgase, die auf dem Papier bereits existieren, normalerweise jedoch nicht befolgt werden, strenger durchsetzen. Die Stadtregierung könnte das öffentliche Verkehrssystem ausbauen und die großen Wärmekraftwerke im Stadtgebiet schließen oder mit Rauchgasfilteranlagen ausstatten. Für sich genommen dürfte keine dieser Maßnahmen zum Erfolg führen, in ihrer Gesamtheit jedoch würden sie die Situation zweifellos erheblich verbessern.

Nichts von alledem ist unrealistisch. Beispielsweise wurde dem indischen Obersten Gerichtshof eine Amicus-Curiae-Stellungnahme vorgelegt, aus der hervorgeht, dass eine Subvention von 20 Milliarden Rupien (rund 300 Millionen Dollar) genügen würde, damit sich die Bauern des Punjab und von Haryana die für die Vorbereitung ihrer Felder benötigten Geräte kaufen könnten. Das entspricht einer Ausgabe von etwa 1000 Rupien (14 Dollar oder 70 Dollar zu Kaufkraftparitäten) pro Einwohner des Großraums Delhi. Es ist gleichermaßen überraschend und enttäuschend, dass der politische Druck, etwas gegen die gefährlich schlechte Luft zu unternehmen, nicht besonders groß ist. Ein Teil des Problems dürfte sein, dass für eine Verringerung der Luftverschmutzung die Kooperation breiter Bevölkerungskreise erforderlich wäre. Dazu kommt, dass vielen Menschen nicht bewusst ist, dass die Luftverschmutzung gesundheitliche Probleme verursacht. Aus einer neueren *Lancet*-Studie geht hervor, dass ein großer Teil der Todesfälle infolge verschmutzter Außenluft auf die Verbrennung von Biomasse (Laub, Holz usw.) zurückzuführen ist.[440] Doch ein beträchtlicher Teil dieser Biomasse wird in geschlossenen Räumen in Öfen verbrannt, was auch zu einer beträchtlichen *Innenraum*-Kontamination führt. Daher sollte eine große Nachfrage nach besseren Kochgeräten bestehen, die sowohl die Innenluft als auch die Umgebungsluft verbessern würden. Aber anscheinend gibt es keine solche Nachfrage. Eine Studie nach der anderen zeigt, dass die Nachfrage nach sauberen Öfen sehr gering ist.[441] Selbst als eine Nichtregierungsorganisation weniger kontaminierende Öfen gratis verteilte, zeigten die Empfänger so geringes Interesse daran, dass sie die Geräte nicht reparierten, wenn sie kaputtgingen.[442] Die geringe Nachfrage nach sauberer Luft hat möglicherweise damit zu tun, dass viele der ärmsten Haushalte den Zusammenhang zwischen sauberer Luft und einem gesunden, glücklichen und produktiven Leben nicht sehen.

Das könnte sich jedoch ändern. Bewohner indischer Armenviertel, die aufgefordert wurden, die Lebensbedingungen in ihren Dörfern mit denen in der Stadt zu vergleichen, erklärten überwiegend, in Delhi sei das Leben besser.[443] Das Einzige, was ihnen nicht gefiel, war die Umweltsituation und insbesondere die Luftverschmutzung. Im Winter 2017/18 entschlossen sich viele Einwohner Delhis endlich, die Situation nicht mehr klaglos hinzunehmen. Schulkinder gingen auf die Straße, als ihre Schulen aufgrund gefährlich hoher Schadstoffkonzentrationen in der Luft geschlossen werden mussten. Selbst in China, das keine Demokratie ist, hat der Druck der öffentlichen Meinung anscheinend dazu beigetragen, die Regierung dazu zu bewegen, etwas gegen die Luftverschmutzung zu unternehmen. In Indien könnte die öffentliche Debatte bald so intensiv werden, dass sich die Regierung zu Maßnahmen gezwungen sehen wird. Vorrang sollten Eingriffe haben, die ein weniger kontaminierendes Verhalten fördern, selbst wenn dies mit Kosten verbunden ist. Möglicherweise werden die Kosten nicht sehr hoch sein. Indien kann in vielen Fällen bestimmte Entwicklungsstadien überspringen und direkt zu modernen, saubereren Technologien übergehen (beispielsweise könnten arme Haushalte, die endlich ans Stromnetz angeschlossen werden, von Anfang an mit LED-Lampen versorgt werden). In einigen Fällen wird die neue Technologie teurer sein als die alte (zum Beispiel können saubere Autos mehr kosten als kontaminierende). Das bedeutet, dass die Armen mit Ausgleichszahlungen entlastet werden müssen. Die Gesamtkosten solcher Eingriffe sind jedoch gering und können problemlos von der Elite übernommen werden, wenn der politische Wille vorhanden ist.

## Ein grüner New Deal?

Mit dem »Green New Deal«, der im Winter 2018/19 für Aufsehen sorgte, versuchten demokratische Politiker in den Vereinigten Staaten, den Kampf gegen den Klimawandel mit einer Agenda für wirtschaftliche

Gerechtigkeit und Umverteilung zu verknüpfen. Es stand ihnen eine schwere Kampagne bevor. Von Paris über West Virginia bis Delhi wird der Kampf gegen den Klimawandel oft als Luxus der Eliten bezeichnet, den die weniger Privilegierten mit ihren Steuern bezahlen müssen.

Ein Beispiel erlebten die Autoren aus erster Hand: Ende des Jahres 2018 legten die französischen »Gelbwesten«, die gegen eine geplante Erhöhung der Treibstoffsteuer auf Diesel protestierten, jeden Samstag das Zentrum von Paris lahm. Die Regierung konnte dem Druck der Straße nicht widerstehen und sah sich gezwungen, die Steuererhöhung zu verschieben. Das Argument der Gelbwesten lautete, die Anhebung der Dieselsteuer ermögliche es den reichen Parisern (die mit der U-Bahn zur Arbeit fahren können), sich auf Kosten der Bewohner der Vorstädte und der Landbevölkerung, die kein anderes Verkehrsmittel als das eigene Auto hätten, ein reines Gewissen zu kaufen. Die Kritik war nicht ganz unberechtigt, denn dieselbe Regierung hatte zuvor die Vermögenssteuer abgeschafft. In den Vereinigten Staaten wird der liberalen Elite, die angeblich einen »Krieg gegen die Kohle« führt, ein Mangel an Mitgefühl mit den Armen unterstellt. Und in den Entwicklungsländern beschweren sich Politiker regelmäßig (mit Recht) darüber, dass ihre Länder für die vergangenen Entscheidungen der reichen Länder bezahlen sollen.

Der Green New Deal soll diese Kluft überbrücken und die Tatsache in den Vordergrund rücken, dass die Errichtung neuer grüner Infrastrukturen (Solarpaneele, Hochgeschwindigkeitsstrecken für die Bahn usw.) nicht nur dem Kampf gegen den Klimawandel dient, sondern auch neue Arbeitsplätze schafft. Er löst sich von der Idee der $CO_2$-Steuer, deren Befürworter in den Augen vieler Linker zu großes Vertrauen in die Marktmechanismen setzen und wie in Frankreich lediglich die Armen zur Kasse bitten wollen.

Es ist klar, dass es schwer ist, die Bürger von einer $CO_2$-Steuer zu überzeugen (Steuern, die den Großteil der Bevölkerung treffen, sind nie beliebt), aber wir sind der Meinung, dass es möglich sein sollte, ihre politische Akzeptanz zu erhöhen, indem wir vollkommen klarstellen, dass diese Steuer nicht dazu dient, die Staatseinnahmen zu erhöhen. Die Regierung sollte die $CO_2$-Steuer aufkommensneutral gestalten, sodass den Steuereinnahmen entsprechende Ausgleichszahlungen gegenüberstehen: Alle einkommensschwachen Haushalte sollten einen Pauschalbetrag erhalten und damit einen Nettoertrag erzielen. Das würde den Anreiz erhöhen, Energie zu sparen und weniger im Auto zu fahren oder ein Elektroauto zu nutzen, gleichzeitig jedoch klarstellen, dass die weniger Vermögenden nicht dafür zahlen müssen. Da der Energieverbrauch eine Frage der Gewohnheit ist, sollte die Steuer auch lange im Voraus angekündigt werden, um den Bürgern eine Chance zu geben, sich darauf vorzubereiten.

Grundsätzlich ist uns vollkommen klar, dass es Geld kosten wird, den Klimawandel zu stoppen und uns auf jene Auswirkungen einzustellen, die nicht mehr zu verhindern sind. Wir werden in Infrastrukturen investieren und die vom Klimawandel Betroffenen unterstützen müssen. In armen Ländern könnten Hilfsgelder dem Durchschnittsbürger helfen, eine höhere Lebensqualität zu erreichen, ohne dadurch die Zukunft der Welt zusätzlich zu bedrohen. (Man denke an die Debatte über die Klimaanlagen: Warum bezahlen die reichen Länder Indien nicht einfach für den Sprung zur besseren, weniger schädlichen Technologie?) In Anbetracht der Tatsache, dass die Armen wenig konsumieren, wäre es nicht allzu teuer, den Armen der Welt zu ein wenig mehr Konsum und gleichzeitig zu besserer Luft und weniger Emissionen zu verhelfen. Die reichsten Länder der Welt sind so reich, dass sie problemlos dafür bezahlen können.

Die Aufgabe besteht darin, diese Debatte zu führen, ohne einen Konflikt zwischen den Armen in den armen Ländern und den Armen in den reichen Ländern zu schüren. Eine Kombination von Steuern und Vorschriften zur Verringerung der Emissionen in den reichen Ländern und zur Finanzierung einer sauberen wirtschaftlichen Transition in den armen Ländern könnte das Wirtschaftswachstum in den reichen Ländern verringern, obwohl diesbezüglich keine Gewissheit besteht, da nicht klar ist, wie Wachstum entsteht. Aber wenn die Reichsten in den reichen Ländern einen Großteil der Kosten tragen und der Planet profitiert, gibt es keinen Grund, davor zurückzuschrecken.

In Delhi, Washington und Peking sträuben sich die Politiker mit dem Hinweis auf das Wirtschaftswachstum, wenn sie aufgefordert werden, Maßnahmen gegen die Luftverschmutzung zu ergreifen. Wer von diesem Wirtschaftswachstum profitiert, spielt eine untergeordnete Rolle.

Die Wirtschaftswissenschaftler tragen Mitschuld, weil sie Munition für diese Argumentation liefern. Weder die ökonomische Theorie noch die verfügbaren Daten beweisen, dass das höchste Pro-Kopf-BIP von allgemeinem Nutzen ist. Doch da die Wirtschaftswissenschaftler fest davon überzeugt sind, dass die Ressourcen verteilt werden können und dass sie letzten Endes verteilt werden, begehen sie den Fehler, immer zu versuchen, den Gesamtkuchen so groß wie möglich zu machen. Das widerspricht eindeutig den Erkenntnissen, die wir in den letzten Jahrzehnten gesammelt haben. Die Faktenlage ist klar: Die Ungleichheit hat in den letzten Jahren deutlich zugenommen, was schmerzhafte Konsequenzen für die Gesellschaften in aller Welt hat.

KAPITEL 7

# Player Piano

*Player Piano* war der erste Roman des großen amerikanischen Erzählers Kurt Vonnegut.[444] Die Dystopie über eine Welt, in der es kaum noch Arbeit gibt, entstand 1952 im Gefolge des enormen Wirtschaftswachstums und Arbeitsplatzangebots der Nachkriegszeit und war damals entweder extrem vorausschauend oder erstaunlich fehl am Platz. Wie auch immer, in die heutige Zeit passt der Roman perfekt.

Ein Player Piano ist ein Klavier, das sich selbst spielt. In Vonneguts Welt betreiben sich die Maschinen selbst und brauchen den Menschen nicht mehr. Die Arbeiter sind versorgt und werden mit verschiedenen Programmen beschäftigt, aber es gibt nichts Sinnvolles oder Nützliches, was sie tun könnten. Oder, wie es eine der Figuren in einem späteren (1965 erschienenen) Roman Vonneguts formuliert: »Das Problem lautet: Wie kann man sich jener Menschen annehmen und ihnen Liebe zuteilwerden lassen, die eigentlich überflüssig sind?«[445] Oder sogar: Wie verhindert man, dass sie sich selbst hassen?

Aufgrund der beeindruckenden Fortschritte in der Robotertechnik und bei der Künstlichen Intelligenz wächst die Besorgnis, was mit unserer Gesellschaft geschieht, wenn nur einige wenige Bürger interessante Tätigkeiten verrichten und alle anderen entweder gar keine oder eine unangenehme Arbeit haben und die Ungleichheit massiv ansteigt. Vor allem wenn sich diese Entwicklung aufgrund von Kräften vollzieht, auf die wir so gut wie keinen Einfluss haben. Die großen Tech-Unternehmen suchen verzweifelt nach Ideen zur Lösung der

Probleme, die ihre Technologien verursachen könnten. Aber wir müssen gar nicht so weit in die Zukunft blicken, um einen Eindruck davon zu bekommen, was passiert, wenn ein Großteil der Bürger eines Landes trotz Wirtschaftswachstums auf der Strecke bleibt. Das passiert bereits – seit 1980 in den USA.

## Ein Hoch auf die Maschinenstürmer

Eine wachsende Zahl von Wirtschaftswissenschaftlern (und Experten, die sich dazu äußern) befürchtet, dass neue Technologien wie KI, Roboter und die Automatisierung mehr Arbeitsplätze vernichten als schaffen werden, wodurch viele Arbeitskräfte nicht mehr benötigt werden und der Anteil der Löhne und Gehälter am Bruttoinlandsprodukt deutlich schrumpft. Tatsächlich gehen zwar viele optimistisch von einem weiteren Wirtschaftswachstum aus, sehen den Arbeitsmarkt aber pessimistisch; ihrer Meinung nach wird zukünftiges Wachstum in erster Linie auf der Verdrängung menschlicher Arbeitskraft durch Roboter basieren.

In ihrem Buch *The Second Machine Age* zeichnen unsere MIT-Kollegen Erik Brynjolfsson und Andrew McAfee ein düsteres Bild von den Auswirkungen der Digitalisierung auf den zukünftigen Arbeitsmarkt in den USA.[446] Die Digitalisierung, so ihre Vermutung, macht Arbeitskräfte mit »gewöhnlichen« Qualifikationen zunehmend überflüssig. Da Aufgaben wie Fahrzeuglackierungen oder Tabellenkalkulationen mittlerweile von Robotern oder Computern übernommen werden, wird man zwar weiterhin qualifizierte und flexible Arbeitskräfte benötigen, die Roboter programmieren und installieren, doch diejenigen, die durch Maschinen ersetzt werden können, werden ihre Arbeit verlieren, es sei denn, sie sind bereit, für extrem niedrige Löhne zu arbeiten. Damit wäre die Künstliche Intelligenz der endgültige Nagel zum Sarg für geringqualifizierte Arbeitskräfte.

Bei der ersten IT-Revolution gingen vor allem Arbeitsplätze mit routinemäßigen, sich wiederholenden Tätigkeiten verloren, wie David Autor gezeigt hat.[447] Arbeitsplätze, die schnelle Entscheidungen und Initiative erforderten, blieben erhalten. Die Zahl der Schreibkräfte und Fließbandarbeiter sank, doch Assistenten der Geschäftsleitung und Burgerbrater behielten ihre Jobs. Aber dieses Mal, so die vorherrschende Meinung, wird es anders kommen. Künstliche Intelligenz bedeutet, dass Maschinen kontinuierlich lernen und daher in der Lage sind, nicht routinemäßige Tätigkeiten auszuführen, etwa Go zu spielen oder Wäsche zusammenzulegen. Im Juni 2018 eröffnete in San Francisco ein Restaurant, in dem Roboter die Burger zubereiten. Mitarbeiter nehmen die Bestellungen auf und kochen die Soßen, aber die Roboter bereiten die Gourmet-Burger zu, wie beispielsweise den *Tumami Burger* (»Aioli von der geräucherten Auster, Shiitakepilz-Sauce, Schwarzer Pfeffer, Salz, Pickles, Zwiebeln, Kopfsalat – kreiert von Chef Tu, Teilnehmer der 15. Staffel von *Top Chef*«) – innerhalb von fünf Minuten und für 6 Dollar.[448] Esthers Schwester Annie Duflo, CEO einer großen Nichtregierungsorganisation, hat keinen menschlichen Assistenten mehr; sie vertraut ausschließlich auf einen KI-Assistenten namens Fin. Fin bucht für sie Hotels und Flugtickets, verwaltet ihren Terminkalender und kümmert sich um ihre Spesenabrechnungen. Traurigerweise ist Annie mit Fin sogar viel zufriedener als früher mit ihren menschlichen Assistenten. Er (sie? es?) bekommt von ihr kein Gehalt, arbeitet aber deutlich zuverlässiger. Natürlich steht hinter Fin die Arbeit von Menschen, doch ihre Zahl sinkt stetig; das Business-Modell geht eindeutig in die Richtung, auf menschliche Arbeitskraft zu verzichten.

Die KI-Revolution wird daher Menschen in einem breiten Spektrum von Berufen treffen. Buchhalter, Hypothekenmakler, Unternehmensberater, Finanzplaner, Rechtsanwaltsgehilfen und Sportjournalisten haben bereits Konkurrenz in Form Künstlicher Intelligenz bekommen oder werden bald mit ihr konkurrieren müssen. Zyniker werden sagen, jetzt, wo die Jobs für Besserqualifizierte auf dem Spiel stehen, wird endlich über das Thema geredet. Vielleicht haben sie sogar recht. Aber die KI trifft auch Lageristen, Reinigungskräfte, Mitarbeiter in der Gastronomie und Taxifahrer. Eine McKinsey-Studie kommt zu dem Schluss, dass 45 Prozent der Arbeitsplätze in den USA aufgrund der dabei verübten Tätigkeiten automatisiert werden könnten,[449] und laut einer Schätzung der OECD besteht für 46 Prozent der Arbeitnehmer in OECD-Ländern ein hohes Risiko, dass ihre Tätigkeit entweder automatisiert oder sich grundlegend verändern wird.[450]

Allerdings berücksichtigen diese Berechnungen nicht, dass man die Arbeitnehmer anderweitig einsetzen kann, wenn Tätigkeiten automatisiert und in diesem Bereich weniger Arbeitskräfte benötigt werden.

Wie schlimm wird es also kommen? Wirtschaftswissenschaftler sind von diesem Problem natürlich fasziniert, vertreten jedoch ganz unterschiedliche Standpunkte. Das IGM-Booth-Expertengremium sollte die folgende Aussage bewerten: »Bei gleichbleibenden Arbeitsmarktinstitutionen und Ausbildungsmöglichkeiten wird der zunehmende Einsatz von Robotern und Künstlicher Intelligenz zu einem erheblichen Anstieg bei der Zahl der Langzeitarbeitslosen in Industrieländern führen.« 28 Prozent der Befragten erklärten, die Aussage treffe zu oder treffe sogar voll zu, 20 Prozent waren der Ansicht, sie treffe weniger oder gar nicht zu, und 24 Prozent waren sich unsicher![451]

Die Schwierigkeit liegt darin, dass der Weltuntergang noch nicht eingetroffen ist (wenn er denn überhaupt kommt). Robert Gordon, der, wie wir festgestellt haben, keine allzu hohe Meinung von den Innovationen der heutigen Zeit hat, spielt auf seinen Reisen gern »Finde den Roboter«.[452] Bei allem Gerede, sagt er, sei es immer noch ein Mensch, der ihn im Hotel empfängt, ihm den Kaffee serviert und so weiter.

Vorerst ist der Mensch also noch nicht überflüssig. Die Arbeitslosigkeit in den USA erreichte im ersten Quartal des Jahres 2019 ein historisches Tief und sinkt weiter.[453] Und weil immer mehr Frauen in den Arbeitsmarkt eintraten, stieg der Anteil der Erwerbstätigen an der Bevölkerung bis zum Jahr 2000 deutlich an (und stagnierte danach oder sank wieder).[454] Alle, die arbeiten wollten, fanden einen Job, trotz Automatisierung und rapide voranschreitendem technologischem Fortschritt.

Allerdings stehen wir gerade erst am Anfang der KI-gestützten Automatisierung. Und da es sich bei der Künstlichen Intelligenz um eine ganz neue Form der Technologie handelt, ist es schwer, ihre Auswirkungen vorherzusagen. Zukunftsforscher sprechen von einer »Singularität«, einer dramatischen Produktivitätszunahme, angetrieben von unendlich intelligenten Maschinen, auch wenn die meisten Wirtschaftswissenschaftler skeptisch sind, dass es eine derartige Entwicklung geben wird. Aber es könnte gut sein, dass Gordon, wenn er in ein paar Jahren »Finde den Roboter« spielt, einige aufregende Entdeckungen macht.

Diese spezielle Form der Automatisierung steht zwar noch am Anfang, doch an sich sind solche Entwicklungsschübe nicht neu. Wie die KI von heute waren die Spinnmaschine Spinning Jenny, die Dampfmaschine, die Elektrizität, Computerchips und computergestütztes Lernen in der Vergangenheit Formen der Automatisierung, mit denen menschliche Arbeitskraft eingespart werden konnte.[455]

Die weitere Entwicklung war absehbar: Wenn die menschliche Arbeitskraft bei bestimmten Tätigkeiten durch Maschinen ersetzt wird, wird der Mensch durch die Automatisierung verdrängt. Die Arbeiter werden nicht mehr gebraucht. Die qualifizierten Spinner und Weber zu Beginn der Industriellen Revolution mussten das am eigenen Leib erfahren; sie wurden durch Maschinen ersetzt. Wie allgemein bekannt, waren sie damit ganz und gar nicht einverstanden. Anfang des 19. Jahrhunderts zerstörten die Ludditen Maschinen, um gegen die Mechanisierung in den Webereien zu protestieren, die ihr Auskommen als qualifizierte Handwerker bedrohte. Eng verbunden mit den

Ludditen ist heute der Begriff Maschinenstürmer, eine abwertende Bezeichnung für jemanden, der den Fortschritt kategorisch ablehnt. Häufig werden die Ludditen auch als Beispiel angeführt, um Befürchtungen abzutun, der technologische Fortschritt führe zu Arbeitslosigkeit. Denn immerhin irrten die Ludditen damals – es gab weiterhin Arbeit, und die Löhne und der Lebensstandard sind heute deutlich höher als zu ihrer Zeit.

Allerdings lagen die Ludditen mit ihren Befürchtungen gar nicht so falsch, wie wir vielleicht denken. Ihre spezifischen Qualifikationen wurden durch die Industrielle Revolution nicht mehr gebraucht, ebenso wenig wie die Fähigkeiten und Kenntnisse zahlreicher anderer Handwerker. Auf lange Sicht sei alles gut gegangen, so heißt es, allerdings muss man dafür schon eine sehr langfristige Perspektive einnehmen. Der Reallohn der englischen Arbeiter war 1802 fast nur noch halb so hoch wie 1755. 1802 war zwar ein besonders schlechtes Jahr, doch die Löhne befanden sich von 1755 bis zur Jahrhundertwende allgemein im Niedergang, erst danach begannen sie langsam wieder zu steigen. Das Niveau von 1755 erreichten sie erst wieder 1820, also 65 Jahre später.[456]

Diese Zeit des intensiven technologischen Fortschritts in England war auch eine Zeit massiver Entbehrungen und harscher Lebensbedingungen. Der Wirtschaftshistoriker Robert Fogel hat für diesen Zeitraum nachgewiesen, dass englische Jungen selbst im Vergleich zu Sklaven in den Südstaaten der USA deutlich unterernährt waren.[457] In der damaligen Literatur, von Frances Trollope bis Charles Dickens, werden die wirtschaftlichen und gesellschaftlichen Bedingungen mit unverhohlenem Entsetzen geschildert. Das waren tatsächlich *Harte Zeiten*, wie Dickens schrieb.

Wir wissen, dass in Großbritannien schließlich eine Wende einsetzte. Zwar verloren viele ihre Arbeit, doch die Innovationen zur Einsparung von Arbeitskräften erhöhten die Rentabilität in anderen Bereichen, sodass weiterhin Arbeitskräfte in der Produktion benötigt wurden. So stieg etwa durch Verbesserungen in der Webtechnologie wie John Kays Schnellschusswebstuhl die Nachfrage nach Garn, wodurch neue Arbeitsplätze in der Garnproduktion entstanden. Und der wachsende Wohlstand derjenigen, die von den Innovationen profitierten, ließ die Nachfrage nach neuen Produkten und Dienstleistungen in verschiedenen Branchen steigen, die ebenfalls Arbeitskräfte benötigten (Handelsvertreter, Buchhalter, Ingenieure, Maßschneider, Gärtner und so weiter).

Allerdings wissen wir nicht, ob diese Wende noch einmal eintreten wird. Es kann gut sein, dass es bei der jetzigen Welle der Automatisierung und KI keine Erholung geben und die Nachfrage nach Arbeitskräften nicht wieder steigen wird. Branchen, die von der Entwicklung profitieren, investieren vielleicht lieber in neue arbeitssparende Technologien, anstatt mehr Arbeitskräfte einzustellen. Der neue Reichtum könnte für Waren und Güter ausgegeben werden, die in anderen Ländern hergestellt werden.

Wir wissen noch nicht, was passieren wird, weil wir die sehr langfristige Perspektive nicht kennen. Doch die Auswirkungen der aktuellen Automatisierungswelle (die 1990 einsetzte, was uns eine Perspektive von mehr als 25 Jahren verschafft) scheinen bislang überwiegend negativ zu sein. In einer Untersuchung über die Auswirkungen der Automatisierung wurde für jede Region das *Ausmaß* der Automatisierung anhand der Zahl der Industrieroboter und ihrer Verbreitung in den Branchen dieser Region ermittelt.[458] Anschließend wurde die Entwicklung der Beschäftigung und Löhne in den am stärksten betroffenen Gebieten mit der in den am wenigsten betroffenen Gebieten verglichen. Zur Überraschung der Autoren, die zuvor einen Artikel verfasst hatten, in dem sie die Kräfte hervorhoben, die zu einer wirtschaftlichen Erholung führen sollten,[459] ergaben sich deutlich negative Auswirkungen. Ein Roboter mehr im Untersuchungsgebiet senkt die Beschäftigungszahl um 6,2 Arbeiter und drückt auch die Löhne. Im verarbeitenden Gewerbe ist die Arbeitslosigkeit stärker ausgeprägt und trifft besonders Arbeitnehmer mit geringer Qualifikation und unter ihnen wiederum diejenigen mit manuellen Routinetätigkeiten. Allerdings gibt es keinen ausgleichenden Zuwachs bei der Beschäftigung oder Bezahlung anderer Arbeitnehmer mit anderen Tätigkeiten oder höheren Qualifikationen. Diese lokalen Auswirkungen der Roboter auf die Beschäftigung und Bezahlung erinnern an die Auswirkungen eines stärkeren Ausgesetztseins gegenüber dem internationalen Handel. Und sie überraschen aus denselben Gründen. Wenn viele Tätigkeiten in einer bestimmten Branche automatisiert werden, könnte man erwarten, dass die Arbeitnehmer in neuen Unternehmen unterkommen, die sich in der Region aufgrund des höheren Arbeitskräfteangebots ansiedeln, oder dass sie wegziehen und sich anderswo Arbeit suchen. Beunruhigend ist auch, dass die Automatisierung einfacher Tätigkeiten nicht zur Einstellung von mehr Ingenieuren führt, die die Roboter überwachen. Die Erklärung ist vermutlich ähnlich wie die, warum der Wettkampf mit China vor allem wenig qualifizierte Arbeitnehmer trifft; in einer Volkswirtschaft mit hohem Beharrungsvermögen ist eine reibungslose Umverteilung alles andere als garantiert.

Selbst wenn die Gesamtzahl der Stellen nicht sinkt, wird die derzeitige Automatisierungswelle wahrscheinlich auch zum Abbau von Arbeitsplätzen führen, die eine gewisse Qualifikation erfordern (Buchhalter und Rechnungsprüfer), und die Nachfrage nach besonders hoch qualifizierten Arbeitskräften (Softwareprogrammierer) und gar nicht qualifizierten Arbeitskräften (zum Beispiel Hundeausführer) erhöhen, die nicht so leicht durch eine Maschine zu ersetzen sind. Und da die Softwareentwickler mehr verdienen, haben sie mehr Geld zur Verfügung, um Hundeausführer einzustellen, die mit der Zeit und im Verhältnis günstiger werden, weil es für unqualifizierte Arbeitskräfte kaum andere Verdienstmöglichkeiten gibt. Selbst wenn die Menschen ihre Arbeit nicht verlieren, führt das zu Ungleichheit mit höherem Verdienst an der Spitze, während alle anderen in Jobs gedrängt werden, die keine besonderen Qualifikationen erfordern; Jobs mit niedriger Bezahlung und schlechten Arbeitsbedingungen. Hier zeigt sich ein Trend, der sich seit den 1980er-Jahren vollzieht. Geringqualifizierte Arbeitnehmer werden zunehmend aus mittleren Positionen verdrängt, etwa in der Verwaltung oder im kaufmännischen Bereich, und müssen sich mit Hilfstätigkeiten begnügen, etwa bei der Gebäudereinigung oder im Sicherheitsbereich.[460]

## Luddismus light?

Sollten wir also versuchen, die Automatisierung aufzuhalten? Tatsächlich gibt es gute Gründe zu der Annahme, dass die aktuelle Automatisierungswelle unverhältnismäßig ist; mitunter hat es den Anschein, dass sich Unternehmen auch dann für die Automatisierung entscheiden, wenn die Roboter weniger produktiv als die Menschen sind. Eine übertriebene Automatisierung verringert das BIP, anstatt dazu beizutragen.

Ein Grund dafür ist das amerikanische Steuerrecht, das Arbeit höher besteuert als Kapital. Arbeitgeber müssen Abgaben für ihre Arbeitnehmer (zur Finanzierung der Sozial- und Krankenversicherung) entrichten, nicht aber für ihre Roboter. Mit der Investition in einen Roboter erhalten sie umgehend einen Steuernachlass, weil sie für Kapitalaufwendungen oft eine »beschleunigte Abschreibung« in Anspruch nehmen können, und wenn sie die Anschaffung über einen Kredit finanzieren, können sie auch noch die Zinszahlungen von ihren Einnahmen abziehen. Diese Steuervorteile stellen für Arbeitgeber einen Anreiz zur Automatisierung dar, selbst wenn es weniger kosten würde, an menschlicher Arbeitskraft festzuhalten.[461] Doch selbst ohne steuerliche Subventionen kann der Arbeitsmarkt mit seinen Vorgaben und Reibungspunkten Manager dazu verleiten, von Fabriken ohne Arbeiter zu träumen. Roboter nehmen keine Elternzeit in

Anspruch und protestieren auch nicht gegen Lohnkürzungen in einer Rezession. Wahrscheinlich ist es kein Zufall, dass die Automatisierung im Einzelhandel (etwa Selbstbedienungskassen) in Europa begann, wo die Gewerkschaften deutlich stärker sind.

Auch die zunehmenden Konzentrationsprozesse und die wachsende Monopolisierung können diese Tendenz verstärken. Ein Monopolist muss die Konkurrenz nicht fürchten. Er muss sich nicht ständig neu erfinden, um für seine Kunden attraktiv zu bleiben. Daher konzentriert er sich auf kostensenkende Innovationen, die seine Gewinnspanne erhöhen. Ein Unternehmen, das voll im Wettbewerb steht, wird hingegen alles tun, um die Marktführerschaft zu übernehmen.

Wenn ein Unternehmen eine produktive neue Technologie einführt, die Arbeitskräfte ersetzt, können durch die Produktivitätssteigerung natürlich auch neue Ressourcen entstehen. Diese neuen Ressourcen können dazu verwendet werden, neue Einsatzmöglichkeiten für die freigesetzten Arbeitskräfte zu finden. Daher sind die gefährlichsten Technologien für Arbeitnehmer meist die, die manche Ökonomen als »So-la-la-Automatisierung« beschreiben: Sie sind gerade so rentabel, dass man sie dank Steuererleichterungen und Lohnkostensenkungen einführt, aber nicht leistungsstark genug, um die Gesamtproduktivität zu steigern.[462]

Ungeachtet der vollmundigen Versprechungen und herausragender Einzelbeispiele wird der Großteil der Ressourcen im Bereich Forschung und Entwicklung heutzutage für maschinelles Lernen und andere Big-Data-Anwendungen verwendet, die *bestehende* Tätigkeiten automatisieren sollen, anstatt dass man neue Produkte entwickelt, die neue Aufgaben für Arbeitnehmer und damit auch neue Stellen schaffen würden.[463] Das mag für die Unternehmen angesichts der finanziellen Vorteile ökonomisch sinnvoll sein. Doch es lenkt Erfinder und Ingenieure davon ab, wirklich bahnbrechende Innovationen zu entwickeln. Man könnte zum Beispiel eine neue Software oder Hardware entwickeln, die Pflegekräfte bei der Betreuung von Patienten in den eigenen vier Wänden unterstützen würde. Eine Rehabilitationstherapie nach einer Operation könnte dann bei den Patienten zu Hause stattfinden. Krankenversicherungen könnten damit viel Geld sparen, das Wohlbefinden der Patienten würde sich verbessern, und noch dazu würden neue Arbeitsplätze entstehen. Doch der Großteil der Automatisierungsbemühungen bei Versicherungen konzentriert sich heute auf die Suche nach Algorithmen, die die Bearbeitung von Versicherungsansprüchen automatisieren. Damit wird zwar ebenfalls Geld gespart, es gehen aber auch Arbeitsplätze verloren. Weil der Schwerpunkt auf der Automatisierung bestehender Tätigkeiten liegt, steigt das Risiko, dass die aktuelle Innovationswelle massive negative Auswirkungen für die Arbeitnehmer hat.

Dass eine unregulierte Automatisierung große Nachteile für Arbeitnehmer haben kann, spüren die meisten Amerikaner instinktiv, egal ob sie politisch rechts oder links stehen. Ein Punkt, bei dem sich die Anhänger der Republikaner und Demokraten in Umfragen bemerkenswert einig sind, ist ihre Ablehnung bei der Frage, ob Unternehmen selbst entscheiden sollen, wie weit sie bei der Automatisierung gehen wollen. 85 Prozent der Amerikaner würden es begrüßen, wenn die Automatisierung auf »gefährliche und schmutzige Tätigkeiten« beschränkt würde, darin sind sich Demokraten wie Republikaner einig. Selbst wenn die Frage politisch zugespitzter formuliert wird – »Sollte die Zahl der Arbeitsplätze, die Unternehmen durch Maschinen ersetzen, begrenzt werden, selbst wenn die Maschinen besser und billiger als Menschen sind?« –, antworten 58 Prozent der Amerikaner, davon die Hälfte Republikaner, mit Ja.[464]

Diese spezielle Form der Automatisierung verschärft Befürchtungen, die es schon immer gab. Wenn ein Arbeitnehmer entlassen wird, hat das Unternehmen nichts mehr mit ihm zu tun, doch die Gesellschaft ist verpflichtet, für sein weiteres Wohlbefinden zu sorgen. Schließlich will die Gesellschaft nicht, dass er verhungert oder seine Familie ihr Zuhause verliert; er soll eine andere Stelle finden, die ihm zusagt. Wir fürchten seine Wut, vor allem, wenn sie dazu führt, dass er bei der nächsten Wahl für eine der vielen extremistischen Gruppen stimmt, die heutzutage existieren. Die Firma hingegen muss weder für seine Umschulung oder Weiterbildung zahlen noch für die Sozialhilfe aufkommen oder mit den gesellschaftlichen Folgen seiner Wut zurechtkommen.

Diese Argumente werden traditionell verwendet, um es Unternehmen möglichst schwer zu machen, ihre Mitarbeiter zu entlassen. In manchen Ländern wie etwa in Indien ist der Kündigungsschutz so stark, dass es größeren Firmen praktisch unmöglich gemacht wird, einen Mitarbeiter zu entlassen. In anderen Ländern wie beispielsweise in Frankreich ist eine Kündigung schwierig und unsicher. Der Betroffene kann Einspruch einlegen und muss möglicherweise wieder eingestellt werden (mit Gehaltsnachzahlung). Das Problem bei solchen Kündigungskosten ist, dass sie einem Manager das Leben schwer machen, wenn er es mit leistungsunwilligen Mitarbeitern zu tun hat oder dringend Personal abbauen muss, damit die Firma überlebt. Infolgedessen können hohe Kündigungskosten dazu führen, dass ein Unternehmen sich mit der Einstellung von Mitarbeitern zurückhält, wodurch sich wiederum die Arbeitslosigkeit verschärft.[465]

Die Alternative zu einem verstärkten Kündigungsschutz oder einem Roboterverbot in bestimmten Branchen wäre die Besteuerung von Robotern, die so hoch sein müsste, dass Roboter nur dann zum Einsatz kommen würden, wenn die Produktivitätszunahme ausreichend hoch wäre. Über eine solche Steuer wird bereits ernsthaft diskutiert, unter anderen hat sich Bill Gates dafür ausgesprochen.[466] 2017 wurde im Europäischen Parlament über eine »Robotersteuer« debattiert, allerdings entschied man sich dagegen, weil man befürchtete, Innovationen zu hemmen.[467] Doch etwa zur gleichen Zeit führte Südkorea die erste Robotersteuer weltweit ein. Mit ihr werden Steuerermäßigungen für Unternehmen gesenkt, die in ihre Automatisierung investieren, außerdem ist mit der Robotersteuer eine Outsourcing-Steuer verbunden, um zu verhindern, dass Produktionsbereiche ausgegliedert werden.[468]

Das Problem ist, dass man zwar leicht selbstfahrende Autos verbieten kann (ob das nun eine gute Idee ist oder nicht), jedoch die meisten Roboter nicht aussehen wie R2-D2 in *Star Wars.* Sie sind normalerweise Bestandteile von Maschinen, die immer noch von Menschen betrieben werden, allerdings von weniger Menschen. Wie entscheidet die Regulierungsbehörde, wo die Maschine aufhört und der Roboter beginnt? Eine Robotersteuer würde wahrscheinlich dazu führen, dass Unternehmen Mittel und Wege finden, sie zu umgehen, was die Wirtschaft weiter verzerren würde.

Aus diesen Gründen glauben wir nicht, dass man den derzeitigen Trend zum Ersetzen menschlicher Tätigkeiten durch Roboter aufhalten kann. Ebenso wenig kann man verhindern, dass die Automatisierung gravierende Auswirkungen auf die ohnehin schwindende Zahl attraktiver Tätigkeiten für geringqualifizierte Arbeitskräfte hat, zunächst in den reichen Industrieländern, aber bald auch überall. Das wird in mehr oder weniger größerem Ausmaß zum China-Schock und den bereits beschriebenen anderen Veränderungen hinzukommen, mit denen die Erwerbstätigen in einem Großteil der Industrieländer zu kämpfen haben. Eine mögliche Folge wäre ein Anstieg der Arbeitslosigkeit oder eine Vervielfachung der schlecht bezahlten, krisenanfälligen Jobs.

Diese Aussicht beunruhigt die Eliten, die sich für die aktuelle Lage verantwortlich und auch durch sie bedroht fühlen. Deshalb ist die Idee eines Grundeinkommens auch so populär im Silicon Valley. Die meisten denken jedoch, dass die negativen Folgen der Automatisierung erst in der Zukunft ein Problem darstellen werden, nachdem sich die Technologie noch weiter verbessert hat. Aber das Problem einer großen und weiter wachsenden Ungleichheit tritt bereits in vielen Ländern zutage, und nirgendwo deutlicher als in den USA. Die vergangenen dreißig Jahre in der amerikanischen Geschichte zeigen deutlich, dass die zunehmende Ungleichheit nicht der Nebeneffekt eines technologischen Wandels ist, den wir nicht kontrollieren können: Sie ist die Folge politischer Entscheidungen.

## Selbst verschuldeter Schaden

In den 1980er-Jahren verzeichneten die USA und Großbritannien nicht nur ein langsameres Wirtschaftswachstum, als sie es normalerweise gewohnt waren, man hatte auch den Eindruck, dass Kontinentaleuropa und Japan aufholten. Wachstum wurde zu einer Frage des nationalen Stolzes. Es war nicht nur wichtig, einfach nur wirtschaftlich zu wachsen, man wollte auch den »Wettlauf« mit den anderen Industrieländern gewinnen. Nach Jahrzehnten des schnellen Wachstums definierte sich der Nationalstolz über die Höhe des BIP und seinen kontinuierlichen Anstieg.

Für Margaret Thatcher in Großbritannien und Ronald Reagan in den USA war klar, wer oder was für den Wachstumsrückgang Ende der 1970er-Jahre verantwortlich war (obwohl wir heute wissen, dass sie wirklich keine Ahnung hatten). Die Länder waren in ihren Augen zu weit nach links gerückt – die Gewerkschaften waren zu stark, der Mindestlohn war zu hoch, die Steuern waren ebenfalls zu hoch und die Regulierung war erdrückend. Zur Wiederankurbelung des Wachstums mussten Unternehmer besser behandelt werden, die Besteuerung der Unternehmen musste gesenkt werden, man musste deregulieren, die Macht der Gewerkschaften beschränken und den Rest des Landes dazu bringen, sich weniger auf den Staat zu verlassen. Wie bereits erwähnt, ist die Vorstellung, dass Steuersenkungen ein Allheilmittel für die Wirtschaft sind, relativ neu. In den USA lag der Spitzensteuersatz in den Jahren 1951 bis 1963 bei 90 Prozent. Danach ging er etwas zurück, blieb aber hoch. Erst unter den Präsidenten

Reagan und George H. W. Bush wurde der Steuersatz von 70 Prozent auf unter 30 Prozent gesenkt. Bill Clinton erhöhte ihn wieder, aber nur auf 40 Prozent. Seitdem springt der Steuersatz auf und ab, je nachdem, ob gerade ein Demokrat oder Republikaner Präsident ist, über 40 Prozent schafft er es jedoch nur noch selten. Die niedrigeren Steuern wurden zunächst unter Reagan und dann vor allem unter Clinton von einer »Sozialhilfereform« (mit anderen Worten: einer Kürzung der Sozialhilfe) begleitet, die man mit prinzipiellen Gründen rechtfertigte (die Armen müssen mehr Verantwortung für sich selbst übernehmen, nach dem Workfare-Konzept erhält man nur Sozialleistungen, wenn man bereit ist, zu arbeiten) und mit einem knappen Haushalt (weil aufgrund der Steuersenkungen weniger Geld hereinkam). Gewerkschaften wurden gefügig gemacht, indem man die Gesetze änderte und mit Staatsgewalt gegen sie vorging (berühmt ist Reagans Niederschlagung eines Fluglotsenstreiks: Er entließ die Streikenden und ersetzte sie durch Lotsen der US Army). Die Zahl der Gewerkschaftsmitglieder geht seitdem stetig zurück.[469] Regulierungen wurden weniger restriktiv gestaltet, außerdem herrschte ein neuer Konsens, dass es sehr überzeugende Gründe geben musste, bevor die »harte Hand des Staates« in die Wirtschaft eingreifen durfte.

In Großbritannien vollzog sich eine ähnliche Entwicklung. Der Spitzensteuersatz sank von 83 Prozent im Jahr 1978 auf 60 Prozent im Jahr 1979 und dann auf 40 Prozent, und in diesem Bereich ist er seitdem mehr oder weniger geblieben. Die große (zu große?) Macht der Gewerkschaften in der Nachkriegszeit wurde mit fester Hand eingedämmt – die Niederschlagung des britischen Bergarbeiterstreiks 1984 war ein entscheidender Moment für Margaret Thatchers Regierung. Von diesen Maßnahmen sollten sich die Gewerkschaften nie wieder richtig erholen. Die Deregulierung wurde zur Norm, allerdings wurden ihr durch die Eingliederung Großbritanniens in die regulierungsfreundliche Europäische Wirtschaftsgemeinschaft Grenzen gesetzt.

Der einzige Unterschied zwischen Großbritannien und den USA bestand darin, dass es in Großbritannien nie den Versuch gab, die Sozialleistungen zu kürzen (Thatcher hätte das sicher gern getan, aber ihr Kabinett brachte sie davon ab). Dennoch sanken die öffentlichen Ausgaben in den Thatcher-Jahren von 45 Prozent des BIP auf 34 Prozent, allerdings stiegen sie unter den Folgeregierungen teilweise wieder an.[470]

Der Grund, warum derart radikale Veränderungen möglich waren, liegt wahrscheinlich auch in der Angst, die mit dem nachlassenden Wachstum einherging. Es gibt zwar keinen Beleg dafür, dass massive Steuersenkungen für die Reichen das Wirtschaftswachstum fördern (wir warten immer noch auf die versprochene Wende beim Wachstum in den USA und in Großbritannien), doch das war damals nicht so deutlich. Da das Wachstum 1973 aufgehört hatte, bestand die natürliche Reaktion darin, sich denjenigen zuzuwenden, die die am Keynesianismus orientierten makroökonomischen Maßnahmen der 1960er- und 1970er-Jahre kritisierten, etwa den Professoren der (neoliberalen) Chicagoer Schule wie Milton Friedman und Robert Lucas.

Die Reaganomics, wie die amerikanische Wirtschaftspolitik dieser Zeit genannt wurde, machten keinen Hehl daraus, dass die Vorteile des Wachstums mit einer gewissen Ungleichheit verbunden waren. Dahinter stand die Idee, dass die Reichen zuerst profitieren würden, die Armen am Ende aber auch. Das ist die berühmte Trickle-down-Theorie, die niemand besser beschrieben hat als der Harvard-Professor John Kenneth Galbraith, der behauptete, in den 1890er-Jahren habe man das als die *Horse-and-Sparrow-Theorie* [im Dt. auch *Pferdeäpfel-Theorie*] bezeichnet: »Wenn man einem Pferd genug Hafer gibt, wird auch etwas auf die Straße fallen, um die Spatzen zu füttern.«[471]

Die 1980er-Jahre brachten einen dramatischen Wandel des Gesellschaftsvertrags in den USA und Großbritannien. Wenn es seit 1980 zu einem Wirtschaftswachstum kam, wurden die Vorteile von den Reichen abgeschöpft. Waren die Reaganomics oder die britische Version, der Thatcherismus, dafür verantwortlich?

## Die große Wende

In den 1980er-Jahren blieb das Wirtschaftswachstum weiter verhalten, doch dafür stieg die Ungleichheit massiv an. Dank der herausragenden und gründlichen Arbeit von Thomas Piketty und Emmanuel Saez weiß die Welt heute, was geschah: 1980 wurde Ronald Reagan zum Präsidenten gewählt. 1980 ist aber auch fast genau das Jahr, in dem in den USA der Anteil am Nationaleinkommen, der an das reichste 1 Prozent der Bevölkerung geht, nach fünfzig Jahren des Rückgangs erstmals wieder stieg (und seit dem es unablässig weiter steigt). 1928, am Ende der Goldenen Zwanzigerjahre, beanspruchte das reichste 1 Prozent der Bevölkerung 24 Prozent des Nationaleinkommens für sich. 1979 betrug dieser Anteil nur noch ungefähr ein Drittel dieser 24 Prozent. 2017, dem letzten Jahr, aus dem uns die Zahlen beim Abfassen unseres Buchs vorlagen, lag das Verhältnis fast wieder ähnlich hoch wie 1929. Die wachsende Ungleichheit bei den *Einkommen* ging einher mit einem Anstieg der Ungleichheit beim *Vermögen* (Einkommen ist das, was man jedes Jahr verdient; Vermögen ist der angehäufte Reichtum), allerdings hat die Ungleichheit beim Vermögen noch nicht den Stand der frühen 1920er-Jahre erreicht. Das oberste 1 Prozent der Bevölkerung besaß 1980 22 Prozent des Vermögens in den USA, bis 2014 stieg dieser Anteil auf 39 Prozent.[472]

In Großbritannien sieht es ganz ähnlich aus. Der Wendepunkt liegt wie in Amerika irgendwo beim Jahr 1979, dem Jahr, in dem Margaret Thatcher Premierministerin wurde. Vor 1979 sank der Anteil, den die Reichsten am Gesamtvermögen hielten, seit 1920 stetig. Nach 1979 gab es einen Anstieg, der nur kurz durch die weltweite Finanzkrise von 2009 unterbrochen wurde. Anders als in den USA hat die Ungleichheit noch nicht das Niveau der 1920er-Jahre erreicht, doch allzu viel fehlt nicht mehr.[473]

Im übrigen Europa findet man ein auffallend anderes Muster. Vor 1920 unterschied sich der Anteil, den das Vermögen der Reichen am Gesamtvermögen hatte, in Ländern wie Frankreich, Deutschland, der Schweiz, in Schweden, den Niederlanden oder Dänemark nicht wesentlich vom Anteil in den USA oder in Großbritannien. Doch irgendwann nach 1920 ging die Ungleichheit in all diesen Ländern deutlich zurück, wie in den USA auch, anders als dort aber blieb sie niedrig. Es gibt kleinere Auf- und Abwärtsbewegungen und in Schweden ist ein deutlicher Aufwärtstrend zu erkennen, der in den 1980er-Jahren seinen Anfang nahm, doch verglichen mit den USA bleibt der Anteil sehr niedrig.[474]

Bei den Zahlen geht es um das *Vorsteuereinkommen,* also das Einkommen, bevor die Reichen ihre Steuern gezahlt und die Armen ihre Sozialleistungen erhalten haben. Maßnahmen zur Umverteilung des Vermögens werden dabei nicht berücksichtigt. Da die Steuern in den USA sanken, könnte man erwarten, dass die Nachsteuerungleichheit seit 1979 noch stärker gestiegen ist als die Vorsteuerungleichheit. Es gibt einen kleinen Ausreißer nach der Steuerreform von 1986, aber meistens verlaufen die Kurven für den Einkommensanteil vor Steuern und nach Steuern parallel.[475] Steuern sind ein wichtiges Mittel der Umverteilung, doch die zunehmende Ungleichheit ist ein viel zu weitreichendes Phänomen, um ein reiner Effekt geringer Umverteilung sein zu können.

Um das Jahr 1980 hörten auch die Löhne auf zu steigen, zumindest die Löhne für Geringqualifizierte. Der inflationsbereinigte durchschnittliche Stundenlohn amerikanischer Arbeitnehmer, die nicht in leitender Funktion tätig waren, stieg in den 1960er- und 1970er-Jahren an, erreichte seinen Scheitelpunkt Mitte bis Ende der 1970er und ging dann in den Jahren unter Reagan und Bush zurück, bis er sich schließlich wieder langsam erholte. Infolgedessen war der durchschnittliche Reallohn im Jahr 2014 nicht höher als 1979. Im gleichen Zeitraum (von 1979 bis heute) *sanken* jedoch die Reallöhne der Geringqualifizierten. Bei High-School-Abbrechern, High-School-Absolventen und einigen College-Absolventen war der reale Wochenlohn männlicher Arbeitnehmer in Vollzeit im Jahr 2018 10 bis 20 Prozent niedriger als das Reallohnniveau von 1980.[476] Wenn es einen Trickle-down-Effekt durch niedrigere Steuern gegeben hätte, wie die Anhänger der Theorie behaupten, hätte das Lohnniveau in den Reagan-Bush-Jahren rapide steigen müssen. Doch das Gegenteil war der Fall. Der Lohnkostenanteil (der Anteil der Einnahmen, den ein Unternehmen für die Bezahlung der Mitarbeiter aufbringen muss) ist seit den 1980er-Jahren kontinuierlich gesunken. Im verarbeitenden Gewerbe wurden 1982 fast 50 Prozent des Umsatzes auf die Bezahlung der Mitarbeiter verwendet; 2012 waren es nur noch etwa 10 Prozent.[477]

Dass diese große Wende in den Reagan- und Thatcher-Jahren stattfand, ist vermutlich kein Zufall, es gibt jedoch keinen Grund zu der Annahme, dass Reagan und Thatcher diesen Wandel allein bewerkstelligten. Ihre Wahl war auch ein Symptom des damaligen politischen Klimas, das von der Angst vor dem Ende des Wachstums dominiert wurde. Wenn sie die Wahl verloren hätten, hätte ein anderer Kandidat, wer immer das gewesen wäre, womöglich auch diesen Weg oder zumindest einen Teil davon beschritten.

Es erschließt sich auch nicht von vornherein, dass die Politik von Reagan und Thatcher die Hauptursache für eine zunehmende Ungleichheit war. Über die Beurteilung der tatsächlichen Ereignisse in jener Zeit mit ihren offensichtlichen Auswirkungen auf die Politik wird in den Wirtschaftswissenschaften nach wie vor debattiert. Manche Ökonomen wie Thomas Piketty geben schlicht der veränderten Politik die Schuld, doch die meisten betonen, dass auch der Strukturwandel in der Wirtschaft und vor allem neue Technologien als weitere Faktoren zu berücksichtigen sind.[478]

Die Frage ist deshalb nicht so einfach, weil wir von einer Zeit der folgenschweren Umbrüche in der Weltwirtschaft sprechen. 1979 begann China mit seiner Reform der Wirtschaftspolitik. 1984 unternahm Indien erste kleine Schritte in Richtung einer Liberalisierung. Die beiden Länder sollten schließlich zu den beiden größten Märkten der Welt aufsteigen. Nicht zuletzt auch aufgrund dieser Entwicklung wuchs der Welthandel in diesem Zeitraum massiv, nämlich im Verhältnis zum Welt-Bruttoinlandsprodukt um 50 Prozent.[479] Die Folgen davon haben wir bereits in Kapitel 3 besprochen.

Das Aufkommen der Computer war ein weiteres typisches Kennzeichen dieser Zeit. Microsoft wurde 1975 gegründet, 1976 kam der Apple I auf den Markt, gefolgt vom Apple II 1977, der sich deutlich besser verkaufte; 1981 stellte IBM seinen ersten PC vor. 1979 startete das japanische Telekommunikationsunternehmen NTT auch das erste öffentliche Mobilfunknetz mit einer größeren Reichweite. Und Apple wurde im August 2018 das erste Unternehmen mit einem Börsenwert von über einer Billion Dollar, den es größtenteils dem Verkauf seiner Mobiltelefone zu verdanken hat.

Doch inwieweit erklären der technologische Wandel und die Globalisierung die wachsende Ungleichheit in den USA und Großbritannien? Und in welchem Maß spielte die Politik, insbesondere die Steuerpolitik, eine Rolle?

Mit der Computerisierung ging ein weiterer technologischer Wandel einher. Dabei handelte es sich vielleicht nicht um eine Revolution im engeren Sinn wie die von der Dampfmaschine initiierte Industrielle Revolution, wie Robert Gordon argumentiert, doch wie die Dampfmaschine und ihr ungleicher Zwilling, der Verbrennungsmotor, sollte auch die Computerisierung zahlreiche Arbeitsplätze vernichten. Heute verdient vermutlich niemand mehr seinen Lebensunterhalt als Schreibkraft, mit Ausnahme der drei Männer unbestimmten Alters, die in Abhijits altem Heimatviertel in Kalkutta unter einem Baum sitzen und gegen eine kleine Gebühr den Namen und die Adresse des Auftraggebers in offizielle Dokumente und Behördenschreiben eintragen. Es gibt natürlich noch einige wenige Stenografen. Doch selbst im Weißen Haus scheinen ihre Tage gezählt. Und dieser technologische Fortschritt verlief größtenteils zum Nachteil der Geringqualifizierten.

Der kompetenzorientierte technologische Wandel erklärt eindeutig den erneuten Zuwachs bei der College-Ausbildung.[480] Er kann jedoch nicht die Entwicklung an der Spitze der Einkommenspyramide erklären, es sei denn, wir denken, Qualifikation sei plötzlich nur noch ein Merkmal der Superreichen. Normalerweise gehen wir davon aus, dass die Qualifikation relativ kontinuierlich mit dem Bildungs- und Lohnniveau steigt. Wenn die massive Zunahme der Ungleichheit zugunsten der Reichen nur auf den technologischen Fortschritt zurückzuführen wäre, müsste man nicht nur bei den Superreichen, sondern auch bei den »normalen« Reichen einen Verdienstanstieg erkennen. Doch tatsächlich stieg der Verdienst derjenigen, die beispielsweise zwischen 100 000 und 200 000 Dollar im Jahr verdienen, nur etwas schneller als der Durchschnitt, wohingegen diejenigen, die über 500 000 Dollar im Jahr verdienten, eine wahre Explosion ihres Verdienstes verbuchen konnten.[481]

Das deutet darauf hin, dass man mit dem technologischen Wandel den gigantischen Einkommenszuwachs an der Spitze nicht erklären kann. Und er erklärt auch nicht den Unterschied zwischen den USA und Kontinentaleuropa, denn der technologische Wandel erfolgte in allen reichen Industrieländern.

## Winner Take All?

Allerdings hat die Technologie auch die Organisationsweise der Wirtschaft verändert. Unter den erfolgreichsten Neuheiten der Hightech-Revolution finden sich viele, die nach dem »Winner take all«-Prinzip funktionieren, das heißt, dass alle nur noch ein ganz bestimmtes Produkt wollen, die Konkurrenz geht leer aus: Es hatte keinen Sinn, einen Account bei Myspace zu haben, wenn die ganze Welt bei Facebook war, und auch Twitter wäre sinnlos, wenn nicht andere die Tweets weiterleiten würden. Technologische Innovationen haben bestehende Branchen verändert und große Vorteile für Branchen gebracht, in denen Technologie bisher keine große Rolle spielte, etwa im Hotel- und Gaststättengewerbe oder im Transportwesen. Wenn Autofahrer beispielsweise wissen, dass alle Passagiere die Plattform einer bestimmten Mitfahrzentrale nutzen, entscheiden sie sich für diese. Und wenn umgekehrt alle Mitfahrer wissen, dass alle Fahrer eine bestimmte Plattform nutzen, suchen sie zuerst dort nach einer Mitfahrgelegenheit. Diese Netzwerkeffekte erklären zum Teil die Dominanz von Technologiegiganten wie Google, Facebook, Apple, Amazon, Uber und Airbnb, aber auch von Giganten der »Old Economy« wie etwa Walmart und Federal Express. Zusätzlich hat die Globalisierung der Nachfrage den Wert der Marken erhöht, weil mittlerweile auch reiche chinesische und indische Kunden die gleichen Waren wie alle erwerben können. Und die Möglichkeit, im Internet zu surfen und zu vergleichen und bei Facebook zu prahlen, führt den Verbrauchern die Unterschiede bei Preisen und bei der Qualität vor Augen, außerdem reagieren sie sensibler auf Trends und Moden.

Das Ergebnis ist eine Wirtschaftsform, bei der dem Sieger alles (oder zumindest das meiste) zufällt und einige wenige Firmen einen Großteil des Marktes für sich beanspruchen. Wie bereits im Kapitel über Wachstum festgestellt, hat in vielen Branchen eine Konzentration des Handels stattgefunden, die zur zunehmenden Dominanz einiger »Superstar«-Firmen geführt hat. In diesen Branchen ist der Anteil der Lohnkosten weiter gesunken. Das liegt daran, dass diese Firmen, bei denen es sich um Monopole oder Beinahe-Monopole handelt, mehr Gewinn machen, diese Gewinne aber meist an die Aktionäre oder Teilhaber gehen. Die zunehmende Konzentration liefert daher auch eine Erklärung, warum die Löhne nicht mit dem BIP Schritt halten.[482]

Der Aufstieg der Superstar-Firmen erklärt außerdem, warum die Ungleichheit der Einkommen steigt: Einige Firmen machen deutlich mehr Gewinn als andere und zahlen höhere Löhne und Gehälter. Auch die Profitabilität schwankt heute stärker als früher, es gibt mehr eindeutige Sieger und eindeutige Verlierer selbst außerhalb der Gruppe der Superstars.[483] Tatsächlich kann man in den Vereinigten Staaten mit der wachsenden Ungleichheit bei den Löhnen und Gehältern verschiedener Unternehmen zwei Drittel des gesamten Anstiegs bei der Ungleichheit erklären (der Rest erklärt sich durch die ungleiche Bezahlung der Mitarbeiter innerhalb eines Unternehmens). Ein Großteil der wachsenden Ungleichheit zwischen den Unternehmen lässt sich auf Veränderungen hinsichtlich der Frage zurückführen, wer wo arbeitet: Die bestbezahlten Mitarbeiter eines Unternehmens, das niedrige Löhne zahlt, wandern zu Unternehmen ab, die mehr bezahlen. Wenn man davon ausgeht, dass ein höherer Verdienst eine höhere Produktivität spiegelt (was im Durchschnitt vermutlich zutrifft), dann arbeiten die produktiveren Mitarbeiter zunehmend mit anderen hochproduktiven Mitarbeitern.[484]

Das deckt sich mit einer Theorie, laut der Superstar-Firmen sowohl Kapital als auch gute Mitarbeiter anlocken.[485] Wenn produktivere Mitarbeiter davon profitieren, dass sie mit anderen produktiven Mitarbeitern zusammenarbeiten, dann sollte der Markt dafür sorgen, dass diese Menschen zusammenkommen und in hochproduktiven Unternehmen arbeiten, die dadurch wiederum höhere Löhne und Gehälter als andere Firmen zahlen können. Mehr noch, wenn ein Unternehmen in zahlreiche Talente investiert hat, ist der CEO einer solchen Firma in einer verantwortungsvollen Position; wenn er seine Mitarbeiter in die falsche Richtung führt, verschwendet er jede Menge Leistungspotenzial. Daher sollten sich diese Unternehmen um den bestmöglichen CEO bemühen, selbst wenn das bedeutet, ihm ein enorm (und nach Ansicht mancher obszön) hohes Gehalt zu zahlen.[486] Der

Anstieg bei den Spitzengehältern ist aus dieser Sicht nur die Kehrseite des Aufstiegs der Superfirmen, die das beste Management wollen und bereit sind, viel dafür zu bezahlen.

Die Trägheit wirtschaftlicher Prozesse trägt ebenfalls zur wachsenden Ungleichheit zwischen Unternehmen bei. Wenn sich die Produktion in manchen Branchen auf Superstar-Firmen konzentriert, müssen im ganzen Land andere Unternehmen dieser Branche schließen (etwa ein lokales Kaufhaus im Wettbewerb mit Amazon). Dazu kommen noch die Unternehmen, die aufgrund der Auswirkungen neuer Technologien oder der Globalisierung des Handels in Konkurs gehen. Da die Arbeitnehmer meist nicht wegziehen, steigen die Löhne in dem betroffenen Gebiet nicht weiter oder sinken sogar. Mit den Mieten verhält es sich genauso. Für die überlebenden Unternehmen in diesen Nischen sind das gute Neuigkeiten, vor allem, wenn ihre Kunden weiter weg leben. Der resultierende unerwartete Gewinn kann dazu führen, dass mehr in die Unternehmen investiert wird, aber vermutlich genügt das nicht, um den in der Region einsetzenden Niedergang aufzuhalten. Anders ausgedrückt: Die Unterscheidung, ob ein Unternehmen gut oder schlecht läuft, kann mitunter auch von Zufällen abhängen. Wenn eine Firma in einer Region, die sich im wirtschaftlichen Niedergang befindet, das Glück hat, ihre Produkte weiterhin landesweit oder weltweit zu verkaufen, kann sie eine Zeit lang florieren, bis sich die Abwanderung der qualifizierten Arbeitskräfte, der jungen und ehrgeizigen, schmerzlich bemerkbar macht.

Mit anderen Worten, durch die Globalisierung und den Aufstieg der Informationstechnologie entstand in Kombination mit der Trägheit der Wirtschaftsprozesse und zweifellos vielen anderen, aber eher lokalen Veränderungen eine Welt der prosperierenden und weniger prosperierenden Unternehmen, was wiederum zu einem Anstieg der Ungleichheit beitrug. Aus dieser Sicht war die Entwicklung vielleicht unglücklich, aber wahrscheinlich nicht aufzuhalten.

## Etwas ist nicht faul im Staate Dänemark

Doch auch der »Winner take all«-Ansatz kann den Anstieg der Ungleichheit nicht vollständig erklären. Wie die These vom kompetenzgestützten technologischen Fortschritt müsste diese Erklärung auf Dänemark ebenso zutreffen wie auf die USA. Aber das tut sie nicht. Dänemark ist ein Land mit einem kapitalistischen Wirtschaftssystem, wo der Anteil am Einkommen, den das oberste 1 Prozent erhielt, in den 1920er-Jahren bei über 20 Prozent lag, genau wie in den USA. Doch als dieser Anteil sank, blieb er niedrig; heute liegt er bei etwa 5 Prozent.[487] Dänemark ist ein kleines Land, verfügt aber über eine Reihe großer und bekannter Unternehmen, darunter die Containerschiff-Reederei Maersk, die Firma Bang & Olufsen, die schön designte Unterhaltungselektronik herstellt, und die Tuborg-Brauerei. Dennoch stiegen die Spitzeneinkommen nie in schwindelerregende Höhen. Ähnliches gilt für viele Länder in Westeuropa und Japan.[488] Was machen diese Länder anders als die USA?

Ein Teil der Antwort ist in der Finanzwelt zu suchen. Die USA und Großbritannien dominieren die »High End«-Bereiche der Finanzwelt – die Investmentbanken, Hochzinsanleihen (Junk Bonds), Hedgefonds, hypothekenbesicherte Wertpapiere, Private Equity (privates Beteiligungskapital), Quant Fonds und so weiter –, eben die Bereiche, in denen in den vergangenen Jahren astronomische Gewinne gemacht wurden. Zwei Professoren für Finanzwirtschaft an der Harvard Business School (ausgerechnet!) schätzen, dass Anleger, die am Finanzmarkt Zwischenhändler in Anspruch nehmen, *jedes Jahr* 1,3 Prozent ihrer Gesamtinvestition für ihre Fondsmanager aufwenden, was über eine Laufzeit von dreißig Jahren bedeutet, dass ein Anleger, der für seinen Ruhestand spart, ein Drittel des ursprünglich investierten Betrags an seinen Fondsmanager zahlt.[489] Ein hübsches Sümmchen, aber nichts im Vergleich zu dem, was die Manager der Hedgefonds, Private-Equity-Fonds und Venture-Kapital-Fonds im High-End-Bereich der

Finanzwelt verdienen, denn dort musste man bis vor Kurzem zwischen 3 und 5 Prozent der investierten Summe zahlen, und das ebenfalls *jedes Jahr*. Geht man davon aus, dass die investierte Summe stetig wächst, ist es kein Wunder, dass einige Manager sehr, sehr reich werden.

In der Finanzbranche verdient man heute 50 bis 60 Prozent mehr als in anderen Bereichen, wo vergleichbare Qualifikationen erforderlich sind. In den 1950er-, 1960er- und 1970er-Jahren war das anders.[490] Dieser Anstieg bei den Gehältern ist für einen großen Teil des Gesamtanstiegs bei den Spitzeneinkommen verantwortlich. In Großbritannien, der am stärksten von der Finanzbranche dominierten großen Volkswirtschaft weltweit, gingen in den Jahren 1998 bis 2007 60 Prozent des Einkommensanstiegs bei den Spitzenverdienern auf das Konto der Mitarbeiter der Finanzbranche, obwohl sie nur ein Fünftel des einen Prozents an der Spitze der Pyramide ausmachen.[491] In den USA verdoppelte sich in den Jahren 1979 bis 2005 der Anteil der Finanzprofis unter den Spitzenverdienern.[492] In Frankreich, wo die Finanzbranche immer noch überwiegend auf Banken und Versicherungen beschränkt ist, fiel die Verschiebung zugunsten der Spitzenverdiener bei der Einkommensverteilung in absoluten Zahlen deutlich geringer aus. Zwischen 1996 und 2007 stieg der Anteil am Nationaleinkommen, der auf das reichste Zehntel von einem Prozent der Bevölkerung entfiel, von 1,2 Prozent auf 2 Prozent (während der Finanzkrise sank er wieder, erholte sich bis 2014 aber weitgehend).[493] Doch auch hier geht man davon aus, dass etwa die Hälfte dieses Anstiegs auf erhöhte Einnahmen in der Finanzbranche zurückzuführen ist.[494]

Das Superstar-Narrativ passt nicht sonderlich gut in die Finanzwelt. Hochfinanz ist kein Teamsport. Die Finanzbranche wird vermutlich von individuellen Genies geprägt, bestimmten Typen, die Irrationalitäten erkennen können, wenn sie sich auf den Aktienmarkt auswirken, oder die vor allen anderen den nächsten kommenden Giganten ähnlich wie Google oder Facebook ausmachen. Aber man kann nur schwer nachvollziehen, warum deshalb ein *ganz gewöhnlicher* Manager im Finanzsektor Jahr für Jahr außergewöhnlich viel verdient. Tatsächlich schneiden aktiv verwaltete Fonds in den meisten Jahren nicht besser ab als »passiv« verwaltete Fonds, die sich einfach am Aktienindex orientieren. Ein durchschnittlicher amerikanischer Investmentfonds schneidet sogar *schlechter* ab als der Index[495] – anscheinend haben sich die Manager die vollmundige Sprache der Experten angeeignet, jedoch nicht die Expertise. Ein Großteil der Prämien, die im Finanzsektor gezahlt werden, sind »Renten«, reine Einkommen ohne Gegenleistung, das heißt, dass nicht die Fähigkeiten oder die harte Arbeit der Manager belohnt werden, sondern dass sie schlicht das Glück haben, zur richtigen Zeit den richtigen Job zu haben.[496]

Diese Einkommen verzerren ähnlich wie die hohen Gehälter im öffentlichen Dienst in armen Ländern, über die wir in Kapitel 5 sprachen, die gesamte Funktionsweise des Arbeitsmarkts. Mitten in der Finanzkrise 2008, die größtenteils durch eine Kombination aus Verantwortungslosigkeit und Inkompetenz bei den Herren der Finanzen ausgelöst wurde, ergab eine Studie, dass sich 28 Prozent der Harvard-Absolventen der letzten Jahrgänge für eine Arbeitsstelle in der Finanzbranche entschieden.[497] 1969 und 1973 lag ihr Anteil noch bei 6 Prozent.[498] Eine besorgniserregende Entwicklung, denn wenn ein Spitzenverdienst unabhängig vom Nutzen gezahlt wird, etwa an einen Fondsmanager, der hohe Gebühren fürs Nichtstun einstreicht, oder an die vielen talentierten Ingenieure und Naturwissenschaftler vom MIT, die Software programmieren, um Aktien im Hochfrequenzhandel innerhalb von Millisekunden zu kaufen und zu verkaufen, dann fehlen diese Talente den Unternehmen, die etwas gesellschaftlich Sinnvolleres tun. Ein schnellerer Aktienhandel mag gewinnbringend sein, weil er es dem Börsenmakler ermöglicht, schneller auf neue Informationen zu reagieren, aber wenn man bedenkt, dass die Reaktionszeit ohnehin nur bei Sekunden oder noch weniger liegt, scheint es unwahrscheinlich, dass dadurch eine sinnvolle Ressourcenverteilung in der Wirtschaft ermöglicht wird. Wenn ein Finanzunternehmen die klügsten der klugen Köpfe einstellt, ist das vielleicht ein effektives Instrument der Selbstvermarktung, doch wenn das Unternehmen keinen sinnvollen Beitrag zur Gesellschaft leistet, sind diese Talente für die Welt verloren. In einer vernünftigeren Welt hätten sie möglicherweise eine großartige Symphonie komponiert oder ein Heilmittel für Bauchspeicheldrüsenkrebs gefunden.

Es gibt noch ein weiteres Problem. Die Gehälter und Bonuszahlungen für die CEOs großer Unternehmen werden von einer Lohn- und Gehaltskommission des Vorstands festgelegt. Dabei orientiert man sich an den Gehältern der CEOs vergleichbarer Unternehmen. So kann es aber zur »Ansteckung« kommen; wenn etwa ein Unternehmen (zum Beispiel in der Finanzbranche) seinem CEO mehr zahlt, meinen andere Unternehmen, auch wenn sie nicht in der Finanzbranche sind, sie müssten ihrem CEO ebenfalls mehr zahlen, um die besten Leute zu halten. Ihre CEOs fühlen sich sonst unterbewertet im Vergleich zu den CEOs, mit denen sie Golf spielen. Unternehmensberater, die den CEOs helfen, eine Liste der Gehälter »vergleichbarer« Firmen zu erstellen, sind sehr geschickt darin, besonders hohe Gehälter als Beispiele auszuwählen; die Gehälter der Finanzbranche »infizieren« also die restliche Wirtschaft. Die Praxis, Gehaltsvergleiche bei Verhandlungen zu nutzen, ist nicht nur bei großen Unternehmen zu beobachten, sondern hat inzwischen auch gemeinnützige Organisationen erreicht.

Dazu kommt, dass CEOs in allen Branchen, nicht nur im Finanzsektor, sich sehr bemühen, den Vorstand mit Leuten zu besetzen, die sie kontrollieren können (oder mit Leuten, die nur an ihrem Gehalt als Vorstandsmitglied interessiert sind). Das hat zur Folge, dass CEOs oft für glückliche Umstände belohnt werden, zu denen sie gar nichts beigetragen haben; wenn die Börsenbewertung des Unternehmens steigt, selbst wenn das reiner Zufall ist (zum Beispiel weil der Rohölpreis steigt oder sich der Devisenkurs zugunsten der Firma verändert hat), bekommen sie auch mehr Geld. Die einzige Ausnahme, die in gewisser Weise die Regel bestätigt, ist die, dass die CEOs von Unternehmen mit einem großen Einzelaktionär, der im Vorstand sitzt (und gut aufpasst, weil sein eigenes Geld auf dem Spiel steht) weniger für glückliche Fügungen und stattdessen für echte Leistung bezahlt werden.[499]

Aktienoptionen trugen vermutlich zu den gigantischen CEO-Gehältern bei, denn dadurch festigte sich die Vorstellung, dass die Bezahlung der CEOs direkt mit dem Shareholder-Value verknüpft ist und mit nichts anderem. Die Verbindung zwischen Managergehalt und Aktienmarkt bedeutete außerdem, dass die Bezahlung der Manager nicht mehr länger an die Gehaltsabstufungen im Unternehmen gekoppelt war. Wenn alle nach derselben Skala bezahlt werden, müssen CEOs zur Erhöhung ihres eigenen Gehalts auch die Gehälter auf den unteren Stufen anheben. Doch bei Aktienoptionen haben sie keinen Grund, die Gehälter auf den unteren Stufen anzuheben, tatsächlich haben sie sogar allen Grund, die sonstigen Kosten zu drücken. Der Paternalismus, einst Kennzeichen großer Unternehmen, die Loyalität verlangten und sich dafür um ihre Mitarbeiter kümmerten, beschränkt sich heute auf die Elite-Mitarbeiter von Softwarefirmen, wo man zum Ausgleich für Überstunden kostenlose Mahlzeiten erhält und seine Kleider in die Reinigung geben kann.

Eine Antwort auf die Frage, warum es in Dänemark anders läuft, könnte lauten, dass die Finanzbranche in den USA und Großbritannien viel dominanter ist als im übrigen Europa[500] und daher attraktiver für die Besten unter den Universitätsabsolventen ist. Ähnlich findet man Aktienoptionen (und allgemein eine am Aktienmarkt orientierte Bezahlung) deutlich häufiger im angelsächsischen Raum, wo man ohnehin vertrauter mit Aktien ist und die meisten größeren Unternehmen an der Börse gehandelt werden.

## Spitzensteuern und kultureller Wandel

Niedrige Steuern spielen vermutlich ebenfalls eine Rolle, wie Thomas Piketty argumentiert. Wenn der Spitzensteuersatz bei 70 Prozent oder mehr liegt, sagen sich Unternehmen, dass die Zahlung schwindelerregender Gehälter Geldverschwendung ist, und sparen bei den Gehältern. Bei solch hohen Steuersätzen muss der Vorstand abwägen: Beträgt der Steuersatz 70 Prozent, landen von einem Dollar Gehalt nur 30 Cent in den Taschen des Managers, für das Unternehmen hingegen bleibt ein Dollar ein Dollar. Für den CEO ist das Gehalt weniger wert und für den Vorstand ist es günstiger, den CEO in anderer »Währung« zu entlohnen, etwa indem man ihm erlaubt, sein Traumprojekt umzusetzen. Das ist vielleicht nicht immer das, was die Aktionäre wollen (die wollen höhere Gewinne, nicht unbedingt ein Imperium – in den 1960er- und 1970er-Jahren beschäftigten sich Wirtschaftswissenschaftler vor allem mit dem Aufbau von »Imperien« durch Manager), könnte aber besser für die Mitarbeiter – und die Welt – sein. So könnte der CEO den Schwerpunkt auf das Wachstum der Firma legen, sich um das Wohlergehen der Belegschaft bemühen oder ein neues Produkt einführen, das gut für die Welt ist, aber vielleicht nicht so gut für den Shareholder-Value. Die Aktionäre tolerieren das, damit der CEO glücklich und zufrieden ist. Das mag sogar mit ein Grund sein, warum die Bezahlung der Arbeiter bei hohen Spitzensteuersätzen stieg.

Bei den hohen Spitzensteuersätzen der 1950er- und 1960er-Jahre, die wirklich nur für extrem hohe Einkommen galten, ging es also nicht so sehr darum, die »Reichen zu schröpfen«, sondern darum, sie zu eliminieren. Am Ende zahlte so gut wie niemand den Spitzensteuersatz, weil die extrem hohen Einkommen nahezu verschwanden.[501] Als die Spitzensteuersätze auf 30 Prozent gesenkt wurden, wurden auch extrem hohe Gehälter wieder attraktiv.

Anders ausgedrückt, tragen hohe Spitzensteuersätze nicht nur dazu bei, die Ungleichheit nach Steuern zu senken, sondern möglicherweise auch die *Ungleichheit vor Steuern*. Das ist wichtig, denn wie bereits erörtert, ist die höhere Ungleichheit in den USA in den letzten Jahrzehnten auch mit der Vorsteuerungleichheit zu erklären. Es gibt Hinweise darauf, dass die Senkung des Spitzensteuersatzes etwas damit zu tun haben könnte: Auf Länderebene zeigt sich ein starker Zusammenhang zwischen den Steuersenkungen für Spitzenverdiener in den Jahren 1970 bis heute und der wachsenden Ungleichheit. In Deutschland, Schweden, Spanien, Dänemark und der Schweiz, wo die Spitzensteuersätze hoch blieben, gab es keinen markanten Anstieg bei den Spitzenverdiensten. In den USA, in Irland, Kanada, Großbritannien, Norwegen und Portugal hingegen, wo die Spitzensteuersätze merklich gesenkt wurden, stiegen die Spitzenverdienste deutlich an.[502]

Allerdings gab es in den USA neben der Senkung der Steuersätze auch einen kulturellen Wandel, in dessen Verlauf ein soziales Umfeld entstand, in dem hohe Gehälter akzeptiert wurden. Denn wie konnten die Manager im Finanzsektor ihre Aktionäre und die Welt davon überzeugen, dass man ihnen für ihre Arbeit viel mehr bezahlen sollte, wenn wir recht haben und sie größtenteils nicht für ihre Leistung, sondern nur für ihre Anwesenheit bezahlt werden?

Aus unserer Sicht konnte mit dem Narrativ der Reagan-Thatcher-Revolution, man müsse Anreize schaffen, ein bedeutender Teil der Nichtreichen (und natürlich ein Großteil der Reichen, falls diese je Zweifel hatten) von der Berechtigung astronomischer Gehälter überzeugt werden. Die niedrigen Steuersätze waren ein Symptom, der ideologische Wandel war viel tief greifender. Die Reichen konnten sich ungehindert mehr Geld zahlen, als sie je ausgeben würden, denn sie hatten es ja »verdient«. Viele Wirtschaftswissenschaftler mit ihrer bedingungslosen Begeisterung für Anreize waren an der Verbreitung und Legitimierung dieses Narrativs beteiligt. Wie bereits festgestellt, befürworten viele Wirtschaftswissenschaftler auch heute noch eine hohe Bezahlung der CEOs, auch wenn sie nicht durchgängig gegen eine höhere Besteuerung sind. Und das Narrativ zeigt Wirkung: Obwohl viele in den USA und in Großbritannien sehr unzufrieden mit ihrer eigenen wirtschaftlichen Situation sind, geben sie lieber der Einwanderung und der Liberalisierung des Handels die Schuld, anstatt anzuerkennen, dass die Superreichen immer mehr Ressourcen an sich binden.

War die Grundannahme korrekt, dass hohe Nettogehälter notwendig sind, um die produktivsten Arbeitskräfte zu Höchstleistungen anzuspornen, wodurch Wohlstand für alle anderen geschaffen wird? Was wissen wir eigentlich über die Auswirkungen von Steuern auf die Motivation und Leistung der Reichen?

## Eine Geschichte aus zwei Kontinenten

In Europa sind die gesellschaftlichen Verhältnisse stärker ausgeglichen als in den USA, die Ungleichheit beim Einkommen vor Steuern ist niedriger, die Steuerbelastung höher und die Steuerprogression ist deutlicher ausgeprägt. Doch es gibt eine interessante Ausnahme: der Verdienst von Spitzensportlern. Im Major League Baseball gibt es eine Luxussteuer, mit der Mannschaften bestraft werden, wenn die Gesamtsumme der Gehälter eine bestimmte Grenze überschreitet. Ein Team, das in einem Zeitraum von fünf Jahren zum ersten Mal gegen die Obergrenze verstößt, zahlt eine Strafe von 22,5 Prozent des Betrags, mit dem es über der Grenze liegt, die Höchststrafe bei wiederholten Verstößen liegt bei 50 Prozent. Auch die meisten anderen Spitzenverbände der beliebtesten Mannschaftssportarten in den USA (NFL, NBA, Major League Soccer und so weiter) haben Gehaltsobergrenzen. Der Höchstbetrag, der 2018 einem Team in der NBA gezahlt werden konnte, betrug 177 Millionen Dollar. Das ist natürlich keine Kleinigkeit, allerdings verdiente der argentinische Fußballstar Lionel Messi im gleichen Jahr bei seinem Club, dem FC Barcelona, 84 Millionen Dollar (75 Millionen Euro), also weitaus mehr als das, was in den USA möglich wäre.

Gehaltsobergrenzen für Profisportler sind sicher nicht das Produkt einer besonders idealistischen Sportbegeisterung in den USA. Das Hauptargument für die Deckelung ist eindeutig die Kostenkontrolle. Ein Kartell von Mannschaftseigentümern hat sich abgesprochen, damit nur ein bestimmter Teil der Einnahmen an die Spieler fließt und der größere Teil an sie. Doch die Regelung hat außerdem den Vorteil, und das ist auch die offizielle Begründung für die Deckelung, dass sie für einen gewissen Ausgleich zwischen den Mannschaften sorgt und die Saison dadurch deutlich interessanter wird. Unbegrenzte Geldmengen würden ungleiche Verhältnisse schaffen, was zur Folge hätte, dass in einer Liga nur wenige Mannschaften die Chance hätten, am Ende an der Spitze zu stehen. In Europa, wo es im Erstliga-Fußball keine Gehaltsobergrenzen gibt, geben einige Clubs (in England etwa Manchester City, Manchester United, Liverpool, Arsenal und Chelsea) weit mehr aus als die anderen und dominieren deshalb die Tabelle. Das geht so weit, dass die Wettquoten, dass der Außenseiter Leicester 2016 die Meisterschaft gewinnen würde, bei 5000 zu 1 lagen, also geringer als die Wahrscheinlichkeit, Elvis lebend zu sehen. Die Buchmacher verloren insgesamt 25 Millionen Pfund, als der Club zur Überraschung aller doch Meister wurde.

In den USA ist der Widerstand gegen die Gehaltsdeckelung im Profimannschaftsport groß. In einem *Forbes*-Artikel wurde sie als »unamerikanisch« bezeichnet und erklärt: »Wie in einem kapitalistischen System üblich, sollte die Bezahlung der Mitarbeiter (und das sind Profisportler) auf Leistung basieren und nicht durch das System behindert werden.«[503] Die Spieler hassen die Regelung natürlich und halten sie für zutiefst ungerecht. Sie haben auch schon mehrfach gestreikt, um sich dagegen zu wehren. Interessanterweise wird nie argumentiert, dass die Spieler sich mehr anstrengen würden, wenn sie ein bisschen (oder sehr viel) mehr verdienen würden. Alle sind sich einig, dass jeder ohnehin sein Bestes geben will und dass das genügt.

## Gewinnen ist nicht alles[504]

Was für Profisportler gilt, trifft anscheinend auch auf Reiche im Allgemeinen zu.

Die Frage der Besteuerung der Reichen war Ende 2018 ein zentrales Thema der politischen Debatte in den USA. Nachdem die Kandidatin der Demokraten Alexandria Ocasio-Cortez vorgeschlagen hatte, den Spitzensteuersatz auf über 70 Prozent zu heben und sich Elizabeth Warren (eine weitere Kandidatin der Partei) für die Einführung einer progressiven Vermögenssteuer ausgesprochen hatte, entwickelte sich die Steuerpolitik zu einem der wichtigsten Themen im Vorfeld der Präsidentschaftswahlen 2020.

Angesichts der seit Langem bestehenden Bedeutung der Einkommensbesteuerung in der Politik ist es nicht überraschend, dass es viele Untersuchungen zu der Frage gibt, ob Erwerbstätige bei einer Erhöhung ihrer Einkommenssteuer aufhören würden zu arbeiten. Eine Bestandsaufnahme der vorhandenen Literatur durch Emmanuel Saez und seinen Kollegen kommt zu dem Schluss, dass Spitzensteuersätze keinen Einfluss auf die eigentliche Arbeit nehmen, es in diesem Zusammenhang aber durchaus Bemühungen zur Vermeidung von Steuerzahlungen gibt.[505] So zog etwa die Steuersenkung 1986 unter Reagan einen hohen einmaligen Anstieg bei den zu versteuernden Einkommen nach sich, der jedoch rasch wieder verschwand. Das deutet darauf hin, dass der Anstieg des zu versteuernden Einkommens hauptsächlich darauf zurückzuführen war, dass die Bürger ihre bislang versteckten Einkommen (aufgrund der günstigeren Besteuerung) meldeten, und weniger darauf, dass die Einkommen (und damit die Arbeitsleistung) gestiegen waren. In Ländern, in denen es weniger Steuerschlupflöcher gibt, weil Steuern für alle Einnahmen gelten (also Kapitalerträge genauso versteuert werden müssen wie Arbeitseinkommen und Einkommen aus »Maklertätigkeiten«), wird das versteuerbare Einkommen (und damit die zugrunde liegende echte Leistung) nicht durch die Besteuerung beeinflusst.

Das erscheint einleuchtend. Für Spitzensportler gilt, wie der legendäre Football-Trainer Vince Lombardi gesagt haben soll: »Gewinnen ist nicht alles, es ist das Einzige.« Sie leisten nicht weniger, nur weil der Spitzensteuersatz angehoben wurde. Das gilt vermutlich auch für Top-Manager und aufstrebende CEOs.

Und was ist mit dem Ansatz, dass die besten Unternehmen die besten Manager wollen und bereit sind, dafür Spitzengehälter zu zahlen? Könnten sie das auch bei einer höheren Besteuerung? Die Antwort lautet Ja. Das Argument, dass der beste CEO zu dem Unternehmen geht, bei dem er am meisten verdient, greift auch, wenn der Staat 70 Prozent des Geldes einstreicht. Die am besten bezahlte Position bleibt die am besten bezahlte, solange für alle Unternehmen der gleiche Steuersatz gilt.

Allerdings könnte ein hoher Spitzensteuersatz die Anziehungskraft der lukrativsten, aber nicht zwangsläufig auch gesellschaftlich nützlichsten Berufe wie etwa im Finanzsektor mindern. Ohne die Verlockung eines enormen Nettogehalts würden aufstrebende Topmanager vielleicht lieber für ein Unternehmen arbeiten, wo sie besonders produktiv sein könnten, und nicht dort, wo das höchste Gehalt winkt. Die Finanzkrise von 2008 hatte immerhin etwas Gutes: Sie reduzierte die Attraktivität der Finanzbranche für die klügsten Köpfe. Eine Untersuchung zur Berufswahl von MIT-Absolventen zeigte, dass die Wahrscheinlichkeit, sich für eine Laufbahn in der Finanzbranche zu entscheiden, bei den Absolventen des Jahres 2009 um 45 Prozent niedriger war als bei den Absolventen der Jahre 2006 und 2008.[506]

Das könnte zu einer besseren Verteilung hochqualifizierter Arbeitskräfte führen. Und da sich alle anderen Branchen am Gehaltsniveau des Finanzsektors orientieren, könnte sich auch die Einkommensungleichheit weiter verringern.

Insgesamt betrachtet haben wir daher den Eindruck, dass ein hoher Spitzensteuersatz, der aber wirklich nur für Spitzeneinkommen gilt, ein vernünftiges Instrument zur Eingrenzung der Einkommensungleichheit sein könnte. Er wäre nicht zu räuberisch, weil nur wenige Steuerzahler am Ende davon betroffen wären; Spitzenmanager würden einfach nicht mehr die astronomischen Gehälter von einst bekommen. Und so wie wir das sehen, hält man damit auch niemanden davon ab, Leistung zu erbringen. Und falls sich eine solche Regelung auf die Berufswahl auswirkt, dann wäre das eine Entwicklung in eine positive Richtung. Wir wollen damit nicht die Bedeutung struktureller Veränderungen in der Wirtschaft leugnen, schließlich haben es diese Strukturen Menschen mit geringerer Qualifikation immer mehr erschwert, Erfolg zu haben, wodurch die Ungleichheit sogar innerhalb der verbleibenden 99 Prozent der Einkommenspyramide verstärkt wurde.[507] Um diese Problematik anzugehen, benötigt es weitere, einander ergänzende Ansätze. Doch wir können genauso gut mit der Beseitigung der Ultra-Superreichen beginnen (falls Sie jetzt Mitleid bekommen: Das bedeutet nur, dass sie danach nur noch superreich sind).

## Die Panama Papers

Allerdings werden die Reichen auf eine Steuererhöhung reagieren und versuchen, die Steuer zu umgehen.

Eine fehlende Deckelung bei den Gehältern im europäischen Spitzenfußball und die daraus resultierenden astronomischen Gehälter führen auch dazu, dass die Spieler zur Steuerhinterziehung ermutigt werden. 2016 wurde Lionel Messi (der 2017 über 100 Millionen Euro verdiente) wegen Steuerhinterziehung von insgesamt 4,1 Millionen Euro in drei Fällen angeklagt und zu einer Haftstrafe auf Bewährung verurteilt. Cristiano Ronaldo einigte sich im Juli 2018 mit der spanischen Staatsanwaltschaft und erklärte sich bereit, 19 Millionen Euro Steuern nachzuzahlen und eine Haftstrafe auf Bewährung zu akzeptieren. Ihm wurde Steuerhinterziehung in vier Fällen vorgeworfen, bei denen er Werbeeinnahmen aus den Jahren 2011 bis 2014 mithilfe eines Firmengeflechts außerhalb Spaniens versteckt und so den spanischen Staat um 14,7 Millionen Euro betrogen haben soll. Doch auch diejenigen, die nicht betrügen, bemühen sich, so wenig Steuern wie möglich zu zahlen. Bei einem Vergleich europäischer Länder, die ihre Steuern zu verschiedenen Zeitpunkten anhoben oder senkten, kam eine Studie zu dem Schluss, dass die Zahl ausländischer Spieler um 10 Prozent sinkt, wenn der Steuersatz in einem Land um 10 Prozent erhöht wird.[508] 2018 wechselte Ronaldo von Spanien nach Italien, weil er dort weniger Steuern zahlen musste.

Die sogenannten Panama Papers, die offenlegten, wie die panamaische Kanzlei Mossack Fonseca im Auftrag der globalen Plutokratie Hunderttausende Briefkastenfirmen zur Steuervermeidung einrichtete, zeigen, wie umfassend und gut organisiert die Steuervermeidung mittlerweile vonstattengeht. In den Unterlagen fanden sich auch die Namen ehemaliger Premierminister von Island, Pakistan und Großbritannien. In Skandinavien, das berühmt für die Steuerehrlichkeit seiner Bürger ist, werden im Schnitt nur 3 Prozent Personensteuern hinterzogen, doch die Superreichen sind deutlich krimineller. Eine Studie schätzt, dass die oberen 0,01 Prozent an der Spitze der Einkommenspyramide von Norwegen, Schweden und Dänemark 25 bis 30 Prozent der von ihnen zu entrichtenden Steuern am Fiskus vorbeischleusen.[509]

Wenn die Steuern stark steigen, nimmt auch die Steuervermeidung zu. Die Frage ist nur: um wie viel? Kurzfristig fällt die Reaktion sicher erheblich aus. Wir haben das bereits im Zusammenhang mit den Steuersenkungen unter Reagan erwähnt, als deutlich mehr Einkommen versteuert wurde. Wenn die Steuern steigen, erwarten wir das Gegenteil: einen deutlichen Rückgang beim zu versteuernden Einkommen, weil diejenigen, die ihr Einkommen verschleiern können, das sofort tun. Danach müsste der Effekt geringer ausfallen.

Mit aus diesem Grund setzen sich eine kleine Schar von amerikanischen Politikern und einige Wirtschaftswissenschaftler[510] für eine global angewandte progressive Vermögenssteuer ein (2019 schlug Elizabeth Warren eine zweiprozentige Vermögenssteuer für Amerikaner mit einem Vermögen von mehr als 50 Millionen Dollar vor und eine dreiprozentige Vermögenssteuer für diejenigen, die über eine Milliarde Dollar besitzen). Die Idee ist nicht neu. Schließlich zahlen die meisten Amerikaner, die ein Haus oder eine Wohnung besitzen, bereits eine Steuer auf den Wert dieser Immobilie: die Grundsteuer, die sie an ihre Kommune abführen. Aber diese Steuer ist regressiv. Nehmen wir an, Sie besitzen ein Haus im Wert von 300 000 Dollar und zahlen 1 Prozent Grundsteuer (3000 Dollar). Dann zahlen Sie effektiv 10 Prozent Ihres Nettovermögens, wenn Sie eine Hypothek von 270 000 Dollar haben (weil Ihr Nettovermögen dann 30 000 Dollar beträgt), aber 0,1 Prozent Ihres Nettovermögens, wenn Sie Kapitalanlagen in Höhe von 2,7 Millionen Dollar und keine Hypothek haben (weil Ihr Nettovermögen dann 3 Millionen Dollar beträgt).

Die Vermögenssteuer wäre hingegen progressiv und würde für alle Vermögensformen gelten, nicht nur für Immobilien. Die Vorteile einer Steuer auf sehr große Vermögen bestehen in Hinblick auf die Bekämpfung der Ungleichheit darin, dass sehr reiche Menschen den Großteil ihres Einkommens, das sie aus ihrem Vermögen beziehen, nicht ausgeben. Stattdessen nutzen sie nur den Bruchteil des Einkommens in Form einer Dividende, den Rest stecken sie wieder in ihre private Familienstiftung oder welche Finanzkonstruktion auch immer ihnen diese Vermögensanhäufung erlaubt. Nach den aktuellen Steuergesetzen der meisten Länder müssen sie keine Steuern auf die Summe zahlen, die wieder in die Stiftung fließt.[511] Deshalb zahlt auch Warren Buffett, wie er gern betont, kaum Einkommenssteuern.[512] Eine Einkommenssteuer mit Umverteilungswirkung ist schwierig umzusetzen, wenn die meisten Spitzeneinkommen praktisch (und ganz legal) vor einer Besteuerung geschützt sind. Darüber hinaus summiert sich der Steuervorteil. Das neue Vermögen schafft neue Kapitalerträge, die aus den gleichen Gründen größtenteils wieder nicht versteuert werden, wodurch die Reichen immer reicher werden. Eine Vermögenssteuer auf sehr große Vermögen löst das Problem. Die Wirtschaftspresse und Politiker stellen diese Steuer oft als Möglichkeit für die Reichen dar, »etwas zurückzugeben« (wenn ihnen das ein besseres Gefühl gibt, ist das in Ordnung), aber eigentlich sollte man sie sich als eine praktische und verwaltungstechnisch (relativ) einfache Methode vorstellen, die gewährleistet, dass Reiche Steuern auf ihr gesamtes Einkommen zahlen, unabhängig davon, was sie damit tun wollen: Wer ein Vermögen von 50 Millionen Dollar besitzt, erzielt in einem durchschnittlichen Jahr mindestens 2,5 Millionen Dollar an Kapitalerträgen. Eine Steuer von 2 Prozent auf Vermögen (1 Million Dollar) läuft auf eine Steuer von 40 Prozent auf dieses Einkommen hinaus, was nicht gerade unverschämt hoch wäre.

Im Gegensatz zur Nachlasssteuer, die als »Todessteuer« ein schlechtes Image hat, ist die Idee einer Vermögenssteuer sehr populär. 2018 befürworteten bei einer Umfrage der *New York Times* 61 Prozent der Befragten eine solche Steuer, darunter 50 Prozent Republikaner.[513] Sie wäre vielleicht sogar politisch durchsetzbar. Doch in den letzten Jahrzehnten schafften viele Länder ihre Vermögenssteuer ab, wenn sie eine hatten, nur wenige haben sie eingeführt (Kolumbien ist eine Ausnahme). In Frankreich war die Abschaffung der Vermögenssteuer eine der ersten Maßnahmen der liberalen Regierung Macron nach der Wahl 2017. Wie bereits festgestellt, war das ein sehr riskanter politischer Schachzug; die Abschaffung der Vermögenssteuer und der gleichzeitige Versuch, einen Steueraufschlag auf Benzin und Diesel einzuführen, schufen die Grundlagen der Gelbwestenbewegung. Um die Proteste einzudämmen, machte Macron verschiedene Zugeständnisse, die Vermögenssteuer führte er jedoch nicht wieder ein.

Es gibt zwei Gründe, warum Vermögenssteuern politisch so schwierig sind. Der eine ist eine sehr wirksame Lobbyarbeit. In den USA finanzieren Einzelpersonen mit großem Vermögen die Kampagnen von Politikern auf der rechten und linken Seite des Spektrums, und von ihnen sind nur wenige von einer Vermögenssteuer überzeugt, selbst wenn sie sonst eher sozialliberale Positionen vertreten. Der zweite Grund ist die Steuervermeidung, die vor allem in den kleineren Ländern Europas relativ einfach ist, weil man dort problemlos umziehen oder sein Geld im Ausland parken kann. Dadurch entsteht schnell ein Wettbewerb, welches Land die niedrigsten Steuern hat.

Wir sollten jedoch nicht aus den Augen verlieren, dass all das auch deshalb möglich ist, weil die Welt Steuervermeidung toleriert: Die meisten Steuergesetze haben jede Menge Schlupflöcher, außerdem sind die Strafen für diejenigen, die ihr Geld im Ausland parken, meist ineffektiv. Länder mit einfachen Steuergesetzen und wenigen Schlupflöchern verlieren bei einer Steuererhöhung weniger Geld durch Steuervermeidung als die USA.[514] Gabriel Zucman hat überzeugend dargelegt, dass es viele Maßnahmen gibt, die direkt dazu beitragen können, Steuerhinterziehung und -vermeidung einzuschränken. Ein Vorschlag ist die Schaffung eines globalen Finanzregisters, das Vermögen erfasst, egal wo es sich befindet (dadurch könnte man Vermögen unabhängig vom Standort besteuern). Mit einer Reform der Unternehmenssteuer könnte man die globalen Gewinne multinationaler Konzerne dort besteuern, wo sie ihre Umsätze machen. Oder man könnte Banken und Finanzberater, die eine Steuervermeidung mithilfe von Steueroasen ermöglichen, stärker regulieren.[515]

Es reicht natürlich nicht, diese Schritte nur zu nennen. Man benötigt auch den politischen Willen zu ihrer Umsetzung. Die drei Schritte, die Zucman empfiehlt, sind kompliziert, weil sie eine internationale Zusammenarbeit erfordern, und die derzeitigen Staatschefs (es sind fast immer Männer) machen nicht den Eindruck, als ob sie sich zusammenschließen und derartige Reformen durchziehen könnten. Doch ohne Reform sind die Länder womöglich versucht, sich bei der Besteuerung gegenseitig zu unterbieten, um qualifizierte Arbeitskräfte und Kapital anzulocken. Steuervergünstigungen für hochqualifizierte ausländische Fachkräfte wurden bereits in Belgien, Dänemark, Finnland, den Niederlanden, Portugal, Spanien, Schweden und in der Schweiz eingeführt. So zahlen etwa in Dänemark gut verdienende Ausländer nur eine pauschale Flat Tax (Einheitssteuer) von 30 Prozent für drei Jahre (verglichen mit dem Höchststeuersatz von 62 Prozent für Dänen). Diese Regelung war sehr effektiv, um Ausländer mit hohem Einkommen nach Dänemark zu locken. Für Dänemark mag das gut sein, für andere Länder ist es schlecht. Sie stehen nun vor der Entscheidung, ihre Spitzenverdiener ebenfalls niedriger zu besteuern oder sie mit zu hohen Steuern zu verscheuchen.[516] Diese Spannung zwischen dem Wohl eines Landes und dem globalen Wohl bei der Gestaltung der Steuerpolitik spielt in der Debatte über einen Steuerwettbewerb eine große Rolle.

Doch diese politischen Probleme bedeuten nicht, dass Reformen wirtschaftlich nicht möglich wären. Unser Buch will zeigen, dass es in den Wirtschaftswissenschaften keine unumstößlichen Gesetze gibt, die uns daran hindern, eine humanere Welt aufzubauen. Allerdings gibt es viele Menschen, die mit ihrem blinden Glauben, Eigennutz oder schlicht ihrem fehlendem Verständnis der Wirtschaftswissenschaften genau das behaupten.

## Vereinte Bürger?

Vom Standpunkt der Wirtschaftlichkeit betrachtet spricht nichts gegen eine stark progressive Besteuerung mit extrem hohen Spitzensteuersätzen. Wenn Dänemark hohe Steuersätze auf hohe Einkommen haben kann, ohne dass es zu einer Kapitalflucht in ein Nachbarland mit niedrigeren Steuersätzen kommt und alle reichen Einwohner ihren Wohnsitz nach Irland (oder Panama) verlagern, dann gibt es für eine so große und global deutlich weniger integrierte Volkswirtschaft wie die USA aus ökonomischer Sicht keinen Grund, das nicht auch zu tun.

Die Schwierigkeit, Höchststeuersätze zu erheben, ist politischer Natur. Tatsächlich scheinen wir uns gerade in einem Teufelskreis der Konzentration politischer und wirtschaftlicher Macht zu befinden. Da die Reichen immer reicher werden, verfügen sie über die nötigen Ressourcen und haben natürlich auch ein größeres Interesse daran, dass die Gesellschaft so bleibt, wie sie ist. Dazu gehört, dass sie die Kampagnen der Abgeordneten unterstützen, die sich für eine Senkung der Steuersätze an der Spitze einsetzen. Die Entscheidung des amerikanischen Obersten Gerichts im Fall *Citizens United versus Federal Election Commission*, die besagte, dass gesetzliche Finanzierungsbeschränkungen für Firmen und Nichtregierungsorganisationen, die Wahlkämpfe unterstützen, nicht verfassungskonform sind, hat die unbegrenzte Macht des Geldes bei der Beeinflussung von Wahlen offiziell legitimiert.

Doch es scheint unwahrscheinlich, dass dieser Zustand weiterhin bestehen kann, ohne eine massive Gegenreaktion hervorzurufen. Eine hohe Besteuerung von Spitzenverdiensten ist durchaus populär. Umfragen zeigen, dass 51 Prozent der amerikanischen Wähler einen Steuersatz von 70 Prozent auf Einkommen befürworten, die über 10 Millionen Dollar liegen.[517] Bei unserer eigenen Umfrage waren über zwei Drittel der Befragten, die ansonsten nicht sonderlich sozialliberal dachten, der Ansicht, dass Unternehmer, die jährlich über 430 600 Dollar verdienten (womit sie zum oberen 1 Prozent der Einkommenspyramide zählen), zu wenig Steuern zahlen.[518]

In gewisser Weise verkörpern die derzeitigen populistischen Bewegungen bereits den Beginn dieser Gegenreaktion. Ihnen zugrunde liegt ein tiefes Gefühl der Machtlosigkeit, der Eindruck, ob er nun zutreffen mag oder nicht, dass die Eliten alles bestimmen und dass das, was sie entscheiden, für den normalen Bürger nichts verbessert. Donald Trump wurde in den USA gewählt, weil er trotz seines Reichtums und seiner Verbindungen zur Elite versprochen hatte, die übliche Vorgehensweise nach dem Motto »Business as usual« auf den Kopf zu stellen. Die Republikaner stellten sich jedoch hinter ihn, weil sie überzeugt waren, dass er genauso für die Reichen eintreten würde wie sie alle. Und tatsächlich sorgte er für eine Steuersenkung. Allerdings ist nicht klar, wie lange diese Lockvogeltaktik noch funktioniert, bevor uns alles um die Ohren fliegt. Die Reichen sehen vielleicht irgendwann ein, dass es in ihrem eigenen Interesse ist, sich für eine radikale Wende einzusetzen, damit der Wohlstand wirklich allen zugutekommt. Ansonsten könnten sie auf unangenehme Art dazu gezwungen werden. Denn die zunehmende Ungleichheit schürt die wachsende soziale Angst und Unzufriedenheit in der Bevölkerung.

## Mit den anderen mithalten

Soziologen vermuten schon lange, dass unser Selbstwertgefühl mit unserer Position innerhalb einer Gruppe verbunden ist, zu der wir uns zugehörig fühlen – unserer Nachbarschaft, unseren Kollegen, unserem Land. Wenn das zutrifft, wirkt sich Ungleichheit direkt auf das Wohlbefinden aus. Uns erscheint diese These sehr plausibel, doch es ist überraschend schwierig, sie zweifelsfrei nachzuweisen. So gibt es etwa Belege, dass Menschen jeder Einkommensstufe weniger zufrieden sind, wenn das Durchschnittseinkommen in ihrem Umfeld höher ist als ihr eigenes.[519] Das könnte aber auch daran liegen, dass sie in einem teuren Viertel leben, in dem alles, von den Mieten bis zu einer Tasse Kaffee, mehr kostet. Mit anderen Worten, die Fakten lassen sich auch ohne Bezug auf die Ungleichheit erklären.

Eine kürzlich in Norwegen durchgeführte Studie zeigt, dass sich ein verstärktes *Bewusstsein* der eigenen Position bei der Einkommensverteilung auf den Grad der eigenen Zufriedenheit auswirkt.[520] In Norwegen sind Steuererklärungen seit vielen Jahren öffentlich einsehbar, doch die Unterlagen wurden in Papierform aufbewahrt und waren daher schwer zugänglich. Das änderte sich 2001, als sie online gestellt wurden und jeder die Möglichkeit hatte, mit ein paar Mausklicks seine Nachbarn oder Freunde auszuspionieren. Das war sehr beliebt, man sprach sogar von »Steuerpornos«. Alle schienen genau zu wissen, wo sie standen. Direkt nach der Veröffentlichung der Daten im Internet wurde festgestellt, dass sich die Armen unzufriedener und die Reichen glücklicher fühlten. Das Wissen um den eigenen Stellenwert scheint sich also auf das Wohlbefinden auszuwirken.

In gewisser Weise sind wir alle Teil dieses norwegischen Experiments. Im Internet und in den Medien werden wir täglich mit Bildern aus dem Leben anderer bombardiert. Wer es im Leben weniger gut getroffen hat, kann sich nur schwer dem Eindruck entziehen, dass es für alle anderen steil aufwärtsgeht. Die Kehrseite dieser Entwicklung ist der Impuls, der Welt zu zeigen, dass wir mit den anderen mithalten, sie womöglich sogar noch übertreffen können. Diese Logik greift auch bei Statussymbolen. Bei einem Experiment bot eine indonesische Bank ihren besser verdienenden Kunden (größtenteils urbane und obere Mittelschicht) eine neue Platin-Kreditkarte an.[521] In der Kontrollgruppe erhielten die Kunden das Angebot, ihre bestehende Kreditkarte aufzuwerten, mit allen Zusatzangeboten der Platinkarte, aber ohne deren Aufmachung. Die Kunden wussten, dass die Karten genau die gleichen Vorteile boten, aber das hielt sie nicht davon ab, die Platinkarte zu bevorzugen; 21 Prozent der Kunden, denen die Platinkarte angeboten wurde, entschieden sich dafür, während es bei der Kontrollgruppe mit der alten Kreditkarte nur 14 Prozent waren.

Interessanterweise ist der Drang zur Prahlerei weniger stark ausgeprägt, wenn man sich gut fühlt und mit sich zufrieden ist. Bei der Durchführung des Experiments stellte man fest, dass der Wunsch nach einer Platinkarte zurückging, wenn die Teilnehmer einen kleinen Aufsatz über eine Situation verfassen mussten, in der sie stolz auf sich selbst waren. Umgekehrt entsteht ein Teufelskreis, weil Menschen, die sich wirtschaftlich benachteiligt fühlen, besonders darauf bedacht sind, ihren Wert mit sinnlosen Anschaffungen zu demonstrieren, die sie sich kaum leisten können. Und natürlich ist die Wirtschaft bereit, entsprechende Waren und Dienstleistungen gegen eine ordentliche Gebühr anzubieten.

## Der amerikanische Albtraum

Amerikaner haben noch ein ganz eigenes Problem. Da ihnen schon zum Frühstück tagtäglich der »amerikanische Traum« eingebläut wird, glauben die meisten Amerikaner trotz allem, dass ihre Gesellschaft bei aller Ungleichheit Leistung und Fleiß belohnt. In einer aktuellen Studie wurden die Teilnehmer in den USA und in mehreren europäischen Ländern nach ihren Ansichten zu sozialer Mobilität befragt.[522] Ihnen wurde die Frage gestellt: »Wenn man 500 Familien betrachtet, die in fünf Hundertergruppen unterteilt sind, wie viele Kinder aus den Familien der ärmsten Gruppe bleiben in dieser Gruppe, wie viele steigen in die nächste Gruppe auf, wie viele in die übernächste Gruppe und wie viele schaffen es bis in die oberste Gruppe?« Bei den Antworten zeigte sich, dass Amerikaner optimistischer sind als die meisten Europäer. Sie glauben zum Beispiel, dass es von 100 armen Kindern

12 in die reichste Gruppe schaffen und nur 32 in der ärmsten Gruppe bleiben. Die Franzosen hingegen glauben, dass von 100 armen Kindern 9 bis an die Spitze kommen und 35 in der ärmsten Gruppe bleiben.

Die positive Sicht der Amerikaner spiegelt jedoch nicht die Realität in den USA wider. Mit der allgemeinen Stagnation der gesellschaftlichen Mobilität in den unteren Bevölkerungsschichten ist auch die generationsübergreifende gesellschaftliche Mobilität in den USA zurückgegangen. Heute ist sie in den USA deutlich *niedriger* als in Europa. Bei allen OECD-Mitgliedsstaaten hat ein Kind aus dem untersten Fünftel die geringsten Chancen; die Wahrscheinlichkeit, dass es dort verbleibt, beträgt in den USA 33,1 Prozent, in Schweden, dem Land mit den besten Aufstiegschancen, sind es hingegen 26,7 Prozent. Für Kontinentaleuropa liegt der Durchschnitt bei unter 30 Prozent. Die Wahrscheinlichkeit, es in die oberste Gruppe zu schaffen, beträgt in den USA 7,8 Prozent, in Europa im Schnitt dagegen fast 11 Prozent.[523]

Gerade in den Orten und Regionen der USA, wo die Bürger am stärksten an der veralteten Vorstellung von der gesellschaftlichen Mobilität, also dem amerikanischen Traum, festhalten, ist die Wahrscheinlichkeit dafür am geringsten. Amerikaner glauben im Allgemeinen auch, dass Leistung belohnt wird (begleitet von der Vorstellung, dass die Armen zum Teil selbst schuld an ihrer Situation sind). Vermutlich sind aus diesem Grund gerade diejenigen, die an eine hohe gesellschaftliche Mobilität glauben, meist misstrauisch gegenüber staatlichen Bemühungen, die Situation der Armen zu verbessern.[524]

Wenn übertrieben optimistische Ansichten über Aufstiegschancen im Widerspruch zur Realität stehen, verschließt man vor der unangenehmen Wahrheit gern die Augen. Die Mehrheit der Amerikaner, deren Löhne und Einkommen stagnieren und die mit einer stetig wachsenden Kluft zwischen ihren eigenen finanziellen Nöten und dem Wohlstand der anderen konfrontiert sind, steht vor der

Entscheidung, die Schuld bei sich selbst zu suchen, weil sie die Chancen, die ihnen die Gesellschaft ihrer Ansicht nach bietet, nicht genutzt haben, oder jemand anderem die Schuld zu geben, weil er ihnen die Arbeit weggenommen hat. Die Folge davon sind Wut und Verzweiflung.

Die wachsende Verzweiflung in den USA hat tödliche Folgen. Die Zahl der Sterbefälle bei geringqualifizierten Weißen mittleren Alters ist in einem beispiellosen Maß gestiegen, ihre Lebenserwartung gesunken. In den Jahren 2015, 2016 und 2017 sank die durchschnittliche Lebenserwartung in den USA. Dieser Trend beschränkt sich aber auf Weiße und betrifft vor allem weiße Amerikaner ohne Collegeabschluss: Bei allen anderen ethnischen Gruppen in den USA geht die Sterblichkeit zurück. Auch in anderen englischsprachigen Ländern mit einem ähnlichen Gesellschaftsmodell wie die USA, also Großbritannien, Australien, Irland und Kanada, ist diese Entwicklung zu beobachten, allerdings deutlich verlangsamt. In allen anderen reichen Industrieländern sinkt hingegen die Sterblichkeit, bei den weniger Gebildeten (die ursprünglich eine höhere Mortalität aufwiesen) sogar schneller als bei den Gebildeten. Anders ausgedrückt, während sich in der übrigen Welt die Sterberaten der Bildungsfernen und Gebildeten annähern, vollzieht sich in den USA ein umgekehrter Trend. Anne Case und Angus Deaton haben gezeigt, dass die höhere Sterblichkeit auf eine stetige Zunahme der »Todesfälle aus Verzweiflung« (also etwa aufgrund von Alkohol- und Drogenabhängigkeit, Selbstmord, alkoholbedingter Lebererkrankungen und Leberzirrhose) bei weißen Männern und Frauen mittleren Alters zurückzuführen ist, zusammen mit einem verlangsamten Fortschritt im Kampf gegen andere Todesursachen (einschließlich Herzerkrankungen). Die Beurteilung der eigenen körperlichen und seelischen Verfassung folgt einem ähnlichen Muster. Seit den 1990er-Jahren bezeichnen immer mehr amerikanische Weiße mittleren Alters mit geringer Bildung ihren Gesundheitszustand als schlecht. Auch die Wahrscheinlichkeit, dass sie über verschiedene

Schmerzen und Gebrechen klagen, steigt. Ebenso werden vermehrt Symptome einer Depression genannt.[525]

Das ist vermutlich nicht unbedingt auf ein niedriges (oder ungleiches) Einkommen zurückzuführen. Schließlich erging es Schwarzen in diesem Zeitraum wirtschaftlich nicht besser, dennoch sind sie von diesem Trend nicht betroffen. In Westeuropa gab es keine Zunahme bei den Sterbefällen, obwohl auch dort die Einkommen nach der Finanz- und Wirtschaftskrise ab 2008 stagnierten. Andererseits stieg die Mortalität in Russland nach dem Zerfall der Sowjetunion 1991 explosionsartig an. Wie in den USA war ein Großteil des Anstiegs auf Gefäßkrankheiten und gewalttätige Todesfälle (hauptsächlich Selbstmord, Mord, unbeabsichtigte Vergiftungen und Verkehrsunfälle) bei Erwachsenen jüngeren und mittleren Alters zurückzuführen.[526]

Case und Deaton weisen darauf hin, dass die Zunahme der Mortalität in den USA zwar in den 1990er-Jahren begann, sie jedoch Teil einer Entwicklung ist, die schon lange vorher eingesetzt hatte. Nach den Jahrgängen, die Ende der 1970er-Jahre in den Arbeitsmarkt eintraten, erging es jedem nachfolgenden Jahrgang schlechter als dem vorigen, und zwar in mehrerlei Hinsicht.[527] In jedem Alter hatten die Jahrgänge der gering gebildeten weißen Amerikaner zunehmend Probleme mit dem Knüpfen sozialer Kontakte und neigten häufiger zu Übergewicht, psychischen Problemen, Depressionen und chronischen Schmerzen. Die Wahrscheinlichkeit des Auftretens dieser Probleme erhöhte sich bei jedem folgenden Jahrgang. Auch die Wahrscheinlichkeit von Selbstmord und Tod durch Drogenmissbrauch wuchs. In ihrer geballten Form führten diese Probleme schließlich zu einer deutlich erhöhten Mortalität.

Jede einzelne dieser allmählichen Entwicklungen sorgte dafür, dass sich die Amerikaner mit geringerer Bildung schlechter fühlten. Dazu kam, dass die Wahrscheinlichkeit, einen Arbeitsplatz zu finden, mit jedem Jahrgang sank. Und diejenigen, die Arbeit hatten, erhielten Löhne, die nicht höher waren als die der Jahrgänge zuvor, manchmal sogar niedriger. Auch die Bindung an einen bestimmten Arbeitsplatz oder ein bestimmtes Unternehmen war geringer. Ebenso wie die Wahrscheinlichkeit, zu heiraten oder in einer stabilen Beziehung zu leben. Insgesamt betrachtet, geriet die Welt der weißen Arbeiterklasse ohne Collegeabschluss seit Ende der 1970er-Jahre aus den Fugen, was vermutlich eine Folge der besonderen Form des ungleichen Wirtschaftswachstums war, die das Land erlebte.

## Wut auf die Welt

Die Alternative zur Verzweiflung ist Wut.

Die Erkenntnis, dass es an gesellschaftlichen Aufstiegschancen fehlt, macht jemanden nicht automatisch zum Befürworter einer Umverteilung. In der oben angesprochenen Studie wurde einigen Befragten, nachdem sie ihre Einschätzung zur sozialen Mobilität abgegeben hatten, eine Infografik vorgelegt, die zeigte, dass die Aufstiegschancen viel geringer waren, als sie dachten (den anderen Teilnehmern wurde eine Grafik gezeigt, die die gleichen Daten enthielt, aber in einer deutlich positiveren Darstellung). Die Befragten, die mit den Republikanern sympathisierten, neigten danach noch *weniger* der Aussage zu, dass der Staat ein Teil der Lösung sein könnte.[528]

Eine Alternative ist das Aufbegehren gegen das System, was jedoch mit großen persönlichen Nachteilen verbunden sein kann. Bei einem Experiment im indischen Odisha rebellierten die Mitarbeiter eines Unternehmens, als sie den Eindruck hatten, sie würden willkürlich bezahlt. Sie strengten sich weniger an und fehlten häufiger als in vergleichbaren Unternehmen, wo die Bezahlung konstant blieb. Weil sie für jeden Tag bezahlt wurden, den sie arbeiteten, schnitten sie sich damit ins eigene Fleisch. Die Arbeiter in den Unternehmen mit ungerechter Bezahlung zeigten sich auch wenig kooperativ bei der Umsetzung gemeinsamer Ziele, obwohl das Erreichen dieser Ziele belohnt wurde. Die Arbeiter tolerierten eine ungleiche Bezahlung nur, wenn sie eindeutig an Leistung gekoppelt war.[529]

In den USA lässt sich noch eine weitere Reaktion beobachten. Weil viele das amerikanische System für grundsätzlich fair halten, müssen sie einen anderen Schuldigen finden. Wenn sie eine Stelle nicht bekommen, dann muss das daran liegen, dass sich die Eliten verschworen haben und den Job lieber einem Afroamerikaner, einem Latino oder gleich einem Arbeiter im fernen China geben. Warum sollten sie auf die Regierung vertrauen, die ja aus diesen Eliten besteht, und glauben, dass sie eine Umverteilung zu ihren Gunsten bewerkstelligt? Mehr Geld für den Staat bedeutet in ihren Augen mehr Geld für »die anderen«.

Wenn das Wirtschaftswachstum ausbleibt oder der Durchschnittsbürger nicht davon profitiert, braucht man einen Sündenbock. Das gilt vor allem für die USA, ist aber auch in Europa anzutreffen. Die naheliegenden Prügelknaben sind Einwanderer und die Globalisierung. Der Hass auf Einwanderer basiert auf zwei Fehlannahmen, wie wir bereits in Kapitel 2 dargelegt haben: auf übertriebenen Zahlen, wie viele Einwanderer ins Land kommen oder bald kommen werden, und auf der Vorstellung, dass geringqualifizierte Einwanderer die Löhne drücken, was jedoch nicht belegt ist.

Eine Ausdehnung des internationalen Handels wirkt sich zum Nachteil der Armen in den reichen Ländern aus, wie wir in Kapitel 3 gesehen haben. Das führt zu einer Gegenreaktion nicht nur in Hinblick auf die Globalisierung, sondern auch auf das bestehende »System« und die Eliten. David Autor, David Dorn und Gordon Hanson stellten fest, dass in amerikanischen Wahlkreisen, die vom China-Schock stark betroffen waren, gemäßigte Politiker durch extremere Kandidaten ersetzt wurden. In Countys, die ursprünglich mehr den Demokraten zuneigten, wurden Demokraten der Mitte gegen sozialliberale Vertreter ausgetauscht. In Countys, die ursprünglich den Republikanern zuneigten, rückten konservative Republikaner an die Stelle ihrer gemäßigten Parteifreunde.

Da die Countys, die besonders hart von den Auswirkungen des globalisierten Handels betroffen waren, meist in traditionell republikanischen Bundesstaaten liegen, hatte diese Entwicklung zur Folge, dass viele Wahlbezirke konservativere Kandidaten erhielten. Dieser Trend setzte bereits lange vor den Wahlen von 2016 ein.[530] Das Problem besteht natürlich darin, dass konservative Kandidaten meist gegen jede Form staatlicher Intervention sind (und vor allem gegen eine Umverteilung) und sich deshalb die Situation noch verschärfte, weil kaum etwas unternommen wurde, um diejenigen zu unterstützen, die sehr stark unter dem globalisierten Handel litten. So lehnten beispielsweise viele Bundesstaaten mit einer konservativen republikanischen Regierung staatliche Mittel zur Finanzierung von Medicare ab. Und damit wuchs wiederum der Hass auf die Globalisierung.

Eine ähnliche Negativspirale könnte in Gang gesetzt werden, wenn die Bürger allmählich verstehen, dass sie in einer Gesellschaft leben, in der die Ungleichheit weitaus größer ist und die Aufstiegschancen viel geringer sind, als sie immer dachten. Wie in der bereits angeführten Untersuchung könnte ihre Wut auf die Regierung noch größer werden, während die Bereitschaft zu glauben, dass die Regierung etwas zu ihrer Unterstützung unternehmen kann, weiter schwindet.

Daraus lässt sich zweierlei ableiten: Zum einen hat die Wachstumsbesessenheit, die der Reagan-Thatcher-Revolution zugrunde liegt und gegen die auch die Nachfolger nichts unternahmen, anhaltenden Schaden verursacht. Wenn die Früchte des Wirtschaftswachstums größtenteils einer kleinen Elite zugutekommen, kann Wachstum auch ein Rezept für eine gesellschaftliche Katastrophe sein (wie diejenige, die wir gerade erleben). Wie wir bereits festgestellt haben, sollte man jede Politik mit Argwohn betrachten, die Wachstum als Rechtfertigung anführt, denn das ist meist nur ein Vorwand. Noch beunruhigender wäre allerdings der Gedanke, dass eine derartige Politik funktionieren könnte, denn von diesem Wachstum wird nur eine glückliche Minderheit profitieren.

Zum anderen ist festzuhalten: Wenn wir es als Gesellschaft nicht gemeinsam schaffen, jetzt zu handeln und eine Politik zu gestalten, die den Menschen hilft, zu überleben und in dieser Welt der großen Ungleichheit ihre Würde zu bewahren, könnte das Vertrauen der Bürger in die Fähigkeit der Gesellschaft, mit diesem Problem fertigzuwerden, dauerhaft untergraben werden. Das zeigt die dringende Notwendigkeit, eine effektive Sozialpolitik zu entwickeln und mit ausreichenden finanziellen Mitteln auszustatten.

KAPITEL 8

# Staatliche Legitimation

Ein immer wiederkehrendes Thema in diesem Buch ist die Auffassung, dass man von Märkten nicht erwarten kann, stets ein gerechtes, akzeptables oder auch nur effizientes Resultat hervorzubringen. So muss etwa in einer Volkswirtschaft mit hohem Beharrungsvermögen der Staat eingreifen und den Bürgern helfen, damit sie beispielsweise den Wohnort wechseln, wenn es sinnvoll ist, aber manchmal auch, damit sie an Ort und Stelle bleiben können, ohne ihren Lebensunterhalt und ihre Würde aufgeben zu müssen. Allgemeiner gesprochen, klaffen in einer Welt massiver Ungleichheiten die Lebensweisen der Armen und Reichen weit auseinander und werden bald hoffnungslos verschieden sein, wenn wir zulassen, dass die Märkte alle sozialen Auswirkungen bestimmen.

Wie bereits festgestellt, können Steuern dazu verwendet werden, die zunehmende Ungleichheit an der Spitze der Einkommens- und Vermögenspyramide abzumildern. Aber die Abschaffung des reichsten einen Prozents der Bevölkerung kann nicht das einzige Heilmittel der Sozialpolitik sein. Wir müssen auch herausfinden, wie man die übrige Bevölkerung unterstützen kann.

Innovationen in der Sozialpolitik benötigen fast immer zusätzliche Ressourcen. Die Ultrareichen werden vermutlich nicht reich genug sein, um den gesamten Haushalt zu finanzieren, vor allem nicht, wenn die Ungleichheit vor Steuern gesenkt wird, wie wir ja hoffen. Und wenn man aus der Geschichte etwas ableiten kann, dann kann man davon ausgehen, dass sich die Ultrareichen vermutlich sträuben, und das mit Erfolg. Also müssen auch andere ihren Beitrag leisten; die

Erfahrungen aus vielen anderen Ländern zeigen, dass das durchaus möglich ist. Die Herausforderung liegt in der Politik und insbesondere in der schwindenden Legitimation des Staates. Der Staat wird von einer wachsenden Zahl der Wähler als unzuverlässig oder als etwas noch Schlimmeres wahrgenommen. Wie kann seine Legitimation wiederhergestellt werden?

## Besteuern und ausgeben?

Demokratien finanzieren sich über Steuern. Das Gesamtsteueraufkommen der USA (wenn man alle staatlichen Ebenen zusammennimmt) im Jahr 2017 machte nur 27 Prozent des BIP aus. Damit liegen die USA sieben Punkte unter dem Durchschnitt der OECD-Länder. Die USA stehen auf einer Stufe mit Südkorea, nur vier andere OECD-Mitglieder haben ein geringeres Steueraufkommen (Mexiko, Irland, die Türkei und Chile).[531]

Wirkungsvolle Maßnahmen der öffentlichen Hand erfordern eine entsprechende Finanzierung. Aber selbst wenn die USA ihren Spitzensteuersatz ähnlich hoch ansetzen würden wie Dänemark, wäre der Anteil des Gesamtsteueraufkommens am BIP immer noch deutlich niedriger als in Dänemark im Jahr 2017 (46 Prozent), in Frankreich (46 Prozent), Belgien (45 Prozent), Schweden (44 Prozent) und Finnland (43 Prozent). Das liegt auch daran, dass die Spitzeneinkommen bei einer Anhebung der Steuersätze in den USA vermutlich zurückgehen würden, weil die Unternehmen dann keine astronomischen Gehälter mehr zahlen würden; eine Entwicklung, die an sich wünschenswert wäre, aber dem Ziel höherer Steuereinnahmen zuwiderlaufen würde. Anders ausgedrückt, der aktuelle Vorschlag, den Spitzensteuersatz auf über 70 Prozent zu heben, wäre in Hinblick auf einen Abbau der Ungleichheit zwar erstrebenswert, würde dem Staat aber nicht viele neue Einnahmen bringen.

Eine Vermögenssteuer würde die Einnahmen erhöhen, solange man Maßnahmen gegen Steuervermeidung und -hinterziehung ergreift. Saez und Zucman schätzen, dass eine Vermögenssteuer von 2 Prozent für Amerikaner, die ein Vermögen von über 50 Millionen Dollar besitzen (davon wären etwa 75 000 Personen betroffen), sowie eine Vermögenssteuer von 3 Prozent auf Vermögen von über 1 Milliarde Dollar im Laufe von 10 Jahren 2,75 Billionen Dollar einbringen würden. Das entspricht 1 Prozent des BIP.[532] Wie bereits festgestellt, ist eine Vermögenssteuer von 2 Prozent für alle, die mehr als 50 Millionen Dollar besitzen, populärer als eine Anhebung des Einkommensspitzensteuersatzes.[533] Doch auch eine Vermögenssteuer würde in dieser Höhe nur 1 Prozent des BIP einbringen.

Selbst in europäischen Ländern mit Spitzensteuersätzen und Vermögenssteuern stammt der Großteil der Steuereinnahmen von den Durchschnittsverdienern. Mit anderen Worten: Der Traum von einer Steuerreform, die »99 Prozent der Steuerzahler niedrigere Steuerzahlungen beschert«, würde dafür sorgen, dass die USA weiterhin nicht in der Lage wären, den wirtschaftlich Benachteiligten im Land mehr zukommen zu lassen. Eine Steuerreform müsste nicht nur die Ultrareichen treffen, sondern auch die Reichen und sogar die Mittelschicht.

Derzeit ist dieser Gedanke für amerikanische Politiker auf beiden Seiten des politischen Spektrums ein absolutes Tabu. Der Vorschlag, die Steuern für (fast) alle zu heben, ist alles andere als populär. Bei unserer Umfrage waren 48 Prozent der befragten Bürger der Ansicht, kleine Unternehmen würden zu viel Steuern zahlen, weniger als 5 Prozent dachten, sie würden zu wenig zahlen. Ähnliches galt für Arbeiter und Angestellte.[534] Es könnte daher sehr schwierig werden, den durchschnittlichen Steuerzahler in den USA davon zu überzeugen, mehr Steuern zu zahlen, weil er dafür mehr staatliche Leistungen erhalten würde. Wir vermuten, dass Wirtschaftswissenschaftler in mehrerlei Hinsicht mitverantwortlich sind für die Abneigung der Bürger gegen Steuern.

Zum einen beschwören viele prominente Ökonomen das Schreckgespenst herauf, dass die Bürger bei zu hohen Steuern nicht mehr arbeiten würden. So erklärte etwa Milton Friedman: »Ich bin immer und unter allen Umständen für Steuersenkungen, egal aus welchem Grund und wann immer sie möglich sind.«[535] Ökonomen behaupten, hohe Steuern würden die Motivation hemmen und das Wachstum bremsen, obwohl Daten und Fakten etwas anderes besagen. Wir haben bereits festgestellt, dass die Reichen nicht aufhören zu arbeiten, weil die Steuern steigen. Aber wie sieht es mit den anderen 99 Prozent der Bevölkerung aus? Würden sie sich aufs Land zurückziehen und nichts tun? Auch dazu gibt es umfangreiche Literatur, die eindeutig zeigt, dass das nicht so wäre.[536]

Eines der besten Beispiele ist die Schweiz. Ende der 1990er- und Anfang der 2000er-Jahre wechselte die Schweiz von einem Steuersystem, bei dem die Bürger Steuern auf ihr Einkommen aus den vergangenen zwei Jahren zahlen mussten, zu einem stärker standardisierten Verfahren nach dem »Pay as you earn«-Prinzip. Beim alten System basierten die Steuern für die Jahre 1997 und 1998 auf dem Einkommen aus den Jahren 1995 und 1996, die Steuern für 1999 und 2000 auf dem Einkommen von 1997 und 1998 und so weiter. Das neue System funktioniert wie das in den USA: Die geschätzten Steuern für beispielsweise das Jahr 2000 werden im Verlauf des Jahres eingezogen, dann füllt der Steuerzahler Anfang 2001 seine Steuererklärung aus und die Steuerschuld oder das Steuerguthaben wird entsprechend ausgeglichen. Beim Übergang zum neuen System musste die Steuer in der Schweiz erst einmal ausgesetzt werden. Der Kanton Thurgau vollzog den Übergang 1999. 1997 und 1998 zahlten die Steuerzahler Steuern auf die Einkommen aus den Jahren 1995 und 1996. 1999 begannen sie, Steuern auf ihr Einkommen aus dem Jahr 1999 zu zahlen. Damit die Bürger nicht doppelt besteuert wurden, wurden für die Einkommen aus den Jahren 1997 und 1998 niemals Steuern erhoben. Die Schweizer Kantone gingen zwischen 1999 und 2001 zum neuen

System über, der Wechsel erfolgte je nach Kanton in unterschiedlichen Jahren, daher hatten die Bürger ihre Steuerfreijahre zu unterschiedlichen Zeiten, abhängig von ihrem Wohnort. Die Steuerbefreiung war zeitlich begrenzt und im Vorfeld allgemein bekannt. Die Bürger wussten also, dass sie in einem bestimmten Jahr keine Steuern zahlen würden, wenn sie entschieden, ob und wie viel sie in diesem Jahr arbeiten würden. Die perfekte Gelegenheit, um zu untersuchen, ob sich eine Steuersenkung auf die Bereitschaft zu arbeiten auswirkt oder nicht; man muss einfach nur das Angebot an Arbeitskräften vor, während und nach den Steuerfreijahren vergleichen. Und die Antwort lautet: Es veränderte sich überhaupt nichts. Die Steuerfreijahre hatten absolut keine Auswirkung auf die Entscheidung, ob die Bürger arbeiteten oder nicht, und auch keine Auswirkung auf die Zahl der Arbeitsstunden.[537]

Das Schweizer Beispiel ist besonders deutlich, das Ergebnis ist jedoch allgemein anwendbar. Steuern halten nicht vom Arbeiten ab.[538] Allerdings könnten Bürger auch gegen eine Besteuerung sein, wenn sie denken, dass *andere* nach einer Steuererhöhung aufhören würden zu arbeiten. Bei unserer Umfrage fragten wir auch einige Teilnehmer, ob sie bei höheren Steuern aufhören würden zu arbeiten oder weniger arbeiten würden. 72 Prozent sagten, sie würden auf keinen Fall aufhören zu arbeiten, und 60 Prozent erklärten, sie würden genauso viel arbeiten wie zuvor. Das deckt sich mit der Datenlage. Wir fragten die anderen Teilnehmer, wie sich der *durchschnittliche Arbeitnehmer in der Mittelschicht* ihrer Meinung nach verhalten würde. In dem Fall glaubten nur 35 Prozent, dass die durchschnittlichen Arbeitnehmer genauso viel arbeiten würden wie zuvor, 50 Prozent waren der Ansicht, dass sie aufhören würden zu arbeiten.[539] Damit lagen die Amerikaner ziemlich richtig, wenn sie sich selbst beurteilen sollten, waren jedoch zu pessimistisch, wenn sie das Verhalten ihrer Freunde und Nachbarn einschätzen sollten.

## Ist der Staat das Problem?

Ein weiterer Grund für das Zögern der Politik, höhere Steuern zu erheben, um mehr Leistungen der öffentlichen Hand anbieten zu können, liegt darin, dass viele Bürger in den USA (aber auch in Großbritannien und vielen Entwicklungsländern) jegliche staatliche Intervention mit Skepsis betrachten. Schon seit Reagan wurde den Amerikanern das Mantra vorgebetet: »In der derzeitigen Krise ist die Regierung nicht die Lösung des Problems, die Regierung ist das Problem.«[540]

2015 dachten nur 23 Prozent der Amerikaner, sie könnten der Regierung »immer« oder »meistens« vertrauen. 95 Prozent hatten ein negatives Bild von der Regierung. 20 Prozent dachten, die Regierung verfüge nicht über Instrumente zur Verbesserung der Chancengleichheit, und 32 Prozent glaubten, eine Steuersenkung für Reiche und Unternehmen zur Ankurbelung der Investitionen wäre ein geeigneteres Mittel zur Verbesserung der Chancengleichheit als eine Steuererhöhung zur Finanzierung weiterer Programme für sozial Schwache.[541]

Diese massive Skepsis gegenüber staatlichem Handeln könnte das größte Hindernis dabei sein, die zu unterstützen, die am meisten Hilfe nötig hätten – was auch daran liegt, dass paradoxerweise gerade die Betroffenen selbst häufig diese Haltung vertreten.

Die politische Karriere von Manpreet Singh Badal, einem aufgeweckten jungen Minister im indischen Bundesstaat Punjab, geriet genau aus diesen Gründen ins Stocken. Die Bauern im Punjab müssen für ihren Strom nichts bezahlen, und auch das Grundwasser ist kostenlos, was zur Folge hat, dass alle ihr Land zu intensiv bewässern. Dadurch sinkt der Grundwasserspiegel so stark, dass es in einigen Jahren kein Wasser mehr geben wird, das man aus den Brunnen an die Oberfläche pumpen könnte. Es ist also im Interesse aller, den Wasserverbrauch so schnell wie möglich zu senken. Badal schlug vor, den Bauern einen festen Geldbetrag als Entschädigung zu zahlen und ihnen in Zukunft den Strom in Rechnung zu stellen, damit sie nicht mehr Wasser aus den Brunnen pumpten, als sie benötigten. Die Kosten sollten der übermäßigen Grundwasserförderung ein Ende machen. Vom ökonomischen Standpunkt aus war dieser Ansatz völlig einleuchtend. Doch politisch betrachtet kam er einem Selbstmord gleich. Zehn Monate nach der Einführung im Januar 2010 musste die Maßnahme wieder aufgehoben werden. Badal musste als Finanzminister zurücktreten und am Ende sogar seine Partei verlassen. Die Bauern glaubten einfach nicht, dass sie das Geld erhalten würden, daher waren die mächtigen Bauernverbände strikt gegen die Maßnahme. Bemerkenswerterweise versuchte es Badal, als er wieder der Regierung angehörte, 2018 noch einmal. Dieses Mal wollte er *zuerst* 48 000 Rupien (2823 Dollar, wenn man die Unterschiede in der Kaufkraftparität berücksichtigt) an die Bauern überweisen, bevor er ihnen die Kosten für den Strom vom selben Konto wieder abzog. Die Entschädigung war so berechnet, dass ein Bauer, der zum aktuellen Tarif weniger als 9000 Stromeinheiten verbrauchte, Geld gutmachte (die Behörde schätzte den Durchschnittsverbrauch auf 8000 bis 9000 Einheiten). Damit sollte ganz klar vermittelt werden, dass es sich nicht um eine verschleierte Steuer handelte, mit der man den Bauern das Geld aus der Tasche ziehen wollte. Die Behörde ging ganz behutsam vor und startete mit einem kleinen Pilotprogramm. Derzeit plant man eine größere randomisierte kontrollierte Studie, um die Auswirkungen des Programms auf den Wasserverbrauch und die wirtschaftliche Situation der Bauern zu ermitteln. Trotzdem bleiben die Bauern misstrauisch. Der Bauernverband behauptet weiterhin, der eigentliche Plan der Regierung sei »die Abschaffung der Stromsubventionen für die Landwirtschaft«.[542]

Warum sind die Menschen dem Staat gegenüber so misstrauisch? Ein Teil des Misstrauens ist sicher historisch bedingt. In Indien haben die Menschen einfach zu oft erlebt, dass die Regierung nicht Wort hielt. In den USA dominiert die Ideologie der Eigenverantwortlichkeit, auch wenn es sich dabei schon lange um ein Fantasiegebilde handelt – die Bundesstaaten in den USA, deren Einwohner besonders stolz auf ihre Autonomie sind, sind am stärksten von bundesstaatlichen Zuschüssen abhängig (Mississippi, Louisiana, Tennessee und Montana stehen beim Anteil der Fördermittel des Bundes gemessen an den Einnahmen ganz oben auf der Liste).[543] Eine weitere Erklärung ist das bereits erwähnte Misstrauen gegenüber Eliten. Staatliche Programme werden oft als Mittel der Eliten gesehen, alle zu subventionieren, nur die schwer arbeitenden Weißen (Männer?) gehen in dieser Vorstellung leer aus. Und es ist natürlich auch nicht gerade hilfreich, wenn Wirtschaftswissenschaftler immer wieder auf die Verschwendung von Geldern durch den Staat verweisen. Kaum erwähnt man in einem Raum voller Wirtschaftswissenschaftler eine staatliche Intervention, hört man leises Hohngelächter. Viele, vielleicht sogar die meisten von ihnen glauben, dass bei staatlichen Anreizen immer etwas schiefgeht und dass staatliche Interventionen zwar oft notwendig sind, aber dilettantisch ausgeführt werden, womöglich ist sogar Korruption im Spiel.[544]

Aber woran wird das gemessen? Das Problem ist doch, dass es für viele Aufgaben der Regierung keinen Ersatz gibt (natürlich tun viele Regierungen mehr, als sie sollten, etwa wenn sie eine staatliche Fluglinie in Indien betreiben oder eine Zementfabrik in China). Wenn ein Tornado große Zerstörungen anrichtet, wenn ein Bedürftiger medizinische Versorgung benötigt oder eine ganze Branche stillgelegt wird, kann der Markt das normalerweise nicht lösen. Die Aufgabe einer Regierung besteht auch darin, Probleme zu lösen, die keine andere Institution realistisch bewältigen kann, daraus zieht sie einen Teil ihrer Existenzberechtigung. Wenn man nachweisen will, dass der Staat Geld verschwendet, *muss man zeigen, dass es eine besser funktionierende Alternative gibt.*

Zweifellos findet man in den meisten Ländern Beispiele für staatliche Verschwendung. Mehrere Untersuchungen aus Ländern wie

Indien, Indonesien, Mexiko und Uganda haben ergeben, dass Veränderungen bei der Arbeitsweise staatlicher Einrichtungen deutliche Verbesserungen bringen können. So genügte es etwa in Indonesien, Zettel in der Bevölkerung zu verteilen, auf denen erklärt wurde, wem Unterstützung zustand – schon erhöhten sich die Zahlungen an Bedürftige um 26 Prozent. Nachdem die Bedürftigen wussten, worauf sie einen Anspruch hatten, konnten sie besser für ihre Interessen eintreten.[545] Außerdem gibt es, wie wir in Kapitel 5 feststellten, auch enorme Verschwendung in privaten Unternehmen, ein gutes Ressourcenmanagement ist also vielleicht schwieriger als gedacht.

Auch die Frage, wie sich staatliche Verschwendung eindämmen lässt, ist oft nur schwer zu beantworten. Schlichte Formeln funktionieren nicht; so ist etwa auch die Privatisierung kein Allheilmittel. Die wenigen Beispiele, in denen eine private und öffentliche Dienstleistung miteinander verglichen werden können, ergeben ein sehr gemischtes Bild. Beispielsweise verursachen Privatschulen in Indien weniger Kosten, aber wenn man Kinder, die nach dem Zufallsprinzip einer Privatschule zugeteilt wurden, mit Schülern staatlicher Schulen vergleicht, schneiden sie bei Leistungstests auch nicht besser ab als die Kinder, die auf der staatlichen Schule blieben.[546] Private Arbeitsvermittlungsagenturen in Frankreich sind bei Langzeitarbeitslosen weniger erfolgreich als die staatlichen Einrichtungen.[547]

2016 übertrug die Regierung von Liberia den Betrieb von 93 staatlichen Schulen acht verschiedenen Organisationen (darunter NGOs und privatwirtschaftliche Betreiber) und führte (was selten vorkommt) auch gleich eine randomisierte kontrollierte Studie zur Bewertung der Schulen durch. Die Bilanz fiel gemischt aus. Die Testergebnisse der Schüler lagen etwas über dem Durchschnitt, allerdings gaben die privaten Schulen auch viel mehr Geld pro Kind aus (doppelt so viel wie die staatlichen Schulen), daher waren die Ausgangsbedingungen nicht gleich. Außerdem schnitten vier der acht Organisationen kaum besser ab als die staatlichen Schulen. Die Bridge Academy, der renommierteste

Anbieter, konnte gute Resultate vorweisen, aber erst nachdem erhebliche Summen von außen in die Schulen gepumpt und die Klassen verkleinert worden waren (die überzähligen Schüler mussten die Schule verlassen).[548] Ein anderer Anbieter, die amerikanische Wohltätigkeitsorganisation More Than Me, wurde in einen hässlichen Skandal wegen sexuellen Missbrauchs verwickelt.[549] Eine wirklich überzeugende Lösung gab es also nicht.

## Die Korruptionsobsession

Die Skepsis gegenüber dem Staat gründet auch in der weitverbreiteten fixen Vorstellung, Regierungen auf der ganzen Welt seien korrupt. Vielleicht ist das damit zu erklären, dass sich Bürger schon an der Vorstellung stören, dass sich Regierungsbeamte mit dem Geld der Steuerzahler ein schönes Leben machen, weshalb das Problem oft bei politischen Kampagnen thematisiert wird. Dabei geht man davon aus, dass Korruption beseitigt werden könnte, wenn nur der politische Wille dazu vorhanden wäre. Natürlich steckt darin viel Wahrheit. Denn wie soll die Korruption bekämpft werden, wenn die Regierenden selbst bis zum Hals im Korruptionssumpf stecken?

Doch die Ansicht, man müsse nur wollen, dann könne man die Korruption schon beseitigen, geht an der Realität der Korruption vorbei, ignoriert ihre Quellen und überschätzt unsere Fähigkeit, sie zu kontrollieren. Oft sind Regierungen gerade deshalb anfällig für Korruption, weil sie Aufgaben übernehmen, die der Markt nicht regelt. Nehmen wir das Beispiel einer Strafe für Umweltverschmutzung. Der Verursacher würde sehr gern jemandem beim Amt einen Teil der Strafe zukommen lassen, wenn dann die Beweise verschwinden würden. Aber würde sich die Situation verbessern, wenn ein am maximalen Gewinn orientiertes privates Unternehmen die Strafen eintreiben würde? Vermutlich nicht, schließlich ist Geld dort mindestens genauso willkommen. Außerdem zeigt die Geschichte der privaten Steuereintreiber (»Steuerpacht«), dass diejenigen, die nicht zahlen können, unter Druck gesetzt werden, wenn man Privatpersonen mit dem Eintreiben der Steuern (oder Gebühren) betraut und entsprechende Anreize schafft.

Oder denken wir an einen Platz an einer renommierten staatlichen Schule. Natürlich ist es sehr verlockend, ein »Hintertürchen« zu öffnen und einen reichen, aber nicht ausreichend qualifizierten Schüler aufzunehmen. Man munkelt, dass das gängige Praxis an chinesischen Spitzenschulen ist. Aber hier geht es nicht um den Staat an sich, es geht um ein knappes Gut. Wann immer ein Gut nicht in ausreichender Menge vorhanden ist, ist die Versuchung groß, mit Geld nachzuhelfen. Das zeigte sich auch 2019 beim Skandal um die Zulassung zu privaten Eliteuniversitäten wie Stanford und Yale; Eltern, die reich, aber nicht reich genug waren, um den vollen »Preis« für den Zugang ihres Nachwuchses durch die Hintertür zu zahlen (indem sie etwa ein neues Universitätsgebäude stiften), nahmen einen Berater in Anspruch, der eine günstigere »Seitentür« aufzeigte (zum Beispiel die Zahlung von Bestechungsgeldern an die Trainer der Sportmannschaften).

Wir wollen damit sagen, dass unsere gesellschaftlichen Bestrebungen uns manchmal dazu bringen, uns nicht dem Diktat des Marktes zu beugen. Es gibt keine rein marktwirtschaftliche Lösung zum Eintreiben von Gebühren, und der Grund, warum staatliche Schulen niedrige Gebühren haben und private Universitäten nicht die Studiengebühren verlangen, die der Markt ihnen vorgibt, ist der, dass wir auch talentierten armen Kindern die besten Chancen bieten wollen. Wenn sich aber jemand dem Markt in den Weg stellt, besteht die Versuchung zu betrügen. Und da es in der Natur des Staates liegt, seinen Einfluss gegenüber dem Markt geltend zu machen, wird der Kampf gegen staatliche Korruption selbst mit den besten Absichten stets eine mühsame und nie endende Schlacht bleiben.

Zudem ist der Kampf gegen die Korruption keineswegs kostenfrei. In Italien wurde als Reaktion auf eine Reihe von Korruptionsskandalen ein staatlicher Dachverband namens Consip gegründet. Der Verband war für die Materialbeschaffung der Ministerien und Behörden zuständig. Was eingekauft wurde, wechselte immer mal wieder, weshalb sich die Behörden ihr Material manchmal selbst beschaffen mussten und manchmal auf Consip zurückgreifen konnten. Wenn die Behörden bei Consip bestellen konnten, nutzten sie diese Möglichkeit, doch am Ende stellte sich heraus, dass dies den Staat für die gleichen Produkte erheblich mehr kostete, weil es normalerweise eine günstigere Version auf dem freien Markt gab. Mit anderen Worten: Die Mitarbeiter hätten günstiger einkaufen können, entschieden sich aber dagegen, wenn das benötigte Produkt bei Consip verfügbar war. Unterm Strich erwies sich Consip also als Verlustgeschäft. Wenn man den Staatsbediensteten vertraut hätte und sie einfach das hätten tun dürfen, was sie schon immer taten, ohne ihnen Vorschriften zu machen, wäre das deutlich besser gewesen.[550]

Warum nutzten alle Consip, obwohl sie wussten, dass sie die Produkte woanders günstiger bekamen? Wahrscheinlich weil sie wussten, dass sie dadurch vor Korruptionsvorwürfen geschützt waren. Es ist nicht ungewöhnlich, dass man auf Nummer sicher gehen will, um Probleme zu vermeiden. In den USA empfehlen Ärzte zu viele Untersuchungen, um sich vor Klagen wegen eines Behandlungsfehlers zu schützen. Und große Unternehmen, die eine einzelne Reiseagentur mit den Buchungen für ihre Mitarbeiter beauftragen, zahlen bei den meisten Tickets zu viel, weil die Agentur nicht nach dem günstigsten Angebot sucht. Dennoch verringert sich dadurch das Risiko, dass die Mitarbeiter selbst ein bisschen Geld auf die Seite schaffen.

Damit kommen wir zum eigentlichen Punkt. Derzeit setzt man bei der Korruptionsbekämpfung auf *Transparenz*, also auf die Idee, dass staatliche Abläufe von Außenstehenden überprüft werden sollen, etwa von unabhängigen Wirtschaftsprüfern, den Medien und der

Öffentlichkeit. Es gibt starke Belege dafür, dass Transparenz in vielen Situationen hilfreich ist. So ist es etwa sehr wirkungsvoll, wenn die Betroffenen bei Unterstützungsprogrammen wissen, was ihnen zusteht, damit sie sich wehren können, wenn sie zu wenig bekommen.[551] Doch das Consip-Beispiel zeigt, dass Transparenz auch Nachteile hat. Eine Kontrolle stützt sich oft auf Außenstehende, die den Gesamtzusammenhang nicht kennen oder die nicht einschätzen können, wie gut den übergreifenden gesellschaftlichen Zielen gedient ist; sie können allenfalls überprüfen, ob Abläufe korrekt eingehalten werden. Das wiederum hat zur Folge, dass Mitarbeiter strikt nach Schema F arbeiten, um nicht aufzufallen. Dadurch entsteht die Tendenz, sich genau an die Vorschriften zu halten, selbst wenn die Situation etwas anderes verlangt.

Und schließlich richtet auch die Darstellung von Verwaltungsbeamten und Politikern als trottelige Stümper oder korrupte Schmierlappen, an der sich mitunter auch Wirtschaftswissenschaftler beteiligen, großen Schaden an.

Erstens führt dieses Negativimage zur reflexartigen Ablehnung aller Vorschläge zu einer Ausweitung des staatlichen Handelns, selbst wenn es dringend nötig wäre wie derzeit in den USA. Laut unserer Umfrage unter Amerikanern ist das Vertrauen in Staatsbedienstete so niedrig wie das Vertrauen in Wirtschaftswissenschaftler: Nur 26 Prozent der Befragten vertrauen Beamten »etwas« oder »sehr«.[552] Das erklärt vermutlich, warum so wenige Bürger denken, die Regierung könne ein Teil der Lösung sein.

Zweitens wirkt sich das Negativimage darauf aus, wer für den Staat arbeiten will. Qualifizierte Mitarbeiter sind unverzichtbar für eine gut funktionierende Regierung. Doch für einen begabten jungen Menschen in den USA ist eine Laufbahn im öffentlichen Dienst angesichts des schlechten Rufs nicht attraktiv. Keiner unserer Studenten erzählte uns beim Erhalt des Diploms, er oder sie strebe eine Karriere beim Staat an. Daraus kann ein Teufelskreis entstehen. Wenn nur die weniger Befähigten für den Staat arbeiten, haben wir eine ineffektive Regierung, der erst recht niemand mit Begabung beitreten will. In Frankreich dagegen ist die Arbeit für den Staat mit Prestige verbunden, und nur die Besten und Klügsten werden ausgewählt.

Das Image der Regierung und der Verwaltung wirkt sich auch auf die Ehrlichkeit ihrer Mitarbeiter aus. Für eine Studie in Indien wurde das Schweizer Experiment mit Bankern wiederholt, das wir in Kapitel 4 beschrieben.[553] Dabei wurden die Teilnehmer (in diesem Fall Collegestudenten) aufgefordert, allein zu würfeln und die Zahlen jedes Mal aufzuschreiben; als Belohnung gab es eine halbe Rupie für eine Eins, eine Rupie für eine Zwei, eineinhalb Rupien für eine Drei und so weiter. Die Studenten konnten hinsichtlich der Würfelergebnisse ungehindert lügen, was etwa so viele wie beim Experiment in der Schweiz auch taten. Doch genau wie die Teilnehmer, die an ihre Identität als Banker erinnert wurden, häufiger betrogen, betrogen in Indien die Studenten häufiger, die vorhatten, in den Staatsdienst zu gehen.[554] Als das Experiment hingegen in Dänemark wiederholt wurde, wo man zu Recht stolz ist auf den Sozialstaat, kam genau das entgegengesetzte Resultat zustande: Wer vorhatte, für den Staat zu arbeiten, betrog viel *seltener.*[555]

Drittens: Da man annimmt, dass alle Mitarbeiter im Staatsdienst entweder bestechlich oder faul (oder beides) sind, ist es sinnvoll, ihnen die Entscheidungsgewalt weitgehend zu entziehen (und damit jegliche Kreativität auszumerzen und alle klugen Köpfe abzuschrecken). Das hat direkte Auswirkungen auf die Tätigkeit der Staatsbediensteten. Bei einem Experiment in Pakistan stellte man den für den Einkauf zuständigen Mitarbeitern in Krankenhäusern und Schulen Geld zur Verfügung, mit dem sie den Einkauf von Gütern der Grundversorgung eigenverantwortlich gestalten konnten. Dadurch verbesserte sich ihre Fähigkeit zum Aushandeln niedrigerer Preise deutlich, und die Einrichtungen sparten viel Geld.[556]

Wenn man die Arbeit der Verwaltungsbeamten und die staatliche Vergabe von Aufträgen durch Vorschriften zu sehr einschränkt, erstickt man Kreativität und eigenständiges Denken ausgerechnet dort, wo sie am meisten gebraucht werden. Obwohl die USA weltweit führend im Bereich Informationstechnologie sind, gab keins der großen Tech-Unternehmen ein Angebot ab, als es darum ging, das Computersystem für Obamacare zu entwickeln. Offensichtlich waren damit so viele Bedingungen und Vorschriften verknüpft, dass sich nur wenige Firmen darauf einlassen wollten. Die offiziellen Richtlinien zur Vergabe öffentlicher Aufträge umfassen 1800 Seiten. Um einen Auftrag der öffentlichen Hand zu erhalten, ist es also wichtiger, sich mit Formularen und Papierkram auszukennen, als mit der eigentlichen Aufgabe.[557] In der Entwicklungsarbeit werden die Unternehmen, die sich systematisch um Ausschreibungen der US-Entwicklungsbehörde USAID bewerben und sie auch bekommen, »Beltway Bandits« genannt (»Beltway« bezieht sich auf die Ringstraße um Washington, wo die meisten dieser Unternehmen ansässig sind). Für andere Unternehmen ist es sehr schwer, einen Fuß in die Tür zu bekommen, selbst wenn sie Erfahrung vor Ort haben.

Und zu guter Letzt kommt der vielleicht wichtigste Punkt: Das Mantra, dass die Regierung korrupt und inkompetent ist, hat zu einer Abstumpfung der Bürger geführt, die auf Nachrichten schamloser Korruption ihrer gewählten Führung nur noch mit einem Schulterzucken reagieren, sei es nun in Washington, Jerusalem oder Moskau. Sie erwarten schon gar nichts anderes mehr und schenken den Vorgängen kaum noch Beachtung. Merkwürdigerweise ist die Fixierung auf geringfügige Korruption eine Brutstätte für Korruptionsanfälligkeit auf breiter Basis.

## America First?

Die USA scheinen in einer Sackgasse zu stecken. Nachdem den Bürgern vierzig Jahre lang versprochen wurde, dass bald alles besser werden würde, ist eine Atmosphäre entstanden, in der zu viele Bürger niemandem mehr vertrauen, schon gar nicht der Regierung. Der wachsende wirtschaftliche und politische Einfluss der Reichen, Folge des ewigen Strebens nach Wachstum, das sich aber nie so recht einstellen will, geht einher mit einer regierungsfeindlichen Haltung, die von den Reichen sorgfältig gepflegt wird, um jeden Versuch abzuwehren, ihren wachsenden Reichtum zu begrenzen. Die Regierung ist chronisch pleite, weil eine Steuererhöhung politisch nicht möglich ist, und selbst besonders sozial eingestellte Mitglieder der jüngeren Generation sind überzeugt, dass die Regierung hoffnungslos uncool ist. Sie engagieren sich lieber für private Stiftungen, wenn sie nicht gleich ganz aufgeben und für einen »Impact«-Fonds (also einen Fonds, der zusätzlich zur finanziellen Rendite auch eine positive Wirkung für Umwelt und Gesellschaft anstrebt) oder für ein ungeniert gewinnorientiertes Unternehmen arbeiten. Und doch besteht der einzig mögliche Weg aus der Sackgasse darin, dem Staat eine deutlich größere Rolle einzuräumen.

Möglicherweise ist das auch die Zukunft in vielen anderen Ländern. In Frankreich verlief der Anstieg der Ungleichheit zwar weniger spektakulär als in den USA, aber doch deutlich. Zwischen 1983 und 2014 ist das Durchschnittseinkommen des reichsten 1 Prozents der Bevölkerung um 100 Prozent gestiegen, das der reichsten 0,1 Prozent sogar um 150 Prozent. Da das BIP nur langsam wuchs, stagnierte der Lebensstandard für die meisten Franzosen mit Ausnahme der Superreichen: Für 99 Prozent der Bevölkerung stieg das Einkommen im selben Zeitraum nur um 25 Prozent (also um weniger als 1 Prozent pro Jahr).[558] Dadurch ist das Misstrauen gegenüber Eliten ebenso gewachsen wie die Unterstützung für Bewegungen wie die xenophobe Rassemblement National. Mit der jüngsten Steuerreform durch die liberale Regierung

Macron ist die Besteuerung weniger progressiv geworden: Der Pauschalsteuersatz wurde erhöht, die Vermögenssteuer abgeschafft und die Kapitalertragssteuer gesenkt. Die offizielle Begründung lautet, die Reform sei notwendig, damit Frankreich Kapital aus anderen Ländern anziehen könne. Das mag stimmen, aber dadurch zwingt man womöglich andere Länder ebenfalls zu Steuersenkungen und setzt damit eine Abwärtsspirale in Gang. Die Erfahrungen aus den USA sollten als Warnung dienen, dass sich diese Entwicklung nur schwer wieder umkehren lässt. Die europäischen Länder müssen kooperieren, nur dann können sie ihre Steuerpolitik beibehalten.

In Entwicklungsländern werden noch niedrigere Steuern als in den USA erhoben. Ein durchschnittliches Land mit niedrigem Einkommen nimmt weniger als 15 Prozent des BIP an Steuern ein, wohingegen es in Europa fast 50 Prozent sind (und durchschnittlich 34 Prozent bei OECD-Mitgliedsstaaten). In gewisser Weise ist das unterentwickelte Steuersystem auf die wirtschaftlichen Verhältnisse dieser Länder zurückzuführen; die Wirtschaft besteht größtenteils aus Kleinstunternehmen oder abgelegenen Höfen, deren Einkommen sich kaum ermitteln lässt. Doch häufig ist das niedrige Steuerniveau auch politisch begründet. Indien und China bilden hier einen interessanten Gegensatz. Historisch betrachtet hatten die meisten Bürger dieser Länder ein zu geringes Einkommen, als dass Steuern darauf erhoben werden konnten. Doch mit den steigenden Einkommen erhöhte Indien auch den Steuerfreibetrag – wer darunter liegt, muss keine Steuern zahlen. Am Tag nach der Haushaltsdebatte, wenn die neuen Steuersätze bekannt gegeben werden, ist der erhöhte Steuerfreibetrag oft die wichtigste Nachricht in den Medien. Aufgrund dieser Politik bleibt der Anteil der einkommensteuerpflichtigen Bevölkerung stabil bei etwa 2 bis 3 Prozent. In China wurden die Schwellenwerte nicht angepasst, daher stieg der Anteil der steuerpflichtigen Bürger von 0,1 Prozent 1986 auf etwa 20 Prozent 2008. Die Einnahmen aus der Einkommenssteuer in China sprudelten, ihr Anteil stieg von weniger als 0,1 Prozent des BIP auf 2,5 Prozent 2008, während er in Indien bei etwa 0,5 Prozent des BIP stagniert. Allgemeiner betrachtet ist der Anteil der gesamten Steuereinnahmen am BIP mit etwa 15 Prozent in Indien seit vielen Jahren stabil, während er in China bei über 20 Prozent liegt. Damit hat China die Möglichkeit, mehr zu investieren und/oder mehr Sozialausgaben zu finanzieren.[559] Die neue Steuer auf Güter und Dienstleistungen in Indien *(»Goods and Services Tax«)* soll Steuerhinterziehung erschweren, doch da es sich dabei mehr oder weniger um eine proportionale Steuer auf verkaufte Güter und erbrachte Dienstleistungen handelt, ist der Umverteilungseffekt gering.

Außerdem hat Indien ganz ähnlich wie die USA kaum Erfolg, mithilfe der Besteuerung die massiv ansteigende Vorsteuerungleichheit einzudämmen. Laut World Inequality Database erhöhte sich der Anteil des obersten 1 Prozent des Einkommens am indischen BIP von 7,3 Prozent 1980 auf über 20 Prozent 2015. In China, wo man sich etwas mehr um Ausgleich bemühte, stieg der Anteil ebenfalls, aber nicht so massiv, von 6,4 Prozent auf 13,9 Prozent.[560]

Ein interessantes Gegenbeispiel liefert Lateinamerika, das jahrelang als typischer Fall für Wachstum mit massiver Ungleichheit angeführt wurde (woraus dann Ungleichheit ohne Wachstum wurde). Doch in den letzten Jahrzehnten lässt sich eine erhebliche Verringerung der Ungleichheit beobachten. Das liegt zum einen an steigenden Rohstoffpreisen, zum anderen aber auch an staatlichen Interventionen, höheren Mindestlöhnen und vor allem einer großangelegten Umverteilung.[561]

Die Maßnahmen zur Umverteilung in diesen Ländern sind sehr aufschlussreich. Der politische Widerstand gegen Transferprogramme in Lateinamerika argumentiert mit den moralischen und psychologischen Folgen von »Almosen«, ähnlich wie die amerikanische Debatte über Sozialleistungen von der Angst vor Faulheit und Missbrauch dominiert wird. Dem Wirtschaftsprofessor Santiago Levy, der eine wichtige Rolle bei der Entwicklung und Umsetzung von Progresa spielte, dem Transferprogramm in Mexiko, das die Blaupause für viele weitere Programme lieferte, war von Anfang an klar, dass er auch die Unterstützung konservativer Politiker benötigte.[562] Beim Programm wurde nach dem Quid-pro-quo-Prinzip verfahren: Sozialleistungen waren an Bedingungen geknüpft. Die Familien mussten mit ihren Kindern zum Arzt gehen und sie in die Schule schicken, um Sozialleistungen zu erhalten. Eine randomisierte kontrollierte Studie zeigte, dass sich die Kinder der Teilnehmer des Programms besser entwickelten.[563] Infolgedessen wurde das Programm fortgesetzt. Zwar wurde von den jeweiligen Regierungen manchmal der Name geändert (aus Progresa wurde Oportunidades und später Prospera), ansonsten aber blieb fast alles beim Alten. 2019 wird die neue linke Regierung das Programm wohl durch ein ähnlich großzügiges Programm mit weniger Auflagen ersetzen.

Diese sogenannten »Conditional Cash Transfer«-Programme (CCT) wurden in der gesamten Region und darüber hinaus kopiert (sogar in New York City). Ursprünglich knüpften diese Programme ähnliche Bedingungen an die Sozialleistungen, und sie wurden häufig von randomisierten Kontrollstudien begleitet. Aus den Studien ergaben sich zwei Schlussfolgerungen. Erstens zeigten die Programme, dass nichts Schlimmes passiert, wenn man den Armen Bargeld gibt. Wie wir im nächsten Kapitel noch sehen werden, verschwenden sie nicht alles und sie hören auch nicht auf zu arbeiten. Diese Erkenntnis hatte wesentlichen Einfluss auf die öffentliche Wahrnehmung von Umverteilungsmaßnahmen in den Schwellen- und Entwicklungsländern. Bei den Parlamentswahlen in Indien 2019 war ein Bargeldtransfer an sozial Schwache zum ersten Mal ein zentrales Element der Parteiprogramme beider großer Parteien. Zweitens erkannte man bei der Umsetzung der Sozialleistungsprogramme und beim Ausprobieren verschiedener Varianten, dass die Empfänger weitaus weniger an die Hand genommen werden müssen, als die ursprüngliche Gestaltung der Programme vorsah. Die öffentliche Haltung zur Umverteilung hat eine Kehrtwende vollzogen, an der das Progresa-Experiment und spätere Programme einen erheblichen Anteil haben.

Zwar ist auch in Lateinamerika der Kampf gegen die wachsende Ungleichheit noch lange nicht gewonnen. Die Höchststeuersätze sind nach wie vor niedrig und die Spitzeneinkommen sinken nicht kontinuierlich (laut World Inequality Database stagnieren sie seit dem Jahr 2000 in Chile, doch in Kolumbien steigen sie und in Brasilien sind sie auf einem rasanten Höhenflug).[564] Doch die Erfahrung mit Progresa zeigt, dass sorgfältig gestaltete Programme der Schlüssel sein können, um die scheinbare Ausweglosigkeit in den USA und ähnliche Probleme, die anderswo auftauchen könnten, zu durchbrechen.

Die Lösung dieser Probleme könnte eine der größten Herausforderungen unserer Zeit sein. Viel schwieriger als die bemannte Raumfahrt und vielleicht sogar schwieriger, als ein Heilmittel gegen Krebs zu finden. Schließlich geht es um unsere Vorstellung von einem guten Leben. Wir haben die nötigen Mittel, uns fehlen nur die Ideen, die uns helfen, die Meinungsverschiedenheiten und das Misstrauen zu überwinden, das uns entzweit. Wenn wir alle einbinden und die klügsten Köpfe der Welt mit Regierungen und Nichtregierungsorganisationen und anderen zusammenarbeiten, um unsere sozialen Programme effektiver und politisch umsetzbar zu gestalten, besteht die Chance, dass sich spätere Generationen dankbar an diese Zeit zurückerinnern werden.

KAPITEL 9

# Cash and Care

Wer die Stadt Lucknow in Nordindien besucht, besichtigt meist auch Bara Imambara, ein gigantisches indo-islamisches Monument aus dem 18. Jahrhundert mitten in der Altstadt. Das Bauwerk ist ungewöhnlich für seine Zeit, es ist weder ein Fort noch ein Palast, weder eine Moschee noch ein Mausoleum. Reiseführer erzählen viele Geschichten darüber, zugeschnitten auf den Geschmack ihres jeweiligen Publikums – Abhijit wurde gesagt, es handle sich um eine Festung als Teil der Verteidigungsanlagen gegen die vorrückenden Briten, obwohl der Bau nicht im Entferntesten einem Fort ähnelt. Tatsächlich wurde Bara Imambara 1784 vom Herrscher von Awadh, Asaf-ud-Daula, errichtet und fungierte als Arbeitsbeschaffungsmaßnahme für die Bevölkerung, die aufgrund von Ernteausfällen hungerte.

Eine Geschichte im Zusammenhang mit dem Bauwerk blieb Abhijit besonders im Gedächtnis. Es wird erzählt, dass der Bau viel länger als üblich dauerte, weil das, was die Arbeiter bei Tag errichteten, nachts wieder von den Eliten zerstört wurde. Damit wollte man den Eliten, die ebenfalls von der Landwirtschaft lebten und daher ebenso hungerten wie die übrige Bevölkerung, eine Verdienstmöglichkeit bieten, um sie vor dem Hungertod zu bewahren. Als Aristokraten wollten sie lieber sterben, als ihre Not öffentlich einzugestehen. Und so musste der Herrscher zu dieser List greifen.

Was immer man von diesem sträflichen Snobismus halten mag, der eine solche Maßnahme erforderte, und unabhängig von der Frage, ob sich diese Geschichte tatsächlich zugetragen hat, vermittelt sie uns eine wichtige Botschaft. Man vergisst leicht, vor allem in einer Krise, dass man die Würde derjenigen, denen man hilft, so gut wie möglich schützen muss. Asaf-ud-Daula, das muss man ihm hoch anrechnen, hatte das nicht vergessen. Oder zumindest wird er in der Geschichte so dargestellt.

Wir möchten zeigen, dass die Spannung zwischen »cash« und »care«, zwischen Unterstützung und Fürsorge, ein zentraler Aspekt bei der Gestaltung von Sozialpolitik sein sollte. In der derzeitigen Debatte findet man häufig das eine Extrem, dass man sozial Benachteiligten, die in der Marktwirtschaft nicht über die Runden kommen, am besten hilft, indem man ihnen etwas Geld in die Hand drückt und sie dann sich selbst überlässt. Das andere Extrem vertreten diejenigen, die wenig Vertrauen in die Fähigkeit der Armen haben, sich selbst zu helfen, und sie deshalb entweder ihrem Schicksal überlassen oder massiv in ihr Leben eingreifen, sie in ihrer Entscheidungsfreiheit beschneiden und diejenigen bestrafen wollen, die sich nicht fügen. Die eine Seite tut so, als ob die Selbstachtung der Empfänger staatlicher Unterstützung kein Thema sei; der anderen Seite ist deren Würde entweder egal oder sie glaubt, der Verzicht darauf sei der Preis, den man zahlen muss, wenn man öffentliche Unterstützung bekommen will. Dabei ist der Wunsch nach Respekt oft ein Grund, warum die Zustimmung für staatliche Interventionen selbst bei denen fehlt, die sie dringend brauchen. Zudem führt der mangelnde Respekt häufig dazu, dass die Maßnahmen scheitern. In diesem Kapitel werden wir diesen Aspekt und seine Auswirkungen auf die Gestaltung der Sozialpolitik näher betrachten.

## Designer-Sozialprogramme

Kaum etwas ist heute so durchdacht und ausgestaltet wie das bedingungslose Grundeinkommen, zumindest unter den Sozialprogrammen. Mit seiner schlichten Eleganz entspricht es dem Midcentury-Stil im Möbeldesign, populär bei Silicon-Valley-Unternehmern, Medienmachern, bestimmten Philosophen und Wirtschaftswissenschaftlern und dem einen oder anderen Politiker. Beim bedingungslosen Grundeinkommen soll jeder Bürger vom Staat das gleiche feste Einkommen erhalten (in den USA denkt man an 1000 Dollar im Monat), unabhängig von seiner wirtschaftlichen Situation. Für Bill Gates wäre das lächerlich wenig, für einen Arbeitslosen jedoch eine hübsche Summe, die es ihm ermöglichen würde (wenn es sein muss), sein ganzes Leben ohne bezahlte Beschäftigung zu verbringen. Im Silicon Valley kommt die Idee gut an, weil man fürchtet, dass die eigenen Innovationen große wirtschaftliche und soziale Umbrüche mit sich bringen werden. Benoît Hamon, der bei den französischen Sozialisten als Präsidentschaftskandidat antrat, um François Hollande zu beerben, wollte damit seinen schwächelnden Wahlkampf in Schwung bringen; Hillary Clinton erwähnte das Grundeinkommen in ihren Reden (und verlor ebenfalls); in der Schweiz gab es dazu eine Volksabstimmung (aber nur ein knappes Viertel der Stimmberechtigten sprach sich dafür aus); in Indien tauchte der Begriff vor Kurzem in einem offiziellen Dokument des Finanzministeriums auf, und bei den Parlamentswahlen hatten die beiden gegeneinander antretenden Parteienbündnisse eine Variante der bedingungslosen sozialen Transferleistungen in ihren Programmen, allerdings handelte es sich in beiden Fällen nicht um ein Grundeinkommen für alle.

Viele Wirtschaftswissenschaftler in der Tradition Milton Friedmans begrüßen die Laissez-faire-Haltung des Grundeinkommens. Wie bereits erwähnt, sind viele mit der Vorstellung aufgewachsen, dass man selbst am besten weiß, was gut für einen ist, daher sehen sie keinen Grund, warum ein Beamter das besser wissen sollte. Für sie sind Bargeldzahlungen an Sozialhilfeempfänger offensichtlich richtig; die Empfänger wissen schon, wie sie das Geld am sinnvollsten verwenden. Wenn der Einkauf von Lebensmitteln nötig ist, dann kaufen sie Lebensmittel; wenn sie dringend Kleider brauchen, sollten sie das Recht haben, das selbst zu entscheiden. Programme wie SNAP in den USA, die nur für Lebensmittel gelten, greifen ihrer Meinung nach zu sehr in das Leben der Betroffenen ein. Auch die Verknüpfung von Bargeldleistungen und »richtigem Verhalten« wie beim Programm Progresa/Oportunidades/Prospera in Mexiko und seinen vielen Nachbildungen ist demnach eine Maßnahme, bei der man die Empfänger ohne ersichtlichen Grund zu einem bestimmten Verhalten zwingt. Wenn das, was verlangt wird, richtig ist, handeln die Menschen ohnehin so, und wenn sie anderer Meinung sind, dann haben sie wahrscheinlich auch recht (auf jeden Fall mehr als der Staat). Als die linksgerichtete mexikanische Regierung 2019 bekanntgab, dass sie Prospera durch bedingungslose Leistungen ersetzen wolle, zitierte sie eine Mitarbeiterin mit dem Argument, die Gesundheitsseminare, medizinischen Untersuchungen (und anderen Verpflichtungen) seien eine Belastung für die Frauen.[565]

Das Grundeinkommen ist auch deshalb so attraktiv, weil es umfassend ist, sich nicht auf bestimmte Personen konzentriert und keine Überwachung benötigt. Die meisten Sozialprogramme sind mit einem komplizierten Auswahlverfahren und Kontrollvorschriften versehen, um sicherzustellen, dass die Leistungen nicht bei den Falschen landen. Dafür zu sorgen, dass die Bedingungen eingehalten, die Kinder zur Schule geschickt und ärztlich untersucht werden, verursacht Kosten: In Mexiko kostet es etwa 10 Pesos, um einem Haushalt 100 Pesos zukommen zu lassen. 34 Prozent dieser 10 Pesos werden verwendet, um die Leistungsempfänger auszuwählen, 25 Prozent, um zu überprüfen, ob die Bedingungen eingehalten werden, die für die Auszahlung des Geldes erforderlich sind.[566]

Die zahlreichen Vorschriften erschweren die Teilnahme am Programm, vermutlich werden die Leistungen deshalb von deutlich weniger Personen in Anspruch genommen, als es tatsächlich Berechtigte gibt. In Marokko untersuchte Esther ein Programm, das Haushalten einen günstigen Kredit anbot, um sich an die Wasserversorgung anschließen zu lassen.[567] Bei ihrem ersten Besuch zeigte ihr das französische Unternehmen Veolia, dessen Programm bewertet werden sollte, stolz den »Veolia-Info-Bus«, der von Viertel zu Viertel fuhr und das neue Programm vorstellte. Doch seltsamerweise kam niemand zum Bus, und als Esther von Haus zu Haus ging, wurde klar, dass die Bewohner des Viertels zwar meist eine vage Vorstellung von dem Programm hatten, aber nicht wussten, wie sie es in Anspruch nehmen konnten. Das Verfahren war nämlich gar nicht so einfach zu bewältigen. Man konnte den Antrag nicht im Bus stellen. Potenzielle Kunden mussten zum Rathaus gehen und mit verschiedenen Dokumenten belegen, dass ihnen das Haus gehörte und dass sie dort wohnten. Sie mussten ein Formular ausfüllen und nach einigen Wochen wieder vorsprechen und sich erkundigen, ob ihr Antrag genehmigt worden war. Esther und ihre Kollegen boten einen einfachen Service an: Ein Mitarbeiter kam zu den Leuten ins Haus, machte Fotokopien von den benötigten Dokumenten, füllte den Antrag aus und brachte ihn ins Rathaus. Die Aktion war ein großer Erfolg; die Zahl der Anträge stieg um den Faktor sieben.

Zu allem Unglück sind diejenigen, die sich von komplizierten Anträgen am meisten abschrecken lassen, oft diejenigen, die die Unterstützung am nötigsten brauchen. In Delhi haben mittellose Witwen und geschiedene Frauen Anspruch auf eine monatliche Unterstützung von 1500 Rupien (oder 85 Dollar an Kaufkraftparität, angepasst an die Lebenshaltungskosten), was für die Frauen eine erhebliche Summe wäre, dennoch wird das Geld selten in Anspruch genommen: Eine Umfrage der Weltbank ergab, dass zwei Drittel der leistungsberechtigten Frauen das Programm nicht nutzten.[568] Ein Grund dafür könnte das Antragsverfahren mit seinen komplizierten Vorschriften sein, die viele nicht verstehen oder von denen sie nicht wissen, wie sie damit umgehen sollen.

Um zu beurteilen, inwieweit die Kenntnis der Vorschriften oder die Vorschriften an sich eine Inanspruchnahme behindern, wurden bei einer Studie 1200 leistungsberechtigte indische Frauen nach dem Zufallsprinzip in vier Gruppen unterteilt.[569] Die eine Gruppe war die Kontrollgruppe; eine Gruppe erhielt Informationen über das Programm; eine Gruppe erhielt Informationen und etwas Unterstützung beim Ausfüllen der Formulare, und die letzte Gruppe erhielt Informationen und Unterstützung und wurde zusätzlich noch vom lokalen Vertreter einer NGO zur Antragstellung aufs Amt begleitet. Durch die Informationen erhöhte sich die Zahl der Frauen, die das Antragsverfahren in Angriff nahmen, allerdings gab es keine signifikante Erhöhung bei der Zahl der Frauen, die das Verfahren auch abschlossen. Dagegen erhöhte sich die Zahl der Anträge, wenn den Frauen beim Antrag geholfen wurde. Bei Frauen, die Hilfe erhielten, war die Wahrscheinlichkeit, alle Schritte des Verfahrens durchzuführen, 6 Prozentpunkte höher, und bei den Frauen, die aufs Amt begleitet wurden, war die Wahrscheinlichkeit sogar um 11 Prozentpunkte höher, also um fast das Doppelte. Wichtiger war jedoch, dass die Frauen, die besonders schutzlos waren (Analphabetinnen ohne politische Verbindungen), am meisten von der Unterstützung profitierten. Das deckt sich mit der Annahme, dass bei ihnen die Wahrscheinlichkeit besonders hoch war, aufgrund der bestehenden Hürden vom Verfahren ausgeschlossen zu werden. Allerdings lag die Inanspruchnahme trotz Unterstützung nur bei 26 Prozent, obwohl mit dem Geld kaum Auflagen verbunden waren. Das lässt sich vermutlich damit erklären, dass die Frauen wenig Vertrauen hatten, dass das Geld tatsächlich ausgezahlt werden würde, und daher nicht bereit waren, große Anstrengungen zu unternehmen.

In den USA verhält es sich ähnlich. In den Jahren 2008 bis 2014 hatten Millionen Kinder Zugang zu einem kostenlosen Mittagessen in der Schule, nachdem beschlossen worden war, dass Kinder von offensichtlich armen Eltern – die bereits Leistungen aus anderen Programmen zur Armutsbekämpfung bezogen – automatisch Anspruch darauf hatten. Tatsächlich hatten sie seit einer Änderung der Regelung

2004 Anspruch darauf, doch damals mussten die Eltern noch einen Antrag stellen, was sie jedoch nicht taten.[570]

Ein anderes Beispiel ist das Lebensmittelhilfeprogramm SNAP. Unter 30 000 Senioren, die Anspruch darauf hatten, diesen aber nicht geltend machten, wurde eine nach dem Zufallsprinzip ausgewählte Gruppe über ihren Anspruch informiert und einer ebenfalls zufällig ausgewählten Untergruppe wurde zusätzlich bei der Antragstellung geholfen. Nach neun Monaten hatten sich nur 6 Prozent der Kontrollgruppe für das Programm angemeldet, bei der Gruppe der Informierten waren es hingegen 11 Prozent, bei der Gruppe mit zusätzlicher Unterstützung sogar 18 Prozent.[571]

Es ist auch nicht gerade hilfreich, dass Armut in den USA mit einem Stigma behaftet ist – eine Folge der nach wie vor bestehenden Auffassung, dass jeder Erfolg haben kann, wenn er sich nur genügend anstrengt, auch wenn die Tatsachen, wie bereits festgestellt, dagegen sprechen. Viele Menschen möchten daher sich oder anderen nicht eingestehen, dass sie arm genug sind, um Hilfe in Anspruch nehmen zu können. Bei unserer Arbeit mit Geringverdienern in Kalifornien ist uns ein interessantes Beispiel begegnet, das die Haltung der Betroffenen veranschaulicht. Die Bezeichnung »Lebensmittelmarken« rührt, wie man sich vorstellen kann, aus einer Zeit, als Arbeitnehmer mit Marken bezahlt wurden. Heutzutage handelt es sich bei den Marken um eine elektronische Chipkarte, die wie eine Kreditkarte durch die Kasse im Supermarkt gezogen wird. Damit bleibt den Kunden zumindest das Stigma der Bezahlung mit Lebensmittelmarken erspart. Aber nicht jeder, der Anspruch auf SNAP hat, weiß davon. Unser Experiment fand in den Büros des Steuerberatungsunternehmens H&R Block statt. Die meisten, die im Januar dorthin kommen, sind Geringverdiener, die auf eine Steuerrückerstattung hoffen. Einige erhielten (per Los ausgewählt) eine von einer Werbeagentur gestaltete Broschüre, die die lokale elektronische Sozialhilfe-Chipkarte als »Golden State Advantage Card« anpries. Man erhalte dadurch »mehr Vorteile beim Lebensmitteleinkauf«, außerdem hätten arbeitende Familien Anspruch darauf. Die Mitglieder der Kontrollgruppe wurden stattdessen gefragt, ob man ihre Ansprüche auf »Lebensmittelmarken« überprüfen solle, außerdem erhielten sie eine Broschüre, die das Programm mit den dafür typischen Formulierungen vorstellte. Plakate in den Büros unterstrichen jeweils die Botschaft der Broschüren. Wir stellten fest, dass das Interesse an SNAP deutlich größer war, wenn die Bezeichnung »Lebensmittelmarken« nicht verwendet wurde.[572]

Umgekehrt hält die Vorstellung, man werde ohnehin (und ungerechterweise) von einem Programm ausgeschlossen, vor allem diejenigen von einem Antrag ab, die am nötigsten Hilfe brauchen. Deshalb betonen Organisationen, die mit extrem armen Menschen arbeiten, die nötige Allgemeingültigkeit der Programme. Als etwa Thierry Rauch, ein Obdachloser in Frankreich, hörte, dass die französische Regierung 30 Prozent der Armen helfen werde, der Armut zu entkommen, lautete seine Reaktion: »Mir und meiner Familie ist klar, dass wir nicht zu dieser Zahl gehören werden.« Und er fuhr fort: »Wenn die Unterstützung nicht für alle ist, werde ich rausgeschmissen, da bin ich mir sicher.« Nachdem er sein Leben lang »rausgeschmissen« worden war, hatte er die Hoffnung aufgegeben, zu den Auserwählten zu gehören.[573]

Der gleiche kontraproduktive Pessimismus findet sich in Marokko. Dort bewerteten Esther und ihre Kollegen das Programm Tayssir, ein traditionelles, an Bedingungen geknüpftes System für Bargeldtransfers, das den Schulbesuch der Kinder verlangt, und verglichen es mit einem bedingungslosen Transferprogramm, das die Eltern bei der Erziehung der Kinder unterstützen soll, aber den regelmäßigen Schulbesuch nicht zur Voraussetzung macht. Bei der Arbeit vor Ort besuchte Esther eine Familie, die nicht am traditionellen Sozialtransferprogramm teilnahm. Sie fragte nach dem Grund. Die Familie hatte drei Kinder im richtigen Alter, die alle zur Schule gingen. Der Vater erklärte, er arbeite oft als Tagelöhner außerhalb des Dorfes und sei den ganzen Tag weg, manchmal sogar mehrere Tage am Stück, daher könne er nicht gewährleisten, dass seine Kinder regelmäßig den Unterricht besuchten. Er machte sich Sorgen, dass sie zu oft fehlen könnten und er das Geld am Ende wieder verlieren würde, noch dazu würde er wie ein schlechter Vater dastehen.

Die Datenlage zeigte, dass die Familie wahrscheinlich keine Ausnahme war. Einige Familien, bei deren Kindern das Risiko besonders groß war, dass sie nicht mehr zur Schule gingen, entschieden sich gegen die finanzielle Unterstützung, weil sie nicht sicher waren, dass sie die Bedingungen erfüllen konnten. Anscheinend wollten sie die Schande vermeiden, wegen nicht erbrachter Leistung vom Programm ausgeschlossen zu werden, daher schlossen sie sich lieber gleich selbst aus. Bedingungslose Transferleistungen, die vermittelten, dass man den Familien bei der Erziehung der Kinder *helfen wollte, ohne Bedingungen* daran zu knüpfen, waren daher oft wirkungsvoller und konnten den Schulbesuch der Kinder aus Familien gewährleisten, bei denen das Risiko von Fehlzeiten hoch war (und waren für alle anderen natürlich genauso effektiv).[574]

## Woher kommt das Geld?

Wie erklärt sich der Widerstand gegen das bedingungslose Grundeinkommen angesichts der Nachteile der bestehenden Transferprogramme? Warum gibt es weltweit so wenige universale Bargeld-Transferprogramme, die an keinerlei Bedingungen geknüpft sind?

Ein Grund ist schlicht und einfach Geld. Universale Programme, die niemanden ausschließen, sind teuer. Der Vorschlag, jedem Amerikaner 1000 Dollar im Monat zu zahlen, würde 3,9 Billionen Dollar im Jahr kosten. Das sind etwa 1,3 Billionen Dollar mehr als alle bestehenden Sozialhilfeprogramme zusammen und entspricht ungefähr dem gesamten Bundeshaushalt oder 20 Prozent der amerikanischen

Wirtschaftsleistung.[575] Eine Finanzierung ohne Einschnitte bei den traditionellen Aufgaben des Staates (Verteidigung, Bildung und so weiter) würde die Abschaffung aller bestehenden Sozialhilfeprogramme *und* eine Steuererhöhung auf das Niveau von Dänemark erfordern. Deshalb sprechen selbst besonders eifrige Unterstützer eines bedingungslosen Grundeinkommens über eine Variante, bei der die Leistungen abhängig vom Vermögen der Bürger sinken und ab einem bestimmten Einkommensniveau komplett entfallen würden. Das wäre dann aber auch kein universaler Ansatz. Würde das bedingungslose Grundeinkommen nur der ärmeren Hälfte der Amerikaner zukommen, würden die Kosten bei 1,95 Billionen Dollar liegen, was deutlich bezahlbarer klingt. Aber dann müsste man wieder auswählen, wer infrage kommt, mit allen damit verbundenen Nachteilen.

## Die Moral der Mittelschicht

Als Zwölfjähriger schwärmte Abhijit wie viele seiner Freunde für Audrey Hepburn. Zum ersten Mal sah er sie in der Verfilmung des Musicals *My Fair Lady* (von Lerner und Loewe), das auf dem Theaterstück *Pygmalion* von George Bernard Shaw basiert (der zu seinen Zeiten als radikaler Linker galt). Im Stück hält Eliza Doolittles Vater Alfred eine wundervolle kleine philosophische Rede (bevor er dann mehr oder weniger anbietet, seine Tochter für 5 Pfund zu verkaufen):

> Was bin ich schon, die Herren? Ich frage Sie, was bin ich? Einer von den untersten Armen. Das ist's, was ich bin. Sich mal klargemacht, was das für einen heißt. Nämlich ständige Schwierigkeiten mit die Moral vom Mittelstand. Läuft irgendwas und ich bin interessiert dran, immer dieselbe Geschichte dann: Du bist einer von die untersten Armen, also für dich ist nichts drin. Dabei brauch ich soviel als die würdigste Witwe, wo von sechs Hilfsstellen Pinke

> bekam. In einer Woche. Und für ein und denselben toten Mann. Ich brauch soviel als einer von die ganz oben. Sogar noch mehr. Ich bin genauso ein starker Esser, aber ich trinke allerhand mehr. Und schließlich will ich n bisschen Vergnügen als denkender Mensch. Und Jubel, Trubel, Heiterkeit, geht's mich mal mies. Und die nehmen mich doch genauso viel ab als eim von die oberen Zehntausend. Was heißt hier Moral vom Mittelstand? Glatte Ausrede, daß eim nie was zukommt.[576]

Im Viktorianischen England, dem Schauplatz des Stücks, hatten es Arme sehr schwer. Um Wohlfahrtsleistungen zu erhalten, musste man bescheiden und sparsam leben, ein braver Kirchgänger sein und vor allem fleißig arbeiten. Wer sich nicht fügte, landete schnell im Armenhaus, wo die Insassen zur Arbeit verpflichtet wurden und Eheleute getrennt untergebracht waren. Wer Schulden hatte, kam ins Schuldgefängnis oder wurde nach Australien verfrachtet. Auf einer Karte zur Beschreibung der Armut in London von 1898 wurden manche Stadtteile mit der Beschreibung »Unterschicht, lasterhaft, halbkriminell« versehen.[577]

Von dieser Einstellung sind wir heute gar nicht so weit entfernt. Spricht man mit Gutverdienern in den USA, Indien oder Europa über Sozialhilfe, gibt es immer einige, die den Kopf schütteln und sich Sorgen machen, dass die Armen durch die Sozialleistungen zu »Nichtsnutzen« werden könnten, um einen Begriff aus viktorianischer Zeit zu verwenden, der bei manchen Indern immer noch beliebt ist. Gibt man den Armen Geld, hören sie sofort auf zu arbeiten oder versaufen alles, lautet die These. Dahinter steht die Denkhaltung, dass die Armen arm sind, weil sie nicht genug Leistungsbereitschaft zeigen; beim geringsten Hindernis geben sie auf.

In den USA war Armut während der Wirtschaftskrise in den 1930er-Jahren und der damit verbundenen wirtschaftlichen Katastrophe so weit verbreitet, dass die Betroffenen nicht mehr ganz so negativ gesehen wurden. Jeder kannte jemanden, der plötzlich alles verloren hatte. Das Schicksal der tapferen Okies (Einwohner von Oklahoma), die in John Steinbecks Roman *Früchte des Zorns* vor den Staubstürmen in ihrer Heimat fliehen, ist heute Pflichtlektüre auf der Highschool. Franklin D. Roosevelts *New Deal* markierte den Beginn einer Ära, in der man Armut als ein Problem betrachtete, gegen das die Gesellschaft ankämpfen musste und das man mithilfe staatlicher Interventionen überwinden konnte. Diese Haltung hielt sich bis in die 1960er-Jahre, wo sie mit Lyndon B. Johnsons *War on Poverty* (»Krieg gegen die Armut«) ihren Höhepunkt fand. Doch dann verlangsamte sich das Wirtschaftswachstum in den USA, die Ressourcen wurden knapper, und aus dem Krieg gegen die Armut wurde ein Krieg gegen die Armen. Ronald Reagan bemühte immer wieder gern das Bild von der »Welfare Queen« (»Königin der Sozialhilfe«), die er als eine schwarze faule Frau darstellte, die sich Sozialhilfe erschwindelte und dem Staat auf der Tasche lag. Das Vorbild dafür war Linda Taylor, eine Frau aus Chicago, die den Staat unter vier falschen Namen um 8000 Dollar betrog und dafür mehrere Jahre ins Gefängnis musste. Ihre Haftstrafe fiel übrigens eineinhalb Jahre höher aus als die für den einstigen Milliardär und kapitalistischen Helden Charles Keating, der Schlüsselfigur im berühmtesten Korruptionsskandal der Reagan-Ära (dem Keating-Five-Skandal) und der damit zusammenhängenden Savings-and-Loan-Krise, dem Bankrott der amerikanischen Sparkassen *(Savings and Loan Associations)*, der den Steuerzahler über 500 Milliarden Dollar kostete.

Die Einstellung zur Armut erhielt eine neue Wendung. Die vermeintliche moralische Verderbtheit der Armen wurde nun als Folge der Sozialhilfe dargestellt. 1986 erklärte Reagan in einer berühmten Rede den Krieg gegen die Armut für verloren. Grund für die Niederlage war laut Reagan die Sozialhilfe, weil sie die Armen davon abhielt, selbst zu arbeiten, und sie so in die Abhängigkeit führte, was wiederum eine »Krise der sich auflösenden Familien« nach sich zog, »vor allem bei den Armen, die Sozialhilfe empfangen, Schwarzen wie Weißen«.[578] In einer Radioansprache an die Nation erklärte Reagan am 15. Februar 1986:

> Wir laufen Gefahr, eine dauerhafte Kultur der Armut zu schaffen, in der Armut als unvermeidlich und wie eine Fessel oder Kette erscheint; ein zweites, separates Amerika, ein Amerika der verlorenen Träume und verkümmerten Leben. Die Ironie dahinter ist, dass fehlgeleitete Sozialhilfeprogramme, eingeführt im Namen der Barmherzigkeit, dazu beigetragen haben, dass aus einem kleiner werdenden Problem eine nationale Tragödie werden konnte. Seit den 1950er-Jahren ist die Armut in Amerika zurückgegangen. Die amerikanische Gesellschaft, eine Gesellschaft der Chancen, wirkte wahre Wunder. Das Wirtschaftswachstum bot Millionen eine Leiter, mit deren Hilfe sie aus der Armut emporsteigen konnten, um ein Leben in Wohlstand zu führen. 1964 wurde der berühmte Krieg gegen die Armut erklärt. Daraufhin geschah etwas Seltsames. Die Armut, gemessen an der Abhängigkeit, ging nicht mehr zurück, sondern stieg sogar an. Ich denke, man könnte sagen, dass die Armut den Krieg gewonnen hat. Und dass sie gewonnen hat, liegt auch daran, dass die staatlichen Programme den Armen nicht halfen, sondern das Band zerrissen, das arme Familien zusammenhielt.
>
> Ein besonders heimtückischer Effekt der Sozialhilfe ist der, dass sie sich die Rolle des Versorgers aneignet. So kann etwa in den Bundesstaaten mit den höchsten Sozialhilfeleistungen die Summe, die eine alleinerziehende Mutter erhält, deutlich höher sein als das übliche Einkommen bei einem Niedriglohnjob. Anders ausgedrückt: Es lohnt sich, wenn man aufhört zu arbeiten. Viele Familien erhalten deutlich höhere Leistungen, wenn der Vater fehlt. Was macht das mit einem Mann, wenn er weiß, dass es seinen eigenen Kindern besser geht, wenn er vor dem Gesetz nie

> als der offizielle Vater gilt? Nach den bestehenden Vorgaben kann eine minderjährige Mutter Sozialleistungen erhalten, mit denen sie eine eigene Wohnung beziehen kann, medizinisch versorgt wird, Lebensmittel und Kleidung erhält. Sie muss nur eine einzige Bedingung erfüllen – sie darf nicht heiraten und auch den Vater nicht nennen … Diese Sozialhilfetragödie dauert schon viel zu lange. Es ist an der Zeit, unser Sozialsystem umzugestalten und es in Zukunft danach zu beurteilen, wie viele Amerikaner unabhängig von Sozialhilfe werden.[579]

Reagans ominöse Behauptungen halten einer Überprüfung nicht stand. Man könnte ganze Regale mit Untersuchungen zur Auswirkung von Sozialhilfe auf die Fruchtbarkeit und Familienstruktur füllen. Und diese Studien kommen in überwältigendem Ausmaß zu dem Schluss, dass die von Reagan dargestellten Auswirkungen, wenn es sie überhaupt gibt, sehr gering sind.[580] Reagans Befürchtungen waren unbegründet.

Doch trotz überwältigender Gegenbeweise hält sich hartnäckig die Vorstellung, dass Sozialhilfe Armut verursacht. Ebenso stößt man irgendwo und irgendwann immer auf Formulierungen wie »Abhängigkeit«, »Sozialhilfekultur«, »Krise der Familienwerte« und die implizite Verbindung zu einer bestimmten ethnischen Herkunft. Im Juni 2018 nahm der französische Präsident Emmanuel Macron sich selbst bei der Vorbereitung einer Rede über seine versprochenen Reformen seiner Programme zur Armutsbekämpfung auf. Die Aufnahme wurde von seinem Stab als ehrlicher »Blick hinter die Kulissen« freigegeben, als unverstellter Einblick in die wahren, ungeschminkten Ansichten des Präsidenten. Trotz der offensichtlichen Unterschiede erlebt man bei Macron einen sehr Reagan-ähnlichen Ton, wenn er wieder und wieder sagt, das derzeitige System sei gescheitert, und innerhalb weniger Minuten sechsmal wiederholt, die Armen müssten mehr Eigenverantwortung übernehmen.[581]

In den USA wurde diese Haltung in aktive Maßnahmen gegossen, als Präsident Clinton 1996 mit der Unterstützung der Demokraten und Republikaner den Personal Responsibility and Work Opportunity Reconciliation Act verabschiedete, ein Gesetz zur Reform der Sozialhilfe, das die Aid to Families with Dependent Children (AFDC) durch die Temporary Assistance for Needy Families (TANF) ersetzte. Die Unterstützung war also nicht mehr unbegrenzt, sondern galt nur noch für einen bestimmten Zeitraum und verlangte, dass sich die Sozialhilfeempfänger Arbeit suchen mussten. Außerdem erhöhte Clinton den Earned Income Tax Credit (eine Steuergutschrift auf das Arbeitseinkommen), mit der der Verdienst armer *Arbeitnehmer* aufgefüllt wird (wodurch die staatliche Unterstützung daran geknüpft ist, dass man bereits Arbeit hat). 2018 veröffentlichte Trumps Rat der Wirtschaftssachverständigen einen Bericht, in dem sie eine bezahlte Beschäftigung als Voraussetzung für die Inanspruchnahme der drei großen Sozialhilfeprogramme empfahlen: Medicaid, SNAP (die Lebensmittelmarken) und Mietzuschüsse.[582] Im Juni 2018 verlangte Arkansas als erster Bundesstaat einen Arbeitsnachweis für Erwachsene, die Medicaid in Anspruch nehmen wollen. Interessanterweise lautet das Hauptargument des Wirtschaftsrats nicht mehr, dass der Krieg gegen die Armut gescheitert sei, stattdessen wird verkündet: »Unser Krieg gegen die Armut ist größtenteils geschlagen und ein Erfolg.« In dem Bericht heißt es: »Das soziale Netz – einschließlich steuerlicher Erleichterungen und der [baren und unbaren] Transferleistungen – hat zu einem dramatischen Rückgang der Armut [korrekt gemessen] in den USA geführt. Allerdings gingen die Maßnahmen mit einem Rückgang der Selbstständigkeit [in Hinblick auf den Bezug von Sozialleistungen] bei arbeitsfähigen, körperlich und geistig nicht beeinträchtigten Erwachsenen einher. Eine Erweiterung der Arbeitsverpflichtung bei den unbaren Sozialhilfeprogrammen würde die Selbstständigkeit erhöhen, ohne die Fortschritte bei der Beseitigung der materiellen Not zu gefährden.« Mit anderen Worten: Die Betroffenen sollten für ihr Essen arbeiten, damit sie nicht ihre »amerikanische Arbeitsmoral« verloren, »die Motivation, die uns Amerikaner dazu treibt, jede Woche mehr Stunden und jedes Jahr mehr Wochen zu arbeiten als in anderen Wirtschaftsnationen [und damit] einen langanhaltenden Beitrag zum Erfolg der USA zu leisten«. Sicher, das könne für Unannehmlichkeiten sorgen, sei es aber wert, um eine hohe Zahl armer Menschen davon abzuhalten, sich der Faulheit hinzugeben, die schließlich eine der Todsünden sei. Die Puritaner hätten sicher Beifall geklatscht.

## Unser tägliches Brot gib uns heute

Die Puritaner wären auch mit der Abneigung gegen Bargeldzahlungen an Bedürftige einverstanden gewesen, die auf beiden Seiten des politischen Spektrums eine gewisse Tradition hat. In Indien ist das Gesetz für eine gesicherte Lebensmittelversorgung eins der erfolgreicheren politischen Vorhaben der Linken. Das Gesetz, das 2013 verabschiedet wurde, verspricht fast zwei Dritteln der Inder, also über 700 Millionen Menschen, 5 Kilo subventioniertes Getreide pro Monat.[583] In Ägypten wurden 2017/18 für subventionierte Lebensmittel 85 Milliarden Ägyptische Pfund (4,95 Milliarden Dollar oder 2 Prozent des BIP) aufgewendet.[584] In Indonesien gibt es das Programm Rastra (früher Raskin), mit dem subventionierter Reis an über 33 Millionen Haushalte verteilt wird.[585]

Die Verteilung von Getreide ist kompliziert und kostenintensiv. Die zuständige Behörde muss das Getreide kaufen, einlagern und transportieren, oft über viele hundert Kilometer. Für Indien schätzt man, dass sich die Kosten des Programms durch Transport und Lagerung um 30 Prozent erhöhen. Zusätzlich muss gewährleistet werden, dass die Empfänger das Getreide auch zum beabsichtigten günstigen Preis bekommen. In Indonesien erhielten die Haushalte, die einen

Anspruch darauf hatten, 2012 nur ein Drittel der Menge, die ihnen laut Raskin zustand, außerdem zahlten sie 40 Prozent mehr, als offiziell festgelegt worden war.[586]

In Indien überlegt die Regierung mittlerweile, sogenannte direkte Sozialleistungen einzuführen, bei denen den Anspruchsberechtigten Geld auf ein Konto überwiesen wird, anstatt sie mit Lebensmitteln (oder anderen Sachleistungen) zu versorgen, weil diese Methode deutlich günstiger und weniger korruptionsanfällig wäre. Allerdings regt sich dagegen erheblicher Widerstand, der überwiegend von linksgerichteten Intellektuellen kommt. Bei einer Umfrage, an der 1200 Haushalte in ganz Indien beteiligt waren, wurde gefragt, ob den Teilnehmern Bargeld oder Lebensmittel lieber wären. Insgesamt bevorzugten zwei Drittel der Haushalte Lebensmittel statt Bargeld. In den Bundesstaaten, in denen die Lebensmittelverteilung gut funktionierte (hauptsächlich in Südindien), sprachen sich sogar noch mehr für Lebensmittel aus. Nach dem Grund gefragt, nannten 13 Prozent der Haushalte die Transaktionskosten (die Bank und der Markt liegen weit entfernt, es ist also mühsam, das Geld abzuheben und damit Lebensmittel zu kaufen). Doch ein Drittel der Haushalte, die Lebensmittel bevorzugten, argumentierten, die direkten Lebensmittellieferungen würden sie davor bewahren, das Geld für andere Dinge auszugeben. In Dharmapuri im Bundesstaat Tamil Nadu erklärte ein Befragter: »Lebensmittel sind viel sicherer. Das Geld gibt man viel zu leicht aus.« Ein anderer meinte: »Selbst wenn Sie mir das Zehnfache der Summe geben, würde ich den Ration Shop [Laden, in dem man die Bezugscheine einlöst] bevorzugen, weil man Lebensmittel nicht verprassen kann.«[587]

## Baissespekulation auf das Ich

Dabei liegen uns keine Hinweise vor, die diese Befürchtungen rechtfertigen würden. Im Jahr 2014 hatten 119 Entwicklungsländer ein System der bedingungslosen Bartransferleistungen und 52 Länder ein System der bedingten Bartransferleistungen für einkommensschwache Haushalte. Zusammengenommen waren das eine Milliarde Menschen in Entwicklungsländern, die an mindestens einem dieser Programme teilhatten.[588] Viele dieser Programme wurden anfangs als Pilotprojekte durchgeführt. Aus all diesen Experimenten ging kein Beleg dafür hervor, dass die Empfänger das Geld einfach nach Lust und Laune verschleudern, anstatt ihre Grundbedürfnisse damit zu decken. Wenn überhaupt, dann *stieg* der Anteil an ihren Gesamtausgaben, den sie *für Lebensmittel* aufwendeten (das heißt, dass sie nicht nur mehr für Lebensmittel ausgaben, wenn sie mehr Geld zur Verfügung hatten, sondern dass sie sogar so viel mehr dafür ausgaben, dass der Anteil der Lebensmittelausgaben stieg); ihre Ernährung verbesserte sich, und auch für Bildung und Gesundheit wurde mehr ausgegeben.[589] Es gibt auch keine Belege dafür, dass Transferleistungen in bar zu erhöhten Ausgaben für Tabak und Alkohol führen.[590] Bei Bargeldleistungen steigen die Ausgaben für Lebensmittel ebenso stark wie bei Lebensmittelbezugscheinen.[591]

Nicht einmal Männer verschwenden das Geld; wenn die Leistungen nach dem Zufallsprinzip an einen Mann oder eine Frau gehen, lässt sich kein Unterschied zwischen der Summe erkennen, die für Lebensmittel ausgegeben wird, und der Summe, die beispielsweise für Alkohol oder Tabak ausgegeben wird.[592] Dennoch geben wir das Geld lieber den Frauen, weil dadurch das Machtgleichgewicht innerhalb der Familie etwas zurechtgerückt wird und die Frau vielleicht die Möglichkeit hat, das zu tun, was ihrer Meinung nach wichtig ist (zum Beispiel auch außerhalb des Hauses zu arbeiten),[593] und weniger aus dem Grund, dass wir denken, der Mann würde alles versaufen.

## Vorsicht Schlangengrube

Es gibt keine Belege dafür, dass finanzielle Transferleistungen dazu führen, dass die Empfänger weniger arbeiten.[594] Ökonomen zeigen sich dennoch überrascht – warum soll man arbeiten, wenn man das Geld nicht zum Überleben braucht? Was ist mit der Versuchung durch Faulheit, eine der Todsünden, für die man später in der Hölle in einer Schlangengrube büßen muss?

Es ist aber durchaus plausibel, dass viele (wahrscheinlich sogar die meisten) Menschen etwas mit ihrem Leben anfangen wollen, sie jedoch daran gehindert werden, weil der tägliche Kampf am Existenzminimum sie lähmt. Vielleicht werden sie durch zusätzliches Geld motiviert, härter zu arbeiten und/oder etwas Neues auszuprobieren. In Ghana führten Abhijit und seine Kollegen ein Experiment durch. Hilfsbedürftige bekamen das Angebot, Taschen herzustellen, die ihnen dann zu sehr großzügigen Preisen abgekauft wurden. Einige Frauen (nach dem Zufallsprinzip ausgewählt) nahmen zudem an einem Programm teil, bei dem sie Produktionsmittel (meistens Ziegen) und eine Anleitung erhielten, wie man dieses Produktionsmittel am besten nutzt. Außerdem wurde ihr Selbstvertrauen gestärkt (die Frauen waren sehr arm und glaubten nicht, dass sie bei irgendetwas Erfolg haben könnten). Obwohl sie sich neben ihrer üblichen Arbeit nun zusätzlich um die Ziegen kümmern mussten (die ihnen auch ein kleines Einkommen bescherten, weshalb sie weniger auf zusätzliche Einnahmen angewiesen waren), stellten die Frauen aus dem Zusatzprogramm mehr Taschen her und verdienten mit ihnen außerdem mehr als diejenigen, die nicht am Zusatzprogramm teilnahmen. Besonders interessant war, dass der Unterschied zwischen den Frauen mit Ziegen und den Frauen ohne am deutlichsten zutage trat, wenn eine Tasche einen komplizierten Schnitt hatte. Die Ziegenbesitzerinnen arbeiteten schneller und erfüllten trotzdem die erforderlichen Qualitätsstandards. Die plausibelste Erklärung ist die, dass das geschenkte Produktionsmittel ihnen die Sorgen um den täglichen Existenzkampf abnahm, wodurch sie die nötige Leistungsfähigkeit und Energie hatten, sich auf ihre Arbeit zu konzentrieren.[595]

Wer in einem Entwicklungsland arm ist, bekommt keinen Kredit (oder nur zu astronomischen Zinsen) und hat niemanden, der für ihn bürgt, wenn sein Unternehmen scheitert. Unter diesen Bedingungen ist es viel schwieriger für denjenigen oder diejenige, das eigene Traumunternehmen zu gründen. Mit einer finanziellen Transferleistung über mehrere Jahre ist für zusätzliches Geld gesorgt und zudem die Versorgung gesichert, falls das Unternehmen scheitert. Ein garantiertes Einkommen könnte auch dazu führen, dass sich jemand motiviert fühlt, sich woanders nach einem besseren Job umzusehen, neue Fähigkeiten zu erlernen oder ein neues Unternehmen zu gründen.

Aber vielleicht gilt das alles nur für Entwicklungsländer, wo die Armen wirklich sehr arm sind und das Geld sie überhaupt erst *in die Lage versetzt* zu arbeiten. Vielleicht ist die Situation in den USA ganz anders, weil dort jeder, so arm er auch sein mag, normalerweise eine Arbeit finden kann. Macht sich hier womöglich der befürchtete Trägheitseffekt bemerkbar? Doch auch für die USA gibt es bis in die 1960er-Jahre zurückreichende Belege, die zeigen, dass die Trägheit kein wesentlicher Faktor ist. Tatsächlich wurde das erste großangelegte randomisierte Experiment der Sozialwissenschaften, das New Jersey Income Maintenance Experiment, eigens entwickelt, um die Auswirkungen einer »negativen Einkommenssteuer« zu ermitteln. Hinter einer negativen Einkommenssteuer steht der Gedanke, die Einkommenssteuer so zu gestalten, dass jeder Bürger über ein Mindesteinkommen verfügt. Geringverdiener sollen negative Steuern zahlen, damit sie mehr Geld bekommen, als sie verdienen. Wenn sie mehr verdienen, erhalten sie immer weniger Transferleistungen, bis sie irgendwann selbst in das System einzahlen.

Das unterscheidet sich insofern vom bedingungslosen Grundeinkommen, als für diejenigen, die an der Schwelle zwischen Empfänger und Einzahler stehen, ein potenziell starker Anreiz besteht, nicht zu arbeiten. Anders ausgedrückt, zusätzlich zum *Einkommenseffekt* (ich muss nicht arbeiten, wenn ich genug Geld zum Leben habe), den viele Politiker fürchten, kann ein derartiges System auch einen *Substitutionseffekt* haben (meine Arbeit bringt weniger ein, weil das, was ich zusätzlich verdiene, wieder von meinen Transferleistungen abgezogen wird).

Viele Experten und Politiker beider Parteien befürworteten in jener Zeit eine negative Einkommenssteuer. Das US Office of Economic Opportunity unter dem demokratischen Präsidenten Lyndon B. Johnson propagierte die Idee und entwickelte Pläne, das traditionelle Sozialhilfesystem durch die negative Einkommenssteuer zu ersetzen. Bei den Konservativen setzte sich Milton Friedman dafür ein, die meisten bestehenden Transferprogramme zu streichen und stattdessen die negative Einkommenssteuer einzuführen. Die Maßnahme war Teil der vom republikanischen Präsidenten Richard Nixon vorgeschlagenen Sozialhilfereform 1971, doch der Kongress lehnte sie ab. Man befürchtete damals, dass die Empfänger infolge des Programms weniger arbeiten würden und am Ende der Staat Bürger finanzieren würde, die sonst für ihren eigenen Lebensunterhalt aufgekommen wären.

Heather Ross, eine Doktorandin der Wirtschaftswissenschaften am MIT, entwickelte in jener Zeit erstmals in den Wirtschaftswissenschaften die Idee, diese Frage durch ein Experiment zu klären. Ross war frustriert, dass Politiker ihre Wirtschaftspolitik mithilfe von Anekdoten begründeten und dass es keine Daten gab, auf deren Grundlage sich feststellen ließ, ob Niedrigverdiener aufhören würden zu arbeiten, wenn sie Leistungen über ein derartiges Programm erhielten. 1967 reichte sie beim Office of Economic Opportunity einen Vorschlag zur Durchführung einer randomisierten Kontrollstudie ein. Die Finanzierung des Experiments wurde bewilligt, sodass Ross, wie sie es selbst formulierte, am Ende eine »5 Millionen Dollar schwere Doktorarbeit« schrieb.[596]

Das Resultat dieses genialen Vorschlags war nicht nur das New-Jersey-Experiment, sondern eine Reihe weiterer Experimente. Anfang der 1970er-Jahre wich Donald Rumsfeld (ja, genau der) vom Konzept der negativen Einkommenssteuer etwas ab und ließ bei einer Reihe weiterer Experimente verschiedene Varianten testen. Das erste Experiment wurde in städtischen Gebieten von New Jersey und Pennsylvania durchgeführt (1968 bis 1972), mit anschließenden Experimenten in ländlichen Gebieten von Iowa und North Carolina (1969 bis 1973), danach in Gary, Indiana (1971 bis 1974), und das größte, das Seattle-Denver Income Maintenance Experiment (SIME/DIME) in Seattle, Washington, und Denver, Colorado (1971 bis 1982 mit 48 000 Haushalten).[597]

Die Experimente demonstrierten überzeugend die Realisierbarkeit und den Nutzen randomisierter Kontrollstudien für die Politik. Erst Jahrzehnte später sollten vergleichbar intellektuell ambitionierte Projekte wieder im Mittelpunkt der Sozialpolitik stehen. Allerdings war ihre Gestaltung und Umsetzung alles andere als perfekt (schließlich waren es auch die ersten sozialwissenschaftlichen Experimente). Teilnehmer wurden aus den Augen verloren, Stichproben waren zu klein für präzise Resultate und die Daten waren aufgrund von Mängeln bei der Datenerhebung verzerrt.[598] Und da das Programm eine kurze Laufzeit hatte und in kleinem Maßstab durchgeführt wurde, konnte man auch nicht so einfach ableiten, was bei einem dauerhafteren und breiter angelegten Programm passieren würde.

Doch insgesamt deuten die Ergebnisse aus den Experimenten mit der negativen Einkommenssteuer darauf hin, dass das Angebot an Arbeitskräften zwar etwas zurückging, aber nicht so stark wie befürchtet. Im Durchschnitt wurde nur zwei bis vier Wochen weniger pro Jahr gearbeitet als bei einer Vollzeitbeschäftigung.[599] Beim größten Experiment (SIME/DIME) reduzierten Ehemänner, die eine negative Einkommenssteuer erhielten, die Zahl ihrer Arbeitsstunden nur um 9 Prozent im Vergleich zu den Arbeitnehmern, die nicht am Programm teilnahmen. Allerdings reduzierten Ehefrauen, die eine negative Einkommenssteuer erhielten, ihre Arbeitsstunden um 20 Prozent.[600] Offiziell kam die Studie zu dem Schluss, dass das Programm zur Einkommenserhaltung keine großen Auswirkungen auf die Neigung der Empfänger hatte, mehr oder weniger zu arbeiten, vor allem, wenn es sich um die Hauptverdiener in der Familie handelte.[601]

Es gibt auch aktuelle Beispiele für lokale bedingungslose Transferprogramme aus verschiedenen Teilen der USA. So verteilt der Alaska Permanent Fund seit 1982 eine Dividende von etwa 2000 Dollar pro Jahr an die Einwohner des Bundesstaats. Die jährliche Ausschüttung scheint keine negativen Auswirkungen auf die Beschäftigung zu haben.[602] Sicher ist die Dividende aus dem Alaska Permanent Fund, obwohl sie sich auf alle Einwohner erstreckt und dauerhaft ist (wie der Name schon sagt), auch relativ niedrig im Vergleich zu einem bedingungslosen Grundeinkommen. Wenn das Geld genügte, um davon zu leben, hätten die Empfänger vielleicht aufgehört zu arbeiten. Ein Programm, das dem bedingungslosen Grundeinkommen mehr ähnelt, ist die Zahlung von Dividenden aus den Kasinos, die auf dem Land der Cherokee stehen, an die Mitglieder des Stammes. Die Transferleistungen, etwa 4000 Dollar pro Jahr für jeden Erwachsenen, bedeuten eine erhebliche Einkommenssteigerung, das durchschnittliche jährliche Haushaltseinkommen amerikanischer Ureinwohner liegt bei 8000 Dollar pro Kopf. Bei einem Vergleich anspruchsberechtigter und nicht anspruchsberechtigter Familien in den Smoky Mountains vor und nach den Zahlungen kam eine Studie zu dem Schluss, dass die Zahlungen keine Auswirkung auf die Erwerbstätigkeit der Familienmitglieder hatten, sich aber deutliche positive Veränderungen bei der Bildung der Jugendlichen zeigten.[603]

## Ein rudimentäres Grundeinkommen

Es gibt also keinen Beleg für die Annahme, dass bedingungslose Transferleistungen zum Nichtstun verleiten. Was sagt uns das nun über die Gestaltung der Sozialpolitik?

In Entwicklungsländern, wo das Risiko höher ist, hin und wieder mittellos dazustehen, und wo das soziale Netz fehlt, das es, wenn auch mit Lücken, in reichen Ländern (Notaufnahmen, Obdachlosenunterkünfte, Essensausgaben) gibt, könnte eine Rückversicherung wie das bedingungslose Grundeinkommen von enormem Wert sein. Das Grundeinkommen könnte den Menschen nicht nur in plötzlich eintretenden Notsituationen helfen, sondern sie auch ermuntern, etwas Neues auszuprobieren.

In vielen Entwicklungsländern sichern sich die Einwohner gegen Einkommensausfälle durch Landbesitz ab. Wir sprachen bereits in Kapitel 2 über ihr Zögern wegzuziehen, und einer der Gründe dafür ist der, dass diejenigen, die wegziehen, ihre Landrechte verlieren können. Interessanterweise beziehen die meisten ländlichen Haushalte mit Landbesitz in Indien den Großteil ihres Einkommens gar nicht mehr aus der Landwirtschaft. Dennoch bleibt Landbesitz wichtig, weil er als Rückversicherung dient – wenn alles andere scheitert, kann man immer noch seine eigenen Lebensmittel anbauen.

Die Folge ist, dass Gebiete mit einem hohen Anteil an kleinen Landbesitzern Probleme mit der Industrialisierung haben. Das liegt auch an der Natur der Landreform; wenn Arme Land bekommen, dürfen sie es zwar vererben, aber oft nicht verkaufen. Doch auch die Bauern sträuben sich häufig gegen einen Verkauf. Im Bundesstaat Westbengalen setzten sich die Kommunisten gleich nach ihrer Wahl 1977 dafür ein, dass Pachtbauern das Recht erhielten, das von ihnen bestellte Land dauerhaft zu nutzen. Das Recht konnte vererbt, aber nicht weiterverkauft werden. Dreißig Jahre später versuchte die gleiche kommunistische Regierung, die nun etwas gegen die mangelnde

Industrialisierung unternehmen wollte, den Bauern (einschließlich der Pachtbauern) die Landrechte wieder abzukaufen. Das Vorhaben stieß auf so erbitterten Widerstand, dass die Pläne auf Eis gelegt wurden. Nach massiven Protesten der Bauern gegen die Vertreibung von ihrem Land, die blutig niedergeschlagen wurden, erhielten die Kommunisten die politische Quittung und wurden aus der Regierung gedrängt.

Das Einzige, was die Bauern in Westbengalen als Ausgleich dafür wollten, auf ihr Land zu verzichten, war ein sicherer Job, eine stabile Einnahmequelle. Wenn es eine Art bedingungsloses Grundeinkommen gegeben hätte, wäre der Widerstand womöglich geringer ausgefallen und es wäre einfacher gewesen, Ackerland in Gewerbeflächen umzuwandeln. In Kapitel 5 stellten wir fest, dass die schlechte Landnutzung wesentlich zur Fehlleitung von Ressourcen in Indien beiträgt und vermutlich erheblichen Anteil am ausbleibenden Wirtschaftswachstum hat. Wenn ein Grundeinkommen dazu führen würde, dass die Bauern nicht mehr um jeden Preis an ihrem Land festhalten müssten, könnte man diese Fehlallokation reduzieren. Auch die Fehlallokation von Arbeitskräften könnte sich verringern, wenn die Landbesitzer bereit wären, ihr Land zu verkaufen und dorthin zu ziehen, wo der Arbeitsmarkt bessere Chancen bietet.

Allerdings gibt es in Indien derzeit kein bedingungsloses Grundeinkommen oder etwas Vergleichbares. Das derzeit von der Regierung vorgeschlagene Programm gilt nur für Bauern und ist nicht darauf ausgelegt, dass sie allein damit ihren Lebensunterhalt bestreiten könnten. Die von der Opposition vorgeschlagene Mindesteinkommensgarantie ähnelt mehr der negativen Einkommenssteuer. Sie soll sich an die Armen richten und mit wachsendem Einkommen durch progressive Steuerzahlungen ausgeglichen werden. Tatsächlich haben nur sehr wenige Länder eine dem Grundeinkommen ähnliche Regelung, bei der jedem Bürger die gleiche Summe zusteht, die nicht durch Steuerzahlungen gemindert wird. Wenn es etwas Ähnliches gibt, dann handelt es sich um Transferleistungen für sozial Schwache, die mit Bedingungen verbunden sind oder nicht. Die geeigneten Empfänger zu finden, kann jedoch in Entwicklungsländern sehr schwierig sein, weil viele in der Landwirtschaft oder kleinen Unternehmen arbeiten. Es ist fast unmöglich herauszufinden, wie viel sie verdienen, daher kann man nur schwer die Ärmsten ermitteln (Targeting), um sie mit einem zusätzlichen Einkommen zu versorgen.[604]

Die Alternative zum Targeting ist das Self-Targeting. Das indische Gesetz zur Beschäftigungsgarantie im ländlichen Raum (National Rural Employment Guarantee Act – NREGA) ist das größte Programm mit einem Self-Targeting-Konzept (und könnte vielleicht ein Vorbild für die in den USA vorgeschlagene staatliche Jobgarantie sein). Jede Familie auf dem Land hat Anspruch auf hundert Tage Arbeit im Jahr zum offiziellen Mindestlohn, der in den meisten Regionen höher als der tatsächliche Lohn ist. Es gibt keine offizielle Überprüfung, doch aufgrund der Verpflichtung zur Arbeit (normalerweise auf Baustellen) kommen eigentlich nur diejenigen, die darauf angewiesen sind und daher auch bereit sind, acht Stunden in der prallen Sonne körperlich schwer zu arbeiten.

Das Programm ist bei den Armen sehr beliebt. So beliebt, dass die Regierung Modi beschloss, nach ihrer Wahl 2014 nicht gleich dagegen anzugehen, obwohl sie sich im Wahlkampf für eine Abschaffung ausgesprochen hatte. Der Vorteil eines Workfare-Programms wie NREGA liegt darin, dass es den Mindestlohn in Regionen einführt, wo er sich sonst nicht durchsetzen lässt. Arbeiter können den NREGA-Lohn als Druckmittel bei Verhandlungen mit privaten Unternehmern nutzen, wofür es auch Belege gibt.[605] Eine Studie kam sogar zu dem Ergebnis, dass die Beschäftigung in der Privatwirtschaft wuchs, obwohl auch die Löhne anstiegen. Die Zahl der Arbeitsstellen war aufgrund der geheimen Lohnabsprachen der Arbeitgeber gesunken, was möglicherweise daran lag, dass die Leute nicht bereit oder nicht in der Lage waren, für sehr wenig Geld zu arbeiten.

Der Knackpunkt bei Workfare-Programmen ist in erster Linie der, dass man dafür Millionen Jobs benötigt. In Indien liegt die Verantwortung dafür bei den dörflichen Selbstverwaltungen *(Panchayat).* Doch zwischen den Zentralbehörden und den dörflichen Verwaltungen herrscht großes Misstrauen, jede Seite wirft der anderen Korruption vor (was oft auch seinen Grund hat). Die Folge ist ein hohes Maß an Bürokratie und Ineffizienz, wie es oft vorkommt, wenn der Schwerpunkt auf der Korruptionsbekämpfung liegt. Bis die Genehmigung für ein Projekt vorliegt und die Arbeit tatsächlich beginnen kann, vergehen meist mehrere Monate. Der Vorstand des *Panchayat* muss dafür einiges in Bewegung setzen. Das bedeutet, dass ein Programm nicht auf plötzlich veränderte Bedürfnisse oder Gegebenheiten reagieren kann, etwa eine unerwartete Dürre. Und es bedeutet auch, dass man möglicherweise in einem Dorf lebt, dessen *Panchayat*-Verwaltung der Ansicht ist, die Projekte würden zu viel Mühe machen. Dann hat man einfach Pech. In Bihar, dem ärmsten indischen Bundesstaat, findet weniger als die Hälfte derjenigen, die gern über NREGA arbeiten würden, auch tatsächlich eine Beschäftigung.[606]

Das Programm ist anfällig für Korruption, weil die Personen, die für die Kontrolle zuständig sind, ihre Macht dazu nutzen können, Zahlungen zu blockieren und Bestechungsgelder zu verlangen. Durch den Abbau der verschiedenen Verwaltungsebenen zur Überwachung des Programms schrumpfte das Vermögen der NREGA-Funktionäre auf mittlerer Ebene um 14 Prozent.[607] Aber selbst wenn die Leute Arbeit bekommen, dauert es oft Monate, bis sie dafür bezahlt werden.

Das alles sind gute Argumente für die Einführung eines bedingungslosen Grundeinkommens in vielen Entwicklungsländern. Das Problem ist natürlich das Geld. Die meisten Entwicklungsländer müssten mehr Steuern erheben, aber das lässt sich nicht so schnell ändern. Anfänglich muss der Großteil des Geldes aus der Abschaffung anderer

Programme stammen, darunter auch so große und populäre Maßnahmen wie eine Subventionierung der Stromkosten. Eine Reduzierung der Vielzahl von Programmen hätte sicher auch den Vorteil, die begrenzten staatlichen Kapazitäten auf einige wenige Maßnahmen zu konzentrieren. Die indische Regierung unterhält derzeit Hunderte Programme. Für viele gibt es im Grunde gar keine Finanzierung, dafür aber eine eigene Abteilung mit Mitarbeitern, die kaum etwas erreichen. Manish Sisodia, stellvertretender Chief Minister von Delhi, scherzte einmal, als er in die Regierung gekommen sei, habe es im Haushalt einen Etat für Opiumkäufe gegeben. Der Posten war ein Überbleibsel eines seit Langem abgeschafften Programms zur Unterstützung opiumabhängiger Flüchtlinge aus Afghanistan, die sich in Delhi niedergelassen hatten.

Ein universales Grundeinkommen, das sich ein armes Land leisten kann, kann nur das Nötigste abdecken. Wir haben dafür einen eigenen Begriff kreiert, das Universal Ultra Basic Income, ein rudimentäres Grundeinkommen. Eine OECD-Erhebung zur indischen Wirtschaft schlug 2017 etwas ganz Ähnliches vor. Darin wurde geschätzt, dass eine jährliche Transferleistung von 7620 Rupien (430 Dollar an Kaufkraftparität) an 75 Prozent der indischen Bevölkerung alle mit Ausnahme der absolut Ärmsten über die Armutsgrenze von 2011/12 heben würde. 7620 Rupien sind selbst für indische Verhältnisse sehr wenig (weniger als mehrere Wirtschaftswissenschaftler für ein indisches Grundeinkommen vorschlugen), aber vielleicht würden sie zum Überleben reichen. Die Erhebung beziffert die Kosten für ein derartiges Programm auf 4,9 Prozent des indischen BIP. 2014/15 wurden für die wichtigsten Subventionen (Dünger, Kraftstoff und Lebensmittel) 2,07 Prozent des indischen BIP aufgewandt und die zehn größten landesweiten Sozialprogramme verschlangen 1,38 Prozent. Wenn man also diese bestehenden Programme abschaffen würde, könnte man damit zwei Drittel eines rudimentären Grundeinkommens finanzieren.[608]

Der Vorschlag geht davon aus, dass man 25 Prozent der Bevölkerung relativ leicht vom Programm ausschließen könnte. Möglicherweise könnte man eine leichte Form des Self-Targeting einführen. Wenn beispielsweise jeder Empfänger jede Woche zu einem Bankautomaten gehen und seine biometrischen Daten in das System eingeben müsste, unabhängig davon, ob er Geld abhebt oder nicht, hätte das den zweifachen Vorteil, nicht nur Anspruchsberechtigte mit erfundenen Identitäten auszuschließen, sondern auch all diejenigen, die genug Geld haben und sich deshalb nicht dieser mühsamen Prozedur unterwerfen wollen. Natürlich sollte es Möglichkeiten geben, dass auch Behinderte an ihr Geld kommen. Ebenso muss man technische Ausfälle berücksichtigen (die häufig auftreten, vor allem bei Arbeitern, die schwere körperliche Arbeit mit den Händen leisten, weil sich dadurch ihre Fingerabdrücke verändern). Doch mit der richtigen Formulierung (»Kommen Sie und holen Sie sich ein bisschen zusätzliches Geld, wenn Sie es brauchen«) könnte ein geringes Hindernis wie die wöchentliche Kontrolle am Bankautomaten dafür sorgen, dass diejenigen, die das Geld wirklich benötigen, es auch abheben, während für diejenigen, die es nicht benötigen (etwa 25 Prozent der Bevölkerung), der Aufwand zu groß wäre.

Nach allem, was wir bislang wissen, befürworten wir ein rudimentäres Grundeinkommen, allerdings gibt es keine Daten zu den langfristigen Auswirkungen. Der Großteil der Daten stammt aus relativ kurzlebigen Maßnahmen. Wir können nicht wissen, wie sich Menschen verhalten, wenn ihnen ein Grundeinkommen auf Dauer zugesichert wird. Wenn sich das Neuartige an einem zusätzlichen Einkommen abgenutzt hat, sind sie dann wieder entmutigt und arbeiten weniger oder sind sie motivierter und bemühen sich stärker? Welche langfristigen Auswirkungen hat ein gesichertes Grundeinkommen auf eine Familie? Diese Fragen soll eine großangelegte randomisierte kontrollierte Studie zum Grundeinkommen in Kenia beantworten, an der Abhijit derzeit arbeitet. In 44 Dörfern werden jedem Erwachsenen zwölf Jahre lang 0,75 Dollar am Tag garantiert. In 80 Dörfern erhält jeder Erwachsene zwei Jahre lang den gleichen Betrag. In 71 Dörfern erhält jeder Erwachsene eine einmalige Zahlung von 500 Dollar pro Kopf. Und in 100 weiteren Dörfern bekommen die Einwohner kein Geld, doch ihre Daten werden regelmäßig erfasst. Insgesamt sind fast 15 000 Haushalte an der Studie beteiligt. Die ersten Resultate wird es Anfang 2020 geben.

Allerdings liegen uns langfristige Resultate zu den mit Bedingungen verbundenen Transferleistungen vor, die in mehreren Ländern seit vielen Jahren vorgenommen werden. Die Programme starteten in den 1990er-Jahren; die damaligen Kinder sind mittlerweile junge Erwachsene. Es scheint, als ließe sich ein anhaltender positiver Effekt auf ihr Leben ausmachen. In Indonesien zum Beispiel wurde 2007 das Programm PKH eingeführt, bei dem in 438 Unterdistrikten (nach dem Zufallsprinzip unter 736 Unterdistrikten ausgewählt) an Bedingungen geknüpfte Transferleistungen an insgesamt etwa 700 000 Haushalte gezahlt wurden. Das Programm wies die typischen Eigenschaften der meisten bedingten Transferleistungen auf: Die Haushalte erhielten einen monatlichen Betrag, wenn sie ihre Kinder in die Schule schickten und medizinische Vorsorgemaßnahmen durchführen ließen. Dörfer, die 2007 in das Programm aufgenommen wurden, erhalten bis heute die Transferleistungen, doch aufgrund der Schwerfälligkeit der Verwaltung wurde das Programm nie auf die Kontrolldörfer ausgedehnt. Ein Vergleich zwischen den Dörfern mit Transferleistungen und den Kontrolldörfern zeigt eine deutliche und anhaltende positive Entwicklung in Hinblick auf Gesundheit und Bildung; die Zahl der von medizinischen Fachkräften betreuten Geburten ist erheblich gestiegen und die Zahl der Kinder, die nicht zur Schule gehen, hat sich halbiert. Die langfristigen Auswirkungen auf die Bewohner sind ebenfalls positiv; die Zahl der verkrüppelten Kinder ist um 23 Prozent zurückgegangen, die Zahl der Einwohner mit einer abgeschlossenen Schulausbildung ist gestiegen. Doch trotz dieser positiven Entwicklungen beim Humankapital und trotz der Transferleistungen an sich ist das Vermögen der Haushalte nicht messbar gewachsen.

Das ist ein wichtiger Warnhinweis in Bezug auf die langfristigen Auswirkungen reiner Finanztransferleistungen. Es könnte sein, dass die Auszahlbeträge, die sich der Staat leisten kann, zu klein sind, um einen echten Unterschied bei den Einkommen zu bewirken (und dass höhere Leistungen für das System nicht tragbar sind).[609]

Aus diesen Gründen wäre eine Kombination aus einem rudimentären Grundeinkommen, auf das alle zurückgreifen können, wenn sie es benötigen, und gezielten höheren Transferleistungen für die besonders Bedürftigen in Verbindung mit Bildungsmaßnahmen und einer medizinischen Betreuung der Kinder wahrscheinlich die beste Lösung. Die Bedingungen für den Erhalt der Transferleistungen müssen nicht sehr streng kontrolliert werden. Wie das Beispiel Marokko zeigt, kann ein »expliziter Finanztransfer«, bei dem nur dazu ermuntert wird, das Geld auch für Bildung zu verwenden, ohne dass man die Leistungsempfänger dazu zwingt, genauso effektiv sein und die gleichen Verhaltensänderungen bewirken wie ein traditionelles, mit Bedingungen verknüpftes Transferprogramm.[610] Ähnlich setzte auch das PKH-Programm in Indonesien nicht auf die strikte Einhaltung der Bedingungen. In diesem Sinn war es ebenfalls ein »explizites Transferprogramm«. Dadurch hält man die Verwaltungskosten niedrig und verhindert gleichzeitig, dass die Familien, die besonders auf Unterstützung angewiesen sind, außen vor gelassen werden. Auch das Targeting kann relativ günstig erfolgen, indem man sich auf ärmere Regionen konzentriert und auf leicht verfügbare Daten sowie auf die Informationen lokaler Führungspersönlichkeiten zurückgreift. Sicher wird es Fehler geben. Aber solange man bei der Auslegung der Kriterien großzügig ist (damit diejenigen, die Hilfe benötigen, nicht aussortiert werden, selbst wenn das bedeutet, dass das Geld manchmal an Personen geht, die es gar nicht brauchen), und solange das Grundeinkommen eine Mindestsumme garantiert, kann man vielleicht die Vorteile beider Systeme kombinieren.

## Ein bedingungsloses Grundeinkommen für die USA?

Die Sozialpolitik in den USA (und in den meisten anderen reichen Ländern) bedarf ebenfalls einer gründlichen Überholung. Zu viele Bürger sind wütend und haben das Gefühl, dass sich die Dinge schon viel zu lange zu ihrem Nachteil entwickeln. Und es gibt derzeit kein Anzeichen, dass sich die Wogen von selbst wieder glätten. Ist ein bedingungsloses Grundeinkommen also die Lösung?

Wenn die Wähler der Überzeugung sind, die Regierung sei auf dem richtigen Weg, sträuben sie sich vielleicht weniger gegen die höheren Steuern, die zur Finanzierung des Grundeinkommens erforderlich sind. Nach einer Untersuchung des Pew Research Center[611] sprechen sich 61 Prozent der Amerikaner für eine Maßnahme der Regierung aus, allen Amerikanern ein garantiertes Einkommen zu bieten, das ihre Grundbedürfnisse erfüllt, falls Roboter in der Lage wären, fast alle der bisher von Menschen verrichteten Tätigkeiten zu übernehmen. Bei den Demokraten sind 77 Prozent dafür, bei den Republikanern 38 Prozent. 65 Prozent der Demokraten (aber nur 30 Prozent der Republikaner) sind der Meinung, die Regierung stehe in der Verantwortung, entlassenen Arbeitnehmern zu helfen, selbst wenn dafür eine Steuererhöhung nötig wäre. Angesichts dieser Unterstützung und der Tatsache, dass die Steuern in den USA gemessen an globalen Standards zu niedrig sind, könnte man sich vorstellen, die Steuern anzuheben, damit ihr Anteil von 26 Prozent auf 31,2 Prozent des BIP steigen würde. Dadurch könnte jeder Amerikaner 3000 Dollar im Jahr erhalten.[612] Bei einer vierköpfigen Familie wären das 12 000 Dollar pro Jahr, die Hälfte des für die Armutsgrenze festgelegten Betrags.

Das wäre kein Vermögen, aber doch eine beträchtliche Summe für diejenigen, die dem ärmsten Drittel der Bevölkerung angehören. Wenn das Grundeinkommen über eine Kapitalsteuer finanziert wird und der Anteil des Kapitals in der Wirtschaft aufgrund der Automatisierung steigt, würde der Betrag für die Bürger im Lauf der Zeit großzügiger ausfallen. In Europa gibt es weniger Spielraum für eine Steuererhöhung, dafür könnte man aber eine ganze Reihe an Sozialleistungen (Wohngeld, Einkommensunterstützung und so weiter) zu einer einzigen Zahlung zusammenfassen und die Auflagen zur Verwendung des Geldes reduzieren. Im Grunde wurde das 2017 und 2018 in Finnland ausprobiert, wo 2000 nach dem Zufallsprinzip ausgesuchte *Arbeitslose* ein Grundeinkommen erhielten, das alle traditionellen Hilfsprogramme (Wohngeld, Arbeitslosenunterstützung und so weiter) ersetzte. Die verbleibenden 173 222 Arbeitslosen bildeten die Kontrollgruppe. Erste Resultate deuten darauf hin, dass die Empfänger des Grundeinkommens zufriedener sind. Die Einkünfte unterscheiden sich bei den beiden Gruppen nicht, was sich mit dem deckt, was wir bisher beobachtet haben.[613]

Aber würde ein Grundeinkommen wirklich die Wut derjenigen dämpfen, die das Gefühl haben, auf der Strecke geblieben zu sein? Viele Befürworter eines Grundeinkommens, aber nicht die Armen, scheinen darin eine Möglichkeit zu sehen, diejenigen ruhigzustellen, die durch den Strukturwandel nicht mehr gebraucht werden und keine Arbeit mehr finden. Sie gehen davon aus, dass die Betroffenen mit einem Grundeinkommen zufriedener wären und etwas anderes machen würden, anstatt weiter nach Arbeit zu suchen. Aber nach allem, was wir bisher wissen, erscheint das sehr unwahrscheinlich. Bei unserer Umfrage stellten wir die folgende Frage: »Glauben Sie, dass Sie, wenn es ein bedingungsloses Grundeinkommen für alle in Höhe von 13 000 Dollar im Jahr geben würde, aufhören würden zu arbeiten oder sich nach einer Arbeit umzusehen?« 87 Prozent antworteten mit Nein.[614] Die zahlreichen im Buch angeführten Belege weisen darauf hin, dass die meisten Menschen wirklich arbeiten wollen, und zwar nicht nur, weil sie das Geld brauchen; die Arbeit wirkt sinnstiftend, vermittelt ein Gefühl der Zugehörigkeit und gibt ihnen Würde.

2015 führte die Rand Corporation eine Untersuchung zu den Arbeitsbedingungen von etwa 3000 Amerikanern durch.[615] Die Teilnehmer wurden gefragt, wie oft ihnen ihre Arbeit das Folgende vermittelt: »Zufriedenheit nach guter Arbeit«, »das Gefühl, etwas Nützliches zu tun«, »das Gefühl, persönlich etwas zu leisten«, »eine Möglichkeit, etwas Positives für die Gemeinschaft/Gesellschaft zu bewirken«, »die Möglichkeit, die eigenen Fähigkeiten voll einzusetzen« und »Ziele, die man anstreben kann«. Vier von fünf Arbeitnehmern gaben an, ihre Arbeit biete immer oder meistens mindestens eine dieser Erfahrungen.

Etwa zur gleichen Zeit sammelte das Pew Research Center Daten zur Zufriedenheit der Amerikaner mit ihrer Arbeit und fragten die Teilnehmer, ob sie den Eindruck hätten, ihre Arbeit gebe ihnen ein Gefühl der Identität.[616] Etwa die Hälfte (51 Prozent) der erwerbstätigen Amerikaner sagte, die Arbeit vermittle ihnen dieses Gefühl, während die andere Hälfte (47 Prozent) angab, sie würden ihre Arbeit nur machen, um ihren Lebensunterhalt zu verdienen.

Es ist nicht ganz klar, wie die Zahlen aus den beiden Studien zusammenpassen, allerdings wird auf jeden Fall deutlich, dass viele in ihrer Arbeit mehr sehen als ein reines Mittel zum Geldverdienen. Allerdings betrachten vor allem die Arbeitnehmer mit höherer Bildung und einem höheren Verdienst ihre Arbeit als Teil ihrer Identität; von denjenigen, die 30 000 Dollar im Jahr oder weniger verdienen, bezeichnen nur 37 Prozent ihre Arbeit als identitätsstiftend. Auch bei den verschiedenen Branchen gibt es erhebliche Unterschiede. So geben etwa 62 Prozent der Arbeitnehmer im Gesundheitssektor und 70 Prozent im Bildungssektor an, ihre Arbeit trage zu ihrer Identität bei; verglichen mit 42 Prozent in der Gastronomie und 36 Prozent im Groß- oder Einzelhandel.

Man unterscheidet also zwischen guten und schlechten Jobs oder zumindest zwischen sinnvoller und weniger sinnvoller Arbeit. Besser bezahlte Jobs sind im Durchschnitt auch bessere Jobs, doch auch die Art der Tätigkeit spielt eine Rolle. Vermutlich gibt man auch ungern eine Arbeit auf, die man gern macht, um zu einem Job zu wechseln, den man als sinnlos betrachtet, selbst wenn sich das Einkommen dadurch kaum verändern würde. Und es geht auch nicht spurlos an einem Arbeitnehmer vorüber, wenn er einen Job verliert, den er viele Jahre lang gemacht hat. Viele Studien kamen zu dem Schluss, dass sich Arbeitnehmer nach einer Massenentlassung in Hinblick auf ihre Einkommen nie wieder so ganz erholen. Im Schnitt sind die Jobs, die sie finden, schlechter bezahlt, weniger stabil und mit weniger Zusatzleistungen ausgestattet.[617]

Das hängt vermutlich damit zusammen, dass es beim Arbeitsmarkt auch immer darum geht, dass Arbeitnehmer und Arbeitgeber zusammenpassen, wie wir in Kapitel 2 ausführten. Es ist ein Glücksfall, wenn man einen Arbeitgeber findet, der einem vertraut und einen schätzt und dem man ebenfalls Vertrauen und Wertschätzung entgegenbringen kann. Wenn man einen solchen Arbeitsplatz gefunden hat, ist es ganz natürlich, dass man dort bleiben will, was wiederum in einer stabileren und in ökonomischer wie anderer Hinsicht lohnenswerten Laufbahn mündet. Verliert man diese Verbindung, ist es schwer, sie wiederherzustellen, vor allem, wenn man älter und nicht mehr so flexibel ist.

Das kann bemerkenswerte und erschreckende Folgen haben. Bei einer Studie wurde festgestellt, dass für Arbeitnehmer, die nach langer Unternehmenszugehörigkeit entlassen werden, eine höhere Wahrscheinlichkeit besteht, in den ersten Jahren nach der Kündigung zu sterben.[618] Der Verlust des Arbeitsplatzes bricht manchen Menschen im wahrsten Sinne des Wortes das Herz. Die Auswirkung einer Kündigung auf die Sterblichkeit geht im Lauf der Zeit wieder zurück, sinkt aber nie auf null, weil auch langfristigere Probleme wie Alkoholismus, Depressionen, chronische Schmerzen und Abhängigkeit dazukommen. Insgesamt kam die Studie zu dem Ergebnis, dass die Lebenserwartung von Arbeitnehmern, die im mittleren Alter entlassen werden, um ein bis eineinhalb Jahre sinkt.

Veränderungen haben einen Preis, den viele Wirtschaftsanalysen ignorieren. Als Wirtschaftswissenschaftler machen wir uns Gedanken über Einkommensverluste und die Zeit und Anstrengung, die für die Suche nach einem neuen Arbeitsplatz aufgewendet werden, doch die Kosten, die mit dem eigentlichen Verlust verbunden sind, tauchen in unseren Berechnungen nirgends auf. Wahrscheinlich ist es daher auch keine große Überraschung, dass das bedingungslose Grundeinkommen, das viele Wirtschaftswissenschaftler als Idee anspricht, diese Kosten ebenfalls ignoriert. Das Grundeinkommen geht von einer Welt aus, in der die entlassenen Arbeitnehmer ihre Kündigung als Befreiung sehen, weil sie dann nicht mehr arbeiten müssen. Man stellt sich vor, dass junge Ruheständler, die von ihrem Grundeinkommen leben, einen neuen Sinn in ihrem Leben finden, zu Hause arbeiten, sich für die Gemeinschaft engagieren, ein Handwerk lernen oder die Welt erkunden. Aber leider deutet vieles darauf hin, dass es den Menschen schwerfällt, einen Sinn außerhalb der Arbeit und der damit verbundenen Struktur zu finden. Seit Beginn der Zeitbudgeterhebung (American Time Use Survey – ATUS) in den 1960er-Jahren in den USA ist die Zeit, die man mit Freizeitaktivitäten verbringt, bei Männern und Frauen leicht gestiegen.[619] Bei jungen Männern wird ein erheblicher Anteil der Zeit seit 2004 auf Videospiele verwendet.[620] Bei allen anderen Gruppen wird die Freizeit überwiegend mit Fernsehen verbracht. 2017 verbrachten Männer im Schnitt fünfeinhalb Stunden mit Freizeitaktivitäten (darunter auch Surfen im Internet, Fernsehen, Zeit mit Freunden und ehrenamtliche Arbeit), bei den Frauen waren es fünf Stunden. Fernsehen war die Freizeitaktivität, die am meisten Zeit in Anspruch nahm (2,8 Stunden am Tag). Die Treffen mit Freunden außerhalb der Wohnung oder des Hauses lagen mit 38 Minuten abgeschlagen auf Platz zwei.[621] Während der weltweiten Finanz- und Wirtschaftskrise ab 2008, als man weniger Zeit außerhalb des Hauses bei der Arbeit verbrachte, nahmen Fernsehen und Schlafen die Hälfte der Zeit ein, die mit einem Mal zur freien Verfügung stand.[622]

Aber anscheinend machen Schlafen und Fernsehen nicht unbedingt glücklich. Daniel Kahneman und Alan Krueger zeigten mithilfe von Umfragen, bei denen sie die Teilnehmer baten, ihren Tag zu rekonstruieren und ihre Gefühle während der jeweiligen Tätigkeit zu notieren, dass bei den Freizeitaktivitäten das Fernsehen, die Beschäftigung mit dem Computer und die Nickerchen nur selten als unmittelbarer Genuss beschrieben und kaum als Erfolgserlebnis betrachtet wurden. Die gemeinsame Zeit mit Freunden zählte zu den erfreulichsten Tätigkeiten.[623]

Offenbar fällt es vielen Menschen sehr schwer, für sich selbst herauszufinden, wie sie ihr Leben sinnvoll gestalten können. Die meisten benötigen ein strukturiertes Arbeitsumfeld, dem sie dann Bedeutung oder Sinn geben können. Dieser Aspekt kommt auch immer wieder zur Sprache, wenn Arbeitnehmer Befürchtungen hinsichtlich der Automatisierung äußern. In der Umfrage des Pew Research Center erklärten 64 Prozent der Teilnehmer, sie würden davon ausgehen, dass die Menschen Schwierigkeiten hätten, etwas mit ihrem Leben anzufangen, wenn hochentwickelte Roboter und Computer sie aus dem Arbeitsmarkt drängen würden.[624] Wer mehr Zeit zur Verfügung hat (Ruheständler, Arbeitslose, Nichtwerktätige), neigt tatsächlich weniger dazu, sich ehrenamtlich zu engagieren, als Vollbeschäftigte.[625] Die ehrenamtliche Tätigkeit ist etwas, was wir *zusätzlich* zu unseren regelmäßigen Aktivitäten machen, nicht *stattdessen.*

Anders ausgedrückt, wenn wir mit der Annahme richtig liegen, dass die wahre Krise in den reichen Ländern darin besteht, dass viele Bürger, die sich früher als Teil der Mittelschicht betrachteten, ihr Selbstwertgefühl verloren haben, das sie früher aus ihrer Arbeit bezogen, dann ist ein bedingungsloses Grundeinkommen keine

Lösung. Für diesen Unterschied zwischen reichen und armen Ländern gibt es zwei Erklärungen. Erstens ist das Grundeinkommen einfach umzusetzen, und in vielen armen Ländern fehlt es an staatlichen Kapazitäten zur Umsetzung komplizierter Programme. Das gilt jedoch nicht für die USA und schon gar nicht für Frankreich oder Japan.

Zweitens hätten auch die Durchschnittsbürger der meisten Entwicklungsländer gern einen stabilen Job mit einem guten Einkommen und Zusatzleistungen, aber sie denken nicht, dass sie *ein Anrecht darauf* haben. Ein sehr großer Teil der Armen und von Armut Bedrohten, die praktisch alle in Entwicklungsländern leben, haben keine feste Arbeit, aber das sind sie gewohnt. Sie wissen, dass sie innerhalb von einem Monat, manchmal sogar an ein und demselben Tag, von einer Tätigkeit zu einer ganz anderen wechseln müssen, je nachdem, was sich ihnen gerade bietet. Morgens verkaufen sie Snacks und am Nachmittag arbeiten sie als Näherinnen. Oder sie arbeiten als Bauern in der Monsunzeit und als Ziegelmacher in der Trockenzeit.

Das führt unter anderem dazu, dass sie ihr Leben nicht auf ihrer Arbeit aufbauen; sie pflegen auch die Beziehungen zu ihren Nachbarn, Verwandten, ihrer Kaste und ihrer religiösen Gemeinschaft, ihre offiziellen und inoffiziellen Kontakte. In Abhijits Heimat Westbengalen ist der Club (oder in Bengali-Aussprache der *klaab)* der Dreh- und Angelpunkt des sozialen Lebens; in den meisten Dörfern und Stadtvierteln gibt es mindestens einen. Die Mitglieder sind Männer zwischen 16 und 35; sie treffen sich fast jeden Tag, spielen Cricket, Fußball oder Karten oder das in Südasien so beliebte Brettspiel *Carrom*. Die Mitglieder bezeichnen sich selbst als Sozialarbeiter und besuchen etwa bei einem Todesfall die betroffene Familie, um sie zu unterstützen. Sie praktizieren aber auch eine leichte Form von Erpressung und verlangen Geld für ihre »Sozialarbeit« oder die Befolgung religiöser Bräuche. Zusammen mit den Spenden lokaler Politiker, die die

Mitglieder als Fußsoldaten nutzen, werden damit der Club und die gelegentlich von ihm ausgerichteten Feiern finanziert. In erster Linie verhindert der Club jedoch, dass die jungen Männer in größere Schwierigkeiten geraten, die meisten sind arbeitslos oder haben allenfalls einen Job, der ihnen nicht gefällt. Der Club gibt ihrem Leben ein Mindestmaß an Sinn.

## Über die Flexicurity hinaus

Wenn das Grundeinkommen also keine Lösung für die Verwerfungen bietet, die unser derzeitiges Wirtschaftsmodell mit sich bringt, was dann? Ökonomen und viele Politiker begeistern sich für das dänische Konzept der »Flexicurity«. Es sorgt für eine erhebliche Flexibilität auf dem Arbeitsmarkt, was bedeutet, dass Arbeitnehmer, wenn sie gerade nicht gebraucht werden, ohne große Hindernisse entlassen werden können, die Entlassenen jedoch finanzielle Unterstützung erhalten, damit sie wirtschaftlich keinen allzu großen Schaden erleiden. Außerdem werden massive Anstrengungen unternommen, Arbeitslose wieder in den Arbeitsmarkt einzugliedern (etwa nach einer sinnvollen Weiterbildung). Verglichen mit einem System, in dem die Arbeitnehmer im Grunde sich selbst überlassen sind (wie in den USA), soll Flexicurity dafür sorgen, dass der Verlust des Arbeitsplatzes keine Tragödie, sondern eine ganz normale Phase im Leben ist. Und im Gegensatz zu einem System, das die Entlassung von Arbeitnehmern mit einer Festanstellung sehr erschwert (wie in Frankreich), können Arbeitgeber dank Flexicurity schnell auf Veränderungen reagieren, außerdem werden Konflikte zwischen den »Insidern«, den Glücklichen, die eine Stelle mit massivem Kündigungsschutz haben, und den »Outsidern«, die gar keinen Job haben, vermieden.

Das steht im Einklang mit dem Urreflex der Ökonomen: Der Markt soll ungestört seinen Aufgaben nachgehen, und die Gesellschaft diejenigen absichern, die dabei den Kürzeren ziehen. Langfristig betrachtet ist es teuer und unpraktisch, die Umverteilung von Arbeitskräften von schrumpfenden Branchen auf Branchen mit Wachstumsaussichten zu verhindern. Für viele, vor allem jüngere Arbeitnehmer, lohnt sich eine Umschulung. Wir haben bereits festgestellt, dass das amerikanische Trade Adjustment Assistance Program funktioniert.

Dennoch glauben wir nicht, dass Flexicurity eine umfassende Lösung bietet. Die Gründe dafür wurden bereits angesprochen; der Verlust des Arbeitsplatzes bedeutet eindeutig mehr als nur einen Einkommensverlust. Allzu oft werden der eigene Lebensplan und die eigene Vorstellung von einem guten Leben durchkreuzt. Vor allem ältere Arbeitnehmer oder diejenigen, die über viele Jahre an einem bestimmten Ort oder für dasselbe Unternehmen gearbeitet haben, tun sich oft schwer, sich in eine neue Tätigkeit einzuarbeiten. Da sie nur noch wenige Jahre arbeiten werden, ist ihre Umschulung kostspielig. Durch einen Berufswechsel (oder gar einen Ortswechsel) haben sie viel zu verlieren und wenig zu gewinnen. Die einzige Möglichkeit für einen relativ sanften Übergang wäre eine Tätigkeit in derselben Region und in einer ähnlichen Position.

Wir stellten daher am Ende von Kapitel 3 die etwas radikale Idee vor, manche Arbeitnehmer zu subventionieren, damit sie an Ort und Stelle bleiben können. Wenn eine ganze Branche durch die Globalisierung des Handels oder die Automatisierung umstrukturiert wird, könnten die Löhne der älteren Arbeitnehmer teilweise oder ganz subventioniert werden. Eine derartige Maßnahme sollte nur angewandt werden, wenn sich ein ganzer Sektor in einer Region im Niedergang befindet, und nur für ältere Arbeitnehmer (über fünfzig oder fünfundfünfzig) mit mindestens zehn (oder acht oder zwölf) Jahren Erfahrung in einer bestimmten Position gelten.

Wirtschaftswissenschaftler sehen eine derart starke staatliche Einmischung instinktiv kritisch. Woher sollen die zuständigen Behörden wissen, welche Branche sich im Niedergang befindet?

Uns ist klar, dass es zu Fehlern und Missbrauch kommen wird. Allerdings wurde mit diesem Argument auch begründet, dass man jahrelang nicht eingriff, als viele Arbeitnehmer durch den globalisierten Handel ihren Lebensunterhalt verloren, obwohl doch immer behauptet wurde, alle würden vom Außenhandel profitieren. Wenn wir daran festhalten wollen, dass ein globalisierter Handel gut für alle ist, müssen wir Mechanismen entwickeln, die das auch gewährleisten, und zu diesen Mechanismen gehört auch, die Verlierer der Globalisierung zu erkennen und zu entschädigen. Handelsökonomen (auch die in Staatsdiensten) verfügen über die nötigen Zahlen, um einzuschätzen, in welchen Bereichen Importe stark zunehmen und wo es zu massivem Outsourcing kommt; die in den USA 2018 eingeführten Steuersätze wurden auf Grundlage dieser Zahlen berechnet. Ein Handelskrieg birgt das Risiko, auch vielen anderen in der Wirtschaft zu schaden, wohingegen eine gezielte Subvention die anfälligsten Gruppen schützen würde, ohne neue Verwerfungen zu verursachen. Man könnte einen ähnlichen Ansatz verfolgen, um die Branchen und Standorte auszumachen, wo sich die Automatisierung besonders schnell vollzieht, und entsprechende Interventionen zu entwickeln.

Bekannte Stadtökonomen wie Enrico Moretti betrachten standortbezogene Maßnahmen mit Argwohn, weil sie befürchten, dass Arbeitsplätze dadurch nur von einer Region in die andere verlagert werden, weg von den besonders produktiven Regionen in weniger produktive. Aber wenn Arbeitnehmer in einem bestimmten höheren Alter nicht mehr umziehen wollen oder können, bleibt die Frage, ob wir überhaupt eine andere Möglichkeit haben. Heute finden sich an vielen Orten in den USA Arbeitnehmer, die sich abgehängt fühlen; Hunderte Städte haben mit der Wut der Bürger und Suchtproblemen zu kämpfen. Wer es sich leisten kann, ist entweder schon weggezogen oder zieht es in Erwägung. Es wird sehr schwer sein, den Bewohnern dieser Gebiete zu helfen. Die Sozialpolitik sollte daher die Menschen an diesen Orten unterstützen, aber vor allem sollte sie verhindern, dass noch mehr solche Orte entstehen.

In gewisser Weise verfolgt man in Europa mit der Gemeinsamen Agrarpolitik der EU ein ähnliches Ziel. Wirtschaftswissenschaftler hassen sie, weil eine schwindende Zahl europäischer Landwirte von den Subventionen profitiert, die zulasten aller anderen gehen. Doch sie vergessen dabei, dass viele Höfe erhalten wurden und die Bauern mit ihrer Arbeit weiterhin zu einer grünen und lebendigen Landschaft beitragen. Früher wurde den Bauern mehr gezahlt, wenn sie mehr produzierten, wodurch es zu einer Intensivierung der Landwirtschaft kam und riesige Monokulturen entstanden. Aber seit 2005/06 ist die Unterstützung der Bauern nicht mehr an die Produktionsmenge gebunden. Stattdessen basiert sie auf Umweltschutz und Tierwohl. Dadurch können kleine landwirtschaftliche Betriebe überleben, die hochwertige Lebensmittel erzeugen und zusätzlich die Landschaft pflegen. Die meisten Europäer sind der Ansicht, dass sich der Erhalt dieser Kulturlandschaften lohnt, die zur Lebensqualität beitragen und ein Gefühl davon vermitteln, was es heißt, Europäer zu sein. Wäre das französische BIP höher, wenn die landwirtschaftliche Produktion industrieller ablaufen und Bauernhöfe durch Lagerhäuser ersetzt werden würden? Möglicherweise. Wäre die Lebensqualität höher? Wahrscheinlich nicht.

Der Vergleich zwischen dem Schutz der Industriearbeitsplätze in den USA und dem Schutz der Kulturlandschaften in Frankreich mag vielleicht etwas weit hergeholt wirken. Aber schöne Landschaften ziehen Touristen an, wodurch junge Menschen vor Ort bleiben und sich um ihre alternden Eltern kümmern können. Ähnlich kann eine Stadt, die auf ein einzelnes Unternehmen als Hauptarbeitgeber angewiesen ist, dafür sorgen, dass es eine Highschool gibt, mehrere Sportmannschaften und eine Einkaufsstraße mit mehreren Läden, damit bei den Bürgern ein Zugehörigkeitsgefühl entsteht. Dazu gehört auch ein ansprechendes Umfeld, und die Gesellschaft sollte bereit sein, dafür zu bezahlen, genauso wie sie bereit ist, für das Anpflanzen von Bäumen zu bezahlen.

## Kluger Keynesianismus: Die Subventionierung des Gemeinwohls

Seit 2018 gewinnt bei den amerikanischen Demokraten ein ganz anderer Ansatz zur Subventionierung von Arbeit immer mehr Anhänger. 2019 schlugen die demokratischen Präsidentschaftskandidaten Cory Booker, Kamala Harris, Bernie Sanders und Elizabeth Warren eine Art Bundesgarantie vor, nach der jeder arbeitswillige Amerikaner Anrecht auf einen guten Job (15 Dollar die Stunde plus Leistungen für die Renten- und Krankenversicherung wie andere Bundesangestellte, Unterstützung bei der Kinderbetreuung und zwölf Wochen bezahlte Elternzeit) bei gemeinnütziger Arbeit, in der häuslichen Pflege, der Pflege öffentlicher Grünflächen und so weiter hat. Auch der von demokratischen Kongressabgeordneten vorgeschlagene *New Green Deal* sieht eine Jobgarantie des Bundes vor. Die Idee ist natürlich nicht neu; der indische National Rural Employment Guarantee Act funktioniert nach denselben Richtlinien, ebenso der ursprüngliche New Deal Roosevelts.

Wie die Erfahrungen in Indien zeigen, lässt sich ein derartiges Programm nicht so leicht umsetzen. Die Schaffung und Organisation neuer Jobs wäre in den USA vermutlich noch schwieriger als in Indien, wenn man bedenkt, dass in den USA wahrscheinlich nur wenige Bürger gern Gräben ausheben und Straßen bauen würden, wie sie es in Indien tun. Außerdem müssten die Jobs sinnvoll sein. Wenn es sich ganz offensichtlich um Arbeitsbeschaffungsmaßnahmen handelt, tragen sie nichts zum Selbstwertgefühl der Arbeitenden bei. Wenn sie die Wahl hätten, an einer Arbeitsbeschaffungsmaßnahme teilzunehmen oder eine Erwerbsminderungsrente zu beantragen, würden sie sich wahrscheinlich für Letzteres entscheiden. Und angesichts des erforderlichen Ausmaßes müsste das Programm von Privatunternehmen in staatlichem Auftrag umgesetzt werden, was, wie man weiß, oft zu schlechter Qualität und überhöhten Preisen führt.

Eine realistischere Strategie könnte so aussehen, dass die Regierung die Nachfrage nach arbeitsintensiven öffentlichen Dienstleistungen steigert, indem sie das Budget dafür erhöht, ohne sie direkt anzubieten. Eine wichtige Überlegung vor allem in den Entwicklungsländern besteht darin, auf keinen Fall Stellen zu schaffen, bei denen die Leute zu wenig arbeiten und zu viel verdienen. Wie bereits festgestellt, haben derartige Jobs eine lähmende Wirkung auf den Arbeitsmarkt, weil natürlich alle sie haben wollen. Das kann dazu führen, dass die Gesamtbeschäftigung zurückgeht. Die Jobs müssen sinnvoll und die Bezahlung muss fair sein. Es gibt viele Möglichkeiten. Altenpflege, Bildung und Kinderbetreuung sind Bereiche, in denen die Anwendbarkeit der Automatisierung zumindest vorerst begrenzt ist. Vermutlich werden Roboter in der Pflege sehr junger oder alter Menschen nie in der Lage sein, die menschliche Zuwendung voll und ganz zu ersetzen, obwohl sie diese effektiv ergänzen können.

Ein weiterer Grund, warum Menschen in Schulen und Kindergärten nur schwer zu ersetzen sind, ist der, dass der Mensch, wenn Roboter die Tätigkeiten übernehmen, die eng gefasste technische Fähigkeiten erfordern (vom Eindrehen von Schrauben bis zur Buchhaltung), in zunehmendem Maße für seine Flexibilität und natürliche Empathie geschätzt wird. Tatsächlich zeigen Untersuchungen, dass soziale Kompetenzen im vergangenen Jahrzehnt auf dem Arbeitsmarkt bereits stärker geschätzt wurden als kognitive Fähigkeiten.[626] Es gibt kaum wissenschaftliche Untersuchungen darüber, wie soziale Kompetenzen vermittelt werden können, doch der gesunde Menschenverstand sagt einem, dass Menschen bei der Vermittlung sozialer Fähigkeiten im Vergleich zu einer Software weiterhin im Vorteil sein werden. Ein Experiment in Peru zeigte, dass Internatsschüler, denen nach dem Zufallsprinzip Betten in der Nähe sozial kompetenter Schüler zugewiesen wurden, selbst soziale Kompetenzen erwarben. Dagegen half es nichts, wenn sie Schülern mit guten Noten zugewiesen wurden, ihre Noten verbesserten sich dadurch nicht.[627]

Der Wettbewerbsvorteil des Menschen im Pflege- und Bildungsbereich bedeutet, dass die relative Produktivität hinter den anderen Branchen herhinken wird, in denen Maschinen auf dem Vormarsch sind. Vielleicht werden auch weniger private Investitionen angezogen als in Sektoren, wo sich ein schnellerer Produktivitätszuwachs erreichen lässt. Andererseits ist eine gute Altenpflege definitiv ein lohnenswertes gesellschaftliches Ziel, das derzeit eher vernachlässigt wird. Auch Investitionen in eine bessere Bildung und frühkindliche Betreuung bieten enorme potenzielle Gewinne für eine Gesellschaft. Das kostet natürlich Geld; die beiden Bereiche allein könnten wahrscheinlich mehr verschlingen, als eine Regierung je auszugeben bereit wäre. Aber wenn das Geld dafür verwendet wird, gutbezahlte, stabile und angesehene Arbeitsplätze zu schaffen, erreicht man damit gleich zwei Ziele: Die Gesellschaft profitiert davon, und es entstehen viele neue sinnvolle Beschäftigungen.

## Vorsprünge

Die generationsübergreifende gesellschaftliche Mobilität von Kindern hängt mit den Vierteln zusammen, in denen sie aufwachsen. Ein amerikanisches Kind aus einer Familie in der unteren Hälfte der Einkommensverteilung erreicht bei seinem eigenen späteren Einkommen einen Durchschnittswert von 46 Perzentilen, wenn es in Salt Lake City in Utah aufgewachsen ist, und nur von 36 Perzentilen, wenn es aus Charlotte in North Carolina kommt. Diese Standortunterschiede greifen bereits, bevor die jeweilige Person ins Arbeitsleben eintritt: Bei Kindern aus Gebieten mit niedrigerer sozialer Mobilität besteht eine geringere Wahrscheinlichkeit, dass sie aufs College gehen, dafür ist jedoch die Wahrscheinlichkeit erhöht, dass sie selbst früh Kinder bekommen.[628]

1994 startete das US-Ministerium für Wohnungsbau und Stadtentwicklung ein Programm namens Moving to Opportunity (MTO), das den Bewohnern von Sozialbauten die Möglichkeit bot, an einer

Lotterie teilzunehmen. Die Gewinner konnten aus Vierteln mit hoher Armut in ein Viertel mit geringerer Armut umziehen. Etwa die Hälfte der Familien, die einen solchen Wohnschein gewonnen hatten, nutzte die Gelegenheit und zog in weniger arme Viertel.

Ein wissenschaftliches Team konnte die Gewinner und Verlierer der Wohnungslotterie begleiten und untersuchen, ob sich in ihrem Leben etwas veränderte. Die ersten Resultate für die Kinder waren etwas enttäuschend: Die Mädchen waren zwar in einer besseren mentalen Verfassung und zeigten bessere Leistungen in der Schule, doch bei den Jungen ließ sich diese Entwicklung nicht beobachten.[629] Auf lange Sicht, mit einem Abstand von etwas mehr als zwanzig Jahren nach der Lotterie, zeigten sich dann allerdings doch deutliche Unterschiede. Junge Erwachsene, deren Eltern in der Wohnungslotterie gewonnen hatten, verdienten 1624 Dollar mehr im Jahr als diejenigen, deren Eltern nicht umgezogen waren. Die Wahrscheinlichkeit, dass sie das College besucht hatten, war höher, sie lebten in besseren Vierteln, und bei den Mädchen gab es weniger alleinerziehende Mütter. Einige Effekte werden daher wahrscheinlich auch noch in der folgenden Generation zum Tragen kommen.[630]

Wie kommt es, dass die soziale Mobilität in einigen Vierteln höher ist? Die Forschung hat das bei Weitem noch nicht geklärt, es gibt jedoch einige Merkmale im jeweiligen Umfeld, die mit einer höheren Mobilität einhergehen, darunter vor allem die Qualität der Schulen. Wie sich herausstellte, hängt die räumliche Verteilung der sozialen Mobilität eng mit dem Abschneiden in standardisierten Schulleistungstests zusammen.[631]

Dank jahrzehntelanger Untersuchungen zur Schulbildung wissen wir einiges über die Verbesserungsmöglichkeiten im Bildungsbereich. 2017 fasste eine Untersuchung 196 randomisierte Studien in Industrieländern über Maßnahmen zur Verbesserung der schulischen Leistung (sowohl seitens der Schulen als auch der Eltern) zusammen.[632] Obwohl es große Unterschiede bei der Effektivität der einzelnen Maßnahmen gab, ließ sich doch erkennen, dass eine gute Förderung im Vorschulalter und eine intensive Betreuung in der Schule für benachteiligte Kinder am besten funktionierten. Bei einigen Kindern ist das Risiko, hinter der Klasse herzuhinken und dann völlig zurückzubleiben, größer als bei anderen; wenn man sie rechtzeitig in der Vorschule erkennt und sich um sie kümmert, um Lerndefizite auszumachen und dagegen anzugehen, bevor sie zu groß werden, kann man das verhindern. Das deckt sich völlig mit dem, was wir bei unserer Arbeit in Entwicklungsländern festgestellt haben.[633]

Außerdem gibt es Belege, dass kurzfristige Steigerungen bei der schulischen Leistung langfristige Auswirkungen auf die späteren Aufstiegschancen haben. Beispielsweise wurden bei einer randomisierten Kontrollstudie in Tennessee die Klassengrößen von 20 bis 25 Schülern auf 12 bis 17 Schüler verkleinert, wodurch sich zunächst die Testergebnisse verbesserten und sich später auch die Wahrscheinlichkeit erhöhte, dass die Schüler aufs College gingen. Die Schüler in den kleineren Klassen hatten später ein besseres Leben in Hinblick auf Eigenheimbesitz, Ersparnisse, Ehe und Wohnumfeld.[634] Für eine intensive Betreuung und kleine Klassengrößen benötigt man Erzieher und Lehrer, was sich sowohl positiv auf die Beschäftigungszahlen als auch auf die schulische Karriere der Kinder auswirken wird.

Die Einschränkungen in den USA sind auf die lokale Finanzierung der Bildung zurückzuführen. Dadurch haben gerade die Schulstandorte, bei denen ein gutes Bildungsangebot dringend nötig wäre, am wenigsten Geld, um das zu finanzieren. Eine verbesserte finanzielle Ausstattung könnte viel bewirken. Allgemeiner betrachtet bedeutet die geringe finanzielle staatliche Unterstützung, dass für Frühförderungsprogramme häufig das Geld fehlt, weshalb nur 28 Prozent der Kinder eine Form der staatlich geförderten Frühförderung erhalten,[635] im Gegensatz zu Frankreich, wo die Frühförderung unterstützt wird und seit Jahren praktisch alle Kinder die école maternelle besuchen,[636] die seit 2019 für alle Dreijährigen Pflicht ist.

Die ursprünglichen Belege zugunsten einer frühkindlichen Förderung stammen aus randomisierten kontrollierten Studien, die für qualifizierte Vorschulprogramme deutliche kurzfristige wie langfristige positive Effekte nachweisen konnten, was den Nobelpreisträger James Heckman veranlasste, sie als bestes Mittel zum Abbau von Ungleichheit zu loben.[637] Allerdings waren die Gruppen sehr klein, wodurch gewährleistet war, dass die Programme auch genau so durchgeführt werden konnten, wie sie vorgesehen waren.

Zwei größere randomisierte kontrollierte Studien, die realistischere Programme zur frühkindlichen Förderung in »größerem Maßstab« untersuchten (das landesweite Head-Start-Programm und das Tennessee Pre-K-Experiment) fielen eher enttäuschend aus; beide erkannten kurzfristige Effekte, doch die positiven Auswirkungen auf die späteren schulischen Testergebnisse ließen nach einigen Jahren nach oder kehrten sich sogar um.[638] Das veranlasste viele zu der Annahme, dass die Programme überbewertet sind.

Die landesweite Head-Start-Studie ergab jedoch auch, dass die Wirkung des Programms stark von der jeweiligen Qualität abhängt. Ganztagsprogramme sind deutlich wirkungsvoller als Halbtagsprogramme, ebenso sind die Programme effektiver, die Besuche bei den Kindern zu Hause umfassen und die Eltern auch anderweitig einbeziehen. Weitere separate randomisierte kontrollierte Studien in den USA und anderen Ländern belegen ebenfalls die positive Wirkung von Hausbesuchen, bei denen Vorschullehrer oder Sozialarbeiter mit den Eltern arbeiten und ihnen zeigen, wie sie mit ihren Kindern spielen.[639]

Die Erkenntnis daraus lautet, dass weitere Forschung nötig ist, damit wir genau sagen können, welche Maßnahmen in der frühen Kindheit funktionieren. Was wir bisher wissen, zeigt aber auch, dass Ressourcen eine wichtige Rolle spielen; als das Head-Start-Programm ausgeweitet wurde, versuchten viele Einrichtungen, Kosten zu senken, indem sie ihr Angebot einschränkten, was sich jedoch als kontraproduktiv erwies. Qualität ist von entscheidender Bedeutung und hat den zusätzlichen Vorteil, dass dadurch zahlreiche Arbeitsplätze geschaffen werden, die sicher für viele attraktiv sind, vor allem, wenn sie entsprechend bezahlt werden. Bei dieser Arbeit bekommt man viel zurück, außerdem lässt sie sich nicht durch Roboter ersetzen (man kann sich nur schwer vorstellen, dass ein Roboter zu den Eltern nach Hause kommt).

Ein weiterer wichtiger Punkt ist der, dass man Vorschullehrer und Erzieher für die frühkindliche Förderung relativ schnell und kostengünstig ausbilden kann, sofern die notwendigen Materialien zu ihrer Unterstützung vorliegen. In Indien arbeiteten wir mit Elizabeth Spelke zusammen, einer Psychologieprofessorin in Harvard, und entwickelten gemeinsam mit ihr einen Mathematiklehrplan für die Vorschule, bei dem das intuitive Mathematikwissen spielerisch gefördert wurde, um Kinder, die noch nicht lesen, schreiben oder zählen konnten, auf die Grundschule vorzubereiten. Das Programm wurde im Rahmen einer randomisierten kontrollierten Studie an mehreren hundert Vorschulen in den Slums von Delhi untersucht.[640] Liz war anfangs entsetzt über die Zustände in Delhi – die viel zu kleinen Klassenzimmer, in denen sich die Schüler unterschiedlicher Altersstufen drängten, und die schlecht ausgebildeten Lehrer, von denen viele nur mit Mühe die Highschool abgeschlossen hatten. Das alles war sehr weit entfernt von den Bedingungen in ihrem Labor in Harvard. Doch wie sich herausstellte, konnten die Lehrer nach einer einwöchigen Weiterbildung und mithilfe guter Materialien die Aufmerksamkeit der Kinder aus dem Slum an sich binden. Die Schüler spielten mehrere Wochen lang mathematische Spiele, die sie rasch und mit Begeisterung beherrschten, und eigneten sich dabei mathematisches Denken an.

Ein unzureichendes Betreuungsangebot für Kinder ist ein weiterer gravierender Nachteil, mit dem verheiratete wie alleinerziehende Mütter in den USA zu kämpfen haben. Da eine mit öffentlichen Mitteln finanzierte qualifizierte Ganztagsbetreuung kaum zu finden ist, arbeiten die Mütter nicht (weil eine Kinderbetreuung fast so viel kostet, wie sie verdienen würden) oder sie müssen den nächstbesten Job in der Nähe der Familie nehmen (vor allem in der Nähe ihrer eigenen Mütter), damit diese sie bei der Betreuung unterstützen kann. Auf dem Arbeitsmarkt wird das Kinderkriegen immer noch »bestraft«, was den nach wie vor bestehenden Verdienstunterschied zwischen Frauen und Männern in hochentwickelten Volkswirtschaften erklärt.[641] Selbst im progressiven Dänemark, wo es fast keinen Verdienstunterschied bei Männern und Frauen vor der Geburt eines Kindes gibt, sorgt ein Kind auf lange Sicht für ein Verdienstgefälle von etwa 20 Prozent. In Hinblick auf Aufstiegschancen und die Position in der Unternehmenshierarchie bleiben Frauen direkt nach der Geburt des ersten Kindes hinter den Männern zurück. Dazu kommt, dass junge Mütter in Unternehmen wechseln, die als »familienfreundlich« gelten (gemessen am Anteil der Frauen mit kleinen Kindern in der Belegschaft). Etwa 13 Prozent hören ganz auf zu arbeiten.[642] Der Ausbau staatlich geförderter, qualitätsvoller ganztägiger Betreuungsangebote ist eine effektive Möglichkeit zur Einkommensverbesserung weiblicher Niedrigverdiener, weil es sich für sie dann schlicht und einfach lohnt, wieder zu arbeiten.

Die Altenpflege ist ein weiterer Bereich mit enormen Wachstumsmöglichkeiten, denn in den USA gibt es nur wenige Angebote für die häusliche Pflege älterer Menschen und auch nur wenige von der öffentlichen Hand finanzierte Seniorenheime. In Dänemark und Schweden werden dagegen 2 Prozent des BIP für die Altenpflege aufgewandt.[643] Eine E-Health-Datenbank zur zentralen Verwaltung von Patientendaten erleichtert die Zusammenarbeit von Krankenhäusern und lokalen Behörden. Alle über Achtzigjährigen (nicht nur die sozial Schwachen) haben ein Anrecht auf Hausbesuche und Unterstützung im Haushalt, und alle verwitweten über Fünfundsechzigjährigen werden regelmäßig gefragt, ob sie Unterstützung benötigen. Umbaumaßnahmen für ein altersgerechtes Wohnen und für mehr Sicherheit im Haushalt werden außerdem vom Staat bezuschusst. Pflegebedürftige kommen normalerweise in Pflegeheime, die von der öffentlichen Hand betrieben werden, der Aufenthalt wird mit der Volksrente bezahlt, die jeder Däne erhält.

Die Arbeit mit älteren Menschen kann sehr anstrengend sein, noch dazu ist sie in den USA sehr schlecht bezahlt; anders ausgedrückt, sie ist nicht sonderlich attraktiv. Aber auch das könnte sich ändern. Wir müssen Geld bereitstellen, um mehr Menschen für diesen Beruf zu gewinnen, Pflegekräfte richtig auszubilden, zu gewährleisten, dass die Pflegenden genug Zeit für jeden Patienten haben, und sie so gut zu bezahlen, dass sie auf ihre Arbeit stolz sein können.

## Flexibilität und Mobilität

Angesichts der großen Rolle, die das Wohnumfeld sowohl für die Arbeitsplatzsuche als auch für die Entwicklung der Kinder spielt, ist eine weitere wichtige Maßnahme die Unterstützung bei einem Umzug.

In den USA ist eine Erweiterung des Programms Moving to Opportunity auf die gesamte Bevölkerung (damit jeder in ein gutes Viertel ziehen könnte) nicht möglich, dennoch könnte man Arbeitnehmer dabei unterstützen, die Region oder den Job zu wechseln. Dafür gibt es bereits mehrere Programme, allerdings leisten viele nicht viel mehr, als Arbeitnehmer auf offene Stellen hinzuweisen und sie bei der Bewerbung zu begleiten. Die Erfahrungen mit dieser »aktiven Arbeitsmarktpolitik« sind ziemlich enttäuschend, sowohl in Europa wie in den USA. Die Effekte sind zwar positiv, aber gering, und gehen größtenteils zulasten der Arbeitnehmer, die nicht unterstützt werden.[644]

Ein ambitionierteres (aber auch teureres) Programm würde entlassenen Arbeitnehmern automatisch Zugang zu einer längeren Arbeitslosenversicherung gewähren. Sie hätten dann Zeit, sich weiterzubilden und nach einem guten Job umzusehen, anstatt den erstbesten

Niedriglohnjob anzunehmen oder eine Erwerbsminderungsrente zu beantragen. Bei einem derartigen Programm gäbe es nicht nur kurzfristige Weiterbildungsmaßnahmen, sondern auch weitreichendere Programme, etwa am College oder Community College mit entsprechenden Stipendien. Wir müssen darin die Aufgabe sehen, für die Betroffenen nicht nur einen Job, sondern einen Beruf zu finden. Eine randomisierte kontrollierte Studie in den USA bewertete vor Kurzem drei Programme mit dieser Zielsetzung. Grundidee war bei allen, die Weiterbildung von Arbeitslosen auf mehrere Monate auszuweiten, damit die Teilnehmer spezielle Qualifikationen in Bereichen erwerben konnten, in denen es an Arbeitskräften mangelte (etwa in der Krankenpflege oder bei der Wartung von Computern), und sie dann dort unterzubringen, wo sie gebraucht wurden. Die Resultate sind nach zwei Jahren sehr vielversprechend. Im zweiten Jahr der Auswertung war die Wahrscheinlichkeit, dass die Teilnehmer mit einer abgeschlossenen Weiterbildungsmaßnahme eine Arbeitsstelle fanden, deutlich gestiegen, zudem handelte es sich dabei um bessere Jobs als die vergleichbarer Arbeitnehmer, die nicht am Programm teilgenommen hatten. Insgesamt verdienten die Teilnehmer 29 Prozent mehr als die Nichtteilnehmer.[645]

Ein wichtiger Faktor für den Erfolg des Programms liegt darin, dass den Teilnehmern auch bei einem Wohnortwechsel geholfen wurde. Benachteiligte Arbeitssuchende und Arbeitnehmer erhielten während der Qualifizierungsmaßnahme oder beim Antritt ihrer neuen Arbeitsstelle Unterstützung bei der Kinderbetreuung und bei der Wohnungssuche, sie wurden in Rechtsfragen beraten, und wenn nötig wurde ihnen auch geholfen, zu ihrer neuen Arbeitsstelle zu gelangen. Das kann bis zur Vermittlung einer kurzfristigen Unterkunft reichen oder Unterstützung bei der Suche nach einer Schule oder Betreuung für die Kinder bedeuten. Wohngeldzahlungen (in geringerem Umfang als bei Moving to Opportunity) tragen dazu bei, dass man sich die Miete in einem guten Viertel leisten kann.

Ein weiterer wichtiger Aspekt ist die Unterstützung von Unternehmen, die auf der Suche nach Arbeitskräften sind. Sie müssen über ihr unmittelbares Einzugsgebiet und ihre lokalen Netzwerke hinausschauen. Die meisten Programme, die Arbeitnehmer und Unternehmen zusammenführen wollen, konzentrieren sich auf die Arbeitnehmer. Aber auch für einen Arbeitgeber ist die Suche nach dem richtigen Bewerber zeitraubend und kostspielig. Eine Umfrage ergab, dass die Kosten für die Personalsuche (Stellenanzeigen, Auswahl der Bewerber und das Einlernen der neuen Mitarbeiter) zwischen 1,5 Prozent und 11 Prozent der jährlichen Lohnkosten ausmachen. Große Unternehmen haben oft eine Personalabteilung, doch für kleine Firmen können die Einstellungskosten ein echtes Hindernis darstellen. Eine aktuelle Studie aus Frankreich zeigt, dass sich die hohen Einstellungskosten negativ auf die Einstellung neuer Mitarbeiter auswirken. Die Forscher taten sich mit der französischen Agentur für Arbeitsvermittlung zusammen und boten den Unternehmen Unterstützung bei der Besetzung freier Stellen an. Freie Stellen wurden im Namen der Unternehmen bekannt gemacht, vielversprechende Bewerbungen wurden überprüft. Dabei stellte man fest, dass Unternehmen, die den Service in Anspruch nahmen, häufiger freie Stellen anboten und 9 Prozent mehr Arbeitnehmer dauerhaft einstellten als andere Firmen.[646] Dienstleistungen wie diese ermöglichen es Arbeitgebern, auf einen erweiterten Kandidatenpool zuzugreifen, anstatt sich auf inoffizielle Empfehlungen zu verlassen.

Derartige Programme könnten sich selbst finanzieren – zusätzliche Qualifikationen und eine bessere Paarung von Arbeitgebern und Arbeitnehmern sind für jede Wirtschaft ein Gewinn –, aber selbst wenn das nicht der Fall wäre, sind ein Rückgang der Angst und ein Zugewinn an Würde Pluspunkte für jede Gesellschaft. Denn ein solches Programm zeigt nicht nur bei Arbeitslosen Wirkung, sondern bei allen, die befürchten, dass ihre Arbeitsplätze eines Tages gefährdet sein könnten, oder die einen Betroffenen kennen. Durch die Verlagerung des Schwerpunkts von »Wir helfen Ihnen aus der Patsche« zu »Schade, dass das passiert ist, aber durch neue Qualifikationen und/oder einen Umzug tragen Sie zur Stabilität der Wirtschaft bei« könnte sich auch das Gefühl vieler Arbeitnehmer verändern, dass sie Opfer eines Krieges sind, den alle anderen gegen sie führen.

So wurde beispielsweise der »Krieg gegen die Kohle« der Regierung Obama als Krieg gegen die Kohle-*Arbeiter* wahrgenommen. Gut möglich, dass Bergleute besonders stolz auf ihre Arbeit sind und glauben, nichts könne sie ersetzen, aber man sollte nicht vergessen, dass die Bergleute bis vor Kurzem gegen ihre Arbeitgeber kämpften und nicht wie heute Seite an Seite mit ihnen. Sie haben genau die Art von gefährlichem und riskantem Job, der nach Ansicht der meisten Amerikaner von Maschinen übernommen werden sollte. Das gilt auch für Stahlarbeiter; es muss doch möglich sein, sich weniger gefährliche Tätigkeiten vorzustellen, auf die man genauso stolz sein kann.

Doch als Hillary Clinton im März 2016 kühl verkündete, »Wir werden dafür sorgen, dass viele Kohlearbeiter und Kohleunternehmen ihre Arbeit einstellen müssen«, hatten Kohlearbeiter zu Recht den Eindruck, dass Clinton ihre Arbeitsplätze ohne Rücksicht auf ihre Lebensweise opferte, ohne das Gefühl zu haben, sich dafür entschuldigen oder sie für ihren Verlust entschädigen zu müssen. Clinton fügte zwar gleich hinzu, dass man für die Bergarbeiter sorgen müsse, doch das »wir« zu Beginn des Satzes kennzeichnete die Debatte eindeutig als einen Konflikt, bei dem es um »wir« gegen »die anderen« ging. Monatelang wurde dieser Satz in politischen Werbespots wiederholt.

Tatsächlich sollten und können Umbrüche immer eine Möglichkeit für die Regierung sein, ihre Empathie mit den Arbeitnehmern zu signalisieren, die davon betroffen sind. Ein beruflicher Wechsel und Umzug ist immer schwierig, bietet aber auch eine Gelegenheit für Arbeitgeber wie Arbeitnehmer, Qualifikationen und Bedarf zusammenzuführen. Jeder sollte die Möglichkeit haben, eine in seinen Augen sinnvolle Tätigkeit zu verrichten, wie es ja auch vier von fünf Amerikanern tun. Jeder Bürger sollte ein Anrecht auf ein Programm zur Unterstützung bei einem Stellenwechsel haben. Doch anders als das bedingungslose Grundeinkommen, das nur ein universales Recht auf Einkommen ist, würde das Programm darauf abzielen, einen integralen Bestandteil unserer sozialen Identität zu unterstützen. Wir alle sollten ein universales Recht auf ein produktives Leben innerhalb unserer Gesellschaft haben.

Viele europäische Länder investieren sehr viel mehr in ihre Jobwechselprogramme als die USA. Die 2 Prozent des BIP, die Dänemark für eine aktive Arbeitsmarktpolitik (Weiterbildung, Unterstützung bei der Arbeitssuche und so weiter) ausgibt, führen zu einer hohen Arbeitsplatzmobilität (ein nahtloser Wechsel von einer Stelle zur anderen) sowie einem häufigen Wechsel zwischen Arbeitslosigkeit und Beschäftigung. Die Quote unfreiwilliger Entlassungen ist ähnlich wie in anderen OECD-Ländern, doch die Geschwindigkeit, mit der entlassene Arbeitnehmer wieder einen Job finden, ist deutlich höher: Drei von vier entlassenen Arbeitnehmern finden innerhalb eines Jahres eine neue Arbeitsstelle. Das dänische Modell überstand auch die Krise von 2008 und die anschließende Rezession, ohne dass die Arbeitslosigkeit in dieser Zeit stark gestiegen wäre. Deutschland gibt 1,45 Prozent seines BIP für eine aktive Arbeitsmarktpolitik aus, der Anteil stieg auf 2,45 Prozent während der Krise, als die Arbeitslosigkeit viel höher als üblich war.[647] In Frankreich dagegen liegen die Ausgaben für eine aktive Arbeitsmarktpolitik trotz aller Beteuerungen, man wolle mehr für die Arbeitslosen tun, seit über einem Jahrzehnt bei 1 Prozent des BIP. In den USA beträgt der entsprechende Anteil allerdings nur 0,11 Prozent.[648]

Dabei haben die USA bereits ein eigenes Modell, das sie nur in größerem Maßstab umsetzen müssten. Das Trade Adjustment Assistance Program, über das wir in Kapitel 3 sprachen, finanziert Arbeitnehmern in teilnehmenden Firmen Qualifizierungsmaßnahmen und eine erweiterte Arbeitslosenversicherung während der Weiterbildung. Die Maßnahme ist effektiv und erreicht genau das, was ein derartiges Programm bewirken sollte: Es hilft Arbeitnehmern in strukturschwachen Gebieten beim Umzug. Dadurch verdoppelte sich der Verdienst bei Arbeitnehmern, deren früherer Arbeitgeber in einem strukturschwachen Gebiet ansässig war. Arbeitnehmer, die eine TAA-Unterstützung erhielten, waren auch häufiger bereit, die Region und die Branche zu wechseln.[649] Doch anstatt das TAA-Programm als Modell für weitere Programme zur Bewältigung schwieriger Umbrüche zu nutzen, bleibt es auf einen Bruchteil der Arbeitnehmer beschränkt. Wo liegt da der Sinn?

## Gemeinsam in Würde

Das Zögern, verfügbare staatliche Programme auszuweiten, wenn sie gut funktionieren, könnte damit zusammenhängen, dass die Mehrheit der Republikaner und ein beträchtlicher Anteil der Demokraten gegen ein Grundeinkommen oder ein landesweites Jobprogramm für diejenigen sind, deren Arbeitsplätze durch die Automatisierung verloren gehen, auch wenn sich viele dafür aussprechen, Unternehmen bei ihrer Entscheidung einzuschränken, Arbeitnehmer durch Roboter zu ersetzen.[650] Dahinter verbirgt sich ein gewisses Misstrauen gegenüber den Motiven der Regierung (man will bloß »diesen Leuten« helfen), aber auch eine übertriebene Skepsis gegenüber ihrer Leistungsfähigkeit. Es gibt aber noch einen weiteren Faktor, den man selbst bei eher linken Bürgern und Organisationen findet: das Misstrauen gegenüber »Almosen«, die ohne Empathie oder Verständnis verteilt werden. Mit anderen Worten: die Ablehnung staatlicher Bevormundung.

Als Abhijit als Mitglied des Panel of Eminent Persons der Vereinten Nationen bei der Entwicklung der neuen Millenniumsziele mitarbeitete, wurde er oft von den Lobbyisten bekannter internationaler NGOs angesprochen, die ihm ihre Ansichten zu den Zielen mitteilten. Häufig erfuhr er dadurch von interessanten Initiativen; er empfand die Gespräche meist als sehr anregend. Eine Begegnung ist ihm besonders im Gedächtnis geblieben, das Treffen mit einer Organisation namens ATD Vierte Welt.

Als er den höhlenartigen Raum im EU-Gebäude betrat, wo das Treffen stattfand, fiel ihm sofort auf, dass hier eine andere Gruppe als die sonst üblichen Vertreter zusammengekommen war. Keine Anzüge, keine Krawatten, keine hohen Absätze; stattdessen zerfurchte Gesichter und abgewetzte Winterjacken, aber auch ein Eifer, den er sonst von Studienanfängern in der ersten Woche kannte. Die Gesprächsteilnehmer hatten, wie er erfuhr, extreme Armut am eigenen Leib erfahren und waren immer noch sehr arm. Sie wollten sich an der Debatte darüber beteiligen, was die Armen selbst wollen.

Das Treffen verlief ganz anderes als alle anderen Treffen. Die Teilnehmer unterbrachen ihn schon bald und erzählten von ihrem Leben, der Natur der Armut und dem Versagen der Politik, gestützt auf ihre eigenen Erfahrungen. Abhijit versuchte zu antworten und bemühte sich am Anfang, seinen abweichenden Standpunkt besonders rücksichtsvoll klarzumachen. Doch er merkte schon bald, dass er bevormundend auftrat; die Teilnehmer waren ihm intellektuell durchaus gewachsen und nicht weniger in der Lage zu argumentieren als er.

Nach diesem Gespräch empfand er enormen Respekt für ATD Vierte Welt und verstand, warum das Motto der Organisation »Gemeinsam in Menschenwürde für die Überwindung der Armut« lautet. An erster Stelle steht die Würde der Menschen, wenn nötig sogar vor ihren grundlegenden Bedürfnissen. Innerhalb der Organisation wird jeder ernst genommen und als denkendes menschliches Wesen betrachtet, was den Mitgliedern das Selbstvertrauen gab, mit dem Abhijit nicht gerechnet hatte.

*Travailler et Apprendre Ensemble* (»Gemeinsam lernen und arbeiten«) ist ein kleines Unternehmen von ATD Vierte Welt, das Menschen in extremer Armut einen dauerhaften Job geben will. An einem kalten Wintermorgen fuhren wir nach Noisy-le-Grand im Osten von Paris, um an einer Teamsitzung von TAE teilzunehmen. Bei unserer Ankunft bereitete die Gruppe gerade den Arbeitsplan für die Woche mit ganz unterschiedlichen Tätigkeiten vor, teilte Aufgaben zu und trug alles auf einem Whiteboard ein. Als sie damit fertig waren, besprachen sie eine Veranstaltung der Firma. Die Teilnehmer wirkten entspannt, aber engagiert, alles wurde ernsthaft diskutiert, und danach gingen alle an ihre Aufgaben. Wir hätten auch bei der wöchentlichen Sitzung eines kleinen Start-up-Unternehmens im Silicon Valley sein können.

Die Aufgaben und Tätigkeiten, die verteilt wurden, unterschieden sich allerdings deutlich (Reinigungsdienste, Bauarbeiten und Computerwartung), ebenso die Teilnehmer der Besprechung. Nach der Sitzung unterhielten wir uns noch mit Chantal, Gilles und Jean-François. Chantal war Krankenschwester gewesen, konnte jedoch nach einem Unfall nicht mehr arbeiten. Nach jahrelanger Arbeitsunfähigkeit wurde sie obdachlos. Da wandte sie sich an ATD. Die Organisation besorgte ihre eine Unterkunft und vermittelte sie an TAE, als sie wieder arbeiten konnte. Als wir sie trafen, arbeitete sie seit zehn Jahren dort, zuerst beim Reinigungsteam und dann beim Softwareteam, das sie mittlerweile leitete. Nun überlegte sie, eine eigene kleine NGO zu gründen, um Behinderte bei der Arbeitssuche zu unterstützen.

Gilles arbeitete ebenfalls seit zehn Jahren bei TAE. Nach schweren Depressionen kam er mit Stress und Druck bei der Arbeit nicht mehr zurecht. Bei TAE konnte er nach seinem eigenen Rhythmus arbeiten, wodurch sich sein Zustand stetig besserte.

Jean-François und seine Frau hatten das Sorgerecht für ihren an ADHS erkrankten Sohn Florian verloren. Jean-François selbst hatte mit starken Stimmungsschwankungen zu kämpfen, weshalb er einen gesetzlichen Betreuer hatte. Die beiden wandten sich an ATD, und die Organisation konnte Florian unter Auflagen in eins ihrer Zentren aufnehmen, wo er bei TAE ausgebildet wurde.

Didier, der CEO von TAE, war CEO eines »traditionellen« Unternehmens gewesen, bevor er zu TAE gekommen war. Sein Assistent Pierre-Antoine hatte früher als Sozialarbeiter beim Arbeitsamt gearbeitet. Pierre-Antoine erklärte uns die Grenzen der klassischen Arbeitsvermittlung. Arbeitssuchenden mit *einem* Problem kann man helfen. Häufen sich dagegen bei einer Person mehrere Probleme, entsprechen sie nicht dem Anforderungsprofil und werden aussortiert oder geben selbst auf. TAE ist anders, dort wird die Tätigkeit auf sie zugeschnitten.

Das Problem ist, wie Bruno Tardieu, der bei ATD eine leitende Funktion bekleidet, uns bei unserem Besuch erläuterte, dass »ihnen ihr ganzes Leben lang etwas gegeben wurde. Sie wurden nie aufgefordert, einen eigenen Beitrag zu leisten.«

Bei TAE sollen sie einen Beitrag leisten. Sie treffen gemeinsam Entscheidungen, bilden sich gegenseitig weiter, essen jeden Tag zusammen und kümmern sich umeinander. Wenn jemand fehlt, wird nachgehakt. Wenn jemand in einer persönlichen Krise Zeit für sich selbst braucht, bekommt er Hilfe.

Der Geist von TAE spiegelt den der Mutterorganisation wider. ATD Vierte Welt wurde in den 1950er-Jahren in Frankreich von dem katholischen Priester Joseph Wresinski aus der Überzeugung heraus gegründet, dass extreme Armut nicht die Folge von Unterlegenheit oder Unzulänglichkeit ist, sondern von systematischer Ausgrenzung. Ausgrenzung und Missverständnisse bauen aufeinander auf. Den extrem Armen werden die Würde und die eigene Handlungsfähigkeit genommen. Ihnen wird eingetrichtert, dass sie dankbar für die Hilfe sein sollen, selbst wenn sie diese gar nicht wollen. Ihrer Würde beraubt, werden sie leicht misstrauisch, und dieses Misstrauen wird als Undankbarkeit und Eigensinn verstanden, wodurch sich die Ausweglosigkeit ihrer Situation noch verschärft.[651]

Was können wir von einer kleinen Firma in Frankreich, die weniger als ein Dutzend extrem arme Menschen beschäftigt und Mühe hat, über die Runden zu kommen, über Sozialpolitik im Allgemeinen lernen?

Erstens kann *jeder* unter den richtigen Bedingungen einer Tätigkeit nachgehen und dabei produktiv sein. Dieses Zutrauen gab Anlass zu einem Experiment in Frankreich, bei dem Gebiete geschaffen werden sollen, »in denen die Arbeitslosigkeit langfristig bei null liegt« und sich staatliche Behörden und Organisationen der Zivilgesellschaft verpflichten, für jeden innerhalb kurzer Zeit einen Job zu finden. Dafür zahlt der Staat bis zu 18 000 Euro pro Mitarbeiter an jedes Unternehmen und jede Organisation, die bereit ist, *jeden* arbeitswilligen Langzeitarbeitslosen einzustellen. Gleichzeitig engagieren sich NGOs, die Langzeitarbeitslosen ausfindig zu machen (darunter auch jene, die mit zahlreichen Schwierigkeiten zu kämpfen haben: physischen oder psychischen Beeinträchtigungen, Vorstrafen und so weiter), geeignete Stellen für sie zu finden und sie zu unterstützen, wenn sie Hilfe bei der Bewerbung oder beim Übergang in die Arbeitswelt benötigen.

Zweitens ist Arbeit nicht zwangsläufig der Schritt, der erfolgt, *nachdem* alle anderen Probleme gelöst und die Leute »bereit« dafür sind, sondern Teil der Lösung. Jean-François erhielt das Sorgerecht für seinen Sohn zurück, nachdem er eine Arbeit gefunden hatte, und ist zusätzlich motiviert, weil sein Sohn so stolz auf seinen arbeitenden Vater ist.

Weit entfernt von Noisy-le-Grand kam die große NGO BRAC in Bangladesch zum selben Schluss. Dort fiel auf, dass die Ärmsten der Armen in den Dörfern, wo sie arbeiteten, von vielen Programmen der Organisation ausgeschlossen wurden (oder sich selbst ausschlossen). Zur Lösung des Problems entwickelte man den »Aufstiegsansatz«. Nachdem die Ärmsten mithilfe der Dorfgemeinschaft identifiziert worden waren, statteten BRAC-Mitarbeiter sie mit Produktionsmitteln aus (etwa zwei Kühen oder mehreren Ziegen), unterstützten sie 18 Monate lang emotional, sozial und finanziell und schulten sie, ihre Produktionsmittel bestmöglich zu nutzen. Randomisierte Kontrollstudien zu diesen Programmen in sieben Ländern konnten eine deutliche Wirkung feststellen.[652] In Indien verfolgten wir die Studien über zehn Jahre lang. Obwohl alle Haushalte im Untersuchungsgebiet aufgrund des allgemeinen wirtschaftlichen Fortschritts profitierten, stellen wir noch immer deutliche und anhaltende Unterschiede im Leben der Teilnehmer gegenüber der Kontrollgruppe fest. Die Teilnehmer des Programms konsumieren mehr, haben mehr Vermögen, sind gesünder und zufriedener; sie sind gesellschaftlich aufgestiegen und nicht mehr länger die Außenseiter, sondern gehören nun zu den »normalen Armen«.[653] Dieses Ergebnis unterscheidet sich deutlich von den langfristigen Auswirkungen reiner Bargeldtransferprogramme, die bislang enttäuschend ausfielen.[654] Die richtigen Weichen zu stellen, damit diese Familien einen Weg zu produktiver Arbeit einschlagen konnten, erforderte mehr als nur Geld. Man musste sie als Menschen behandeln und ihnen Respekt entgegenbringen, den sie bislang nicht kannten, und sowohl ihr Potenzial erkennen als auch den Schaden, der in den Jahren der Entbehrungen entstanden war.

Die Missachtung der Menschenwürde ist in unseren Systemen der sozialen Sicherung weit verbreitet. Ein besonders zu Herzen gehendes Beispiel ist das Schicksal von Chantal, die wir bei TAE kennenlernten. Als Chantal und ihr Mann, die beide behindert sind, um Unterstützung im Haushalt mit ihren vier Kindern baten, von denen zwei ebenfalls behindert sind, wurde ihnen angeboten, ihre Kinder vorübergehend bei Pflegeeltern unterzubringen. Diese »Übergangslösung« dauerte zehn Jahre, in denen sie ihre Kinder nur einmal pro Woche bei einem Besuch unter Aufsicht sehen durften. Die Annahme, dass sich arme Eltern nicht richtig um ihre Kinder kümmern können, ist weit verbreitet. Bis in die 1980er-Jahre wurden Zehntausende Schweizer Kinder aus armen Familien genommen und bei Bauern untergebracht. 2012 entschuldigte sich die Schweizer Regierung offiziell für die ungewollte Trennung. Diese Diskriminierung ist im Grunde eine Form des Rassismus gegenüber Armen und erinnert an eine Maßnahme in Kanada, wo die Kinder von Ureinwohnern aus ihren Familien gerissen und ins Internat gesteckt wurden. Sie durften ihre eigene Sprache nicht mehr sprechen, um die »Assimilierung« an die dominierende kanadische Kultur voranzutreiben.

Ein Sozialhilfesystem, das die Menschen so herzlos behandelt, hilft den Betroffenen nicht, sondern bestraft sie, weshalb man es möglichst vermeidet, es in Anspruch zu nehmen. Das betrifft jedoch nicht nur einen kleinen Teil der extrem Armen, die sich deutlich von uns anderen unterscheiden. Wenn ein Teil des Sozialsystems aus Bestrafung und Demütigung besteht, schreckt die gesamte Gesellschaft davor zurück. Das Letzte, was ein Arbeitnehmer will, wenn er seinen Job verloren hat, ist, dass man ihn behandelt »wie die da«.

## Respekt als Grundlage

Es gibt jedoch auch andere Modelle. Wir besuchten einmal das Büro der *mission locale* in der Stadt Sénart in der Nähe von Paris und nahmen an einem Treffen der »jungen Gründer« teil. Die *mission locale* bietet eine Anlaufstelle für benachteiligte Jugendliche und kümmert sich um deren Bedürfnisse (medizinische und soziale, aber auch in Hinblick auf Arbeit und Ausbildung). Das Treffen richtete sich an arbeitslose junge Frauen und Männer, die ein eigenes kleines Unternehmen gründen wollten. Sie saßen um einen Tisch und erklärten, was sie vorhatten. Wir hörten von Plänen für ein Fitnesscenter, für einen Schönheitssalon und einen Laden für biologische Schönheitsprodukte. Dann fragten wir die Anwesenden, warum sie sich selbstständig machen wollten. Erstaunlicherweise nannte keiner von ihnen Geld als Grund. Einer nach dem anderen sprach von Würde, Selbstachtung und Unabhängigkeit.

Das Programm für junge Gründer verfolgt einen ganz anderen Ansatz als die typische Arbeitsvermittlung. Beim traditionellen Ansatz ist der Berater bestrebt, für die Jugendlichen, die meistens die Schule oder eine berufsbildende Maßnahme abgebrochen haben, etwas zu finden, was sie machen könnten, etwa eine Schulungsmaßnahme, und sie dort unterzubringen. Hier geht man davon aus, dass man weiß, was für den jeweiligen Betroffenen gut ist (heutzutage ist es natürlich in Mode, dabei auf einen Algorithmus zurückzugreifen). Die Jugendlichen müssen sich fügen, sonst verlieren sie ihre Unterstützung.

Didier Dugast, der das Gründerprogramm entwickelte, erzählte uns, dass der traditionelle Ansatz häufig komplett versagt. Den jungen Leuten wurde ihr ganzes Leben lang gesagt, was sie tun sollen. Ihnen wurde außerdem gesagt, in der Schule oder vielleicht auch zu Hause, dass sie nicht gut genug sind. Sie kommen mit Blessuren und Schrammen, mit einem extrem niedrigen Selbstwertgefühl (wie wir in einer quantitativen Erhebung feststellten),[655] das oft in einem instinktiven Misstrauen gegen jede Form von Unterstützung und Ratschlägen zum Ausdruck kommt.

Das Programm der jungen Gründer setzt hingegen bei einem Projekt an, das die jungen Leute selbst vorschlagen und das man sehr ernst nimmt. Beim ersten Gespräch sollen sie darlegen, was sie machen wollen, warum sie das machen wollen und wie ihr Projekt in ihr Leben und zu ihren übrigen Plänen passt. Wir waren bei drei Gesprächen dabei: mit einer jungen Frau, die eine Apotheke für chinesische Medizin eröffnen wollte, einem jungen Mann, der sein Grafikdesign über einen Onlineshop verkaufen möchte, und mit einer jungen Frau, die einen häuslichen Pflegedienst für Senioren gründen wollte. In allen Fällen waren diese ersten Gespräche ausführlich (sie dauerten etwa eine Stunde) und der Sozialarbeiter nahm sich Zeit, das Projekt zu verstehen, ohne es zu bewerten. Es folgten weitere ausführliche Gespräche sowie einige Workshops in der Gruppe. Bei den Gesprächen konzentrierte sich der Sozialarbeiter darauf, die Jugendlichen davon zu überzeugen, dass sie über ihre Zukunft selbst bestimmen konnten und dass er ihnen das zutraute. Gleichzeitig wurde deutlich gemacht, dass es verschiedene Wege zum Erfolg gibt; so könnte sich etwa die junge Frau mit den Plänen für eine chinesische Apotheke vielleicht auch zur Krankenschwester oder Sanitäterin ausbilden lassen.

Wir waren an der randomisierten Kontrollstudie zu diesem Projekt beteiligt. 900 junge Leute, die sich für das Programm beworben hatten, wurden entweder dem Projekt oder der üblichen Betreuung zugeteilt. Wir stellten fest, dass die Wahrscheinlichkeit, eine Stelle zu finden, bei den Teilnehmern des Projekts höher war, außerdem verdienten sie mehr. Die positiven Effekte traten besonders bei denen hervor, die am Anfang am meisten benachteiligt waren. Eine auf den ersten Blick besonders überraschende Erkenntnis war die, dass das Programm die Wahrscheinlichkeit einer selbstständigen Beschäftigung *senkte,* obwohl bei den Teilnehmern am Anfang die Idee der Unternehmensgründung stand. Der große Vorteil des Programms (und seiner zugrunde liegenden Philosophie) ist der, dass die Selbstständigkeit der Ausgangspunkt, aber nicht zwingend das Ziel ist. Im Grunde handelt es sich bei dem Programm um eine Art Therapie zur Wiederherstellung des Selbstvertrauens. Es geht darum, innerhalb eines Zeitraums von sechs Monaten bis zu einem Jahr eine stabile, lohnende Beschäftigung zu finden. Ein anderes Programm, das wir ebenfalls untersuchten, konzentrierte sich hingegen darauf, die vielversprechendsten Kandidaten herauszupicken und deren ursprüngliche Idee für eine selbstständige Beschäftigung umzusetzen. Dieses Programm zeigte so gut wie keine Wirkung, was vor allem daran lag, dass man sich auf die Typen konzentrierte, die unabhängig von der ihnen zukommenden Unterstützung ohnehin Erfolg haben.[656]

Unserer Meinung nach funktionierte das Gründerprojekt von Sénart deshalb so gut, weil man die jungen Teilnehmer respektierte und ihnen ihre Würde ließ. Viele von ihnen waren noch nie von jemandem in einer offiziellen Position (Lehrer, Beamte, Polizei) ernst genommen worden. Wie bereits festgestellt, zeigen Untersuchungen, dass Kinder ihre Position in der Hackordnung schnell verinnerlichen und Lehrer dies verstärken. Wenn Lehrern im Rahmen einer Studie gesagt wurde, dass bestimmte Kinder klüger als andere seien (obwohl diese nach dem Zufallsprinzip ausgewählt worden waren), behandelten sie diese Kinder anders, weshalb die Kinder tatsächlich bessere Leistungen zeigten.[657] Auf Betreiben der Organisation Énergie Jeunes wurde in Frankreich eine randomisierte Untersuchung durchgeführt, die sich auf die Erkenntnisse der Psychologin Angela Duckworth und ihr »Grit«-Konzept stützte.[658] Den Schülern wurden Motivationsvideos gezeigt, die sie ermutigen, sich selbst als stark und selbstbestimmt zu betrachten, was positive Auswirkungen auf den regelmäßigen Schulbesuch, ihre Haltung im Unterricht und sogar ihre Noten hatte. Der Effekt schien nicht auf der Eigenwahrnehmung der Kinder hinsichtlich ihres Durchhaltevermögens oder ihrer Motivation zu basieren (wenn überhaupt, dann bewerteten die Kinder sie als niedrig). Vielmehr ging es darum, dass die Schüler ihre eigenen Erfolgschancen mit einem Mal viel positiver sahen.[659] ATD Vierte Welt versucht in Kooperation mit dem Institut Supérieur Maria Montessori in Paris, diesen Teufelskreis der niedrigen Erwartungen so früh wie möglich zu durchbrechen. In den Notunterkünften der Organisation gibt es Montessori-Schulen, die so modern und gut geführt sind, wie die wenigen Montessori-Schulen, die für die Kinder der Oberschicht im Zentrum von Paris betrieben werden.

Die gleiche veränderte Haltung, Respekt anstelle von Bevormundung, bildete auch die Grundlage des Programms Becoming a Man in der Innenstadt von Chicago. Mit dem Projekt soll die Gewaltbereitschaft von Jugendlichen abgebaut werden. Doch anstatt ihnen zu sagen, Gewalt sei falsch, akzeptiert man zunächst einmal, dass Gewalt für Teenager aus sozial benachteiligen Vierteln normal ist. In ihrem Umfeld kann es durchaus erforderlich sein, aggressiv aufzutreten oder sich sogar auf Kämpfe einzulassen, um nicht als Opfer zu gelten. Wer in einem derartigen Umfeld aufwächst, kann die Neigung entwickeln, auf jede Herausforderung mit Gewalt zu reagieren. Anstatt den Jugendlichen aus armen Vierteln also zu sagen, Gewalt sei falsch, oder sie dafür zu bestrafen, wurde ihnen eine Reihe von Aktivitäten angeboten, die sich auf die kognitive Verhaltenstherapie stützen. Dabei sollten sie lernen zu erkennen, wann eine Schlägerei die angemessene Reaktion ist und wann nicht. Im Grunde wurde ihnen beigebracht, kurz innezuhalten, die Situation auf sich wirken zu lassen und den nächsten Schritt zu überlegen. Durch die Teilnahme am Programm ging die Zahl der Verhaftungen im Interventionszeitraum insgesamt um ein Drittel zurück und die Zahl der Festnahmen aufgrund von Gewalttaten um die Hälfte. Die Zahl der Schulabschlüsse stieg hingegen um 15 Prozent.[660]

Wo liegen nun die Gemeinsamkeiten zwischen einem von Dürren bedrohten Bauern in Indien, einem Jugendlichen in Chicagos South Side und einem Weißen Mitte fünfzig, der gerade entlassen wurde? Sie alle *haben* vielleicht Probleme, sind aber nicht *das* Problem an sich. Sie alle haben das Recht, so wahrgenommen zu werden, wie sie sind, und nicht über die Schwierigkeiten definiert zu werden, mit denen sie zu kämpfen haben. Wieder und wieder haben wir bei unseren Reisen durch Entwicklungsländer erlebt, dass Hoffnung der Treibstoff ist, der die Menschen weitermachen lässt. Wenn man Menschen anhand ihrer Probleme definiert, verinnerlicht man die äußeren Umstände. Für Hoffnung ist dann kein Platz mehr. Die natürliche Reaktion besteht darin, sich in diese Identität zu hüllen, mit nachteiligen Folgen für die gesamte Gesellschaft.

Das Ziel der Sozialpolitik in diesen Zeiten des Wandels und der Anspannung sollte darin bestehen, den Menschen zu helfen, die Umbrüche zu verkraften, ohne ihr Selbstwertgefühl zu beeinträchtigen. Leider ist das im bestehenden System nicht vorgesehen. Unsere soziale Absicherung ist immer noch von viktorianischen Vorstellungen geprägt, und allzu viele Politiker versuchen gar nicht erst, ihre Verachtung für

Arme und Benachteiligte zu verbergen. Und selbst mit einer veränderten Einstellung muss die Sozialpolitik grundlegend überdacht werden und braucht dringend kreative neue Ideen und Ansätze. In diesem Kapitel haben wir einige Hinweise gegeben, wie das aussehen könnte, aber wir haben natürlich auch nicht die Lösungen für sämtliche Probleme – vermutlich hat die niemand. Wir müssen noch sehr viel lernen. Aber solange unser Ziel klar ist, können wir es schaffen.

SCHLUSS

# Gute und schlechte Ökonomie

… Nacheinander
Erheben Häuser sich, zerfallen, werden angebaut,
Abgetragen, zerstört, renoviert oder an ihre Stelle
Kommen freies Feld, eine Fabrik, eine Autobahn.
Alte Steine zum Neubau, alte Bretter zu neuen Bränden,
Alte Brände zu Asche und Asche zu Erde …

T. S. ELIOT, EAST COKER[661]

In den Wirtschaftswissenschaften wird unterstellt, dass in der Welt der Wirtschaft eine unbändige Dynamik herrsche: Menschen haben neue Ideen, wechseln den Arbeitsplatz, satteln vom Maschinenbau-Ingenieur auf Musiker um, steigen aus und werden zu Weltenbummlern. Neue Unternehmen entstehen, expandieren, scheitern und sterben, werden abgelöst von zeitgemäßeren und brillanteren Geschäftsideen. Die Produktivität wächst schubweise, Nationen werden reicher. Was einst in Fabriken in Manchester hergestellt wurde, wanderte zunächst nach Mumbai und dann nach Myanmar ab, ehe es vielleicht eines Tages nach Mombasa oder Mogadischu weiterziehen wird. Manchester wird als »Manchester digital« neu geboren, Mumbai wandelt seine Fabriken in exklusive Wohnanlagen und Einkaufszentren um, wo diejenigen, die im Finanzdienstleistungssektor arbeiten, ihre neuerdings so kräftig gestiegenen Gehälter ausgeben. Überall tun sich Gelegenheiten auf, die darauf warten, entdeckt und von denjenigen, die darauf angewiesen sind, ergriffen zu werden.

Als Ökonomen, die wirtschaftliche Phänomene in armen Ländern erforschen, wissen wir seit Langem, dass diese Modellwelt nicht der Wirklichkeit entspricht, jedenfalls nicht in den Ländern, in denen wir gearbeitet haben und Zeit verbrachten. Der potenzielle Migrant in Bangladesch leidet lieber mit seiner Familie in seinem Dorf Hunger, als dass er die Unwägbarkeiten der Stellensuche in der Stadt auf sich nähme. Der arbeitssuchende Ghanaer hockt zu Hause und fragt sich, wann ihm endlich die Stelle, die ihm seines Erachtens aufgrund seiner Ausbildung zusteht, in den Schoß fallen wird. Infolge des internationalen Handels müssen Fabriken im Südkegel Südamerikas dichtmachen, aber es siedeln sich kaum neue Unternehmen an, sodass die weggebrochenen Arbeitsplätze größtenteils unwiederbringlich verloren sind. Von den Veränderungen scheinen allzu oft andere Menschen, unsichtbare Menschen, unerreichbare Menschen zu profitieren. Diejenigen, die in den Fabriken von Mumbai ihre Arbeitsplätze verloren haben, können es sich nicht leisten, in den glänzenden Edelrestaurants, die dort Einzug gehalten haben, zu speisen. Vielleicht werden ihre Kinder dort eine Anstellung als Servicekraft finden – ein Job, den die meisten von ihnen nicht wollen.

In den letzten Jahren haben wir erkannt, dass sich genau das Gleiche auch an vielen Orten in den Industriestaaten zuträgt. Volkswirtschaftliche Anpassungsprozesse zeichnen sich immer durch eine gewisse Trägheit aus. Wobei es selbstverständlich wichtige Unterschiede gibt. Kleine Unternehmen in den Vereinigten Staaten wachsen viel schneller als ihre Pendants in Indien oder Mexiko, und jene, die nicht wachsen, machen wieder dicht, sodass sich ihre Eigentümer nach neuen Chancen umsehen müssen. In Indien und, in geringerem Maße, in Mexiko scheinen sich Kleinunternehmen dagegen im Lauf der Zeit kaum zu verändern: weder wachsen sie, um zum nächsten Walmart zu werden, noch steigen ihre Eigentümer aus, um etwas Neues auszuprobieren.[662] Doch diese gesamtwirtschaftliche Dynamik in den USA verschleiert enorme geografische Unterschiede. In Boise schließen

Firmen, um im boomenden Seattle wieder aufzumachen, aber die Mitarbeiter, die arbeitslos geworden sind, können es sich nicht leisten, nach Seattle umzuziehen. Und sie wollen es auch gar nicht, da sie einen Großteil dessen, was sie wertschätzen – ihre Freunde und ihre Familien, ihre Erinnerungen und ihre Loyalitäten –, zurücklassen müssten. Aber in dem Maße, wie gute Arbeitsplätze verschwinden und die lokale Wirtschaft ins Trudeln gerät, gibt es immer weniger Erwerbschancen, die Zukunftsaussichten verdüstern sich und die Wut wächst. Genau dies geschieht in Ostdeutschland, in weiten Teilen des ländlichen Frankreichs, im Brexit-Kernland und in den »roten Bundesstaaten« der USA, aber auch in weiten Regionen Brasiliens und Mexikos. Die Reichen und die Hochqualifizierten wandern in die glänzenden Regionen des wirtschaftlichen Erfolgs ab, wo sie sich mühelos integrieren, aber allzu viele der Übrigen haben das Nachsehen. Dies sind die Bedingungen, die Donald Trump, Jair Bolsonaro und den Brexit hervorbrachten und die uns noch viele weitere Katastrophen bescheren werden, wenn wir nichts dagegen tun.

Als Entwicklungsökonomen sind wir uns allerdings deutlich bewusst, dass das Tempo des Wandels – zum Guten wie zum Schlechten – das Bemerkenswerteste an den letzten vierzig Jahren ist. Der Fall des Kommunismus, der Aufstieg Chinas, die Halbierung und erneute Halbierung der weltweiten Armut, die Explosion der Ungleichheit, der steile Anstieg von HIV/Aids-Infektionen und dann der Rückgang, der deutliche Rückgang der Kindersterblichkeit, die Ausbreitung des Personal Computers und des Mobiltelefons, Amazon und Alibaba, Facebook und Twitter, der Arabische Frühling, die Ausbreitung des autoritären Nationalismus und drohende Umweltkatastrophen – all das haben wir in den letzten vierzig Jahren erlebt. Ende der 1970er-Jahre, als Abhijit erste Schritte auf seinem wirtschaftswissenschaftlichen Bildungsweg machte, flößte die Sowjetunion noch immer Respekt ein, Indien nahm sich die Supermacht zum Vorbild, die extreme Linke verehrte China, die Chinesen verehrten Mao, Reagan und Thatcher begannen gerade mit ihrem Angriff auf den modernen Wohlfahrtsstaat und 40 Prozent der Weltbevölkerung lebten in bitterer Armut. Seither hat sich viel verändert. Vieles zum Besseren.

Nicht alle Veränderungen waren gewollt. Einige gute Ideen sind einfach auf fruchtbaren Boden gefallen, einige schlechte ebenfalls. So ist die Zunahme der Ungleichheit zum Teil die Kehrseite der volkswirtschaftlichen Trägheit, die es umso lukrativer macht, zur rechten Zeit am rechten Ort zu sein. Die Zunahme der Ungleichheit wiederum finanzierte den Bauboom, der in den Städten der Entwicklungsländer Arbeitsplätze für die Geringqualifizierten schuf und so den Weg für die Verringerung der Armut ebnete.

Aber es wäre falsch, das Ausmaß zu unterschätzen, in dem politische Maßnahmen Veränderungsprozesse angetrieben haben – die Öffnung Chinas und Indiens für Privatunternehmen und den internationalen Handel, die drastische Senkung der Steuern, die die Reichen in Großbritannien und den USA sowie in deren Nachahmerländern zahlen müssen, die globale Kooperation zur Bekämpfung vermeidbarer Todesfälle, der Vorrang des Wachstums vor dem Umweltschutz, die Förderung der Binnenmigration durch Verbesserung der Verkehrsinfrastruktur oder ihre Erschwerung durch unzureichende Investitionen in lebenswerte städtische Räume, der Sozialabbau, aber auch die Einführung neu konzipierter Sozialtransfers in Entwicklungsländern und so weiter. Die Gestaltungsmacht der Politik ist groß. Regierungen können sehr viel Gutes bewirken, aber auch großen Schaden anrichten, und das Gleiche gilt für große private und bilaterale Geber (von Hilfsgeldern).

Dieser Politik lagen oftmals bald gute, bald schlechte wirtschaftswissenschaftliche (und, ganz allgemein, sozialwissenschaftliche) Konzepte zugrunde. Sozialwissenschaftler schrieben über die aberwitzig ehrgeizigen Ziele des Dirigismus sowjetischen Stils, die Notwendigkeit, den Unternehmergeist in Ländern wie Indien und China freizusetzen, die Risiken einer Umweltkatastrophe und die außerordentliche

Macht von Netzwerkbeziehungen, lange bevor diese einer breiteren Öffentlichkeit bekannt waren. Intelligente Philanthropen wendeten sozialwissenschaftliche Erkenntnisse erfolgreich an, als sie darauf drängten, antiretrovirale Medikamente kostenlos an HIV-Infizierte in der Dritten Welt abzugeben, damit sich viel mehr Menschen einem HIV-Test unterzogen und in der Folge Millionen von Menschenleben gerettet werden konnten. Gute Ökonomie setzte sich gegen Ignoranz und Ideologie durch, als es darum ging, mit Insektiziden behandelte Bettnetze in Afrika kostenlos abzugeben, statt sie zu verkaufen, mit dem Erfolg, dass die Zahl der Malaria-Todesfälle bei Kindern um über 50 Prozent gesenkt wurde. Schlechte Ökonomie lag den großzügigen Geschenken an die Reichen und den Kürzungen der Sozialprogramme zugrunde, verlieh der Idee Glaubwürdigkeit, der Staat sei machtlos und korrupt und die Armen seien faul, und führte uns in die gegenwärtige Sackgasse, in der explodierende Ungleichheit und wütende Vergangenheitsfixierung wie zwei Seiten derselben Medaille erscheinen. Doktrinäre Ökonomen wollten uns einreden, der Handel nütze allen und überall werde sich das Wachstum beschleunigen. Man müsse sich einfach nur noch etwas mehr anstrengen, und im Übrigen würden sich alle Mühen und Opfer, die die Handelsöffnung vielleicht verlange, langfristig auszahlen. Verblendete Ökonomen wollten die explosionsartige Zunahme der Ungleichheit überall auf der Welt, die damit einhergehende wachsende soziale Zersplitterung und die drohende Umweltkatastrophe einfach nicht zur Kenntnis nehmen, und sie sahen entsprechend auch keine Notwendigkeit, etwas dagegen zu unternehmen, bis es vielleicht zu spät ist.

Wie schrieb doch John Maynard Keynes, der mit seinen Ideen die Konjunkturpolitik nachhaltig beeinflusste: »Praktiker, die sich ganz frei von intellektuellen Einflüssen glauben, sind gewöhnlich die Sklaven irgendeines verblichenen Ökonomen. Wahnsinnige in hoher Stellung, die Stimmen in der Luft hören, zapfen ihren wilden Irrsinn aus dem, was irgendein akademischer Schreiber ein paar Jahre vorher verfaßte.«[663] Ideen sind mächtig. Ideen treiben den Wandel an. Gute Ökonomie allein kann uns nicht retten. Aber ohne sie sind wir dazu verdammt, die Fehler der Vergangenheit zu wiederholen. Ignoranz, vage Intuitionen, Ideologie und Trägheit wirken zusammen und geben uns Antworten, die sich plausibel anhören, viel versprechen, aber unsere Erwartungen absehbar enttäuschen werden. Wie die Geschichte leider immer wieder zeigt, sind siegreiche Ideen letztlich durchaus nicht immer positive Ideen. Wir wissen, dass es gegenwärtig ganz danach aussieht, als würde die Idee, offen für Zuwanderung zu bleiben, werde unweigerlich unsere Gesellschaften zerstören, ungeachtet aller gegenteiligen Belege den Sieg davontragen. Gegen schlechte Ideen hilft es nur, wachsam zu bleiben, der Verlockung des »Offensichtlichen« zu widerstehen, versprochene Wunder mit Skepsis zu betrachten, die empirischen Befunde zu hinterfragen, bei komplexen Zusammenhängen keine voreiligen Schlüsse zu ziehen und ehrlich zuzugeben, was wir wissen und was wir wissen können. Ohne diese Wachsamkeit werden Gespräche über facettenreiche Probleme sehr schnell von Slogans und Zerrbildern bestimmt, und anstatt die Fakten gründlich und unvoreingenommen zu analysieren, werden fadenscheinige Allheilmittel propagiert.

Der Aufruf zum Handeln richtet sich nicht nur an Wirtschaftswissenschaftler – er richtet sich an all diejenigen von uns, die sich eine bessere, gesündere und humanere Welt wünschen. Die Ökonomie ist zu wichtig, als dass man sie den Ökonomen überlassen dürfte.

# DANK

Alle Bücher sind Produkte intellektueller Zusammenarbeit, aber für dieses Buch gilt dies noch mehr als für die meisten anderen. Chiki Sarkar ermunterte uns, dieses Projekt anzugehen, bevor wir auch nur ahnten, was auf uns zukommen würde. Ihre Begeisterung, ihre lebhafte Intelligenz und ihr Glaube an unsere Fähigkeiten haben uns durch das Projekt hindurch geleitet und unterstützt. Wenig später stieß auch Andrew Wylie dazu. Sein immenser Erfahrungsschatz gab uns das Selbstvertrauen, das wir brauchten, um am Ball zu bleiben. Neel Mukherjee hat das gesamte Manuskript in seiner Rohfassung gelesen und uns inhaltliche Anregungen, stilistische Ratschläge, aber vor allem die Sicherheit gegeben, dass dies ein Buch war, das es sich zu schreiben und vielleicht auch zu lesen lohnte. Maddie McKelway hat jedes im Buch angeführte Faktum sorgfältig auf Richtigkeit überprüft und dafür gesorgt, dass jeder Satz (zumindest einigermaßen) lesbar und verständlich geworden ist. Wie bei unserem vorherigen Buch wusste Clive Priddle – oftmals schon vor uns selbst –, worauf wir hinauswollten. Erst durch seine redaktionelle Bearbeitung wurde das Manuskript zu einem Buch.

Beim Schreiben eines Buches, das sich weit über den Bereich unserer »Kernkompetenz« hinauswagt, mussten wir auf die Fachkenntnisse vieler mit uns befreundeter Wirtschaftswissenschaftler zurückgreifen. Wenn man von so vielen brillanten Denkern umgeben ist, kann man sich unmöglich daran erinnern, von wem jede einzelne Idee stammte. Auch auf die Gefahr hin, etliche unserer Ideengeber auszulassen, wollen wir doch ein paar namentlich anführen (selbstverständlich ohne sie in »intellektuelle Mithaftung« zu nehmen): Daron Acemoğlu, David Atkin,

Arnaud Costinot, Dave Donaldson, Rachel Glennerster, Penny Goldberg, Michael Greenstone, Bengt Holmstrom, Michael Kremer, Ben Olken, Thomas Piketty, Emma Rothschild, Emmanuel Saez, Frank Schilbach, Stefanie Stantcheva und Iván Werning. Wir möchten uns dafür bedanken, dass wir so viel von ihnen lernen durften. Ein Dankeschön auch an unsere PhD-Betreuer Josh Angrist, Jerry Green, Andreu Mas-Colell, Eric Maskin und Larry Summers; sowie an unsere vielen Lehrer, Mitarbeiter, Freunde und Studenten, deren Spuren sich überall im Buch finden. Abermals auf die Gefahr hin, grob ungerecht zu sein, wollen wir den folgenden Wissenschaftlern danken, deren Ideen dieses Buch maßgeblich beeinflusst haben: Philippe Aghion, Marianne Bertrand, Arun Chandrasekhar, Daniel Cohen, Bruno Crepon, Ernst Fehr, Amy Finkelstein, Maitreesh Ghatak, Rema Hanna, Matt Jackson, Dean Karlan, Eliana La Ferrara, Matt Lowe, Ben Moll, Sendhil Mullainathan, Kaivan Munshi, Andrew Newman, Paul Niehaus, Rohini Pande, Nancy Qian, Amartya Sen, Bob Solow, Cass Sunstein, Tavneet Suri und Robert Townsend.

Unser einjähriger Aufenthalt als Gastwissenschaftler an der Paris School of Economics war ein Glücksfall. Dort fanden wir ein angenehmes und anregungsreiches Arbeitsumfeld und zauberhafte Kollegen. Unser besonderer Dank gilt Luc Behagel, Denis Cogneau, Olivier Compte, Hélène Giacobino, Mark Gurgand, Sylvie Lambert und Karen Macours, aber auch Gilles Postel-Vinay und Katia Zhuravskaya für ihr immer einladendes Lächeln, geistreiche Gespräche und viele schweißtreibende Tennisspiele. Unsere MIT-Kollegen Glenn und Sara Ellison, die ihre Sabbatjahre mit uns koordinierten, machten das Jahr noch wunderbarer. Wir sind dankbar für die finanzielle Unterstützung durch die Région Île-de-France (Chaire Blaise Pascal), den Axa Research Fund, die ENS Foundation, die Paris School of Economics und das MIT.

Seit über 15 Jahren hat das Team des Abdul Latif Jameel Poverty Action Lab (J-PAL) nicht nur zahlreiche unserer Forschungsprojekte angeregt, sondern auch dafür gesorgt, dass wir in Bezug auf die Wirtschaftswissenschaften und die Menschheit insgesamt optimistisch geblieben sind. Wir können uns unglaublich glücklich schätzen, dass wir tagein, tagaus, Jahr für Jahr mit netten, hochherzigen und engagierten Menschen zusammenarbeiten dürfen. Danke an Iqbal Dhaliwal, der das Schiff steuert, und an John Floretta, Shobhini Mukherji, Laura Poswell und Anna Schrimpf, die – sichtbar und unsichtbar – unsere täglichen Begleiter sind. Und natürlich auch an Heather McCurdy und Jovanna Mason, die sich tapfer darum bemühen, einen Anflug von Ordnung in unser Leben zu bringen.

Esthers Eltern, Michel und Violaine Duflo, und ihr Bruder Colas und seine Familie trugen maßgeblich dazu bei, dass wir eine so schöne Zeit in Paris verbrachten. Danke für alles, was ihr für uns tut, Jahr für Jahr.

Abhijits Eltern, Dipak und Nirmala Banerjee, sind für ihn von jeher die idealen Leser seiner Schriften. Er dankt ihnen dafür, dass sie ihm so viele wirtschaftswissenschaftliche Kenntnisse vermittelten, und, was vielleicht noch wichtiger ist, dafür, dass sie ihm erklärten, warum sie von Belang sind.

# ANMERKUNGEN

## KAPITEL 1
## MEGA: Make Economics Great Again

1 Amber Phillips, »Is Split-Ticket Voting Officially Dead?«, in: *Washington Post*, 2017, https://www.washingtonpost.com/news/the-fix/wp/2016/11/17/is-split-ticket-voting-officially-dead/?utm_term=.6b57fc114762.

2 »8. Partisan Animosity, Personal Politics, Views of Trump«, Pew Research Center, 2017, https://www.people-press.org/2017/10/05/8-partisan-animosity-personal-politics-views-of-trump/.

3 »Poll: Majority of Democrats Think Republicans Are ›Racist,‹ ›Bigoted‹ or ›Sexist,‹«, in: *Axios*, 2017, https://www.countable.us/articles/14975-poll-majority-democrats-think-republicans-racist-bigoted-sexist.

4 Stephen Hawkins, Daniel Yudkin, Míriam Juan-Torres und Tim Dixon, »Hidden Tribes: A Study of America's Polarized Landscape«, in: *More in Common*, 2018, https://www.moreincommon.com/hidden-tribes.

5 Charles Dickens, *Hard Times*, in: *Household Words* (Wochenzeitschrift), London 1854; dt. Ausgabe: *Harte Zeiten,* übersetzt von Paul Heichen (Frankfurt/M.: Insel 1986).

6 Matthew Smith, »Leave Voters Are Less Likely to Trust Any Experts – Even Weather Forecasters«, YouGov, 2017, https://yougov.co.uk/topics/politics/articles-reports/2017/02/17/leave-voters-are-less-likely-trust-any-experts-eve.

7 Diese Umfrage wurde in Zusammenarbeit mit Stefanie Stantcheva durchgeführt und ist beschrieben in Abhijit Banerjee, Esther Duflo und Stefanie Stantcheva, »Me and Everyone Else: Do People Think Like Economists?«, unveröffentlicht, Massachusetts Institute of Technology, 2019.

8 »Steel and Aluminum Tariffs«, Chicago Booth, IGM Forum, 2018, http://www.igmchicago.org/surveys/steel-and-aluminum-tariffs.

9 »Refugees in Germany«, Chicago Booth, IGM Forum, 2017, http://www.igmchicago.org/surveys/refugees-in-germany (die Antworten wurden gemäß der Anzahl von Personen, die eine Meinung äußerten, normalisiert).

10 »Robots and Artificial Intelligence«, Chicago Booth, IGM Forum, 2017, http://www.igmchicago.org/surveys/robots-and-artificial-intelligence.

11 Paola Sapienza und Luigi Zingales, »Economic Experts versus Average Americans«, in: *American Economic Review* 103, Nr. 10 (2013): 636–42, https://doi.org/10.1257/aer.103.3.636.

12 »A Mean Feat«, in: *Economist*, 9. Januar 2016, https://www.economist.com/finance-and-economics/2016/01/09/a-mean-feat.

13 Siddharta Mukherjee, *The Emperor of All Maladies: A Biography of Cancer* (New York: Scribner 2010); dt. Ausgabe: *Der König aller Krankheiten*, übersetzt von Barbara Schaden (Köln: DuMont 2012).

## KAPITEL 2
## Aus dem Maul des Haifischs

14 United Nations International Migration Report Highlight, aufgerufen am 1. Juni 2017, https://www.un.org/en/development/desa/population/migration/publications/migrationreport/docs/MigrationReport2017_Highlights.pdf; Mathias Czaika und Hein de Haas, »The Globalization of Migration: Has the World Become More Migratory?«, in: *International Migration Review* 48, Nr. 2 (2014): 283–323.

15 »EU Migrant Crisis: Facts and Figures«, News: European Parliament, 30. Juni 2017, aufgerufen am 8. November 2019, https://www.europarl.europa.eu/news/en/headlines/society/20170629STO78630/asylum-and-migration-in-the-eu-facts-and-figures.

16 Alberto Alesina, Armando Miano und Stefanie Stantcheva, »Immigration and Redistribution«, NBER Working Paper 24733, 2018.

17 Oscar Barrera Rodriguez, Sergei M. Guriev, Emeric Henry und Ekaterina Zhuravskaya, »Facts, Alternative Facts, and Fact Checking in Times of Post-Truth Politics«, in: *SSRN Electronic Journal* (2017), https://dx.doi.org/10.2139/ssrn.3004631.

18 Alesina, Miano und Stantcheva, »Immigration and Redistribution«.

19 Rodriguez, Guriev, Henry und Zhuravskaya, »Facts, Alternative Facts, and Fact Checking in Times of Post-Truth Politics«.

20 Warsan Shire, »Home«, aufgerufen am 5. Juni 2019, https://www.seekersguidance.org/articles/social-issues/home-warsan-shire/.

21 Maheshwor Shrestha, »Push and Pull: A Study of International Migration from Nepal«, Policy Research Working Paper WPS 7965 (Washington, DC: World Bank Group, 2017), http://documents.worldbank.org/curated/en/318581486560991532/pdf/WPS7965.pdf.

22 *Aparajito*, unter der Regie von Satyajit Ray, 1956, Merchant Ivory Productions.

23 Alwyn Young, der Daten aus 65 Ländern ausgewertet hat, kam zu dem Ergebnis, dass Stadtbewohner 52 Prozent mehr konsumieren als Landbewohner. Alwyn Young, »Inequality, the Urban-Rural Gap, and Migration«, in: *Quarterly Journal of Economics* 128, Nr. 4 (2013): 1727–85.

24 Abhijit Banerjee, Nils Enevoldsen, Rohini Pande und Michael Walton, »Information as an Incentive: Experimental Evidence from Delhi«, unveröffentlicht, Harvard, aufgerufen am 21. April 2019, https://scholar.harvard.edu/files/rpande/files/delhivoter_shared-14.pdf.

25 Lois Labrianidis und Manolis Pratsinakis, »Greece's New Emigration at Times of Crisis«, LSE Hellenic Observatory GreeSE Paper 99, 2016.

26 John Gibson, David McKenzie, Halahingano Rohorua und Steven Stillman, »The Long-Term Impacts of International Migration: Evidence from a Lottery«, in: *World Bank Economic Review* 32, Nr. 1 (Februar 2018): 127–47.

27 Michael Clemens, Claudio Montenegro und Lant Pritchett, »The Place Premium: Wage Differences for Identical Workers Across the U.S. Border«, Center for Global Development Working Paper 148, 2009.

28 Emi Nakamura, Jósef Sigurdsson und Jón Steinsson, »The Gift of Moving: Intergenerational Consequences of a Mobility Shock«, NBER Working Paper 22392, 2017, überarbeitet im Januar 2019, DOI: 10.3386/w22392.

29 Ebd.

30 Matti Sarvimäki, Roope Uusitalo und Markus Jäntti, »Habit Formation and the Misallocation of Labor: Evidence from Forced Migrations«, 2019, https://ssrn.com/abstract=3361356 oder http://dx.doi.org/10.2139/ssrn.3361356.

31 Gharad Bryan, Shyamal Chowdhury und Ahmed Mushfiq Mobarak, »Underinvestment in a Profitable Technology: The Case of Seasonal Migration in Bangladesh«, in: *Econometrica* 82, Nr. 5 (2014): 1671–1748.

32 David Card, »The Impact of the Mariel Boatlift on the Miami Labor Market«, in: *Industrial and Labor Relations Review* 43, Nr. 2 (1990): 245–57.

33 George J. Borjas, »The Wage Impact of the Marielitos: A Reappraisal«, in: *Industrial and Labor Relations Review* 70, Nr. 5 (13. Februar 2017): 1077–1110.

34 Giovanni Peri und Vasil Yasenov, »The Labor Market Effects of a Refugee Wave: Synthetic Control Method Meets the Mariel Boatlift«, in: *Journal of Human Resources* 54, Nr. 2 (Januar 2018): 267–309.

35 Ebd.

36 George J. Borjas, »Still More on Mariel: The Role of Race«, NBER Working Paper 23504, 2017.

37 Jennifer Hunt, »The Impact of the 1962 Repatriates from Algeria on the French Labor Market«, in: *Industrial and Labor Relations Review* 45, Nr. 3 (April 1992): 556–72.

38 Rachel M. Friedberg, »The Impact of Mass Migration on the Israeli Labor Market«, in: *Quarterly Journal of Economics* 116, Nr. 4 (November 2001): 1373–1408.

39 Marco Tabellini, »Gifts of the Immigrants, Woes of the Natives: Lessons from the Age of Mass Migration«, HBS Working Paper 19-005, 2018.

40 Mette Foged und Giovanni Peri, »Immigrants' Effect on Native Workers: New Analysis on Longitudinal Data«, in: *American Economic Journal: Applied Economics* 8, Nr. 2 (2016): 1–34.

41 *The Economic and Fiscal Consequences of Immigration*, National Academies of Sciences,

Engineering, and Medicine (Washington, DC: National Academies Press, 2017), https://doi.org/10.17226/23550.

42 Christian Dustmann, Uta Schönberg und Jan Stuhler, »Labor Supply Shocks, Native Wages, and the Adjustment of Local Employment«, in: *Quarterly Journal of Economics* 132, Nr. 1 (Februar 2017): 435–83.

43 Michael A. Clemens, Ethan G. Lewis und Hannah M. Postel, »Immigration Restrictions as Active Labor Market Policy: Evidence from the Mexican Bracero Exclusion«, in: *American Economic Review* 108, Nr. 6 (Juni 2018): 1468–87.

44 Foged und Peri, »Immigrants' Effect on Native Workers«.

45 Patricia Cortés, »The Effect of Low-Skilled Immigration on US Prices: Evidence from CPI Data«, in: *Journal of Political Economy* 116, Nr. 3 (2008): 381–422.

46 Patricia Cortés und José Tessada, »Low-Skilled Immigration and the Labor Supply of Highly Skilled Women«, in: *American Economic Journal: Applied Economics* 3, Nr. 3 (Juli 2011): 88–123.

47 Emma Lazarus, »The New Colossus«, in: Emma Lazarus: *Selected Poems*, hg. v. John Hollander (New York: Library of America, 2005), S. 58. Vgl. auch https://de.wikipedia.org/wiki/The_New_Colossus.

48 Ran Abramitzky, Leah Platt Boustan und Katherine Eriksson, »Europe's Tired, Poor, Huddled Masses: Self-Selection and Economic Outcomes in the Age of Mass Migration«, in: *American Economic Review* 102, Nr. 5 (2012): 1832–56.

49 »Immigrant Founders of the 2017 Fortune 500«, Center for American Entrepreneurship, 2017, http://startupsusa.org/fortune500/.

50 Nakamura, Sigurdsson und Steinsson, »The Gift of Moving«.

51 Jie Bai, »Melons as Lemons: Asymmetric Information, Consumer Learning, and Quality Provision«, Arbeitspapier, 2018, aufgerufen am 8. November 2019, https://cdep.sipa.columbia.edu/sites/default/files/cdep/Bai_JMP.pdf.

52 »Zur Verwandlung von Geld in Kapital muß der Geldbesitzer also den freien Arbeiter auf dem Warenmarkt vorfinden, frei in dem Doppelsinn, daß er als freie Person über seine Arbeitskraft als seine Ware verfügt, daß er andrerseits andre Waren nicht zu verkaufen hat, los und ledig, frei ist von allen zur Verwirklichung seiner Arbeitskraft nötigen Sachen«, aus: *Karl Marx – Friedrich Engels – Werke*, Band 23, *Das Kapital*, Bd. I, Zweiter Abschnitt, S. 161–191 [S. 183] Dietz Verlag, Berlin/DDR 1968.

53 Girum Abebe, Stefano Caria und Esteban Ortiz-Ospina, »The Selection of Talent: Experimental and Structural Evidence from Ethiopia«, Arbeitspapier, 2018.

54 Christopher Blattman und Stefan Dercon, »The Impacts of Industrial and Entrepreneurial Work on Income and Health: Experimental Evidence from Ethiopia«, in: *American Economic Journal: Applied Economics* 10, Nr. 3 (Juli 2018): 1–38.

55 Girum Abebe, Stefano Caria, Marcel Fafchamps, Paolo Falco, Simon Franklin und Simon Quinn, »Anonymity or Distance? Job Search and Labour Market Exclusion in a Growing African City«, CSAE Working Paper WPS/2016-10-2, 2018.

56 Stefano Caria, »Choosing Connections. Experimental Evidence from a Link-Formation Experiment in Urban Ethiopia«, Arbeitspapier, 2015; Pieter Serneels, »The Nature of Unemployment Among Young Men in Urban Ethiopia«, in: *Review of Development Economics* 11, Nr. 1 (2007): 170–86.

57 Carl Shapiro und Joseph E. Stiglitz, »Equilibrium Unemployment as a Worker Discipline Device«, in: *American Economic Review* 74, Nr. 3 (Juni 1984): 433–44.

58 Emily Breza, Supreet Kaur und Yogita Shamdasani, »The Morale Effects of Pay Inequality«, in: *Quarterly Journal of Economics* 133, Nr. 2 (2018): 611–63.

59 Dustmann, Schönberg und Stuhler, »Labor Supply Shocks, Native Wages, and the Adjustment of Local Employment«.

60 Patricia Cortés und Jessica Pan, »Foreign Nurse Importation and Native Nurse Displacement«, in: *Journal of Health Economics* 37 (2017): 164–80.

61 Kaivan Munshi, »Networks in the Modern Economy: Mexican Migrants in the U.S. Labor Market«, in: *Quarterly Journal of Economics* 118, Nr. 2 (2003): 549–99.

62 Lori Beaman, »Social Networks and the Dynamics of Labor Market Outcomes: Evidence from Refugees Resettled in the U.S.«, in: *Review of Economic Studies* 79, Nr. 1 (Januar 2012): 128–61.

63 George Akerlof, »The Market for ›Lemons‹: Quality Uncertainty and the Market Mechanism«, in: *Quarterly Journal of Economics* 84, Nr. 3 (1970): 488–500.

64 Gutachter und Herausgeber hatten offensichtlich Mühe, Akerlofs Aufsatz zu verstehen. Grundsätzlich erfordert der Zirkelbeweis, der die Marktauflösung erklärt, eine sachgerechte mathematische Beweisführung, um sicherzustellen, dass er hieb- und stichfest ist. Aber im Jahr 1970 war diese besondere Form der mathematischen Beweisführung den meisten Wirtschaftswissenschaftlern nicht geläufig. Aus diesem Grund dauerte es eine gewisse Zeit, bis es eine Fachzeitschrift wagte, den Aufsatz zu veröffentlichen. Aber nach seiner Publikation wurde er sofort ein Klassiker und ist einer der einflussreichsten Aufsätze aller Zeiten geblieben. Die von ihm benutzte besondere mathematische Methode, die eine Anwendung jenes Zweigs der angewandten Mathematik ist, die »Spieltheorie« genannt wird, wird heute allen Studenten der Wirtschaftswissenschaften beigebracht.

65 Banerjee, Enevoldsen, Pande und Walton, »Information as an Incentive«.

66 World air quality report, AirVisual, 2018, aufgerufen am 21. April 2019, https://www.airvisual.com/world-most-polluted-cities.

67 Abhijit Banerjee und Esther Duflo, »The Economic Lives of the Poor«, in: *Journal of Economic Perspectives* 21, Nr. 1 (2007): 141–68.

68 Global Infrastructure Hub, *Global Infrastructure Outlook*, Oxford Economics, 2017.

69 Edward Glaeser, *Triumph of the City: How Our Greatest Invention Makes Us Richer, Smarter, Greener, Healthier, and Happier* (London: Macmillan, 2011).

70 Jan K. Brueckner, Shihe Fu Yizhen Gu und Junfu Zhang, »Measuring the Stringency of Land Use Regulation: The Case of China's Building Height Limits«, in: *Review of Economics and Statistics* 99, Nr. 4 (2017): 663–77.

71 Abhijit Banerjee und Esther Duflo, »Barfüßige Hedgefonds-Manager« in: dies., *Poor Economics*, übersetzt von Susanne Warmuth (München: Knaus, 2012).

72 W. Arthur Lewis, »Economic Development with Unlimited Supplies of Labour«, in: *Manchester School* 22, Nr. 2 (1954): 139–91.

73 Robert Jensen und Nolan H. Miller, »Keepin' 'Em Down on the Farm: Migration and Strategic Investment in Children's Schooling«, NBER Working Paper 23122, 2017.

74 Robert Jensen, »Do Labor Market Opportunities Affect Young Women's Work and Family Decisions? Experimental Evidence from India«, in: *Quarterly Journal of Economics* 127, Nr. 2 (2012): 753–92.

75 Bryan, Chowdhury und Mobarak, »Underinvestment in a Profitable Technology«.

76 Maheshwor Shrestha, »Get Rich or Die Tryin': Perceived Earnings, Perceived Mortality Rate, and the Value of a Statistical Life of Potential Work-Migrants from Nepal«, World Bank Policy Research Working Paper 7945, 2017.

77 Maheshwor Shrestha, »Death Scares: How Potential Work-Migrants Infer Mortality Rates from Migrant Deaths«, World Bank Policy Research Working Paper 7946, 2017.

78 Donald Rumsfeld, *Known and Unknown: A Memoir* (New York: Sentinel, 2012).

79 Frank H. Knight, *Risk, Uncertainty, and Profit* (Boston: Hart, Schaffner, and Marx, 1921).

80 Justin Sydnor, »(Over)insuring Modest Risks«, in: *American Economic Journal: Applied Economics* 2, Nr. 4 (2010): 177–99.

81 Wir werden später, in Kapitel 4, auf die Idee dieser eigennützigen Überzeugungen zurückkommen. Für weiterführende Literatur vgl. Roland Bénabou und Jean Tirole, »Mindful Economics: The Production, Consumption, and Value of Beliefs«, in: *Journal of Economic Perspectives* 30, Nr. 3 (2016): 141–64.

82 Alexis de Tocqueville, *Democracy in America* (London: Saunders and Otley, 1835); dt. Ausgabe: *Über die Demokratie in Amerika* (Stuttgart: Reclam, 1986).

83 Alberto Alesina, Stefanie Stantcheva und Edoardo Teso, »Intergenerational Mobility and Preferences for Redistribution«, in: *American Economic Review* 108, Nr. 2 (2018): 521–54, DOI: 10.1257/aer.20162015.

84 Benjamin Austin, Edward Glaeser und Lawrence H. Summers, »Saving the Heartland: Place-Based Policies in 21st Century America«, Brookings Papers on Economic Activity Conference Drafts, 2018.

85 Peter Ganong und Daniel Shoag, »Why Has Regional Income Convergence in the U.S. Declined?«, in: *Journal of Urban Economics* 102 (2017): 76–90.

86 Enrico Moretti, *The New Geography of Jobs* (Boston: Houghton Mifflin Harcourt, 2012).

87 Ganong and Shoag, »Why Has Regional Income Convergence in the U.S. Declined?«

88 »Starbucks«, Indeed.com, aufgerufen am 21. April 2019, https://www.indeed.com/q-Starbucks-l-Boston,-MA-jobs.html; »Starbucks«, Indeed.com, aufgerufen am 21. April 2019, https://www.indeed.com/jobs?q=Starbucks&l=Boise-percent2C+ID.

89 Ganong und Shoag rechnen dieses Beispiel durch in: Peter Ganong und Daniel Shoag, »Why Has Regional Income Convergence in the U.S. Declined?«.

90 »The San Francisco Rent Explosion: Part II«, Priceonomics, aufgerufen am 4. Juni 2019, https://priceonomics.com/the-san-francisco-rent-explosion-part-ii/.

91 Laut RentCafé beträgt die Durchschnittsmiete in Mission Dolores 3728 Dollar für 73,6 qm. »San Francisco, CA Rental Market Trends«, aufgerufen am 4. Juni 2019, https://www.rentcafe.com/average-rent-market-trends/us/ca/san-francisco/.

92 »New Money Driving Out Working-Class San Franciscans«, *Los Angeles Times*, 21. Juni 1999, aufgerufen am 4. Juni 2019, https://www.latimes.com/archives/la-xpm-1999-jun-21-mn-48707-story.html.

93 Glaeser, *Triumph of the City*.

94 Atif Mian und Amir Sufi haben diese Argumente entwickelt in ihrem Buch *House of Debt: How They (and You) Caused the Great Recession, and How We Can Prevent It from Happening Again* (Chicago: University of Chicago Press, 2014), und in vielen Artikeln, u.a. Atif Mian, Kamalesh Rao und Amir Sufi, »Household Balance Sheets, Consumption, and the Economic Slump«, in: *Quarterly Journal of Economics* 128, Nr. 4 (2013): 1687–1726.

95 Matthew Desmond, *Evicted: Poverty and Profit in the American City* (New York: Crown, 2016); dt. Ausgabe: *Zwangsgeräumt. Armut und Profit in der Stadt*, übersetzt von Volker Zimmermann und Isabelle Brandstetter (Berlin: Ullstein, 2018).

96 Mark Aguiar, Mark Bils, Kerwin Kofi Charles und Erik Hurst, »Leisure Luxuries and the Labor Supply of Young Men«, NBER Working Paper 23552, 2017.

97 Kevin Roose, »Silicon Valley Is Over, Says Silicon Valley«, in: *New York Times*, 4. März 2018.

98 Andrew Ross Sorkin, »From Bezos to Walton, Big Investors Back Fund for ›Flyover‹ Start-Ups«, in: *New York Times*, 4. Dezember 2017.

99 Glenn Ellison und Edward Glaeser, »Geographic Concentration in U.S. Manufacturing Industries: A Dartboard Approach«, *in: Journal of Political Economy* 105, Nr. 5 (1997): 889–927.

100 Bryan, Chowdhury und Mobarak, »Underinvestment in a Profitable Technology«.

101 Tabellini, »Gifts of the Immigrants, Woes of the Natives«.

## KAPITEL 3
## Die negativen Folgen des Handels

102 »Steel and Aluminum Tariffs«, Chicago Booth, IGM Forum, 2018, http://www.igmchicago.org/surveys/steel-and-aluminum-tariffs.

103 »Import Duties«, Chicago Booth, IGM Forum, 2016, http://www.igmchicago.org/surveys/import-duties.

104 Abhijit Banerjee, Esther Duflo und Stefanie Stantcheva, »Me and Everyone Else: Do People Think Like Economists?«, unveröffentlicht, Massachusetts Institute of Technology, 2019.

105 Ebd.

106 *The Collected Scientific Papers of Paul A. Samuelson*, Bd. 3 (Cambridge, MA: MIT Press, 1966), S. 683.

107 Ebd.

108 David Ricardo, *On the Principles of Political Economy and Taxation* (London: John Murray, 1817); dt. Ausgabe: *Über die Grundsätze der politischen Ökonomie und der Besteuerung*. Vollständige deutsche Fassung der englischen Standardausgabe einschließlich der Einführung und editorischen Anmerkungen Piero Sraffas, übersetzt von Gerhard Bondis (Marburg: Metropolis, 2006).

109 Paul A. Samuelson und William F. Stolper, »Protection and Real Wages«, in: *Review of Economic Studies* 9, Nr. 1 (1941), 58–73.

110 P. A. Samuelson, »The Gains from International Trade Once Again«, in: *Economic Journal* 72, Nr. 288 (1962): 820–29, DOI: 10.2307/2228353.

111 John Keats, »Ode on a Grecian Urn«, in *The Complete Poems of John Keats*, 3. Aufl. (New York: Penguin Classics, 1977); dt. Ausgabe: »Ode auf eine griechische Urne«, in: John Keats, *Gedichte*, Leipzig 1910, S. 15-17. Vgl. http://www.zeno.org/Literatur/M/Keats,+John/Lyrik/Gedichte+(Auswahl)/Ode+auf+eine+griechische+Urne.

112 Petia Topalova, »Factor Immobility and Regional Impacts of Trade Liberalization: Evidence on Poverty from India«, in: *American Economic Journal: Applied Economics* 2, Nr. 4 (2010): 1–41, DOI: 10.1257/app.2.4.1.

113 »GDP Growth (annual %)«, World Bank, aufgerufen am 29. März 2019, https://data.worldbank.org/indicator/ny.gdp.mktp.kd.zg?end=2017&start =1988.

114 Selbstverständlich behaupten die Handelsoptimisten, u.a. Jagdish Bhagwati, T. N. Srinivasan und ihre Anhänger, das Wachstum vor 1991 habe kurz davor gestanden, zum Erliegen zu kommen, und staatliche Rettungspakete und die Handelsliberalisierung habe es dann gerettet.

115 Abschnitt 7 des *Tractatus Logico-Philosophicus* von Ludwig Wittgenstein, erstmals veröffentlicht in den *Annalen der Naturphilosophie*, 1921. Eine Neuausgabe mit einem Nachwort von Joachim Schulte ist 2018 im Suhrkamp Verlag erschienen.

116 »GDP Growth (annual %)«, World Bank.

117 Der Anteil am BIP des oberen 1 Prozent (in Bezug auf das Nationaleinkommen) stieg von einem Tiefstand von 6,1 Prozent im Jahr 1982 auf 21,3 Prozent im Jahr 2015. World Inequality Database, aufgerufen am 15. März 2019, https://wid.world/country/india.

118 Diego Cerdeiro und Andras Komaromi, freigegeben von Valerie Cerra, »The Effect of Trade on Income and Inequality: A Cross-Sectional Approach«, International Monetary Fund Background Papers, 2017.

119 Pinelopi Koujianou Goldberg und Nina Pavcnik, »Distributional Effects of Globalization in Developing Countries«, in: *Journal of Economic Literature* 45, Nr. 1 (März 2007): 39–82.

120 Thomas Piketty, Li Yang und Gabriel Zucman, »Capital Accumulation, Private Property and Rising Inequality in China, 1978–2015«, in: *American Economic Review*, im Jahr 2019 erscheinend, Arbeitspapier-Fassung, aufgerufen am 19. Juni 2019, http://gabriel-zucman.eu/files/PYZ2017.pdf.

121 Topalova, »Factor Immobility and Regional Impacts of Trade Liberalization«.

122 Gaurav Datt, Martin Ravallion und Rinku Murgai, »Poverty Reduction in India: Revisiting Past Debates with 60 Years of Data«, VOX CEPR Policy Portal, aufgerufen am 15. März 2019, voxeu.org.

123 Eric V. Edmonds, Nina Pavcnik und Petia Topalova, »Trade Adjustment and Human Capital Investments: Evidence from Indian Tariff Reform«, in: *American Economic Journal: Applied Economics* 2, Nr. 4 (2010): 42–75. DOI: 10.1257/app.2.4.42.

124 Orazio Attanasio, Pinelopi K. Goldberg und Nina Pavcnik, »Trade Reforms and Trade Inequality in Colombia«, in: *Journal of Development Economics* 74, Nr. 2 (2004): 331–66; Brian K. Kovak, »Regional Effects of Trade Reform: What Is the Correct Level of Liberalization?«, in: *American Economic Review* 103, Nr. 5 (2013): 1960–76.

125 Pinelopi K. Goldberg, Amit Khandelwal, Nina Pavcnik und Petia Topalova, »Trade Liberalization and New Imported Inputs«, in: *American Economic Review* 99, Nr. 2 (2009): 494–500.

126 Abhijit Vinayak Banerjee, »Globalization and All That«, in: Abhijit V. Banerjee, Roland Bénabou und Dilip Mookherjee (Hg.), *Understanding Poverty* (New York: Oxford University Press, 2006).

127 Topalova, »Factor Immobility and Regional Impacts of Trade Liberalization«.

128 Abhijit Banerjee und Esther Duflo, »Growth Theory Through the Lens of Development Economics«, in: Philippe Aghion und Stephen Durlauf (Hg.), *The Handbook of Economic Growth* (Amsterdam: North Holland, 2005), Bd. 1, Teil A: 473–552.

129 Topalova, »Factor Immobility and Regional Impacts of Trade Liberalization«.

130 Pinelopi K. Goldberg, Amit K. Khandelwal, Nina Pavcnik und Petia Topalova, »Multiproduct Firms and Product Turnover in the Developing World: Evidence from India«, in: *Review of Economics and Statistics* 92, Nr. 4 (2010): 1042–49.

131 Robert Grundke und Cristoph Moser, »Hidden Protectionism? Evidence from Non-Tariff Barriers to Trade in the United States«, in: *Journal of International Economics* 117 (2019): 143–57.

132 World Trade Organization, »Members Reaffirm Commitment to Aid for Trade and to Development Support«, 2017, aufgerufen am 18. März 2019, https://www.wto.org/english/news_e/news17_e/gr17_13jul17_e.htm.

133 David Atkin, Amit K. Khandelwal und Adam Osman, »Exporting and Firm Performance: Evidence from a Randomized Experiment«, in: *Quarterly Journal of Economics* 132, Nr. 2 (2017): 551–615.

134 »Rankings by Country of Average Monthly Net Salary (After Tax) (Salaries and Financing)«, Numbeo, aufgerufen am 18. März 2019, https://www.numbeo.com/cost-of-living/country_price_rankings?itemId=105.

135 Abhijit V. Banerjee und Esther Duflo, »Reputation Effects and the Limits of Contracting: A Study of the Indian Software Industry«, in: *Quarterly Journal of Economics* 115, Nr. 3 (2000): 989–1017.

136 Amos Tversky und Daniel Kahneman, »The Framing of Decisions and Psychology of Choice«, in: *Science* 211 (1981): 453–58.

137 Jean Tirole, »A Theory of Collective Reputations (with Applications to the Persistence of Corruption and to Firm Quality)«, in: *Review of Economic Studies* 63, Nr. 1 (1996): 1–22.

138 Rocco Machiavello und Ameet Morjaria, »The Value of Relationships: Evidence from Supply Shock to Kenyan Rose Exports«, in: *American Economic Review* 105, Nr. 9 (2015): 2911–45.

139 Wang Xiaodong, »Govt Issues Guidance for Quality of Products«, in: *China Daily*, aktualisiert am 14. September 2017, aufgerufen am 29. März 2019, http://www.chinadaily.com.cn/china/2017-09/14/content_31975019.htm.

140 Gujanita Kalita, »The Emergence of Tirupur as the Export Hub of Knitted Garments in India: A Case Study«, ICRIER, aufgerufen am 21. April 2019, https://www.econ-jobs.com/research/52329-The-Emergence-of-Tirupur-as-the-Export-Hub-of-Knitted-Garments-in-India-A-Case-Study.pdf.

141 L. N. Revathy, »GST, Export Slump Have Tirupur's Garment Units Hanging by a Thread«, aufgerufen am 21. April 2019, https://www.thehindubusinessline.com/economy/gst-export-slump-have-tirupurs-garment-units-hanging-by-a-thread/article9968689.ece.

142 »Clusters 101«, Cluster Mapping, aufgerufen am 18. März 2019, http://www.clustermapping.us/content/clusters-101.

143 Antonio Gramsci, *Gefängnishefte*, Bd. 2, 2.–3. Heft, § 34, »Vergangenheit und Gegenwart«, S. 354 (Hamburg, Berlin: Argument-Verlag, 1991).

144 Laut der Welbank betrug der Offenheitsgrad (Außenhandelsquote) Indiens 2015 42 Prozent, gegenüber 28 Prozent für die Vereinigten Staaten und 39 Prozent in China. »Trade Openness-Country Rankings«, TheGlobalEconomy.com, auf-

gerufen am 8. März 2019, https://www.theglobaleconomy.com/rankings/trade_openness/.

145 Pinelopi K. Goldberg, Amit K. Khandelwal, Nina Pavcnik und Petia Topalova, »Imported Intermediate Inputs and Domestic Product Growth: Evidence from India«, in: *Quarterly Journal of Economics* 125, Nr. 4 (2010): 1727–67.

146 Paul Krugman, »Taking on China«, in: *New York Times*, 30. September 2010.

147 J. D. Vance, *Hillbilly-Elegie: A Memoir of a Family and Culture in Crisis* (New York: Harper, 2016); dt. Ausgabe: *Hillbilly-Elegie: Die Geschichte meiner Familie und einer Gesellschaft in der Krise*, übersetzt von Gregor Hens (Berlin: Ullstein, 2017).

148 David Autor, David Dorn und Gordon Hanson, »The China Syndrome: Local Labor Market Effects of Import Competition in the United States«, in: *American Economic Review* 103, Nr. 6 (2013): 2121–68; David Autor, David Dorn und Gordon Hanson, »The China Shock: Learning from Labor-Market Adjustment to Large Changes in Trade«, in: *Annual Review of Economics* 8 (2016): 205–40.

149 Ragnhild Balsvik, Sissel Jensen und Kjell G. Salvanes, »Made in China, Sold in Norway: Local Labor Market Effects of an Import Shock«, in: *Journal of Public Economics* 127 (2015): 137–44; Wolfgang Dauth, Sebastian Findeisen und Jens Suedekum, »The Rise of the East and the Far East: German Labor Markets and Trade Integration«, in: *Journal of the European Economic Association* 12, Nr. 6 (2014): 1643–75; Vicente Donoso, Víctor Martín und Asier Minondo, »Do Differences in the Exposure to Chinese Imports Lead to Differences in Local Labour Market Outcomes? An Analysis for Spanish Provinces«, in: *Regional Studies* 49, Nr. 10 (2015): 1746–64.

150 M. Allirajan, »Garment Exports Dive 41 Percent in October on GST Woes«, in: *Times of India*, 16. November 2017, https://timesofindia.indiatimes.com/business/india-business/garment-exports-dive-41-in-october-on-gst-woes/articleshow/61666363.cms.

151 Atif Mian, Kamalesh Rao und Amir Sufi, »Housing Balance Sheets, Consumption, and the Economic Slump«, in: *Quarterly Journal of Economics* 128, Nr. 4 (2013): 1687–1726.

152 Dies wird in einem Artikel in der Zeitschrift *Atlantic* beschrieben. Alana Semuels, »Ghost Towns of the 21st Century«, in: *Atlantic*, 20. Oktober 2015.

153 Autor, Dorn und Hanson, »The China Syndrome«.

154 David H. Autor, Mark Duggan, Kyle Greenberg und David S. Lyle, »The Impact of Disability Benefits on Labor Supply: Evidence from the VA's Disability Compensation Program«, in: *American Economic Journal: Applied Economics* 8, Nr. 3 (2016): 31–68.

155 David H. Autor, »The Unsustainable Rise of the Disability Rolls in the United States: Causes, Consequences, and Policy Options«, in: John Karl Scholz, Hyunpyo Moon und Sang-Hyop Lee (Hg.), *Social Policies in an Age of Austerity* (Northampton, MA: Edward Elgar, 2015) 107–36.

156 Aparna Soni, Marguerite E. Burns, Laura Dague und Kosali I. Simon, »Medicaid Expansion and State Trends in Supplemental Security Income Program Participation«, in: *Health Affairs* 36, Nr. 8 (2017): 1485–88.

157 Vgl. zum Beispiel Enrico Moretti und Patrick Kline, »People, Places and Public Policy: Some Simple Welfare Economics of Local Economic Development Programs«, in: *Annual Review of Economics* 6 (2014): 629–62

158 David Autor, David Dorn und Gordon H. Hanson, »When Work Disappears: Manufacturing Decline and the Fall of Marriage Market Value of Young Men«, in: *AER Insights*, 2019 erscheinend, verfügbar als NBER Working Paper 23173, 2018, DOI: 10.3386/w23173.

159 Anne Case und Angus Deaton, »Rising Morbidity and Mortality in Midlife Among White Non-Hispanic Americans in the 21st Century«, in: *PNAS* 112, Nr. 49 (2015): 15078–83, https://doi.org/10.1073/pnas.1518393112.

160 Arnaud Costinot und Andrés Rodríguez-Clare, »The US Gains from Trade: Valuation Using the Demand for Foreign Factor Services«, in: *Journal of Economic Perspectives* 32, Nr. 2 (Frühjahr 2018): 3–24.

161 Rodrigo Adao, Arnaud Costinot und Dave Donaldson, »Nonparametric Counterfactual Predictions in Neoclassical Models of International Trade«, in: *American Economic Review* 107, Nr. 3 (2017): 633–89; Costinot und Rodríguez-Clare, »The US Gains from Trade«.

162 »GDP Growth (annual %)«, World Bank, aufgerufen am 29. März 2019, https://data.worldbank.org/indicator/ny.gdp.mktp.kd.zg.

163 Costinot und Rodríguez-Clare, »The US Gains from Trade«.

164 Sam Asher und Paul Novosad, »Rural Roads and Local Economic Development«, Policy Research Working Paper 8466 (Washington, DC: World Bank, 2018).

165 Sandra Poncet, »The Fragmentation of the Chinese Domestic Market Peking Struggles to Put an End to Regional Protectionism«, in: *China Perspectives*, aufgerufen am 21. April 2019, https://journals.openedition.org/chinaperspectives/410.

166 *Small Is Beautiful* ist ein Buch des deutschstämmigen britischen Wirtschaftswissenschaftlers Ernst Friedrich Schumacher aus dem Jahr 1974, in dem er unter anderem für die Umsetzung der Gandhi'schen Idee kleiner landwirtschaftlicher Betriebe in Dörfern plädiert. E. F. Schumacher *Small Is Beautiful: A Study of Economics as If People Mattered* (London: Blond & Briggs, 1973); dt. Ausgabe: *Small Is Beautiful: Die Rückkehr zum menschlichen Maß*, übersetzt von Karl A. Klewer (München: Oekom, 2013).

167 Nirmala Banerjee, »Is Small Beautiful?«, in: Amiya Bagchi und Nirmala Banerjee (Hg.), *Change and Choice in Indian Industry* (Kalkutta: K. P. Bagchi & Company, 1981).

168 Chang-Tai Hsieh und Benjamin A. Olken, »The Missing ›Missing Middle‹«, in: *Journal of Economic Perspectives* 28, Nr. 3 (2014): 89–108.

169 Adam Smith, The Wealth of Nations (W. Strahan and T. Cadell, 1776); dt. Ausgabe: *Der Wohlstand der Nationen* (München: DTV, 1988), 1. Buch, 3. Kapitel, S. 19.

170 Dave Donaldson, »Railroads of the Raj: Estimating the Impact of Transportation Infrastructure«, in: *American Economic Review* 108, Nr. 4–5 (2018): 899–934.

171 Dave Donaldson und Richard Hornbeck, »Railroads and American Growth: A ›Market Access‹ Approach«, in: *Quarterly Journal of Economics* 131, Nr. 2 (2016): 799–858.

172 Arnaud Costinot und Dave Donaldson, »Ricardo's Theory of Comparative Advantage: Old Idea, New Evidence«, in: *American Economic Review* 102, Nr. 3 (2012): 453–58.

173 Asher und Novosad, »Rural Roads and Local Economic Development«.

174 David Atkin und Dave Donaldson, »Who's Getting Globalized? The Size and Implications of Intra-National Trade Costs«, NBER Working Paper 21439, 2015.

175 »U.S. Agriculture and Trade at a Glance«, US Department of Agriculture, Economic Research Service, aufgerufen am 8. Juni 2019, https://www.ers.usda.gov/topics/international-markets-us-trade/us-agricultural-trade/us-agricultural-trade-at-a-glance/.

176 Ebd.

177 »Occupational Employment Statistics«, Bureau of Labor Statistics, aufgerufen am 29. März 2019, https://www.bls.gov/oes/2017/may/oes452099.htm.

178 »Quick Facts: United States«, US Census Bureau, aufgerufen am 29. März 2019, https://www.census.gov/quickfacts/fact/map/US/INC91021.

179 Benjamin Hyman, »Can Displaced Labor Be Retrained? Evidence from Quasi-Random Assignment to Trade Adjustment Assistance«, 10. Januar 2018, http://dx.doi.org/10.2139/ssrn.3155386.

180 »Education and Training«, Veterans Administration, aufgerufen am 21. Juni 2019, https://benefits.va.gov/gibill/.

181 Sewin Chan und Ann Huff Stevens, »Job Loss and Employment Patterns of Older Workers«, in: *Journal of Labor Economics* 19, Nr. 2 (2001): 484–521.

182 Henry S. Farber, Chris M. Herbst, Dan Silverman und Till von Wachter, »Whom Do Employers Want? The Role of Recent Employment and Unemployment Status and Age«, in: *Journal of Labor Economics* 37, Nr. 2 (April 2019): 323–49, https://doi.org/10.1086/700184.

183 Benjamin Austin, Edward Glaeser und Lawrence Summers, »Saving the Heartland: Place-Based policies in 21st Century America«, Brookings Papers on Economic Activity, Konferenzfassung, aufgerufen am 19. Juni 2019, https://www.brookings.edu/wp-content/uploads/2018/03/3_austinetal.pdf.

KAPITEL 4
Vorlieben, Wünsche und Bedürfnisse

184 John Sides, Michael Tesler und Lynn Vavreck, *Identity Crisis: The 2016 Presidential Campaign and the Battle for the Meaning of America* (Princeton: Princeton University Press, 2018).

185 George Stigler und Gary Becker, »De Gustibus Non Est Disputandum«, in: *American Economic Review* 67, Nr. 2 (1977): 76–90.

186 Abhijit Banerjee und Esther Duflo, *Poor Economics: A Radical Rethinking of the Way to Fight Global Poverty* (New York: PublicAffairs, 2011); dt. Ausgabe: *Poor Economics: Plädoyer für ein neues Verständnis von Armut*, übersetzt von Susanne Warmuth (München: Knaus, 2012).

187 Abhijit V. Banerjee, »Policies for a Better-Fed World«, in: *Review of World Economics* 152, Nr. 1 (2016): 3–17.

188 Abhijit Banerjee, »A Simple Model of Herd Behavior«, in: *Quarterly Journal of Economics* 107, Nr. 3 (1992): 797–817.

189 Lev Muchnik, Sinan Aral und Sean J. Taylor, »Social Influence Bias: A Randomized Experiment«, in: *Science* 341, Nr. 6146 (2013): 647–51.

190 Drew Fudenberg und Eric Maskin, »The Folk Theorem in Repeated Games with Discounting or with Incomplete Information«, in: *Econometrica* 54, Nr. 3 (1986): 533–54; Dilip Abreu, »On the Theory of Infinitely Repeated Games with Discounting«, in: *Econometrica* 56, Nr. 2 (1988): 383–96.

191 Elinor Ostrom, *Governing the Commons* (Cambridge: Cambridge University Press, 1990); dt. Ausgabe: *Die Verfassung der Allmende: Jenseits von Staat und Markt,* übersetzt von Ekkehard Schöller (Tübingen: Mohr Siebeck 1999).

192 Vgl. z.B. E. R. Prabhakar Somanathan und Bhupendra Singh Mehta, »Decentralization for Cost-Effective Conservation«, in: *Proceedings of the National Academy of Sciences* 106, Nr. 11 (2009): 4143–47; J. M. Baland, P. Bardhan, S. Das und D. Mookherjee, »Forests to the People: Decentralization and Forest Degradation in the Indian Himalayas«, in: *World Development* 38, Nr. 11 (2010): 1642–56. Das bedeutet nicht, dass das Gemeineigentum immer funktioniert; tatsächlich zeigt sogar die Theorie, dass es nicht so ist. Nehmen wir beispielsweise an, wir erwarten, dass sich die anderen Mitglieder der Gemeinschaft nicht immer an die Regeln halten werden. Dann sind wir eher versucht, selbst ebenfalls zu betrügen, denn wenn einige andere Bauern ihre Kühe zu oft auf die Allmendeweide treiben, wird diese schneller abgefressen, weshalb die Aussicht, von der Nutzung ausgeschlossen zu werden, weniger bedrohlich wirkt. Faktisch gibt es keine überzeugenden Belege dafür, dass Waldgebiete in Gemeinschaftsbesitz weniger stark abgeholzt werden.

193 Robert M. Townsend, »Risk and Insurance in Village India«, in: *Econometrica* 62, Nr. 3 (1994): 539–91; Christopher Udry, »Risk and Insurance in a Rural Credit

Market: An Empirical Investigation in Northern Nigeria«, in: *Review of Economic Studies* 61, Nr. 3 (1994): 495–526.

194 Für eine überzeugende Darstellung dieser positiven Rolle vgl. Raghuram Rajan, *The Third Pillar: How Markets and the State Leave Community Behind* (New York: HarperCollins, 2019).

195 Harold L. Cole, George J. Mailath und Andrew Postlewaite, »Social Norms, Savings Behavior, and Growth«, in: *Journal of Political Economy* 100, Nr. 6 (1992): 1092–1125.

196 Beratungen der Verfassunggebenden Versammlung Indiens (Constituent Assembly of India Debates), Bd. 7, 4. November 1948, https://cadindia.clpr.org.in/constitution_assembly_debates/volume/7/1948-11-04. Über die Beziehung zwischen den beiden Männern ist viel geschrieben worden. Besonders interessante Darstellungen sind *The Doctor and the Saint* von Arundhati Roy aus dem Jahr 2017 (dessen Hauptperson Ambedkar ist), und Ramachandra Guhas Buch *Gandhi* (in dem die Auseinandersetzung eher aus Gandhis Sicht geschildert wird). Die beiden Männer verstanden sich nicht. Gandhi hielt Ambedkar für einen Heißsporn, während Ambedkar dem alten Mann vorwarf, ein Heuchler zu sein. Doch trotz der Gegensätze zwischen ihnen entwarf Ambedkar schließlich mit Gandhis Segen die neue Verfassung. Vgl. Arundhati Roy, *The Doctor and the Saint: Caste, War, and the Annihilation of Caste* (Chicago: Haymarket Books, 2017); Ramachandra Guha, *Gandhi: The Years That Changed the World, 1914–1948* (New York: Knopf, 2018).

197 Viktoria Hnatkovska, Amartya Lahiri und Sourabh Paul, »Castes and Labor Mobility«, in: *American Economic Journal: Applied Economics* 4, Nr. 2 (2012): 274–307.

198 Karla Hoff, »Caste System«, World Bank Policy Research Working Paper 7929, 2016.

199 Kanchan Chandra, *Why Ethnic Parties Succeed: Patronage and Ethnic Headcounts in India* (Cambridge: Cambridge University Press, 2004); Christophe Jaffrelot, *India's Silent Revolution: The Rise of the Lower Castes in North India* (London: Hurst and Company, 2003); Yogendra Yadav, *Understanding the Second Democratic Upsurge: Trends of Bahujan Participation in Electoral Politics in the 1990s* (Delhi: Oxford University Press, 2000).

200 Abhijit Banerjee, Amory Gethin und Thomas Piketty, »Growing Cleavages in India? Evidence from the Changing Structure of Electorates, 1962–2014«, in: *Economic & Political Weekly* 54, Nr. 11 (2019): 33–44.

201 Abhijit Banerjee und Rohini Pande, »Parochial Politics: Ethnic Preferences and Politician Corruption«, CEPR Discussion Paper DP6381, 2007.

202 »Black Guy Asks Nation for Change«, in: *Onion*, 19. März 2008, aufgerufen am 19. Juni 2019, https://politics.theonion.com/black-guy-asks-nation-for-change-1819569703.

203 Eileen Patten, »Racial, Gender Wage Gaps Persist in U.S. Despite Some Progress«, Pew Research Center, 1. Juli 2016.

204 Raj Chetty, Nathaniel Hendren, Maggie R. Jones und Sonya R. Porter, »Race and Economic Opportunity in the United States: An Intergenerational Perspective«, NBER Working Paper 24441, 2018.

205 In einer Studie des Stanford Center on Poverty and Inequality heißt es: »Am Ende des Jahres 2015 saßen nicht weniger als 9,1 Prozent der jungen (20- bis 34-jährigen) Schwarzen männlichen Geschlechts im Gefängnis, womit der Anteil der Gefängnisinsassen in dieser Gruppe 5,7-mal höher war als bei weißen Männern dieser Altersgruppe (1,6 Prozent). Im Jahr 2015 hatten nicht weniger als 10 Prozent der schwarzen Kinder einen Elternteil, der im Gefängnis saß, während die entsprechenden Anteile bei Kindern spanischer Herkunft bei 3,6 Prozent und bei weißen Kindern bei 1,7 Prozent lagen.« Becky Pettit und Bryan Sykes, »State of the Union 2017: Incarceration«, Stanford Center on Poverty and Inequality.

206 In diesem Sinn ähnelt die Situation der Afroamerikaner eher jener der indischen Muslime als jener der gelisteten Kasten. Die Muslime geraten wirtschaftlich gegenüber den Hindus in Rückstand und sind gleichzeitig Ziel einer zunehmenden Gewalt seitens der hinduistischen Mehrheitsbevölkerung.

207 Jane Coaston, »How White Supremacist Candidates Fared in 2018«, in: *Vox*, 7. November 2018, aufgerufen am 22. April 2019, https://www.vox.com/policy-and-politics/2018/11/7/18064670/white-supremacist-candidates-2018-midterm-elections.

208 Robert P. Jones, Daniel Cox, Betsy Cooper und Rachel Lienesch, »How Americans View Immigrants and What They Want from Immigration Reform: Findings from the 2015 American Values Atlas«, Public Religion Research Institute, 29. März 2016.

209 Leonardo Bursztyn, Georgy Egorov und Stefano Fiorin, »From Extreme to Mainstream: How Social Norms Unravel«, NBER Working Paper 23415, 2017.

210 Zitiert in: Chris Haynes, Jennifer L. Merolla und S. Karthik Ramakrishnan, *Framing Immigrants: News Coverage, Public Opinion, and Policy* (New York: Russell Sage Foundation, 2016).

211 Ebd.

212 Anirban Mitra und Debraj Ray, »Implications of an Economic Theory of Conflict: Hindu-Muslim Violence in India«, in: *Journal of Political Economy* 122, Nr. 4 (2014): 719–65.

213 Daniel L. Chen, »Club Goods and Group Identity: Evidence from Islamic Resurgence During the Indonesian Financial Crisis«, in: *Journal of Political Economy* 118, Nr. 2 (2010): 300–54.

214 Amanda Agan und Sonja Starr, »Ban the Box, Criminal Records, and Statistical Discrimination: A Field Experiment«, in: *Quarterly Journal of Economics* 133, Nr. 1 (2017): 191–235.

215 Ebd.

216 Claude M. Steele und Joshua Aronson, »Stereotype Threat and the Intellectual Test Performance of African Americans«, in: *Journal of Personality and Social Psychology* 69, Nr. 5 (1995): 797–811.

217 Steven J. Spencer, Claude M. Steele und Diane M. Quinn, »Stereotype Threat and Women's Math Performance«, in: *Journal of Experimental Social Psychology* 35, Nr. 1 (1999): 4–28.

218 Joshua Aronson, Michael J. Lustina, Catherine Good, Kelli Keough, Claude M. Steele und Joseph Brown, »When White Men Can't Do Math: Necessary and Sufficient Factors in Stereotype Threat«, in: *Journal of Experimental Social Psychology* 35, Nr. 1 (1999): 29–46.

219 Robert Rosenthal und Lenore Jacobson, »Pygmalion in the Classroom«, in: *Urban Review* 3, Nr. 1 (1968): 16–20.

220 Dylan Glover, Amanda Pallais und William Pariente, »Discrimination as a Self-Fulfilling Prophecy: Evidence from French Grocery Stores«, in: *Quarterly Journal of Economics* 132, Nr. 3 (2017): 1219–60.

221 Ariel Ben Yishay, Maria Jones, Florence Kondylis und Ahmed Mushfiq Mobarak, »Are Gender Differences in Performance Innate or Socially Mediated?«, World Bank Policy Research Working Paper 7689, 2016.

222 Rocco Macchiavello, Andreas Menzel, Antonu Rabbani und Christopher Woodruff, »Challenges of Change: An Experiment Training Women to Manage in the Bangladeshi Garment Sector«, University of Warwick Working Paper Series Nr. 256, 2015.

223 Jeff Stone, Christian I. Lynch, Mike Sjomeling und John M. Darley, »Stereotype Threat Effects on Black and White Athletic Performance«, in: *Journal of Personality and Social Psychology* 77, Nr. 6 (1999): 1213–27.

224 Ebd.

225 Marco Tabellini, »Racial Heterogeneity and Local Government Finances: Evidence from the Great Migration«, Harvard Business School BGIE Unit Working Paper 19-006, 2018, https://ssrn.com/abstract=3220439, oder http://dx.doi.org/10.2139/ssrn.3220439; Conrad Miller, »When Work Moves: Job Suburbanization and Black Employment«, NBER Working Paper Nr. 24728, Juni 2018, DOI: 10.3386/w24728.

226 Ellora Derenoncourt, »Can You Move to Opportunity? Evidence from the Great Migration«, Arbeitspapier, aufgerufen am 22. April 2019, https://scholar.harvard.edu/files/elloraderenoncourt/files/derenoncourt_jmp_2018.pdf.

227 Leonardo Bursztyn und Robert Jensen, »How Does Peer Pressure Affect Educational Investments?«, in: *Quarterly Journal of Economics* 130, Nr. 3 (2015): 1329–67.

228 Ernst Fehr, »Degustibus Est Disputandum«, Emerging Science of Preference Formation, Antrittsrede, Universitat Pompeu Fabra, Barcelona, 7. Oktober 2015.

229 Alain Cohn, Ernst Fehr und Michel Andre Marechal, »Business Culture and Dishonesty in the Banking Industry«, in: *Nature* 516 (2014): 86–89.

230 Für einen Überblick über ihre Arbeit vgl. Roland Bénabou und Jean Tirole, »Mindful Economics: The Production, Consumption, and Value of Beliefs«, in: *Journal of Economic Perspectives* 30, Nr. 3 (2016): 141–64.

231 William Julius Wilson, *When Work Disappears: The World of the New Urban Poor* (New York: Knopf Doubleday, 1997).

232 J. D. Vance, *Hillbilly-Elegie: A Memoir of a Family and Culture in Crisis* (New York: Harper, 2016); dt. Ausgabe: *Hillbilly-Elegie: Die Geschichte meiner Familie und einer Gesellschaft in der Krise*, übersetzt von Gregor Hens (Berlin: Ullstein, 2017), S. 166.

233 Dan Ariely, George Loewenstein und Drazen Prelec, »›Coherent Arbitrariness‹: Stable Demand Curves without Stable Preferences«, in: *Quarterly Journal of Economics* 118, Nr. 1 (2003): 73–106.

234 Daniel Kahneman, Jack L. Knetsch und Richard H. Thaler, »Experimental Tests of the Endowment Effect and the Coase Theorem«, in: *Journal of Political Economy* 98, Nr. 6 (1990): 1325–48.

235 Dan Ariely, George Loewenstein und Drazen Prelec, »›Coherent Arbitrariness‹: Stable Demand Curves without Stable Preferences«, *Quarterly Journal of Economics* 118, Nr. 1 (2003): 73–106.

236 Muzafer Sherif, *The Robber's Cave Experiment: Intergroup Conflict and Cooperation,* (Middletown: Wesleyan University Press, 1998).

237 Gerard Prunier, *The Rwanda Crisis: History of a Genocide* (New York: Columbia University Press, 1997).

238 Paul Lazarsfeld und Robert Merton, »Friendship as a Social Process: A Substantive and Methodological Analysis«, in: Morroe Berger, Theodore Abel und Charles H. Page (Hg.), *Freedom and Control in Modern Society* (New York: Van Nostrand, 1954).

239 Matthew Jackson, »An Overview of Social Networks and Economic Applications«, in: *Handbook of Social Economics,* 2010, aufgerufen am 5. Januar 2019, https://web.stanford.edu/~jacksonm/socialnetecon-chapter.pdf.

240 Kristen Bialik, »Key Facts about Race and Marriage, 50 Years after Loving v. Virginia«, Pew Research Center, 2017, http://www.pewresearch.org/fact-tank/2017/06/12/key-facts-about-race-and-marriage-50-years-after-loving-v-virginia/.

241 Abhijit Banerjee, Esther Duflo, Maitreesh Ghatak und Jeanne Lafortune, »Marry for What? Caste and Mate Selection in Modern India«, in: *American Economic Journal: Microeconomics* 5, Nr. 2 (2013), https://doi.org/10.1257/mic.5.2.33.

242 Cass R. Sunstein, *Republic.com* (Princeton: Princeton University Press, 2001); Cass R. Sunstein, *#Republic: Divided Democracy in the Age of Social Media* (Princeton: Princeton University Press, 2017).

243 »Little Consensus on Global Warming: Partisanship Drives Opinion«, Pew Research Center, 2006, http://www.people-press.org/2006/07/12/little-consensus-on-global-warming/.

244 Cass R. Sunstein, »On Mandatory Labeling, with Special Reference to Genetically Modified Foods«, in: *University of Pennsylvania Law Review* 165, Nr. 5 (2017): 1043–95.

245 Matthew Gentzkow, Jesse M. Shapiro und Matt Taddy, »Measuring Polarization in High-Dimensional Data: Method and Application to Congressional Speech«, Arbeitspapier, 2016.

246 Yuriy Gorodnickenko, Tho Pham und Oleksandr Talavera, »Social Media, Sentiment and Public Opinions: Evidence from #Brexit and #US Election«, National Bureau of Economics Research Working Paper 24631, 2018.

247 Shanto Iyengar, Gaurav Sood und Yphtach Lelkes, »Affect, Not Ideology: A Social Identity Perspective on Polarization«, in: *Public Opinion Quarterly*, 2012, http://doi.org/10.1093/poq/nfs038.

248 »Most Popular Social Networks Worldwide as of January 2019, Ranked by Number of Active Users (in millions)«, Statista.com, 2019, aufgerufen am 21. April 2019, https://www.statista.com/statistics/272014/global-social-networks-ranked-by-number-of-users/.

249 Maeve Duggan, Nicole B. Ellison, Cliff Lampe, Amanda Lenhart und Mary Madden, »Social Media Update 2014«, Pew Research Center, 2015, http://www.pewinternet.org/2015/01/09/social-media-update-2014/.

250 Johan Ugander, Brian Karrer, Lars Backstrom und Cameron Marlow, »The Anatomy of the Facebook Social Graph«, Cornell University, 2011, https://arxiv.org/abs/1111.4503v1.

251 Yosh Halberstam und Brian Knight, »Homophily, Group Size, and the Diffusion of Political Information in Social Networks: Evidence from Twitter«, in: *Journal of Public Economics*, 143 (November 2016), 73–88, https://doi.org/10.1016/j.jpubeco.2016.08.011.

252 David Brock, *The Republican Noise Machine* (New York: Crown, 2004).

253 David Yanagizawa-Drott, »Propaganda and Conflict: Evidence from the Rwandan Genocide«, in: *Quarterly Journal of Economics* 129, Nr. 4 (2014), https://doi.org/10.1093/qje/qju020.

254 Matthew Gentzkow und Jesse Shapiro, »Ideological Segregation Online and Offline«, in: *Quarterly Journal of Economics* 126, Nr. 4 (2011), http://doi.org/10.1093/qje/qjr044.

255 Levi Boxell, Matthew Gentzkow und Jesse Shapiro, »Greater Internet Use Is Not Associated with Faster Growth in Political Polarization among US Demographic Groups«, Proceedings of the National Academy of Sciences of the United States of America, 2017, https://doi.org/10.1073/pnas.1706588114.

256 Gregory J. Martin und Ali Yurukoglu, »Bias in Cable News: Persuasion and

Polarization«, in: *American Economic Review* 107, Nr. 9 (2017), http://doi.org/10.1257/aer.20160812.

257 Ebd.

258 Matthew Gentzkow, Jesse M. Shapiro und Matt Taddy, »Measuring Polarization in High-Dimensional Data: Method and Application to Congressional Speech«, Arbeitspapier, 2016.

259 Julia Cagé, Nicolas Hervé und Marie-Luce Viaud, »The Production of Information in an Online World: Is Copy Right?«, Arbeitspapier, Net Institute, 2017, http://dx.doi.org/10.2139/ssrn.2672050.

260 »2015 Census«, American Society of News Editors, https://www.asne.org/diversity-survey-2015.

261 »Sociocultural Dimensions of Immigrant Integration«, in: Mary C. Waters und Marissa Gerstein Pineau (Hg.), *The Integration of Immigrants into American Society* (Washington: National Academies of Sciences Engineering Medicine, 2015).

262 Hunt Allcott und Matthew Gentzkow, »Social Media and Fake News in the 2016 Election«, in: *Journal of Economic Perspectives* 31, Nr. 2 (2017), http://doi.org/10.1257/jep.31.2.211.

263 Donghee Jo, »Better the Devil You Know: An Online Field Experiment on News Consumption«, Arbeitspapier, Northeastern University, aufgerufen am 20. Juni 2019, https://www.dongheejo.com/.

264 Gordon Allport, The Nature of Prejudice (Cambridge, MA: Addison-Wesley, 1954); dt. Ausgabe: *Die Natur des Vorurteils,* übersetzt von Hanna Graumann (Köln: Kiepenheuer & Witsch, 1971).

265 Elizabeth Levy Paluck, Seth Green und Donald P. Green, »The Contact Hypothesis Re-evaluated«, in: *Behavioral Public Policy* (2017): 1–30.

266 Johanne Boisjoly, Greg J. Duncan, Michael Kremer, Dan M. Levy und Jacque Eccles, »Empathy or Antipathy? The Impact of Diversity«, in: *American Economic Review* 96, Nr. 5 (2006): 1890–1905.

267 Gautam Rao, »Familiarity Does Not Breed Contempt: Generosity, Discrimination, and Diversity in Delhi Schools«, in: *American Economic Review* 109, Nr. 3 (2019): 774–809.

268 Matthew Lowe, »Types of Contact: A Field Experiment on Collaborative and Adversarial Caste Integration«, OSF, zuletzt aktualisiert am 29. Mai 2019, http://osf.io/u2d9x.

269 Thomas C. Schelling, »Dynamic Models of Segregation«, in: *Journal of Mathematical Sociology* 1 (1971): 143–186.

270 David Card, Alexandre Mas und Jesse Rothstein, »Tipping and the Dynamics of Segregation«, in: *Quarterly Journal of Economics* 123, Nr. 1 (2008): 177–218.

271 Das französische System zur Vergabe von Sozialwohnungen ist keine Lotterie, aber im Prinzip dient es dazu, die Bevölkerungsgruppen zu verteilen: Auf Ebene des

Départements (Bezirks) teilt eine Kommission den Bewerbern abhängig von Familiengröße und anderen Kriterien (die ethnische Zugehörigkeit gehört nicht dazu) freie Wohnungen im gesamten Gebiet zu. Aber subventionierte Wohnungen in guten Gegenden sind so lukrativ, dass ein großer Anreiz zum Betrug besteht. Mitte der 1990er-Jahre stellte sich heraus, dass die Zuteilung von Sozialwohnungen in Paris ein Schlüsselmechanismus des Klientelismus geworden war, den der Bürgermeister und spätere Staatspräsident Jacques Chirac entwickelt hatte. Vgl. Yann Algan, Camille Hémet und David D. Laitin, »The Social Effects of Ethnic Diversity at the Local Level: A Natural Experiment with Exogenous Residential Allocation«, in: *Journal of Political Economy* 124, Nr. 3 (2016): 696–733.

272 Joshua D. Angrist und Kevin Lang, »Does School Integration Generate Peer Effects? Evidence from Boston's Metco Program«, in: *American Economic Review* 94, Nr. 5 (2004): 1613–34.

273 Abhijit Banerjee, Donald Green, Jennifer Green und Rohini Pande, »Can Voters Be Primed to Choose Better Legislators? Experimental Evidence from Rural I ndia«, Arbeitspapier, Poverty Action Lab, 2010, aufgerufen am 19. Juni 2019, https://www.povertyactionlab.org/sites/default/files/publications/105_419_Can%20Voters%20be%20Primed_Abhijit_Oct2009.pdf.

## KAPITEL 5
## Das Ende des Wachstums?

274 Robert Gordon, *The Rise and Fall of American Growth* (Princeton, NJ: Princeton University Press, 2016).

275 C. I. Jones, »The Facts of Economic Growth«, in: John B. Taylor und Harald Uhlig (Hg.), *Handbook of Macroeconomics*, Bd. 2 (Amsterdam: North Holland, 2016), S. 3–69.

276 Angus Maddison, »Historical Statistics of the World Economy: 1-2008 AD«, Groningen Growth and Development Centre: Maddison Project Database (2010).

277 Angus Maddison, »Measuring and Interpreting World Economic Performance 1500–2001«, in: *Review of Income and Wealth* 51, Nr. 1 (2005): 1–35, https://doi.org/10.1111/j.1475-4991.2005.00143.x.

278 Robert Gordon, *The Rise and Fall of American Growth* (Princeton, NJ: Princeton University Press, 2016), S. 258.

279 J. Bradford DeLong, Claudia Goldin und Lawrence F. Katz, »Sustaining U.S. Economic Growth«, in: Henry J. Aaron, James M. Lindsay, Pietro S. Nivola, *Agenda for the Nation* (Washington, DC: Brookings Institution, 2003), S. 17–60.

280 Robert Gordon, *The Rise and Fall of American Growth* (Princeton, NJ: Princeton University Press, 2016), S. 575, Abb. 17.2. Das annualisierte TFP-Wachstum in den USA betrug zwischen 1880 und 1920 0,46 Prozent und zwischen 1920 und 1970 1,89 Prozent.

281 Nicholas Crafts, »Fifty Years of Economic Growth in Western Europe: No Longer Catching Up but Falling Behind?«, in: *World Economics* 5, Nr. 2 (2004): 131–45.

282 Robert Gordon, *The Rise and Fall of American Growth* (Princeton, NJ: Princeton University Press, 2016).

283 Das annualisierte TFP-Wachstum in den USA betrug zwischen 1920 und 1970 1,89 Prozent pro Jahr und 0,57 Prozent zwischen 1970 und 1995; Robert Gordon, *The Rise and Fall of American Growth* (Princeton, NJ: Princeton University Press, 2016), S. 575, Abb. 17.2.

284 Robert Gordon, *The Rise and Fall of American Growth* (Princeton, NJ: Princeton University Press, 2016), S. 575, Abb. 17.2. Das annualisierte TFP-Wachstum betrug zwischen 2004 und 2014 0,40 Prozent und lag damit noch unter dem TFP-Wachstum von 0,70 für den Zeitraum 1973–1994 und dem jährlichen TFP-Anstieg von 0,46 Prozent im Zeitraum 1890–1920.

285 »Total Factor Productivity«, Federal Reserve Bank of San Francisco, aufgerufen am 19. Juni 2019, https://www.frbsf.org/economic-research/indicators-data/total-factor-productivity-tfp/.

286 Robert Gordon und Joel Mokyr, »Boom vs. Doom: Debating the Future of the US Economy«, Streitgespräch, Chicago Council of Global Affairs, 31. Oktober 2016.

287 Robert Gordon, *The Rise and Fall of American Growth* (Princeton, NJ: Princeton University Press, 2016), S. 594–603.

288 Robert Gordon und Joel Mokyr, »Boom vs. Doom: Debating the Future of the US Economy«, Streitgespräch, Chicago Council of Global Affairs, 31. Oktober 2016.

289 Alvin H. Hansen, »Economic Progress and Declining Population Growth«, in: *American Economic Review* 29, Nr. 1 (1939): 1–15.

290 Angus Maddison, *Growth and Interaction in the World Economy: The Roots of Modernity* (Washington, DC: AEI Press, 2005).

291 Thomas Piketty, *Das Kapital im 21. Jahrhundert* (München: C.H. Beck, 2014), Tabelle 2.1, S. 106. Die Daten, die Piketty zur Berechnung des langfristigen Wachstums verwendet, stammen ursprünglich von Angus Maddison und finden sich in der Datenbank des Maddison-Projekts unter https://www.rug.nl/ggdc/historical development/maddison/releases/maddison-project-database-2018.

292 Für den interessierten Leser, der sich eingehender mit diesen Publikationen beschäftigen will, ist es hilfreich zu wissen, dass Ökonomen Wohlstand »Wohlfahrt« nennen (womit sie keine Sozialhilfeprogramme meinen). Sie würden hier also davon sprechen, dass die Wohlfahrt berechnet wird.

293 Chad Syverson, »Challenges to Mismeasurement Explanations for the US Productivity Slowdown«, in: *Journal of Economic Perspectives* 31, Nr. 2 (2017): 165–86, https://doi.org/10.1257/jep.31.2.165.

294 Ebd.

295 Hunt Allcott, Luca Braghieri, Sarah Eichmeyer und Matthew Gentzkow, »The Welfare Effects of Social Media«, NBER Working Paper 25514 (2019).

296 Robert M. Solow, »A Contribution to the Theory of Economic Growth«, in: *Quarterly Journal of Economics* 70, Nr. 1 (1956): 65–94, https://doi.org/10.2307/1884513.

297 »Estimating the U.S. Labor Share«, Bureau of Labor Statistics, 2017, aufgerufen am 15. April 2019, https://www.bls.gov/opub/mlr/2017/article/estimating-the-us-labor-share.htm.

298 Der an der Universität Berkeley lehrende Wirtschaftswissenschaftler Brad DeLong hat diese These bekanntlich vertreten in: J. Bradford De Long, »Productivity Growth, Convergence, and Welfare: Comment«, in: *American Economic Review* 78, Nr. 5 (1988): 1138–54. Er hat den Graphen, der dies veranschaulicht, unlängst auf der Basis von Daten der Weltbank aktualisiert. Vgl. www.bradford-delong.com/2015/08/in-which-i-once-again-bet-on-a-substantial-growth-slowdown-in-china.html.

299 Archimedes: »Gebt mir einen Hebel und einen Punkt, wo ich sicher stehen kann, und ich bewege die Erde.« *The Library of History of Diodorus Siculus*, Fragments of Book XXVI, übersetzt von F. R. Walton, in *Loeb Classical Library*, Bd. 11 (Cambridge: Harvard University Press 1957). (Vgl. für die verschiedenen Übersetzungen des Ausspruchs im Deutschen https://de.wikiquote.org/wiki/Archimedes.)

300 Robert E. Lucas Jr., »On the Mechanics of Economic Development«, in: *Journal of Monetary Economics* 22, Nr. 1 (1988): 3–42.

301 Robert E. Lucas Jr., »Why Doesn't Capital Flow from Rich to Poor Countries?«, in: *American Economic Review* 80, Nr. 2 (1990): 92–96.

302 Francesco Caselli, »Accounting for Cross-Country Income Differences«, in: Philippe Aghion und Steven N. Durlauf (Hg.), *Handbook of Economic Growth*, Bd. 1, Teil A (Amsterdam: North Holland, 2005), S. 679–741.

303 Anne Robert Jacques Turgot, »Sur le Memoire de M. de Saint-Péravy«, in: *Oeuvres de Turgot et documents le concernant, avec biographie et notes*, hg. v. G. Schelle (Paris: F. Alcan, 1913).

304 Karl Marx, *Das Kapital*, in: *Karl Marx – Friedrich Engels – Werke*, Band 23, S. 11–802, Dietz Verlag, Berlin/DDR 1962 (Erstausgabe: Hamburg: Verlag von Otto Meisner, 1867). Zum Glück für den Kapitalismus gab es einen Fehler in der Argumentation von Marx. Solow wies darauf hin, dass mit sinkender Kapitalrendite auch die Akkumulationsgeschwindigkeit zurückgeht. Wenn die Kapitalisten daher nicht beginnen, genau dann mehr zu sparen, wenn sich das Sparen weniger lohnt, wird sich die Akkumulation auf lange Sicht verlangsamen und die Profitrate wird nicht weiter fallen.

305 Julia Carrie, »Amazon Posts Record 2.5bn Profit Fueled by Ad and Cloud Business«, in: *Guardian*, 26. Juli 2018. Ein Teil des Gewinns von Amazon stammte aus dem Verkauf von Cloud-Speicherplatz. Aber die Cloud-Speicherung ist ihrerseits ein Nebenprodukt der Überkapazitäten in der Cloud, die der Konzern aufbauen musste, wenn er seine dominante Marktstellung behaupten wollte. Daher ist das Cloud-Geschäft von Amazon ein integraler Bestand der immensen Größe des Konzerns.

306 Paul M. Romer, »Increasing Returns and Long-Run Growth«, in: *Journal of Political Economy* 94, Nr. 5 (1986): 1002–37, https://doi.org/10.1086/261420.

307 Danielle Paquette, »Scott Walker Just Approved $3 billion Deal for a New Foxconn Factory in Wisconsin«, in: *Washington Post*, 18. September 2017; Natalie Kitroeff, »Foxconn Affirms Wisconsin Factory Plan, Citing Trump Chat«, in: *New York Times*, 1. Februar 2019.

308 Enrico Moretti, »Are Cities the New Growth Escalator?« in: *The Urban Imperative: Towards Competitive Cities*, hg. v. Abha Joshi-Ghani und Edward Glaeser (New Delhi: Oxford University Press, 2015), S. 116–48.

309 Laura Stevens und Shayndi Raice, »How Amazon Picked HQ2 and Jilted 236 Cities«, in: *Wall Street Journal*, 14. November 2018.

310 Amazon HQ2 RFP, September 2017, https://images-na.ssl-images-amazon.com/images/G/01/Anything/test/images/usa/RFP_3._V516043504 _.pdf, aufgerufen am 14. Juni 2019.

311 Adam B. Jaffe, Manuel Trajtenberg und Rebecca Henderson, »Geographic Localization of Knowledge Spillovers as Evidenced by Patent Citations«, in: *Quarterly Journal of Economics* 108, Nr. 3 (1993): 577–98, https://doi.org/10.2307/2118401.

312 Enrico Moretti, *The New Geography of Jobs*, (Boston: Mariner Books, 2012).

313 Michael Greenstone, Richard Hornbeck und Enrico Moretti, »Identifying Agglomeration Spillovers: Evidence from Winners and Losers of Large Plant Openings«, in: *Journal of Political Economy* 118, Nr. 3 (Juni 2010): 536–98, https://doi.org/10.1086/653714.

314 Selbstverständlich bezog sich die Frage, die man in New York stellte, nicht auf die Größe der Gewinne (alle stimmten darin über, dass es einige geben würde), sondern darauf, warum Amazon so viel davon für sich behalten durfte. Schließlich bot Alexandria viel weniger an und Boston gar nichts (aber Boston erhielt auch nicht den Zuschlag).

315 Jane Jacobs, »Why TVA Failed«, in: *New York Review of Books,* 10. Mai 1984.

316 Patrick Kline und Enrico Moretti, »Local Economic Development, Agglomeration Economies, and the Big Push: 100 Years of Evidence from the Tennessee Valley Authority«, in: *Quarterly Journal of Economics* 129, Nr. 1 (2014): 275–331, https://doi.org/10.1093/qje/qjt034.

317 Ein Wachstum von 10 Prozent in den letzten zehn Jahren wird das Wachstum in den nächsten Jahren um 20 Prozent von 10 Prozent, also 2 Prozent, erhöhen. Dies sorgt für ein zusätzliches Wachstum von 20 Prozent von 2 Prozent, also 0,4 Prozent, über die folgenden zehn Jahre und so weiter. Es ist offensichtlich, dass die Zuwächse in den zusätzlichen Wachstumszyklen von Anfang an gering sind und recht schnell noch kleiner werden.

318 Patrick Kline und Enrico Moretti, »Local Economic Development, Agglomeration Economies and the Big Push: 100 Years of Evidence from the Tennessee Valley

Authority«, in: *Quarterly Journal of Economics* 129, Nr. 1 (2014): 275–331, https://doi.org/10.1093/qje/qjt034.

319 Enrico Moretti, »Are Cities the New Growth Escalator?«, in: Edward Glaeser und Abha Joshi-Ghani (Hg.), *The Urban Imperative: Towards Competitive Cities* (New Delhi: Oxford University Press, 2015), S. 116–48.

320 Peter Ellis und Mark Roberts, *Leveraging Urbanization in South Asia: Managing Spatial Transformation for Prosperity and Livability,* South Asia Development Matters (Washington, DC: World Bank, 2016), https://doi.org/10.1596/978-1-4648-0662-9.

321 Paul M. Romer, »Endogenous Technological Change«, in: *Journal of Political Economy* 98, Nr. 5, Teil 2 (1990): S71–S102, https://doi.org/10.1086/261725.

322 Philippe Aghion und Peter Howitt, »A Model of Growth Through Creative Destruction«, in: *Econometrica* 60, Nr. 2 (1992): 323–51.

323 In dem (englischen) Wikipedia-Artikel über Schumpeter heißt es: »Schumpeter behauptete, er habe sich im Leben drei Ziele gesetzt: der bedeutendste Wirtschaftswissenschaftler der Welt zu werden, der beste Reiter von Österreich und der vorzüglichste Liebhaber in ganz Wien. Er sagte, er habe zwei seiner Ziele erreicht, aber er schwieg sich darüber aus, welche zwei, obschon er gesagt haben soll, Österreich habe zu viele hervorragende Reiter, als dass er all seine Ziele habe erreichen können.« Vgl. https://en.wikipedia.org/wiki/Joseph_Schumpeter.

324 Philippe Aghion und Peter Howitt, »A Model of Growth Through Creative Destruction«, in: *Econometrica* 60, Nr. 2 (1992): 323–51.

325 »Real GDP Growth«, US Budget and Economy, http://usbudget.blogspot.fr/2009/02/real-gdp-growth.html

326 David Leonardt, »Do Tax Cuts Lead to Economic Growth?«, in: *New York Times*, 15. September 2012, https://nyti.ms/2mBjewo.

327 Thomas Piketty, Emmanuel Saez und Stefanie Stantcheva, »Optimal Taxation of Top Labor Incomes: A Tale of Three Elasticities«, in: *American Economic Journal: Economic Policy* 6, Nr. 1 (2014): 230–71, https://doi.org/10.1257/pol.6.1.230.

328 William Gale, »The Kansas Tax Cut Experiment«, Brookings Institution, 2017, https://www.brookings.edu/blog/unpacked/2017/07/11/the-kansas-tax-cut-experiment/.

329 Owen Zidar, »Tax Cuts for Whom? Heterogeneous Effects of Income Tax Changes on Growth and Employment«, in: *Journal of Political Economy* 127, Nr. 3 (2019): 1437–72, https://doi.org/10.1086/701424.

330 Emmanuel Saez, Joel Slemrod und Seth H. Giertz, »The Elasticity of Taxable Income with Respect to Marginal Tax Rates: A Critical Review«, in: *Journal of Economic Literature* 50, Nr. 1 (2012): 3–50, https://doi.org/10.1257/jel.50.1.3.

331 »Tax Reform«, IGM Forum, 2017, http://www.igmchicago.org/surveys/tax-reform-2.

332 »Analysis of Growth and Revenue Estimates Based on the US Senate Committee on Finance Tax Reform Plan«, Department of the Treasury, 2017, https://www.treasury.gov/press-center/press-releases/Documents/TreasuryGrowthMemo12-11-17.pdf.

333 Die Unterzeichner waren Robert J. Barro, Michael J. Boskin, John Cogan, Douglas Holtz-Eakin, Glenn Hubbard, Lawrence B. Lindsey, Harvey S. Rosen, George P. Shultz und John B. Taylor. Vgl. »How Tax Reform Will Lift the Economy«, in: *Wall Street Journal:* Opinion, 2017, https://www.wsj.com/articles/how-tax-reform-will-lift-the-economy-1511729894?mg=prod/accounts-wsj.

334 Jason Furman und Lawrence Summers, »Dear Colleagues: You Responded, But We Have More Questions About Your Tax-Cut Analysis«, in: *Washington Post*, 2017, https://www.washingtonpost.com/news/wonk/wp/2017/11/30/dear-colleagues-you-responded-but-we-have-more-questions-about-your-tax-cut-analysis/?utm_term=.bbd78b5f1ef9.

335 »Economic Report of the President together with the Annual Report of the Council of Economic Advisers«, 2016, https://obamawhitehouse.archives.gov/sites/default/files/docs/ERP_2016_Book_Complete%20JA.pdf.

336 Thomas Philippon, *The Great Reversal: How America Gave up on Free Markets,* (Cambridge: Harvard University Press, 2019).

337 David Autor, David Dorn, Lawrence F. Katz, Christina Patterson und John Van Reenen, »The Fall of the Labor Share and the Rise of Superstar Firms«, NBER Working Paper 23396, 2017.

338 Für überzeugende Argumente dafür, dass der Anstieg der Konzentration den Verbrauchern geschadet hat, vgl. Thomas Philippon, *The Great Reversal: How America Gave Up on Free Markets (*Cambridge: Harvard University Press, 2019); Jan De Loecker, Jan Eeckhout und Gabriel Unger, »The Rise of Market Power and the Macroeconomic Implications«, Arbeitspapier, 2018.

339 Esteban Rossi-Hansberg, Pierre-Daniel Sarte und Nicholas Trachter, »Diverging Trends in National and Local Concentration«, NBER Working Paper 25066, 2018.

340 Alberto Cavallo, »More Amazon Effects: Online Competition and Pricing Behaviors«, NBER Working Paper 25138, 2018.

341 Germán Gutiérrez und Thomas Philippon, »Ownership, Concentration, and Investment«, in: *AEA Papers and Proceedings* 108 (2018): 432–37, https://doi.org/10.1257/pandp.20181010; Thomas Philippon, *The Great Reversal: How America Gave Up on Free Markets,* (Cambridge: Harvard University Press, 2019).

342 Facundo Alvaredo, Lucas Chancel, Thomas Piketty, Emmanuel Saez und Gabriel Zucman, »World Inequality Report 2018: Executive Summary«, World Inequality Lab, 2018.

343 Mats Elzén und Per Ferström, »The Ignorance Survey: United States«, Gapminder, 2013, https://static.gapminder.org/GapminderMedia/wp-uploads/Results-from-the-Ignorance-Survey-in-the-US..pdf.

344 »Poverty«, World Bank, 2019, aufgerufen am 14. April 2019, https://www.worldbank.org/en/topic/poverty/overview#1.

345 »The Millennium Development Goals Report 2015: Fact Sheet«, United Nations, 2015.

346 »Child Health«, USAID.com, 17. Februar 2018, aufgerufen am 14. April 2019, https://www.usaid.gov/global-health/health-areas/maternal-and-child-health/technical-areas/child-health.

347 »The Millennium Development Goals Report 2015: Fact Sheet«, United Nations, 2015.

348 »Literacy Rate, Adult Total (% of People Ages 15 and Above)«, World Bank Open Data, https://data.worldbank.org/indicator/se.adt.litr.zs.

349 »Number of Deaths Due to HIV/AIDS«, World Health Organization, aufgerufen am 14. April 2019, https://www.who.int/gho/hiv/epidemic_status/deaths_text/en/.

350 Paul Romer, »Economic Growth«, in: Library of Economics and Liberty: Economic Systems, aufgerufen am 13. Juni 2019, https://www.econlib.org/library/Enc/EconomicGrowth.html.

351 William Easterly, *The Elusive Quest for Growth* (Cambridge, MA: MIT Press 2001).

352 Ross Levine und David Renelt, »A Sensitivity Analysis of Cross-Country Growth Regressions«, in: *American Economic Review* 82, Nr. 4 (September 1992): 942–63.

353 Daron Acemoglu, Simon Johnson und James A. Robinson, »The Colonial Origins of Comparative Development: An Empirical Investigation«, in: *American Economic Review* 91, Nr. 5 (2001): 1369–1401, https://doi.org/10.1257/aer.91.5.1369; Daron Acemoglu, Simon Johnson und James A. Robinson, »Reversal of Fortune: Geography and Institutions in the Making of the Modern World Income Distribution«, in: *Quarterly Journal of Economics* 117, Nr. 4 (November 2002): 1231–94, https://economics.mit.edu/files/4127.

354 Dani Rodrik, Arvind Subramanian und Francesco Trebbi, »Institutions Rule: The Primacy of Institutions over Geography and Integration in Economic Development«, in: *Journal of Economic Growth* 9, Nr. 2 (2004): 131–65, https://doi.org/10.1023/B:JOEG.0000031425.72248.85.

355 »Global 500 2014«, in: *Fortune*, 2014, aufgerufen am 13. Juni 2019, http://fortune.com/global500/2014/.

356 William Easterly, »Trust the Development Experts–All 7 Billion«, Brookings Institution, 2008, https://www.brookings.edu/opinions/trust-the-development-experts-all-7-billion/.

357 »The Impact of the Internet in Africa: Establishing Conditions for Success and Catalyzing Inclusive Growth in Ghana, Kenya, Nigeria and Senegal«, Dalberg, 2013.

358 World Development Report 2016: Digital Dividends, World Bank, 2016, http://www.worldbank.org/en/publication/wdr2016.

359 Kenneth Lee, Edward Miguel und Catherine Wolfram, »Experimental Evidence on the Economics of Rural Electrification«, Arbeitspapier, 2018.

360 Julian Cristia, Pablo Ibarrarán, Santiago Cueta, Ana Santiago und Eugenio Severín, »Technology and Child Development: Evidence from the One Laptop per Child Program«, in: *American Economic Journal: Applied Economics* 9, Nr. 3 (2017): 295–320, https://doi.org/10.1257/app.20150385.

361 Rema Hanna, Esther Duflo und Michael Greenstone, »Up in Smoke: The Influence of Household Behavior on the Long-Run Impact of Improved Cooking Stoves«, in: *American Economic Journal: Economic Policy* 8, Nr. 1 (2016): 80–114, https://doi.org/10.1257/pol.20140008.

362 James Berry, Greg Fischer und Raymond P. Guiteras, »Eliciting and Utilizing Willingness-to-Pay: Evidence from Field Trials in Northern Ghana«, CEnREP Working Paper 18-016, Mai 2018.

363 Rachel Peletz, Alicea Cock-Esteb, Dorothea Ysenburg, Salim Haji, Ranjiv Khush und Pascaline Dupas, »Supply and Demand for Improved Sanitation: Results from Randomized Pricing Experiments in Rural Tanzania«, in: *Environmental Science and Technology* 51, Nr. 12 (2017): 7138–47, https://doi.org/10.1021/acs.est.6b03846.

364 »India: The Growth Imperative«, Bericht, McKinsey Global Institute, 2001.

365 Robert Jensen, »The Digital Provide: Information (Technology), Market Performance, and Welfare in the South Indian Fisheries Sector«, in: *Quarterly Journal of Economics* 122, Nr. 3 (August 2007): 879–924. https://doi.org/10.1162/qjec.122.3.879.

366 Robert Jensen und Nolan H. Miller, »Market Integration, Demand, and the Growth of Firms: Evidence from a Natural Experiment in India«, in: *American Economic Review* 108 Nr. 12 (2018): 3583–625, https://doi.org/10.1257/aer.20161965.

367 Vgl., zum Beispiel, der Prospekt einer Firma in Tiruppur: »Prospectus«, Vijayeswari Textiles Limited, 25. Februar 2007, http://www.idbicapital.com/pdf/IDBICapital-VijayeswariTextilesLtdRedHerringProspectus.pdf. Aufgerufen am 13. Juni 2019.

368 Abhijit Banerjee und Kaivan Munshi, »How Efficiently Is Capital Allocated? Evidence from the Knitted Garment Industry in Tirupur«, in: *Review of Economic Studies* 71, Nr. 1 (2004): 19–42, https://doi.org/10.1111/0034-6527.00274.

369 Nicholas Bloom und John Van Reenen, »Measuring and Explaining Management Practices Across Firms and Countries«, in: *Quarterly Journal of Economics* 122, Nr. 4 (2007): 1351–1408.

370 Chris Udry, »Gender, Agricultural Production, and the Theory of the Household«, in: *Journal of Political Economy* 104, Nr. 5 (1996): 1010–46.

371 Francisco Pérez-González, »Inherited Control and Firm Performance«, in: *American Economic Review* 96, Nr. 5 (2006): 1559–88.

372 Chang-Tai Hsieh und Peter J. Klenow, »Misallocation and Manufacturing TFP in China and India«, in: *Quarterly Journal of Economics* 124, Nr. 4 (2009): 1403–48, https://doi.org/10.1162/qjec.2009.124.4.1403.

373 Chang-Tai Hsieh und Peter Klenow, »The Life Cycle of Plants in India and

Mexico«, in: *Quarterly Journal of Economics* 129, Nr. 3 (2014): 1035–84, https://doi.org/10.1093/qje/qju014.

374 Chang-Tai Hsieh und Peter Klenow, »Misallocation and Manufacturing TFP in China and India«, in: *Quarterly Journal of Economics* 124, Nr. 4 (2009): 1403–48, https://doi.org/10.1162/qjec.2009.124.4.1403.

375 Qi Liang, Pisun Xu und Pornsit Jiraporn, »Board Characteristics and Chinese Bank Performance«, in: *Journal of Banking and Finance* 37, Nr. 8 (2013): 2953–68, https://doi.org/10.1016/j.jbankfin.2013.04.018.

376 »Bank Lending Rates«, Trading Economics, aufgerufen am 15. April 2019, https://tradingeconomics.com/country-list/bank-lending-rate.

377 »Interest Rates«, Trading Economics, aufgerufen am 15. April 2019, https://tradingeconomics.com/country-list/interest-rate.

378 Gilles Duranton, Ejaz Ghani, Arti Grover Goswami und William Kerr, »The Misallocation of Land and Other Factors of Production in India«, World Bank Group Policy Research Working Paper 7547, 2016, https://doi.org/10.1596/1813-9450-7221.

379 Nicholas Bloom, Benn Eifert, Aprajit Mahajan, David McKenzie und John Roberts, »Does Management Matter? Evidence from India«, in: *Quarterly Journal of Economics* 128, Nr. 1 (2013), https://doi.org/10.1093/qje/qjs044.

380 Jaideep Prabhu, Navi Radjou und Simone Ahuja, *Jugaad Innovation: Think Frugal, Be Flexible, Generate Breakthrough Growth* (San Francisco: Jossey-Bass, 2012).

381 Emily Breza, Supreet Kaur und Nandita Krishnaswamy, »Scabs: The Social Suppression of Labor Supply«, NBER Working Paper 25880 (2019), https://doi.org/10.3386/w25880.

382 Berechnung der Autoren auf der Basis von Daten aus dem National Sample Survey, 66h round, 2009–2010, aufgerufen am 19. Juni 2019, http://www.icssrdataservice.in/datarepository/index.php/catalog/89/overview.

383 Abhijit Banerjee und Gaurav Chiplunkar, »How Important Are Matching Frictions in the Labor Market? Experimental and Non-Experimental Evidence from a Large Indian Firm«, Arbeitspapier, 2018, aufgerufen am 19. Juni 2019, https://gauravchiplunkar.com/wp-content/uploads/2018/08/matchingfrictions_banerjeechiplunkar_aug18.pdf.

384 Esther Duflo, Pascaline Dupas und Michael Kremer, »The impact of Free Secondary Education: Experimental Evidence from Ghana«, unveröffentlicht, Massachusetts Institute of Technology, aufgerufen am 18. April 2019, https://economics.mit.edu/files/16094.

385 »Unemployment, Youth Total (% of total labor force ages 15–24) (national estimate)«, World Bank Open Data, aufgerufen am 15. April 2019, https://data.worldbank.org/indicator/SL.UEM.1524.NE.ZS.

386 Abhijit Banerjee und Gaurav Chiplunkar, »How Important Are Matching Frictions in the Labor Market? Experimental and Non-Experimental Evidence from a Large Indian Firm«, Arbeitspapier, 2018.

387 »Labour Market Employment, Employment in Public Sector, Employment in Private Sector Different Categories-wise«, Data.gov.in, aufgerufen am 15. April 2019, https://data.gov.in/resources/labour-market-employment-employment-public-sector-employment-private-sector-different.

388 Sonalde Desai und Veena Kulkarni, »Changing Educational Inequalities in India in the Context of Affirmative Action«, in: *Demography* 45, Nr. 2 (2008): 245–70.

389 Abhijit Banerjee und Sandra Sequeira, »Spatial Mismatches and Beliefs about the Job Search: Evidence from South Africa«, unveröffentlicht, MIT, 2019.

390 Neha Dasgupta, »More Than 25 Million People Apply for Indian Railway Vacancies«, Reuters, 29. März 2018, aufgerufen am 19. Juni 2019, https://www.reuters.com/article/us-india-unemployment-railways/more-than-25-million-people-apply-for-indian-railway-vacancies-idUSKBN1 H524C.

391 Frederico Finan, Benjamin A. Olken und Rohini Pande, »The Personnel Economics of the States«, in: Abhijit Banerjee und Esther Duflo (Hg.), *Handbook of Field Experiments*, Bd. 2 (Amsterdam: North Holland, 2017).

392 Ezra Vogel, *Japan as Number One* (Cambridge: Harvard University Press, 1979), S. 153–54, 204–205, 159, 166.

393 Ernest Liu, »Industrial Policies in Production Networks«, Arbeitspapier, 2019.

394 Albert Bollard, Peter J. Klenow und Gunjan Sharma, »India's Mysterious Manufacturing Miracle«, in: *Review of Economic Dynamics* 16, Nr. 1 (2013): 59–85.

395 Pierre-Richard Agénor und Otaviano Canuto, »Middle-Income Growth Traps«, in: *Research in Economics* 69, Nr. 4 (2015): 641–60, https://doi.org/10.1016/j.rie.2015.04.003.

396 »Guidance Note for Surveillance under Article IV Consultation«, Internationaler Währungsfonds, 2015.

397 Die Sterblichkeitsrate bei Kindern unter fünf Jahren lag im Jahr 2017 in Sri Lanka lediglich bei 8,8 Todesfällen pro 1000 Lebendgeburten, womit sie sehr viel niedriger war als in Guatemala (27,6) und sich dem Niveau in den Vereinigten Staaten (6,6) annäherte. Vgl. »Mortality Rate, under-5 (per 1,000 Live Births)«, Weltbank, aufgerufen am 15. April 2019, https://data.worldbank.org/indicator/SH.DYN.MORT?end=2017&locations=GT-LK-US&start=2009. »Maternal Mortality Rate (National Estimate per 100,000 Live Births)«, World Bank Data, aufgerufen am 15. April 2019, https://data.worldbank.org/indicator/SH.STA.MMRT.NE?end=2017&locations=GT-LK-US&start=2009. »Mortality Rate, Infant (per 1,000 Live Births)«, World Bank Data, aufgerufen am 15. April 2019, https://data.worldbank.org/indicator/SP.DYN.IMRT.IN?end=2017&locations=GT-LK-US&start=2009.

398 »Mortality Rate, under-5 (per 1,000 Live Births)«, World Bank Data, aufgerufen am 16. April 2019, https://data.worldbank.org/indicator/SH.DYN.MORT?end=2017&locations=GT-LK-US&start=2009.

399 Taz Hussein, Matt Plummer und Bill Breen (for the *Stanford Social Innovation Review*), »How Field Catalysts Galvanise Social Change«, SocialInnovationExchange.org,

2018, https://socialinnovationexchange.org/insights/how-field-catalysts-galvanise-social-change.

400 Christian Lengeler, »Insecticide-Treated Bed Nets and Curtains for Preventing Malaria«, in: *Cochrane Database of Systematic Reviews* 2, Nr. 2 (2004), https://doi.org/10.1002/14651858.CD000363.pub2.

401 Abhijit Banerjee und Esther Duflo, *Poor Economics: A Radical Rethinking of the Way to Fight Global Poverty* (New York: PublicAffairs, 2011); dt. Ausgabe: *Poor Economics: Plädoyer für ein neues Verständnis von Armut,* übersetzt von Susanne Warmuth (München: Knaus, 2012).

402 Jessica Cohen und Pascaline Dupas, »Free Distribution or Cost-Sharing? Evidence from a Randomized Malaria Prevention Experiment«, in: *Quarterly Journal of Economics* 125, Nr. 1 (2010): 1–45.

403 »World Malaria Report 2017«, Weltgesundheitsorganisation, 2017.

404 S. Bhatt, D. J. Weiss, E. Cameron u.a., »The Effect on Malaria Control on *Plasmodium falciparum* in Africa between 2000 and 2015«, in: *Nature* 526 (2015): 207–11, https://doi.org/10.1038/nature15535.

405 William Easterly, »Looks like @JeffDSachs got it more right than I did on effectiveness of mass bed net distribution to fight malaria in Africa«, Tweet, 18. August 2017, 11:04 Uhr.

## KAPITEL 6
## In heißem Wasser

406 »Global Warming of 1.5 °C«, IPCC Special Report, Intergovernmental Panel on Climate Change, 2008, aufgerufen am 16. Juni 2019, https://www.ipcc.ch/sr15/.

407 Wie es im IPCC-Bericht aus dem Oktober 2018 heißt: »Es wird geschätzt, dass die menschlichen Aktivitäten rund 1,0 °C der globalen Erwärmung über das vor Beginn des Industriezeitalters gemessene Niveau hinaus verursacht haben, wobei die Bandbreite zwischen 0,8 °C und 1,2 °C liegen dürfte. Der globale Temperaturanstieg wird zwischen 2030 und 2052 einen Wert von 1,5 °C erreichen, wenn er sich mit der gegenwärtigen Geschwindigkeit fortsetzt.«

408 Das $CO_2$-Äquivalent oder Treibhauspotenzial von Emissionen gibt Aufschluss über die Erwärmungswirkung von Treibhausgasen wie Methan usw., genauer gesagt über die Erwärmungswirkung von anderen Gasen im Vergleich zur gleichen Menge an $CO_2$. Beispielsweise entspricht die Erwärmungswirkung von 1 Tonne Methan der Wirkung von 25 Tonnen $CO_2$, womit Methan ein $CO_2$-Äquivalent von 25 hat.

409 Lucas Chancel und Thomas Piketty, »Carbon and Inequality: from Kyoto to Paris«, Bericht, Paris School of Economics, 2015, aufgerufen am 16. Juni 2019, http://piketty.pse.ens.fr/files/ChancelPiketty2015.pdf.

410 Robin Burgess, Olivier Deschenes, Dave Donaldson und Michael Greenstone, »Weather, Climate Change and Death in India«, Arbeitspapier, LSE, 2017, aufgerufen am 19. Juni, 2018, http://www.lse.ac.uk/economics/Assets/Documents/personal-pages/robin-burgess/weather-climate-change-and-death.pdf.

411 Orley C. Ashenfelter und Karl Storchmann, »Measuring the Economic Effect of Global Warming on Viticulture Using Auction, Retail, and Wholesale Prices«, in: *Review of Industrial Organization* 37, Nr. 1 (2010): 51–64.

412 Joshua Graff Zivin und Matthew Neidell, »Temperature and the Allocation of Time: Implications for Climate Change«, in: *Journal of Labor Economics* 32, Nr. 1 (2014): 1–26.

413 Joshua Goodman, Michael Hurwitz, Jisung Park und Jonathan Smith, »Heat and Learning«, NBER Working Paper 24639, 2018.

414 Achyuta Adhvaryu, Namrata Kala und Anant Nyshadham, »The Light and the Heat: Productivity Co-benefits of Energy-saving Technology«, NBER Working Paper 24314, 2018.

415 Melissa Dell, Benjamin F. Jones und Benjamin A. Olken, »What Do We Learn from the Weather? The New Climate-Economy Literature«, in: *Journal of Economic Literature* 52, Nr. 3 (2014): 740–98.

416 Olivier Deschenes und Michael Greenstone, »Climate Change, Mortality, and Adaptation: Evidence from Annual Fluctuations in Weather in the US«, in: *American Economic Journal: Applied Economics*, 3 Nr. 4 (2011): 152–85.

417 Robin Burgess, Olivier Deschenes, Dave Donaldson und Michael Greenstone, »Weather, Climate Change and Death in India«, Arbeitspapier, LSE, 2017, aufgerufen am 16. Juni 2019, http://www.lse.ac.uk/economics/Assets/Documents/personal-pages/robin-burgess/weather-climate-change-and-death.pdf.

418 Melissa Dell, Benjamin F. Jones und Benjamin A. Olken, »What Do We Learn from the Weather? The New Climate-Economy Literature«, in: *Journal of Economic Literature* 52, Nr. 3 (2014): 740–98.

419 Nihar Shah, Max Wei, Virginie Letschert und Amol Phadke, »Benefits of Leapfrogging to Superefficiency and Low Global Warming Potential Refrigerants in Room Air Conditioning«, U.S. Department of Energy: Ernest Orlando Lawrence Berkeley National Laboratory Technical Report, 2015, aufgerufen am 16. Juni 2019, https://eta.lbl.gov/publications/benefits-leapfrogging-superefficiency.

420 Maximilian Auffhammer und Catherine Wolfram, »Powering Up China: Income Distributions and Residential Electricity Consumption«, in: *American Economic Review: Papers & Proceedings* 104, Nr. 5 (2014): 575–80.

421 Nicholas Stern, *The Economics of Climate Change: The Stern Review* (Cambridge: Cambridge University Press, 2006).

422 Daron Acemoglu, Philippe Aghion, Leonardo Bursztyn und David Hemous, »The Environment and Directed Technical Change«, in: *American Economic Review* 102, Nr. 1 (2012): 131–66.

423 Daron Acemoglu und Joshua Linn, »Market Size in Innovation: Theory and Evidence from the Pharmaceutical Industry«, in: *Quarterly Journal of Economics* 119, Nr. 3 (2004): 1049–90.

424 Hannah Choi Granade u.a., »Unlocking Energy Efficiency in the U.S. Economy, executive summary«, McKinsey & Company, 2009, aufgerufen am 16. Juni 2019, https://www.mckinsey.com/~/media/mckinsey/dotcom/client_service/epng/pdfs/unlocking%20energy%20efficiency/us_energy_efficiency_exc_summary.ashx.

425 »Redrawing the Energy-Climate Map«, technischer Bericht, Internationale Energieagentur (IEA), 2013, aufgerufen am 16. Juni 2019, https://www.iea.org/publications/freepublications/publication/WEO_Special_Report_2013_Redrawing_the_Energy_Climate_Map.pdf.

426 Meredith Fowlie, Michael Greenstone und Catherine Wolfram, »Do Energy Efficiency Investments Deliver? Evidence from the Weatherization Assistance Program«, in: *Quarterly Journal of Economics* 133, Nr. 3 (2018): 1597–1644.

427 Nicholas Ryan, »Energy Productivity and Energy Demand: Experimental Evidence from Indian Manufacturing Plants«, NBER Working Paper 24619, 2018.

428 Meredith Fowlie, Catherine Wolfram, C. Anna Spurlock, Annika Todd, Patrick Baylis und Peter Cappers, »Default Effects and Follow-on Behavior: Evidence from an Electricity Pricing Program«, NBER Working Paper 23553, 2017.

429 Hunt Allcott und Todd Rogers, »The Short-Run and Long-Run Effects of Behavioral Interventions: Experimental Evidence from Energy Conservation«, in: *American Economic Review* 104, Nr. 10 (2014): 3003–37.

430 David Atkin, »The Caloric Costs of Culture: Evidence from Indian Migrants«, in: *American Economic Review* 106, Nr. 4 (2016): 1144–81.

431 In einer Studie in Bangladesch zeigte sich, dass Personen, die einige Wochen lang Anreize erhielten, sich vor dem Essen die Hände zu waschen, auch an dieser Hygienepraxis festhielten, nachdem die Anreize beseitigt worden waren. Personen, denen zukünftige Anreize für das Händewaschen angekündigt wurden, begannen sich schon vor Beginn des Programms, sich die Hände zu waschen, um sich auf die neue Praxis vorzubereiten. Vgl. Reshmaan Hussam, Atonu Rabbani, Giovanni Regianni und Natalia Rigol, »Habit Formation and Rational Addiction: A Field Experiment in Handwashing«, Harvard Business School BGIE Unit Working Paper 18-030, 2017.

432 Avraham Ebenstein, Maoyong Fan, Michael Greenstone, Guojun He und Maigeng Zhou, »New Evidence on the Impact of Sustained Exposure to Air Pollution on Life Expectancy from China's Huai River Policy«, in: *PNAS* 114, Nr. 39 (2017): 10384–89.

433 WHO Global Ambient Air Quality Database (aktualisiert 2018), https://www.who.int/airpollution/data/cities/en/.

434 Umair Irfan, »How Delhi Became the Most Polluted City on Earth«, in: Vox, 25. November 2017.

435 »The Lancet Commission on Pollution and Health«, in: *Lancet* 391 (2017): 462–512.

436 »The Lancet: Pollution Linked to Nine Million Deaths Worldwide in 2015, Equivalent to One in Six Deaths«, in: *Lancet*, Pressemitteilung, 2018.

437 Achyuta Adhvaryu, Namrata Kala und Anant Nyshadham, »Management and Shocks to Worker Productivity: Evidence from Air Pollution Exposure in an Indian Garment Factory«, Arbeitspapier, IGC, 2016, aufgerufen am 16. Juni, 2019, https://www.theigc.org/wp-content/uploads/2017/01/Adhvaryu-et-al-2016-Working-paper.pdf.

438 Tom Y. Chang, Joshua Graff Zivin, Tal Gross und Matthew Neidell, »The Effect of Pollution on Worker Productivity: Evidence from Call Center Workers in China«, in: *American Economic Journal: Applied Economics* 11, Nr. 1 (2019): 151–172.

439 Eine kurzlebige »Odd-even-Restriktion«, das heißt eine Maßnahme, bei der an einem Tag nur Autos mit auf geraden Ziffern endenden Kennzeichen und am nächsten nur Autos mit auf ungeraden Ziffern endenden Kennzeichen benutzt werden durften, führte zu einer Verringerung der Feinstaubkonzentration. Aber die Verkehrsbeschränkung wurde von einer Koalition wütender Eliten und Umweltexperten mit »besseren« Plänen wieder zu Fall gebracht. Vgl. Michael Greenstone, Santosh Harish, Rohini Pande und Anant Sudarshan, »The Solvable Challenge of Air Pollution in India«, Konferenzbericht, *India Policy Forum*, 2017 (New Delhi: Sage Publications, 2017).

440 Kevin Mortimer u.a., »A Cleaner-Burning Biomass-Fuelled Cookstove Intervention to Prevent Pneumonia in Children under 5 Years Old in Rural Malawi (the Cooking and Pneumonia Study): A Cluster Randomised Controlled Trial«, in: *Lancet* 389, Nr. 10065 (2016): 167–75.

441 Theresa Beltramo, David L. Levine und Garrick Blalock, »The Effect of Marketing Messages, Liquidity Constraints, and Household Bargaining on Willingness to Pay for a Nontraditional Cook-stove«, Center for Effective Global Action Working Paper Series Nr. 035, 2014; Theresa Beltramo, Garrick Blalock, David I. Levine und Andres M. Simons, »Does Peer Use Influence Adoption of Efficient Cookstoves? Evidence from a Randomized Controlled Trial in Uganda«, in: *Journal of Health Communication: International Perspectives* 20 (2015): 55–66; David I. Levine, Theresa Beltramo, Garrick Blalock und Carolyn Cotterman, »What Impedes Efficient Adoption of Products? Evidence from Randomized Variation of Sales Offers for Improved Cookstoves in Uganda«, in: *Journal of the European Economic Association* 16, Nr. 6 (2018): 1850–80; Ahmed Mushfiq Mobarak, Puneet Dwivedi, Robert Bailis, Lynn Hildemann und Grant Miller, »Low Demand for Nontraditional Cookstove Technology«, in: *Proceedings of the National Academy of Sciences* 109, Nr. 27 (2012): 10815–20.

442 Rema Hanna, Esther Duflo und Michael Greenstone, »Up in Smoke: The Influ-

ence of Household Behavior on the Long-Run Impact of Improved Cooking Stoves«, in: *American Economic Journal: Economic Policy* 8, Nr. 1 (2016): 80–114.

443 Abhijit V. Banerjee, Selvan Kumar, Rohini Pande und Felix Su, »Do Voters Make Informed Choices? Experimental Evidence from Urban India«, Arbeitspapier, 2010.

## KAPITEL 7
## Player Piano

444 Kurt Vonnegut, *Player Piano* (New York: Charles Scribner's Sons, 1952), dt. Ausgabe: *Das höllische System,* übersetzt von Wulf Bergner (München: Heyne, 1964).

445 Kurt Vonnegut, *God Bless You, Mr. Rosewater* (New York: Holt, Rinehart and Winston, 1965), dt. Ausgabe: *Gott segne Sie, Mr. Rosewater,* übersetzt von Joachim Seyppel (Gütersloh: Bertelsmann, 1968).

446 Erik Brynjolfsson und Andrew McAfee, *The Second Machine Age.* (New York: W. W. Norton & Company, 2014); dt. Ausgabe: *Wie die nächste digitale Revolution unser aller Leben verändern wird,* übersetzt von Petra Pyka (Kulmbach: Plassen, 2014).

447 David H. Autor, »Why Are There Still So Many Jobs? The History and Future of Workplace Automation«, in: *Journal of Economic Perspectives* 29, Nr. 3 (2015): 3–30.

448 Ellen Fort, »Robots Are Making $6 Burgers in San Francisco«, in: *Eater San Francisco*, 21. Juni 2018.

449 Michael Chui, James Manyika und Mehdi Miremadi, »How Many of Your Daily Tasks Could Be Automated?«, in: *Harvard Business Review*, 14. Dezember 2015, und »Four Fundamentals of Business Automation«, in: *McKinsey Quarterly*, November 2016, aufgerufen am 19. Juni 2019, https://www.mckinsey.com/business-functions/digital-mckinsey/our-insights/four-fundamentals-of-workplace-automation.

450 »Automation, Skills Use and Training«, OECD Library, aufgerufen am 19. April 2019, https://www.oecd-ilibrary.org/employment/automation-skills-use-and-training_2e2f4eea-en.

451 »Robots and Artificial Intelligence«, Chicago Booth: The Initiative on Global Markets, IGM Forum, 30. Juni 2017.

452 Robert Gordon, *The Rise and Fall of American Growth* (Princeton, NJ: Princeton University Press, 2016).

453 Databases, Tables, and Calculators by Subject, Series LNS14000000, Bureau of Labor Statistics, aufgerufen am 11. April 2019, https://data.bls.gov/timeseries/lns14000000.

454 Robert Gordon, *The Rise and Fall of American Growth* (Princeton, NJ: Princeton University Press, 2016); »Labor Force Participation Rate, Total (% total population ages 15+) (national estimate)«, World Bank Open Data, https://data.worldbank.org/indicator/SL.TLF.CACT.NE.ZS?locations=US.

455 Daron Acemoglu und Pascual Restrepo, »Artificial Intelligence, Automation and Work«, NBER Working Paper Nr. 24196, 2018.

456 N. F. R. Crafts und Terence C. Mills, »Trends in Real Wages in Britain 1750–1913«, in: *Explorations in Economic History* 31, Nr. 2 (1994): 176–94.

457 Robert Fogel und Stanley Engerman, *Time on the Cross* (New York: W. W. Norton & Company, 1974).

458 Daron Acemoglu und Pascual Restrepo, »Robots and Jobs: Evidence from United States Labor Markets«, NBER Working Paper Nr. 23285, 2017.

459 Daron Acemoglu und Pascual Restrepo, »The Race Between Machine and Man: Implications of Technology for Growth, Factor Shares and Employment«, NBER Working Paper Nr. 22252, 2017.

460 David Autor, »Work of the Past, Work of the Future«, Richard T. Ely Lecture, in: *American Economic Association: Papers and Proceedings,* 2019.

461 Daron Acemoglu und Pascual Restrepo, »Artificial Intelligence, Automation and Work«, NBER Working Paper Nr. 24196, 2018.

462 Ebd.

463 Ebd.

464 Aaron Smith und Monica Anderson, »Americans' Attitudes towards a Future in Which Robots and Computers Can Do Many Human Jobs«, Pew Research Center, 4. Oktober 2017, aufgerufen am 3. April 2019, http://www.pewinternet.org/2017/10/04/americans-attitudes-toward-a-future-in-which-robots-and-computers-can-do-many-human-jobs/.

465 Beispielsweise argumentieren Jean Tirole und Olivier Blanchard, dass die Ungewissheit über den Ausgang einer Kündigung die Arbeitslosigkeit verschärfen könnte. (David Blanchard und Olivier Tirole, »The Optimal Design of Unemployment Insurance and Employment Protection. A First Pass«, NBER Working Paper 10443, 2004.) Allerdings hat es nicht den Anschein, als ob europäische Länder, die den Kündigungsschutz gelockert haben, eine niedrigere Arbeitslosigkeit hätten. Insgesamt betrachtet besteht wohl doch kein Zusammenhang. Giuseppe Bertola, »Labor Market Regulations: Motives, Measures, Effects«, Internationale Arbeitsorganisation, Conditions of Work and Employment Series Nr. 21, 2009.

466 Kevin J. Delaney, »The Robot That Takes Your Job Should Pay Taxes, Says Bill Gates«, in: *Quartz,* 17. Februar 2017, aufgerufen am 13. April 2019, https://qz.com/911968/bill-gates-the-robot-that-takes-your-job-should-pay-taxes/.

467 »European Parliament Calls for Robot Law, Rejects Robot Tax«, Reuters, 16. Februar 2017, aufgerufen am 12. April 2019, https://www.reuters.com/article/us-europe-robots-lawmaking/european-parliament-calls-for-robot-law-rejects-robot-tax-idUSKBN15V2KM.

468 Ryan Abbott und Bret Bogenschneider, »Should Robots Pay Taxes? Tax Policy in the Age of Automation«, in: *Harvard Law & Policy Review* 12 (2018).

469 John DiNardo, Nicole M. Fortin und Thomas Lemieux, »Labor Market Institutions and Distribution of Wages, 1973–1990: A Semiparametric Approach«, in: *Econometrica* 64, Nr. 5 (1996): 1001–44; David Card, »The Effect of Unions on the Structure of Wages: A Longitudinal Analysis«, in: *Econometrica* 64, Nr. 4 (1996): 957–79; Richard B. Freeman, »How Much Has Deunionization Contributed to the Rise of Male Earnings Inequality?«, in: Sheldon Danziger und Peter Gottschalk (Hg.), *Uneven Tides: Rising Income Inequality in America* (New York: Russell Sage Foundation, 1993), S. 133–63.

470 Siehe »UK Public Spending Since 1900«, https://www.ukpublicspending.co.uk/past_spending.

471 John Kenneth Galbraith, »Recession Economics«, in: *New York Review of Books,* 4. Februar 1982.

472 Facundo Alvaredo, Lucas Chancel, Thomas Piketty, Emmanuel Saez und Gabriel Zucman, »World Inequality Report 2018: Executive Summary«, Wid.World 2017, aufgerufen am 13. April 2019 auf der World Inequality Lab Website: https://wir2018.wid.world/files/download/wir2018-summary-english.pdf.

473 »United Kingdom«, World Inequality Database, Wid.World, aufgerufen am 13. April 2019, https://wid.world/country/united-kingdom/.

474 Thomas Piketty, Emmanuel Saez und Stefanie Stantcheva, »Optimal Taxation of Top Labor Incomes: A Tale of Three Elasticities«, in: *American Economic Journal: Economic Policy* 6, Nr. 1 (2014): 230–71, DOI: 10.1257/pol.6.1.230.

475 Facundo Alvaredo, Lucas Chancel, Thomas Piketty, Emmanuel Saez und Gabriel Zucman, »World Inequality Report 2018«, Wid.World, https://wir2018.wid.world/files/download/wir2018-full-report-english.pdf.

476 David Autor, »Work of the Past, Work of the Future«, Richard T. Ely Lecture, in: *American Economic Review: Papers and Proceedings,* 2019.

477 David Autor, David Dorn, Lawrence F. Katz, Christina Patterson und John Van Reenen, »The Fall of the Labor Share and the Rise of Superstar Firms«, NBER Working Paper 23396, Mai 2017, DOI: 10.3386/w2339.

478 Thomas Piketty, *Das Kapital im 21. Jahrhundert,* übersetzt von Ilse Utz und Stefan Lorenzer (München, C.H. Beck, 2014).

479 World Bank Data, aufgerufen am 19. April 2019, https://data.worldbank.org/indicator/ne.trd.gnfs.zs.

480 Claudia Goldin und Lawrence F. Katz, *The Race between Education and Technology* (Cambridge, MA: Harvard University Press, 2010).

481 Thomas Piketty, *Das Kapital im 21. Jahrhundert,* übersetzt von Ilse Utz und Stefan Lorenzer (München, C.H. Beck, 2014).

482 David Autor, David Dorn, Lawrence F. Katz, Christina Patterson und John Van Reenen, »The Fall of the Labor Share and the Rise of Superstar Firms«, NBER Working Paper 23396 10.3386/w2339, 2017.

483 Jason Furman und Peter Orszag, »Slower Productivity and Higher Inequality:

Are They Related?«, Peterson Institute for International Economics Working Paper 18–4, 2018.

484 Jae Song, David J Price, Fatih Guvenen, Nicholas Bloom und Till von Wachter, »Firming Up Inequality«, in: *Quarterly Journal of Economics*, Band 134, Nr. 1 (2019): 1–50, https://doi.org/10.1093/qje/qjy025.

485 Sherwin Rosen, »The Economics of Superstars«, in: *American Economic Review* 71, Nr. 5 (1981): 845–58.

486 Xavier Gabaix und Augustin Landier, »Why Has CEO Pay Increased So Much?«, in: *Quarterly Journal of Economics* 123, Nr. 1 (2008): 49–100.

487 Emmanuel Saez und Gabriel Zucman, »World Inequality Report 2018«, Wid.World, https://wir2018.wid.world/files/download/wir2018-full-report-english.pdf.

488 World Inequality Database, Wid.World, https://www.wid.world.

489 Robin Greenwood und David Scharfstein, »The Growth of Finance«, in: *Journal of Economic Perspectives* 27, Nr. 2 (2013): 3–28.

490 Thomas Philippon und Ariell Reshef, »Wages and Human Capital in the U.S. Finance Industry: 1909–2006«, in: *Quarterly Journal of Economics* 127, Nr. 4 (2012): 1551–1609.

491 Brian Bell und John Van Reenen, »Bankers' Pay and Extreme Wage Inequality in the UK«, CEP Special Report, 2010.

492 Jon Bakija, Adam Cole und Bradley T. Heim, »Jobs and Income Growth of Top Earners and the Causes of Changing Income Inequality: Evidence from U.S. Tax Return Data«, Arbeitspapier, Williams College, 2012, aufgerufen am 19. Juni 2019, https://web.williams.edu/Economics/wp/BakijaColeHeimJobsIncome GrowthTopEarners.pdf.

493 Bertrand Garbinti, Jonathan Goupille-Lebret und Thomas Piketty, »Income Inequality in France, 1900–2014: Evidence from Distributional National Accounts (DINA)«, WID.world Working Paper Series Nr. 2017/4, 2017.

494 Olivier Godechot, »Is Finance Responsible for the Rise in Wage Inequality in France?«, in: *Socio-Economic Review* 10, Nr. 3 (2012): 447–70.

495 Eugene F. Fama und Kenneth R. French, »Luck Versus Skill in the Cross-Section of Mutual-Fund Returns«, in: *Journal of Finance* 65, Nr. 5 (2010): 1915–47.

496 Thomas Philippon und Ariell Reshef, »Wages and Human Capital in the U.S. Finance Industry: 1909–2006«, in: *Quarterly Journal of Economics* 127, Nr. 4 (2012): 1551–1609.

497 Robin Greenwood und David Scharfstein, »The Growth of Finance«, in: *Journal of Economic Perspectives* 27, Nr. 2 (2013): 3–28.

498 Claudia Goldin und Lawrence F. Katz, »Transitions: Career and Family Life Cycles of the Educational Elite«, in: *American Economic Review* 98, Nr. 2 (2008): 363–69.

499 Marianne Bertrand und Sendhil Mullainathan, »Are CEO's Rewarded for Luck?

The Ones Without Principals Are«, in: *Quarterly Journal of Economics* 116, Nr. 3 (2001): 901–32.

500 Scharfstein und Greenwood zeigten, dass in den meisten Ländern Kontinentaleuropas der Anteil des Finanzsektors an der Gesamtwirtschaft in den 1990er- und 2000er-Jahren nicht sonderlich wuchs oder sogar zurückging. Robin Greenwood und David Scharfstein, »The Growth of Finance«, in: *Journal of Economic Perspectives* 27, Nr. 2 (2013): 3–28.

501 Thomas Piketty, *Das Kapital im 21. Jahrhundert,* übersetzt von Ilse Utz und Stefan Lorenzer (München, C.H. Beck, 2014), S. 550–51, sowie Emmanuel Saez und Gabriel Zucman, »Alexandria Ocasio-Cortez's Idea Is Not about Soaking the Rich«, aufgerufen am 20. April 2019, https://www.nytimes.com/2019/01/22/opinion/ocasio-cortez-taxes.html.

502 Thomas Piketty, Emmanuel Saez und Stefanie Stantcheva, »Optimal Taxation of Top Labor Incomes: A Tale of Three Elasticities«, in: *American Economic Journal: Economic Policy* 6, Nr. 1 (2014): 230–71.

503 Maury Brown, »It's Time to Blowup the Salary Cap Systems in the NFL, NBA, and NHL«, in: *Forbes,* 10. März 2015, aufgerufen am 11. April 2019, https://www.forbes.com/sites/maurybrown/2015/03/10/its-time-to-blowup-the-salary-cap-systems-in-the-nfl-nba-and-nhl/#1e35ced969b3.

504 Die Diskussion in diesem und dem nächsten Abschnitt stützt sich stark auf die Arbeit von Thomas Piketty, Emmanuel Saez und Gabriel Zucman. Wer sich intensiver mit dem Thema auseinandersetzen will, dem sei Thomas Piketty empfohlen, *Das Kapital im 21. Jahrhundert;* außerdem Gabriel Zucmans *The Hidden Wealth of Nations* (Chicago: University of Chicago Press, 2015); dt. Ausgabe: *Steueroasen: wo der Wohlstand der Nationen versteckt wird,* übersetzt von Ulrike Bischoff (Berlin: Suhrkamp, 2014) und Saez' und Zucmans in Kürze erscheinendes Buch, *The Triumph of Injustice.*

505 Emmanuel Saez, Joel Slemrod und Seth H. Giertz, »The Elasticity of Taxable Income with Respect to Marginal Tax Rates: A Critical Review«, in: *Journal of Economic Literature* 50, Nr. 1 (2012): 3–50.

506 Pian Shu, »Career Choice and Skill Development of MIT Graduates: Are the ›Best and Brightest‹ Going into Finance?«, Harvard Business School Working Paper 16-067, 2017.

507 David Autor, »Skills, Education, and the Rise of Earnings Inequality among the ›Other 99 Percent‹«, in: *Science* 344, Nr. 6168 (2014): 843–51.

508 Henrik J. Kleven, Camille Landais und Emmanuel Saez, »Taxation and International Migration of Superstars: Evidence from the European Football Market«, in: *American Economic Review* 103, Nr. 5: 1892–1924.

509 Annette Alstadsæter, Niels Johannesen und Gabriel Zucman, »Tax Evasion and Inequality«, NBER Working Paper 23772, 2018.

510 Thomas Piketty, *Das Kapital im 21. Jahrhundert, übersetzt von Ilse Utz und Stefan Lorenzer (München, C.H. Beck, 2014).*

511 Ebd.

512 Der andere Grund ist der, dass Kapitalerträge ohnehin niedriger besteuert werden. Eine Alternative zu einer Vermögenssteuer bestünde darin, Kapitalerträge zu besteuern, selbst wenn sie beim Kapitel belassen werden, allerdings ist es sehr schwierig, dieses Einkommen zu erfassen.

513 Ben Casselman und Jim Tankersly, »Democrats Want to Tax the Wealthy. Many Voters Agree«, in: *New York Times*, 19. Februar 2019, https://www.nytimes.com/2019/02/19/business/economy/wealth-tax-elizabeth-warren.html.

514 H. J. Kleven, M. B. Knudsen, C. T. Kreiner, S. Pedersen und E. Saez, »Unwilling or Unable to Cheat? Evidence from a Tax Audit Experiment in Denmark«, in: *Econometrica* 79 (2011): 651–92, DOI:10.3982/ECTA9113.

515 Gabriel Zucman, »Sanctions for Offshore Tax Havens, Transparency at Home«, in: *New York Times,* 7. April 2016; Gabriel Zucman, »The Desperate Inequality behind Global Tax Dodging«, in: *Guardian,* 8. November 2017.

516 Henrik Jacobsen Kleven, Camille Landais, Emmanuel Saez und Esben Schultz, »Migration and Wage Effects of Taxing Top Earners: Evidence from the Foreigners' Tax Scheme in Denmark«, in: *Quarterly Journal of Economics* 129, Nr. 1 (2013): 333–78.

517 Ben Casselman und Jim Tankersly, »Democrats Want to Tax the Wealthy. Many Voters Agree«, in: *New York Times*, 19. Februar 2019, https://www.nytimes.com/2019/02/19/business/economy/wealth-tax-elizabeth-warren.html.

518 Abhijit Banerjee, Esther Duflo und Stefanie Stantcheva, »Me and Everyone Else: Do People Think Like Economists?«, unveröffentlicht, Massachusetts Institute of Technology, 2019.

519 Erzo F. P. Luttmer, »Neighbors as Negatives: Relative Earnings and Well-Being«, in: *Quarterly Journal of Economics* 120, Nr. 3 (2005): 963–1002.

520 Ricardo Perez-Truglia, »The Effects of Income Transparency on Well-Being: Evidence from a Natural Experiment«, NBER Working Paper 25622, 2019.

521 Leonardo Bursztyn, Bruno Ferman, Stefano Fiorin, Martin Kanz, Gautam Rao, »Status Goods: Experimental Evidence from Platinum Credit Cards«, in: *Quarterly Journal of Economics* 133, Nr. 3 (2018): 1561–95, https://doi.org/10.1093/qje/qjx048.

522 Alberto Alesina, Stefanie Stantcheva und Edoardo Teso, »Intergenerational Mobility and Preferences for Redistribution«, in: *American Economic Review* 108, Nr. 2 (2018): 521–54.

523 Ebd.

524 Ebd.

525 Anne Case und Angus Deaton, »Rising Midlife Morbidity and Mortality, US Whites«, Proceedings of the National Academy of Sciences, Dezember 2015, 112 (49) 15078-15083; DOI:10.1073/pnas.1518393112; Anne Case und Angus Deaton, »Mortality and Morbidity in the 21st Century«, Brookings Papers on Economic Activity, 2017.

526 Tamara Men, Paul Brennan und David Zaridze, »Russian Mortality Trends for

1991–2001: Analysis by Cause and Region«, in: *BMJ: British Medical Journal* 327, Nr. 7421 (2003): 964–66.

527 Anne Case und Angus Deaton, »Mortality and Morbidity in the 21st Century«, Brookings Papers on Economic Activity, 2017.

528 Alberto Alesina, Stefanie Stantcheva und Edoardo Teso, »Intergenerational Mobility and Preferences for Redistribution«, in: *American Economic Review* 108, Nr. 2 (2018): 521–54.

529 Emily Breza, Supreet Kaur, und Yogita Shamdasani, »The Morale Effects of Income Inequality« in: *Quarterly Journal of Economics* 133, Nr. 2 (2017): 611–63.

530 David Autor, David Dorn, Gordon Hanson und Kaveh Majlesi, »Importing Political Polarization. The Electoral Consequences of Rising Trade Exposure«, NBER Working Paper 22637, September 2016, überarbeitet im Dezember 2017.

531 »Revenue Statistics 2018 Tax Revenue Trends in the OECD«, Organisation für Wirtschaftliche Zusammenarbeit und Entwicklung, 5. Dezember 2018, aufgerufen am 18. Juni 2018, https://www.oecd.org/tax/tax-policy/revenue-statistics-highlights-brochure.pdf.

532 Emmanuel Saez und Gabriel Zucman an Elizabeth Warren, 18. Januar 2019, http://gabriel-zucman.eu/files/saez-zucman-wealthtax-warren.pdf.

533 Ben Casselman und Jim Tankersly, »Democrats Want to Tax the Wealthy. Many Voters Agree«, in: *New York Times,* 19. Februar 2019, https://www.nytimes.com/2019/02/19/business/economy/wealth-tax-elizabeth-warren.html.

534 Abhijit Banerjee, Esther Duflo und Stefanie Stantcheva, »Me and Everyone Else: Do People Think Like Economists?«, unveröffentlicht, MIT, 2019.

535 Zitiert in Richard A. Viguerie, *Conservatives Betrayed: How George W. Bush and Other Big Government Republicans Hijacked the Conservative Cause* (Los Angeles: Bonus Books, 2006), S. 46.

536 Emmanuel Saez, Joel Slemrod und Seth H. Giertz, »The Elasticity of Taxable Income with Respect to Marginal Tax Rates: A Critical Review«, in: *Journal of Economic Literature* 50, Nr. 1 (2012): 3–50.

537 Isabel Z. Martinez, Emmanuel Saez und Michael Seigenthaler, »Intertemporal Labor Supply Substitution? Evidence from the Swiss Income Tax Holidays«, NBER Working Paper 24634, 2018.

538 Emmanuel Saez, Joel Slemrod und Seth H. Giertz, »The Elasticity of Taxable Income with Respect to Marginal Tax Rates: A Critical Review«, in: *Journal of Economic Literature* 50, Nr. 1 (2012): 3–50.

539 Abhijit Banerjee, Esther Duflo und Stefanie Stantcheva, »Me and Everyone Else: Do People Think Like Economists?«, unveröffentlicht, MIT, 2019.

540 Ronald Reagan, Rede zum Amtsantritt, Washington, DC, 1981.

541 Alberto Alesina, Stefanie Stantcheva und Edoardo Teso, »Intergenerational Mobility and Preferences for Redistribution«, in: *American Economic Review* 108, Nr. 2 (2018): 521–54.

542 Anju Agnihotri Chaba, »Sustainable Agriculture: Punjab Has a New Plan to Move Farmers Away from Water-Guzzling Paddy«, in: *Indian Express,* 28. März 2018, aufgerufen am 4. März 2019, https://indianexpress.com/article/india/sustainable-agriculture-punjab-has-a-new-plan-to-move-farmers-away-from-water-guzzling-paddy-5064481/.

543 »Which States Rely Most on Federal Aid?«, Tax Foundation, aufgerufen am 19. April 2019, https://taxfoundation.org/states-rely-most-federal-aid/.

544 Milton Friedman, der Generationen von Ökonomen inspiriert hat, vor allem diejenigen, die dem konservativen Spektrum zuzuordnen sind, wird auf Twitter und in allen Zitatsammlungen gern mit den Worten zitiert: »Die größten Leistungen der Menschheit entstammten nicht einer Behörde.« Und er erklärte weiter: »Einstein entwickelte seine Theorie nicht, weil ihn ein Bürokrat dazu angewiesen hatte.« Allerdings hat er sich damit wohl das falsche Beispiel ausgesucht. Einstein war zur Zeit seiner frühen Forschungen Beamter (beim Schweizer Patentamt). Wenn seine Forschung zu nichts geführt hätte, wäre er ein Paradebeispiel für verschwendete staatliche Gelder, so jedoch ist das Gegenteil der Fall. Milton Friedman-Zitate, BrainyQuote.com, BrainyMedia Inc., 2019, aufgerufen am 18. Juni 2019, https://www.brainyquote.com/quotes/milton_friedman_412621.

545 Abhijit Banerjee, Rema Hanna, Jordan Kyle, Benjamin A. Olken und Sudarno Sumarto, »Tangible Information and Citizen Empowerment: Identification Cards and Food Subsidy Programs in Indonesia«, in: *Journal of Political Economy* 126, Nr. 2 (2018).

546 Karthik Muralidharan und Venkatesh Sundararaman, »The Aggregate Effect of School Choice: Evidence from a Two-Stage Experiment in India«, in: *Quarterly Journal of Economics* 130, Nr. 3 (2015): 1011–66.

547 Luc Behaghel, Bruno Crépon und Marc Gurgand, »Private and Public Provision of Counseling to Job Seekers: Evidence from a Large Controlled Experiment«, in: *American Economic Journal: Applied Economics* 6, Nr. 4 (2014): 142–74.

548 Mauricio Romero, Justin Sandefur und Wayne Sandholtz, »Outsourcing Service Delivery in a Fragile State: Experimental Evidence from Liberia«, Arbeitspapier, ITAM, aufgerufen am 18. Juni 2019, https://www.dropbox.com/s/o82lfb6tdffedya/MainText.pdf?dl=0.

549 Finlay Young, »What Will Come of the More Than Me Rape Scandal?«, ProPublica, 3. Mai 2019, aufgerufen am 18. Juni 2019, https://www.propublica.org/article/more-than-me-liberia-rape-scandal.

550 Oriana Bandiera, Andrea Prat und Tommaso Valletti, »Active and Passive Waste in Government Spending: Evidence from a Policy Experiment«, in: *American Economic Review* 99, Nr. 4 (2009): 1278–1308.

551 Abhijit Banerjee, Rema Hanna, Jordan Kyle, Benjamin A. Olken und Sudarno Sumarto, »Tangible Information and Citizen Empowerment: Identification Cards

and Food Subsidy Programs in Indonesia«, in: *Journal of Political Economy* 126, Nr. 2 (2018): 451–91.

552 Abhijit Banerjee, Esther Duflo und Stefanie Stantcheva, »Me and Everyone Else: Do People Think Like Economists?«, unveröffentlicht, MIT, 2019.

553 Alain Cohn, Ernst Fehr und Michel Andre Marechal, »Business Culture and Dishonesty in the Banking Industry«, in: *Nature* 516: (2014) 86–89.

554 Reman Hanna und Shing-Yi Wang, »Dishonesty and Selection into Public Service: Evidence from India«, in: *American Economic Journal: Economic Policy* 9 Nr. 3 (2017): 262–90.

555 Sebastian Baufort, Nikolaj Harmon, Frederik Hjorth, Asmus Leth Olsen u.a, »Dishonesty and Selection into Public Service in Denmark: Who Runs the World's Least Corrupt Public Sector?«, Diskussionsunterlagen 15–12, University of Copenhagen, Department of Economics, 2015.

556 Oriana Bandiera, Michael Carlos Best, Adnan Khan und Andrea Prat, »Incentives and the Allocation of Authority in Organizations: A Field Experiment with Bureaucrats«, CEP/DOM Capabilities, Competition and Innovation Seminars, London School of Economics, London, 24. Mai 2018.

557 Clay Johnson und Harper Reed, »Why the Government Never Gets Tech Right«, in: *New York Times*, 24. Oktober 2013, aufgerufen am 4. März 2019, https://www.nytimes.com/2013/10/25/opinion/getting-to-the-bottom-of-healthcaregovs-flop.html?_r=0.

558 Bertrand Garbinti, Jonathan Goupille-Lebret und Thomas Piketty, »Income Inequality in France, 1900–2014: Evidence from Distributional National Accounts (DINA)«, in: *Journal of Public Economics* 162 (2018): 63–77.

559 Thomas Piketty und Nancy Qian, »Income Inequality and Progressive Income Taxation in China and India, 1986–2015«, in: *American Economic Journal: Applied Economics* 1 Nr. 2 (2009): 53–63, DOI: 10.1257/app.1.2.53.

560 World Inequality Database, aufgerufen am 19. Juni 2019, https://wid.world/country/india/ und https://wid.world/country/china/.

561 Luis Felipe López-Calva und Nora Lustig, *Declining Inequality in Latin America: A Decade of Progress?* (Washington, DC: Brookings Institution Press, 2010), S. 1–24.

562 Santiago Levy, *Progress Against Poverty: Sustaining Mexico's PROGRESA-Oportunidades Program* (Washington, DC: Brookings Institution Press, 2006).

563 Es gibt zahlreiche Studien, die verschiedene Aspekte des Progresa-Experiments untersuchen. Das erste Arbeitsspapier war Paul J. Gertler und Simone Boyce, »An Experiment in Incentive-Based Welfare: The Impact of Progresa on Health in Mexico«, Arbeitspapier, 2003. Die Studien dazu und zu nachfolgenden Experimenten werden zusammengefasst in: Ariel Fizsbein und Norbert Schady (Hg.), *Conditional Cash Transfers: Reducing Present and Future Poverty,* aufgerufen am 19. April 2019, http://documents.worldbank.org/curated/en/914561468314712643/Conditional-cash-transfers-reducing-present-and-future-poverty.

564 World Inequality Database, aufgerufen am 18. Juni 2019, https://wid.world/country/colombia, https://wid.world/country/chile, https://wid.world/country/brazil.

## KAPITEL 9
## Cash and Care

565 Das Zitat stammt von Laticia Animas, die das neue Programm leitet. Benjamin Russell, »What AMLO's Anti-Poverty Overhaul Says About His Government«, in: *Americas Quarterly*, 26. Februar 2019, aufgerufen am 17. April 2019, https://www.americasquarterly.org/content/what-amlos-anti-poverty-overhaul-says-about-his-government.

566 David Raul Perez Coady und Hadid Vera-Llamas, »Evaluating the Cost of Poverty Alleviation Transfer Programs: An Illustration Based on PROGRESA in Mexico«, IFRPI Discussion Paper, http://ebrary.ifpri.org/utils/getfile/collection/p15738coll2/id/60365/filename/60318.pdf. Siehe auch Natalia Caldes, David Coady und John A. Maluccio, »The Cost of Poverty Alleviation Transfer Programs: A Comparative Analysis of Three Programs in Latin America«, in: *World Development* 34, Nr. 5 (2006): 818–37.

567 Florencia Devoto, Esther Duflo, Pascaline Dupas, William Parienté und Vincent Pons, »Happiness on Tap: Piped Water Adoption in Urban Morocco«, in: *American Economic Journal: Economic Policy* 4, Nr. 4 (2012): 68–99.

568 Maria Mini Jos, Rinku Murgai, Shrayana Bhattacharya und Soumya Kapoor Mehta, »From Policy to Practice: How Should Social Pensions Be Scaled Up?«, in: *Economic and Political Weekly* 50, Nr. 14 (2015).

569 Sarika Gupta, »Perils of the Paperwork: The Impact of Information and Application Assistance on Welfare Program Take-Up in India«, Harvard University, November 2017, aufgerufen am 19. Juni 2019, https://scholar.harvard.edu/files/sarikagupta/files/gupta_jmp_11_1.pdf.

570 Esther Duflo, »The Economist as Plumber«, in: *American Economic Review: Papers & Proceedings* 107, Nr. 5 (2017): 1–26.

571 Amy Finkelstein und Matthew J. Notowidigdo, »Take-up and Targeting: Experimental Evidence from SNAP«, NBER Working Paper 24652, 2018.

572 Diane Whitmore Schanzenbach, »Experimental Estimates to the Barriers of Food Stamp Enrollment«, Institute for Research on Poverty Discussion Paper Nr. 1367-09, September 2009.

573 Bruno Tardieu, *Quand un people parle: ATD, Quarte Monde, un combatradical contre la misère* (Paris: Editions La Découverte, 2015).

574 Najy Benhassine, Florencia Devoto, Esther Duflo, Pascaline Dupas und Victor Pouliquen, »Turning a Shove into a Nudge? A ›Labeled Cash Transfer‹ for Education«, in: *American Economic Journal: Economic Policy* 7, Nr. 3 (2015): 86–125.

575 Die Zahlen stammen aus einer Rezension von Robert Reich zu zwei Büchern über das bedingungslose Grundeinkommen, https://www.nytimes.com/2018/07/09/books/review/annie-lowrey-give-people-money-andrew-yang-war-on-normal-people.html und stehen natürlich auch direkt in den Büchern. Annie Lowrey, *Give People Money: How a Universal Basic Income Would End Poverty, Revolutionize Work, and Remake the World*, 2018, und Andrew Yang, *The War on Normal People: The Truth About America's Disappearing Jobs and Why Universal Basic Income Is Our Future,* 2018.

576 George Bernard Shaw, *Pygmalion,* übersetzt von Harald Mueller (Frankfurt am Main: Suhrkamp, 1970), S. 47.

577 Map Descriptive of London Poverty 1898–99, aufgerufen am 21. April 2019, https://booth.lse.ac.uk/learn-more/download-maps/sheet9.

578 »Radio Address to the Nation on Welfare Reform«, Ronald Reagan Presidential Library and Museum, aufgerufen am 20. März 2019, https://www.reaganlibrary.gov/research/speeches/21586a.

579 Ebd.

580 Wer sich zu diesem Thema weiter informieren will, findet in mehreren Artikeln und Aufsätzen eine gute Zusammenfassung der vorhandenen Literatur: James P. Ziliak, »Temporary Assistance for Needy Families«, in: Robert A. Moffitt (Hg.), *Economics of Means-Tested Transfer Programs in the United States*, Bd. 1 (National Bureau of Economic Research and University of Chicago Press, 2016), 303–93; Robert Moffitt »The Temporary Assistance for Needy Families Program«, in: Robert Moffitt, *Means-Tested Transfer Programs in the U.S.* (University of Chicago Press and NBER, 2003); Robert Moffitt, »The Effect of Welfare on Marriage and Fertility: What Do We Know and What Do We Need to Know?«, in: ders. (Hg.) *Welfare, the Family, and Reproductive Behavior* (Washington, DC: National Research Council, National Academy of Sciences Press, 1998).

581 Tweet von Sibith Ndiaye (@SibithNdiaye), »Le Président? Toujours exigeant. Pas encore satisfait du discours qu'il prononcera demain au congrès de la Mutualité, il nous précise donc le brief! Au boulot!«, 12. Juni 2018, 15:28 Uhr, aufgerufen am 19. Juni 2019, https://twitter.com/SibethNdiaye/status/1006664614619308033.

582 »Expanding Work Requirements in Non-Cash Welfare Programs«, Council of Economic Advisors, Juli 2018, https://www.whitehouse.gov/wp-content/uploads/2018/07/Expanding-Work-Requirements-in-Non-Cash-Welfare-Programs.pdf.

583 Shrayana Bhattacharya, Vanita Leah Falcao und Raghav Puri, »The Public Distribution System in India: Policy Evaluation and Program Delivery Trends«, in: *The 1.5 Billion People Question: Food, Vouchers, or Cash Transfers?* (Washington, DC: World Bank, 2017).

584 »Egypt to Raise Food Subsidy Allowance in Bid to Ease Pressure from Austerity«, Reuters, 20. Juni 2017, aufgerufen am 19. Juni 2019, https://www.reuters.com/article/us-egypt-economy/egypt-to-raise-food-subsidy-allowance-in-bid-to-ease-pressure-from-austerity-idUSKBN19B2YW.

585 Peter Timmer, Hastuti und Sudarno Sumarto, »Evolution and Implementation of the Rastra Program in Indonesia«, in: *The* 1.5 *Billion People Question: Food, Vouchers, or Cash Transfers?* (Washington, DC: World Bank, 2017).

586 Abhijit Banerjee, Rema Hanna, Jordan Kyle, Benjamin A. Olken und Sudarno Sumarto, »Tangible Information and Citizen Empowerment: Identification Cards and Food Subsidy Programs in Indonesia«, in: *Journal of Political Economy* 126, Nr. 2 (2018): 451–91.

587 Reetika Khera, »Cash vs In-Kind Transfers: Indian Data Meets Theory«, in: *Food Policy* 46 (Juni 2014): 116–28, https://doi.org/10.1016/j.foodpol.2014.03.009.

588 Ugo Gentilini, Maddalena Honorati und Ruslan Yemtsov, »The State of Social Safety Nets 2014 (English)«, World Bank Group, 2014, aufgerufen am 19. Juni 2019, http://documents.worldbank.org/curated/en/302571468320707386/The-state-of-social-safety-nets-2014.

589 Abhijit V. Banerjee, »Policies for a Better Fed World«, in: *Review of World Economics* 152, Nr. 1 (2016): 3–17.

590 David K. Evans und Anna Popova, »Cash Transfers and Temptation Goods«, in: *Economic Development and Cultural Change* 65, Nr. 2 (2917), 189–221.

591 Abhijit V. Banerjee, »Policies for a Better Fed World«, in: *Review of World Economics* 152, Nr. 1 (2016): 3–17.

592 Johannes Haushofer und Jeremy Shapiro, »The Short-Term Impact of Unconditional Cash Transfers to the Poor: Experimental Evidence from Kenya«, in: *Quarterly Journal of Economics* 131, Nr. 4 (2016): 1973–2042.

593 Erica Field, Rohini Pande, Natalia Rigol, Simone Schaner und Charity Troyer Moore, »On Her Account: Can Strengthening Women's Financial Control Boost Female Labor Supply?«, Arbeitspapier, Harvard University, Cambridge, MA, 2016, aufgerufen am 19. Juni 2019, http://scholar.harvard.edu/files/rpande/files/on_her_account.can_strengthening_womens_financial_control_boost_female_labor_supply.pdf.

594 Abhijit Banerjee, Rema Hanna, Gabriel Kreindler und Ben Olken, »Debunking the Stereotype of the Lazy Welfare Recipient: Evidence from Cash Transfer Programs«, in: *World Bank Research Observer* 32, Nr. 2 (August 2017):155–84, https://doi.org/10.1093/wbro/lkx002.

595 Abhijit Banerjee, Karlan Dean und Chris Udry, »Does Poverty Increase Labor Supply? Evidence from Multiple Income Effects«, unveröffentlicht, MIT, 2019.

596 David Greenberg und Mark Shroder, »Part 1: Introduction. An Overview of Social Experimentation and the Digest«, in: *Digest of Social Experiments,* aufgerufen am 25. März 2019, https://web.archive.org/web/20111130101109/http://www.urban.org/pubs/digest/introduction.html#n22.

597 Philip K. Robins, »A Comparison of the Labor Supply Findings from the Four Negative Income Tax Experiments«, in: *Journal of Human Resources* 20, Nr. 4 (Herbst 1985): 567–82.

598 Orley Ashenfelter und Mark W. Plant, »Nonparametric Estimates of the Labor

Supply Effects of Negative Income Tax Programs«, in: *Journal of Labor Economics* 8, Nr. 1, Part 2: Essays in Honor of Albert Rees (Januar 1990): 396–415.

599 Philip K. Robins, »A Comparison of the Labor Supply Findings from the Four Negative Income Tax Experiments«, in: *Journal of Human Resources* 20, Nr. 4 (Herbst 1985): 567–82.

600 Ebd.

601 Albert Rees, »An Overview of the Labor-Supply Results«, in: *Journal of Human Resources* 9, Nr. 2 (Frühjahr 1974): 158–180.

602 Damon Jones und Ioana Marinescu, »The Labor Market Impacts of Universal and Permanent Cash Transfers: Evidence from the Alaska Permanent Fund«, NBER Working Paper 24312.

603 Randall K.Q. Akee, William E. Copeland, Gordon Keeler, Adrian Angold und E. Jane Costello, »Parents' Income and Children's Outcomes: A Quasi-Experiment Using Transfer Payments from Casino Profits«, in: *American Economic Journal: Applied Economics* 2, Nr. 1 (2010): 86–115.

604 Vivi Alatas, Abhijit Banerjee, Rema Hanna, Matt Wai-poi, Ririn Purnamasari, Benjamin A. Olken und Julia Tobias, »Targeting the Poor: Evidence from a Field Experiment in Indonesia«, in: *American Economic Review* 102, Nr. 4 (2012): 1206–40, DOI:10.1257/aer.102.4.1206.

605 Clément Imbert und John Papp, »Labor Market Effects of Social Programs: Evidence from India's Employment Guarantee«, in: *American Economic Journal: Applied Economics* 7, Nr. 2 (2015): 233–63; Muralidharan Karthik, Paul Niehuas und Sandip Sukhtankar, »General Equilibrium Effects of (Improving) Public Employment Programs: Experimental Evidence from India«, NBER Working Paper 23838, 2018 DOI: 10.3386/w23838.

606 Martin Ravalion, »Is a Decentralized Right to Work Policy Feasible?«, NBER Working Paper 25687, März 2019.

607 Abhijit Banerjee, Esther Duflo, Clement Imbert, Santhos Mattthews und Rohini Pande, »E-Governance, Accountability, and Leakage in Public Programs: Experimental Evidence from a Financial Management Reform in India«, NBER Working Paper 22803, 2016.

608 »Economic Survey 2016–17«, Government of India, Ministry of Finance, Department of Economic Affairs, Economic Division, 2017, 188–90.

609 Nur Cahyadi, Rema Hanna, Benjamin A. Olken, Rizal Adi Prima, Elan Satriawan und Ekki Syamsulhakim, »Cumulative Impacts of Conditional Cash Transfer Programs: Experimental Evidence from Indonesia«, NBER Working Paper 24670, 2018.

610 Najy Benhassine, Florencia Devoto, Esther Duflo, Pascaline Dupas und Victor Pouliquen, »Turning a Shove into a Nudge? A ›Labeled Cash Transfer‹ for Education«, in: *American Economic Journal: Economic Policy* 7, Nr. 3 (2015): 86–125.

611 Aaron Smith und Monica Anderson, »Americans' Attitudes towards a Future in Which Robots and Computers Can Do Many Human Jobs«, Pew Research Center,

4. Oktober 2017, aufgerufen am 3. April 2019, http://www.pewinternet.org/2017/10/04/americans-attitudes-toward-a-future-in-which-robots-and-computers-can-do-many-human-jobs/.

612 Robert B. Reich, »What If the Government Gave Everyone a Paycheck?«, 9. Juli 2018, https://www.nytimes.com/2018/07/09/books/review/annie-lowrey-give-people-money-andrew-yang-war-on-normal-people.html.

613 Olli Kangas, Signe Jauhiainen, Miska Simanainen und Mina Ylikännö, »The Basic Income Experiment 2017–2018 in Finland. Preliminary Results«, Reports and Memorandums of the Ministry of Social Affairs and Health, 2019, 9.

614 Abhijit Banerjee, Esther Duflo und Stefanie Stantcheva, »Me and Everyone Else: Do People Think Like Economists?«, unveröffentlicht, MIT, 2019.

615 Nicole Maestas, Kathleen J. Mullen, David Powell, Till von Wachter und Jeffrey B. Wenger, »Working Conditions in the United States: Results of the 2015 American Working Conditions Survey«, Rand Corporation, 2017.

616 »The State of American Jobs: How the Shifting Economic Landscape Is Reshaping Work and Society and Affecting the Way People Think about the Skills and Training They Need to Get Ahead«, Kap. 3, Pew Research Center, Oktober 2016, aufgerufen am 21. April, 2019, http://www.pewsocialtrends.org/2016/10/06/3-how-americans-view-their-jobs/#fn-22004-26.

617 Siehe Steve Davis und Till von Wachter, »Recession and the Costs of Job Loss«, Brookings Papers on Economic Activity, Brookings Institution, Washington, DC, 2011, https://www.brookings.edu/wp-content/uploads/2011/09/2011b_bpea_davis.pdf, sowie die darin enthaltenen Literaturhinweise.

618 Daniel Sullivan und Till von Wachter, »Job Displacement and Mortality: An Analysis Using Administrative Data«, in: *Quarterly Journal of Economics* 124, Nr. 3 (2009): 1265–1306.

619 Mark Aguiar und Erik Hurst, »Measuring Trends in Leisure: The Allocation of Time over Five Decades«, in: *Quarterly Journal of Economics* 122, Nr. 3 (2007): 969–100.

620 Mark Aguiar, Mark Bils, Kerwin Kofi Charles und Erik Hurst, »Leisure Luxuries and the Labor Supply of Young Men«, NBER Working Paper 23552, Juni 2007.

621 »American Time Use Survey—2017 Results«, Pressemitteilung, Bureau of Labor Statistics, US Department of Labor, 28. Juni 2018, aufgerufen am 19. Juni 2019, https://www.bls.gov/news.release/atus.nr0.htm.

622 Mark Aguiar, Erik Hurst und Loukas Karabarbounis, »Time Use During the Great Recession«, in: *American Economic Review* 103, Nr. 5 (2013): 1664–96.

623 Daniel Kahneman und Alan G. Krueger, »Developments in the Measurement of Subjective Well-Being«, in *Journal of Economic Perspectives* 20, Nr. 1 (2006): 3–24.

624 Aaron Smith und Monica Anderson, »Americans' Attitudes towards a Future in Which Robots and Computers Can Do Many Human Jobs«, Pew Research Center, 4. Oktober 2017, aufgerufen am 3. April 2019, http://www.pewinternet.org/

2017/10/04/americans-attitudes-toward-a-future-in-which-robots-and-computers-can-do-many-human-jobs/.

625 »Volunteering in the United States, 2015«, Economic News Release, 25. Februar 2016, aufgerufen am 21. April 2019, https://www.bls.gov/news.release/volun.nr0.htm.

626 David Deming, »The Growing Importance of Social Skills in the Labor Market«, in: *Quarterly Journal of Economics* 132, Nr. 4 (2017): 1593–1640, https://doi.org/10.1093/qje/qjx022.

627 Román Zárate, »Social and Cognitive Peer Effects: Experimental Evidence from Selective High Schools in Peru«, MIT Economics, 2019, aufgerufen am 19. Juni 2019, https://economics.mit.edu/files/16276.

628 Raj Chetty, Nathaniel Hendren, Patrick Kline und Emmanuel Saez, »Where Is the Land of Opportunity? The Geography of Intergenerational Mobility in the United States«, in: *Quarterly Journal of Economics* 129, Nr. 4 (2014): 1553–1623, https://doi.org/10.1093/qje/qju022.

629 Lawrence F. Katz, Jeffrey R. Kling und Jeffrey B. Liebman, »Moving to Opportunity in Boston: Early Results of a Randomized Mobility Experiment«, in: *Quarterly Journal of Economics* 116 Nr. 2 (2001): 607–54, https://doi.org/10.1162/00335530151144113.

630 Ra Chetty, Nathaniel Hendren und Lawrence F. Katz, »The Effect of Exposure to Better Neighborhoods and Children: New Evidence from the Moving to Opportunity Experiment«, in: *American Economic Review* 106, Nr. 4 (2016): 855–902.

631 Raj Chetty und Nathaniel Hendren, »The Impacts of Neighborhoods on Intergenerational Mobility II: County-Level Estimates«, in: *Quarterly Journal of Economics* 133, Nr. 3 (2018): 1163–1228.

632 Roland G. Fryer Jr., »The Production of Human Capital in Developed Countries: Evidence from 196 Randomized Field Experiments«, in: *Handbook of Economic Field Experiments* 2 (Amsterdam: North-Holland, 2017): 95–322.

633 Abhijit Banerjee, Rukmini Banerji, James Berry, Esther Duflo, Harini Kannan, Shobhini Mukerji, Marc Shotland und Michael Walton, »From Proof of Concept to Scalable Policies: Challenges and Solutions, with an Application«, in: *Journal of Economic Perspectives* 31, Nr. 4 (2017): 73–102.

634 Raj Chetty, John Friedman, Nathaniel Hilger, Emmanuel Saez, Diane Whitmore Schanzenbach und Danny Yagan, »How Does Your Kindergarten Classroom Affect Your Earnings? Evidence from Project Star«, in: *Quarterly Journal of Economics* 126, Nr. 4 (2011): 1593–1660.

635 Ajay Chaudry und Rupa Datta, »The Current Landscape for Public Pre-Kindergarten Programs«, in: *The Current State of Scientific Knowledge on Pre-Kindergarten Effects,* Brookings Institution, Washington, DC, 2017, aufgerufen am 19. Juni 2019, https://www.brookings.edu/wp-content/uploads/2017/04/duke_prekstudy_final_4-4-17_hires.pdf.

636 Maria Stephens, Laura K. Warren und Ariana L. Harner, »Comparative Indicators of Education in the United States and Other G-20 Countries: 2015. NCES 2016-100«, National Center for Education Statistics, 2015.

637 Alle Angaben zu Heckmans Forschung über die langfristigen Auswirkungen der frühkindlichen Förderung finden sich unter https://heckmanequation.org/. Siehe auch Jorge Luis García, James J. Heckman, Duncan Ermini Leaf und María José Prados, »The Life-Cycle Benefits of an Influential Early Childhood Program«, NBER Working Paper 22993, 2016.

638 Michael Puma, Stephen Bell, Ronna Cook und Camilla Heid, »Head Start Impact Study Final Report«, US Department of Health and Human Services, Administration for Children and Families, 2010, https://www.acf.hhs.gov/sites/default/files/opre/executive_summary_final.pdf; Mark Lipsey, Dale Farran und Kelley Durkin, »Effects of the Tennessee Prekindergarten Program on Children's Achievement and Behavior through Third Grade«, in: *Early Childhood Research Quarterly* 45 (2017): 155–76.

639 R. M. Ford, S. J. McDougall und D. Evans, »Parent-Delivered Compensatory Education for Children at Risk of Educational Failure: Improving the Academic and Self-Regulatory Skills of a Sure Start Preschool Sample«, in: *British Journal of Psychology* 100, Nr. 4 (2009), 773–97; A. J. L. Baker, C. S. Piotrkowski und J. Brooks-Gunn, »The Effects of the Home Instruction Program for Preschool Youngsters on Children's School Performance at the End of the Program and One Year Later«, in: *Early Childhood Research Quarterly* 13, Nr. 4 (1998), 571–86; K. L. Bierman, J. Welsh, B. S. Heinrichs, R. L. Nix und E. T. Mathis, »Helping Head Start Parents Promote Their Children's Kindergarten Adjustment: The REDI Parent Program«, in: *Child Development,* 2015; James J. Heckman, Margaret L. Holland, Kevin K. Makino, Rodrigo Pinto und Maria Rosales-Rueda, »An Analysis of the Memphis Nurse-Family Partnership Program«, NBER Working Paper 23610, Juli 2017, http://www.nber.org/papers/w23610; Orazio Attanasio, C. Fernández, E. Fitzsimons, S. M Grantham-McGregor, C. Meghir und M. Rubio-Codina, »Using the Infrastructure of a Conditional Cash Transfer Programme to Deliver a Scalable Integrated Early Child Development Programme in Colombia: A Cluster Randomised Controlled Trial«, in: *British Medical Journal* 349 (29. September 2014): DOI: 10.1136/bmj.g 5785; Paul Gertler, James Heckman, Rodrigo Pinto, Arianna Zanolini, Christel Vermeerch, Susan Walker, Susan Chang-Lopez und Sally Grantham-McGregor, »Labor Market Returns to an Early Childhood Stimulation Intervention in Jamaica«, in: *Science* 344, Nr. 6187 (2014): 998–1001.

640 Moira R. Dillon, Harini Kannan, Joshua T. Dean, Elizabeth S. Spelke und Esther Duflo, »Cognitive Science in the Field: A Preschool Intervention Durably Enhances Intuitive but Not Formal Mathematics«, in: *Science* 357, Nr. 6346 (2017): 47–55.

641 Henrik Kleven, Camille Landais, Johanna Posch, Andreas Steinhauer und Josef Zweimüller, »Child Penalties Across Countries: Evidence and Explanations«, Nr. w25524, National Bureau of Economic Research, 2019.

642 Henrik Kleven, Camille Landais und Jakob Egholt Søgaard, »Children and Gender Inequality: Evidence from Denmark«, Nr. w24219, National Bureau of Economic Research, 2018.

643 »Denmark: Long-term Care«, Organisation für Wirtschaftliche Zusammenarbeit und Entwicklung, 2011, http://www.oecd.org/denmark/47877588.pdf.

644 Bruno Crépon und Gerard van den Berg, »Active Labor Market Policies«, in: *Annual Review of Economics* 8, Nr. 1 (2016), 521–546, https://doi.ora/10.1146/annurev-economics-080614-115738; Bruno Crépon, Esther Duflo, Marc Gurgand, Roland Rathelot und Philippe Zamora, »Do Labor Market Policies Have Displacement Effects? Evidence from a Clustered Randomized Experiment«, in: *Quarterly Journal of Economics* 128, Nr. 2 (2013): 531–80.

645 Sheila Maguire, Joshua Freely, Carol Clymer, Maureen Conway und Deena Schwartz, »Tuning In to Local Labor Markets: Findings from the Sectoral Employment Impact Study«, Public/Private Ventures, 2010, aufgerufen am 21. April 2019, http://ppv.issuelab.org/resources/5101/5101.pdf.

646 Yann Algan, Bruno Crépon und Dylan Glover, »The Value of a Vacancy: Evidence from a Randomized Evaluation with Local Employment Agencies in France«, J-PAL Working Paper, 2018, aufgerufen am 21. April 2019, https://www.povertyactionlab.org/sites/default/files/publications/5484_The-Value_of_a_vacancy_Algan-Crepon-Glover_June2018.pdf.

647 »Employment Database–Labour Market Policies And Institutions«, Organisation für Wirtschaftliche Zusammenarbeit und Entwicklung.

648 »Active Labour Market Policies: Connecting People with Jobs«, Organisation für Wirtschaftliche Zusammenarbeit und Entwicklung, http://www.oecd.org/employment/activation.htm.

649 Benjamin Hyman, »Can Displaced Labor Be Retrained? Evidence from Quasi-Random Assignment to Trade Adjustment Assistance«, 10. Januar 2018, https://ssrn.com/abstract=3155386 oder http://dx.doi.org/10.2139/ssrn.3155386.

650 Aaron Smith und Monica Anderson, »Automation in Everyday Life: Chapter 2«, Pew Research Center, 2017, aufgerufen am 21. April 2019, https://www.pewinternet.org/2017/10/04/americans-attitudes-toward-a-future-in-which-robots-and-computers-can-do-many-human-jobs/.

651 Bruno Tardieu, *Quand un people parle* (Paris: La Découverte, 2015).

652 Abhijit Banerjee, Esther Duflo, Nathanael Goldberg, Dean Karlan, Robert Osei, William Parienté, Jeremy Shapiro, Bram Thuysbaert und Christopher Udry, »A Multifaceted Program Causes Lasting Progress for the Very Poor: Evidence from Six Countries«, in: *Science* 348, Nr. 6236 (2015): 1260799.

653 Esther Duflo, Abhijit Banerjee, Raghabendra Chattopadyay und Jeremy Shapiro,

»The Long Term Impacts of a ›Graduation‹ Program: Evidence from West Bengal«, unveröffentlicht, Massachusetts Institute of Technology, 2019.

654 Christopher Blattman, Nathan Fiala und Sebastian Martinez, »The Long Term Impacts of Grants on Poverty: 9-Year Evidence from Uganda's Youth Opportunities Program«, 5. April 2019, https://ssrn.com/abstract=3223028 oder http://dx.doi.org/10.2139/ssrn.3223028.

655 Bruno Crépon, Esther Duflo, Éllise Huillery, William Pariente, Juliette Seban und Paul-Armand Veillon, »Cream Skimming and the Comparison between Social Interventions Evidence from Entrepreneurship Programs for At-Risk Youth in France«, 2018.

656 Ebd.

657 Robert Rosenthal und Lenore Jacobson, »Pygmalion in the Classroom«, in: *Urban Review* 3, Nr. 1 (1968): 16–20.

658 Angela Duckworth, *Grit: The Power of Passion and Perseverance* (New York: Scribner 2016); dt. Ausgabe: *Grit – die neue Formel zum Erfolg: mit Begeisterung und Ausdauer zum Ziel,* übersetzt von Leon Mengden (München: C. Bertelsmann, 2017).

659 Yann Algan, Adrien Bouguen, Axelle Charpentier, Coralie Chevallier und Élise Huillery, »The Impact of a Large-Scale Mindset Intervention on School Outcomes: Experimental Evidence from France«, unveröffentlicht, 2018.

660 Sara B. Heller, Anuj K. Shah, Jonathan Guryan, Jens Ludwig, Sendhil Mullainathan und Harold A. Pollack, »Thinking, Fast and Slow? Some Field Experiments to Reduce Crime and Dropout in Chicago«, in: *Quarterly Journal of Economics* 132k, Nr. 1 (2017): 1–54.

## SCHLUSS
## Gute und schlechte Ökonomie

661 T.° S. Eliot, »East Coker«, übersetzt von Nora Wydenbruck, in: T.° S. Eliot, Gesammelte Gedichte 1909–1962, hrsg. und mit einem Nachwort versehen von Eva Hesse (Frankfurt/M.: Suhrkamp 1988), S. 291.

662 Chang-Tai Hsieh und Peter J. Klenow, »The Life Cycle of Plants in India and Mexico«, in: *Quarterly Journal of Economics* 129, Nr. 3 (August 2014): 1035–84, https://doi.org/10.1093/qje/qju014.

663 John Maynard Keynes, *Allgemeine Theorie der Beschäftigung, des Zinses und des Geldes* (Berlin: Duncker & Humblot Verlag, 1936), S. 323.

# REGISTER